日本寺院史の研究

中世・近世編

平岡定海著

吉川弘文館 刊行

智證大師坐像〈鎌倉時代〉(園城寺蔵)

永久寺四天王(多聞天)像〈平安時代〉(東大寺蔵)

不空羂索観音像〈平安時代〉(観世音寺蔵)

延暦寺釈迦堂〈鎌倉時代〉

滅宗宗興頂像〈室町時代〉（妙興寺蔵）

敬白
發願事
右心中所願速疾
令成就者根本薬師
堂造営急速終其功
可致頭殿之興隆之
状如件
元弘二年八月十九日

後醍醐天皇宸翰御願文（鰐淵寺文書）

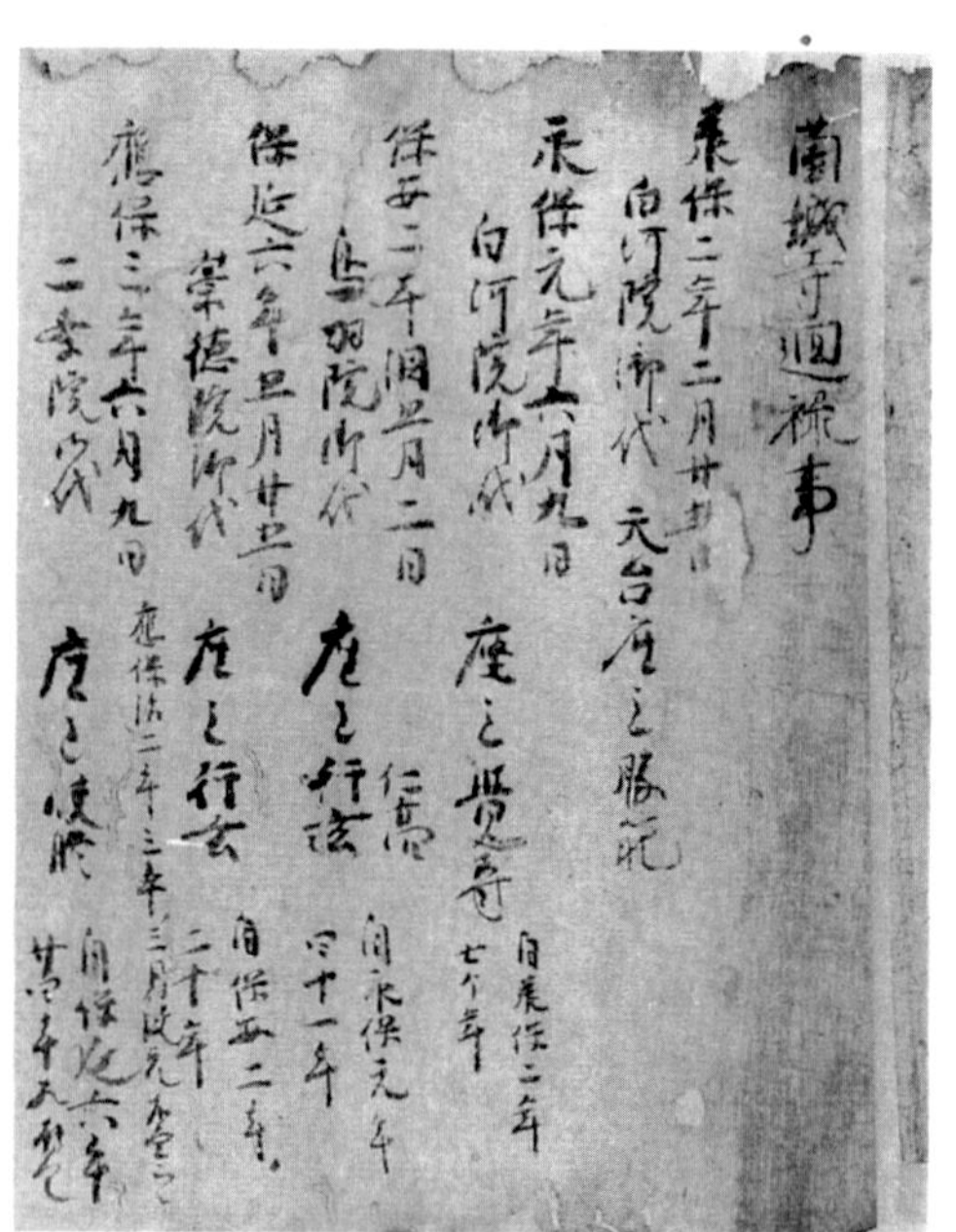

園城寺廻禄事（峰定寺文書）

方廣寺鐘楼〈安土桃山時代〉

東大寺大佛殿〈江戸時代〉

東大寺勧進所〈江戸時代〉

公慶上人像〈江戸時代〉（東大寺蔵）

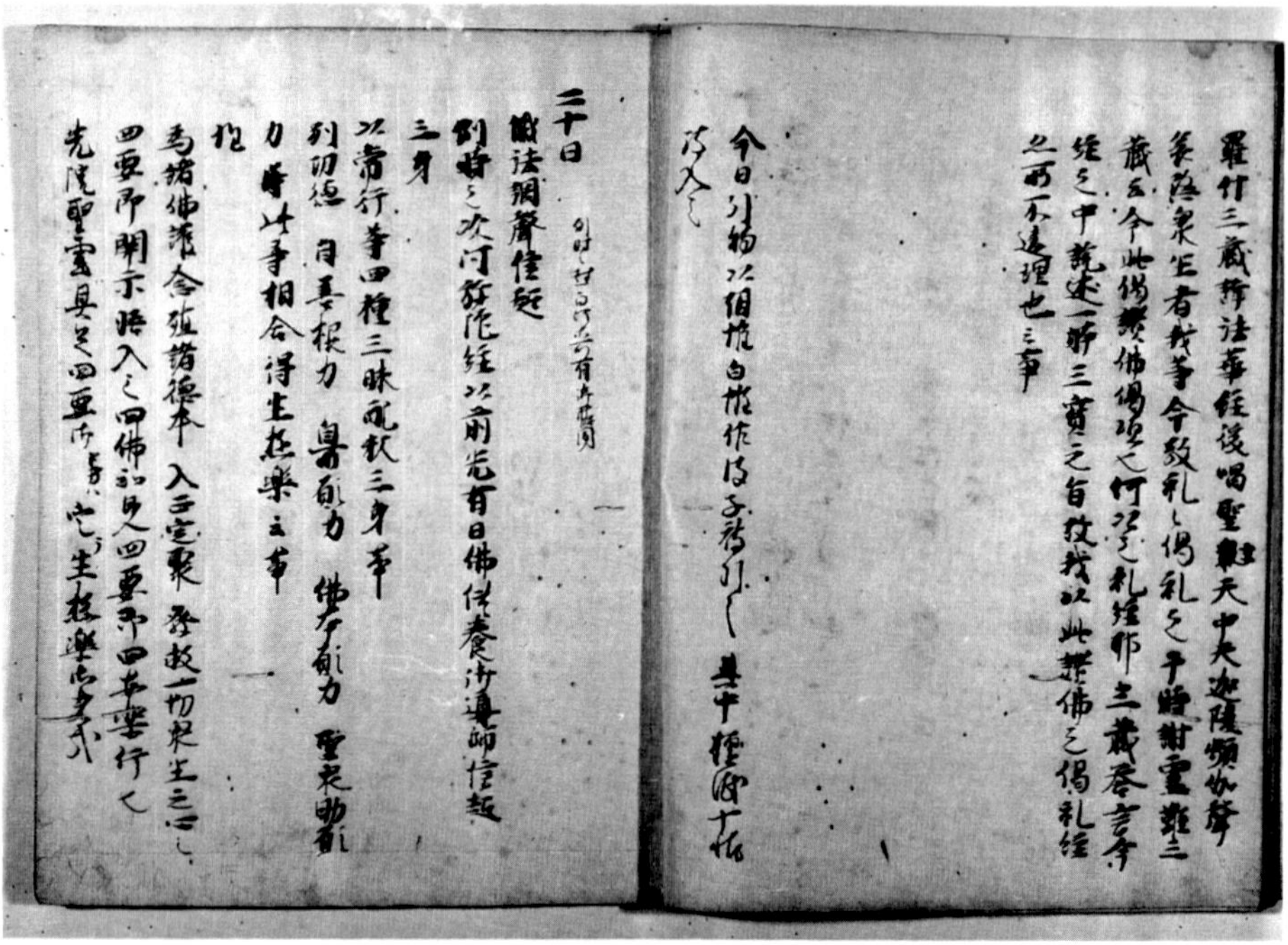

承明門院御忌中諸僧啓白指示抄（宗性自筆，東大寺蔵）

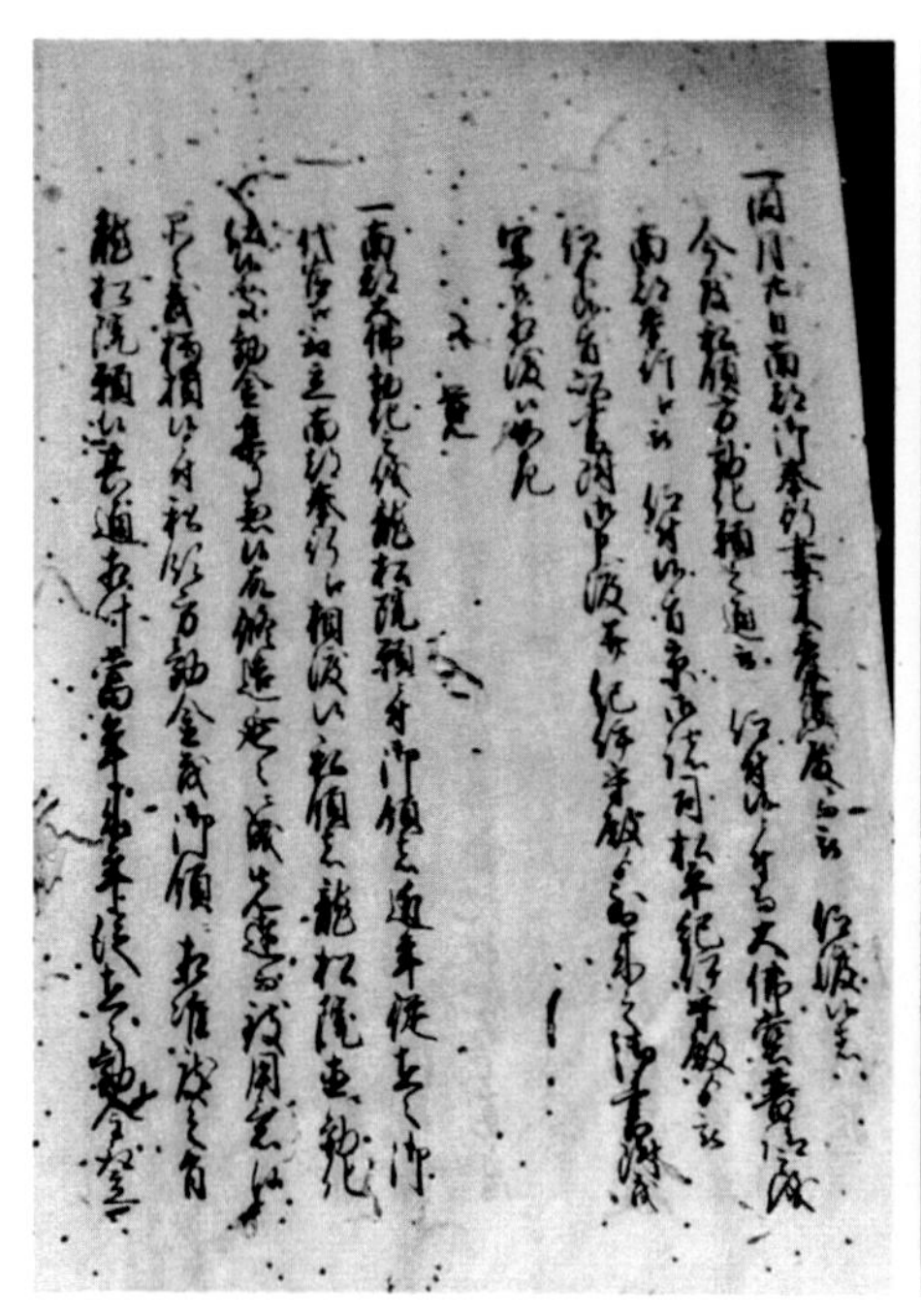

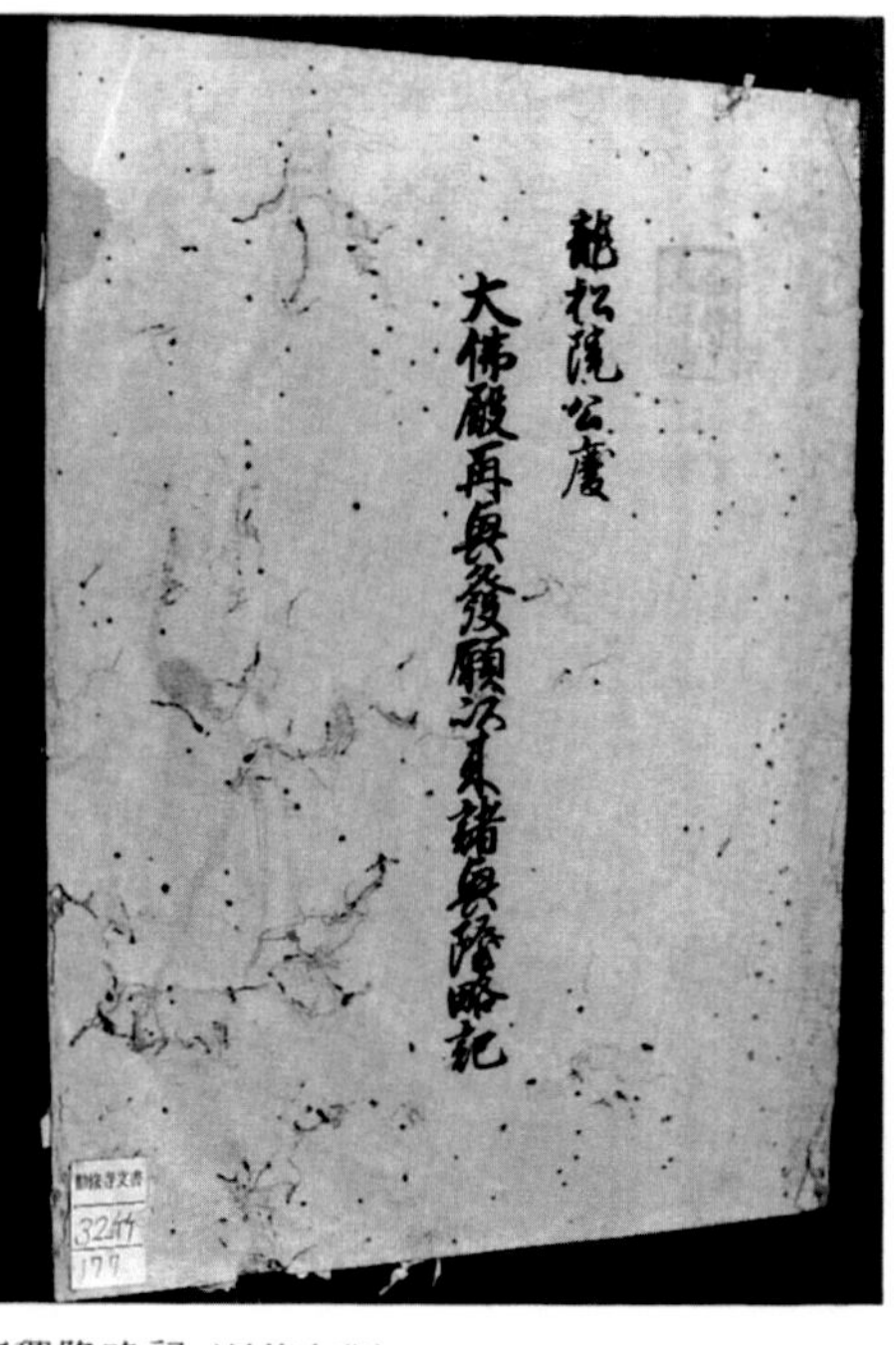

龍松院公慶

大佛殿再興發願以來諸興隆略記

大佛殿再興発願以来諸興隆略記（勧修寺蔵）

はしがき

インドで釈迦を中心に発生した佛教、および佛教文化が中国ならびに朝鮮半島を経由して日本に伝えられたのは五五二年（欽明天皇十三年）である。またある説によると五三八年（宣化天皇三年）ともいわれているが、現在の一九八八年まで一四三六年を経過している。私はここで、まず佛教が日本まで伝わってきた経緯を簡単に述べることにする。

釈迦（シッタルタ）がインドで紀元前五六五年に誕生し、その八〇年の生涯を通じて紀元前四八六年まで佛法を説いた。釈迦の入滅後、阿育王（アショカ）が、佛教を紀元前二五八年よりインド国内に広めた。そののち佛教は大乗を唱える大衆部と、小乗を主張する上座部に分かれるが、それは紀元前一〇〇年頃だといわれている。

この大乗佛教がパンジャブを越えてパミール高原にいたり、シルクロードの隊商たちとともに東に伝えられ、洛陽に都した後漢の明帝の六七年（永平十年）に中国に伝来した。これは釈迦が入滅したときから数えて五五四年を経過している。また、中国より朝鮮半島の高句麗に三七二年（小獣林王二年）に伝えられ、その一二年後、隣国の百済に三八四年（枕流王元年）に伝えられた。とくに百済は日本と親しく、百済と対立する新羅の侵略を防ぐため百済の聖王は、日本に援軍を求めようと、五五二年（欽明天皇十三年）、日本にはまだ見たこともなかった珍しい佛像、すなわち、釈迦牟尼佛一体と経論若干巻を送ってきた。このことが日本に佛教が伝来してきたはじまりであった。

日本における佛教寺院のあり方は、佛教が日本に伝わってから多くのうつりかわりを示している。それは、佛教とその思想や文化が日本民族の文化の中に定着し、浸透してくるにつれてうつりかわっていった日本人の歴史とも深いつながりをもっている。

日本に佛教寺院が成立し、変遷していった過程をいま時代別に分類してみると次のようになる。

1 私寺（捨宅寺院）の形成
2 天皇の祈願のための大寺の成立
3 国家の祈願のための寺院と学派佛教
4 貴族の祈願のための寺院と祖師佛教（Ⅰ）
5 日本寺院の構造と組織
6 武士と庶民のための寺院と祖師佛教（Ⅱ）

いままで大綱はこの分類に従って日本寺院史の問題を考えてきたのである。

とくに本書で問題にした、平安時代末期の一一五〇年（保元元年）より一一八五年（文治元年）までの三六年間の源平の戦乱は、日本でのきびしい内乱期であり、全国的規模で各地で戦争が行われ、京都では多くの寺院が焼かれた。

また、東大寺や興福寺なども炎上した。平家の滅亡後、鎌倉に幕府を開いた源頼朝（一一四七〜一一九九）は寺院の復興につくし、戦死者の霊をとむらうことを考えて東大寺大佛の再建を願った俊乗房重源（しゅんじょうぼうちょうげん）（一一二一〜一二〇六）に協力して完成させた。また一一九五年（建久六年）には大佛殿も完成し、源頼朝は関東より下って、後鳥羽天皇（一一八〇〜一二三九）も南都に行幸されて東大寺供養に臨んだ。つぎに建仁寺を建てた栄西（一一四一〜一二一五）は中国の宋に渡って臨済宗を伝えた。さらに栄西は茶の種を高山寺にいた明恵上人高弁に送り、ここに茶道が起った。

高弁（一一七三〜一二三二）は東大寺の学侶であったがのち高山寺を開いて華厳と密教との合一を叫び、自分の考え方を「夢の記」に述べ、インドの釈迦の遺跡をめぐろうとするなど活発な動きを示した。また道元（一二〇〇〜一二五三）は禅宗のなかの曹洞禅を中国の台州の天童寺の長翁如浄（ちょうおうにょじょう）より伝えた。さらに人々は源平の戦争によるかなしみからのがれるために法然（一一三三〜一二一二）の説いた阿弥陀佛の浄土（極楽浄土）に生まれかわるという思想に心をひかれた。法然はこのことを説明するために、「撰択（せんじゃく）本願念佛集」（二巻）を著した。またその弟子の親鸞（一一七三〜一二六二）も罪を犯した人々を救うために「教行信証」（六巻）を著して阿弥陀佛に祈ることをすすめた。

鎌倉時代における寺院は、平安時代のように貴族のための寺院ではなく、武士のため武運長久を祈る祈願寺が各地に建てられた。武士は戦争に出て、戦死することも多かったので、死後の菩提を祈る菩提寺が中心となった。またこの時代の寺院は、檀越である武士団の居住地の近くに多く建てられた。ことに武士は禅宗を好み、剣禅一致を求めたのであった。さらに禅宗寺院の本堂などでは武士たちの説教のための道場と変わった。そして禅堂は坐禅に参加する場所となり、禅宗は武士団を施主として栄えた。ことに鎌倉には北条氏を檀越として建長寺や円覚寺が建てられた。

鎌倉時代の佛教は平安時代の密教重視の傾向より脱して、阿弥陀如来を中心にこの佛のみを信仰することを求めた法然や親鸞による一佛中心の佛教が、浄土宗や一向宗（浄土真宗）として生まれた。そこでは人々はこの佛を「南無阿弥陀佛」と六字の名号を唱えることにより、この世の苦しみからのがれて極楽にいくことができると考えて、この宗を信ずることを主張した。また日蓮（一二二二〜一二八二）は法華経の全巻を開いて読むよりも、「南無妙法蓮華経」と経の題目を唱えることで、すべての人々がこの世で救われると述べた。これらの宗派は、もともと天台宗より分派したものであったが、ともに漢訳の経典を重視しないで日本語に訳したものを本堂で読みあげ、日蓮などは街頭に出て辻説法をするなど、佛教の日本化につとめた。そして平安佛教より簡素化され一般の民衆に浸みこんでいった。また人々のつながりのもとに宗派が組織され、念佛するための集団として講が生まれ結束を固めた。これを第二期の祖師佛教と私は考える。この一向宗や日蓮宗の寺院などでは莫大な志納金が集まり、室町時代には貨幣経済が進むにつれて一向宗が盛んになった。たとえばこの宗は大坂に石山本願寺を造ってその偉容を誇った（これはいまの大阪城の地である）。しかし江戸時代になると寺院を統制し、寺領を石高制にしてその増大することを防ぎ、寺社奉行を設けてきびしく規制した。また各宗についても幕府は諸寺法度（はっと）を定めて寺院の統制を強めた。それ以前に織田・豊臣時代より入ってきたイスパニアを中心とするキリスト教は、徳川家光（一六〇四〜一六五二）の一六三九年（寛永十六年）の鎖国令の後はその国内宣布が禁止され、江戸幕府は庶民がキリスト教徒でないことを保証するために、佛教寺院を利用し宗門改めを実施して全国民を佛教寺院に帰属させた。また幕府は各藩の藩主に命じて藩主の寺院は臨済宗か曹洞宗あるいは浄土宗の寺院を祈願寺か菩提寺とし、家来は曹洞宗に、また庶民は浄土宗などの宗派に檀家制度にもとづいて寺院に帰属させた。また寺院の配置はそれぞれの大名の城下町の中に寺町（てらまち）として一ヵ所に集められ藩により統制された。また中世以来の寺領は幕府に召上げられ、そのかわりに幕府より新しく知行が与えられ、もとの平安時代よりの荘園を中心とする寺領は崩壊した。この知行高制度は明治維新により廃止されるまでつづいた。

明治維新のときには廃佛毀釈の運動が起こり、平安時代以来神社と寺院が一体となっていた神宮寺が解体されて、寺院もほそぼそと自活の道を選ばなければならなかった。現在は多くの大寺院は参詣巡拝を中心とする観光のほか、葬式を中心とする浄土系などの寺院では墓制を中心とする墓寺（はかでら）となって運営している場合も多いのである。

日本の佛教の場合、平安佛教に見られたような現世救済を中心とする密教的なものの考え方を中心として佛教が発展した。そして寺院も特定の一つの佛のみをまつるという性格は始めは見られず、多くの経典にでている佛たちを祀った寺院が最初に発達したのである。日本の寺院は主として南を中心に太陽の南中する方向に佛殿を建立して、太陽が真南に輝くとき、堂内の黄金の佛に光があたって輝くような構造となっている。また東より出る朝日は大日如来と考え、西に沈む夕日は阿弥陀如来と考えた。そのほか観音は我々を阿弥陀如来の極楽浄土につれていってくれる菩薩として礼拝し、観音堂は東の峯に西に向って夕日を拝するように懸崖式（けんがいしき）に斜面に建っている場合が多い。日本の寺院建築の場合、中国と同様に南正面を正しい方向として、そこに大門を建て南大門と称している。そしてこの中心伽藍の中には人が入らないのが通例であって、法要以外は閉じていたようである。また戒律を守り、学問を求める僧は僧房に住した。

鎌倉時代の禅宗寺院の伽藍配置は、中国の禅宗様式にならって建てられ、三門、法堂（はっとう）、佛殿および方丈と禅堂

（選佛場）が中心となって、寺院が形成された。しかし、浄土宗や日蓮宗などでは、経典を説明し、人々に説教するために本尊をまつる本堂が、中心の道場となった。

江戸時代の寺院は、説教を開く本堂が寺院の中心とする形式となり、村落などでも、人々はこの本堂を村の集会所にしたりした。またもともと殺生禁断を守り葬儀をきらっていた寺院が、しだいに葬式を行う場所ともなって庶民生活に近づいた。このように葬式を中心とするものが佛寺の主流となった。

つぎに地方では平安時代よりの日本の古代の神と佛教との習合により神宮寺（神佛習合思想や権現思想の台頭による）が起こって、日本の神々が佛教に統合されていたが、明治時代にこれが廃止された。このように日本人の信仰の中心としていまも佛教は隠然たる勢力を持っていると同時に、江戸時代より寺子屋を開いて、武士や僧侶が一般の子供たちに漢字を教え、珠算を習わせたりして、児童教育にたずさわったため、日本人は幼少より漢字に親しみ、大いに教育の効果があがった。そのため日本人は世界で文盲率の少ない民族となったのである。そこにも佛教文化と一般教育との大きな関連性が見られるのである。いまこれらのことを背景として続編の構成の基本としたのである。

目次

第四章　室町時代に於ける寺院の成立と構造……四四三

第六章 江戸時代の寺院の変遷

史　料

図版

永久寺四天王（多聞天）像　智證大師坐像　延暦寺釈迦堂　観世音寺不空羂索観音像
後醍醐天皇御願文　滅宗宗興頂像　園城寺迴禄事（峰定寺文書）　方廣寺鐘楼
東大寺大佛殿　公慶上人像　東大寺勧進所
承明門院御忌中諸僧啓白指示抄（東大寺蔵）　大佛殿再興発願以来諸興隆略記（勧修寺蔵）

挿図目次

挿表目次

第一章　鎌倉時代に於ける寺院の成立と構造

第一節　南都寺院の復興

一　東大寺の炎上と源頼朝

鎌倉時代初期の佛教思想を考えるとき先ず時代思想を考えねばならない。特にそのはじめにあたって、最も大きな事件は、南都炎上であった。そこでまず治承四年東大寺炎上を思想史的に取上げ、特に玉葉を中心として考えてゆくこととする。九条兼実と重源については、東大寺が平重衡に焼かれてより、その造営をめぐって両者の関係が玉葉の記事にも見られるのであるが、九条兼実は藤原氏の律令制的官僚貴族層を代表し、門閥主義に終始するに対して、俊乗房重源は、平重衡の南都炎上という歴史的事件を契機として、初めてその存在を再認識された非門閥的な一人の僧侶であった。然して、東大寺炎上は両人を結びつける契機となったと共に、兼実が古代勢力を擁護する立場にあるに対し、重源は新しい対外文化の吸収と、新技術の応用により東大寺を再建すると共に、彼の念佛信仰への深い理解は新時代興隆への強い信念を持っていた異質的な僧侶であったといえる。そしてここに両者が何故東大寺を再建しなければならなかったかという、歴史的苦悩に対して兼実を中心として、その思想の推移を考察することとする。

南都の佛教寺院勢力が、反平氏的様相を呈してくるのは鹿ケ谷事件（一一七七）以後で、平氏の軍事的圧力が増大して、貴族層の反平氏的色彩が濃厚となってからより鮮明となってくる。安永三年（一一七七）正月二十四日の除目で、後白河上皇の寵を得ていた藤原成親が左近衛大将に任じられなかったことから、平氏の専横を憎んで、平氏討滅を企てたのであるが、この背景には平氏に対する「昇心恣ㇾ心、凡過分之栄幸、冠絶古今[1]」という反感がもとであった。それは藤原氏一門の門閥主義に反するものであったからである。そして後白河法皇はじめ藤原氏は、「貞盛・秀郷が将門を討ち、頼義が貞任・宗任をほろぼし、義家が武衡・家衡を攻めたりしも、勧賞おこなはれしこと、受領には過ぎざりき[2]」を例として、平氏一族の律令的官位制への血縁的割込みを否定するとともに、自己の勢力の再勢ならんことを求めたのである。さらに一門は平氏が「生二累葉武士之家一勇名被ㇾ世」といえども、系譜的評価に於ては、藤原氏の摂関家と懸絶すると意識して、排他的様相を示している。とくに平氏が律令的官位制割込を中心として、藤原門閥主義に対抗すればする程、反平氏的運動は高まっていった。然し藤原一族の政治勢力は潜在しても、軍事力を保持しない彼等に取っては、ただ平氏の専横を見過すより外はなかった。ここに兼実のいう末世・末代意識も存するのである。「末代之濫吹、言語不ㇾ及、非哉、生二乱世一見二聞如ㇾ此之事一宿業可ㇾ慨々々」と、藤原氏の末世的現象を悲嘆しなければならなかった。然し藤原氏一門のみならず、同じ苦悩をいだいていたのは、後白河院であり、院も「かく心のまゝに」平氏が「ふるまうこそしかるべからね」と悲嘆するとともに「是も世末になつて王法の尽きぬる故なり[3]」と嘆かなければならなかった。そして鹿ケ谷事件は藤原氏と院の勢力の合体による、反平氏的運動が、公然と表面に表れた結果であるともいえる。そして鹿ケ谷事件は「可ㇾ危二入道相国一之由、法皇及近臣等、令二謀議一」た結果、当然「注下申預二其議定一之人々交名上」して「随二被状一可二捕搦一之輩太多」、そのために京中騒動し、「禅門大以怒」、ために「院中上下形気如レ存如レ亡、失レ色損レ容」して、法皇はじめ「法皇近習之輩」の反平氏勢力の結集は一頓挫するやに見えた。かくて鹿ケ谷謀議の輩は次々に流罪にされ、平重盛が薨じて後は、平清盛は法皇側近の排除のために、治承三年十一月十四日数千騎を擁して、上洛し、兼実の兄基房を摂関の地位より落し、兼実も「凡京中騒動無双、今夜出仕雖レ非レ所レ恐、為レ勤二公事一出仕、不レ可レ有二横災一、凡洛中人家、運二資財於東西一、誠以物忩、乱世之至也(4)」と恐怖の思いであった。兄の大宰権帥への下官の除目に接するや「猶以不二信受一夢歟、無レ所二弁存一」と述べている。そして、此事件について基房に面接せんとするも「忽行二向彼第一者、疑似レ有二謀議一為二自他一無用之上」とて心を残し「乍レ思不二参謁一猶如二禽獣一非哉々々」とそのなりゆきを見守らねばならなかった。これは平清盛が去る嘉承二年平資盛が基房より、路上に於ける失礼をとがめられたことに原因するものと思われるが、その当時でさえも「大職冠、淡海公の御事はあげて申に及ず、忠仁公、昭宣公よりこのかた以降、摂政関白のかかる御目にあはせ給ふ事、いまだ承及ず(5)」と藤氏一門の由々しき大事であった。またこの事件は、清盛にとっては藤氏一門の門閥主義への大きな反抗であり、ひいては反平氏勢力の中軸である法皇側近勢力への排除でもあったことは明らかである。然るに基房の流罪は、氏長者である関係上、治承三年十二月興福寺僧徒が別当玄縁の制止も聞かず、「氏長者配流無例、雖レ被レ停二所帯一可レ被二帰京一(6)」を理由としてまた反抗するに到った。即ち関白基房の追放は、たとえ必然的結果であったにしても、清盛が藤氏と興福寺勢力との関係を余りにも軽視し、僧徒の反抗は自己の保有せる軍事力で破壊することが出来ると確信したために、遂に反平氏勢力に寺院集団軍事力を追込む結果となった。興福寺の反抗は治承四年三月十七日には京中に興福・園城・延暦の三寺院同盟のもとに、法皇・上皇を擁して、京に入らんとする形勢を示し、兼実も「此事偏天狗之所為也、佛法王法滅尽了歟」(7)と嘆じ、京中も寺院の集団軍事行動の前には「万人無二正念安堵之輩一」「天魔偏得二其力一、佛神失二威力一歟」との恐怖に日夜を送っていた。

然しこのことは只なる落書による風聞であったが、五月十五日に到って、高倉宮以仁王の謀反が表面化した。然して以仁王は三井寺へ遷って、ここに反平氏討滅の中心勢力として、寺院の持つ集団軍事力を背景とする対平氏近攻作戦を取ると共に、源頼朝との遠交のもとに、一挙に平氏を屠らんとする形勢を示した。清盛の延暦寺への接近は、藤氏の興福寺勢力に対抗せんとするものであって、座主明雲を配し、「藤氏は春日社、興福寺をもって氏社・氏寺として（中略）平氏は日吉社、延暦寺をもって氏社・氏寺として（下略）」(8)寺院勢力の分離をも計った。ここに平氏の藤原氏との相似的様相が見られるのであるが、このことはかえって犬猿の仲であった三井寺の反抗をかりたてていったことはいうまでもない。然し三井寺は、単一組織で、強大な平氏の軍事力に対抗することは不可能であり、たとえ宿敵であっても、「入道浄海、恣に王法を失ひ、佛法を滅さんと欲す」いま「内には佛法の破滅を助け、外には悪逆の伴類を退く」という共同の目的を提げ、反平氏の寺院軍事同盟を結成せんとするとともに関東源氏勢力に応ずるに到った。されば三井寺の平氏に対する反抗の原因は平氏が以仁王の入寺を「院宣と号して出し奉るべき由、責め」たが、遂に出さなかったために、平家の攻撃を受けるに到った。その結果三井寺は、「当寺の破滅、正に此時」と考え、興福寺も「南京北京共に以て如来の弟子」なるが故に三井寺の牒に応ずるは勿論、いまや「平氏の糟糠武家の塵芥」たる平清盛が「万乗の聖主猶面諂の媚をなし、重代の家君却て膝行の礼を致す」が如き専横に乗じて「去年冬十一月上皇の棲を追捕し、博隆公の身を推し流す、反逆の甚しい事」誠に古今に絶たる押妨であったことは、今や諸寺の同盟参加を求め、このことを諸寺に牒送し、末寺に下知し、「和国南北両門の衆徒」が「梁園左右の陣を固めて」反平氏勢力への軍事的結集を行うべきと説き廻った。(9) それに対して清盛の寺院連合への反撃は、十七日に三井寺の孤立化を計るために関白基通により興福寺僧徒の三井寺への合流を停止すると共に、延暦寺には天台座主明雲を呼寄せて、三井寺への延暦寺の参加を拒否せしめることとなった。

そしてこの計画は奏効して、平宗盛・重衡以下を三井寺に派した時には、三井寺は孤立、敗北を見て、寺院連合は成立以前に早くも崩壊する形成を示した。兼実は三井寺の敗北炎上を目前に見て、「佛天可レ有二知見一歟、園城寺佛法滅尽時至歟可悲々々、但又所詮可レ依二人之運報一歟」(10) と嘆じた。間もなく、氏寺たる興福寺の参戦となり、二十二日夜に南都大衆の蜂起を聞くや「太不吉之想也、彼一門、其運滅尽之期歟」と興福寺の以仁王への合力、及び二十六日大衆入京の風聞を極力恐れた。又一方かかる動向を察した以仁王勢は二十六日「夜半許高倉宮出園城寺、令向南都給、日来延暦寺衆徒有同心之疑、而昨朝、座主僧正明雲登山制止此事一向承伏、聞此旨忽被向南都云々、日来有同心之聞也」(11) とて南都勢力と結び、再び平家追討を完遂せんとしたが、遂に宇治に敗滅する結果となって乱は終結した。然し清盛の最も恐れたのは寺院連合特に南北合流により、都の平氏を挾撃されることであって、その為には、明雲のもとで叡山の動かぬ内に南都を撲滅する必要があった。そこで遂に治承四年五月二十七日新院殿上にて興福寺追討の議決をすることとなった。

興福寺の攻撃について、土御門通親は平氏の意を汲んであくまで「早遣二官軍一可レ被レ攻二彼寺一」と主張するのに対し、兼実は「社寺恐可レ為二灰燼一一宗之磨滅更不レ可レ疑」として官軍を派することは「為二後鑒一可レ宜」とは思うけれど「佛法滅之条有二御思慮一之由」を述べ、重ねて、「謀叛者凶徒党之所レ令レ然也、満寺僧綱以下併不レ可レ与」とて、寺院を滅尽させぬ限りに於て、凶徒の追捕のみすべきであると主張している、その心中は、「只為レ被レ磨二滅法相一宗一歟、是又何益哉」とて、むしろ興福寺攻撃を反対している。(12) このことは、兼実が園城寺攻撃に対しては「佛天可ㇾ有二知見一」とか「可ㇾ依二人之運報一」とか、三井寺僧徒への当然の現報業と解し、以仁王の敗北についても「王化不ㇾ堕ㇾ地、逆賊遂被二擒殺一了」とて反乱の鎮圧を喜んだ彼も、いまや自分の氏寺への攻撃については、その無益論を主張しなければならなかった。ここに於ても、後の通親との対立が生ずる原因を示している。そして社寺領没官の是非についても、「両寺末寺庄園、不ㇾ可ㇾ及二停廃一、所以何者、依二僧徒之凶悪一、没二官社寺之所領一於ㇾ理不ㇾ可ㇾ然、只可ㇾ被ㇾ懲二粛悪徒一也」(13) とて、悪僧追却は主張しても、伽藍炎上、寺領損亡に及ぶことは欲せず興福寺攻撃に消極論をとなえた。然しこの兼実の主張は、新院別当隆秀の「不二甘心一殆欲ㇾ不ㇾ達二天聴一」との結果となり、平家に心を与する隆季、通親の興福寺攻撃積極論に押えられた。兼実はこの時、

今日定隆季・通親等申状、可ㇾ謂ㇾ不ㇾ知ㇾ恥、可二弾指一々々、只察二権門之素意一不ㇾ知二朝家之巨害一、(14)

とて、南都攻撃の直接の災害より、そのあとの影響力の大きいことを指摘している。愚管抄の慈円も兼実が、

一定謀叛の証拠なくて、左右なくさ程の寺の追討は、さらに得候はじ、就中春日大明神日本第一の神明なり、王法・佛法如二牛角一不ㇾ可ㇾ被ㇾ滅の由愚詞を申されにければ（中略）其時は止にけり、(15)

とて、一応兼実の消極論を認めている。兼実がこの問題を以仁王勢の鎮撫、寺内の与力せる悪僧追捕で解決せんとし、寺院の軍事力、経済力、宗教的権威を温存せんと意図したのに対し、寺院の悪行を見て来た平清盛は寺院の全滅を期待し、特に興福・東大両寺の全滅を以て、寺院衆徒の持つ集団的軍事力、及び莫大な寺領による寺院経済の撲滅による、平家所領の拡大、源氏勢力との結合を排除し、合せて、藤氏一門の宗教的権威の根源を絶つと共に、藤原門閥主義の打倒にあるという一石二鳥の利害をねらったに外ならなかった。そのためには清盛は、後世に於て「一天の君、

万乗の主だにも移し得給はぬ都を、入道相国、人臣の身として移されけるぞ怖しき」[16]と非難を受けても、都を福原に遷さねばならなかった。その理由は「可レ被レ攻二南都一大衆蜂起、敢無二和平一云々之間、可レ有二不慮之恐一、又余党猶不レ休、為レ禦二彼怖畏一歟」とて遷都は南都の攻撃に備えるためであり、人々は福原へ強制移住せしめられた。[17]

しかしそのことはかえって、清盛の独裁制に人々の反抗を強める結果となり、「凡権勢之人、依二遷都之事一失二人望一」こととなるのは必定で、兼実も「只悪逆之所レ令レ然也」と難じ、かえって遷都により関東源氏の反平氏運動が有利に推進され、また清盛の山門への接近をも弱めることとなった。そして清盛も、関東を鎮撫する必要からしても、直に還都を決意せざるを得なくなったのである。兼実も「思案、此事天地之変異、四海之夭殃、何必依二遷都一、只悪逆之所レ令レ然也」とて、清盛の失敗を認めると共にこれを非難している。然し遷都の間富士川の合戦による平氏の敗北、近江源氏の関東勢力への内応、若狭国在庁の近江源氏への参加等、相次いで起った平氏に対する謀叛は、清盛をして焦躁にかられないわけにはいかなかった。然し最も脅威を感じたのは治承四年十二月九日の条に、

興福寺衆徒、遂レ日蜂起、称二宮大衆一云々、有下云二四郎房一者上、堪二武勇一之徒党及二四百余人一、是為二禅門之方人一云々、而悪僧等数百人出来、払二件四郎房一了、関東之賊徒攻二来江州一之時自二南京一又可レ伐二入洛中一之由、成二支度一云々、[18]

とあり、これは興福寺、東大寺を中心とする莫大な僧兵集団と関東兵団との共同戦線による平氏挾撃作戦であって、これには平家も敗北を見る外はなかったと考えたのであろう。殊に京中の人心安定せず、平氏への不信が高まっている時平氏の権威と軍事力を示すためにも、関東勢が都に侵入せざる以前に、背腹の敵たる南都勢力を撲滅させることは、純軍事目的よりしても、必要なことであった。ここに於て、治承四年十二月二十五日(一一八〇)蔵人頭平重衡を

遣して、興福寺・東大寺の僧徒を討たしめることとなった。
治承の兵火はかかる経緯により、南都に及んだ。東大・興福両寺の炎上は、奈良坂の民家に強風下にもかかわらず、火を放ったことから、南都の七堂伽藍は炎上する結果となった。このことについては、玉葉、山槐記、明月記、東大寺要録等異るところがないが、いま新しい史料として、「東大寺修二会修中日記」の記事を示しておく。

上院二月堂練行衆日記

第二

治承五年二月堂上七日練行衆交名事
寛秀和上　義慶咒師　尋勝　明慶堂司　浄□
顕範新大導師擬得業　心均　顕珎　顕祐　重喜□□(堂司カ)
景恵神名帳　義深　仁教　仁寛　仁弁　□□

講法華経第四巻

下七日練行衆交名
寛秀和上　玄助導師　義慶咒師　□□　明慶堂司　延智
浄秀　心均　□□　□□　叡詮　寛深　義深
仁教　仁寛　堯慶神名帳　仁弁　浄勢
尊継新入　景運　尋慶同処世界　已上廿一人

治承四年冬比興福寺大衆蜂起、擬討太政入道俗名清盛、雖□　勅副蜂起弥盛、遂以十二月廿七日下遣官軍太政入道四男頭亮重衡等也欲追補南都、即大衆出向木津、隔河合戦、雖及夜景、勝負未決、因玆官兵、引向北大衆、又帰南、以廿八日官兵分手自両方来、〔奈良坂般若山〕雖大衆暫戦、遂引[illegible]退散、官兵乗勝処々放火村邑郷里悉以焼失、然間順風俄来猛火遠飛東大興福諸堂塔廊更無残所、金銅遮那已成灰燼、鑿真戒壇皆以魔滅、而羂索院一堂不慮遁煤、□雖湯屋閼伽井屋焼失、本堂猶□雖南端大付東風未消事之希奇観音成験也、其時□坐化正延、切破御堂東戸、奉抱出小観音畢、是恐火□、雖然以後日、依寺家之力、為寛秀沙汰、脩□幷物防畢、凡寺領末寺被停廃佛事□一寺老少集法花堂各歎曰羂〔索院〕□行後、自天平勝宝四年至于□之間未曽断絶之行法也、堂〔司〕□之由触申別当僧正〔禎喜〕之尅□下知即寺家執行〔玄厳〕脩理〔永俊〕同申云□寺領皆停廃本供等更不可叶之由言上已畢、正月卅日寺家別当幷当院々主〔権律師弁暁〕共被示□佛已焼失佛寺皆断絶庄園鎮倒一寺如無至當寺行法何強可勤行乎、若寺複本者可脩後年云々、爰□練行衆等各歎云、衷哉不退行法断絶期来、設修後年更何甲斐、若寺複本者後悔如何、然者於今年各自相勵、至後年者可随寺之有無、且仰観音納受、且馮本願加護各傾一鉢、令結構之間、同心之輩十一人也、於晦日湯幷乾飯者闕如已畢、仍破湅行水依練行衆不足、至二月一日早旦重勧人々之間四人又相加、其内一人者食堂着座之後、始来都盧十五人也（以下略）(19)

このような清盛の南都撲滅の勝利は、統一的軍事統率力を持つ平氏に対する、衆徒・雑兵を集めた南都寺院の軍事力の敗北であったことは必定であった。

然し兼実をして「朝家之臣害」と称せしめた寺院の宗教的権威がそれで以て崩壊し去ったとは考えられない。特に宗教的感情が強固に社会を支配しているこの時代に於て、寺院の持っていた宗教的権威を軽視したところに平氏の軍事的勝利以上に、国民感情の離反という大きな思想的敗北が他方から生じたのである。

兼実が南都炎上を聞いて第一に意識したことは、

為レ世、為レ民佛法王法滅尽了歟、凡非二言語之所レ及非二筆端之可一レ記、余聞二此事一心神如レ屠、自レ昔天性之所レ禀、曽不レ惜二身命一、只欲レ不レ留二遺恨之名一而去冬以後、取二諸身一極二生涯之怨一、当二此時一忽見二我氏之破滅一、以レ彼比レ之、敢不レ足レ為レ喩、恨還為レ悦歟、凡佛寺堂舎雖レ満二日域一、東大、興福、延暦、園城、以レ之為レ宗、而於二天台両寺一者、度々遭二其炎一至二于南都之諸寺一、未レ曽レ有二如此之事一、当二悪運之時一、顕二破滅之期一歟、誠是雖二時運之令レ然事一、当時之悲哀、甚三於喪二父母一、愁生而逢二此時一宿業之程、来世又無レ憑歟、天下若有二落居之世一者、早可レ遂二山林之素懐一臨終正念之宿願、一期之大要也、淳素之世、於今レ者難レ期二其時一歟、仰レ天而泣、伏レ地而哭、拭二数行之紅涙一、摧二五内之丹心一、言而有レ余、記而無レ益、努力々々（中略）猶々大佛再造立、何世何時哉、不レ異二会昌天子之跡一者歟、(20)

とて、平氏による藤氏一門の氏寺の炎上に強い憤を示している。そして、慈円も「あさましともことおろかなり(21)」と述べ、藤原忠親もその日記の山槐記で、天平勝宝閏四月二十五日聖武天皇東大寺封戸施入文の記事を引用し、「若我寺興復天下興復、我等衰弊、天下衰弊復誓後代有不道之主邪賊之臣、若犯若破障、而不行者、是人必得破辱十方三世諸仏一切賢聖之罪、終当落大地獄、無数劫中不無出離」と間接的に意のあるところを示している。(22)かかる思想は京都の人々の一般的反応でもあったであろう。只「入道相国ばかりぞ、いきどほりはれて、よろこばれける」が、中宮、一院、上皇、摂政殿以下の人は「悪僧をこそほろぼすとも、伽藍を破滅すべしや」とて、衆徒と伽藍とは別個に考えていた。後に平家物語の著者も、聖武天皇封戸施入文を引用したる後、「されば天下の衰微せん事、疑なしとぞ見えたりける。あさましかりつる年も暮れ」と平家の南都炎上について批判をしている。(23)

以上の如き当時に於ける南都炎上を業因とし、平家滅亡を業果とする、現報業の思想は、かなり強く人々に影響を与えたであろう。治承五年正月の朝拝なく、氏寺焼失の故を以て藤氏の公卿一人も参ぜず、増々平氏より人心は離反して行った。ここに於て王法佛法興隆の思想よりして両寺再建の必要が生じてくるのである。

かくの如く、南都炎上は、平家衰亡の果となって現報すべきであるという考え方は、相当上層貴族層及び一般人にも大きな思想的影響力を持っていたと考えられるが、これについて、兼実は三つの事件を以て現報業と意識している。

（1）高倉上皇の崩御

（2）清盛の死去

（3）重衡の誅罰

そしてその結果、平家が都を去り、都落即朝敵の汚名を受けねばならなかったと同時に、「今日は肆（いちぐら）の辺に水を失ふ枯魚の如し、過福道を同じうし、盛衰掌を反す、いま目の前にあり、誰か、是をかなしまざらん」[24]とか、「ゆく河のながれは絶えずして、しかも、もとの水にあらず、淀みに浮ぶうたかたは、かつ消えかつ結びて、久しく止まりたる例なし、世の中にある人と栖とまたかくのごとし」[25]と、その仏教思想による無常観、因果応報の理論を持出して、無常の思想を形成して行ったのである。かかる時代思想に乗じて、新に善因を施し、佛事を修復することによって、政治の背景に立つ思想の裏付により、新政権を樹立することが出来たのが、源頼朝の一族であり、殊に頼朝は武力により平氏を追討した事実よりも、かかる思想の変異に着目することにより、人心を把握し平家に対する破邪顕正の有利な思想的条件を持つに到ったのである。

そののち高倉上皇の崩御は、治承五年正月十四日で、南都炎上後半月目にあたる。その理由として「此世の中の有様を思召なげき」給ひて、「御悩いよ〳〵重くなりましますす」（長門本平家物語）により、遂に崩御されたと考えられている。御悩の中心はいうまでもなく「東大寺興福寺の亡びぬるよしきこし召されて、御悩いよいよおもらせ給ふ」と平家物語の著者は論じている（平家物語第六）。兼実も、

南京諸寺焼失事、非歎之至、取レ喩無レ物、（中略）東大寺者我朝第一之伽藍、異域无類之精舎也、今當二乱逆之世一忽顕二魔滅之期一歟、(26)

とその炎上を嘆くと共に、「天然之理、人力何為レ然、（中略）綷巳希代、哭泣之礼、及可レ超二過常篇一者歟」（治承五年正月一日条）と、単に兼実のみならず、上層貴族の苦悩でもあったことは高倉上皇の場合にも通ずるのであって、天皇の崩御が南都炎上の心痛によるものであると解したのは、天皇が当時の政治責任者の一人として、かかる苦悩を得ていられたということは当然考えられた。また特に清盛が外戚の縁を以て、高倉院政の存続を希望している時、高倉院の崩御は間接的には平氏政権存立の一角が崩壊したと考えられてもいいだろう。そしてそれが南都炎上の事実と関聯して意識される時、人々はこれも悪循環の現報として宗教的感情により理解したのである。

かかる宗教的理解を最も高めたのは、何といっても清盛の死去である。清盛の死を以て「世以為下焼二東大・興福一之現報上」（山槐記）と意識したことは、清盛の死がたまたま熱病であったことも、現報思想の醸成に大にあずかって力があった。そしてそれ自体が現報そのものであると理解する藤氏一族の時代意識は強かった。

兼実の理解は、「修因感果之理」による現報思想であるが、その現報思想の背景には佛法⟷王法の相互関聯による政治思想が意識されている。かかる意味より盛者必滅を説き、歴史的時間の変転と因果の循環を理解せんとしたのである。

そして王法即佛法、佛法即王法と理解する時、兼実のいう王法興隆の時代は平和であると同時に藤原氏の政治的価値の高まった時であると考え、また佛法興隆即興福寺の盛大なる時であったと思われる。故に平氏による興福寺炎上は、藤原一族にとって「佛法滅尽」の時であり、また「王法滅尽」の時でもあって、「誠我氏之滅尽」の時と考えた。関白基房の追放は明らかに「於二乱代一者、天子之位、摂籙之臣、太以無益云々」（治承三年十一月十六日条）と乱代＝末世と意識するに到ったのである。興福寺炎上に於ては「一宗磨滅」とか「氏之破滅」と藤原氏等が理解するのは、かかる佛法⟷王法の思想に根源を持っていたからであり、そのことは藤原門閥の大きな思想的裏付となっていたのであり、かかることに注目することによって、源平時代思想を正当に理解することが出来るのである。そしてかかる時代思想を刺戟した最も大きな事件が東大寺炎上であり、東大寺の場合は「天下興復即我寺興復」という天平以来の思想体系を備えていたからである。聖武天皇の時代を以て理想化し、王法最盛＝佛法興隆＝東大寺興隆と理解する思想は、藤氏一門に限られた興福寺の如き場合ではなかった。

「煙滅南都、即是破滅佛法」（治承五年正月十一日条）と、この事件は、公家社会の破滅とも意識され、平氏は佛法を滅し国家を滅せし故、平氏は朝敵である、という汚名を甘受しなければならなかった。かかる平氏の思想的孤立はその軍事的優位を以てしても如何とも出来なかった所に、また現報思想の大きな壁が存在したのであり、平家都落の悲哀を切実に当時の人々に感じさせたのである。清盛の死はかかる意味に於ても、重要な歴史的事件であり、清盛の死が、滅亡を早めたということは言うまでもない。されば、平清盛が重衡をして、南都を攻撃させることによって獲得した平氏の軍事目的は、寺院勢力の撲滅を期待した以上に、未だ人々の諸層に浸透し、有力な宗教意識として生命を持ちつづけていたところの王法佛法の思想と現報思想の二重の責苦により平家は佛敵＝法敵＝王敵＝朝敵と意識され、清盛はその具体的な実報として、目前に冥罰の現報が表現されたものとして人々により考えられたのである。兼実も、治承五年閏二月五日、清盛の薨逝を知っていた。

准三宮入道前太政大臣清盛法名浄海者（中略）去々年以降強大之威勢、満二於海内一、苛酷之刑罰、普二於天下一、遂衆庶之怨気答レ天、四方之匈奴成レ変、何況魔二滅天台法相之佛一哉、只非レ煙二滅佛像堂舎一、顕密正教、悉成二灰燼一、師跡相承之口決抄出、諸宗之深義、秘密之奥旨、併遭二回禄一、如レ此之逆罪、無レ非二彼之脣吻一、倩案二修因感果之理一、為二敵軍一亡二其身一被レ懸二首於戈鋒一、可レ曝二骸於戦場一免二弓矢刀剣之難一病席終レ命、誠宿運之貴非二人意之所一レ測歟、但神罰冥罰之条、新以可レ知、日月不レ堕レ地、爰而有レ憑者歟、此後之天下安否、只奉レ任二伊勢太神宮、春日大明神一耳、

今日五万反

此日請二佛厳上人一奉レ供二養佛経一（中略）

守護国界経一部十巻　大孔雀明王経一部三巻　金光明最勝王経一部十巻　王法正論経一巻

仁王般若経二巻新訳

已上黄紙、朱軸、墨字新也、(27)

と述べている如く、南都炎上の悪業因は当然清盛の身上に現報となって再現したと考え、当時京中の人々は入道死去の原因が熱病であったことによって京中六波羅「すは仕つる事を」とて、特に病により「水をだにのどへも入給はず、身の内熱きこと火をたくが如し」「今こそ思知られけれ」と、その死の原因が、病そのものにあるのではなくして、「南閻浮提金銅十六丈の盧遮那佛焼ほろぼし給へる罪に依て」閻魔の庁より火車を以て「平家太政入道殿の御迎」に

やって来た（平家物語巻六）と、考えた。そして人々が清盛の死後、邸宅が放火のために焼亡したこともまた佛が「定与二冥罰一」えた結果と考えたのである。そして、平氏は必ず「蒙二天罰一夭亡」すべきという時代思潮に立向わねばならなかったことは、ますます平氏政権を思想的に孤立化し、関東勢侵入に大きな思想的勝利を与える結果となっていったことは否めない。

以上のことは重衡の場合についてもいえるので、治承五年閏二月十五日、清盛死去の後、廃朝の時に当るも、平重衡は一万三千の兵を率いて、院宣により源頼朝追討に出立することになった。これについて兼実は、

愚案、重衡者、其身向二南都一、滅二亡東大・興福両寺、法相・三論二宗一者也、四所明神、七堂三宝、定与二冥罰一歟、因レ玆乍レ在二父喪一忘二哭泣之礼一、赴二合戦之場一、果以可レ報二彼逆罪一者也、造意之禅門、已当二其罰一、下手之重衡、豈免二彼殃一哉、天然之理、得而可レ知、努力々々、(28)

と、のべて当時の現報意識に於ては頼朝追討に臨んで当然平重衡は討死すべき現報を得べきものであると考えられた。然るに重衡は洲股河にて郷公義円を討破り、三月十三日無事帰洛した。兼実は「重衡無為無事帰洛者、誠神罰殆似二有レ疑者一歟」と、自分の考えた現報思想の破綻を認めているが、北陸の義仲は近江源氏と合流し、遂に、平家は寿永二年（一一八三）七月二十五日の都落となり、平重衡は二千騎を率いて、近江へ出陣して敗北した。然るに、義仲が勝利をおさめて入京したが義仲又法皇の意に反し、遂に頼朝は弟範頼・義経を遣し、義仲の討滅を計ると共に一挙に平家追討を完遂しようとし、一谷合戦に及んだ。遂に「九郎その一の谷より打入りて、平家の家の子、東大寺焼きし、大将重衡生どりにして、其外十人ばかりその日打取りてけり」(29)とて重衡は捕えられるに到った。兼実は八日未明に梶原景時及び義経より合戦の子細を聞き、勝利の程を知ったのであるが、兼実は平家の福原滅亡については夢に托して

「宿業魔界併消滅之祥也、猶佛法之効験雖二末世一惟新、可レ信可レ貴、夢中及覚後歓喜之思難レ休者也」[30]とて、平氏の滅亡は全く、宿業・現報によるものと考え、源義仲の場合も「治承以降平氏党類（中略）已忘二敬神尊佛之洪範一、世之衰微民之凋弊職而由レ斯、況源義仲不レ改二其跡一益行二此悪一（中略）頼朝不レ廻二幾日一討二滅西賊一」[31]との意見を述べていることは上層貴族の思想が現報思想により、平家・義仲両事件を解釈したのであって、重衡の場合には最も明確に表れている。そして重衡については長門本では「槐門玉楼の家に生るといへども、神明佛陀の加護もなく、冥顕につけてはことごとく仁義礼智信の法に背き給ひけるかとぞ覚えける」と述べられているように、重衡が大佛炎上の現報を受くべきものと人々は考えた。重衡は其後鎌倉へ護送されたが、遂に元治元年（一一八五）六月二十日東大寺衆徒の申請にて、南都に送られ、木津にて斬罪に処せられた。この時は東大寺大佛開眼より二月已前で、殆ど大佛も完成に近く、興福寺も造営の殆ど終りに近い時であった。重衡は「正しく東大寺の大佛焼きたりし大将軍なりけり。かく佛の御敵うちて参らするしるしにせん」とて佛敵と南都大衆より非難をうけ、今こそ現報の表れる時と、その処置について論ぜられたが、愚管抄では「大方積悪の盛りは是れを悪めども、又かかる時に臨みては聞く人悲しみの涙に覚ゆる事なり」とて、人々は彼の死をも悲しんだのであるが、南都大衆は重衡をして東大寺、興福寺の大垣を三度めぐらして、僧徒の手にて斬首することを議したが、このことは後に止め、只首を武家より受取り、奈良坂にかけることとなった。平家物語の作者は「そもそも此重衡卿は大犯の悪人たる上、三千五刑の中に洩れ、修因感果の道理極定せり、佛敵法敵の逆臣なり」との南都大衆の弁を用い、さらに重衡の弁を以て、「伝聞く調達が三逆を作り、八万蔵の聖教を滅したりしも（中略）聖教に値遇せし逆縁朽ちずして却て得道の因ともなる」とて、「修因感果」を以て、重衡が斬首されたと説明している。しかるに法然がこの平重衡を往生極楽に導いたことは新佛教と旧佛教の相異を知る上に重要な手がかりとなる。

以上述べた所、平安末期に於ける南都炎上という歴史的事件は、思想史的に大きな影響力を持っていたのである。このような現報思想の醸成は、軍事的、政治的に有利な地歩を占めていた平氏も、思想史的には藤原貴族層の中心思想であったかかる思想により、無慚にも敗北しなければならなかった。「大佛を焼給はずば、かかるめに逢給ふべしや」（長門本平家物語）と述べていることは、若し清盛・重衡をして、伽藍消失せずして、悪僧追捕出来たなら、彼及び一門が現報思想によるかかる敗北は見なかったであろう。そして頼朝は、

我於レ君無二反逆之心一以レ奉レ伐二君御敵一為レ望、而遮二蒙天罰一了、佛神之加被、偏在二我身一（中略）禅門薨去之後、坂東諸国弥以一統了、[32]

とて、源氏は重源の大佛造立に援助し、東大寺供養に参列したことは、かかる現報思想を回避したとともに、その逆作用により、軍事的・政治的・思想的に優位を占めんとしたのである。

また重源の場合に於ても、現報思想との関聯はいえるのであり、重源はかかる平安時代の因習を脱却し、兼実の「猶大佛再造立、何世何時哉」との嘆きを解決するに相応しい人物であった。何とならば重源は、真言宗醍醐寺の僧侶であっても、新思想をいだく法然とも親しく、兼実は重源を高く評価していた。兼実はいまの僧達は「先衆徒悪行、累世積年、遂依二謀叛之聞一被レ遣二追討使一是皆依二悪僧之所行一被レ施二厳粛之刑罰一也、敢非二佛像正教之過失一、又非二禅侶堂舎之擁怠一、然者、僧徒之所領、猶可レ依二罪之軽重一[33]」と、東大・興福寺領の没官収公のことについて奏上していることによっても、重源が「無過怠禅侶」として彼の前に現れた時、兼実の重源に対する理解が高まった。そして特に「東大寺大佛御身雖レ全、御首焼損遠近見聞之輩、莫レ不レ驚レ眼、雖レ如レ形可レ造二掩仮佛殿一之由、寺僧等欲二結構一

之処、寺領等没官之間無レ力二於経営一」[34]という状況に於て、重源が「東大寺奉加之聖人廻二洛中諸家一請之、奉レ始二法皇一、不レ論二貴賤一」[35]、大佛奉加のために一輪車に乗り、その勧進に勉め、兼実も「東大寺大佛奉二鋳加一事、依二重源上人之功一」と賞し、重源が「廻二種々之祕計一、莫大之功、無レ煩欲レ終」ことは「誠是神之助、天之力也」とし、「世欲二滅亡一所レ憑只在レ斯歟、弥致二勤慎一可レ庶二政化之反二淳素一也」[36]とて、重源が一介の僧侶よりして、門閥もなくして、かかる大事を完遂せんとしたことは、全く重源の尽力によるものであり、「神助天助」によるものと考えられた。重源と兼実の対面は寿永二年（一一八三）正月二十四日、兼実の招きに応じて、彼の邸に参じた時に見られる。重源は大佛鋳造の技術は全く「偏以二唐之鋳師之意巧一」ことを兼実に説明し渡宋の状況を報告したのである。兼実は重源に対して、「数刻之後聖人帰了、此聖人之体実無二餝詞一尤足レ可二貴敬一者也」[37]とて重源の人格を評価していることは、重源が、南都の悪僧連と別個に、個人的に優れていたことによるものである。特に重衡の斬首に際しても、人々が「大佛を焼き給はずば……」との悲しみに対しても、重源は「情おはしましければ、三位中将の首をこひて北方へ奉りけるも、慈悲の深さも哀なり」（長門本平家物語）との一面を持っていたことは念佛思想への一つの道でもあったであろう。また法然と藤原行隆（造東大寺長官）が一族であったことも、重源の立場を有利にしていた。

兎に角、重源は、現報思想の横行する世代にあって、よく当時の世論を風靡した現報思想のあり方を考え勢力の交替をも理解し、さらに自己の個人的の優位を保つと共に、因習浄化に力を致し、新しい宋代文化に着目し、また醍醐寺の僧であったことも与って彼がかかる大事業を、古代的な東大寺僧団の反対もなく新しい源氏の勢力と、新興した九条の勢を利用しつつ、なしとげることが出来たのである。ここに於て頼朝、兼実との合流も合せて考えられる。

そして重源の個人的人格の優位と新時代思潮の背景との合致により、東大寺大佛再建への道を進めていったのである。

またこの源平の兵乱において源頼朝は、かなり早く、すなわち伊豆への流罪のころから佛教への信仰が厚く、ことに母と離別したことから観音への帰依に心をゆだねていたといわれている。このことは次の進美寺（しんめいじ）にのこっている文書によくあらわれているといえるのである。

御判

□巻数事

□被載其状也、

奉読　法華経三千部

　　　観世音経十万巻

右、御□請取畢、国中在庁大名等、件寺有芳心、下可致狼藉之状、所□如件、

建久五年五月十三日　　散位小野時廣奉(38)

下　但馬国在庁大名等

　不可致狼藉於当国進美寺事

右寺、為御祈禱所、年来之間所致其勤也、国中在庁大名等、不可行狼藉之状□(如)件、

建久五年五月十五日　　散位小野時廣奉(39)

敬白　五輪宝塔三百基造立供養事

鎌倉殿八万四千基御塔内源親長奉仰勧進五百基、但馬国分三百基、於御祈禱所進美寺、奉開眼供養、但六十三基者、当寺住僧等造立、自余者国中大名等所造、

右、宝塔勧進造立塔意趣者、去保元元年鳥羽一院早隠耶山之雲、当帝(後白河)新院(崇徳)自諍一天已来、源氏平氏乱頻蜂起、王法佛法俱不静、就中前太政大臣入道静海(平清盛)忽誇朝恩、廻趙高之計、恣傾王法、継守屋之跡、頻滅佛法、所謂、聖武天皇之御願□盧舎那佛灰燼、後白河院之玉躰幽閑之間(ママ)、九重之歎七道之愁、何事過之哉、爰我君前右大将源朝臣(頼朝)代天誅王敵、通神伏逆臣、早払一天之陣雲、速静四海之逆浪、都鄙貴賤、無不開歓喜咲、但行追罰加刑害間、夭亡之輩数千万矣、被駈平家趣北陸輩者、消露命於篠原之草下、被語逆臣渡南海族者、失浮生於八島之浪上、如此類、遺恨於生前之衢、含悲於冥途之旅歟、須混勝利於怨親、頒抜済於平等焉、伝聞、以怨報怨者、怨世々無断、以徳報怨者、転怨為親、因茲尋阿育之旧跡、造立八万四千之宝塔、仰豊財薗之利益、書写宝篋印陁羅尼、即於諸国霊験之地、敬遂供養演説之誠、方今隋高祖・唐太宗設斎筵訪亡率(卒)、上宮太子・朱雀天皇、救守屋導将門、在今訪古、世異趣同者歟、抑進美寺者、行基菩薩之建立、□(聖)観世音之霊地、凝一念之輩不満足求願、宝篋印経云、若人於高山之上至心誦咒、眼根所及、一切生類悉以利益云々、然当寺為躰、高山峙南、大悲之慈雲遙聳、深谷斜北、弘誓之願力尤深、御塔供養之庭、感応道交之砌也、况又去文治元年被責八島之逆徒時、依小野時広之奉行、囀(ママ)読一万巻観音経、祈請折伏、摂受方便、自同二年正月十八日長日始三十三巻之御読経、鎮奉祈我君御万歳、祈請年旧、雲(霊)験日新、喜哉、住僧等今幸列御塔供養之人数、重助成君之大願、以此良縁之功、預来世之化、仰願、本尊界会観音薩埵、早令円満施主殿下之求願、伏乞、五輪宝塔宝篋神咒、救討罰之亡率(卒)、導法界之群

勧進奉行司源親長敬白(40)

類、敬白、

建久八年丁巳十月四日午時

この進美寺は兵庫県日高町にあって進美寺山の中腹に平安中末期の聖観音菩薩を祀り、多くの古文書を有し中世には守護の祈願寺として栄えた寺院であった。

その成立については元亨元年の進美寺住僧等の解によると、進美寺は「観音利生之地、七社権現和光之地」として、最初の開基は行基で、仁平元年(一一五一)八月十七日に鳥羽院の御願寺となった。

そののち六年後には保元の乱が、またつづいて平治の乱、まさに「去保元元年、鳥羽一院早隠二耶山雲一、当帝新院自諍二一天一以来、源氏平氏乱頻蜂起、王法佛法倶不レ静」についで、あまつさえ平清盛は物部守屋のごとく佛法を滅尽させ、東大寺を焼き「聖武天皇御願、盧舎那仏灰燼、後白河院之玉躰幽閑之間、九重之歎、七道之愁何事過之」と、度重なる兵乱に人々は肉身家族との離別、父子の遺恨、兄弟敵味方に分れて争うなど見にくい様相を示していた。また源氏の勝利となってからも、源頼朝・範頼、義経などこれまたお互いの遺恨をいだいて再び戦場にのぞんだのであった。

この間の戦争によって犠牲となった戦死者は実に数千万に及んだと同時に、彼等は死後どこに魂を安むべきか甚だ不安にかりたてられたのである。但馬国府は円山川と出石川の合流した最も広い平野の開けている気多郡におかれて国中の中心となっていた。源平の兵乱には「被レ駈二平家一、趣二北陸一輩者、消レ露二命於篠原之草下一」、また平家に味方して八島の戦いに参じて戦没するものまさに遺恨をのこしつつ冥途の旅におもむくものが多かった。そしてこのような戦死者こそ怨を以て怨に報いれば、怨は世々断えることがなく、亡魂の菩提をとむらわなければならなかったのである。

ことに八島の戦では但馬の兵が多く出兵させられたのは、治承三年十一月十九日の除目で平経盛が但馬の国の知行国守、その長子の経正が但馬守で寿永元年まで領国であった関係上、八島の決戦に但馬の兵が駆り立てられたため戦死者も多かったのである。

そして平家が文治元年二月二十四日に安徳天皇を奉じて壇ノ浦に滅亡すると同時に、但馬国の惣追捕使の横山時広は佛心を起こし、一万巻の法華経を進美寺で転じ、怨敵調伏を祈願し、文治二年にも長日にわたり法華経を三十三巻読誦し、出兵戦死者の菩提をとむらい、建久五年五月十三日にはついに法華経三千部、観世音経十万巻を読んで、平経正以後の在地に於ける有力土豪で、また守護的な在庁官人である国中の在庁大名及び有志者を求めて、敵味方の供養を自己の祈願寺である天台宗で根本中堂の末寺の進美寺でおこなったのである。

ところがここにさきの建久五年五月十五日を以て源頼朝より関東御祈禱所に進美寺が指定され、建久八年には源親長（安達親長）が守護となっていて、彼は横山時広のあとを受けて進美寺を但馬国関東祈願所として、建久八年十月四日に鎌倉殿八万四千基御塔のうち但馬国分として五百基を安達親長が勧進するうち、三百基を進美寺で開眼供養し、六十三基は進美寺の住僧達が寄進し、他の二百三十七基は国中の大名等の勧進を求め、守護の親長は自ら八万四千塔の勧進奉行司としてこの運動を進めた。

このことは私は決して但馬国進美寺の場合だけでなく、源頼朝は全国の守護に呼びかけてこの八万四千基の宝塔を造立することによって敵味方の遺恨を断つための供養としたと考えられる。

この八万四千基の宝塔とは、主として泥塔が用いられ、八万塔ともいい泥土の小塔を造って寿命長遠、滅罪生善を求め、造塔延命功徳経に造塔の功徳によりて煩悩を消除し、延寿を得ることを説いていることにもとづいている。しかして進美寺の場合は、不空訳の一切如来心秘密全身舎利宝篋印陀羅尼経（大正十九・一〇二二）の文を引用して高山峰上でこの陀羅尼を誦するときは、眼の及ぶ所遠近世界の一切の生類が惑障を砕破して、佛性を得て畢竟大涅槃に安住することが出来るという文を用いて、進美寺もかかる所に相応した所であることから、ここに八万四千の塔を作って源平兵乱の戦没者の成佛を祈願するというのである。

この場合のごとく八万四千の塔は泥で作成した宝篋印塔を用いている場合が多く、これは経文に塔を作りダラニを誦するときは、「人ありて死して地獄に堕せんに、その子孫亡者の名を称し、この神咒を誦すること七遍せば、洋銅・熱鉄忽然として変じて八功徳池となり、蓮生じて足を挙げ飛ぶが如くに極楽界に到る」という主旨のもとに、中国では呉越王銭弘俶が銅で八万四千の小塔を鋳してこの経文を収め、我国でも実信は崇徳天皇の増長恒受快楽のため大治二年より四年まで毎日百基を、また安楽房重慶は建仁三年八月二十九日に頼朝の病のため鶴岡八幡宮で八万四千基泥塔を供養している(41)。

いまこの例は、頼朝が主催して当然源平のなくなった兵士のために、諸国守護に命じてその土地の関東御祈願所で八万四千基の泥塔を諸国に分けて戦没兵士の遺恨調伏追善供養を行わせたのであって、そのことは平氏を佛敵としてきめつけることにより、頼朝自身、戦が終了したら一日も早くこのことを行うことによって戦乱による同民族争乱の惨劇より脱して往生極楽を求めて人々の心を慰めたいと考えたのであろう。彼が死ぬ以前に信濃の善光寺へ参詣することを欲したのも、諸国における鎌倉殿八万四千基御塔開眼供養の最終をかざり自己の往生極楽を求めるためでもあった。さらに東大寺大佛（ここでは本尊を阿弥陀如来と考える）の勧進の重源が弥陀信仰のある法然の弟子で、彼自身「南無阿弥陀佛」と称したことも、頼朝の来世の往生極楽への望みを高めると同時に、この弥陀信仰こそ、戦後の精神的安定を求める最大のものと考えたのである。このような源頼朝の願意が諸国に八万四千塔造立運動を通じて高めると共に、法然一派の浄土教が、戦後の人心救済に大きく動き出すことができたともいえる。

建久六年（一一九五）三月十二日に初めて上洛して東大寺供養に頼朝が臨んだことは、東大寺大佛を報身として弥陀如来と観じ、その佛と寺院の完成は戦の終了を天下に示す意義が大きかったと同時に、さきの八万四千宝塔造立の運動の最終をかざり、諸国の守護・地頭に対する精神的な影響を与えんとするものであった。

このように考えてくると進美寺文書の持つ意義は甚だ大きいといわざるを得ないし、源頼朝と鎌倉新佛教の果した源平内乱後の、民衆の精神的安住を八万四千塔運動を通じて一早く達成しようとする強い意欲がうかがえる貴重な唯一の史料であるといえる。

（1）玉葉巻三十六、治承五年閏二月五日条（国書刊行会本）四八五頁
（2）平家物語巻一（日本古典文学大系本）上巻一一六頁
（3）同右
（4）玉葉巻三十一。治承三年十一月十四日条
（5）同右、一一九頁
（6）山槐記、治承三年十一月二十七日条（史料大成本）
（7）玉葉巻三十三、治承四年三月十七日条
（8）平家物語巻七、下巻九〇頁
（9）平家物語巻四、上巻三〇〇頁
（10）玉葉巻三十四、治承四年五月二十一日条、四〇七頁

(11) 山槐記、治承四年五月二十六日条
(12) (10) に同じ
(13) 玉葉巻三十四、治承四年五月二十日条、四〇九頁
(14) 玉葉巻三十四、治承四年五月二十七日条、四一二頁
(15) 愚管抄巻五、別帖（中島悦次・評釈本）三五二頁
(16) 平家物語巻五、上巻三三四頁
(17) 玉葉第三十四、治承四年六月二日条、四一三頁
(18) 玉葉第三十五、治承四年十二月十九日条、四五一頁
(19) 本書は保安五年→文永六年に到る修中日記で、本寺所蔵中最古の写本である。その筆写は定めて文永年間のものと云われている。但し下半部は寛文七年の二月堂の回録により焼損している〔東大寺図書館蔵141/468 A〕
(20) 玉葉第三十六、治承四年十二月二十五日条、四五六頁
(21) (15) に同じ
(22) 山槐記、治承四年十二月二十四日条、一五四頁
(23) 平家物語巻五、上巻三八四〜三八五頁
(24) 同右、巻七、聖主臨幸、下巻一〇一頁
(25) 方丈記（日本古典文学大系本）二一頁
(26) 玉葉巻三十六、治承五年正月一日条、四五八頁
(27) 同右、治承五年閏二月十五日条、四八五頁
(28) 同右、治承五年閏二月五日条、四八八頁
(29) 愚管抄巻五、三七五頁
(30) 玉葉巻四十、寿永三年二月十二日条、一一頁

(31) 同右、寿永三年二月二十三日条、一三頁
(32) 同右、治承五年四月二十日条、五〇一頁
(33) 同右、治承五年閏二月二十日条、四八九頁
(34) 同右
(35) 同右、養和元年十月九日条、五三一頁
(36) 同右、養和二年七月二十四日条、五六七頁
(37) 同右、寿永二年正月二十四日条、五九三頁
(38) 鎌倉遺文(二)、七二四号、小野時広奉書案
(39) 同右(二)、七二五号、小野時広奉書案
(40) 同右(二)、九三七号、源親長敬白文

二　承明門院在子と宗性上人

1　承明門院在子の生涯

いま承明門院在子と宗性上人の関係を知るうえにおいて、宗性の『承明門院御忌中諸僧啓白指示抄』との関係を明確にしなければならない。それは正嘉元年（一二五七）七月五日承明門院在子が崩御されて、二日後の同月八日よりの四十九日御忌中の御前僧に宗性が参じたことによる記録である。

承明門院在子は、はじめ後鳥羽天皇の後宮に入り、為仁親王、のちの土御門天皇の生母となった。在子は権大納言、

のちに内大臣となった源（土御門）通親の養女で、実父は法勝寺法印能円であった(1)。

この能円の出自については、山槐記の中に

尊勝寺執行法眼能円故皇后宮亮顕憲朝臣子、与中宮母儀二品同母、□補法勝寺上座、即被仰執行云々、本執行法印静憲少納言入道信西子、保元、補之、平治乱被止其職寛雅法印補之、寛□少僧都俊寛補之、而去々年六月有事、入道大相国申請之被遣□国、其後静憲又還補、歓喜光院執行法眼章玄相共所望、昨日自院□大蔵卿泰経朝臣為御使、向入道大相国八条亭、被仰合云々、辞退替法勝寺学頭被仰権律師源実山、云々、前大僧都章実入滅替(2)、

と見えて能円は、はじめは尊勝寺執行であったが、通憲の子の静憲が、平清盛の助言によって還補されたとき、尊勝寺より法勝寺執行に昇進したのであった。

この能円の母は、最初に平清盛の妻時子の父の平時信との間に時子、時忠、親隆を生んだあとで、平時信と別れて藤原顕憲に嫁してそこで能円と親宗を生んでいる。

この能円の妻の範子は藤原範兼の娘で、刑部卿三位の局といわれ、後鳥羽天皇の誕生のとき乳母となった。この関係について愚管抄は範子の兄の範季とのことを述べて

コノ範季ハ後鳥羽院（四ノ宮）ヲヤシナイタテマイラセテ、践祚ノ時モ、ヒトヘニサタ（沙汰）シマイラセシ人也、（中略）当今ノ母（修明門院重子）后ノチヽ（父）ナリ、サテ贈位モタマハレリ、範季ガメイ（姪）刑部卿ノ三位ト云シハ、能円法師ガ妻也、能円ハ土御門院ノ母后、承明門院ノ父ナリ。コノ僧ノ妻ニテ刑部卿三位ハアリシ、ソノ腹也、ソノ上御メノト（乳母）ニテ候シカドモ、能円ハ六ハラ（波羅）ノ二位ガ子ニシタル者ニテ、御メノトニモナシタリキ、落シ時アイグ（相具）シテ平氏ノ方ニアリシカバ、其後ハ刑部卿ノ三位モ、ヒトヘニ範季ヲヂ（叔父）ニカカリテアリ（有）シナリ。ソレヲ通親内大臣又思テ、子ヲイクラトモナク

ウマセテ有キ、故卿ノ二位ハ刑部卿三位ガ弟ニテ、（兼子）ヒシト君ニツキマイラセテ、（後鳥羽天皇）カカル果報ノ人ニナリタルナリ(3)、と。このように能円は、まず清盛の妻の時子と異父同母であるという平氏とのミウチ関係により彼も時子の猶子となって法勝寺の主導権を握って、その関係をさらに深めて範子も治承四年（一一八〇）七月十四日高倉上皇と七条院殖子との間に第四皇子として尊成親王（後鳥羽）が生まれると同時に乳母となった。そして範子が通親と再婚したことにより藤原範季・範子は後鳥羽天皇の即位と共にその側近として活躍することができたのである。

さきの夫の能円は、同じ後白河法皇の息のかかった法勝寺執行の俊寛とは異り、その血統からも平氏と密接な関係にあったために、俊寛が源氏に味方しようとしたのに対して、平氏に与さなければならなかった。そして時子が清盛に嫁して宗盛等を生んでいるため、ともに西国におもむいて彼は、元暦二年（一一八四）三月二十四日壇の浦の合戦で平大納言時忠らと共に源義経に捕えられた(4)。

この時捕えられた僧徒としては二位僧都全真、法勝寺執行能円、中納言律師仲快、経誦房阿闍梨融円、熊野別当法眼行明がいた(5)。平家滅亡後、平時忠は能登へ、全真は安芸へ、能円は備中へそれぞれ流罪となった(6)。

また彼は正治元年（一一九九）八月二十六日に死亡し、明月記では「能円法師死去云々、其娘（在子）督殿猶昨日在禁裏(7)」とその最後を記している。

ついで土御門通親はこの範子とその娘の在子を後鳥羽天皇の後宮に入れることによって、政敵の藤原兼実の接近を除こうとすると同時に、在子は平氏の血を受けているも通親の養女となることによって本来の平氏より源姓を称するようになったのである。ことに乱の収まった文治元年には通親が三十七歳、正三位権中納言で、範子は三十歳前後と考えられる。そののち文治四年（一一八八）には定通が生まれた。ときに在子は二十歳であった(8)。

この在子の後鳥羽天皇の後宮への入内については、はじめ天皇が即位されたときには源頼朝が、その女の大姫を後宮に入れようとする風聞もあったが、在子の入内を推す通親は、天皇とのミウチ関係を打立てて政権の主導権を掌握したいという必要から、積極的に在子の入内に努力した。また土御門通親に対立した九条兼実がその子任子（宜秋門院）を後鳥羽天皇の中宮とすることに成功したものの彼女は皇女昇子を生んだのみで皇子を生まなかったため、建久七年（一一九六）十一月二十六日兼実は土御門通親の謀略のため関白を罷めさせられ、その一族である天台座主慈円も天台座主職や法務及び権僧正を辞して籠居せざるを得なかった。その理由としては「コノ頼朝ガムスメ（長女大姫）ヲ内ヘマイラセンノ心フカク付テアルヲ、通親ノ大納言トイフ人、コノ御メノトナリシ刑部卿三位ヲメ（妻）ニシテ子ドモ生セタルヲ、コメヲキタリシヲ、サラニワガムスメマイラセント云文カヨハシケリ」[9]。これは通親が兼ねてより関東に近い兼実を排除して自己の一族による政権の掌握を実現しようとする策謀によるものであった。そして次に在子が為仁親王を建久九年（一一九八）一月十一日に生むと、後鳥羽上皇の院政を実現し四歳になる為仁親王の即位を促進しようとした。兼実は、

譲位事、譲国等事、自レ元不レ及二沙汰一云々、幼主不二甘心一之由東方雖レ令レ申、（中略）皇子之中未レ被レ定二其人一関東許可之後、敢取二孔子賦一、又被レ行二御占一、皆以二能円孫一為二吉兆一仍被二一定一了[10]、

と、為仁親王践祚を卜筮によって決定した。

その裏には通親の強い働きかけがあり、「通親卿為レ振二外祖之威一嫁二彼外祖母一了故也（中略）世人為二奇異一為レ休二其嘲一忘二帝者之瑕瑾一同二通親謀一云々」[11]と兼実は通親が卜筮で譲位を決定したことをはげしくなじり、それは国家の滅亡を待つようなもので、禁裏仙洞を掌中に収めて、天下を独歩することを謀っていると述べている。これより土御門通親は在子を背景に土御門天皇の政治を動かし、源博陸（源摂政）とあだ名されるほどの実権をにぎった。そして後鳥

羽上皇はまだ十九歳で院政を始めるなど異常な事態となった。このように上皇の年齢が低いことは、通親が朝廷と院政の両者に実権をふるうための重要な意味が含まれていたのであった。

このことはさきの兼実の意見よりしても、兼実はあくまで皇位継承に関東の意見を用いることを一貫して述べているのであって、ここにまた九条家を入口とする関東と、それを排除しようとする通親とのはげしい暗闘が繰り返されたのであった。この建久七年の政変は通親をば上皇の院別当に任じ、後宮別当と院別当とを兼ねて、兼実に対抗すると同時に反武家の態度を露骨にあらわした。頼朝は兼実と通じながら大兵を引いて上洛をして通親を追却しようとしたが急死したので、通親は哀悼の意を表しつつ幕府の奉行人とはからって西園寺公経の出仕をとどめ、文覚を佐渡に流すなどして在京の幕府勢力を弱めることにつとめた。

また後鳥羽上皇もこの方針に同意されて、第三皇子守成親王を土御門天皇の皇太弟に立てたけれども幕府には通知せず、上皇は機会ある毎に幕府勢力を弱めて関東との対決の道を歩まれた。ことに建仁二年（一二〇二）十月二十一日内大臣通親が卒すると共に後鳥羽上皇の親裁政治が始まり、倒幕が計画され、ついに承久の乱にすべり込んでいったのである。

後鳥羽上皇は修明門院重子の生んだ第三皇子守成親王を寵愛されたため、上皇の意のもとに土御門天皇は十六歳で譲位され、新帝は十四歳で土御門上皇は二十五歳で承久の乱によって土佐へ配流されたのである。そして貞応二年（一二二三）阿波に遷され、寛喜三年（一二三一）三十七歳で薨ぜられた。

いっぽう土御門天皇は土御門通宗の女の通子を入れて承久二年（一二二〇）二月二十六日邦仁親王（後嵯峨）を生んだ。承明門院在子は土御門天皇の在位中の建仁二年（一二〇二）正月十五日、生母の故をもって准三后となり院号を定めて

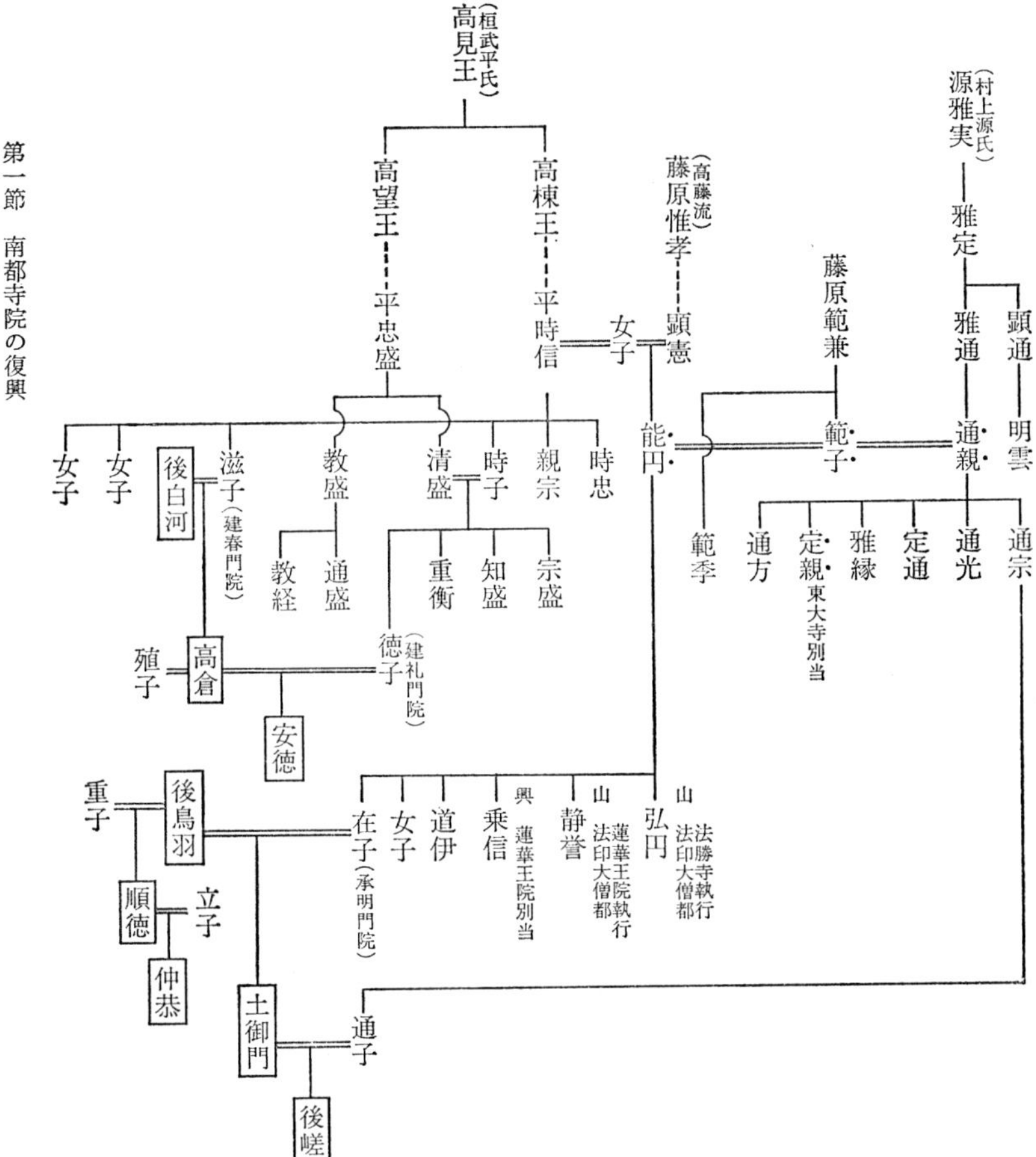

（桓武平氏）高見王
高望王
高棟王
平忠盛
平時信
（高藤流）藤原惟孝
顕憲
女子
（村上源氏）源雅実
雅定
雅通
顕通
明雲
藤原範兼
範子
通親
能円
範季
通方
定親 東大寺別当
雅縁
定通
通光
通宗
女子
女子
後白河
滋子（建春門院）
教盛
清盛
時子
親宗
時忠
教経
通盛
重衡
知盛
宗盛
殖子
高倉
徳子（建礼門院）
安徳
重子
後鳥羽
在子（承明門院）
女子
道伊
乗信 興 蓮華王院別当
静誉 山 蓮華王院執行 法印大僧都
弘円 山 法勝寺執行 法印大僧都
順徳
立子
仲恭
土御門
通子
後嵯峨

承明門院と名づけた。この准三后の院号宣下は比較的出自の低い国母が准三后の宣下をうけたうえに院号が宣下される場合になされ、それは八条院にその起源を持つという。(12) 承明門院は土御門万里小路に住み(13)御堂を建て、建仁三年（一二〇三）五月二十九日に雅縁僧正を招いて故通親の追善法事を行っている。(14) ついで土御門上皇は東大寺総供養につき共に臨まれ、元久二年（一二〇五）八月には土御門上皇が院に解脱房貞慶を召して故三位範子の佛事が行われ女院もまたここをおとずれている。(15) さらに承元元年（一二〇七）には熊野詣も始められている。(16)

ことに承明門院は、土御門天皇の譲位ののち、その母后としての役目を果したという疲労とともに病い勝ちとなり、ついに建暦元年（一二一一）十二月四日出家して尼真如観と名づけられ、御歳四十一歳で出家され、その日のうちに逆修供養が行われた。(17) そしてその一年後に土御門一族による母範子の十三回忌法会の法華八講を行っているが、土御門上皇と承明門院の間も「案二世間一之儀、猶以背二尋常一時々有下可レ然御幸上(18)」という密儀のなかでの御幸で、この土御門殿で興福寺雅縁をはじめ山門の円能・顕円、寺門の貞雲等で静かに母后の追善供養がとりおこなわれ、そこに土御門定通、高通、通方等の一族が集まった。

ことにこの一族にとって大きな波乱が生じたのはなんといっても承久の乱であった。

順徳天皇の譲位は後鳥羽上皇の討幕計画の実施のためのもので、天台座主に尊快法親王を入れて延暦寺の僧兵を集め、僧団と御家人の不満を求めて計画が進められたが、上皇の計画は水泡に帰し、義時の追討を依頼した三浦義村はかえって内応してその策が鎌倉に悟られ、鎌倉方は時房・泰時を総大将として京都を攻め、上皇の武家社会の御家人構造への不充分な理解も手伝って瓦解し、敗北を余儀なくさせられた。

そこで後鳥羽上皇以下が流罪となって、のちに土御門上皇は土佐に移った。そして首謀の藤原光親、宗行、源有雅等が斬罪に処せられ、後鳥羽院政に参じた院臣の多くは追放され、承久三年（一二二一）七月二十日、土御門通親の子の通光（三十五）・定通（三十四）・通方（二十三）も追放されて、ここに土御門一門が内大臣を中心としてきずきあげた政権の基盤は崩壊した。それと同時に後鳥羽院政は壊滅し、幕府は行助（守貞親王）を還俗させて後高倉院と称して無理に院政を行わせ、また一方では後堀河天皇を即位させると共に、朝廷の動向を偵察するための六波羅探題の制度がとのえられ、承久の乱後の体制は幕府の干渉のもとに進められたから、幕府に近い九条道家、教実、家実等の権威が復活して、土御門一門にかわって九条一門がふたたび政治の中枢を掌握することとなった。

また別に土御門上皇が、後鳥羽上皇と共に討幕計画に参じられたとき、土御門通宗の女の通子に皇子が生まれ、邦仁親王と名づけられたが、上皇は乱の興るのを予測して、

うき世にはかかれとこそ生れけめ　ことはり知らぬ我涙かな(19)

と詠じられて将来を心にかけられていた。その上この皇子の母の典侍通子は、承久三年八月二十歳で崩ぜられた(20)。さきに生まれられた二歳の邦仁親王は、始めは外戚に当たる中院通方にあずけられていたが、十九歳のとき暦仁元年（一二三八）十二月二十八日、道方の死去のために邦仁親王は叔母の承明門院にあずけられることになった。

そのほか承明門院には、さらにわが子土御門上皇の土佐配流の事件が起った。もちろん上皇は承久の変の直接関係者ではなかったが、「我身都ニ安堵シテ居事、弥不孝ノ罪深シ」との意志により承明門院のとどめも聞かれず決意されたのであった(21)。

そののち土御門上皇は三上皇のうち最も早く寛喜三年（一二三一）十月十一日三十七歳で阿波国板野郡池谷行在所で崩ぜられた。このとき承明門院は、

まことや、その年(寛喜三)十一月十一日、阿波の院(土御門)かくれさせ給ひぬ。いとあはれにはかなき御事かな。例ならずおぼされければ、御ぐしおろさせ給ひにけり。こゝら物をのみおぼして、今年は三十七にぞならせたまひける。今一度みやこをも御覧ぜずなりぬる、いみじうかなしきを、隠岐(後鳥羽)の小島にもきこしめしなげく。承明門院(在子)は、さまぐ\のうき事を見つくして、猶、ながらふる命のうとましきに、又かくおなじ世をだに去り給ひぬる御歎の、いはむかたなさに、「などさきだたぬ」と、口惜しう思しこがるゝさま、ことわりにも過ぎたり。かしこにて召しつかひける御調度、何くれ、はかなき御手箱やうのものを、都へ人のまいらせたりける中に、たまさかに通ひける隠岐(後鳥羽)よりの御文、女院(承明門院)の御消息などを、ひとつにとりしたためられたる、いみじうあはれにて、御目もきりふたがる心ちしたまふ。(22)

とそのかなしみは見るめもいたましい程であった。そしてこれよりさらに佛への帰依の念が高まった。

そしていまとなっては邦仁親王をあずかりその成長を期待していた。ついで四条天皇が十二歳で崩御され、皇太子の決定がなかったので、九条道家は藤原能保の女の立子の生んだ忠成親王の皇位継承を提唱した。それに対して土御門定通は、はじめ大江親広に嫁した北条義時の娘をのち自分の妾として次男顕親、顕雲(山)を生ませていた関係から、義時の子の六波羅探題重時を動かし、順徳天皇の血を引く忠成親王の皇嗣をはばんだ。そのうらには、朝廷における九条家の後退と、鎌倉における将軍頼経の権威の衰退、そして北条氏の執権職の強化につながって、もしも忠成親王を即位させるならばその廃位も辞さないという幕府の強い態度に押されて、ついに承明門院の孫の邦仁親王の即位(後嵯峨天皇)となったのである。そして久我通宗は左大臣となり土御門家による皇位継承をば復活した。その上西園寺実氏の女の姞子を入れ、その腹に久仁親王が生まれたので直ちに皇太子とした。この後嵯峨天皇の政治はこの実氏が関東申次となったことにより幕府とは円満で、破局は起らなかった。この姑子は久仁・恒仁の二人の皇子を生んだが、天皇としては恒仁を寵愛し、その即位を求めるため後深草天皇（久仁）は十七歳で譲位し、恒仁親王は亀山天皇として十五歳で即位した。かくて承明門院在子は正嘉元年（一二五七）七月五日、八十七歳をもって崩御された。

正嘉元年の春の頃より、承明門院御悩おもらせ給へば、院（後嵯峨）もいみじう驚かせ給ひて、御修法（みしほ）なにかと聞えつれど、遂に七月五日、御年八十七にてかくれさせ給ひぬ。ことわりの御年のほどなれど、昔の御なごりと、哀にいとほしう、いたづき奉らせ給ひつるに、あへなくて、御法事など、ねむごろにおきての給はする、いとめでたき御身なりかし。あくる年八月七日、二の御子（亀山の院）坊に居給ひぬ。御年十なり。よろづ定りぬる世の中めでたく、心のどかにおぼさるべし。(23)

このように承明門院在子は多くの世相の中に波瀾に富んだ生涯を閉じられたが、ここに鎌倉初期における朝廷の動向は土御門通親と九条兼実の政権の争奪を通じ、承久の乱後は幕府の干渉が盛んとなって皇位継承は両者間の争点の中心となったのである。

そして通親以後は土御門家は後嵯峨天皇の即位を待つ状況となってその目的が達せられたときに政権の中央に返り咲くこととなった。このような政治の動向をもとにして、東大寺宗性と承明門院および後嵯峨天皇とはいかなる関係によって結ばれ、ことに承明門院の薨去に際しての忌辰の御前僧として招かれたのであるかを考えてみたい。

2　宗性の御前僧と後嵯峨院

東大寺宗性上人の著作のなかに承明門院在子の崩御に際しての多くの書が含まれている。

それは、承明門院御忌中諸僧啓白指示抄をはじめ、承明門院御忌中願文集、承明門院御忌中願文習学抄、承明門院御一周忌願文集の四十九日追善に関するものであるが、そのほか、逆修追善に関してのものとしては後嵯峨法皇が亀山殿で始められた御逆修の願文を集めた亀山殿御逆修願文集が宗性の自筆本で現在残されている。[24]

いままずこれらの四十九日追善供養の意義については、瑜伽師地論の中に人間が肉体を滅してのち、その霊魂が中有にあって止まるところが定まらず、次の生処を決定できない状況に置かれているとして、「中有は未だ生縁を得ざれば、極めて七日住す。生縁を得ることあるも即ち決定せず、若し極めて七日にして未だ生縁を得ざれば、死して復た生じて極めて七日住す。是の如く展転して未だ生縁を得ずして乃至七七日住す。此より已後は決して生縁を得ず[25]」と見えていることにもとづくが、霊魂の生処を六道に決定するためにも追善の必要があると同時に、平安時代では生前における造寺、造佛、写経等の善因によって往生極楽への道を求めようとした貴族社会のあり方に於てより盛大となっていった。また法華経の法師品のなかに、悪世末法の時に「若有レ人問下何等衆生於二未来世一、當レ得中作佛上、応示二是諸人等一、於二未来世一必得二作佛一何以故若善男子善女人於二法華経乃至一句一受持読誦解説書写、種種供二養経巻[26]一」とあって悪世末世に於ける法華経受持、書写等の功徳は全巻を通じて述べていることから、この法華経を中心として教学を打ち立てている天台宗としては、より強く貴族社会にこの信仰をかき立てると同時に忌日追善供養の勝因として提唱したのであった。

つぎに七七忌日供養の初見については、大宝二年（七〇二）に持統上皇の崩御にあたって、続日本紀における大宝三年二月十七日の条に「是日当二太上天皇七七一、遣二使四大寺及四天王・山田等ノ卅三寺一、設レ斎[27]」、また文武天皇の場合も「天皇崩、遺詔挙レ哀三日、凶服一月（中略）一依二遺詔一行レ之、自二初七一至二七々一於二四大寺一設レ斎[28]」とて、天皇の崩御されてのち七七日の供養を行われたことは持統・文武頃より関係のあった諸大寺で厳修された例によってもわかる。また聖武天皇の七七日に際しても、光明皇后は「隙駟難駐、七々俄来、茶襟転積、酷意弥深」[29]と七七忌辰を期して東大寺で供養を遂げ、ついで天皇の御遺物を正倉院に収めている。

このように七七日追善は、平安時代に於ても盛んになされ、延喜式玄蕃寮の規定のなかに「凡王臣以下誦経布施者(中略)三七若七七日一度、施修不㆑得㆓違差㆒(中略)若相労之人、必有㆑可㆓諷誦㆒」[30]と七七忌日に経典を読み諷誦をかかげて追善することを規定している。また西宮記でも崩御あったとき「毎七日御誦経事」とか、皇后・太子等の薨去にあたっては「毎七日御誦経、御法事於本宮被行」[31]と定められている。このように平安時代より盛んとなった追善供養のあり方については二つの方法が考えられる。

まず一つは天皇等の建立した御願寺を中心として営まれる場合、つぎには天皇等の崩御された場所、すなわちその在位中、または譲位後の御所となった寺院または、居住されていた御所で行われる場合が見られるが、最初は前者の場合の例が多い。例えば仁明天皇のときは近隣七カ寺、および南都七大寺で、清和天皇の場合はその建立になった円覚寺で四十九日間、法華経と光明真言が唱えられて供養が行われている。

そして平安中期では四十九日の忌辰法会は御居住の御所を中心に四十九日間つとめられ、七七日が終ると御所での法会が停止され壇をとりのぞいて、そののちは御願寺でとり行われるのが慣例となっている。それについての例は次の表が示している通りである。

このように四十九日忌辰のあり方は、もちろん国家的な制度によるものではないために、律令や延喜式等にはくわしい規定はないが、平安時代になって慣習法的に発達した佛教儀礼である。

第1表　歴代天皇の七七日供養

天皇	崩御日	場所	初七日	二七日	三七日	四七日	五七日	六七日	七七日	周忌寺院等	典拠
光孝〔天皇〕	仁和三・八・廿六	仁寿殿	近陵七ヶ寺		（誦経）	（誦経）	（諷誦）		西寺	西山御願寺（仁和寺）	三代実録 日本紀略
醍醐〔上皇〕	延長八・九・廿九	右近衛府	（公家諷諷）	（公家諷誦）	醍醐寺 勧修寺 御念佛	七ヶ寺誦経 延暦寺、東西塔、東、西寺、醍醐、勧修、小野寺			醍醐寺	醍醐寺	醍醐雑事記
宇多〔法皇〕	承平一・七・十九	仁和寺御室	↑……	……	……	……	……	……↓	東寺		日本紀略
陽成〔法皇〕	天暦三・九・廿九	冷然院	↑……	……	……	……	……	……↓	円覚寺		
朱雀〔法皇〕	天暦六・八・十五	（仁和寺）カ	↑……	……七……	……ヶ……	……	……寺……	……↓	醍醐寺		醍醐雑事記
村上〔天皇〕	康保四・五・廿五	清涼殿		七寺誦経	七寺誦経	八坂珍皇寺、鳥戸、月林、大覚、神応、延暦寺、西法華堂	延暦寺西塔、釈迦堂、観空、醍醐、法性、上出雲寺、弥勒寺	東大、三興、大安、興福、西大、法隆、薬師寺	清涼殿		紀略日本
円融〔法皇〕	正暦二・二・十二	円融寺	↑……	……	……	……	……	……↓	円融寺		日本紀略

花山〔法皇〕	寛弘五・二・八	(花山寺)カ		(花山院)カ					(花山院)カ	(花山院)カ	日本紀略
一条〔法皇〕	寛弘八・六・廿二	一条院中殿	一条院	↑	……	……	……↓	一乗院	一条院	一乗院 円教寺	日本紀略 小右記
冷泉〔上皇〕	寛弘八・十・廿四	東三条南院			(誦経)	(誦経)	冷泉院	↑……↓	冷泉院	妙覚寺	日本紀略 御堂関白記
三条〔法皇〕	寛仁元・五・九	三条殿					三条院	↑……↓	三条院	三条院	御堂関白記 小右記
後一条〔天皇〕	長元九・四・十七	清涼殿			円教、珍皇寺、慧心院、積善寺、醍醐寺、勧修、法成寺	円教、円成、延暦、同寺釈迦堂、勝蓮華院、嘉祥、法成寺	極楽、円教、法性、禅林、雲林院、浄土寺、法成寺	石山、浄土、崇福、珍皇、法成寺	珍皇、円教、仁和、円融、禅林、法興院、法成寺		左経記
後朱雀〔上皇〕	寛徳二・一・十八	東三条第	円教寺（常住寺等七寺）								扶桑略記
後冷泉〔天皇〕	治暦四・四・十九	高陽院								法成寺	水左記 中右記
後三条〔法皇〕	延久五・四・廿一	高房朝臣大炊御門亭	七ヶ寺（誦経）						円宗寺		師守記
堀河〔天皇〕	嘉承二・七・十九	堀河院			尊勝、香隆、円宗、仁和、円教、法性、広隆寺、堀河院	尊勝、香隆、醍醐、禅林寺、円融院、円乗寺、法成寺、堀河院	尊勝、香隆、円宗、珍皇、慈徳、積善、勧修寺、七大寺、堀河院	堀河院、尊勝、香隆、嘉祥、法成寺、雲林院、禅林、極楽寺	堀河院、尊勝、香隆、円宗、延暦、清水、円城、浄土寺	堀河院	殿暦

白河〔法皇〕	大治四・七・七	三条烏丸西殿	白河院、法勝、白川、新堂、勝金剛院、香隆寺、以上毎度、三ヶ寺替	白河院	白河院（七寺誦経）	白河院（七寺誦経）	白河院（七寺誦経）	白河院（七寺誦経）	法勝寺	法勝寺	中右記
近衛〔天皇〕	久寿二・七・廿三	近衛殿	近衛殿、延勝、尊勝、円宗、東、西、常住寺知足院	近衛院	近衛院、延勝、円宗、香隆、円教、仁和、知足院	近衛院、延勝、醍醐、尊勝、円乗禅林寺、知足院、勧修寺	近衛院、延勝、珍皇、円宗、嘉祥寺、知足院雲林院、円融院	近衛院、延勝、尊勝、円成、浄土清水寺、知足院、崇福寺	近衛院、延勝寺、知足院、円宗、上出雲、法住、延暦、貞観寺	延勝寺	兵範記
鳥羽〔法皇〕	保元元・七・二	安楽寿院	安楽寿院、（鳥羽殿）、法勝、最勝寺、宝荘厳院、勝光明院、延暦、極楽寺、得長寿院	←……	……	……→	安楽寿院	←……	……	……→	兵範記
崇徳〔上皇〕	長寛二・八・廿六	配所									百練抄
二条〔上皇〕	永万元・七・廿八	押小路洞院			（誦経）	（誦経）					玉葉

六条〔上皇〕	安元二・七・十七	源邦綱東山第									玉葉
高倉〔上皇〕	養和一・一・十四	六波羅池殿						最勝光院		高倉院	玉葉
安徳〔天皇〕	文治元・三・廿四	壇之浦									玉葉
後白河〔法皇〕	建久三・三・十三	六条殿	六条殿、蓮華王院、最勝寺、宝荘厳院、延暦寺	↑	︙	︙	︙	︙	↓	六条殿	玉葉

それ故、これは佛事慣習としてその方式が定着し、永承年間よりの末法思想の普及と願生浄土への願望の高まりによってより盛大となっていったと考えられる。

ことに四十九日の忌辰行事は史料的に述べて堀河天皇の七七日の場合がよく見られるのである。もともと堀河天皇は白河天皇の第二皇子として応徳三年（一〇八六）に八歳で即位され、その母賢子の養父、藤原師実を摂政として政務を見られたが、実際の政治はほとんど白河上皇の院政にゆだねられた形であった。

堀河天皇の崩御にかかる七七日の供養の状況は、中右記に詳しく記されているが、堀河天皇は嘉承二年六月二十八日頃より風邪にかかられ、七月五日発熱、この間堀河院の昼御座で等身五大尊の供養が仁豪僧正により営まれ、また七佛薬師像の等身不動尊像三体を彫まれるなど種々の御修法、御祈りの絶えることはなかった。また仁王経・法華経も転読され、諸社、後三条天皇陵等にも奉幣祈願されたけれどもそのかいなく、七月十八日には大僧正増誉が御几帳の辺で祈念加持修法を行い、天皇もまた自我偈を唱えられて後生菩提を求められた。ことに天皇は「年来之間欲㆔暗㆓誦法華経㆒之御志深、仍第一二巻已令㆓誦付㆒給」[32]ほどであったが、十九日の辰剋についに崩御になった。その状況は

主上辰刻許御気已断給也、但先自唱㆓大般若法花経号并不動尊宝号㆒次唱㆓釈迦弥陀宝号㆒向㆓西方㆒給、身体安穏只如㆘入㆓睡眠㆒給㆖也、[33]

ここでも、先のように天台座主増誉を中心として天皇の崩御に際する祈願の状況が見られるのである。もちろんこの場合は在位崩御の例で、後一条天皇の清涼殿、後冷泉天皇の高陽院についで堀河天皇は堀川院中殿で二十九歳で崩御された。この堀川院は里内裏として天皇が即位された処であり、天皇は幼帝での即位であったため白河上皇の後見を受け、関白師通の反発があったにしても充分に政務を完遂することは至難であった。

この堀河天皇の崩御あってのち、二十二日御入棺、法印賢暹参入して真言を書き入れ御入棺ののち「冷泉院以後近代多以御所号為㆓其院号㆒」[34]の例により堀河院と称した。

二十四日御葬送の儀にあたっては増珍が講師となって、尊勝寺より机を借りて毎日御経供養の佛を安置し、弥陀三尊の図絵をかかげ御念佛を始められたのち堀河殿を出て清庭葬場殿で荼毗に附せられ、ときに定真を導師とし賢暹を咒願、さらに隆覚、斉覚、覚樹等が相ついで葬送を終えた。そして同日に御前僧二十口が「籠卌九日人々」として堀河院の四十九日が終るまで院に参籠して毎日その法要をする役を仰せられている。ことに御前僧とは御所にて四十九日間の追善法会をとり行うために指名された因縁浅からぬ高僧の中より任命されるものであった。

またその外に堀河院の御遺言として尊勝寺阿弥陀堂で九段阿弥陀護摩を延暦寺三人、三井寺三人、東寺伴僧二口で

おこなわれ、堀川御所中殿でも済暹律師により護摩がなされている。

この四十九日の供料は近臣の受領より差出している。二十五日には酒を以て御骨を焼き、円融院山陵の近くにある香隆寺に遷し、御墓所に葬って山陵としたのである。また葬送に参らない留守の公卿後宮たちは堀川殿で夕には阿弥陀経を、朝（暁）には九条錫杖と法華懺法が行われることが例となっていた。

つぎに堀河天皇の例をもとにして承明門院の場合を見てみることにする。この場合は鎌倉初期の例ではあるが、その儀礼法式はやはり平安時代よりの慣例がそのまま忠実に行われているものと考えてもいい。この承明門院在子の場合、同院が居住していられた万里小路の土御門殿で七七日の忌辰の法会が行われたのであるけれども、宗性はこのときの御前僧に任ぜられている。

この御前僧というのは、さきに述べたように天皇や皇后等の崩御のときに見られる制度で、まず御前僧任命ののち葬送が行われるか、あるいは御葬送ののちに任命される例もあるが、大治四年（一一二九）七月七日の白河法皇のときは崩御の翌日に、堀河天皇のときは崩御の五日のちに任命されている。もちろんこの葬送儀礼については崩御ののちにはまず御遺骸を納棺され御葬送の儀が行われる。これについては嘉承二年（一一〇七）七月十九日に崩御になったさきの堀河天皇の場合が詳細に記録されている。

従今夕不供昼御膳、戌刻御喪送事始、仍出御以前先於中殿始御念佛、中殿昼御座方母屋三間、幷東南庇懸幡花幔、母屋南一間立佛台懸御佛、南面、其前立花机礼盤等、母屋西垂御簾、東北敷畳、東（母屋）南庇不懸御簾、為僧座、僧綱高麗、凡僧紫端、南広庇敷高麗端為公卿座、其前立散花机佛具、是最勝講相具也、経机用尊勝寺、毎日御経供養必置佛、布施絹一疋、行事留守権大納言俊実卿、蔵人源顕行、便以御佛阿弥陀三尊奉図絵、御経一部、権律師増珍為講師、素服被相分人々、公卿、内大臣、新大納言俊実、左衛門督雅俊、源中納言国信、新中納言顕通、宗忠、右宰相中将顕雅、左京大夫顕仲、此中雅俊、国信、顕雅、為法王院司、可有憚歟如何、民部卿被申云、故郁芳門院崩御給□（時カ）不被忌者、仍今度付彼例不被忌也殿上人、宗輔朝臣、師時朝臣、顕□（国朝臣カ）、顕重朝臣、家定朝臣、侍読一人、正家朝臣、職事九人、道時朝臣、□宗能、（已上五位蔵人）、大江広房、藤仲光、源有忠、源清隆、源顕行、御乳母子（基隆朝臣、家保、宗隆、）御厨子所三人、（資季、道佐、延忠、）出納三人、（忠親、光時、貞孝、）女房、御乳母三人、（帥三位、伊予三位、紀伊三位、）典侍二人、（讃岐、伯耆、）掌侍二人、（因幡、肥後、）女房六人、（出雲、新少納言、大和、陸奥、衛門、備後、）御持僧二人、（山座主、法□、）人々或着之、(35)

そしてまず崩御された後には御枕念佛の場所を崩御の部屋にしつらえ、そののち御棺の御輿を引いて葬場に運び咒願、導師の啓白あって賢所より運んで来た聖火を以て御輿に火をつけ一夜の煙にする慣習となっている。

そしてこの御前僧については白河法皇のときは大治四年（一一二九）七月七日の崩御の翌日に定められている。御前僧は二十口で法印大和尚位覚猷〔咒願〕（山）、権少僧都実覚（興）、法眼和尚位仁恵（山）、権律師慶覚（寺）、覚基〔導師〕（山）、隆覚（山）、維寛（山）、覚誉（仁）、覚心（寺）、宗覚（寺）、相仁（山）、信慶（山）、斉実、覚晴（興）、行祐（寺）の三会已講と、範延（寺）、仲胤（山）、実園（寺）、俊増の二十口であった。

堀河天皇の場合は、

御前僧廿口、

法印賢暹、権大僧都定真、権少僧都増珍、寛慶、永縁、権律師智尊、済暹、永清、賢豪、永珍、已講長誉、定円、経賢、覚厳、禅仁、凡僧忠禅、定暹、済意、寛厳、忠尋、

以上廿口籠御卌九日人々也、

於尊勝寺(36)阿弥陀堂、被修九壇阿弥陀護摩、是御遺言者、（山三人、三井寺三人、東寺伴僧二口）□於本所中殿御所以済暹律師被修□護摩、（伴侶二口、）

この場合も賢暹（山）、定真（興）、増珍（山）、寛慶（山）、永縁（興）、智尊（興）、済暹（仁）、永清（山）、賢豪（山）、長誉（興）、定円（興）、経賢（山）、覚厳（山）、禅仁（興）、忠禅、定暹（寺）、済意（寺）、寛厳（薬）、忠尋（山）と、この二十

口の僧は四十九日間崩御された御所に参籠して忌辰を厳修する義務を帯びていた。そしてそれ以外に護摩壇をきずき護摩（阿弥陀護摩等）を修する天台、真言宗の僧を指名し、主として東寺僧等が真言宗では多く任命された。御前僧は顕教僧を中心に四大寺等より招ぜられた。そしてこの御前僧は御葬送に立会うと共に七七日の忌辰供養については、

二七日御佛、等身阿弥陀堂木像奉居也、金泥御経一部、素紙廿部供養、已講覚心依次、供養事畢給二被物一諸僧布施許也、藤大納言以下取之、佛経皆故院被沙汰置也、毎七日、御等身阿弥陀木像、金泥経一部、素紙廿部、毎日、三尺阿弥陀木像一体、素紙経廿部被供養也、是皆御存生時被沙二汰-置鳥羽御倉一也、今日七ケ日御誦経法勝寺、白川新堂、勝金剛院、香隆寺、已上毎度、残三ケ寺相替云々、(37)

火葬後の御納骨を迎え、その後に天皇等の等身の御佛を安置して法華懺法、論義、一品経供養、写経供養等、天皇等一族が存生時に沙汰しておかれ、また諸卿がこの日のために用意しておいた御佛御経の供養が七日毎の忌日に取りおこなわれ御誦経、御願文がおごそかに読まれて七七忌辰を終える慣例となっていた。ことに御前僧を招請した寺院を分類すると、白河院のときは（山）八口、（寺）七口、（興）二口で、堀河天皇のときは（山）八口、（寺）二口、（興）五口、（薬）一口とあって大半は山門で占められ、ついで南都の興福寺が加わり、薬師寺や東大寺は特別のことがないかぎりは御前僧に招ぜられる機会は少なかったのである。

そしてこの四十九日の忌辰の法会には、その用意として、(1)御佛、(2)御経、(3)名香、(4)御願文、(5)請僧には講師・咒願・読師・唄・三礼・散華・堂達を、また請僧のためには、(1)法服、(2)布施供養、(3)施粥、(4)御誦経布施、(5)堂荘厳、(6)饗、(7)施米、(8)掃除等のことが定められている。

いまこの宗性の御前僧も白河法皇のような盛大なものでなかったが、とにかく在子は現在の後嵯峨上皇の母后すな

わち国母である以上厳重な儀式として行われた。しかしてこのような四十九日忌辰の追善に関する願文の例は本朝文粋、本朝続文粋に陽成院四十九日御願文以下二十四の願文と六つの諷誦文を収載し、江都督納言願文集にも三条院五七日の願文を始め十一の四十九日修善の願文がとどめられている。このように四十九日の修善行事はかなり当時盛大に行われていたのである。

いま承明門院在子の場合はその四十九日の御前僧及び修善法儀は承明門院御忌中諸僧啓白指示抄によると第2表の如くなっている。

第2表　承明門院在子の四十九日の御前僧及び修善法儀（正嘉元年）

月	日	懺法調声	例時	日佛供養導師	忌日	忌供養御導師	引出物	其他
七月	八日	経海	信超	経海				
	九日	審隆	審隆	聖憲				
	十日	聖憲	聖憲	信超				
	十一日	信超	信超	智円	初七日	智円	菩提樹念珠一連、扇一本	「御佛不動、御経法華経六部、開結二経、転女成佛経、阿弥陀経
	十二日	智円	智円	宗性			蒔絵硯箱一合	「例時之尅白河御所有御聴聞」
	十三日	経海	経海	経海			檀紙手箱一合檀紙十帳	
	十四日	審隆	審隆	聖憲				ス、、ミノキヌ一
	十五日	聖憲	聖憲	信超			屏風片方	
	十六日	信超	信超	智円			扇箱一合、紙十枚	阿弥陀思惟経
	十七日	経海	経海	宗性			水瓶一、タラヒ一、	法皷経
	十八日	審隆	審隆	経海	二七日	宗性	牛一頭、被物二重、裏物一、布十段	「例時之尅白河御所有御聴聞」御佛観音、法華経六部開結二経、心経、転女成佛経阿弥陀経
	十九日	聖憲	信超	聖憲			朝帷、白帷、作皮子被引之其中檀紙十帖	
	二十日	信超	聖憲	信超				「例時之尅白河御所有御聴聞」

二十一日	智円	経海	智円		
二十二日	経海	智円	宗性		
二十三日	審隆	審隆	経海		
二十四日	聖憲	信超	聖憲		
二十五日	信超	聖憲	信超	三七日	経海
二十六日	智円	経海	智円		
二十七日	経海	智円	宗性		
二十八日	審隆	審隆	経海		
二十九日	聖憲	信超	聖憲		
三十日	信超	聖憲	信超		
八月一日	智円	信超	智円		
二日	経海	経海	宗性	四七日	信超
三日	審隆	審隆	経海		
四日	聖憲	信超	聖憲		
五日	信超	聖憲	信超		
六日	智円	経海	智円		
七日	経海	智円	宗性		
八日	審隆	審隆	経海	五七日	聖憲
九日	信超	信超	聖憲		
十日	聖憲	聖憲	信超		
十一日	智円	経海	智円		
十二日	経海	智円	宗性		
十三日	審隆	審隆	経海		一品経供養アリ　聖憲
十四日	信超	信超	聖憲		

釈迦如来、法華経六部、開結二経、心経転女成佛経、阿弥陀経

「例時之時尅白河御所有御聴聞」

「白河殿御所無御聴聞」

例時ノ時白河御所御聴聞アリ、御佛地蔵菩薩、御経法華経六部、開結二経、心経、転女成佛経、阿弥陀経、

例時ノ時白河御所御聴聞アリ

例時ノ時白河御所御聴聞アリ

例時ノ時白河御所御聴聞アリ

例時ノ時白河御所御聴聞アリ

例時ノトキ白河御所御聴聞アリ

当五七日例時ノトキ白河御所ノ御聴聞アリ

御佛、阿弥陀、御経、法華経六部、開結二経、心経、転女成佛経

例時ノトキ白河御所御聴聞アリ

例時ノトキ白河御所御聴聞アリ

例時ノトキ白河御所聴聞アリ、又一品経供養等アリ

女房一品経供養、御佛、普賢菩薩像一

十五日	聖憲	聖憲	信超		法住寺親王御佛事　智円	躰、并十羅刹経形像各一躰、御経、妙法蓮華経二十八品、開経、結経、心経、転女成佛経、阿弥陀経、御佛釈迦如来
十六日	経海	経海	智円	六七日	円満院御佛事　聖憲　智円	
十七日	審隆	審隆	宗性			院御幸、白河御所御聴聞アリ　御佛、等身釈迦像一体、御経、金泥五部大乗経
十八日	—	—	—			御佛事御佛、普賢菩薩、御経、法花経部、心経、転女成佛経、阿弥陀経
十九日	信超	信超	聖憲			佛舎利、御経承明門院御筆、普賢行願品一巻、法華経一部、開結二経、心経、転女成佛経、阿弥陀経
二十日	経海	経海	信超		院曼荼羅供　印円	

そしてこの時の御前僧は法印権大僧都智円（山）、法印権大僧都聖憲（山）、法印権大僧都宗性（東）、律師審隆（山）、信超（山）、経海（山）の六人で、宗性は東大寺僧として初めて参加することになった。そしてこれらの人々は後嵯峨院の主催する院最勝講にしばしば招かれた高僧達であった。この在子の場合、天皇のときのように二十人ではなく六人で以てつとめられているので、ここに天皇と国母との差異が見られるのである。そしてこの法会についての宗性の書きとどめた願文は次の通りで、それは『承明門院御忌中願文集』（東大寺図書館所蔵、113・100・2-1 2-2）として二冊に分けられてまとめられている。その内容は、

一品経願文　女房　正嘉元年八月十四日

法住寺無品道仁法親王（土御門天皇第三皇子）　正嘉元年八月十五日

円満院無品仁助法親王（同第五皇子）　正嘉元年八月十六日

青蓮院無品尊助法親王（同第八皇子）　正嘉元年八月十八日
准后（諄子内親王）（同第三皇女）　正嘉元年八月十九日
太上天皇（後嵯峨院）　正嘉元年八月二十日
正親町院（覚子内親王）（土御門天皇第一皇女）　正嘉元年八月二十一日
一品経願文　女房　正嘉元年八月二十二日
五辻無品法親王（道円カ）　正嘉元年八月二十二日
仙華門院（曦子内親王）　正嘉元年八月二十二日

と土御門天皇の皇子、皇女、女房等の御願文と、承明門院の御法事のための「前承明門院御法事願文」を宗性が収録しているが、それ以外の願文は所載されていない。

いま宗性が御前僧として招ぜられた理由について考えてみると、まず宗性の出自よりして、彼は藤原隆兼と宮内卿藤原永範女との間に出来た子であったが、宗性は隆兼の死後、遠江国質侶庄を待賢門院に寄進し、また宗性を猶子として育てた藤原宗行は、造東大寺長官（元久二年）になっていたこともあり、ことに承久の乱のとき朝廷方の中心となった人物で、土御門系とは親密であった。

しかし実際に宗性が承明門院に接したのは仁治二年（一二四〇）土御門通親の子の定親が東大寺別当となってからであった。定親は新熊野法眼と称し仁治二年十月二十六日に別当となり拝堂を行っている。そして定親は仁治二年より文応元年（一二六〇）まで二十年間東大寺別当をつとめ、そののち宗性にその職を譲っている。定親は、はじめ東大寺に入寺し定豪僧正に師事して灌頂を受け、再び行遍につき、また東大寺東南院樹慶僧正より三論を学び寛喜三年（一二三二）三会講師を経て権少僧都にすすみ、東大寺別当には東寺長者良恵の譲を得て就任し、定親が文応元年に亀山天皇の護持僧となるに及んで東大寺別当を辞してこれを宗性に譲っている。そして承明門院の崩御は定親の在任中の出来事で、定親は東大寺では建長二年（一二五〇）十一月十六日に良弁僧正像（奈良時代）を安置するため現在の位置に僧正堂を移建し、その導師を宗性が行っている。

一僧正堂事

右定親別當法印於二竈神殿辰巳岡上一被レ移二造良弁僧正御影堂一了、即建長二年十一月十六日被レ展二供養一了、

導師法印権大僧都宗性

請僧四十余口

別当着座鈍色五帖(38)

と、定親と宗性のむすびつきが明らかとなる。またそれ以外に宗性の著述のなかにもしばしば土御門系の諸法会に参入している記録も明らかで、ここにも両者の関係がうかがえる。また延暦寺智円との関係についても承久二年（一二二〇）初めて宗性は法勝寺御八講の聴衆となり問者をつとめ、そこで延暦寺の智円と親しくなり、そこから宗性は天台宗関係の論議に必要なものはすべて智円に指示を得ている。そしてこの二人が年齢差が一歳であったため同時に聴衆となったことは、宗性が京都での法華八講等に臨む最初の智円との縁となったと考えられる。(39)さらに定親との関係についてみてみると承久二年五月十六日の閑院内裏で行われた最勝講に「定親（阿）闍梨者故土御門内府通親息云云、為レ擬二得業一参仕」(40)と定親は智円と共に参加して聴衆となっている。また貞応元年（一二二二）の最勝光院御八講には聴衆（問者）として智円・宗性・定親の三人が顔を合わせて参加している。しかし定親は出自がよいため早く昇進した。

例えば法勝寺御八講でも宗性がいまだ問者であるときに彼はすでに講師となっている。このように三人は非常に親しい関係にあり、殊に智円は中納言の子息として延暦寺に入寺し、天台教学に通じ、仁治二年（一二四一）三月二十七日成恩院御八講で接したとき宗性は智円より開権顕実抄を借りて共に書籍を交替する親友であった。

またその奥書に、

仁治二年四月一日未時於東大寺中院委一交了、此問訛頼尊筑後公所書写也、去三月十七、八日成恩院御八講之時、為疑問智円法印、所借請之本也、随分秘書也、云云 後学尤可貴重者歟、似此一交披覧之功、為彼三會値遇之縁矣、

権律師宗性(41)

建長二年八月四日酉時於一条高倉宿所書写之畢、公私八講論談之庭、此書殊為大切之間、借請延暦寺智圓法印之本所馳筆也、願以此一乗法華習学之微功、必為彼三會下生値遇之業因而已、

右筆華厳末葉法印宗性

年齢四十九

夏﨟三十七(42)

とあって宗性が公請の法華八講に出仕するときは必ずといっていいほど智円の協力を求めて天台宗との論義等を進めている。まったく宗性の天台学は智円に負う所が大きい。

そしてさきにも述べた土御門一族の法会に参ずることになったのは、仁治二年に土御門通親の子の内大臣定通が催した法華八講に参じたのが初見である。ことにこの定通の子の定済は東大寺に入り三論宗を学び、また宗性に華厳を

学び、定親より両部灌頂を習うなど、土御門一族のなかで東大寺に到る人が多かったことにもよる。ついで宗性は寛元元年（一二四三）前内大臣定通の室の催す法華八講にも参じている。

また寛元四年（一二四六）の記録では、

五月十九日、二十日　　弘誓院御八講（後嵯峨天皇）

六月十三日　　土御門八講（北条義時）

十月七日ヨリ十一日マデ坊城殿御八講（土御門上皇）(43)

と見え、そのほか宗性の参加した法華八講の中には仲恭天皇国忌御八講、久我通光三年忌第八講等が見られ、またこの年の十二月には尊勝院の院主となり華厳宗の中心的存在となった宗性は、後嵯峨院が後鳥羽院の時より絶えて催されなかった仙洞最勝講を復活された機会に招かれて参加することになったが、その時の表白文に、

夫、今御願者、法性制底（ママ）十座之講論、顕妙理於仙洞之月、大乗甚深四宗之学侶、扇智弁於対山之風、聖暦漸古御願増新、誠是増福延寿之秘術、護国撫民之要道者歟、方今講匠者、天台明匠智徳顕應證義之撰、問者花厳庸才学業疲疎、鑚仰之勤、恐守夏﨟之次、猥掲初問之疑而已、（下略）(44)

とあるごとく、花厳、三論、法相、天台の四宗の学侶を集め、論義をかわして護国撫民のために再興されたのであって、このとき宗性は興福寺覚遍僧正、延暦寺智円法印権大僧都、園城寺の長俊権大僧都と共に招かれている。そしてこの院最勝講及番論義は五カ日に分れ、第二日は番論義十番があり、それぞれの講問については配分が定められている。康元元年（一二五六）の例では華厳＝探玄記第六・七、三論＝大乗玄論、法相＝瑜伽論鈔、天台＝法華文句等に分けて、互為問答が基準となって行われているのであって、(45)この後嵯峨院の院最勝講には宗性が後嵯峨院の崩御される

まで続けて殆んど毎年出勤している。

この院最勝講への出仕が宗性をして承明門院崩御の際の御前僧として招請される直接の原因であるとも考えられる。そしてこの縁により宗性は文応元年（一二六〇）後嵯峨院と定親の推挙を得て東大寺別当となり、つづいて弘長元年（一二六一）上皇の東大寺行幸となって面目をほどこすことになったのである。法勝寺御八講問答記十二の奥書には、

文應元年九月五日酉時、於正親町烏丸宿所借請、延暦寺智円法印之本馳筆、去七月十九日不慮之外依被補東大寺別當、為申沙汰寺門間事、自去八月十四日寄宿此禅房、本寺執務之沙汰雖不得其隟、修学稽古之願楽、猶無倦其勤之間、於旅所致書写、後学之輩可哀其志矣、

右筆東大寺別當華厳宗末葉法印権大僧都宗性

年齢五十九

夏臈四十七(46)

また華厳宗枝葉抄草一の奥書には、

弘長二年壬戌二月二十九日午時、於東大寺知足院別所之草菴抄之畢、（中略）但、去々年秋七月二十日不図被補東大寺別當職之間、去年一廻忩忙無隙、就中中夏之末、初参禁裏㝡勝講證義、初秋之始重勤法勝寺御八講證義、暮秋之天、上皇之臨幸忘他事、窮冬之比拝堂之経営責身心、（下略）(47)

とあって、このように宗性と土御門家とは深いつながりができ、承明門院在子の御前僧は後嵯峨院の意志に出たものであると考えられると同時に、それ以前においても、定通、定親等が宗性の成長を援助し、東大寺における華厳宗の興隆と、後嵯峨天皇及びその周辺の人々とは切りはなすことが出来ない関係にあった。そしてそれは在子の生涯を通

じても土御門家の興隆を求めその一族を東大寺に入寺させて東大寺の教学の復興に尽そうとして宗性を推挙したのであるが、藤原基房の子の聖基が再び真言系による東大寺別当の復元をはかり、宗性は在任二年にして別当を辞した。そのため宗性は貞慶の最後の地であった海住山寺に隠遁しようと考えたが、後嵯峨上皇は「院宣令到来、其状云寺務辞退之後、隠遁之由被ニ聞食一、為レ世為レ寺甚不可然、早還住ニ寺家一被レ致ニ佛法之興隆一者、可宜之由、御気色候也、仍執達如件」(48)との院宣を下してそれを止められた。このように宗性と後嵯峨院との関係は親密であったのである。

このことについて、円照上人実相はその行状記のなかで「後嵯峨法皇、治世之暇、研ニ精佛宗一究ニ尽法理一召ニ宗英哲一窮ニ各々奥理一」(49)と後嵯峨法皇は佛教に対する理解深く、法相宗では菩提山僧正尊信をはじめ、玄雅・宗懐・承範・実寛・実懐を招じ、三論宗では大僧正道宝、天台宗は経海僧正・俊範・智円・審承・静明をまねいて、中でも天台宗については経海がその重鎮として、後嵯峨院の御所で止観の奥旨を述べている。華厳宗ではいうまでもなく権僧正宗性が華厳宗の真随を院に於て述べ、後嵯峨院は「至ニ宗性貫首之時一、進見返ニ□本宗一籠賞之至、事義丁重、或時新調料紙六十帖、親下賜、為レ賞ニ記述鈔書之後一」(50)とて、宗性の著述の努力に対して法皇はこれを賞して料紙を下賜されていることは、宗性と上皇との関係が非常に深かったことを示すものである。また宗性自身も文永十二年の「華厳経伝記」の奥書でその料紙について「抑此料紙者、去文永三年之暦、暮秋九月之候、後嵯峨天皇所ニ降賜一也、不慮之朝恩、面目頗余レ身」(51)とて、後嵯峨上皇より料紙の下賜を受けたのは文永三年九月で宗性の六十五歳の時で、後嵯峨院はそののち二年を経て文永五年（一二六八）十月五日青蓮院尊助法親王により薙髪され法皇となられている(52)。そののち、文永六年（一二六九）四月五日には法皇は東大寺戒壇院で受戒を受けられ、このとき戒和上を権僧正定済、羯磨師を法印前権大僧都宗性、教授師を法印権大僧都乗範がつとめている(53)。

このように後嵯峨院と宗性との関係が非常に深く、その著述のなかでも文永五年（一二六八）十月五日の後嵯峨院の御出家についての『当院御出家幷御逆修記』（東大寺図書館蔵、103 65 1）を、また文永五年十月二十三日の後嵯峨法皇が催された亀山殿での御出家ののちの御逆修法会の願文を集めて、『亀山殿御逆修願文集』（東大寺図書館蔵、113 104 1）を著わし、さらにまた文永六年（一二六九）の東大寺戒壇院における後嵯峨法皇の御受戒の記録をとどめて『太上法皇御受戒記』（東大寺図書館蔵、113 110 1）を記すなど法皇と宗性の関係は極めて親密であったことがわかる。

これらのことから考えても、彼が母后の追善忌辰に対して御前僧として招ぜられた理由が充分察せられるのであって、これはまったく後嵯峨上皇の御意志によるものであると考えることが至当である。

そのほかに、つぎの文永七年の宸筆御八講は院の父土御門院の四十廻忌法華十講で天台、法相、華厳で行われ、宗性は證義者として招かれている。その様子は代々宸筆御八講願文等記のなかに、

太上法皇（後嵯峨院）、奉為土御門院自書写金字法華経、自文永七年庚午十月七日癸卯奉為　土御門院、於嵯峨殿五箇日被始修法華十講、初座被供養金銅六重塔婆一基、釈迦多寶二佛形像各一躰、手自奉書写金字妙法蓮華経一部八巻、無量義経、観音賢経、阿弥陀経、般若心経各一巻、

御導師　僧正経海

上卿　右大臣通雅　新中納言経任（院司）

奉行　勘解由次官経頼

惣在庁　威儀師厳暹　公文　従儀師相秀

僧名

證義者四人
法務前大僧正尊信興福寺前別当　僧　正　経海
前権僧正　宗性東大寺前別當　法印権大僧都性誉興福寺権別當
講師十人
　経　海　　宗　性
　性　誉　　法印権大僧都静　明山
　実　伊寺　　宗　懐興
　乗　範興　　定　円寺
　実　寛興　　憲　実山
　聴衆二十人
権大僧都専英興　　寛　恵東
　行　寛興　　信　超山
　実　懐興　　親　性寺
　実　禅山　　権少僧都聖　禅東
　親　兼寺　　法　眼　範　尊興
　公　信興　　権律師　審　基寺
　永　詮山　　大法師　定　縁東

信　弁寺　　房　暁寺
公　尋山　　源　忠山、已上已講
範　憲興　　信　顕興、已上得業
注記二人
忠　源　　範　憲

本請之内、興福寺賢恩擬講、依所労辞退之処、被召範尊法眼畢、
華厳法相両宗論義範憲得業記録之、天台宗論義忠源已講記録之、彼論義問答別双紙記之畢、(54)

と記されている。そしてこの法会が如何に盛大であったかについては増鏡にも述べられているが、また上皇がどのように宗性の隠遁をとどめられたかもこのことからあきらかに知ることができるのである。つぎに増鏡の文を示すと、

法皇(後嵯峨)は、又、文永七年神無月の頃、御手づからかゝせ給へる法華経一部供養せさせたまふ。御八講(みはこう)、名高く才勝(さえすぐ)れてかしこき僧どもを召しけり。世の中の人残りなくつかうまつる。新院(後深草)、かねてより渡り給へり。さるべき御事とは申しながら、何につけても、御心ばへのうるはしくなつかしうおはしまして、院(後嵯峨)のおぼいたるすぢの事は、必ずおなじ御心に仕うまつり、いさゝかも、いでやと、うち思さるゝ一ふしもなく物し給ふを、法皇も、いとうつくしうかたじけなしと思されけり。第二日の夜に入りて、行幸(亀山)もなる。五の巻の日の御捧物どもまゐりつどふ。さま〴〵まねびつくしがたし。内の御捧物は、紙や紙にかねをつゝみて、柳筥(やないばこ)にすゑて、頭弁ぞ持たる。次に新院、女院(姞子)たち、宮々、御かた〴〵、皆そなたざまの宮司、殿上人などもてつゞきたり。関白(基忠)大臣など座に着き給ふ。大中納言参議四位五位などは、自らの捧物をもちてわたる。おの〳〵心々にいどみつくして、さま〴〵をか

しき中に兵部卿隆親は、絲鞋(しがい)をはきて鳩の杖をつきていでたり。この杖をやがて捧物になりけり。銀にてひたうちにして、さきは金(こがね)にて鳩をすゑたりけり。結願の日は、舞楽などいみじくおもしろくて過ぎぬ。(55)

ここでもまた、後嵯峨院が宗性の才能をおしまれて盛大に法華八講を催されて南都の高僧を招かれたことがわかると同時に、宗性は興福寺尊信と同様、後嵯峨院に復興した南都教学を伝えた功労者であったことがわかる。そして在子以来、その子の後嵯峨院までは宗性の最も活躍した時代でもあった。また『承明門院御忌中諸僧啓白指示抄』は『承明門院御忌中願文集』『承明門院御一周忌願文集』と一体となるもので、忌辰中の作法を述べ、一々の論義法会等の詳細について簡略に述べている。

もちろんさきに述べたように承明門院在子は正嘉元年（一二五七）七月五日に崩御されているからその二日後より記述が始まっている。そのために完全な四十九日間の記録ではないが、宗性は自分が出仕しているので宗暁得業をして筆写記録させたものである。

その法事は朝には法華懺法、夕には例時作法をして、いわゆる朝題目夕念佛を修してその日その日に供養の佛、主として等身の御佛像の作成してあるものを供養するので、懺法の調声役と、例時作法の導師と日佛供養の導師に分れている。そして日佛供養は例時がすんだのち導師が出て開眼作法を行い供養するのである。そして懺法と例時までの間に三身（佛三身）に関する論義が行われ、天台宗の三身論と華厳宗のいう三身義との対比等を論義している。そしてこれらの論義が絶えず四十七日の忌辰の中で講ぜられた。この三身義について、宗性は建長五年（一二五三）天台宗の智円より聞き「天台宗三身義要文抄」を作成している。(56)

また天台宗の佛三身については大報恩寺澄空如林房上人より「轉法輪抄佛三身諸師解釈」を抄出している。

「転法輪抄佛三身」では宗性は法華経疏第九、罪福因縁集、最勝王経第二、佛性論、佛地論、心地観経、唯識論第十、同疏、八十華厳経、六十華厳、法華玄義第八、大乗止観上、弘決第二、大経十六、十八、往生要集中巻、大般若経五百七十三巻、梵網経の百億化身文等を大報恩寺の澄空上人のもとより借りて書写している。澄空は如林房と称し、関白師家の第六子で、求佛上人の弟子となり、千本釈迦堂に住して文永十年（一二七三）釈迦念佛を復活して提唱した人物で、宗性は承明門院の法事に参加する時に、この上人より佛三身の解釈について教授をうけている。

そのことについては、転法輪抄の奥書に

（内題）「轉法輪抄佛三身諸師解釈」

（奥書）正嘉元年初秋之候、於北京鷹司高倉宿所、誂頼尊得業令書写之畢、去七月五日承明門院崩御、宗性参籠御前僧之間、為備唱導才覚、自大報恩寺澄空如林房上人之御許、借請此書之次、為後覧所書留也、末学之輩可哀其志矣、

同年九月三十日未時於東大寺尊勝院護摩堂南面之疪記之

右筆華厳宗末葉法印権大僧都宗性

年齢五十六

夏﨟四十四(57)

とあって、宗性は承明門院の御前僧となるために佛三身についての論拠を求めている。その用意として大報恩寺の澄空上人のもとで諸師の佛三身に関する書を抄出している。この三身義については金光明最勝王経の「分別三身品」や、佛性論、法華文句等にも見られ、華厳宗の理解では五教章の「謂二此一乗要一是盧舎那十身佛及尽二三世間一説レ不レ同二三乗一」(58)の論旨を以て説明するときあくまでも「華厳別教意、三身十身、通名毘盧舎那」を以て根本義となし、三身

即十身之通名の立場を採る以上「釈迦即十身円満ノ佛体」とすることは華厳教学における基本的立場であるとともに法蔵の立場でもあった。また天台大師智顗は舎那の佛身論においても「舎那本身（中略）舎那本土、此即依正両報、佛身四種一謂法身、二謂真応、三謂法報応、毘盧遍耀正法為身、舎那行満報果為身、釈迦応迹赴感為身」と三身説を肯定し釈迦と舎那の関係においても、

周匠千釈迦望百億国釈迦、千為本百億為迹、故両重本迹（中略）應果之本地現千釈迦一葉一浄土、即是一佛世界起円應身（中略）能所接人倶至佛所、能接之人是千百億釈迦也、(59)

と舎那と釈迦を三身論でうらづけるとともに千釈迦と百億の釈迦を本迹二門で説明しようとしている。ことに智顗のかかる態度は天台教学における本迹二門説にもとづいているといえる。しかし華厳宗祖の賢首大師法蔵はこの天台の三身論の本迹二門説を排して、華厳教学ではさきに述べた如く、「千華台上盧舎那佛是自受用身、千花上佛是他受用身、百億釈迦為変化身、此釈恐不応理」(60)と天台系の三身説を排除して、法蔵としては「以二盧舎那一則是釈迦、不レ分二報化二位之別一、但説二十身一以顕二無尽一、是故所主化境無辺無尽」と述べて三身即十身、十身即三身説を以て、単なる三身説をとる天台宗系の学風をしりぞけている。

また新羅の元暁は華厳経名号品を引用して「四天下佛号不同、或称二悉達一、或称二満月一、或称二獅子吼一、或称二釈迦牟尼一、或称神仙、或称二盧舎那一、或称二瞿曇一、或称二大沙門一、或称二最勝一、或称二能度一、如是等称佛名号其教一万」(61)と元暁の私記では。印の箇所のみ名号品より簡略にして引用して説明し、これと梵網経との対比に於いて

知通表所以、得知以盧舎那名、通号三身者此中経一佛門中既言、我今盧舎那故知通名也、何故此盧舎那佛具三身者、及百億等釈迦往見故知法身佛、亦應身千釈迦所接地上菩薩衆皆得見故知應身佛、出百億化身釈迦所接地前衆

往見知化身佛、如是雖具有三身義而通名我今盧舎那一佛門中佛故、具有三身義謂一衆生相続中応所修因具三身門故名為一佛故、千釈迦者約応身、百億釈迦者約化身也、所以得知毗盧舎那名通号於三身者、(62)

と元暁は三身論に対して「雖三具有二三身義一而通名二我今盧舎那一者、此一佛門中佛故具有二三身一」との態度をとり、天台系の本迹門の説を採っておらず、やはり法蔵の「盧舎那一切処皆実身成佛、又以盧舎那是釈迦不分報化二位之別」との説を継承している。

これらは梵網戒を重視する最澄の天台宗とは常に対決される論義であるが、それについては梵網経のとっている釈迦一釈迦等の所説は天台や華厳等の理解に反する所が多く、文章も拙劣であるが、天台等に於ても一切衆生が舎那を本身としてこの舎那に祈願をこめるときに、その祈願をこめる人々そのものが千百億の釈迦であると認識すべきであり、天台の迹門三身の説に於て述べている如く衆生教化のために三身の区分を認めるべきであるが、舎那本体に於ては法身佛として三身具足の十身佛と理解する態度を変えていない。法蔵に於ても「説二十身一顕二無尽一、是故所レ主、化境無辺無尽」と述べて、一切衆生を化すために無辺無尽の表現を持つものとして、やはり根本的に衆生教化のための方便を認めている。元暁もまた、舎那は一佛門中の佛であるも「一衆生相続中應二所修因一具二三身一」として三身は衆生の機根に応じて三身を表わすとき千釈迦をば応身とも百億釈迦を化身とも見るべきと理解している。新羅の義寂に於ても梵網経のこの文の釈迦について「千華上佛是吾化身、千百億釈迦是千釈迦化身、吾為本原名為盧舎那佛(63)」と千百億の化身はすべて舎那の教化のための三身と見るべきで本身の応化であり、舎那そのものが三身論で説かれているものでないことを示している。このように梵網経の理解において、教学史的立場をとるならば、盧舎那佛の十身具足の華厳的理解においては、十身即三身、三身即十身という佛身論の展開を根本義としている。

また法華経の開結二経を含む経釈について宗性は以前持っていたものを失った故をもって知己の智円法印より借り受けて写している。(64)

そしてそれにつづいて別功徳として主として阿弥陀如来の功徳や五逆十悪、一念十念等観無量寿経の経文、あるいは往生者の話、例えば法住寺の実因の話等や往生要集の講釈、四十八願のこと等を講じて、そののち法華経を読誦し、例時作法のあとは日佛供養が行われ、願文が読まれるのである。宗性の記したこの時の願文については先に述べた通りである。この日佛供養は七七日毎に変わり、初七日は不動明王、二七日は観世音菩薩、三七日は釈迦如来、四七日は地蔵菩薩、五七日は阿弥陀如来、六七日等身釈迦如来とそれぞれ忌日毎にその本尊を変更して供養を行いその本尊に関する別功徳を講釈することもあるが、一般的について在子の遺志により阿弥陀信仰に徹している。そしてこの御前僧となった六人の高僧は、すべて後嵯峨院最勝講に請ぜられた因縁にもとづく四大寺の学侶であった。そしてこの法会に臨むに対して宗性は用意として「円覚経疏中法華経抄」を「去七月五日承明門院崩御、宗性参籠御前僧之間、為備唱導才覚」(65)として高山寺の静海（明心房上人）より借りて書写している。

このように宗性は御前僧として出仕するために多くの経典や論疏を集め、彼の学門の蘊奥をあらわしていることは、自分の一族と深い関係にあった承明門院の崩御に際して、院の南都教学への関心をかき立てると同時に、天台教学に対する南都教学の優位性を示し、追善を通じて華厳復興への意欲をかきたてたのに外ならない。

要するに結論として承明門院在子を中心として、宗性上人に到るまで、平安時代よりの真言宗を中心とする東南院勢力に対して、鎌倉佛教の南都教学の復興を通じて、武家勢力を背景とし華厳教学を復興するための尊勝院の台頭となってあらわれると同時に、源氏の勢力と土御門一族による朝廷や院政への浸透と相俟って、尊勝院がこの一族を迎えて公家中心の東南院の真言宗勢力を排除しようとした。そして、そこにもともとの華厳宗による華厳長吏を以てする東大寺別当の掌握へと大きな意欲を燃やしたのであった。ことに在子の崩御を媒介として後嵯峨院と宗性の接触となって発展していったのである。しかし結果としては聖基を立てる公家勢力の反撥となって、宗性は二年にして別当の座より降されてしまうのであるが、華厳宗の教学は凝然等にうけつがれ律宗興隆への在野的勢力となって、関東に進出し、同時に西大寺の教学を打ち出した叡尊等に大きな影響を与えたのである。

私はここに宗性と土御門一族とのつながりを明確にすると同時に鎌倉初期の崩御時の法会を通じてこの一例としてその具体的有り方を示したまでである。そしてこのような意味において、平安時代に於ける死後の四十九日供養の全容を知ると同時に、それに参加した宗性の立場を明確に理解できるのである。

その法要の状況等を知る重要な史料である「承明門院御忌中諸僧啓白指示抄」を巻末に掲げるので参照されたい。

（1）尊卑分脈（国史大系本）第二、惟孝系
（2）山槐記、治承三年四月二十三日条
（3）愚管抄第五、後鳥羽天皇条（日本古典文学大系本）二五七頁
（4）吾妻鏡第四、文治元年四月十五日条（国史大系本）
（5）平家物語十一、内侍所都入の条
（6）吾妻鏡第四、文治五年六月二日条
（7）明月記、正治元年八月二十六日条
（8）横尾豊『平安時代の後宮生活』参照
（9）愚管抄第六（日本古典文学大系本二八一頁）

(10) 玉葉六十六、建久九年一月七日条
(11) (10)に同じ
(12) 橋本義彦「女院の意義と沿革」(井上光貞博士還暦記念論文集『古代史論叢』下、所載)
(13) 明月記、建仁三年八月四日条
(14) 同右、建仁三年九月二十九日条
(15) 同右、元久二年八月十二日条
(16) 同右、承元元年二月一日条
(17) 仲資王記、建暦元年十二月四日条
(18) 明月記、建暦二年八月四日条
(19) 増鏡、新島もり(日本古典文学大系本)
(20) 明月記、承久三年八月条
(21) 承久記下、承久三年閏十月十日条
(22) 増鏡、ふじ衣、寛喜三年十一月十一日条
(23) 同右、おりゐる雲、正嘉元年春
(24) 平岡定海『東大寺宗性上人の研究並史料』、学振刊(中)
(25) 瑜伽師地論第一(大正蔵三〇、二七七頁)
(26) 妙法蓮華経、巻四、法師品十(大正蔵九、二六二、三〇頁)
(27) 続日本紀三、大宝三年二月十七日条
(28) 同右三、慶雲四年六月十五日条
(29) 東大寺献物帳、正倉院御物
(30) 延喜式二十一、玄蕃寮(国史大系本)
(31) 西宮記十二、皇后崩付妻后条

(32) 中右記、嘉承二年七月十八日条

(33) 同右、同年七月十九日条

(34) 同右、嘉承二年七月二十四日条

(35) 同右、嘉承二年七月二十四日条

(36) (35)に同じ

(37) 中右記、大治四年七月二十日条

(38) 東大寺続要録、供養篇(東大寺宝庫本)

(39) 法勝寺御八講問答記第九(東大寺図書館蔵、113 27 17―9、以下番号のみ記す)

(40) 最勝講問答記(113 31 6-3)

(41) 開題権実抄、薬王品(113 43 3-1)

(42) 同右、五百弟子授記品(113 43 3-3)

(43) 諸宗疑問論義抄一(113 18 22―1)

(44) 仙洞最勝講疑問論義用意抄第七(113 29 5-5)

(45) 最勝講問答記(133 31 6-5)

(46) 法勝寺御八講問答記十二(113 27 1 17―12)

(47) 華厳宗枝葉抄草一(113 1 7―1)

(48) 一切経供養式弁祖師上人十三年願文(113 106 1)

(49) 円照上人行状(中)(103 96 3-2)

(50) (49)に同じ

(51) 華厳経伝記一〜五(103 98 5-1〜5-5)

(52) 当院御出家並御逆修記(103 65 1)

(53) 太上法皇御受戒記(113 110 1)

(54) 代々宸筆御八講願文等記（113 102 2-2）
(55) 増鏡、あすか川（日本古典文学大系本）三三五頁
(56) 天台宗三身義要文抄（113 45 2）
(57) 転法輪抄（113 83 1）
(58) 華厳五教章上之三（東大寺図書館本）
(59) 菩薩戒義疏上（大正蔵四〇、一八一一、五七〇頁a）
(60) 梵網経菩薩戒本疏巻第一（大正蔵四〇、一八一三、六〇五頁c）
(61) 大方廣佛華厳経第四、如来名号品第三（大正蔵九、二七八、四一九頁a）
(62) 梵網経菩薩戒本私記巻二、経蔵百九十丁（卍続一・九五・二）
(63) 菩薩戒本疏義寂述（大正蔵四〇、一八一四、六六一頁c）
(64) 法華経弁開結二経巻釈（113 62 1）
(65) 円覚経疏中法華経抄（112 60 1）

第二節　大和国の神宮寺

一　神宮寺の性格

いま、神宮寺の性格を述べるため、まず大和の大神神社の神宮寺の大御輪寺と平等寺の性格について考えることとする。

もともと神宮寺の成立については飛鳥時代後期にまで遡ることはできず、最初は小堂として神社の傍に檜皮葺か草葺の小規模のものと考えられるが、それは奈良時代前後といわれている。またその時代的背景も多義にわたっている。そのために奈良時代から江戸時代にまで及んでいるのであるが、それをおおむね次のごとく分類することができる。第一は、神宮寺の配置については、もともと神の居ます神体山があって、その前に先ず神霊を祭る社殿が築かれ、然る後に神前読経のための回廊や楼門が整備され、さらにその近くに神の本地佛を祭る堂舎が建立されていった場合で、例えば出雲の杵築大社や大和の大御輪寺などの場合がこれにあたる。第二に神宮寺の存在意義については、高僧たちが自らの修行の山を開くために先ずその地主神を祭り、その後そこに伽藍を創設するかたちを採るか、または土地の豪族が自分の祖神を祭る社を造り、その一族を僧として寺に入れそしてそこに寺を建て、それが次第に大きくなって神の本地佛をまつる寺院のほうが佛教興隆とともに権威をもつようになった場合であって、神宮寺・神供寺・神願寺・神護寺・神宮院・別当寺と称するようになった場合で、若狭の神宮寺などがその例である。第三には祭神が現実に歴史上の人物で不遇のために地方に追放されてその怨念が残り、それを調伏するために神として祭り、その神社が同時に権現社としての性格をも備えているというものである。例えば菅原道真の北野の神宮寺などである。また別に同じ権現的な性格を持ちながらも豊臣秀吉や、徳川家康が子孫のあとを見つめて行くために「豊国大明神」とか「東照大権現」として神格化して祖神となり、その神宮寺を形成していった場合で、京都の方廣寺や日光の輪王寺をたてたのも、その例である。

つぎに日本の祭神の性格について考えてみるとき、我が国のような農耕社会では農耕の成否を決定する太陽や風雨にその神格を認め、この神を奉斎して部落や部族の守護神と考え、それはまた天地のなかで私達の生活に必要な五穀を生みだす力をもっている産土神としてあがめ、国魂や地主の神は開拓神・農耕神と理解されることが常であった。また我が国の神の性格が発展してくるにつれて、次第に産土神・地主神のような自然崇拝による神と開発の功労者である部落の長を祀る祖先神の発生が見られるのである。

もちろんそこには日本人の伝えている神話と深くかかわっている面も多いのであるが、神話によれば、国土も山も、野原も水も、ことごとくが神の産んだものであるというのである。このことはまた山や草や木のような自然は、すべて神の子に他ならないという考え方もあらわれ、そのために自然にも、神性がわけ与えられているという思想が起ってくるのである。そしてそこでは少くとも、自然は神に対立する存在ではない。むしろ神に包摂され、神に連続した存在であると理解された。そのことからも神と人間、神と自然とが、このような連続的な関係において考えられていたのでなければ、日本の神話が、古事記に記されているような形態となることができなかったといえるであろう。(1)

そのことはさらに、日本書紀でも伊弉諾尊は、伊弉冉尊と謀って、「吾れ已に大八洲国及び山川草木を生めり。何ぞ天下の主たる者を生まざらんや」とて、まず海を産み、川を産み、山を産み、木を産み、草を産んだのちに、天照大神、月読命、素戔嗚尊の三尊が生まれた。そして天照大神には高天原を、月読命には夜の食国を、素戔嗚尊には海原を治めさせることに定め、とくに天照大神こそは人皇の先祖であり、また人間の祖先であったと神話は語るのである。ここに自然も人間もその出自は同じ神であって、本来は一つであると表現されているのである。そして古代人にとっては山は神の降臨するところとしてあがめられ、また山自身も神として、そこに大山津見の神として示現されているのである。

このような古代の神と山の信仰は、その初期においてはまだ分離していたけれども、次第に一体化して神体山を形成したのが大和の三輪山、畝傍山、天の香久山等のうず高い、おだやかな山々であったのである。そして後にこの三輪山を中心として三輪族が大和に進出して神体山に主神が示されるようになってきて、この祭神を少名毘古那神すなわち意冨美和の大神であるとしている。また日本書紀の一書では大己貴神の幸魂・奇魂であるとしているのであって、この大神神社は記紀に記されるほどの古い神社である。

とくにここでは、神体山としてその底流にあった思想は、山は神であり、山に神が存在するという原始的な信仰にもとづくものであった。その結果この山の麓にて、この山の神に願をかけるための拝殿としての社殿の造営が後に加えられて建立されるようになった。しかしどの山の場合でも、その山の頂上に峰の本社とよばれている小さな神祠がもうけられるのは、さらにのちのことであった。そしてこのような経過にもとづいて祭場が固定化するにつれて、社殿が造営されるようになってくると、そこの神に奉仕して神意をうかがう巫祝の宗教的な権威が奈良時代の宇佐神宮のように増大していった例もみられるのである。そしてそのときは巫女の託宣という形式で神意が語られるのである。

いま三輪ではこのようなことはあまり見られないけれども、そのかわり天武天皇の頃より次第に仏教が吉野を中心として盛んに受容され発展するようになってから、この地にもこの傾向が見られるようになってくるのである。このような関係のもとにさらに神宮寺または神願寺と称せられるものが起ってきたのである。このことについて桜井敏雄氏の『神宮寺の成立とその背景（上）』のなかで「神宮寺で天平以前の創建と推定される例をあげるとはじめは神宮寺という呼称を用いていないが、『日本霊異記』（上第七縁）の内容からみて備後の三谷寺は天智朝（六六二〜六七一）の神宮寺とみてよかろう。これまで神仏習合の現象が具体的に確認される古例として、『続日本紀』文武天皇二年（六九八）

十二月二十九日条にみられる、多気大神宮寺を度会郡に遷したとする記事があげられているが、「寺」の文字は写本の誤記とする説が有力となり、創建は天平神護元年（七六五）七月の勅により神護景雲元年（七六七）十月に完成した峰鹿瀬寺が伊勢大神宮寺に定められたと考えられるようになった（『太神宮諸雑事記』）と述べられていることからして、三谷寺はともかくとして、少くとも霊亀元年（七一五）頃から天平間にかけて地方の開発と国庁で天武天皇朝より金光明最勝王経が読誦されるようになり、したがっていままでの在地の地主神の神意をなぐさめるためにも、また仏教との

第3表　神宮寺一覧

所属国名	社名	祭神	創建時期	神宮寺名	本地佛	典拠
越前	気比神宮	伊奢沙別命	霊亀元年（七一五）	気比神宮寺	大日、胎蔵界曼荼羅	藤原武智麿伝
若狭	若狭彦神社	若狭彦神 若狭比咩神	養老年中 （七一七～七二三）	若狭比古神願寺		類聚国史巻百八十、天長六年三月乙未条
豊前	宇佐神宮	誉田別尊	神亀二年（七二五）	宇佐八幡神宮寺 （宇佐弥勒寺）	弥勒、阿弥陀、釈迦、観音、勢至	弥勒寺史料（『大分県文化財調査報告書』五所収）
肥前	松浦神社		天平十七年（七四五）	松浦神宮弥勒知識寺	弥勒	類聚三代格巻三
常陸	鹿島神宮	武甕槌神	天平勝宝年中 （七四九～七五六）	鹿島神宮寺	十一面、不空、釈迦	類聚三代格巻二
伊勢	多度神宮	多度神	天平宝字七年（七六三）	多度神宮寺	弥勒、薬師	多度神宮寺伽藍縁起幷資材帳
伊勢	伊勢大神宮	天照大神（内宮） 豊受大神（外宮）	天平神護二年（七六六）頃	伊勢大神宮寺	盧舎那佛、救世観音、大日（内宮） 金剛界大日、阿弥陀（外宮）	続日本紀、天平神護二年七月丙子条 太神宮諸雑事記、神護景雲元年十月三日条

豊前	八幡比売神社		神護景雲元年(七六七)	八幡比売神宮寺		続日本紀神護景雲元年九月乙丑条
近江	御上神社	天御影命	宝亀年中(七七〇～七八〇)	陀我大神神宮寺	(薬師)	日本霊異記下、第二十四縁
下野	二荒山神社	二荒山神	延暦三年(七八四)	補陀洛山神宮寺(二荒山神宮寺、中禅寺)	阿弥陀、千手観音、馬頭観音	沙門勝道歴山水瑩玄珠碑(遍照発揮性霊集巻二所収)
近江	日吉神社	大山咋神 (摂社)大物主神	延暦四年(七八五)	日吉神宮寺	観音	叡山大師伝、延暦四年条
大和	大神神社	倭大物主櫛𤭖玉命	延暦七年(七八八)以前	三輪神宮寺 (三輪寺・大神寺) (大御輪寺)	観音	延暦僧録第二、沙門釈浄三菩薩伝、今昔物語集巻二十、語第四一
山城			延暦年中 (七八二～八〇五)	高雄神願寺(神護寺)	薬師	類聚三代格巻二
豊前	鹿春神社	辛国息長大姫大目命	延暦年中 (七八二～八〇五)	賀春神宮寺		続日本後紀、承和四年十二月庚子条
筑前	竈門神社		延暦二十二年(八〇三)	竈門山寺(大山寺)		叡山大師伝、延暦二十二年閏十月二十三日条
山城	賀茂別雷神社 賀茂御祖神社	賀茂別雷神 賀茂健角身命 玉依姫命	天長年中 (八二四～八三三)	賀茂神宮寺	観音、大日、釈迦	続日本後紀、天長十年十二月癸未朔条
尾張	熱田神宮	天叢草薙大御剣(相殿)、天照大神、素戔嗚尊	承和十四年(八四七)以前	熱田神宮寺	大日、聖観音、薬師、五智如来	熱田神宮文書(『平安遺文』八三号)
能登	気多神社	大己貴命	斉衡二年(八五五)以前	気多神宮寺	阿弥陀	文徳天皇実録、斉衡二年五月辛亥条

近江	奥津島神社	奥津島比売命 大国主命	貞観七年（八六五）	奥嶋神宮寺	阿弥陀	三代実録、貞観七年四月二日条
大和	石上神宮	布都御魂剣	貞観八年（八六六）	石上神宮寺（永久寺）	十一面、文殊、不動	三代実録、貞観八年正月二十五日条
山城	石清水八幡宮	品陀別命 息長帯姫命 比売神	貞観年中 （八五九〜八七六）	石清水八幡神宮寺 （護国寺）	阿弥陀	報恩寺前空円法印私記、石清水八幡宮末社紀（『石清水八幡宮史』寺塔編所収）
出羽	大物忌神社 月山神社	大物忌神 月読命	仁和元年（八八五）	出羽国神宮寺 （大宝寺）	薬師、阿弥陀	三代実録仁和元年十一月二十一日条

いさかいを生じないためにも、神社の境内に神宮寺を建てようとする気運が高まってきたのである。

また天平十三年（七四一）に国分寺が全国に建てられるようになると同時に天平十五年（七四三）十月十五日の勅に始まる東大寺毘盧舎那大佛の造顕の計画が具体化されるにつれて、天皇自身の佛教への帰依によってさらにこの傾向が広まっていき、そのうえ行基が大勧進として全国の山野を歩き、また川に橋を架け、渡船を置いて開発を促進したがために、この優婆塞的傾向は地方における神佛習合の傾向をさらに高め、ある時には役優婆塞の影響も受けて、満願、満誓、勝道等の山岳浄行僧や沙弥による在地の神々との習合が護法善神として自然に進められていったのである。

次に、右の神宮寺の一覧の如く、神社に佛寺が造立される例が、奈良時代末期より次第に地方へ発展していったのである。そしてその究極的な態度としては、元亨四年（一三二四）の本願寺存覚の添削になる「諸神本懐集」に見られるように、

ソレ佛陀ハ神明ノ本地、神明ハ佛陀ノ垂迹ナリ。本ニアラザレバ迹ヲタルヽコトナク、迹ニアラザレバ本ヲアラ

ハスコトナシ。神明トイヒ佛陀トイヒ、オモテトナリ、ウラトナリテ、タガヒニ利益ヲホドコシ、垂迹トイヒ、
本地トイヒ、権トナリ実トナリテ、トモニ済度ヲイタス。(2)

という本地垂迹思想による神佛の習合が実現されたのであって、この傾向はさらに、平安初期に興った真言密教や、天台密教の発展と密接に関連しつつ、外来宗教であった佛教の日本化を推進していったのである。それはさきの東大寺大佛造顕後における佛教の地方発展への道を開くものであった。

そしてそれは単に朝廷側からではなく、藤原貴族もこの動向に同調したのであって、藤原武智麻呂も、その伝の中に、「公愛慕佛法、人神共和、幸為吾造寺、助済吾願、吾因宿業、為神固久、今欲帰依佛道、修行福業、不得因縁、故来告之、公疑是気比神（中略）遂樹一寺、今在越前国神宮寺是也」(3)と見えて、神は宿業によって佛道に帰依するのであるというのである。

これを多度神宮寺の場合において見ると、満願と多度神の習合において、

桑名郡多度寺鎮三綱謹牒上

神宮寺伽藍縁起幷資財帳

以去天平宝字七年歳次癸卯十二月庚戌朔廿日丙辰、神社之東有井、於道場満願禅師居住、敬造阿弥陀丈六、于時在人、託神云、我多度神也、吾経久劫作重罪業、受神道報、今冀永為離神身、欲帰依三宝、如是託訖、雖忍数遍、猶弥託云々、於玆満願禅師坐山南辺伐掃、造立小堂及神御像、号称多度大菩薩、次當郡主帳外従七位下水取月足銅鐘鋳造、幷鐘台儲奉施、次美濃国近士県主新麿三重塔奉起、次宝亀十一年十一月十三日、朝廷使令(マヽ)四人得度、次大僧都賢璟大徳三重塔起造既畢、次天應元年十二月始私度沙弥法教、引導伊勢美濃尾張志摩幷四国道俗知識等、

造立法堂幷僧房大衆湯屋、迄于今日遠近修行者等、作備供養行事竝寺内資財、顕注如件、(4)

とあって、満願は丈六の阿弥陀像を中心に多度神社の東に道場をきずき、祭神との習合をはかり、人に託して「我れは多度神なり、吾れ久劫を経て重罪業をなす。神道の報を受けて、今冀めて永く神身を離れ、三宝に帰依せんと欲す」といわしめたのである。このような人あるいは神が巫女に託して、鮮魚等の海産物や、鹿等の肉類を贄として捧げられている神は、佛よりも不浄であるとの意識が働いている。そして多度神はその結果多度大菩薩と称し、この神宮寺は天平宝字七年（七六三）の満願の発願により成立し、宝亀十一年（七八〇）には賢璟により三重塔が建てられ、天応元年（七八一）に佛度僧法教は、この神宮寺の充実をはかり延暦二十年までに弥勒菩薩、薬師如来、観世音菩薩、得大勢至菩薩等を安置し、板葺堂宇、檜皮葺の法堂、鐘台、僧房等をきずき、法教は「廻施於多度大神、一切神等増益威光、永隆佛教、風雨順序、五穀豊稔速截業網、同致菩提」(5)との願意をこめ、法教は伊勢・美濃・尾張・志摩の四国の道俗を集めて、その習合の実態を諸国に示そうとしたのである。

またこの場合とは反対に、若狭の神宮寺の場合は、

若狭国比古神、以二和朝臣宅継一為二神主一、宅継辞云、捴二撿古記一、養老年中、疫癘屢発、病死者衆、水旱失レ時、年穀不レ稔、宅継曽祖赤麿、帰二心佛道一、練二身深山一、大神感レ之、化レ人語宣、此地是吾住処、我稟二神身一、苦悩甚深、思下帰二依佛法一、以免中神道上、無レ果二斯願一致二災害一耳、汝能為レ吾修行者、赤麿即建二道場一造二佛像一、号曰二神願寺一、為二大神一修行、厥後年穀豊登、人无二夭死一云々、(6)

とあるように、若狭国一ノ宮の若狭彦神社の神主の和朝臣宅継が神の苦悩を察して、疫癘水旱の害を除くために積極的に佛教を導入する目的を以て習合を働きかけたのであるが、それらの基盤は天武朝より奈良時代初期にかけての神

前読経の様相を強く推しすすめるものであった。

このことは熱田神宮寺の場合にも神宮寺別当の御船宿禰木津山は「縁神願書写経論一万五千九百巻・図佛菩薩四王像一千廿八軀・神躰五軀造建神宮寺一区・如法院一処・塔三基・別院三処等事、件木津山本自預知、当時国司検帳訖、爰木津山立性格勤、専事佛神、望請、置別当、永令済寺事(7)」と、神主自身神願として神宮寺を建てて、その興隆を計ると同時に、神領の拡大と、聖武天皇等を中心とする朝廷の佛教重視の動向に順応しようと地方の神佛習合への積極的態度が見られるのである。また近江国野洲郡奥嶋神宮寺の場合も、奥嶋神が、元興寺の僧賢和の夢枕に告げて「嶋神夢中告曰、雖レ云二神霊一、未レ脱二蓋纏一、願以二佛力一、将下増二威勢一、擁中護国家一、安中存郷邑上、望請、為二神宮寺一、叶二神明願一、詔許之(8)」と神霊は佛力により威勢を増すのであると告げている。しかしこのことは神宮が、託宣を通じて神威を増大させようとすると同時に、「夫神有二大小一、好悪不レ同、善神悪二淫祀一、貪神受二邪幣一(9)」と、かの道鏡事件に於ても、宇佐八幡神の託宣として、宇佐神は初めは東大寺大佛を聖武天皇が始めたことについても、宇佐神は禰宜の尼大神朝臣杜女に託して入京し、これを迎えた橘諸兄は、天皇の詔を承けて、

橘宿禰諸兄奉レ詔白レ神曰、天皇我御命尓坐申賜止申久、去辰年河内国大県郡乃智識寺尓坐盧舎那佛遠礼奉天則朕毛欲奉造止思登毛得不為之間尓、豊前国宇佐郡尓坐廣幡乃八幡大神尓申賜閇勅久、神我天神地祇乎率伊左奈比天必成奉无事立不有、銅湯乎水止成我身遠草木土尓交天障事無久奈佐牟止勅賜奈我良成奴礼波歓美貴美奈毛念食須、然猶止支不得為天恐家礼登毛御冠献支乎恐无恐美毛申賜久止申、尼杜女授二従四位下一、主神大神朝臣田麻呂外従五位下(10)、

ここにも宇佐方の積極的な習合政策が見られるも、そのことが、この八幡神の地位を高めると同時に杜女の立場をきずこうとするものであったが、そのことはかえって天平勝宝六年（七五四）十一月二十四日に杜女と薬師寺行信の不

浄な関係によるものであることが明確となって追放され、また道鏡においても、宇佐神の託宣が利用され、そのうえ道鏡の弟の大宰帥の弓削浄人や宇佐主神習宜阿曽麻呂等が、道鏡の法王への昇進を神託と称して道鏡に媚びへつらう結果を招いたのである。(11) このように神佛習合への道はしばしば託宣や夢告という形をとって示されることが多かった。けれども中央での混乱にかかわらず、地方に於ては、遠方に出かけていった聖達や、浄行僧、山林修行僧などは、山岳信仰を通じて、神佛習合を積極的にすすめていったのであった。日光の勝道上人は天応二年(七八二)三月に、

諸の神祇の奉為に経を写し佛を図し裳を裂いて足を裹み、命を棄てて道を殉む。経像を繦負して山の麓に至る。経を誦み佛を礼すること一七日夜。堅く願を発して曰く、若し神明をして知ること有ら使めば、願くは我が心を察したまへ、我が図写する所の経及び像等、当に山の頂に至て神の為に供養して以て神威を崇め、群生の福を饒にすべし。仰ぎ願くは善神威を加へ、毒竜霧を巻き、山魅前導して我が願を助け果せ。我れ若し山の頂に到らずんば亦菩提に到らじと。(12)

と発願して、護法善神の擁護を誓っている。このことは神宮寺の造営が、法蓮・泰澄・勝道・徳道のような山林修行の浄行僧等により奈良時代中末期頃より盛に行われ、地方に現世利益を中心とする聖的性格(それは行基と共通するかも知れない)の僧により山岳信仰が開発され、その麓に山寺として神宮寺が建立されたのである。(13)

(1) 高瀬重雄『古代山岳信仰の史的考察』四二八頁
(2) 諸神本懐集(真宗大系三六、異義集)、辻善之助『日本佛教史の研究』上、一九〇頁
(3) 藤原武智麻呂伝(寧楽遺文下、文学編、八八五頁)
(4) 多度神宮寺伽藍縁起資財帳(平安遺文(一)、二〇号)

奈良時代山寺表（霊異記記載の山寺は省略した）

寺院名	修法	創立年代	所在地名	出典
比蘇山寺		白鳳	大和国吉野郡	日本書紀
志賀山寺		天智七年	近江国志賀郡	続紀
比叡山精禅処		和銅八年前	同上	武智麿伝
泊瀬上山寺	十一面観音法	天武天皇	大和国城上郡	続紀
金剛山寺	同上	天武八年	大和国生駒郡	諸寺縁起集
壺坂山寺		大宝三年	大和国高市郡	三代実録
竹渓山寺		天平元年	大和国山辺郡	懐風藻
養徳山寺		天平十九年前	大和国	正倉院文書
香山寺		天平二十年前	大和国添上郡	続紀
前山寺		天平宝字八年	大和国宇智郡	正倉院文書
阿弥陀山寺		神護景雲元年	大和国添下郡	西大寺資財帳
瑜伽山寺		宝亀十二年前	大和国添上郡	同上
子島山寺	十一面観音法	天平宝字四年	大和国高市郡	延暦僧録
生馬山寺		天平二十一年前	大和国平群郡	続紀
室生山寺		宝亀九年	大和国宇陀郡	室生山寺牒状
真木尾山寺		天平以前	河内国和泉郡	延暦僧録
大野山寺	四天王法	宝亀五年	筑前国槽屋郡	類従三代格
国上山寺	十一面観音法	天平八年前	越後国古志郡	元亨釈書

(5) 右に同じ

(6) 類聚国史巻百八十（国史大系本）二六〇頁

(7) 平安遺文㈠、八三号、承和四年三月七日太政官符

(8) 三代実録巻十、貞観七年四月二日条

(9) 類聚三代格巻二、天長元年九月二十七日太政官符

(10) 続日本紀巻十七、天平勝宝元年十二月二十七日条

(11) 同右、巻三十、神護景雲三年九月二十五日条

(12) 遍照発揮性霊集巻第二、一一、沙門勝道歴山水瑩玄珠碑

(13) 遠藤順昭「神宮寺成立の史的背景について」の奈良時代山寺表（別掲）参照

二　大御輪寺・平等寺の成立

つぎに大和国大神神社の二つの神宮寺の大御輪寺と平等寺の成立について考えてみることとする。まず大御輪寺の成立は天平神護二年（七六六）七月二十三日に丈六の佛像を伊勢大神宮寺[1]に造ったのにつづいて、約二十年後に延暦僧録第二の「沙門釈浄三菩薩伝」に、文室真人が佛教に帰依して、初め東大寺の造営のための大鎮に任ぜられ、のち法華寺の大鎮となり、鑑真の来朝とともに、菩薩戒弟子となり、「後於二大神寺一、講二六門陀羅尼経一幷東大寺立二十二分教義」[2]て、さらに佛法伝通日本紀なども著している。鑑真の来朝が天平勝宝六年（七五四）で、文室真人浄三の没年が宝亀元年（七七〇）であることから、この間に彼は大神神社の周辺の大御輪寺の地に神宮寺を建てたものと思われる。少くともその頃から大神寺の存在が明らかとなるとともに、現在聖林寺に移っている国宝十一面観音像が同寺の本地佛として安置され、天平時代にはすでに神宮寺が確立していたことが考えられるのである。またそのことと同時に、大神神社にはいま一つの乾漆の佛像の破片が存在し、やはり天平期のものと見なされている。[3]そしてこれらが大神寺の主体をなすもので、この十一面観音は天平盛時の代表的遺品であり、一木彫の木体の上に乾漆を着せた像で、奈良時代の一木彫木心乾漆造であることは、神宮寺そのものの性格を十分に推測することができるのである。

また天平時代の観音信仰のあらわれとしては、神亀五年（七二八）九月十三日の皇太子基王の薨去に先立って、観音像を造って病気平癒を祈っている。

　勅、皇太子寝病、経レ日不レ愈、自レ非二三宝威力一、何能解二脱患苦一、因レ茲、敬造二観世音菩薩像一百七十七軀幷経一百七十七巻一、礼佛轉経、一日行道、縁二此功徳一、欲レ得二平復一、[4]

そのほか特に天平十二年（七四〇）九月三日に起った藤原広嗣の乱に際して、「勅二四畿内七道諸国一曰、比来縁三筑紫境有二不軌之臣一、命レ軍討伐、願依二聖祐一欲レ安二百姓一、故今国別造二観世音菩薩像壱軀高七尺一、并写二観世音経一十巻二」(5)と観世音菩薩が戦乱の調伏のため多く造像された。ことに十一面観音は十一面神咒心経においても、六道のなかの修羅道を調伏するものとして「我有神咒心名十一面、具大威力、十一倶胝諸佛所説我今説之、欲利益安楽一切有情、除一切病故滅一切悪故、（中略）以此神咒防護其身、受持読誦書写流布、而為一切災横魔障、刀杖毒薬厭禱咒術所能害者、我亦不見以此神咒随所住処」(6)、また観世音経（法華経普門品）にも「怖畏軍陣中、念彼観音力、衆怨悉退散、妙音観世音、梵音海潮音、勝彼世間音、是故須常念」(7)とあれば観音信仰は早くより見られ、また一方では当時の人々はこの観音信仰を媒介として弥陀浄土への往生をとげることができると理解していたのである。

さらに、三輪明神の大日如来説の発生の要因は、本神が大己貴神であるということにより、伊勢大明神の、国土平定の挿話にまつわる同体説も、本神をもって大日とする根拠ともなった。それはまた大己貴神＝大黒天＝摩訶迦羅という天台宗系の思想も加味すると同時に、出雲諸国における大己貴神（出雲大神）の薬師本地とする思想にも影響されている。

いままた大神神と神佛習合の思想を考えてみると、少なくとも、大御輪寺は、奈良時代に、三輪明神の神宮寺として成立し、平安時代には、真言・天台両密教の影響を受け、本地垂迹思想に導かれて、密教的性格を帯びた寺院として改変されたものと考えられる。そしてこの大御輪寺は、中世には三輪の別当寺として栄えていた。

次に、三輪社関係のなかの本地関係が見られるのは、主として鎌倉末期に、本社＝大日または聖観音、日向＝阿弥陀、雨増＝釈迦、若宮＝弥勒、神宝＝観音、伊弉那諾＝大日、伊弉那冉＝宝幢または薬師、華鎮＝文珠、御子宮＝天皷音または釈迦、田苗王子‖不動、のごとく配されている。

ことに注目されるのは、三輪山を中心として画かれた五種の絵図が残っていて、最も古いものは桃山時代に描かれたもので、「三輪山絵図箱　惣什物三輪山平等寺」と箱書され、これは享保十六年に平等寺の大智院宥信によって軸箱が造られ、いずれも平等寺を中心としたものであるが、この絵図では三輪山の頂上が中心は高峯で左の峯は「口ノ不動」、右の峯は「奥ノ不動」と名づけられ、習合思想の発展ののちに画かれたものである。大和名所図会に三諸山の「山頂に不動、薬師、地蔵の三石の像あり、奥の不動という。又弥勒石像、弥勒谷にあり、高六尺」(8)とある。このような禁足地以外の本社の拝殿の左右に大日屋と護摩所があり、三輪鳥居の左右に大般若経蔵と神蔵が存在し、社僧による神前の大般若経読経は拝殿でおこなわれていたと察せられる。

これは春日社等でも、左右の廻廊が大般若経転読の道場であったことと通ずるのである。

また末社には「一夜酒」「弁才天」「聖天石」、として本社の南側に「熊野権現」が見え、北側には「文殊堂」があり、狭井社の附近に古くは佐井寺があったとも伝えている。この佐井寺については僧道薬の墓誌銘に、

〔表〕　佐井寺僧　道薬師族姓大楢君素止奈之孫

〔裏〕　和銅七年歳次甲寅二月廿六日命過(9)

とあって、佐井寺が和銅年間に存在したことが明らかである。このことから考えて、三輪山の向って左側に早くより佛教寺院や道場が建てられ、玄賓もまた平城上皇の請いにより三輪山麓の檜原の地に住したところといわれ、現在玄賓の像と平安時代の重要文化財の不動明王像が存在している玄賓菴がある。この玄賓は弓削氏で河内国に生まれ、法相宗の碩徳であり唯識学を興福寺の宣教に学び、道鏡の専横をにくんで、伯耆の山中に隠れ、桓武天皇のお悩みによ

り、再び都に帰り、効験あらわれ、大同元年四月勅により律師に任ぜられたけれども辞して歌をもって、その意をしめし、「三輪川の清き流に洗てし、衣の袖は更にけがさじ」とうたった。また再び大僧都に任ぜられてもまた辞して、備中国湯川寺に移った。大同四年（八〇九）四月京都に帰り、平城上皇のお悩みを祈り、弘仁二年（八一一）五月法服を賜わった。弘仁九年六月十七日、年八十余にて入寂した。

このように高僧の隠棲処としてのこの地域は当然この大神神社の神宮寺としての大御輪寺の成立を見るのである。それが今昔物語では大神高市麻呂が私宅を改めて三輪寺としたというが、この大御輪寺と一致するかは明らかでない。(10)

この寺の伽藍は古絵図によると本堂に向って右に三重塔、その奥に鐘楼などがあり、楼門から本堂にかけて左手にも二字の堂が見え、本堂の前庭に久延彦の神への御饌石があり、旧記によると六坊あったという。この白壁によって囲まれた地域外に、本通りへ出る角に「社僧出仕所」とあるが、大神神社の神宮寺の規模からすると平等寺のほうがはるかに大きい。

この大御輪寺は平安時代には真言密教の影響を受け、のちの平等寺と同じく密教的性格を帯びたのは、最澄や空海などがつよく神佛習合への道を推しすすめたからであった。

最澄は延暦寺を創めるとともに、大三輪の神を山に祀り、これを大比叡の神と称し、これをさらに山王と称し、あわせて後に地主神を合祀して小比叡の神、すなわち大山咋の神をまつっている。仁和三年（八八七）の円珍の上表によると大比叡神のための年分度者としての大毘盧舎那経業と、小比叡神のための一字佛頂輪王業の年分度者の設置について述べているなかに、

当寺法主大比叡小比叡両所明神、陰陽不測、造化無為、弘誓亜ㇾ佛、護国為ㇾ心、所ㇾ傳真言灌頂之道、所ㇾ建大乗

戒壇之検、祖師創開専頼二主神一、若不レ然者、何立二此業一永鎮二国家一、（中略）春三月試度、就レ中一人為二賀茂明神分一、一人為二春日明神分一、主神独無二其分一、貞観二年擬レ奏二斯由一、依違不レ言、黙而至レ此、自レ彼以来冥祟稍頻、遂不レ言者恐神明怒、（中略）円珎伏見（オモンミルニ）、佛法中興莫レ過二承和之聖代一、山神膺レ慶偏仰二当時之鴻慈一、(11)

比叡神が、最澄以下の高僧達の比叡山における明神への擁護を祈願することを求めている。また空海にしても、東寺の興隆と伽藍の整備について稲荷山より用材採取にあたって、天長四年（八二七）正月五日の淳和天皇の不予のとき、東寺稲荷社に従五位の位階を定めた。類聚国史のなかに、次の詔を出して東寺と稲荷の習合をすることになったことがみえる。

淳和天皇天長四年正月癸亥朔、停二朝賀一、為レ候二御薬一也、丁卯（五日）、以二綿三百屯一誦二経於川原寺一、於二東西二寺一、各屈二卅九僧一、使レ修二薬師悔過一七日、（中略）辛巳（十九日）、詔曰、天皇詔旨止、稲荷神前爾申給閇止申佐久、頃間御体不愈大坐須爾依弖、占求留爾稲荷神社乃樹伐礼留罪祟爾出太利止申須、然毛此樹波、先朝（桓武）乃御願寺乃塔木爾用牟我為爾止之天、東寺乃所レ伐奈利、今「万」成祟利止申我故爾、畏毛天奈内舎人従七位下大中臣雄良乎差レ使天、礼代爾従五位下乃冠授奉理治奉留、実爾神乃御心爾志坐波、御病不レ過二時日一除愈給倍、縦比神乃御心爾波不レ在止毛、威神乃護助給波牟力爾依天之、御躬波安万利平支給止牟「万」、所念食止奉レ憑流止申給布天皇詔旨乎申給波久止申、(12)

また空海も高野山を開くに際して、丹生明神との習合について、その「御遺告」のなかで、

去弘仁七年表請二紀伊国南山一、殊為二入定処一、（中略）厥峰絶遙遠阻二人気一、吾居住時頻在二明神衛護一、（中略）彼山裏路辺有二女神一、名曰二丹生津姫命一、（中略）吾上登日託二巫祝一曰、妾在二神道一望二威福一久也、方今菩薩到二此山一妾之幸也、弟子昔現人之時食国皇命給二家地一以二万許町一、（中略）冀也、献二永世一表二仰信情一、(13)

と述べているように、平安初期の最澄や空海の思想のなかに、山林修行と地主神を通じてうかがえる習合思想が提唱されて、それが教線の拡大ともつながって、次第に全国的な規模にまで発展していったのである。

そして承和六年（八三九）には多度大神宮寺が、一時天台別院となり、また嘉祥二年（八四九）には同じ多度大神宮の法雲寺が真言別院となるなど、これら神宮寺への天台・真言の進出が見られるのである。また貞観八年（八六六）には石上神宮の神宮寺の造立のために大和国の二十八町の寺田が施入されている。(14)

いまこの大神神社の神宮寺の大御輪寺は弘安八年（一二八五）までは神宮寺と称していたのを叡尊のときの神託によって改められたとしている。

弘安八年乙酉

菩薩八十五歳、十月十九日、受二菩薩戒一者二十余人、一日詣二三輪神祠一、守祠者出迎稽首、而語曰、先神託曰、有二肉身釈迦一将レ至二吾所一、汝等迎接、今果遇二師之臨一、乃知、師即釈迦文應化而神語無レ妄矣、遂捨二神宮寺一、献二菩薩一、永為二弘律之区一、菩薩改レ額為二大御輪一矣、(15)

そしてそれまでの大御輪寺の性格は史料的に明確でないけれども、この寺では法華・最勝二会が挙行され、また叡尊は弘安八年にこの寺に到って三重塔で曼荼羅供をおこなっている。もちろんそれまでは、ともかく、大日を中心とする真言密教的思想に導かれた三輪の発展は、空海の真言宗を本土に招来してから以後に発生したもので、ここに奈良時代に成立したと思われる神宮寺を真言化していったのである。

この叡尊の影響を受けてから、三輪神宮寺を「大御輪寺」と改め、また、現在の若宮社である伽藍はその時のものといわれている。そして、現在聖林寺にある乾漆十一面観音のほかに、中世には右に地蔵菩薩立像（五尺）と不動明王（二尺五寸）が存在したということである。

室町時代、興福寺の大乗院の尋尊大僧正は、寛正七年正月二十九日に、

一、平等寺ニ参詣、禅・学酒進之、無殊儀者也、御社并大五（御）輪寺ニ参詣、絵所子僧舜識杉原・扇進之、

と、平等寺及び大御輪寺に参詣している。(16)

「三輪山古図」では、大御輪寺は三重宝塔一基、金堂、及び庫裡（食堂カ）が見えている。大御輪寺は江戸期は大体かかる状況を示していたが、明治維新後、神佛分離の影響を受けて、遂に廃寺の憂目をみるにいたった。

時に聖林寺の大桂和尚（東大寺戒壇院にも住した）の弟子に安倍島大心・一源・廓道の三人の弟子があったが、廓道は大御輪寺に住し、一源は法隆寺北室院に移り、大心は聖林寺に住した。かかる師弟関係により、大御輪寺の佛像・什物が分配せられ、また庫裡は現在安倍文殊院の庫裡として移されたといわれている。

この大神神社も多賀神社と同様に二つの寺院が神宮寺として成立し、大御輪寺は法会を中心に営まれたのに対して、もう一つの神宮寺である平等寺は社僧を中心とする別当寺として慶円上人を開創者として成立したのである。

慶円上人は諱は禅観といい、また慶円、あるいは慈明と称した。慶円は保延六年（一一四〇）に生まれ、鎮西の人といわれている。桜井の阿倍寺（東大寺末寺）に最初に住し、法相学を学び、広沢流の春寛遮黎に師事し、また吉野の堯仁阿闍梨に天台学を学んだ。その後竜門寺で大般若・華厳・大集・大品法華・涅槃経及び法華玄義・天台止観・天台文句及び真言諸儀軌等を書写し、習学にはげんだ。さらに多武峯に遊び、石清水に詣で、真言宗に心をよせ、弘法大師を思慕した。また室生山に一千日参籠して、即身成佛の玄義を学び、善女竜王の舎利をまつり、菩提心を得たとい

われている。また別伝では、慶円は三輪山下の閼伽井に、三輪明神の影向を喜び、この霊地を開き、灌頂をおこなうことを誓い、承元元年（一二〇七）十月八日に大野寺の弥勒磨崖佛の地鎮を、後鳥羽上皇の臨幸を得ておこなったといわれている。慶円は貞応二年（一二二三）正月二十七日に年齢八十四にて入寂した。吉野郡吉野町平尾の菅生寺の笠卒都婆には、

行年八十四　貞応二癸未正月廿七日御入定　当寺本願慶円上人御廟也

四代弟子照海　建武三丙子正月廿七日造之

と金石文が存在しているので、この年次に入寂したものと考えられる。

鎌倉時代の平等寺は三輪別所と称されて、慶円の修行道場から発展してきたことに始まる。この別所については、俊乗房重源も、東大寺別所、周防別所をはじめ多くの浄土信仰の道場として別所を創建しており、良遍もまた東大寺知足院に法相宗研究道場として別所をもっていたことから考えても、慶円の三輪別所もこれら鎌倉初期に見られる別所の例にもれないであろう。その別所の性格は、平等寺の中心伽藍の中に護摩堂、灌頂石等真言密教的要素のあるものが多く、「慶円上人伝」にも慶円と覚鑁の伝説、及び弘法大師の教法受持、あるいは室生竜穴の信仰等、真言宗との関係が深く見られることから考えても、この別所は慶円の真言灌頂宣布の道場としての別所とみるのが妥当であろう。慶円上人が大野寺の弥勒磨崖佛の地鎮をしたり、また弟子の乗円（禅忍房）のもとで、東大寺宗性が「弥勒如来感応抄草」を抄した等、三輪別所を中心として真言宗的弥勒信仰が存在したことは否定できない。また平等寺伽藍のなかにも、弥勒堂が存在しており、現在金屋に移された釈迦・弥勒の石棺石像があり、三輪山及び平等寺を中心として、かかる信仰が鎌倉時代に発展していたのであろう。

また東大寺図書館に蔵する東大寺宗性上人の「春華秋月抄草」（東大寺図書館蔵、113・121・23—1）の奥書に、

天福元年九月十五日三輪別所堂書付之、自天福元年九月十二日、忽辞南都東大之草菴、巡礼当国近辺之山寺之次、故起其信心、慇詣此別野、于時紅葉耀暮日自添観念之色、香花薫秋風亦増信仰之心者歟、

同九月十五日酉時記之

東大笠置両寺住侶宗性初度

同行宗俊二度(17)

とあり、宗性は弥勒信仰の資料を得るために編集した「弥勒如来感応抄草」の奥書にも、

嘉禎二年四月四日酉時於三輪山別墅平等寺大智院、以禅忍御房之御本書出之畢、同六日未時亦以別御本聊令移点畢、亦参籠笠置寺弥勒感応抄中、所書入之也、願以此微少之功、必預彼莫大之益矣、

右筆笠置寺住侶沙門宗性(18)

と見えていることから考えて、平等寺は嘉禎二年（一二三六）ごろすでに存在していて、三輪別所とよばれていたことが明らかである。

そして鎌倉時代に平等寺を再興したのは、慶円上人といわれ、「三輪山古図」「平等寺絵図」でも「開山上人堂」「開山御影堂」として慶円の像を祀っていた。また慶円上人の像は、室町期のものが、現在蔵されている。

そしてこの寺は、慶円上人以前においては多武峯との交渉を持ち、修験道との関係も生じた。平等寺の伽藍については、中世に於ては、中心伽藍と塔頭としての大智院の範囲にとどまっていて、桂林院等の十カ院の塔頭寺院は江戸期に発生した。

いま江戸期の写本に見られる平等寺の伽藍の全容を見てみると、次のごとくである。

覚

一、平等寺本堂　六間四面　屋祢(根)瓦葺
　本尊　十一面観音秘佛　聖徳太子御自作
　同　阿弥陀　安阿弥作
　四天王　小野篁作
　薬師如来　春日作
　御代々御位牌所

一、護摩堂　三間四間　屋祢(根)瓦葺
　本尊　不動明王　弘法大師一刀三礼作
　不動明王　興教大師作
　不動明王　作者不知
　愛染明王　作者不知

一、御影堂　三間四面　屋祢(根)瓦葺
　本尊　弘法大師　御自作
　役行者　作者不知
　理源大師　作者不知

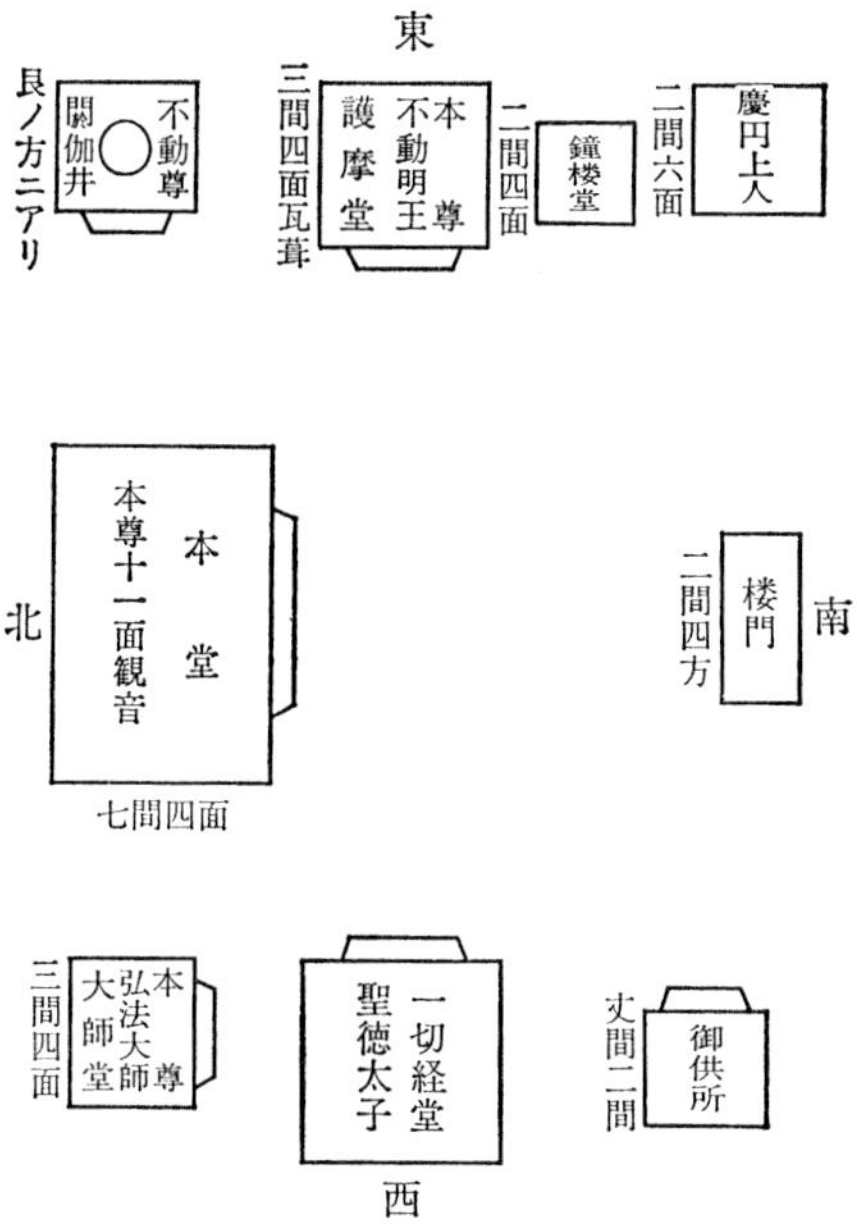

平等寺伽藍配置図

一、一切経堂　二間四面　屋祢（根）瓦葺
　本尊　聖徳太子
一、鎮守　春日大明神　拝殿丈間三間屋根瓦葺
一、鐘楼堂　二間四面屋根瓦葺
一、楼門　丈間四方屋根瓦葺
一、開山堂　二間六間屋根瓦葺
一、宝物　善女竜王佛舎利
　阿育王ノ佛舎利
　八祖ノ御影弘法大師筆
一、惣境内南北三町　東西四町半余
　外ニ下馬先ヨリ三輪村夷之辻迄道筋支配仕候
一、坊舎　九ケ坊
一、知行　八拾石
一、宗旨　真言宗
一、本寺　大乗院御門跡
一、開基　聖徳太子
一、中興開山　慶円上人

一、末寺　　　　　　　　　御厨子山　寺敷三坊

右之通相違無御座候

年中寺役

正月朔日丑ノ刻　　　　　於本堂朝拝読経

同　辰ノ刻社役　　　　　於明神拝殿理趣三昧

一、同午ノ刻　　　　　　於本堂修正会

一、同二日午ノ刻　　　　於不動堂修正会

一、同三日午ノ刻　　　　於鎮守拝殿修正会

天下安全五穀成就御祈禱

一、同八日辰ノ刻　　　　於鎮守拝殿大般若経

一、同日申ノ刻　　　　　於大神神社心経会

天下安全御祈禱

一、同十五日辰ノ刻　　　於鎮守拝殿大般若経

一、同廿四日一昼夜　　　於不動堂護摩供

天下安全五穀成就御祈禱

一、二月八日午ノ刻　　　於本堂羅漢講

一、同十五日午ノ刻　　　於本堂涅槃講

一、四月八日午ノ刻　　於本堂佛生会

一、同初ノ卯日　　花鎮ノ祭礼明神へ出仕
　　　　　　　　扇的弐本出シ申候事

毎月寺役

一、東照権現宮

一、御代々御忌日　　於本堂御追福読経

一、朔日辰ノ刻　　於本堂惣陀羅尼

一、同巳ノ刻　　於不動堂愛染供

一、同十五日ヨリ七月十五日迄　九十日ノ間於本堂毎日辰ノ刻理趣三昧

一、右九十日ノ間午ノ刻　法花経読誦

一、六月十五日辰ノ刻　　於本堂蓮花会

一、十一月三日辰ノ刻　　於鎮守心経会
　　　　　　　　天下安全御祈禱

一、十二月十四日午ノ刻　於本堂佛名会
　　　　　　　　天下泰平御祈禱

一、同明神社参　天下安全五穀成就御祈禱

一、十五日辰ノ刻　　於本堂阿弥陀三昧

一、同明神社参　天下安全五穀成就御祈禱

右之通無懈怠相勤申候　以上

天保三壬辰年三月　三輪山平等寺年預

南都　大智院印

御奉行所

（奥山氏文書(19)）

いまさきの「三輪山古図」及び「平等寺伽藍図」を見ると、三輪山の南端に慶円上人開山堂、及び行者堂・御影堂・鎮守社・弁財天社・閼伽井・本堂・医王院・不動堂・愛染堂・鐘楼・一切経堂が存在し、伽藍のすぐ下に大智院が位置していた。江戸期の朱印地は石高八十石で、そのうち六十石は広瀬郡大塚村より、二十石は広瀬郡池尻村より納付されていた。

そのうち、六石＝御本尊御供米、六十六石＝拾弐ヶ院配当、壱ヶ坊高六拾石宛、拾壱ヶ坊へ配当、また大智院は一山の院家、法務の寺であるため八石となっている。平等寺の一二の坊とは、大智院、文殊院、中之坊、大門坊、吉祥院、多楽院、桂林院、宝生院、観音院、中院、常楽院、宝幢院で、その諸坊の成立については、大智院を除き、すべて江戸時代である。

この平等寺の江戸時代の現況からみても、ここが醍醐寺流の真言宗の道場として役行者、理源大師、不動明王を礼拝し、大峯入峯して練行することを実施していたことでも、その性格が明らかとなる。現在の平等寺に移されている室町時代の不動明王については、沙門華眼の文明八年の勧進状を大神神社に蔵している。

勧進沙門華眼敬白

請特蒙十方壇越厚助遂三輪山不動堂不断護摩所上葺修造之状

右、当山者、三輪明神垂跡利生之砌、五智灌頂秘密修練之場也、境凶(ママ)而山川意趣無不名所、然練行溜徒、鎮十二不退之護摩観念、鑚仰之諮詢弗懈、倩温本尊起因者、三地薩埵一刀三礼之造像、宛不異礼於生身影向之委曲、又実于他不遑羅縷云、草創季薫梵宇之頽破遮眼、美構累霜尊閣之零落傷肝者乎、然而止住之僧徒、三衣不全練行之禅侶、一鉢尚実有何力、修営之大功乎、小僧苟跋勧進之懇望、所仰者、明神尊王之冥感、所持者十方壇主之投財也、寸鉄不軽、只貴奉加之志、尺木尚重、偏嘉随順之情者也、密乞与善結縁之族咸誇福庭、号徧霊椿林之栄、奉施助力之彙、久遊寿域、号咲仙桃三千之色矣、仍勧進志趣如斯、

文明八年丙申六月　日　(朱印)「東堂」(20)

この不動堂建立の勧進帳より見ても、この寺の不動明王は平等寺の室町期に存在したものであることには相違ないものである。そしてこの三つの像は、さきの覚書にある御影堂の役行者と理源大師であり、不動明王は護摩堂の不動明王である。

ことに平等寺本堂に存在した秘佛の十一面観音は、現在平等寺に蔵する平安中期のものと考えられる一木彫りの十一面観音であり、慶円上人の在世当時のものと思われる。

そして中世以来、平等寺と醍醐寺との関係、及び興福寺との関係が室町期には本寺を興福寺大乗院として、興福寺末寺になってその勢力に属していたことが明らかである。

そして平等寺そのものの構成が学衆と禅衆に分かれ、この時期には学衆よりも禅衆の方が勢力が強かった。またこ

の寺の場合、学衆は東座と称し、興福寺大乗院の支配を受け、禅衆は西座を構成して醍醐三宝院に属して、寛正三年（一四六二）三月に両衆の紛争が高まって、(21)ついに大智院ほかの学衆方の坊宇が災上して顕密聖教がことごとく焼失した。またこの寺の中心であった阿闍梨坊も被害に遇い阿闍梨は弟子をともなって逐電するという事件が起っている。

とくに、この平等寺の血脈および大智院の変遷を知るために、参考までに系図をかかげると次の如くである。

△印可血脈次第

真雅僧正—観賢僧都—淳祐内供—元果僧都—仁海僧正—成尊僧都—義範僧都—勝覚権僧正—定海僧正—

—元海僧都—実運僧都—勝賢僧都—成賢僧正—道教僧都—親快法印—親玄僧都—覚雄僧正—聖快僧正—

—弘鍐法印—慶円上人—慶恵僧都—憲伊僧都—憲深僧都—乗信法印—良英僧都—英深僧都—隆深僧都—

—清安僧都—深恵僧都—宗深僧都—長弘僧都—長恵法印—長雅僧都—長意僧都—玉耀僧都—範応僧都—

—長宥法印—宥信法印—長尊法印—玉應法印—英範法印—範雄阿闍梨—玉演阿闍梨—宥玉阿闍梨—了範阿闍梨—

—観阿大阿闍梨—覚阿大阿闍梨—玉集大阿闍梨—覚信阿闍梨

大智院

慶恵—憲伊—乗信—良英—英深—隆深—清安—深恵—宗深—長弘—長恵—長雅—長意—玉耀—範応—長宥—

—宥信—長尊—玉應—英範—範雄—玉演—宥玉—了範—観阿—覚阿—玉集—覚信 文政五年十一月本寺大乗院御門主ヨリ依命令大智院職蒙ル(22)

またこの二つの神宮寺を中心として三輪流神道が栄えた。すなわち、本地垂迹の思想が平安末期に入っていよいよ密教の影響をうけ、具体的な行事や理論を構成してきたものが両部神道である。このころ、天台・真言の二大宗派は浄土信仰の布教に対抗して宗教的な行きづまりを打開しなければならなかった。新佛教の勃興によって佛教が真に人々のものになろうとする時、天台・真言の二宗派も人々の信仰の基盤であった神祇信仰と積極的に習合し、社会進出を企図する必要に迫られていたのである。台密すなわち天台宗から付会したものが、山王神道であり、東密すなわち真言宗から起ったものが両部神道である。両部というのは密教でいわれる胎蔵界と金剛界を示している。両部神道という語は伊勢神宮の外宮を金剛界に、内宮を胎蔵界にあて、両部とも大日如来であって、本然の一佛に帰するという理論を付したのがはじまりである。

三輪流神道は、御流神道と並んで、両部神道を代表する真言系の神道である。それは、日本紀灌頂と麗気灌頂とをもって構成された神祇灌頂によって師資相承され、神佛の不二一体と、天照大神に対する信仰とを説き、真言密教の伝授と表裏一体をなしつつ、密教寺院にて継承されてきたのであり、その流伝は中世から近世末にまで及んだ(23)。

(1) 続日本紀巻二十七、天平神護二年七月二十三日条
(2) 日本高僧傳要文抄第三（延暦僧録第二、沙門釈浄三菩薩傳）（東大寺宗性自筆本）
(3) 『三輪流神道の研究』第四章　神宮寺（景山春樹、桜井敏雄）三四四頁
(4) 続日本紀巻十、神亀五年八月二十一日条
(5) 同右、巻十三、天平十二年九月十五日条
(6) 十一面神咒心経（玄奘訳）（大正蔵二〇、一〇七一、一五二頁）
(7) 妙法蓮華経第八、観世音菩薩普門品第二十五（大正蔵九、二六二、五八頁）
(8) 大和名所図会（天明本）

(9) 僧道薬墓誌銘（奈良国立博物館蔵）
(10) 今昔物語巻二十、高市中納言依二正直一感レ神語第四十一（日本古典文学大系本）二〇九頁
(11) 類聚三代格巻二、年分度者事、仁和三年三月十四日太政官符（国史大系本）
(12) 類聚国史巻三十四、帝王部十四、天皇不予
(13) 御遺告（大正蔵七七、続諸宗部八、二四三一、四〇九頁）
(14) 類聚国史巻百八十、佛道七、神宮寺、貞観八年正月二十五日条
(15) 西大勅謚興正菩薩行実年譜、巻下（奈良国立文化財研究所史料二、一九〇頁）
(16) 大乗院寺社雑事記四、寛正七年正月二十九日条
(17) 春華秋月抄草（東大寺図書館蔵、113・121・23(1)）
(18) 弥勒如来感応抄草（同右館蔵113・78・3―1）
(19) 『大三輪町史』社寺篇、平等寺条、四〇九頁
(20) 同右
(21) 大乗院寺社雑事記二十二、寛正二年五月九日条
(22) (19) に同じ
(23) 『三輪流神道の研究』参照

三 永久寺の成立

さきに三輪の大御輪寺について述べてきたが、同様に三輪の場合ほど明確な形ではないけれども、石上神宮寺の別当寺としての性格がみられる永久寺について考えてみることとする。

もともと石上社は布都御霊剣を宮中に祀っていたが、崇神天皇の時に大和の石上邑に遷され、また物部氏の氏社と

して発展していった。石上社の祭神はこの剣の神名を佐士布都神といい、または甕布都神、さらに布都御魂と称している。

その信仰の中心は布留山でこれが御神体とし、祭神は布都御魂大神、布留御魂神、布都斯御魂神ほか四柱で、この神は神代に建甕雷神のおびられていた霊剣を祀ったのである。この佩剣の持主であった武甕槌神は常陸の鹿島神宮の神で、難波では生駒西麓の平岡の地に藤原氏の祖神として天児屋根命とともにまつられ、平城京の造立にともなって藤原不比等により春日山麓にまつられた春日明神も、やはり鹿島明神を勧請したものである。このような関係から春日社と石上社の関係は、その祭神のつながりからして密接なものがうかがわれ、中世において春日社を藤原氏の氏神とし興福寺を氏寺として、特に大和国国司の源頼親を追放して大和国司職を一円知行化することに成功した興福寺は、在来の諸社寺をも自己の本末化することに積極的となっていったのである。(1)

それとともに平安中期より興福寺の寺内の煩瑣な状況からのがれて、高僧達が東山や山の辺の地に子弟の養育と学問の振興をはかったのであって、例えば正暦年間に創建された正暦寺が兼俊にもとづき、中川成身院が実範により閑静な学問所となる寺院が創立された。さきの正暦寺は正暦三年（九九二）九条関白兼家の子の兼俊大僧正が草創し、その堂塔には金堂（薬師如来）、灌頂堂（大日如来）、地蔵堂、如法経堂、三重塔、鐘楼、施餓鬼堂、宝蔵、春日社、六所明神、峯弁財天社が存在し、院家には報恩院をはじめ八三の院坊が元禄年間まで存在していたことが、元禄五年（一六九二）に奈良奉行に差出した寺院明細帳に明らかである。そしてこの寺を関白太政大臣忠通の子の信円が建保六年（一二一八）に再興してより、この寺は次第に興福寺の高僧達の学問道場としての地歩を高めていった。そののちこの寺を盛にした信円僧正は仁平元年（一一五一）に生まれ、興福寺恵信僧正の門に入り、法相唯識の学を復興した有名な蔵俊・

尋範等に習い、永万二年（一一六六）には一乗院の院主となった。十六歳で研学竪義を終え、嘉應二年（一一七〇）に少僧都に任ぜられ、尋範大僧正の引きたてにより少僧都にして維摩会講師を終えて、その出自及び学問共に英才として南都にとどろいた。さらに大僧都に昇進し、承安四年（一一七四）には、春日西御塔（現在の博物館横）及び金峯山検校、金勝寺別当を経てついに興福寺の大乗院院主をも兼ねて僧正に昇進するなどして、興福寺の勢力を掌握し、さらには興福寺別当に任ぜられた。

このような正暦寺の動向と同じように、永久寺もその成立を見ると、永久寺の以前における石上社の本来の神宮寺については、平安初期の貞観八年（八六六）正月にその存在が明らかである。しかしその内容は明らかでないが、この神宮寺は布留郷の中にあって、石上社所在地を宮本郷（後の布留）と呼び、木堂・川原城・丹波市・勾田・三島・田部・豊井・豊田・田中・田村・小田中・荒蒔・井戸堂・九条・吉田・備前・長柄・長屋・庵治・嘉幡・指柳・上総の諸庄郷が存在していた。この布留郷の村には常蓮寺をはじめとして石上の神宮寺と称するものがあり、中筋寺というとともに、隣接する大和神社（大国魂大神）は、長岳寺を神宮寺としていた。石上神宮には神宮寺として桃尾の竜福寺と内山永久寺を充当するなど、神宮寺には本地仏を祀るための堂宇と、神前読経をおこない法会を厳修する社僧を統括する別当寺との二カ寺に分れていた。

この桃尾竜福寺も内山永久寺の成立を見るまではやはり石上の別当寺的な性格も与えられていた。この竜福寺は奈良初期に義淵によって建てられた大和の竜門・竜蓋寺の一環として竜王山の下の桃尾滝の周辺に創建されたのである。本尊は十一面観音として、さらに阿弥陀如来もあったようである。義淵は幼にして智鳳について法相宗を学び、智鳳の入唐求法ののち帰朝後に義淵の高弟の行基はこの地に来って伽藍を建て、そののち空海がこれをついで法相宗を改めて真言宗の寺院としたのであった。その伽藍の規模については明確でないけれども、文明年中（一四六九～一四八六）の炎上の記録では布留滝に五大明王・如意輪観音の石佛のほかに薬師堂・真言堂・鐘楼が存在し、僧衆は学侶方と行人方に分れ、安薬院、大門院、住心院、金蔵院の四坊が学侶方の中心で、宝光院以下の一二坊が行人方に属していた。(2)そのうち金蔵院はその勢力がもっとも強かった。

とくに平安末期の永保元年（一〇八一）に白河天皇によって石上神宮が尊信され、宮中の神嘉殿を拝殿として寄進され、現在の楼門にもとづく神門が建てられ、寛治六年（一〇九三）に院が御幸された。この頃より石上社の神宮寺的性格を持っていた布留五十余郷の内の田村の常蓮寺、布留の良因寺などの勢力が増大し、真言的な傾向も強まり、神佛習合の影響も拡大した。

つぎに石上神宮の別当寺として勢力のあった内山永久寺については、「内山永久寺置文」(3)が存在しその概要を知ることができるが、鳥羽天皇の永久元年（一一一三）に、その勅願によって建立されたといわれ、その背景には永保元年（一〇八一）よりの白河法皇の石上神への帰依にともなうものでもあった。

その開基は、一説では鳥羽天皇の永久元年に瑞祥が起って、保延元年（一一三五）亮恵によって真言宗を中心に開かれたといい、他方藤原頼成の子の権少僧都頼実を以て内山置文等では開基としている。永久二年（一一一四）に興福寺蓮華院本願の頼信と禅定院本願の成源の指導のもとに入寺した頼実は、また大乗院の本願であった隆禅の弟子でもあった。この頼実は二十九歳のとき永久二年にこの寺の創建に動き出し、さらに石上寺と春日社との本末関係をすすめると同時に、大和支配のための有力な末寺としての性格をこの寺に与えるものであった。

頼実は維摩會研学竪義次第では、

二年（承徳）戊寅講師頼実（寅年卅九　五月廿九日宣　法相宗　興福寺）（臈卅八　淡路守中原成頼子　法印弟子　住大乗院　権僧正頼信入室　隆禅）　勅使左中弁宗忠(4)

とあり、中原成頼の子として長久元年（一〇四〇）に生れ、四十九歳で維摩会講師に任ぜられ、ついで已講となり、天承二年（一一三二）二月には法成寺御塔供養をいとなみ、永治二年権少僧都で九十四歳で入滅している。

しかし永久寺を造営するに当って頼実以上の努力をしたのは尋範であった。内山置文の頼実と尋範の記事は『維摩会研学竪義次第』や『興福寺別当次第』などと比べても、かなり史料的に信頼の置けるもので、この寺の本願については、

内山事　号永久寺　元名大畠庄

代々暦記幷古老等傳、随勘得就聞及注之、

于時文保元年〔一三一七〕二月十九日薬湯療養之隙矣、

一、本願事、

権少僧都頼実

淡路守藤頼成男　法務権僧正頼信（龍花院本願）幷飛鳥僧都成源（禅定院本願）入室　法印隆禅（大乗院本願）附属弟子　承暦三年〔一〇七九〕維摩會研学竪義（年三十　臈十九）

承徳二年〔一〇九八〕同會講師　天永二年〔一一一一〕八月廿七日任権律師　大治五年〔一一三〇〕正月十四日転任権少僧都　天承元年〔一一三一〕九月廿五日被

他寺探題宣、同十月日蒙可兼専寺探題宣　保延二年〔一一三六〕正月辞両職、以弟子弘覚（内山御房）已講令敍法眼　康治元年〔一一四二〕十月十日

入滅歳九十三

前法務大僧正尋範本名弘覚

京極大閤師実公息　一乗院大僧正覚信（号康和僧正）入室　頼実僧都附属弟子　天永二年十二月二日下向歳十一　永久元年〔一一一三〕三

月廿二日出家歳十三　元永二年〔一一一九〕維摩會研学竪義年十九臈七　大治元年〔一一二六〕同會講師　保延二年〔一一三六〕正月卅日敍法眼　同六年七月廿六日任権少僧都　仁平元年〔一一五一〕五月廿六日任権大僧都　久寿二年〔一一五五〕五月廿四日敍法印　長寛二年〔一一六四〕五月十一日補興福寺別当歳六十五　同十三日被一座宣　同十七日蒙牛車宣　同年十二月十五日任権僧正　永福〔ママ、万カ〕元年〔一一六五〕十月十六日為顕宗御持僧神木帰座賞　仁安二年〔一一六七〕十月廿日任僧正并法務　承安二年〔一一七二〕三月廿三日転任大僧正　同年六月廿三日補一乗院々主　同三年六月廿八日停癈寺務并大僧正依衆徒焼任多武峯事也　同四年四月九日入滅歳七十三

以上両代共号本願、墓所在当山矣、(5)

ここに於て頼実の弟子に尋範が最初は弘覚との得度名で見え、父関白藤原師実、母藤原師房女の間に生誕し、十一歳で入寺、実覚僧都について法相を学び、維摩会を経て次第に昇進し、講師をつとめ、頼実が権少僧都を辞退したのち僧綱に任命された。しかし尋範は三會講師として優れていたために度々の推選に漏れ、大衆の訴えによって権少僧都より大僧都に昇進した。とくにこの尋範等は祖父の頼通の第三子の師実の子として多くの兄弟を持っていたが、頼通の子の覚園を明尊僧正のもとに入れて入道させるなどの例や、のちの平治の頃藤原通憲の一族が多く南都の興福寺に入ったのと同様に師実の子は覚信・玄覚・尋範を興福寺に、仁源・行玄・澄真を延暦寺に、増智・永実・仁澄・覚実を園城寺に、静意を仁和寺に入れるなどして寺院への進出をはかる一方で、女子の賢子を白阿院に入内させ堀河天皇を生んだのち郁芳門院と称するなど、保元の乱を通じて忠通等の勢力とはげしく争ったのである。そしてそのことは、まえにも述べたように、藤原貴族政治の敗退と、院政政権の拡大とともに、没落を目前にした藤原貴族はさかんに南都の寺院勢力や、北嶺の勢力を掌握することによって、勃興してこようとする源平の勢力を排除しようとしたのであって、それは頼長の父忠実や、師実等の考え方でもあった。そして崇徳上皇に同情し、後白河天皇と対峙して、鳥

羽法皇の崩御の保元元年（一一五六）七月二日ののち九日にして清盛・義朝等は崇徳上皇の白河殿を焼討した（保元の乱）ために、「宇治大相国（藤原忠実）は、新院打負け給ふと聞えければ、橋を引かせ、左府の公達三人相具し給ひて、南都へ落ち、禅定院の僧都尋範、東北院の律師千覚、興福寺の上座信実、同じき権寺主玄実、彼等が兄加賀冠者源頼兼に仰せて、「寺中の悪僧、竝に国民等を相語らひて、官軍を防ぐべし、忠あらん者には不次の賞を行ふべし、と披露せらる」(6)と尋範等は頼長の味方をかくまったため保元元年には東小田原山寺（浄瑠璃寺）に籠居させられこととなった。しかし尋範はまた応保二年（一一六二）五月二日の春御読経により、勅勘を免ぜられて興福寺にもどり、長寛二年（一一六三）興福寺別当となり、権僧正から僧正位に昇り、自分の弟子の信円を権少僧都に昇進させ、皇嘉門院の御祈禱の効験によりついに大僧正にまで昇った。またその弟子に法印教縁・権大僧都玄縁・法眼章玄・法橋蔵俊・寛実・覚興・已講覚憲・覚弁・弘雅等、信西入道通憲の一族もまたこの尋範のもとに入った。そのほか尋範は興福寺衆徒を動員して多武峰の焼討をおこなうなど、はげしい一面もうかがわれた(7)。

また興福寺に蔵する皇年代記では、頼実を「禅定院建立、内山本願」と称し、尋範については「号内山大僧正法務、住大乗院」(8)

頼通
- 師実
  - 師通（関白　内大臣）
  - 覚信（興）大僧正　興福寺別当
  - 玄覚（興）大僧正　興福寺別当
  - 尋範（興）大僧正　大乗院　興福寺別当　禅定院
  - 仁源（山）大僧正　法性寺座主　天台座主　日吉別当
  - 増智（寺）法務僧正
  - 行玄（山）天台座主　青蓮院理智房　法務大僧正
  - 静意（仁）嘉祥寺別当
    - 貞実（仁）金剛勝院執行
    - 覚暁（仁）
  - 永実（寺）法印権大僧都　一身阿闍梨
  - 仁澄（寺）法印　東南院
  - 澄真（山）悪法眼
  - 覚実（円満院）法眼一身阿闍梨
  - 賢子　白河院妃　中宮　堀河天井郁芳門院母后
- 覚円（寺）法務大僧正　天台座主　三井長吏

と記して、頼実のあと内山永久寺を完成させたのは尋範であったといえるのである。事実、この寺の中心となる本堂は保延四年（一一三八）に造営が始まり、建保七年（一二一九）まで存在していたが、壊れたため広瀬にあった金剛寺の七間四方の本堂を移建し、丈六の阿弥陀如来を中心に安置した。それはまた小佛二体尺迦障子帳とともに尋範の念持佛であったと同時に、修正会や修二月会の本尊として観音を合祀し、多門天などの四天王を配していた。また創建期以後の伽藍については『天理市史』で整理されているのでそれを左記の如く引用することとした。

いまこの永久寺の成立を考えるとき、その本願としては頼実、尋範および亮恵を考えねばならないし、その維持発展および永久寺の管理の状況からも亮恵の弟子による永久寺の運営を認めざるを得ない。それは内山永久寺置文のなかに見られる山務管領次第によっても明らかである。しかし、これは大御輪寺における神宮寺（大御輪寺）と平等寺の関係などから考えて、永久寺に於ける亮恵の動きはやはり、大御輪寺と同様、弘法大師空海の南都進出を背景として展開された真言宗の教線の発展に呼応したものであった。もちろんこの寺を開いた亮恵はここに入滅して墓所を求めたのであって、この亮恵はもと元興寺の僧で大和の出身で、尋範に真言密教を伝えた人物でもあった。またのちに亮恵に帰依した興福寺の禅花院を開いた頼信の弟子の頼実の祇候人であった備後公が禅花院領の民司庄の庄司であった関係から、単にいままでの亮恵を中心とする真言系よりも、興福寺の影響を受けることにより、永久寺の経済的安定をはかろうとして、亮恵は積極的に興福寺の頼実権少僧都を迎え、本願僧都としたのであって、この際亮恵は真言堂すなわち灌頂堂を中心とした阿闍梨として存在した。この亮恵は承徳二年（一〇九八）誕生し、天承元年（一一三一）三十四歳で傳法灌頂を受け、文治二年（一一八六）八十九歳まで永久寺に住したのであるが、この寺の成立をかりに永久二年（一一一三）とするならば亮恵の十七歳の時に当るため成立に疑問をもつ。そのためこの寺を建てた亮恵は永久寺

第4表　永久寺堂塔一覧表（『天理市史』永久寺の項より）

本堂	七間四方で西面し、保延四年の建立という。本尊は阿弥陀如来像にして、脇士に多聞・持国の二天像がある。大塔ノ宮も一時本堂に止宿されたと伝う（慶長縁起）。
御影堂	三間四方　南面 俗に大師堂と称す。本尊弘法大師像（慶長縁起）
地蔵堂	二間四方（縁起）、一丈四方板葺（享保絵図）、本尊千躰地蔵
観音堂	西面、三間四方（縁起）、八尺間三間四方檜皮葺（享保絵図）、本尊十一面観音像（縁起）
不動堂	智恵光院不動堂とも称え、西面で三間四方、堂宇は矢田庄東福寺の僧が寄進したものである（縁起）。俗に奥の院ともいった。本尊不動明王像に八大童子を配し日本三大不動の一といわれた。元弘年中、後醍醐天皇が当寺に遁れさせ給うた時に、八人の大男があらわれ、雑兵を追い散らした。これが八大童子の化身であったという。
灌頂堂	俗に真言堂ともいう。南面七間四方、保延二年建立、建久二年大修理、本尊大日如来像（縁起） 八尺間七間四方檜皮葺（絵図）
吉祥堂	本尊吉祥天（縁起）、延享頃には廃絶して堂跡のみであった（絵図）。
経堂	建立年代不明（縁起）、二間に五間（絵図）、なお寺内に経堂三宇あった。
地蔵堂	東西二間四方（縁起）、一丈四方板葺（絵図）、本尊は千躰地蔵である（縁起）。
十三重石塔	御影堂の巽の山にあって、本願亮恵の廟という。彼は文治二年五月二十八日入滅し、行年八十九歳である（縁起）。
十三重石塔	奥ノ院にあって、九条右大臣教嗣公の廟という。公は慶安十一年当山に薨去したという。外に三基の石塔があったが何人の墓とも明らかでない（縁起）。
茅御所	灌頂堂の乾にあって、元弘兵乱のとき後醍醐天皇笠置から遁れられ、当寺に入御された時、座主聖乗僧都、丸木の柱を建て萱の屋根を葺き、仮の御所とした。その後、延元元年京都から、吉野への途上臨幸せられ、再度皇居となった（縁起）。 東西六間、南北一四間、四方一丈ばかりの筋塀をもって囲み、出入は厳禁していた（郡史）。
其の他堂塔	宝蔵・鐘楼門・鼓楼・浴室・東大門・西大門・南大門・北大門・奥ノ不動・ロノ不動・墓地・惣堂・三重塔・池などあった（縁起・絵図）。

鎮守三社（住吉神社）	本堂の北側に鎮座し、保延三年十一月に創建された。祭神は中央は布留明神、南は牛頭天王、北は春日明神をまつり、鎮守三社と称えていた。その構造は、長さ一丈五尺、横五尺あった。明治七年に祭神を、布都魂命・住吉大神・神功皇后と変更し、更に同十二年住吉神社に改め、底筒男命・中筒男命・表筒男命・息長帯息姫命とした。明治二十三年三月十六日放火のため本殿が焼失したので、別社白山神社に遷し、同四十三年九月十九日石上神宮末社猿田彦神社に合祀した。
鎮守拝殿	建立年代不詳なるも鎌倉時代の建立といわれる。大正三年七月石上神宮に移された（石上神宮摂社拝殿参照）。
白山権現社	慶長縁起に、南向社白山権現と記して、本殿五尺四方あった。古く鎮守三社の末社で白山姫をまつっていた。明治になって同じく鎮守三社の末社であった丹生高野社を二社と誤認し、白山権現社を高野神社と改めてしまった。
丹生高野社	慶長縁起に、丹生高野社西面とあって、俗に丹生社と呼ばれ、鎮守三社の末社であった。もとは、高野山丹生都姫神社をまつっていたものであろう。明治になって、丹生社・高野社と誤認しこの社を丹生神社とし祭神を高龗神とした。明治四十三年石上神宮末社猿田彦神社に合併された。
生産神社	明治七年の鎮守記録に「生産神社御璽御箱の儀は、七重纒ひ御包蔵に御座候、御勅封にて辛櫃奉願候、永久年中、始祖亮恵従二鳥羽天皇一奉レ願可レ奉レ仕様蒙レ詔て後当邸内に奉二勧請一、其の後養和年中に神殿造立致し遷宮仕候、尤生産守護神と奉二崇敬一乍レ恐鳥羽天皇より始、御降誕毎に御迎被レ為レ仕候、依二其功一金銀弁ニ縮緬辛櫃、御提灯等御寄附に相成候、右一新改正迄如レ此御座候」とあって、明治七年まで存在していたが、その後は明らかでない。慶長縁起にも「安産神尊、上乗院境内にあり、鳥羽院の御時、山城国男山に於て八幡宮より亮恵上人に授け給ふ秘尊なり」とある。

を鳥羽天皇の保延二年（一一三六）にまず真言堂を建立し、十月に小田原（浄瑠璃寺）の現観房上人を迎えて導師として讃衆十二人を呼んで供養を行い、そのとき備後君の母が帰依し、その備後君が、主人筋の頼実を紹介し、そこで頼実は亮恵の真言堂の建立に与力したことから永久寺の実質的な発展を予想されるに至ったのである。この真言堂に関する障子画の「両部大経感得図」や、保延二年（一一三六）の「真言八祖行状図」や、本堂が保延四年（一一三八）に造営されていることから考えて、興福寺禅花院の頼実はのちに亮恵をさしおいて本願と称されるほど、この寺の伽藍の整備造営に尽力したと見るべきである。もちろん多宝塔も保延三年（一一三七）に四佛（釈迦・薬師・弥陀・弥勒）を安置し、

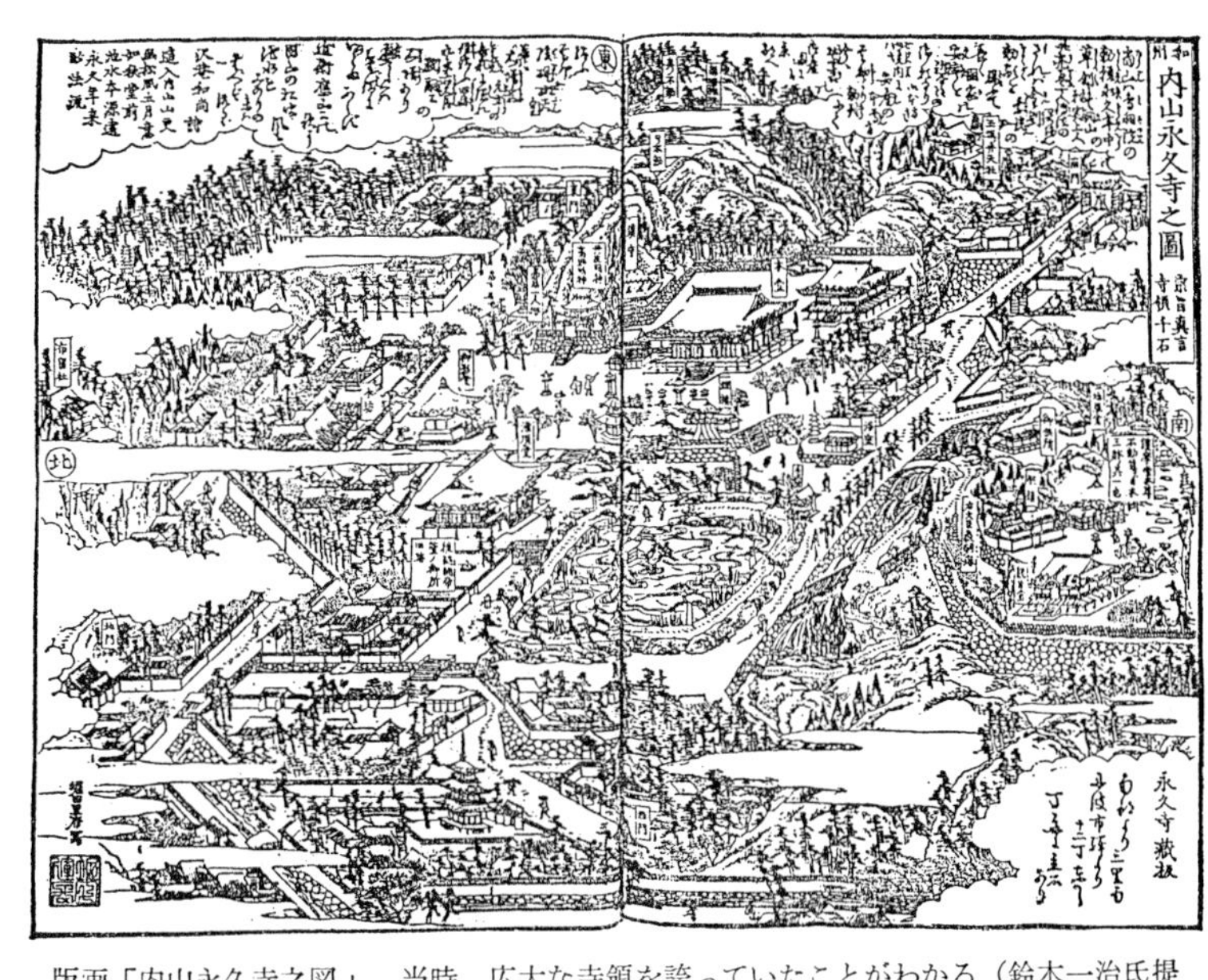

版画「内山永久寺之図」　当時，広大な寺領を誇っていたことがわかる（鈴木一治氏提供・三井敦生刷り）

十六善神を画き、尋範の兄の興福寺一乗院の玄覚をまねいて供養を行った。この興福寺別当の玄覚が師実の子であったことから、興福寺別当尋範が、保元の乱の結果、内山に入りこの寺を興福寺の末寺化すると同時に、この尋範が頼実のもとで法眼に推されたことも理由としてこの寺に住した。尋範ははじめ弘覚と称し、のち尋範に改め、一乗院覚信を師として興福寺へ入寺し、禅定院を継ぎ、またそののち嘉保三年（一〇九六）に興福寺権別当となった隆禅が開いた大乗院に入室した。以来、この院は代々摂関家の子弟が入室することになって一乗院とともに興福寺の大きな基礎となったとともに、尋範は内山大僧正と称されてこの寺の興隆に力を添えることとなったのである。しかし尋範が承安三年（一一七三）六月二十五日に延暦寺末寺の多武峯を焼討した。

廿五日当寺（多武峰妙楽寺）焼失、但浄土院南院計焼失、平等院東不㆓焼失㆒、此時焼失堂舎者、講堂、金堂、常行堂、十三重塔、法華堂、聖霊院、宝蔵、鐘楼、惣社、曼荼羅堂、三重塔、先徳堂、食堂、大温室、浄土堂、五大堂等也、依レ之興福寺別当僧正尋範、京極殿息解官、清水寺別當法印玄縁加賀守高階字章息停任、(9)

そのために解官の憂目にあい、次の承安四年（一一七四）四月九日に内山永久寺で入滅するに到った。この尋範は永久寺においては温室を造り布薩を行い念佛精進を始める以外はめだった動きを見ることができない。

またこの寺が石上社の神宮寺、のち別当寺へと格上げされてゆくのは、恐らく亮恵が鎮守社として伽藍草創のとき四所明神を勧請して寺内の西向に安置し、南を大河明神（牛頭天王）、中央を春日大明神、北を石上布留大明神、さらに別社として白山権現を祀るようになってから石上社と習合関係が生じ、春日明神を祀ることによって興福寺との親密さが加えられ、頼実・尋範の来寺によって寺勢が拡大されていったのである。またこの寺には学衆と禅衆が存在した。

このように大御輪寺や永久寺は大和国の神宮寺として成立すると同時に、一方では興福寺の背景に立って寺院の基礎を固めていったが、多武峰の如く藤原鎌足の廟所の神宮寺としての性格を具えていながら、増賀の入寺を縁として延暦寺の末寺化することによって興福寺と離反し、しばしば焼討がなされるという運命を歩んだのである。

いま私は、神宮寺成立のすべての場合を述べたのではないけれども、大和国に於て現在廃寺としてその存在の明らかでないものを追求して、その成立の事情を述べるとともに、平安時代初期よりの底流として存在した真言宗を中心とする本地垂迹思想が、(10)すすんでこれらの二社の神宮寺成立への積極的な思想的基盤を形成したものであると考えるものである。

(1) 永島福太郎『奈良文化の伝流』二六六頁（石上社と春日社）
(2) 竜福寺記（桃尾山竜福寺記）、玉井家文書（『天理市史』史料編、一六四頁）
(3) 内山永久寺置文（『校刊美術史料』）
(4) 維摩会研学竪義次第（コロタイプ本）吉川弘文館刊
(5) （3）に同じ
(6) 保元物語中（日本古典文学大系本）関白殿本官に帰復し給ふ事、一二五頁
(7) 興福寺別当次第巻二（大日本仏教全書本）
(8) 『天理市史』第三章宗教（六四七〜八頁）
(9) 多武峯略記（大日本仏教全書本）四八九頁
(10) 平岡定海『日本寺院史の研究』第二章第二節「真言密教の南都寺院への進出」参照

第三節　興福寺の法隆寺への進出

中世における法隆寺は、この寺の伝統の性格からいっても、学問寺としての特色を依然として残している。少くとも法隆寺別当次第を見ても、鎌倉以前の場合においては、貞観年間より約百年の間には三論教学、及び法相教学が盛となり、天徳年間よりは、それに真言・因明等の教学が加わって、保安年間以後には、再び法相教学の道場となった。いまここにかかる法隆寺の寺院構造や聖徳太子信仰の中世的あり方について検討してゆくこととする。

そのために「法隆寺別当次第」を見ると次表の如くなる。(1)

ここで、法隆寺別当は、中世にては、殆んど興福寺の塔中から任命されていたことがわかる。そのことはすなわち

法隆寺が、興福寺の支配を強力に受けて運営されていたことを物語るものである。

法隆寺は創建以来、中門・金堂・五重塔は飛鳥建立のまま保存されているが、大講堂は延長三年（九二五）に北室等と共に炎上したのを正暦元年（九九〇）に再建され、治安二年（一〇二二）に藤原道長が高野山に詣でたのちこの寺に立寄り、この時に夢殿を修理した。さらにこの頃より橘寺の末寺化を進め、南大門を長元二年（一〇二八）に造立し、つづいて長元年間に西大門をもきずき寺域の完備をはかった。長暦年中には、寺域の完備のあと、この寺の最も有力な経済のみなもとである播磨国鵤庄を巡検し、田畠、四至を検察している。

琳元已講が別当になってから、興福寺の勢力が増大し、以前よりの東大寺三論宗の支配は減少していった。そしてこの寺が興福寺の支配下に入って、一乗院家に属した喜多院の支配を受けることになった。ことに康平五年、頼信大僧正が興福寺別当であったとき権別当であった長照が法隆寺別当となるに及んで、興福寺の支配は決定的となった。その上、延久二年（一〇七〇）公範大僧都が、興福寺別当になる二年以前に、この寺の別当となり、再び播磨国鵤庄に目代定範を下向させ、楊生庄を上宮王院の荘園として施入された。またこの別当の年次には上宮王院の修二月花餅免田も寄進されて寺領が拡大していった。さらに承暦二年（一〇七八）に正月の吉祥御願がこの時より始められその供田が寄進された。西室はこの承暦年中に炎上したが、寛喜三年まで再建されなかった。ついで興福寺北室の定真大僧都が別当に任命されたときには東室が顚倒し、のちにこれが再建された。その外金堂の修理、末寺中宮寺の塔・金堂の修造、東室の聖霊殿の聖徳太子像の御開眼（保安二年十一月二十一日）等が行われた。さらに久安二年には鵤庄より材木を造進して大鳥居を始めてつくり、講堂を修理し、夢殿廻廊も改修し、永暦二年（一一六〇）には中門を修造し、長寛二年（一一六四）には中宮寺塔を、永万元年（一一六五）にまたつづいて上宮王院を修理するなど、平安時代の末期までに

第5表　法隆寺別当一覧

代	別当	出身	塔　頭	年数	代	別当	出身	塔　頭	年数	代	別当	出身	塔　頭	年数
1	延宝	法		14	28	能算	〃		21	55	公寿	〃	尊光院	4
2	長賢	法		8	29	永照	〃	新　院	○	56	宗親	〃	東林院	6
3	慈願	法		4	30	延真	〃		4	57	公寿	〃	尊光院	1
4	禎果	法		8	31	定真	〃	北　室	10	58	実聡	〃	西南院	2
5	長延	法		4	32	経尋	〃	黄　薗	21	59	隆遍	〃	西南院	8
6	寛延	法		16	33	覚誉	〃	法　雲	9	60	良寛	〃	修南院	2
7	観理	東		12	34	覚晴	〃		7	61	能寛	興	東　室	5
8	法縁	東		4	35	信慶	〃	東　院	7	62	顕観	興		4
9	湛照	興		12	36	覚長	〃	東　院	22	63	実聡	興	松東院	○
10	法縁	興		4	37	賀宝	勧		4	64	愚信	興	西南院	○
11	法蓮	一		2	38	恵範	興	西南院	12	65	能寛	興	福智院	6
12	実算	興		3	39	範玄	興	三蔵院	4	66	良暁	興	発志院	9
13	長隆	東		4	40	覚弁	興	菊　園		67	範守	興	修南院	2
14	忠教	東		4	41	成宝	東寺	(勧修寺)	8	68	覚壊	興	塔　内	○
15	仁階	東		5	42	兼光	東	(勧修寺)	4	69	懐雅	興	西南院	5
16	長輝	東	(醍　醐)	9	43	範円	興	菊　園	13	70	頼承	興	松林院	0
17	観峯	東	(仁　和)	16	44	範信	興	東　院	4	71	顕遍	興	安養院	2
18	延轉	東		4	45	範円	興	(菊　園)	4	72	実遍	興	東林院	5
19	永照	興		3	46	覚遍	興	光明院	25	73	孝愚	興	法雲院	6
20	仁満	仁		7	47	良盛	興	仏地院	4	74	円守	興	来迎院	10
21	久円	一		5	48	頼円	興	東光院	5	75	長懐	興	東　院	3
22	観誉	一		9	49	尊海	興	遍照院	5	76	兼覚	興	松林院	0
23	琳元	興		9	50	玄雅	興	中南院	18	77	孝俊	興	慈恩院	
24	長照	興	喜多院	11	51	乗範	興	竹林院	2	78	任円	興	仏地院	
25	彦祚	長楽寺		2	52	実懐	興	松林院	6	79	晃円	興	東北院	
26	公範	興	新　院	3	53	印寛	興	教恩院	30					
27	慶深	興		0	54	性誉	興	—	7					

は寺内伽藍の修造に大きな努力がはらわれた。

ときに、法隆寺の本寺である興福寺は治承四年（一一八〇）十二月二十八日、大挙して平氏の軍勢が南都に襲って来たために炎上の憂目を見るにいたったが、この時末寺であった法隆寺は、この難からのがれた。この時の法隆寺別当は恵範法眼で、この人は、興福寺権別当に興福寺菩提院の蔵俊権大僧都が転任されるについて、その譲をうけて法隆寺別当となった。これより先平安時代よりの興福寺と法隆寺の支配関係を見てゆくと、大体、興福寺の権別当格の人が、本寺の権別当に補任される以前に法隆寺別当を兼ねる場合が多い。これは興福寺の末寺としても、かなり重要な位置を保っていた人がこの寺の別当に任命される慣例であったと考えられるのである。そして法隆寺別当となれば、その別当の出身した興福寺の院家に、公文書の入っている印蔵の鎰が保管される慣例となっていた。恵範の場合も、その出身寺院の西南院にあずけられ、西南院の支配を受けていたのである。

養和元年（一一八一）菩提山大僧正信円が興福寺別当になってより興福寺の再建が始まり、文治四年（一一八八）まで七年間の造営期間を経て、興福寺の上棟を見ることとなった。この間、法隆寺では文治二年（一一八六）に中門の仁王が元興寺の佛師二郎房により採色が加えられた(2)。

文治五年（一一八九）興福寺別当に藤原通憲の息権僧正覚憲が就任したとき、権別当となった三蔵院出身の法印範玄は建久二年（一一九一）八月晦日に法隆寺別当に就任した。法隆寺は別当のもとに大別当、小別当及び三綱（上座、寺主、都維那）が寺務組識として見られる(3)。また文治二年七月には古の僧をもって百座講を金堂で行い、建久三年には上宮王院で法華十講が開かれた。この法華十講は、春は興福寺によって、秋は法隆寺で行う例となっていた。いまこの鎌倉初期の法隆寺の年中行事については古今目録抄に、

法隆寺年中行事

上宮王院　正堂

・毎日所作、後夜時、法華懺法、懺悔讃 九条錫杖、心経一巻 夕部名二例時一阿弥陀経一巻、心経一巻阿弥陀経讃 尊勝三反

・長講一度在式 心経・祈禱等 勧二請シテ諸神一令二法楽一作法也

・十二時吹二テ法螺ヲ一令レ知二時分一已上三昧所作也、

・大般若二巻転読、法花経一品、講讃・転読月初ニハ勝曼一日、維摩三日令二副講一番ニハ已上供僧十二人所作

・如意輪ノ行法一座在過去帳、現在帳、供僧十人、承仕三人

・供花一迊十七前献二佛性一挑二不断燈一・初・後夜ニ打鐘両鐘ナリ員卌打　例時鐘打二大鐘一堂司ノ所作

・毎月ノ十八日於二礼堂一ニ法花講讃一巻、観音講式一座、五師成業所作也　散花〔唄者五師等役、現座一﨟〕　対揚大般若ノ供僧役也「讃弁伽陀供僧」

・一昼夜不断供花而上﨟已下等僧、所作

・三時法花懺法日中ニハ加阿弥陀経夜ハ法花読誦一部別ニ在供僧于所作也

・一日之花取二人其日番衆中禅衆ノ下﨟二人

初夜時於正堂十一面大咒同音一百反云々自二正月十六日之暁一、至二于十八日初夜一三箇日六時行十一面悔過荘厳等造花千瓶大宝国華唐佛供十抔、灯呂十台、皆盖五間料也花餅一萬弁備皆□免畠、七十六口僧参籠、毎時二十三反如法礼拝、初夜導師学衆毎年一人後夜導師禅衆中一人半夜導師或云大導師五師成業一人牛玉花等供養導師半夜導師役也神名帳〔毎半夜在之〕学衆之上﨟一﨟或次﨟一人三十二相禅衆之上﨟役也咒願一﨟現出唄二和上散花三和上錫杖禅衆之上﨟、日没導師学衆、是最末座上躰廿三三人限、晨朝導師学衆之役、自レ非二衆上﨟一左右学律、三人金剛鈴、次二人錫杖也、次﨟ニ学衆一人者吹二宝螺一、一﨟左右共自レ下者吹レ螺、諸僧皆持二加持杖一柳枝用之咒師者初後夜導師役、次行道作法、日没・晨朝散花一迊之間、光明等又二反願以等一反〔幷初夜□晨朝無行道〕初後夜三迊毎度在願以等レ反、初後夜与レ終初夜在初収二中間无一之初夜梵音、後夜錫杖、日中三昧僧当番所作一人也初後夜等導師咒願共立向、咒願日没、晨朝共乍レ坐咒願、初後夜終、行道三反、一反只廻、第二反持二加持杖一禅衆一﨟取始已上二反之間面々読二心経一不レ出レ音、終一反先咒師発願等、咒放之時螺一﨟小鷹吹始、次々皆唄レ之、次暫吹、此ニ導師祈願即吹螺畢、即行道一反着二本坐一礼拝三反此在、申畢出堂、牛玉水作法先自レ昔水至二二月分一取レ之、入二別器一

置、以之書二牛玉一、即十七日夜半後分掬西寺閼伽井之水、其儀式持二新桶並金剛鈴一至二于井辺一掬レ之、堂司役也、可レ誦二清浄□一道間振二金剛鈴一、此水入レ壺、咒師毎度向之令二加持一、即用十一面大咒七反此瓶牛玉半分入レ之、昔一牛王切二分、一分入金堂牛王壺、一分此堂壺入レ之、共銅壺也古人云此瓶水捍抜年六分七分減、又降雨年八分九分也、前年示二後年相一以之可レ知二国土捍雨一云々、次至二于十八日一鳴二例時鐘一、自先先進衆会急成、可レ出二牛玉一、此玉者先年京都所レ籠納二当院之玉一也、其作法自二青牛中一取出、先堂内自二一臈一至二末座一、次外堂悉令二拝見一了、如レ元入レ之、付レ対二一臈五師公文判一也、先花申上者十七日夜牛玉申上十八夜也、列座作法南正面為二上臈一北面後戸為二下臈一以二正面西脇一為二和上一、東脇二和上為レ座左右五師成業次第座、于レ次衆上臈東学衆西禅衆也、後方二重座也、

・次修二月、七日七夜作法如二修正一、

自二二月八日暁一、至二于十四日夕一也、但十四日初夜時終所行専抜、護摩其作法者、先垂下四面戸帳、於二後戸内中一収置二大炉一火鉢也、放アセホ木火切壇供餅、所焼也、扇火堂内可レ令二薫煙一也、此間禅衆之中、以二有レ行、有レ智云人一、可レ令レ誦二如意輪咒一也モチイル心中心中心咒也、此口伝也或伝馬頭明王咒用之云々如レ此焼畢、堂内諸僧可レ曳二此餅一也、此為二或世人薬方用之為蓄養二云々、牛玉水二月不掬、堂荘厳其頭六人或造花二人分二瓶或三瓶花任意所造也云々〔花者何花任意造之〕此不レ似二正月堂荘厳一殊勝者也、又壇供等夜荘厳等皆在二免田等一云々当寺領也、

・次修正修二月共初日初夜時、終日之日没之時ニ可レ行二神供一也、其作法、日没導師終、西面戸坐其時、開二其戸二諸僧次第次第出、先老僧詣二于五所一、即其年大導師為二導師一、先神祭文等在別次三礼、唄、散花、発願、四弘、心経、補闕分、六種廻向畢、三条錫杖次螺吹入堂、内堂二槌内鐘即入已、三度礼拝着座云々、

・次三月日始二法花八講一、以三当寺五師成業並碩学一為二導師一有二問者一講問合十六人也、又咒願□□業之上四人次四人唄師也、散花大般若供僧中、守次第可レ請、読師禅衆之一二臈、三昧衆一二臈也、作法如常、但開結二座、散花行道論義者法花唯識之二法也云々四ケ日毎日二座配也、

或免田或私領寄入田畠等在レ之、以二其地子一四ケ日一寺酒肴毎日法用僧世俗並布施等配レ之云云、

・次六月十八日蓮花会講師、五師成業中守二次第一、一人読師禅衆中守次第、一人散花、五師成業之末臈、自二半分之下一、次第請レ之、唄自二半分上次第一請之、講経法花第六巻、只毎二十八日一観音講経此会用レ之、

・次七月十五日盂蘭盆也、先礼堂集会、阿弥陀経六巻、毎一巻、次六時一段讃（源信大僧都経終二尊合二殺、次廻向後終取具第五段誦、）次講経、講師五師成業中守二次第一勤之、椎染七給講師禅衆上臈次第、散花上臈末座法会訖、飯並粥云々、

・次八月阿弥陀経念仏三ケ日、自二十五日暁一卯尅結二六番一、開結ニハ大行道、佛供餅中旬舎利預沙汰、二日僧供、終日酒肴、唱礼師十二也、学衆之末二人（毎番）承仕十二人禅衆末二人（毎番）阿弥陀合殺長音結座大行道、即三尊合殺作法在口伝、太鼓正数打之、時番昼夜条一時配、続貝吹螺小鷹、毎時経三巻配、毎間合殺五十返、結句経複次段始螺、至二六方段一吹、螺吹レ之、

・次舎利殿毎日舎利講一座、式師五師成業作、毎座法花廿八品、普賢、無量毎一品配二講釈一之、初四日重勝曼経一巻維摩経二三□、副□、□行在之、或者五段也、即舎利□諸共讃歎也、供養□日在、過去・現在二帳栄真得業始行也、

・又在長日供養法並法華経、阿弥陀経一巻副読之、従此近年決定日中以舎利席出辞仕□鐘二度一度如普通、今一度在二七鐘一、比午尅也、

・次毎月五日講一所、法花一部、此事有供僧僧晴西始之、
・次従十月五日有二釈迦念佛一、今日夜解脱上人始、
・次毎年四月日舎利供養、(4)

このように、法隆寺では、中世の主なる行事のうち、毎年正月の修正会、二月修二会、三月の法花八講、六月の蓮花会が最も大切な行事となっている。

この法隆寺の年中行事を見てみると、東大寺二月堂の「お水取行事」と非常に関聯性の深いことがわかる。奈良時代頃より南都に行われていた六時行道は、それぞれ悔過懺悔ということで共通性をもっていると考えられる。法隆寺の場合でも、現在の修正会の吉祥御願につづいて、恐らく十一面悔過が正月十六日より三日間実施され、その実施方法は東大寺二月堂の十一面悔過とほとんど変りない。そして十一面大咒をとなえ、加持杖を持ち、行道し、金剛鈴・法螺等によって法会が行われ、その上、牛王加持による閼伽井水の吸上げは、古代の十一面作法の原流を示すものである。さらに口伝と称し、国土の旱雨を、くみあげる時の井水の涌出状況によって次年度の降雨を予見するなどのことは、その悔過が、単に国土安穏を祈るのみならず農耕にも関係があったことを知らせてくれるのである。さらに二月八日の「修二会」において護摩作法のなかに餅をくすべる行事が含まれ、如意輪の咒をとなえながら、この薬方として人々にくすべた餅をわけるなどは、佛教初伝当初の素朴な除病延命の思想が残っていると考えられるのである。

そのほか、この法隆寺の鎌倉時代に残された年中行事を見てみると、やはり聖徳太子信仰にもとづく観音信仰（少くとも聖徳太子の本地仏を如意輪観音に充当する思想）を基盤としていることがわかると同時に、聖徳太子の三経義疏をもとと

する法花経信仰、勝曼・維摩経の講讃ならびに、観音の本地である阿弥陀信仰等鎌倉期に大きく発展する聖徳太子信仰への基礎が、すでに、それ以前の年中行事のなかに見られるのも注目すべきことであろう。

法隆寺においても、学侶と禅衆（堂衆、或いは堂僧）に階層分離が見られ、年中の諸法会に参加する場合もその役配はその区分に従って充当されている。(5)

建久六年（一一九五）三月十二日、源頼朝が東大寺供養に臨み、ときの興福寺別当覚憲が、その供養の導師をつとめるや、南都に対する武家の勢力が、以前の藤原貴族のみの勢力を押えて伸びてくることとなった。この間法隆寺に真言宗系の勧修寺の勢力が伸びて来た。別当成宝は、もともと東寺の長者で、勧修寺の出身であった。建久八年に権大僧都に任ぜられたのち、正治元年（一一九九）に元興寺にうつり、同年十二月四日に法隆寺別当になることとなった。彼は、武家的な勢力を背景として南都に進出した藤原貴族であった関係から、この寺の別当に補任されたので、成宝は就任間もなく聖霊会の幡を源頼朝の薨去後の寄進として受けた。

しかし、このような新しい勢力が法隆寺に進出してくることは、興福寺にとっては何としても許しておくことができなかった。そこで成宝の拝堂以前の正治元年十二月五日に興福寺西金堂の堂衆は法隆寺に乱入して大湯屋の釜を取らんとした。そこで成宝以下五師三綱がこれを止めようとしたが、ついに大湯屋を炎上させるような結果となってしまった。またそれにつれて在家二十五棟も焼失した。そのため、法隆寺では大湯屋湯船を亀ノ瀬より引き出すことになった。このことで大和川に落ちて死ぬものが多かったが、ついに、建永元年六月十六日の湯船の復活を見た。

しかし成宝の別当の間の建仁二年（一二〇二）には、

建仁元年辛酉正月八日吉祥御願闕如一日夜、依不供料佛供等下行、仍小別当上野法橋追却了、構城卅余日、同四月

之比別当違背鐘木切落聖霊院之池入畢、七月於居小別当加賀法橋補鐘木懸畢、(6)

等、成宝と小別当上野法橋との相論等があって、寺内はうまく治まっていなかった。つづいて、成宝の引退後、同じく勧修寺方の兼光僧都が法隆寺別当に任ぜられたときには、

兼光僧都（治四年 東大寺）（承元元年丁卯任、勧修寺住也）（無拝堂 松殿御子息）不吉事也

神屋堂宿給之間、寺僧寄彼堂、延年在之、依無拝堂不奉入寺云々依興福寺訴訟被押落畢、(7)

と、興福寺側の反対はつのるばかりであった。そしてついに兼光が、法隆寺別当を興福寺によって辞任させられると、興福寺は再び菊園に住していた範円法印をもって、この寺の別当に充当した。範円は、法隆寺の法相教学の振興を計り、二人の他寺別当による法隆寺の衰微を救うために、建暦元年（一二一一）には、勧修寺系の如く、在京の別当でなく、自ら当寺に下向して、まず上宮王院で、法華・維摩・勝曼の三経の講讃を始め、つづいて法隆寺の筆師に命じて一切経を書写せしめ、さらに解脱上人貞慶の進言によって上宮王院で尺迦念佛を許可した。さらに建暦二年（一二一二）の九月二十六日には聖霊院での観音宝号、十一月二十九日には三カ日間を限って上宮王院での勝曼会を始め、つづいて建保元年（一二一三）にはこれに竪義を附し、最後には建保四年に法隆寺慈恩会を開くなど、一連の研学竪義の復活をはかった。これはもちろん南都教学の復興につながるものであって、東大寺尊勝院弁暁等の動きに影響されたものであるけれども、この寺としてはやはり従来の法相教学の再興をもって、新しい法隆学問寺としての復興をめざしたものといえるであろう。また太子の舎利殿の建立もこの一つの背景としてできあがったものである。しかし範円の時代に、富河慶順、聖運、泰藤次などの盗賊が侵入して金堂の金銅佛や、薬師佛の脇士、弥陀の脇士等が盗まれたが、これもその張本人が捕えられて無事寺内にもどる等の事件があった。範円の任時の承久三年に大和では乱が起ったが、

法隆寺としてこれに関連した注目すべき事件は起らなかった。

その後、範円が、予定のごとく興福寺別当に転じたのち、範信大僧都が別当になってからも、聖霊院での竪義は盛となり、寺内の講讃法会に参加する準備としての少年僧のための「童竪義」が始められた。範信も、親融親善房と戒師のことについて意見が合わず、また範信がまもなく逝去（当寺塔九輪烏スクウ物恠にて別当逝去）したので、興福寺別当として「執務散々之間、衆徒欲奉追之、仍辞退」といわれた範円が再び法隆寺別当となった。法隆寺ではこのような一度興福寺別当を勤めた人物が再任されることはむしろ歓迎すべきことでもあった。範円は寛喜三年（一二三一）七十七歳で死去するまで法隆寺に住し、いままで東院で行っていた勝曼会を講堂にうつし、専寺はもちろん興福寺、東大寺、薬師寺の聴衆二十五人をまねいて始めた。さらにこの時に始められた義疏の談義については、

嘉禄三年丁亥四月十四日ヨリ至七月十四日、九十日之間、義疏談義始行之、読師興福寺璋円已講、並当寺学頭被成畢、談義発願結願ニ別当僧正範円之御下向在之、七月十四日夜講問番論義結構之、講師璋円已講、問者専寺栄範小輔公、論匠人々栄増、顕真、覚増、聖算、信遍、證算六人皆専寺也、(8)

また、嘉元記にも、

延応元年九月廿四日三経院為経尋法印、範円僧正、被寄進於阿波庄田地、興福寺理趣院宣慶小納言得業之沙汰也、其日ハ即範円僧正滅日也（但し範円の入滅は寛喜三年九月二十四日である）、講ニ読三経ヲ唯識論、転読談論問者一人在之初年講師顕真円永得業問者信遍證印房、(9)

とあるごとく、範円は、その生涯を通じて三経講（勧学講）を実施するなど法隆寺の教学の復興に尽したために後代においても追慕されるほどであった。そしてまた大経蔵を修造し、正月の吉祥会には興福寺より下向するなど、学侶層

の自覚をうながすことに力を尽した。

その外、範円僧正は上宮王院御影堂で安貞二年（一二二八）より千手供養を始め、金堂の屋根の葺替、東大門の修造、夢殿の鴟居の増加、西室の建造等、勧進僧尊円上人と共に伽藍の修造を順序を追って完成していった。ことにこの範円の別当時より活躍した顕実は「聖徳太子傳古今目録抄」の著者として有名であり、このことについては荻野三七彦博士が「聖徳太子傳古今目録抄の基礎的研究」で、早くより指摘されたところである。

範円についで別当になった覚遍法印権大僧都については、法隆寺の鎌倉期の復興の中心人物であるといっても過言ではない。そしてその在任期間は二十五年の長きにおよんで、平安末期の経尋、覚長、前期の範円の十七年にも増している。

覚遍は興福寺別当次第では、

前権僧正覚遍 宗覚僧都真弟、宗輔公孫 太政大臣 七十三(10)
正嘉二年七月廿九日入滅八十四

とあれば、法隆寺別当に任命されたときは彼が五十六歳の盛時であった。その系譜は、尊卑分脈によれば左のように

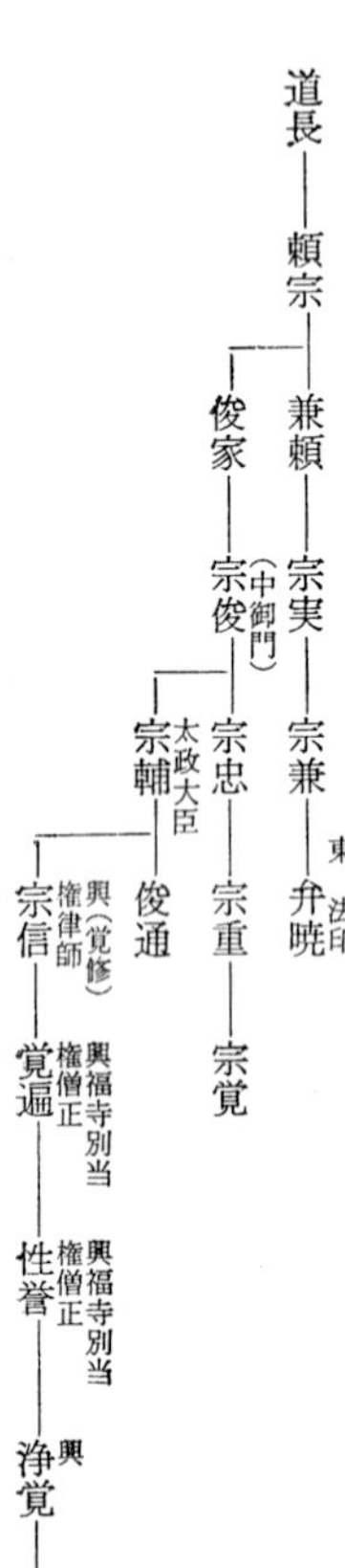

見えているから、中御門系の藤原氏出身であり、その同族の性誉と共に法隆寺別当に任ぜられている。また法脈からすると、

蔵俊——覚憲——貞慶—┬—良算
　　　　　　　　　　└—覚遍——良遍

と、蔵俊の系統を受けつつ、笠置の貞慶（解脱上人）の影響を受けている。また覚遍は有名な東大寺宗性とも師弟の関係を結び、宗性はその著「法相宗弁因明論義本抄」に「嘉禄二年維摩会聴衆勤仕之時、光明院法印覚遍所注送之論義也」(12)と記している。そして宗性が弥勒信仰に入ったのも、その直接の原因は彼が覚遍に面接し、貞慶の遺徳を聞いてからであった。そして覚遍は、宗性の大著である弥勒如来感応抄を著すための資料採訪のための指示を与えている。正元二年（一二六〇）の弥勒如来感応指示抄の奥書にも「此料紙、皆是先師光明院上綱覚遍御手跡也、故聚彼遺書、記録此要所、翻裏見之、頗催恋慕非歎之涙、向面読之偏祈見佛聞法之縁」(13)等とあり、宗性の弥勒信仰の形態は、貞慶より覚遍に受継がれていたものを中心として形成されたと考えることができる（『日本弥勒浄土思想展開史の研究』参照）。このように覚遍が鎌倉時代の南都佛教の復興に影響を与えたものは只ならぬものがあった。このような貞慶の強力な教学再興の意欲をうけついだ覚遍は、自ら、興福寺別当になる十七年前、権別当になる十五年前に法隆寺別当に補任されることとなったのである。それはまた、解脱上人の入滅後十八年に相当する（覚遍の筆蹟は東大寺図書館の宗性上人著述の中に多く遺されている）。

また光明院覚遍は寛喜三年（一二三一）十一月七日に法隆寺別当に補任され、翌十二月二十日に拝堂を終えている。その時の法隆寺の上座は実玄、寺主は長春であった。拝堂に際しては、南大門前に坐をしつらえ、覚遍は西脇門より

入寺し、惣社の前で幣帛をささげ、さらに講堂より、金堂へ、ついで上宮王院、さらに宿所より聖霊院へ礼拝・参賀し、再び金堂・聖霊院・御舎利堂・絵殿に入堂して別当となった旨を報告した（光明院覚遍御拝堂日記—別当記）。(14)

覚遍は拝堂の翌年、貞永元年八月五日に金堂西壇の阿弥陀佛を開眼した。その後背銘に、

　　奉鋳顕

　阿弥陀如来 観世音菩薩 大勢至菩薩

右、去承徳季中白波入二金堂一侵二佛像一盗二道具一自爾以降一百余歳、寺僧等毎レ見二須弥座之空残一ヲ、屢悲二端厳像之永隠一ヲ非二啻一寺之含悲一ノミニ、争カ无二四隣之傷意一、依テレ斯二勧二進十方施主一ヲ磨二瑩ス三尊ノ聖容一于時寛喜三季辛卯三月八日

前権僧正範円寺務之時始鋳之

貞永元季壬辰八月五日 法印権大僧都覚遍寺務之時供養之　仰願

本師阿弥陀、伏乞本願聖霊納二受而懇志一不レ空二各各結縁一、然則断悪修善之道、漸以満足矣、

　貞永元年八月　日　大勧進僧観俊

　大佛師法橋康勝

　銅工　平国文(15)

と、記文に見えている如く、承徳年間に失われたものが再鋳開眼されたのである。

このように覚遍の在任中に法隆寺が発展したのは、法隆寺と九条道家との関係が生じたからであった。法隆寺別当次第に

　九条禅定殿下賢恵道家御参両度、後度レ自二北蔵一、御宝物被レ移之、御宿所両度ハ聖霊院、次度ハ宝光院也、宝物御宿所ヘ

被渡、（中略）嘉禎三年丁酉四月八日万燈会並五百七十坏供養勤行之、坏別ニ銭百文米三升配、但万燈会油直等ハ九条大殿道家之北政所御沙汰也、(16)

とあるように、九条道家の一族の法隆寺に対する帰依には只ならぬものがあった。九条道家は、さきの御堂関白道長が法隆寺に参詣し、聖徳太子信仰をもっていた例にならい、また自らも京都では聖徳太子に関係の深い広隆寺に詣で、その寺の太子堂で聖観音の咒を千遍誦するなど、太子への帰依は次第に深まっていった。

ことに九条道家の子が鎌倉将軍頼経として武家との関係が深かったことや、承久の乱以後、幕府勢力が復活してきたことも、あわせて法隆寺の寺領管理等にも好因をもたらすこととなったであろう。

また九条関白道家が法隆寺へ接近して来た理由としては、その仲介者に慶政勝月房上人がうかがえる。この人は京都西山の松尾に住して松尾の慶政とよばれ、法隆寺の勧進聖として絶えず京都に出向き、中央貴族との交流を持っていた。嘉禎二年（一二三六）五月八日に、法隆寺の最も重宝としている聖徳太子自筆の法華経義疏の修理を行うために、慶政は顕真に京都までこの巻子本四巻を持参させたとき、摂政道家にこの自筆草本を閲覧に供している。しかし法隆寺では四巻の全部を京都に送るについては途中の事故を心配して二巻毎に送ることに決定した。しかし道家は、この自筆本のみならず、聖徳太子の御手皮を、外題に押したといわれる梵網経二巻の閲見を求めたが、これも二度に分けて、五月十九日に、法華義疏の三・四巻と梵網経巻下を顕真が三人の僧と共に携えて上洛し、慶政を通じて道家の要望にこたえている。

またこの例によって嘉禎四年八月に再び松尾の慶政を通じて六波羅将軍藤原頼経も法隆寺寺宝の閲覧を求めた。この時は、さきの法華義疏・梵網経にも増して大規模であった。法隆寺襍記によると、

御舎利堂事　顕真小双帋云（中略）
嘉禎四年戊戌八月上旬頼経六波羅将軍、法隆寺太子宝物可令上洛給之旨、月輪殿御参之次、被仰西山慶政勝月上人、仍以上人書状被下法隆寺、依之上洛人人、於寺評定三人也、以此仁為舎利預沙汰令出立、五師融厳円珠房、代顕真円永房得業俊憲顕信房得業自行幸舜栄信房法印、代信遍房即十一日癸丑御入洛、御舎利之外御宝物皆具也、恐水難不乗船、但渉一度乗船湯岳上、渡也宿所法性寺一橋北東頬唐門内、於法性寺殿、九条禅定殿下（道家）、准后宮（掄子）、将軍頼経、左大臣殿（良実）、左大将殿（実経）御拝見、自申時至亥時、可有御布施之由有仰、無布施云々、次日十三日六条泉楊（宣陽）門院御布施綾生絹二両一朽葉、一女郎花也次北白河女院持明院也御布施生絹綾浮文一領次岳崎殿修明門院、御布施蒔絵経箱一合次日十四日依近衛大殿（家実）之仰猪熊御所奉渡、即近衛当殿下（兼経）御参儀式誠以巍巍厳重大殿当殿共御感、而法隆寺面面可勤学問之由、有長者宣云々御布施錦四丈次日十五日修理権大夫時房許奉渡入夜無布施左京大夫泰時依神事不拝見云云、次日十六日御下向、道間更無煩云々、下向湯岳渡、上下向皆東路也、(17)

と、法隆寺の重宝は厳重に注意をはらわれながら在京の摂政、左大臣、将軍、執権等の閲覧に供された。

その結果、仁治三年（一二四二）十一月九日、九条道家は北政所准后掄子とともに法隆寺にやって来ている。別当記に、

仁治三年壬寅十一月九日巳尅、九条禅定殿下後法性寺殿並准后宮御参詣、金堂諷誦、御導師顕真鈍色也、(18)

と見えている。その後も道家は二度も法隆寺を訪れて、隠居頓世の寺としようとまでの熱の入れ方であった。その外、寛元元年（一二四三）八月二十三日にも法隆寺に詣で、宝蔵の宝物を宝光院へうつして閲覧している。

さらにさきに道家と共に宝物を閲覧した近衛兼経も、建長六年（一二五四）三月一日、同七年（一二五五）三月十三日

の二度にわたって法隆寺をおとずれて、寺内の宝物を拝している。

これにより、鎌倉時代の聖徳太子信仰がいかなる形態をもっていたかがわかる。すなわち、舎利信仰と南無佛の信仰が合致し、それは太子二歳のとき東の方に向って「南無佛」と唱えられ合掌されたときに手中より舎利を得られたというこの舎利は「挙内舎利」といって、太子二歳の像とともに信仰の対象であった。

ことに聖徳太子を追慕することにおいて、浄土教の発展を期待した新佛教の立場からも強調されたし、武家社会においても早くから将軍実朝、北条時頼等の熱心な信仰が目ばえていった。ことに実朝の如きは聖徳太子の御忌日には太子の供養を行い、建暦二年六月二十二日には行勇を導師として太子聖霊会をするほど熱心であった。そのほか一般には極楽往生への道は太子を信仰することであると解かれたりして普及していた。

このような状況において、太子信仰は、直接に法隆寺詣、または太子関係の遺物、遺跡の尊重となってあらわれてくるのである。

九条道家の場合、その欲求がさらに法隆寺と直結して具体化されたのであり、その子将軍頼経の如きは、鎌倉の実朝の太子信仰の伝統を受けついだものともいえるであろう。

とにかく時の権威ある九条一族と太子信仰を通じて、法隆寺が結合できたことにより、従来の興福寺を経由しての立場より強力に寺院の基礎を固めることができるようになったのであって、その上覚遍が南都の学僧としてすぐれた人物であったことも法隆寺の復興を企図する上に有利な条件をそなえることになったに相違なかった。そして覚遍＝慶政＝顕実＝九条道家という関係においてこの寺の再興計画が進められていった。

慶政勝月上人は、覚遍の在任中、天福二年（一二三四）十一月十八日に上宮王院で璋円律師に導師を依頼し太子御影供を行い、その大願主となって、山城国、桂領の水田を寄進し、その所領の四分の一は供養法の衆に対する日供料とし、一分は太子御影（書写せる人は絵師覚盛佐土公、銘文は二品法親王）の供養料、残りの二分は六節日における三経講讃の供養料に施入した。

さらに文暦二年（一二三五）四月四日に上宮王院の夢殿の石壇を修理し、七月一日に三経院に法相宗祖師曼荼羅及び太子御影を安置し、ここでも慶政が願主となり、この曼荼羅と御影はさきの絵師工覚盛に書かせ、そのうらの銘は九条大納言教家に依頼している。

また嘉禎二年四月八日には上宮王院の舎利堂の前で慶政自身が発願導師となって法花経を転読することを始めた。つづいて翌三年四月八日の万灯会の五百七十坪を道家の北政所から寄進を受けたと同時に慶政も五百坏を供養し、五十種の捧物を勧進している。そしてこの時の五百坏勧進の銭によって、慶政は十一月に上宮王院の礼堂および廻廊の葺替をおこない、十二月には法隆寺の塔の下の石壇を造り、同時に塔内の北方の涅槃像及び脇士等すべて修理彩色し、つづいて四方の塑像も修補した。

このように慶政は法隆寺の太子信仰の重要な所を修補し、慶政は九条家との間を往復して、太子信仰の必要性を京都に強調した中心人物となっていた。そのために法隆寺の再認識が高まっていったといっても過言ではない。

その外、覚遍の在任中には中門の金剛力士を塗りかえ（天福二年九月）、金光院の四足門及び築地を建造し（嘉禎三年三月）、西大門を修理し（嘉禎三年九月）、またさきの中門の金剛力士像を彩色し、建長元年には南大門を修理し、この年の十月二十六日には西円堂を造立する等、多くの業績をのこして、覚遍は興福寺別当に宝治元年十二月二十八日に転任しているが、一方法隆寺別当は正元元年（一二五九）良盛僧正が補任せられるまで兼帯していた。

このような法隆寺の興隆は、つづいて良盛の別当のときに後嵯峨上皇の行幸となって最高潮に達した。別当記では、

弘長元年辛酉九月四日後嵯峨大上天皇当時御幸在之、

此事八月上旬被仰下、/仍大小佛事用途悉籠集ム即念佛僧膳モ寄之、/御所三経院佛壇ヲ取除テ後ニ立障子、院家沙汰、寺家御沙汰之内屏風絹障子等在之、

御簀並畳、/御前三階イロトリ足ニ花/作菓子十二内花ヲ作十合、/肴二合六寸地盤ツリコ一合角ニ金ヲ折タタム、/上花中ニハ種々ノ珍物ヲ入ル、/金酒土器ロ五寸銀折敷西八寸/銀テウシ提各二口瑠璃瓶子二口山水送水等始作之、/手水屋作之北槌地槌之、/三経院西地、講衆沙汰トシテ槌之勢野坂戸ヲ勧テ槌之、地主皆去云々/藤花梅花ヲハ五師成業作之、/亀二口鶏三ヲハ寺家作之、/橋始作之、/次中門前芝、東西郷民コレヲハク、/東室前東ヲハ間人コレヲハク、/スナコハ勢野坂戸二ケ日持之、/中門前ヲハ郷民間人持之、/聖霊院前ヲハ横行持之、/南大門内前ノ芝ヲハ坊々ニケツル、/登道ヲハ付東西ノ田主正面別ニ芝ヲハク、/東西郷民左右ニ植レ松ヲ、諸坊　諸院　築地ヲ槌キヲレヒ悉覆之、

/南大門前下サマヘ作道、左右ニ立松、/門西築地槌之、

/西室前西築地北サマヘ悉槌之、

/西寺手水屋新作之、

/中門前拂持析、蓮花会免牛田二段寄之云々、

〵御幸午尅、/院ハ御輿、/公卿等ハ騎馬、/自南大門内ハ手輿御所、/大衆ハ中門前東ニ西向坐、/御所ハ自輿下給、/中門東間ヨリ入給、余ハ裏頭/次御先達顕真得業中門北浦ノ雨落ノ西浦ニ侍/立上テ金堂巡給可候ト申即令入給、御誦経導師寺家代覚円補法印興福寺住々々物十諸布施一重三下鐘楼/此間御釼御拝見御信仰、/次院宣云、増天王寺无左右貴ク覚ユ、

天王寺ニハ尼等之修念佛向西ハハメク許也、次御入堂御所（公郷等入給自余不入給）/於堂内御可信之、御音不止並御信心気色同之、御行道一迊之間諸尊御前コトニ院宣御言多之、不能注進、/正面御座ニテ/仰云東大寺興福寺ハ広々トシテヲヒタタシキ許也、/貴事ハ此寺ニテ有ケリト云々、/三度礼拝御出、/猶外ノ石壇ニテ立還御シテ念珠ヲ摺給テ御祈念畢令下給了、/次御塔内ニ無預云々、/次自中門西間ヨリ御出、/次西室御幸（供御ナルコト余前ニスルシタリ云々）/公卿天上人皆一所ニテ日中之饗応悉成御酒以外成畢云々、

/於西室宝蔵御宝物御覧長櫃二唐櫃一仕丁持之種々物中不開箱之時、院宣云不可開、昔開テ吉ハ可開歟、悪更不可開、仍不開云々、

/次東院御幸（顕真御先達）/東院廻廊内ニテ/始栄範（小輔得業）/御先達、/先正堂巡御、自正面令入給一返御行道、/自正面御出、/北面階ヨリ巡御御舎利堂/三人預皆出仕、/一﨟弘弁得業着座（法眼平袈裟）/二﨟（純色五帖）御舎利等子細ヲ被申、三﨟ハ財物ヲ出、/二﨟請取事次第ヲ被申、/梵網経殊御随喜、/惣一切事御歎徳在之、/申尅ニ御還御、/従御舎利殿下給テ東ヘ廻セ給、正堂南浦ヲ西ヘ、御幸/未申脇門ヲ御出五所東方ニテ召御輿ヲ/自南門御出幸前方ヘ御還御云々

〽御幸供奉人々、

〽公卿九人

左大臣実雄　二条大納言資季　土御門大納言通成　花山院大納言通雅　左衛門督基真　大掌輔隆行　土御門中納言通頼　新三位中将公雅　新宰相資平　新宰相平方奉

殿上人十二人

頭中将忠継　高倉左中将公陰　土御門中将具氏　幡磨守邦経　高倉中将茂通　花山院中将頼真　高倉中将忠光

左馬頭永康　権右中弁高輔　右小弁資宣　勘解田次官経任　左衛門権佐忠世
／上北面八人
内蔵頭重名朝臣　弾正大弼範重々々(朝臣)　前刑部少輔繁隆々々　大夫将監具説々々　刑部大夫説有々々　左近大夫重
清々々　大夫将監宗敬々々　左馬助盛行々々
／下北面十四人
盛季　廰行大夫判官行實　対馬大夫判官行隆　源内左衛門源康継　江左衛門大江久経源教経　肥前左衛門源康忠
壱岐左衛門藤信友　藤親康　石見左衛門藤重直　中左衛門中原行賢　備中左衛門同行雅　肥後左衛門源重支　江
太左衛門大江章基
／御随身三人
右符生泰頼隆　左符生同久秋　神大番長同久守
／医師一人
経成々々
／陰陽師一人
在盛々々(19)

このときの後嵯峨上皇の法隆寺御幸は、同上皇の七大寺巡拝の御計画に含まれていたもので、大宮院とともに九月一日から八日までの一週間の御予定であった。九月一日京都を出立され、法隆寺には九月四日、東大寺には同月五日に入られ、つぎに正倉院を拝見され、八日に京都に還御された。

そしてこの時の案内役にはさきの顕真得業があたった。この御幸の有様を見てみると、上皇は法隆寺では金堂での御礼拝、西室宝蔵での寺宝の閲覧、東院での御舎利及び有名な梵網経の閲覧等、さきの九修道家の法隆寺訪問とよく似た形態をとっていることがうなずけるのである。ことに上皇が「梵網経殊御随喜、惣一切事御歎徳在之」とあることは、九条道家一族が、三経義疏・梵網経を京都までわざわざ寺僧にはこばせたことから考えても、当時の聖徳太子信仰の中心であったことが考えられるのである。また上皇が南都教学に対する理解を深めていられたこともあずかって力があった。法隆寺御幸のとき、聖徳太子の御剣を拝見になって「御信仰」の心意を示され、金堂内でも「於堂内御可信之御音不止並御信心気色同之、御行道一迊之間、諸尊御前コトニ院宣御言多之、不能注進」と見えていることは、上皇がこの寺に詣でたいとのことを御信仰の上からかねてより望んでいられたことがうかがえるし、いまさらながら「仰云東大寺興福寺ハ広々トシテヲヒタダシキ許、貴事ハ此寺ニテ有ケリ」と述べられたことは、上皇が帰られる途中、中門の前の石壇でふりかえられながら念珠を摺られて御祈念されたという事実からも知られるのである。そしてこの御幸は法隆寺の歴史上の中世における一大勝事ともいうべきことであった。

その後、法隆寺別当、佛地院良盛僧正は、この御幸につかれはてて、弘長二年（一二六二）六月に別当を辞退し、興福寺権別当頼円法印権大僧都にゆずった。その後、頼円、尊海等の任中に鵤庄等の多少の相論はあったが、さしたることもなく、文永五年（一二六八）には西室及び三経院の改修がなされ、文永六年（一二六九）九月二十八日の長者宣によって、過去二百七十年来中絶していた興福寺維摩会の聴衆を法隆寺より差出すことが復活した。それと同時に東大寺の法花会にも一口の聴衆が充てられることとなって、法隆寺の教学が中央にも次第に認められることになった。また弘安四年（一二八一）には末寺の中宮寺の供養が行われ、同六年に、法隆寺金堂及び塔の修理が加えられている。しかし法隆寺は興福寺のように強力な武力的な背景を持っていなかったので、しばしば盗賊におそわれることが多かった。弘安七年の七月二十六日にも、夜半に舎利堂に盗人が侵入して御舎利及び夏衾や、舞装束・佛具などがぬすまれたことがある。

しかし鎌倉時代を通じて考えられることは、法隆寺・四天王寺を中心とする聖徳太子信仰が非常に普及し、一般化していったことである。ことに太子信仰と、観音信仰が結ばれるにあたって、太子を如意輪観音の化身と考え、観音をまた弥陀の補処として、本地身たる弥陀への帰依は如意輪陀羅尼の読誦によって、西方願生を達することができると説かれはじめた。ことに太子講式が発生し、それが二段講式→三段講式と次第に発展するにつれてその内容も豊富になり、その太子信仰思想も次第に発展していった、その迦陀にも「我身救世観世音定恵契女大勢至生育我身大悲母、西方教主弥陀尊」と唱えられ、講式中にも、

四天王寺者釈迦如来転法輪処、極楽浄土東門中心、一輪露盤、三粒佛骨為衆生之福田、為遺法之寿命、以髻髪六毛、加佛舎利六粒、納宝塔心柱者、表利六道之相云々（中略）法隆寺者霊閣接甍宝物満蔵、遺身舎利、梵網首題渇仰在眼、感涙湿袂（中略）磯長御廟者、七佛之霊地勝余、全身之遺留超他、近巌崛者、拝聖棺而知弥陀三尊之位、跪庭沙者、見霊木而信大乗四栄之理、加之、弘仁元年大師参籠之夜者、三地発光之位、感奇瑞證得、天喜二年塔婆起立之日者、聖記起註之文叶年記而出現、(20)

と、単に聖徳太子が弥陀三尊のなかの観音の化身であるということだけではなくして、四天王寺―法隆寺―磯長廟と聖徳太子の遺跡もまた太子信仰の対象となった。その上、太子和讃等もうまれ、

稽首大悲観世音　随類応現為太子

降伏邪見興正法　接利抜済難思議
誕生シ給砌ニハ　光明西ヨリ来入リ
玉ノ姿ニ厳シク　身ヨリ妙ナル食ノ芬（にほ）フ
始テ二ツニ成シ春　乳母ノ教ヘニ不随ズ
首ヲ傾ケ手ヲ叉（のか）ヘ　南無佛トゾ唱ケル(21)

とて、「南無佛」としての信仰のあり方を示している。このような傾向は、鎌倉中期になって真宗教壇が興ってくると、ますます助長され、親鸞はことに太子和讃をかかげて、その信仰が聖徳太子と直結していることを強調した。

佛智不思議の誓願の　聖徳皇のめぐみにて
正定聚に帰入して　補処の弥勒のごとくなり
救世観音大菩薩　聖徳皇と示現して
多々のごとくにすてずして　阿摩のごとくにそひたまふ
（中略）
和国の教主聖徳皇　広大恩徳謝しがたし
一心に帰命したてまつり　奉讃不退ならしめよ(22)

ことに、親鸞上人の弟子釈蓮位が聖徳太子の夢想を受けたという言行録に、

建長八歳丙辰二月九日夜寅時、釈蓮位、夢に聖徳太子の勅命をかうぶる。皇太子の尊容を示現して、釈親鸞法師にむかはしめましまして、文を誦して親鸞聖人を敬礼しましまします。その告命の文にのたまはく「敬礼大慈阿弥陀佛、

為妙教流通来生者、五独悪時悪世界中、決定即得无上覚也」この文のこころは大慈阿弥陀佛を敬礼したてまつるなり。妙教流通のために来生せるものなり。五独悪時悪世界のなかにして、決定してすなわち无上覚をえししめたるなりといへり。蓮位ことに皇太子を恭敬し尊重したてまつるとおぼえて、ゆめさめてすなわちこの文をかきをはりぬ。わたくしにいわく、この夢想の記をひらくに、祖師聖人あるひは観音の垂迹とあらはれ、あるひは本師弥陀の来現としめしましまます事あきらかなり。弥陀・観音・一躰異名、ともに相違あるべからず。しかれば、かの御相承ともに相違あるべからず。しかれば、かの御相承その述義を口決の末流、他にことなるべき条、傍若無人といひつべし、しるべし、(23)

と、親鸞上人の聖徳太子信仰が、どのような形態をとっていたかがうかがえるのである。

また、法隆寺に「南無不可思議光如来」の名号をかかげた祖師曼荼羅がある。その外に「帰命尽十方無碍光如来」の名号をかかげたものもある。そしてこの曼荼羅では、光明を四方に併発させた状況をあらわして、その下に蓮座があって、このような文字を中心とした本尊のほかに、左右両側に竜樹・天親の天竺の祖師たちや、中国の曇鸞・道綽・善導の祖師たち、さらにわが国の聖徳太子などをかかげている。

このような関係は、親鸞等の新佛教を開展させるうえにおいて、また日本的な佛教への浸透性を強調するためにも聖徳太子を重視する必要が生じたと同時に、聖徳太子信仰は、新佛教の発展とともに、浄土門を中心として一般化していったのである。

つぎに室町時代になってからは、法隆寺は大和の国内の不安定にしばしばおびやかされていた。

ことに法隆寺は、その創建以来、資財帳にも見えているように、水田三百九十六町を所有していた。なかでも、大和国では四十九町余あって、平群郡の四十六町、添上郡の二町に分れていた。しかし法隆寺の最も大きい財源は、播磨国揖保郡の二百十九町であって、これは聖徳太子が三経義疏の講讃のため推古天皇より施入されたものであるといわれている。

その外、薗地としては播磨国揖保郡に十二町、山林其他も多くこの地方に所有していた。そしてこれらの地から衆僧衣服料・衆僧食料・住持知事料・三経講料と四つに分割して用途をわけていた。平安時代になって、この地等合せて三百六十町として播磨国の鵤庄が成立した。

しかしてこの荘園は法隆寺の経済的基礎であったが、源平の争乱のときには、これらの荘園も荒らされがちで、乾元二年には「当寺領播州鵤庄西三箇下司、猥募武威恣行非法、依之住侶資貯忽及闕如、勝曼大会速令断絶」として六波羅に訴えている。(24) この荘園に対しては法隆寺より公文職を補任する例となっていた。少くとも康永三年七月七日の三条殿下知状によれば、播磨国鵤庄は、仁平・嘉禎・文永・嘉暦と六波羅及関東の下知状によって法隆寺領であることがあきらかである。

そしてこの荘園では大番役、熊野造営の段銭、造内裏材木等の勅使雑事等免除を得ると同時に守護所の乱入も停止されることになっていた。鵤庄は、もともと東方と西方に公文職が分かれて任命されていたが、承久の乱のときに一展して、東方の法隆寺雑掌と、鵤左衛門入道真蓮と安田左衛門遠村、庄内の久岡名の名主盛国とが、天皇方に味方して敗れたので、その地を没収され、またこの庄内に地頭職を関東より補任されようとしたことについて法隆寺は極力反対して、沙汰止みとなったことがある。しかるにまた元弘の乱に際して、西方条の公文職の山本兵衛三郎盛康は文治二年より、庄内の西方条公文名秋貞田及び聖霊社神主職をもって、御家人料にくりいれ、いままた、康永三年その一族の山本三郎入道覚誉は再び元弘二年以来赤松二郎入道円心の被官となり、鵤庄の西方条公文名を御家人領にくり入れようとした。しかしこのことは建武二年一応落居した。けれどもこのような事件は、その後しばしばくりかえされることとなって、南北朝時代より室町末期にいたるまで赤松氏の勢力拡大につれて、実質的に収納米は未進が多くなり、荘園は崩壊期に近づいていった。

中世において法隆寺はいまの斑鳩町を中心として、大坂街道を支配していて、神南庄から竜田神社のある竜田郷への地方に勢力を伸ばしていた。竜田には竜田市が設けられ、延慶三年にハラ三郎、丹後円行入道の刃傷事件があった(嘉元記)とき、法隆寺では早鐘を打って、近辺の人々を集めて鎮圧につとめたことがある。また竜田には夷祭が西郷で行われていてこの市には夷神を祭って市の繁栄をはかっていた。

この地の竜田社は、竜田宮と呼ばれ、法隆寺より、千部経が読まれ、舞楽、童舞が盛におこなわれた。また祈雨の祈りもささげられ康永二年には六十六部の如法経が講ぜられ、奈良の舞人をよんで無楽供養が盛大に行われた。このように竜田市は、竜田神社の門前にあって、東西に伸びた市として室町時代に盛となったと同時に法隆寺の経営にゆだねられて支配されていた。

同様に延文四年には常楽寺でも始めて市が開かれた。嘉元記によると、

一、延文四年己亥六月五日、常楽寺市立始

如法繁昌　酒一瓶充座之下行、惣寺之沙汰、銭一貫七百文出来為拝殿造営、北室進置、

同日擬市祭引遷於三経院前、六月會之両座猿楽仕、両座共三石宛給、惣之沙汰、五月十二日新市之地引同土公一反切別二斗充所当也、同廿七日荒神供栗毛岡皆料一貫文奈良野田陰陽町也五月廿七日夜夷御神鏡本社ヨリ御来向高蔵経奉入之同廿八日夷

御社造立畢、十月八日夜廣田殿本社ヨリ奉入了、高蔵巫(経)、次歳二月廿二日十羅刹且三体、御社ハ奉入了、(25)

と、市場開設の状況を示している。

このように室町期には、法隆寺もその経済的立場を保つために市場経営に力をそそぐ結果となった。また寺内での学侶方と堂僧方との相論も多くなって弱体化し、その上本寺の興福寺自体も六方衆の分裂がはげしくなって旧態を維持することの困難が目立って、大和一国が騒然となって来た。法隆寺領の神南庄についても観應二年六月七日に服庄より乱入があって、これには在地の土豪武士が加わっていた。

同七日朝、(観応二年六月)服ヨリ神南へ寄、当寺鐘ヲ槌テ引足ニ走合テ服へヲヒコム、同夕、服ヨリ神南へ寄、寺ヨリ服へ寄合戦在之、八日又如是、九日依中人之口入、両方之武者ヲ令退散了、寺兵粮ハ惣寺ヨリ下行、手負教禅房願春房勧賞ニ中﨟ニ成了、延実房、良善房、大ニ成了、合戦之勧賞ニ円識房講衆並中﨟ニ成了、(26)

また延文元年神南庄の下司の押妨についても、

一延文元年丙申十二月日、龍田宮男巫源三大夫、於神南西浦山打剝令殺害畢、神南庄内悪党在之云々(丁酉三月九日)当寺衆分堂家両郷有神南庄下向落書ヲ、詮スル処、南庄下司摘子入落書之間、速令其家焼失了、入寺中有蜂起罪科在之、同二年丁酉三月十五日当国諸社軽神人、竜田宮ニ群集シテ神人殺害之罪科有名無実之上者、神南庄直可有発向云々、当寺ヨリ以公人綱丁中仕数ケ度問答之処、閣理非既今発向之間、吹貝槌鐘当寺悉神南庄立籠、依之発向之儀止了、神人等奉置于神木ヲ竜田、依大行事順了房口入清掃分三貫文内々寺ヨリ出之、諸社神木廿二日悉御帰坐成了、此事併神主代之所行也、可被改替由、方々有訴訟則改易了、伯父加藤三大夫新神主代補任出仕有之、(27)

とて、寺領庄園内に悪党の動きがとどまることがなかった。つづいて大和一国の兵乱のほか、さらに太閤検地等で法

隆寺の寺領は縮少せざるを得なかった。ことに文禄の検地では、

寺領方目録

一、九百三十六石三斗六升　　和州ひろせ郡あへ

一、六石六斗四升　　同　池尻内

一、三十五石二斗三升　　同　大かいとの内

一、二十二石　　同　あかへの内

合　千石

右今度以二検地之上一改之令二寄附一訖、全可二寺納一候也、

文禄四年九月廿一日　（御朱印）(28)

法隆寺

とて、約千石の年貢を定められて法隆寺は近世に移行していったのである。

(1)　別当記（鵤叢書）

(2)　興福寺別当次第第三、信円条

(3)　同右、覚憲条

(4)　聖徳太子伝私集〔下巻〕（『古今目録抄』東博本）

(5)　南都七大寺の行事（法隆寺の修正会及び修二会）

(6)　別当記

(7)　(6)に同じ（鵤叢書）

(8)　(6)に同じ
(9)　嘉元記（鵤叢書）
(10)　興福寺別当次第第四（大日本佛教全書本）三三三頁
(11)　尊卑分脈(一)、二五四頁
(12)　法相宗弁因明論義本抄、宗性本（東大寺蔵）(103 27 2-2)
(13)　弥勒如来感応指示抄第三（宗性本）(113 79 3-3)、平岡定海『日本弥勒浄土思想展開史の研究』参照
(14)　別当記〔光明院覚遍御拝堂記〕
(15)　金堂阿弥陀佛銘文
(16)　別当記
(17)　法隆寺襍記
(18)　別当記
(19)　(18)に同じ
(20)　聖徳太子講式（『聖徳太子全集』第五）
(21)　聖徳太子和讃（十五首和讃）思円上人（聖徳太子全集第五）九頁
(22)　聖徳太子和讃（『親鸞上人全集』）
(23)　口伝抄一、連位房（聖人常隋の御門弟、真宗稽古の学者、俗姓源三位頼政卿順孫）夢想の記（『親鸞上人全集』）
(24)　法隆寺文書、法隆寺牒案、乾元二年潤四月日（『播磨国鵤庄史料』二四六頁）
(25)　嘉元記
(26)　(25)に同じ
(27)　(25)に同じ
(28)　法隆寺文書、文禄四年九月二十一日

第四節　達磨寺と放光寺

一　聖徳太子信仰と達磨寺の成立

古代より中世にかけての王寺町の推移については、多くの問題を含んでいる。王寺町がなんといっても大和川の流域に位置していることは、交通の要衝として発展して来ているということである。

とくに大和川と葛下川の河間の地は久度の名で呼ばれ、また延喜式神名帳にも、平群郡久度郷に鎮座する神として久度神社の名も見えている。大和川が迂曲する久度の地と、二上山に源を発する葛下川が片岡里をめぐって大和川に合流する地点に発生した片岡の地と合して、現在の王寺町の主体を形成している。

河川が合流するところには、いろいろな異質的な文化が混在し、新しい文化が形成されることが多い。この点より考えて大和川は大和北部へ、葛下川は大和南部への文化の導入路となっている。

難波津に渡来した大陸の文化は、河川の水路を通じて飛鳥の京や、のちには奈良の京にも伝えられ、その導入の中心となったのは朝鮮の百済系帰化人であった。大阪湾から河内湖をのぼり、大和川に沿って、生駒山系の南西をめぐって、高安や国分付近に至る交通は、斑鳩の里まで大和川の水量を保っていた古代においては、遣隋使や遣唐使等も飛鳥の都より、難波へここを通過して往復していたことが明らかである。

そしてここを経由したのち、これらの文化が十分にこの地に定着することについてはかなりの時間が必要であった。それはたとえここが交通の要衝であっても、それを受け容れる素地がこの地になかったときには、単に他の文化は経由するだけに止まってしまうことも多いからである。

王寺町の地域の発展をうながすもともとの素地となったのは、何といっても聖徳太子の斑鳩宮及び法隆寺の建立である。日本書紀の推古天皇の条によると、推古天皇九年（六〇一）二月に皇太子（聖徳太子）ははじめてみずからの宮室を斑鳩につくり、十三年（六〇五）十月にこれが完成したといわれている。太子は推古天皇二十九年（六二一）斑鳩宮で薨去され、その後、山背大兄王がここに住まわれて、皇極天皇二年（六四三）に蘇我入鹿によって焼かれるまで存在していた。

その間に法隆寺の創建がおこなわれたのであって、その年次については、多くの学者が、推古天皇二年・六年・十五年・三十年およびそれ以後等の諸説を立てて論争をくりかえしているが、いずれにしても、大陸の佛教文化の最も受容しやすい地を求めて、聖徳太子を中心として伽藍が創建されたことが十分理解できる。また一方では聖徳太子は大和川の河口に近く、そのうえ、新羅・百済人の居留地に近い浪速の海辺に四天王寺を建立した。そして梁・隋等の佛寺建立の状況に影響されてそれらの国の文化導入の主動的役割のために四天王寺を創建し、他方では法隆寺は、自らの佛教探究への学問道場として斑鳩宮のほとりに私宅の一部を改めて法隆寺が建立されたのである。飛鳥には蘇我氏が施主となって創建した法興寺があるが、当時の佛教文化の流入の中心となったのはなんといっても百済系佛教であることは、日本書紀第二十一の法興寺での佛舎利伝来の記事でもわかる。すなわち崇峻天皇元年（五八八）「是歳、百済国、使幷に僧恵総・令斤・恵寔等を遣して佛舎利を献る。百済国、恩率首信・徳率蓋文・那率福味身等を遣して、調進め、幷せて佛の舎利、僧聆照律師・令威・恵衆・恵宿・道厳・令開等、寺工太良未太・文賈古子、鑪盤博士将徳白味淳、瓦博士麻奈文奴・陽貴文・㥄貴文・昔麻帝弥・画工白加を献る。蘇我馬子宿禰、百済の僧等を請せて戒を受くる法を問ふ。善信尼等を以て百済国の使恩率首信等に付けて、学問に発て遣す。飛鳥衣縫造が祖樹葉の家を壊ちて、始めて法興寺を作る(1)」と見えているほか、聖徳太子も推古天皇三年(五九五)五月の記事では「五月の戊午の朔丁卯に、高麗の僧慧慈帰化し、則ち皇太子、師としたまふ。是歳百済の僧慧聰来けり。此の両の僧、佛教を弘演めて、並に三宝の棟梁と為る(2)」と述べて、蘇我氏も聖徳太子も百済系の佛教文化を受容しているが、蘇我氏が、親百済政策にもとづいた佛教受容のあり方に対し、聖徳太子の場合は、中国の南部に展開された梁佛教の影響を受けた百済の佛教のみならず、隋を中心とした北方佛教の影響を多分に受けている高麗佛教の教学をも受容して、より深く今後の日本佛教の進むべき道を示していられることも大いに注目すべきことがある。

そのほか日本書紀の推古天皇二十一年(六一三)の記事に、

二十一年の冬十一月に、掖上池・畝傍池・和珥池作る。又難波より京に至るまでに大道を置く。十二月の庚午の朔に、皇太子、片岡に遊行いでます。時に飢者、道の垂に臥せり。仍りて姓名を問ひたまふ。而るに言さず。皇太子、視して飲食を与へたまふ。即ち衣裳を脱きたまひて、飢者に覆ひて言はく、「安に臥せれ」とのたまふ。則ち歌ひて曰はく

しなてる　片岡山に　飯に飢て　臥せる　その旅人あはれ　親無しに　汝生りけめや　さす竹の　君はや無き

飯に飢て　臥せる　その旅人あはれ

とのたまふ。辛未に(二日)、皇太子、使を遣して飢者を視しめたまふ。使者、還り来て曰さく、「飢者、既に死りぬ」

とまうす。爰に皇太子、大きに悲びたまふ。則ち因りて当の処に葬め埋ましむ。墓固封む。数日之後、皇太子、近く習る者を召して、謂りて曰はく、「先の日に道に臥して飢者、其れ凡人に非じ、必ず真人（ひじり）ならむ」とのたまひて、使を遣して視しむ。是に、使者、還り来て曰さく、「墓所に到りて視れば、封め埋みしところ動かず、乃ち開きて見れば、屍骨既に空しくなりたり。唯衣服をのみ畳みて棺の上に置けり」とまうす。是に、皇太子、復使者を返して、其の衣を取らしめたまふ。常の如く且服る。時の人、大きに異びて曰はく、「聖の聖を知ること、其れ実なるかな」といひて、いよいよかしこまる。(3)

また万葉集（四一五）には、

上宮聖徳皇子出遊竹原井之時、見龍田山死人悲傷御作歌一首

家にあらば妹が手まかむ草枕　旅に臥せるこの旅人あはれ(4)

右の二つの歌の関係については、『王寺文化史論』で、岩城準太郎氏も「王寺歌枕」と題して述べられ、最近では『斑鳩町史』で吉永登氏も「聖徳太子の文学」のなかで、その構造的考察によってこのことについて詳細に論ぜられているので、いまあらためて述べることもないが、日本書紀の記事は、やはり吉永氏のいわれているように二つに分けて、㈠旅人の飢餓にもとづく死と、㈡墓所に屍がないという二つの話が合体していることに注目しなければならない。万葉集の歌を見てみると地名の相違と歌の整理という所にまだ疑問を止めている。

これについて吉永氏はその論文のなかで、この片岡山、或いは万葉集のいう竜田山、竹原井にしても、「この道は、難波、大和を結ぶ要路であるから、旅人の往来も繁（しげ）く、その中には飢えや病に苦しむ行路病者の姿も珍らしいことではなかった」、だからこのような所における同情や死を悼む歌が成立して、それが、聖徳太子の作として付会された

ものであろう、また「この地域が太子常住の地であった斑鳩の地および、太子創建の法隆寺に近接する地域である」ことのためであって、さらには「この片岡の道を大道として作り上げたのが他ならぬ太子の仕事であったのかと思はれることである」と述べていられることには、至当と考えられる点が多い。

古代における河内平野へ出る大和川をはさんだ交通路には、水路以外は竜田越と片岡道とがあった。現在も関西本線がこの狭谷部を通過するのに橋梁とトンネルを多く用いている如く、古代に於ても難所として知られていた。神武紀にも「皇師兵をととのえて歩より竜田に趣く、而もその路、狭嶮しくして、人、並行くことあたはず」とあることはこれらのことを如実に示している。また天武天皇の壬申の乱には、近江軍、高安城にあると聞いて兵を竜田越を通じてつかわし、天武天皇四年(六七六)には風神を竜田に祠り、同天皇の八年(六八〇)十一月には「初めて関を竜田山・大坂山に置く」など、古代よりこの竜田の地は片岡の道とともに要害であって、聖徳太子時代に開かれた片岡の大道は、亀の瀬越を通ずる道であったであろう。それは竜田越ほどの古道ではなく、たまたま旅人の死を聞くにつけ、この難所の大和川の左岸、右岸に二つの道をつけて、東西の交通路としようと計画されたことが推考できるのである。しかし、左岸の道も、右岸をゆく竜田越ほど安全な道ではなく、通過する人も竜田越に及ぶべくもなかったのか、その後の史料のなかには見られなくなっている。

奈良時代になって知識寺や、弓削氏の擡頭等により次第にこの道が盛んに用いられ、法隆寺の再建等をも契機として、文化交流の道程としてしばしばこの道が用いられたのであった。

ことに奈良時代には東大寺が聖武天皇によって創建されるなど、また聖徳太子の建立された法隆寺がこの時代にも復興を見るなど、そのほか正倉院文書などを見ると、太子の三経義疏を尊ぶなど、聖武天皇を中心とする佛教文化の興隆への流れのなかにたしかに聖徳太子の佛教文化受容の態度への追慕という影響が多く見られるのである。

そのことは、思想的にも、聖徳太子と種々の関連のある説話等も発生してくるのである。いまこの伝説の成立と聖徳太子信仰の立場を歴史的に考察してみることとする。すなわち飢餓救済の説話への発生の源は、飢死者が聖者であるという考え方から発展して、まず書紀の如く奈良時代初期までは「飢人＝真人の変化」との形をつくってくる。真人については、道家的性格を帯び、役行者などとの類似の性格と似ているともいえるも、真人を「ヒジリと読ましているが、位階としての八姓制における真人は天武十三年（六八五）をのぼらない。ここでは隠身の聖者としての立場がとられている。上宮太子伝補闕記では、「太子己卯年十一月十五日、巡二看山西科長山本陵処一、還向之時、即自申時、枉レ道入二於月岡山辺道人家一」[5]と、太子が訪れた事実をよりもっともらしい体裁をととのえている。もちろん日本書紀の聖徳太子の誕生記にも、多分に釈迦本生譚等の影響を採っているので、この飢人説話もそれらに影響されていると見られないことはない。

これが日本霊異記における「聖徳太子表を示す縁」になると、聖徳太子と飢者との問訊の形をとっているが、まだ南岳恵思禅師後身説は含まれていない。もちろん聖徳太子については、転身説話が、奈良時代に多く成立しているのであって、南岳後身説が、主として延暦僧録の編者の天台沙門思託によって喧伝された。その理由は彼が鑑真の渡来なり、唐僧の帰化への妥当性を強調するためになされた方法で、これは日本人の僧の方からもこのような垂迹後身説話が提唱された場合もあったであろう。例えば奈良時代の菩提遷那の渡来についても後に彼が忉利天上人、霊山同聞衆であり、文殊の化身の行基とは早くより知己の仲であるとして習合説話を形成している。[6]

鑑真和上とともにやって来た唐僧思託は、中国の沂州の人で、当時大雲寺に住していた鑑真について出家し、天台及び律を究め、台州開元寺や天台山に住して、唐の天宝二年、鑑真が日本への渡航を決意してより、難を共にして、天平勝宝六年来朝して、戒律及び天台教学を伝え、大安寺唐院でこれらを講じた。

南岳の慧思禅師については、天台大師智顗（智者大師）の師で、苦行ののち南岳に住すること十年、その著す書のなかに大乗止観法門四巻、法華経安楽行義、次第禅要、四十二字法門等、天台教学の重要なものが多かった。ことに天台教学の伝統を受けついだ思託にしてみれば、日唐関係の融和で、自己の教学上の立場を明確にするためにも、また南都佛教との協調を求める上からも、聖徳太子が法華義疏を著した法華経研究の先覚者であるという立場を強調して、南岳慧思禅師と聖徳太子との関係を意識的に結合させる必要が生じたのであった。そのために思託の著した延暦僧録第二（日本高僧伝要文抄—東大寺宗性上人著—に含まれている）の「上宮皇太子菩薩伝」には、

> 昔陳朝有二南岳恵思禅師者一、亦説、大隋思大禅師、盖一人也、（中略）其南岳（中略）常有二五千僧一、修道多並、頭陀苦行、坐禅誦経、或口宣二三蔵一、心味二四禅一（中略）思大和上即佛在二霊山一聴二法華経一僧也、然霊山同聴二法花一、有二思禅師一、在二南岳山一、智者在二荆洲玉泉寺一、定光禅師在二天台華的峯一、然此三人各異二於時一、思禅師威稜最甚、（中略）思禅師後生二日本国橘豊日(用明)天皇宮一、生度レ人出家、人皆不レ従、即云、奴不レ能レ捨二離眷属一、太子云、汝若出家、与二汝高位大禄一、不レ制二嫉房一、自レ是已来出家甚衆、漸後制二三帰五八戒等一、是知菩薩方便善功多レ方。(7)

と聖徳太子と慧思の関係は、慧思が昔、釈尊よりじきじきに法華の法門を受けたという伝説より発展し、聖徳太子の後身説に及ぶまで、思託等により修飾がかなり広範囲に広められたのではなかろうか。唐朝の佛教を早く弘く日本に流伝しようと欲した奈良朝佛教においても、これはまた歓迎するところであった。ことに聖徳太子の時代は釈迦信仰や舎利信仰も盛であったから、それを知っている思託はより以上慧思の説話と結びつけるに便を得たともいえる。

そして思託の伝承は、直ちに伝教大師最澄の受容する所となり、最澄が天台教学を所依とするにあたっても、

知下天台教迹特超二諸宗一、南岳後身聖徳垂迹上、即便思下欲興二隆霊山之高跡一、建中立天台之妙悟上、また「聖徳皇子者霊山之聴衆、衡岳之後身、請二経西隣一、弘二道東域一」[8]という思想は天台宗が立教開宗にあたって最澄を中心として提唱した。そして最澄は顕戒論を著して、南都の戒壇と優劣を闘わし、一方では鑑真伝来の天台の伝統を発展させて一宗を立てようとして、天台一乗戒壇院の建立を志したが、南都方よりの圧迫を受け、ついに生涯に成就することができずして没後にこれが許可されるということになった。

そのために最澄の高弟の光定は、叡山に登って最澄・義真につき、弘仁十年（八一九）最澄が叡山に戒壇建立の勅許を求めた後、南都にいたってこれをなだめ、梵網戒の実現をはかり、承和元年（八三四）その戒壇建立への経緯を述べるため伝述一心戒文を著した。

光定の一心戒文では、聖徳太子南岳後身説話はより拡大されて記述されている。片岡の飢人の説話にしても、この中の下巻に引用され、

即位(推古)二十一年癸酉十二月、皇太子遊二行片岡一時飢者臥二道垂一、便問二姓名一飢者不レ言、皇太子視レ之、与二飯食一即脱二衣裳一、覆二飢者一（中略）時人異レ之曰、聖之知レ聖、其実乎哉、彼飢者蓋是達磨也、

大唐国衡州衡山道場釈思禅師七代記曰、往年、西国有二一婆羅門僧一其名達磨、此人応化魏文帝即位大和八年歳次丁未十月、到二来漢地一、徘二廻衡山一、吟二詠草堂一、於レ是達磨、道場之内六時行道、問二思禅師一云、汝此寂処幾年修レ道、思禅師、二十余年（中略）達磨良久歎息云、禅定易レ厭、濁世難レ離、余忽遇二素交一、滅二尽劫之重罪一、暫随二清友一、長植二来世之勝因一、阿師阿師、努力努力、何故化留二此山一不レ遍二十方一、因果竝、已海東誕生、彼国無レ機、

人情麁悪、食欲為レ行、殺害為レ食、宜レ令下宣二揚正法一、諫中止殺害上、思禅師問二達磨一、誰人、答余者虚空、相談已訖、向レ東先去、（中略）天竺達磨聖人、為レ済二衆生一、遊二行漢地一、来二入日本一、大唐七代思大師、生二和王家一登二皇太子一、経取二西隣一、疏作二和国一、御二製法華疏一、適在二於代一、達磨大師、共二思大師一、撃二於両目一、利二有情一事(9)、

これは伝述一心戒文下の「造一心戒文達承和皇帝上別当藤原大納言成弁寺家伝戒文」の一節である。このような達磨と慧思と聖徳太子の年代的関係については、達磨大師がインドから中国にやって来たのは梁の普通元年（五二〇）で、その入寂は大通二年（五二八）十月五日といわれている。一方、承聖三年（五五四）慧思は梁の慧文禅師について観心の法門を受け、太建二年（五七〇）南岳に衆を率いて入り、八年ここに住して大建九年（五七七）に入寂している。そして聖徳太子は敏達三年（五七四）に生れ、推古三年（五九五）に高句麗僧恵慈、百済僧慧聡が来朝したというのである。

これらのことからいって三者の合一する師事の関係や、面接の機の妥当性については、史料批判の立場よりすれば否定されるべきものであるけれども、天台一家の立場よりすれば、「大唐国衡州衡山道場釈思禅師七代記」の伝承による慧思と達磨の会合は、法華一乗戒壇を正当づける最もよい説話であると認め、最澄等の思想の中にも必ずや提唱されていた思想であろう。その上、天台法華の立場より、さきにのべた如く聖徳太子後身説話が成立した状況よりして、思託のあとを受けた最澄はまた、聖徳太子信仰の熱心な提唱者であったことからしても、太子後身説は、天台宗成立の正当性を南都側に示す有力な思想史的な背景となったことは否めない。その後継者である光定が、この説話を一心戒文の由来の中に組みこみ、さらに日本書紀や、万葉集の片岡の飢人の歌をも、相聞歌として問答形式に組みかえ、達磨＝慧思＝聖徳太子の思想史的系譜を画かんとしたのである。これは宗教が一派を立てんとするとき、現在の宗派と対立をもたらすことは当然の結果で、それをのりこえるためにも必ず、その根元的な祖師、それもあまりかけ

はなれたものではなく、その民族と近親性のあるものと結合することによって将来への発展性を確保しようとする動きをもつことは、このような伝承説話の根源となる思想史上の背景として考えられる。

佛教の伝承説話が、現実化するためにも、鎌倉初期に王寺の地に達磨寺の建立の必要が生ずるのである。さらには建治三年（一二七七）大佛師法橋院恵・院道等により造られた聖徳太子像が現存し、おそらく、永享二年（一四三〇）に造られた現在の達磨像以前にあった達磨像（八幡の円福寺のものといわれる）と合せ、達磨墳といわれた古墳の上に造立されたのであろう。天台・禅系の思想的背景を持つ達磨寺に対して、これを喜ばない興福寺大衆は、嘉元三年（一三〇五）四月六日、「六方衆徒蜂起、令発向片岡達磨寺、僧房僧庫等悉令焼失了」とこの寺の伽藍を破壊し、あまつさえ、達磨寺の焼亡をおこなったのである。(10)

これらを考察すると、王寺達磨寺の造建の経緯は、またそれがたとえ佛教伝承説話の発展によるものにしても、そこに聖徳太子信仰が、如何なる形で推進されていったかという経緯がここで明らかになるのである。それは天台宗の発展とも深いつながりを持っていて、王寺の古墳が達磨墳として静かに人々によって守りつづけられ、そののち禅宗が京都で発展し、足利義満・義政等の禅宗への帰依が盛となると、達磨寺再建を計った達磨寺勧進僧の仙海法師のあとをついで山名時凞（巨川）が、南峰祖能禅師を請じて、中興開山と仰ぎ、永享年間に至っていまの如く再建されたのであった。

（1）　日本書紀第二十一（国史大系本）
（2）　同右
（3）　同右、推古天皇二十一年二月一日

(4) 万葉集、四一五号(日本古典文学大系)一九九頁
(5) 上宮太子伝補闕記(聖徳太子伝叢書)
(6) 日本霊異記「聖徳太子表を示す縁」
(7) 日本高僧伝要文抄、第三(宗性自筆本)(延暦僧録第二、上宮皇太子菩薩伝)平岡定海『日本弥勒浄土思想展開史の研究』
(8) 同右第二、伝教大師最澄伝 宗性自筆本
(9) 伝述一心戒文(大正蔵七四、六三四)
(10) 興福寺略年代記、嘉元三年四月六日条

二 放光寺の構造について

古代・中世における聖徳太子信仰と達磨寺の推移について王寺町の歴史において注目すべきものは、放光寺の存在である。放光寺は片岡の北端に位置した僧寺で、万葉集の「片岡のこの向つ峯に椎まかば 今年の夏の蔭に並みむかも」(一〇九九)とある片岡の峯の中腹に建立された寺であった。

現在は廃寺にひとしく、その寺院の存在を知ることができるものは正安四年(一三〇二)権少僧都審盛の編録した「放光寺古今縁起」が、この寺の姿を知る一つの手だてである。これについては、さきに西岡虎之助氏の「放光寺古今縁起の地理的及経済的考察」と題して詳細な論説があるので、これらを参照して考察を加えるのが至当であろうと考えられる(1)。

その前に同じ『王寺文化史論』で、放光寺が、地籍の占むる現代の様相からしても、四天王寺式の伽藍であったと石田茂作氏は述べられている(2)。つぎに片岡王寺の史料として信頼できるのは、いま法隆寺に伝わる「甲午年銘造像

牌」がある。これによると

「(表)甲午年(持統八年)三月十八日、鵤大寺徳聡法師、片岡王寺令弁法師、飛鳥寺弁聡法師三僧、所生父母報恩、敬奉観世音菩薩像、依二此小善根一、令得二无生法忍一、乃至六道四生衆生、但成正覚」

「(裏)族大原博士百済在王此土王姓」(3)

とあって、持統八年(六九四)にすでに片岡王寺が成立していたことを示している。この場合、その背景となったのは百済王族であり、一族の出家せる人々が法隆寺(鵤大寺)、片岡王寺、飛鳥寺(法興寺)と、蘇我氏及び聖徳太子の関係の寺院に入寺していることは、片岡王寺の成立にも、百済王氏との関係が深かったのであろうと推考できる。また天平十九年の法隆寺伽藍縁起幷流記資財帳に「伊河留我本寺、中宮尼寺、片岡僧寺、此三寺分為而入賜岐」と、聖徳太子が三寺に私財を投じたと述べているが、資財帳の信憑性は、「戊午」や「大化三年」等の年次が相異し、疑わしき点も見られるので典拠とするには疑問が多い。(4)

放光寺の唯一の史料である「放光寺古今縁起」自身、多くの信憑性を欠き、作成の背景については後に述べるが、ともかく法隆寺古今目録抄が顕実により嘉禄より安貞年間(一二二五~一二二七)にまとめられ草稿されたことに影響されて編されるに至ったのであろう。

しかし、遺跡や出土品より見ると、放光寺跡といわれるところより、八葉単弁蓮花文の巴瓦が出土したり、奈良時代のものも出ているために、敏達期までさかのぼり決定づけることは困難にしても、持統期以前にすでに存在していただろうことは考えられるのである。これは聖徳太子建立の寺院に充当するものでなかったことは、法隆寺古今目録抄にも見えず、この点やはり百済系の大原真人系の私寺として建立されたと見るべきであろう。

放光寺縁起が敏達天皇八年の成立を主張しているが、これをかりに認めるとするならば、その中心となったのは敏達天皇の第三皇女で片岡の中山に住していた片岡姫と称した書紀にいう皇后広姫の生んだ菟道磯津貝皇女を指すのか、第二夫人の生んだ桑田皇女なのか、また次の豊御食炊屋姫尊の第三皇女の小墾田皇女を指すのか、全く明確でない。敏達天皇の宮居は「百済の大井」で、大阪府河内長野市太井とも、奈良県北葛城郡広陵町百済ともいわれている。敏達天皇自身「天皇不レ信二佛法一、而愛二文史一」（日本書紀巻二十）という性格であり、敏達紀そのものにも注目すべき佛教的事業は見られない。これらの点からいって放光寺の本願である片岡姫や、敏達天皇勅願は信頼性が薄いといわざるを得ない。縁起の「敏達天皇勅願、片岡姫王建立、用明天皇御願、推古天皇叡願、上宮上皇恢弘、舒明天皇紹隆、孝徳天皇興隆、聖武天皇潤色、累代明皇洪続名詮連綿、得レ名二皇寺一」という記事にいたっては、ますます放光寺の性格を不明確にしている。そして、史上の有名なる高僧を掲げ縁起自身の必要性を高めようとしていることはなおさら縁起を混乱におとしいれ、作者の美文はかえって正確さをより以上欠いている。

しかし、放光寺成立の根拠となるのはなんといってもさきの「甲午年銘造像牌」の裏面にある「族大原博士百済在王此土王姓」で、片岡王寺が、「百済王」を称する百済系帰化人の人々による造寺であることが明らかである。また新撰姓氏録に、

大原真人　出レ自二諡敏達孫百済王一也、

とあり、一族には鳥根真人、豊国真人、山於真人、吉野真人、桑田真人、池上真人、海上真人、清原真人等がある。縁起に「大原神殿一宇」とあり、「敏達天皇御子六人大兄皇子是其内也、大兄皇子六人御子兄門部王先腹御子、即下二臣家一、賜二大原姓一」とあることは、片岡王寺と大原真人姓の施主的な関係を示すものといえるのである。これに

ついて、万葉集第六に次の歌がある。

あらかじめ君来まさむと知らませば　門に屋戸にも珠敷かましを(5)

右の一首は、主人門部の王（後、姓大原真人氏を賜へり）とあって、大原真人姓を賜わった者に天武天皇皇子長親王の孫、門部王が見えている。これはさきの縁起の中に見えている門部王の記事とは関連があるが、その系譜の記述については、両者が大原真人の系譜を引くものであることを述べたにすぎない。

要するに片岡王寺、または片岡僧寺、すなわち放光寺は、その成立初期においては百済王氏の氏寺的性格より発生し、それが敏達天皇の系譜とつながり、さらに押坂彦人大兄皇子の子舒明天皇の即位後、百済王氏は発展を見て持統天皇の時にはすでに大原博士の号を持ち、天平九年に橘諸兄の宴に参じた門部王は、後に大原真人の姓を受け、片岡王寺も奈良時代になってその寺院としての体裁をととのえるにいたったのであろう。

大原真人の賜姓については、続日本紀巻十三の天平十四年十一月十九日大原真人高安の卒の記事のなかに、高安はもと高安王として无位であったが、後に従五位下に、さらに始めて諸国に按察使を置かれると阿波・讃岐・土左の三国を管理し、天平十一年（七三九）四月三日の条に、

夏四月甲子詔曰、省従四位上高安王等、去年十月廿九日表、具知二意趣一、王等謙仲之情、深懐レ辞レ族、忠誠之至、厚存二慇勤一顧二思所レ執、志不レ可レ奪、今依レ所レ請、賜二大原真人之姓一、子々相承、歴二万代一而無レ絶、孫々永継、冠二千秋一以不窮。(6)

とて高安王が大原真人の賜性を求めたこともあるが、門部王のあと高安王などの賜姓は奈良時代に多くその例が見られ、それが直ちに放光寺の復興に関係がないにしても、出土瓦の奈良時代の多いことはこれらのことにもつながるの

ではないだろうか。

さて放光寺の伽藍は初期には金堂、講堂、食堂、僧房、経蔵、鐘楼、廻廊、南大門と七堂伽藍の形式を具備し、片岡山麓に位置し、その金堂には弥勒菩薩が安置されていた。しかし永承元年（一〇四六）六月九日、雷火のために金堂、廻廊、東中門、南大門が灰燼に帰し、建久年中に俗別当沙弥阿妙が勧進してわずか再興を見るにいたったが、古今縁起の作成された正安四年（一三〇二）には講堂及び食堂のみで、金堂や廻廊は復することができず、いたずらに礎石のみにとどまった。よって古今縁起において見られる放光寺の伽藍の概要については、史料採録の上より疑義を持つべきところが多いが、そのようなものを除いて整理して見ると次のようである。(7)

金堂（知足摩尼宝殿）　一宇　二重　瓦葺

本尊、金銅弥勒像（伝、百済、多須那造）

「永承元年六月九日為二雷火一忽回禄矣、金堂・廻廊・東中門・南大門、梁棟化二煙炎一殿閣貽灰燼」

「建久年中俗別当沙弥阿妙勧二進十方檀那一、雖レ企二再興一、不レ終二其功一、令二隠没一焉」

「講堂、食堂適全二鴈宇一、法燈纔耿、雨露頻侵、金堂廻廊空貽二礎石一」

「金堂弘仁三年壬辰六月晦日、東西障子銘云、佛子勝光、発二誠心一奉二為有恩霊等法界群生一、構二立障子一扇一、図二釈迦如来像一軀、阿弥陀佛四軀、十一面観自在菩薩一軀、三重宝塔一基一……佛子勝光奉二為七世四恩一惟二弘仁三年夏節一、荘二厳障子一一扇、敬図二薬師佛像一軀、弥勒尊像二軀、虚空蔵菩薩一軀、地蔵菩薩一軀、四天王軀四一」

講堂（転法輪勝義殿）　一宇

本尊　普賢菩薩　文殊菩薩、以上二菩薩厨子安置（伝多須那造）

「時節法事当堂敷レ座、恒例斎会、佛前並レ床、緇侶結レ群」

食堂（住持施斎殿）　一宇

本尊　賓頭盧尊者　羅漢像　観世音菩薩

塔婆（金剛舎利殿）　一宇　三重

「金堂炎上以後、累歳朽損特盛、至二永保年中一俗別当吉高縮レ層成二三重一、改レ銅用二鉄輪一矣」

経蔵（梵漢一切聖教殿）　一宇

「寛徳暦終、甚風漸叩レ軒、永承歳比、雷火遂掩レ甍、弗沙遺教、成二灰燼一、玉楼金閣貽二礎石一矣」

鐘楼（夕梵晨鐘殿）　二宇（三間二重楼）

「安二五尺五寸鐘一、口径三尺一寸、其厚三寸二分、東名二晨鐘楼一、西号二夕梵楼一」

「爰、永承炎上取二出其鐘一、奉二納寺庫一」

「康平三年興福寺焼失時、奪二取当寺鐘一、其後、従二放光寺一押二取西安寺鐘一訖、在レ今」

僧房（伝燈学法殿）　三面二十四間

「東西六間、居二禅行者一、昼備二香花一、夜燃二燈明一、六時吹レ螺、転二妙法輪一……西面六間、居二梵納衆一、結夏安居、持衣布薩、……北面十二間、枢居二学法受教僧侶一」

温室（平等無遮施浴殿）　一宇

廻廊（行道廻廊）　東列二十二間、南列十四間、西列二十二間、北混廊六間、都合六十四間

門　六宇

東大門　二重三間　「安置二王」

東中門　一重三間　「安置二天」

南　門　　東脇門

西　門（閇門）

北　門

「此等諸門従二永承歳一、至二嘉応暦一、次第破損、秋雨穿二旧壇一、春苔埋二礎石一矣」

神殿（大原神殿）　一宇付廊七間二面

「仁祠社稷下、禊祀設レ奠、是以八人、巫頸翻二周郎袂一、五人歌男竭二季長曲一、寺僧社僧参礼継レ踵、……恒例鎮祭禊祀惟新、臨時炎旱祈雨、更珍竜神影向池以二騰浪一」

「黄鐘（十一月）一日祭礼」

封倉　（十二宇）　十二間

甲斐倉（高一丈三尺七寸、長二丈一尺七寸、広一丈八尺六寸）　瓦葺

南板倉（同右）　瓦葺

南甲倉（同右）　瓦葺

丸木倉（同右）　瓦葺

角板倉（同右）　草葺

北小倉（高六尺五寸、長一丈二尺、広一丈三寸）　草葺

板倉（高九尺二寸、長一丈四尺四寸、広一丈一尺）　瓦葺
甲倉（高九尺二寸、長二丈二尺八寸、広一丈七尺五寸）　瓦葺
板倉（高七尺、長一丈五尺、広一丈四尺）　草葺
西丸木倉（高七尺五寸、長一丈四尺、広一丈）　草葺
上倉（高一丈二尺、長二丈三尺、広一丈九尺）　瓦葺
乙瓦倉（高一丈二尺、長二丈四尺、広二丈）　瓦葺

「封倉財閣者、道具、聖基安二其中一、楽器世宝納二此内一、勅定寺地収三納調庸貢賦一、官省佛田済三入土産応輸一、印職封レ綱、鎰司務レ斗、記三録所済一、分三配聖供一」

「保安三年六月十日、縮二十二宇一、造二十二間一、朽損尚不レ遁、連宇遂荒廃矣」

厨屋（長七丈、広三丈）　瓦葺
竈屋（長五丈六尺、広二丈二尺）　瓦葺
北草葺屋（長五丈、広二丈）　草葺
中草葺倉（長五丈、広一丈八尺）　草葺
客坊（長四丈五尺、広一丈八尺）　草葺
碓屋（長三丈五尺、広一丈八尺）　草葺
西木屋（長三丈九尺、広一丈七尺）　草葺
務所板屋（長二丈一尺、広一丈四尺）　板葺

食堂前板屋（長二丈四尺、広一丈二尺）　板葺

酒厨倉（長二丈八尺、広一丈六尺）　草葺

東草葺屋（長三丈五尺、広一丈六尺）　草葺

馬　屋（長四丈四尺、広二丈）　草葺

牛馬屋（長二丈八尺、広二丈五尺）　草葺

「堂塔長供入二炊竈屋一、斎会饗供炊二儲厨屋一、佛僧供料請春二碓屋一、聴法読師請二安客坊一、鎮祭（御酒）三木構二酒厨屋一、済調牛馬繋二牛馬屋一乃貢担駄入二飼馬屋一、東草葺屋宜レ宿二担夫一、西木屋納二造造寺材木一、中草葺屋置二寺雑器一、北草葺屋積二置炭薪一、務所板屋経二営抔膳一、食堂前板屋荘二行粧一」

「永承以来至二于仁安一自然失墜、只貽二荒砌一矣」

別院（四ヶ院）

南塔院　堂（一宇一間四面）　本尊地蔵菩薩　松庵二十字

光明院　堂（一宇一間四面）　本尊阿弥陀如来　松庵十二字

世尊院　堂（一宇一間四面）　本尊千手観音　松庵十八字

知足院　堂（一宇一間四面）　本尊弥勒菩薩　松庵二十字

「放光寺者……時節講席、勤修非レ一、恵日是繁、爰僧侶数少、人法惟之、毎レ迎二恵日一、請二斑鳩寺一」

「大雨頻連、洪水流湛、大和河渡、不レ得二掉レ船一無止、御願自然緩怠、恒例講匠、非時遅延」

四至

「東限富河、南国領、西澗限、北大河」

奴婢（寺奴）

「寺役駈使奴婢百廿人」

「封倉分二配八十人一、夜々警二固法堂、食堂、宝塔一省二置四十人一、番々宿直恒例規模斎会掃二除満寺路区一、季節正月講莚拭二清三堂宝塔一……結夏安居、日々払二庭草一……任二勅施入一、停二止国役一」

伏倉

「瓦三万枚、調二副金銀一、従二寺巽角一去二三十町一、至二大豆山一向レ巽崛レ穴一……後世造功令レ無二匱乏一」

「建長年中彼塚崩離即牧土民少盗二其瓦一」

水田

四十八丁　大和国山辺郡栗部中路辺
十二丁六反　近江国志賀郡興坂東辺
四丁八反　大和国葛下郡富河々上辺　（以上敏達天皇勅免トイフ）
十二丁　大和国平群（栗郡奥河上辺）　（以上片岡姫王施入トイフ）
三十三反　近江国栗太郡石迫辺　（以上用明天皇勅免トイフ）
八十八反　近江国浅井郡阿保谷辺
十二丁　備前国御野郡折唐尾辺
三十一反　河内国交野郡御机薗北辺

五十万代三分之一　播磨国佐西地　（以上推古天皇勅免トイフ）
七十五反　大和国城下郡桜綾縄町　（以上舒明天皇勅免トイフ）
五十二反　大和国城上郡登美山河辺　（以上皇極天皇勅免トイフ）
百二十町　備中国蚊陽郡和市地辺　（以上孝徳天皇勅免トイフ）
九丁三反　河内国和泉郡大山池辺科原　（以上聖武天皇勅免トイフ）

〔以上放光寺古今縁起・上〕

片岡僧寺始補八姓（中略）

僧綱・三綱等

放光寺門司官寺長

長者（氏長者五位）　執行（大法師位）　上座（大法師位）　寺主（大法師位）　都維那（法師位）　勾当（伝燈位）　行事所（伝燈住位）　公文所（伝燈満位）

池　十二区　葦田上池（以下略）

佛聖具　大宝　六口（以下略）

法会

修正会　吉祥御願

「聖武天皇天平五年崇二重当寺一、興二隆壇場一禅行練徳、参二籠金堂一、学問諸僧通二夜講堂一、七日七夜六時行道、持斎潔斎、慙愧懺悔」

修二月会　増長御願

「聖武天皇天平九年安澄大徳為㆓大導師㆒、曼殊沙花供㆓宝前㆒也」

「学禅前﨟参㆓入講堂㆒、学禅後﨟床㆓座金堂㆒、七昼夜中奉㆓祈一天宝祚増長御願㆒、六時精勤誓㆓護五穀豊饒㆒」

彼岸　春・秋二季

「講堂擺㆑床恢㆓弘妙道㆒……不断称名釈迦念佛、学門修僧日中参堂開講演㆓説法華妙典㆒」

「春季奉㆑祈㆓用明天皇御国忌㆒、秋季奉祈㆓皇極皇帝御菩提㆒」

論宗講

「迎㆓上宮御国忌㆒、毎年不㆑闕二十二日以㆓定式日㆒、名㆓論宗講㆒」

護国法会

講堂法華経転読　禅行衆四十口　四ケ夜

金堂　最勝王経転読　学問衆旧老十二口　四ケ日

講堂　講問　学問衆　三十二口　四ケ日論談

「上件御願従（三月）㆓十五日晨旦㆒、至㆓十八日夜睦㆒……迄㆓十九日晨朝㆒」

「諸衆入㆓食堂㆒孚㆑粥、次移㆓前屋㆒調㆓行粧㆒、次着㆓講堂並床㆒、次両導師登㆓金堂高座㆒、次諸徳楽人大行道出㆓講堂㆒巡㆓金堂廻廊㆒、次色衆役分ノ所作、次獣舞、次還㆓食堂㆒受㆓日中大斎㆒、次入調」

講讃導師　請定一﨟大徳　後用東大寺三論宗年分已講

称名導師　請定二﨟大徳　後用東大寺花厳宗年分已講

大行事僧一口（以下略）

「舒明天皇元年始二御読経一、孝徳天皇二年荘二大法儀一、沽洗十五（三月）、開白初日、結願十九御国忌、日昼講二読最勝王経一、奉レ祈二聖朝宝祚多億載一、夜読二誦妙法大乗一奉レ禱二敏達天皇御国忌一、其会為レ躰」

「中古ヨリ改レ式省二略会規一、猶以闕怠、纔謂二八講一、是厥旧勢今継二相似一」

灌佛三昧

「仁明聖主、承和十年凝二叡願一、造二出胎像一、崛二四十口一、鋪二設講堂一、誦二浴像偈一、唱二功徳文一」

安居供

「聖武天皇神亀三年片岡僧寺施二安居供一」

「禅行者担二阿伽浄水一、学問衆読二大般若経一」

梵網講

「如宝弟子、豊安僧正天平神護改元聖暦蕤賓（五月）晦日、……鋪二設講堂一修二梵網講一、大衆入レ堂、男女受レ籌」

舎利散花会

「林鐘（六月）十五日者、是　片岡姫王御遠忌、……力役登レ層散二蓮葉一緇徒誦二花厳偈頌一」

自恣講

「安居勤訖、即行二自恣一、……備二盂蘭盆供一、……高野女帝勝宝二（三カ）年荘二厳講堂一、供二自恣僧一、……祈二今上皇帝御宝祚一、次助二孝徳前霊御国忌一」

唯識講

「康保三年九月五日、屈二請東大寺宝蔵大僧都一、勤二講師一訖、厥後代々請二法蔵門弟一為二講師一、永承焼失以後衰微不レ行矣」

念佛三昧（弥勒念仏）

「文武天皇慶雲三年、應鐘(十月)五日、始二行浄業一、満寺諸徳荘二厳金堂一、登二瑠璃壇一、行道囲繞、七日七夜異口同音、八名妙典転読……往二生外院一、身口意業遷二内院一、奉レ膽二慈尊一」

「永承炎上以後、移二行講堂一、星霜久積、凌癡繁累、多縮二日数一纔継二相似一矣」

佛名御悔過

「文徳天皇仁寿二年大呂(十二月)八日、専寺宿徳満積大徳……紹二隆佛名一……学問衆鋪二設金堂一、招二請東大寺薬宝大徳一、為二導師一、禅行者、参二着講堂一、延屈二東大寺長歳和上一、定二礼師一、五箇夜間、一心精進両堂分レ巻一万三千佛名懺悔、異躰同心、悉作レ礼」

〔以上、放光寺古今縁起・下〕

この放光寺の史料で信頼出来るものは、永承元年に雷火のため消失したことが判明するが、いまこの史料により考えてみると、この放光寺にはもと金堂、講堂、食堂、塔、経蔵、鐘楼、僧房、大湯屋、廻廊、東大門、南門、西門、北門、大原神殿を付した伽藍があったのであって、その寺域は、東は富雄河、南は国領、西は澗、北は大和川に接して建立されていたようである。

放光寺古今縁起が作成された正安四年までにあった金堂では、弥勒菩薩が本尊として安置され、そこには弘仁三年三月晦日の銘文のある東西障子がかかげられ壁面を荘厳にしていたが、永承の雷火による炎上後は建久年間に沙弥阿妙により再建を企てられたが、ついに目的は達せられなかった。講堂と食堂はわずかに残存していたが、破損が多く、さきの金堂と、それをめぐる廻廊はただ礎石をのこしているだけとなった。そのほか五重の宝塔も、金堂が炎上以後朽損はなはだしく、永保年間（一〇八一―一〇八三）には三重に縮小し、それまでの銅の九輪に対して鉄輪に変更した。経蔵も寛徳年間（一〇四四―一〇四五）より破損し、永承年間に雷火で伽藍が炎上したとき共に焼け、正安四月には礎石だけにすぎなかった。鐘楼と鐘も、破損まぬがれず、鐘楼が永承の炎上以来、鐘は寺庫に収納されていたが、康平二年（一〇五九）に興福寺が炎上したとき、放光寺の鐘を奪取された。僧房は三面二十四間もあって夏安居をし、堂衆といわれる禅侶と、学業を中心とする学侶との二衆に分れて僧侶が在寺していたようである。しかし、僧房も鎌倉期には荒廃にまかせていたことであろう。寺院の諸門も「従二永承歳一至二嘉応暦一」まで次第に破損倒壊して復興することなく、いたずらに雨露にさらされていたにすぎなかった。そのほか、寺の倉庫群についても同様の憂目を受け、保元三年（一一五八）には十二間の連宇は荒廃し、竈屋・客坊・木屋・馬屋等も永承以来仁安に至る間に、自然に失墜してしまった。

ことに寺の法会は伽藍の荒廃とともに廃絶していったのであるが、その理由の一つに、縁起にまた

大雨頻連、洪水流湛、大和河渡不レ得二掉レ船一無止、御願自然緩怠、恒例講匠、非時遅延、

とあるように、大和河の夏期の氾濫が、放光寺をしてますます孤立化させてしまった。

このように見てくると、放光寺縁起の序文に、

予適生二長大原閑素之柴戸一、幸棲三息放光幽閑之桑門一、

また

于時自二敏達天皇八年一迄二于正安四暦玄口摂提格一、歴二七百二十二廻一訖、権少僧都伝燈大法師位審盛夏臈丁年記レ之矣、

とあれば、これらの記事よりしても、放光寺縁起は正安四年に編され、その編者は審盛ということができる。そして、縁起に記している伽藍等の最後の記事は、審盛が正安四年に見聞した当時の現況と見るのが至当であろう。永承の雷火炎上後正安四年には、創建期の伽藍はもちろん、炎上以後の復興ははかどらず、廃寺同様の状況であって、金堂にかわる講堂と食堂、三重塔、僧房等を残存するのみと考えられる。このような現状を見た大原氏の出自の真言宗の審盛は、何とか旧態にもどしたいと涙ながらに縁起を編纂し、朝廷等に提示して助成を求めんとしたのかも知れない。その目的のためには真偽の如何を問わず、自ら知っている種々の縁起をも含め、法隆寺の古今目録抄に影響されて作成されるにいたったと考えられる。

永承以後、放光寺が容易に復興しなかった理由の一つとして、創建の当事者が百済系帰化人の大原氏であったことがあげられる。法隆寺のように聖徳太子という強力な背景を持つものでなかったことであり、大原真人系の皇親も、次第に降って朝臣となり、公卿となると共に藤原氏の他氏排斥の傾向とともに弱体化してしまったがために、永承以後の復興はおぼつかなかったのであろう。

しかし審盛が、この縁起作成にあたり、伽藍の往古の盛大さを示すためにはやはり大原真人系の系譜をたどらねばならなかったと同時に、放光寺に大原氏神社が残存していたことに典拠を求めつつ、歴史上有名な天皇、高僧を引合いに出す必要があったと考えられる。そのためにも敏達天皇、聖武天皇、淡海公、片岡姫王や戒明、義照、行基、良弁などの名を連ねていることは、縁起をますます史料的に混乱させているといってもいい。また所領についても百済

帰化人の多く住していた所を示している。

中世における放光寺では、永承以後の法会などが講堂を中心としておこなわれたようであって、放光寺縁起には、寺の年中行事として、

修正会（吉祥御願）　七日七夜　六時行道　金堂
修二月会（増長御願）　七日七夜　六時行道　講堂
彼岸会　春・秋二季　釈迦念佛（用明天皇国忌・皇極天皇国忌）
論宗講　毎年上宮国忌（二十二日）
護国法会　三月十五日　四ケ日　最勝講転読　金堂　法華経転読　講堂（敏達天皇国忌）
灌佛三昧　仲呂八日　講堂
安居供　夏安居
梵網講　五月晦日　講堂
舎利散花会　六月十五日（片岡姫遠忌）
自恣講（孝徳天皇国忌）　講堂
唯識講　（金堂）講堂
佛名悔過　十二月八日　金堂

をかかげていることから、永承炎上以後も法会は金堂より講堂に移されることがあっても、続けられていたことと考えられる。

しかして放光寺には塔頭寺院として南塔院、光明院、世尊院、知足院の四カ寺があげられている。永承元年全寺焼亡以後は、建久八年（一一九七）に慈栄（興福寺の東金堂衆の感徳を父に、母紀氏との間に出生）が放光寺に移り、元久元年三月上生院を復興し、また安養院も、於願の蔵円が、はじめ久度・玉井に住していたが、慈栄の請により、放光寺に至って阿弥陀不動法を修し、建保二年慶円上人を請じて曼荼羅供を始めた。

慈栄は東寺系の真言宗の人であったから、放光寺も中世は真言宗となって、建久四年（一一九三）には慈栄上人によって伽藍の復興が計られたが、充分に成果があがらずしてこの審盛の時になったのである。

その後、松尾の勝月上人等もこの寺に出入して復興しようとしたこともあったが、それも単に一時的な動きにすぎなかった。

しかるに永承元年の炎上より三百二十六年たって応安四年（一三七一）八月十日に放光寺の金堂が立柱され、十三年たってのち至徳元年（一三八四）三月十八日に金堂の再建落慶供養をおこない、範祐法印を導師として舞楽を以て曼荼羅供がおこなわれた。また応永二年（一三九五）には放光寺の中門が立柱され同二十五年八月七日には中門の中の二天像を三カ年間に造像し、河内国善成寺千手院の智元法印を請じて永享八年（一四三六）三月十八日に舞楽曼荼羅供を実施した。

しかし、松永久秀の乱により放光寺はあとかたもなく炎上して往時をしのぶものは、縁起だけになった。

以上、放光寺の歴史はまた王寺のたどって来た道でもあろう。交通の要路に位置する王寺の文化には残念ながら戦乱の邑となり、また文化の定着性が薄い。そしてこれらのことをおもうとき、この一巻の文書（放光寺古今縁起）は史料としての性格を、さらに検討してゆかねばならないだろうが、また別にここに王寺の中世の姿もあらためて見ることができる。

(1) 西岡虎之助「放光寺古今縁起の地理的及経済的考察」
(2) 『王寺文化史論』所収、石田茂作氏「放光寺について」
(3) 甲午年銘造像牌(法隆寺蔵)
(4) 法隆寺伽藍縁起流記資料帳(寧楽遺文(上))
(5) 新撰姓氏録(群書類従本)
(6) 万葉集第六、一〇一三号
(7) 続日本紀、天平十一年四月二日条
(8) 『王寺文化史論』〔放光寺古今縁起〕。奥書に嘉吉三年仲呂十五日に放光寺新坊で実誉(五十九歳)が書写したものがあり、延宝五年(一六七七)菊月吉日に書かれたものが王寺町役場の蔵本となっている。

第二章　園城寺の成立と戒壇問題

一　園城寺の成立

園城寺は長等山の麓、大津浜に臨んで位置している寺院である。天智天皇六年（六六七）三月十五日に天智天皇が都を近江に遷都され、ここを中心に新しい都造りが始められた、ついで近江志賀郡に天皇の祈願寺として同七年（六六八）に崇福寺が建立された。またこれと期を一にして藤原鎌足は山科陶原に山階寺を氏寺として創建した。そしてこの地域は新しい都として発展しようとしていた。この崇福寺はその縁起によると金堂（檜皮葺）に丈六弥勒像を安置して、小金堂、三重塔、僧房、印蔵等が建てられていた。扶桑略記に載せている崇福寺縁起によると、

縁起云、金堂一基、五間檜皮葺、奉レ造二坐弥勒丈六一軀幷脇侍二菩薩像一、講堂一基、五間檜皮葺、奉レ造二坐薬師佛一軀幷脇侍二𦬇像一、小金堂一基、三間檜皮葺、奉レ造二坐阿弥陀佛一軀幷脇侍二菩薩像一、三重宝塔一基、檜皮葺、奉レ造二坐四方佛、脇侍二菩薩像一、燈炉一基、構二居唐石臼上一、鐘一口、高六尺、十三間僧房一宇、七間僧房一宇、印蔵一宇、炊屋一宇、五間檜皮葺、湯屋一宇、三間檜皮葺、竈屋一宇、三間板葺、浄屋一宇、五間檜皮葺已上崇福寺縁起、(1)

と、かなりの規模の伽藍であった。この寺の寺跡は近江神宮の地に近く、昭和十三・十四年に発掘調査され、堂塔が谷川を隔てて建てられ、南の尾根に三棟の堂、北の尾根に二棟の堂が、中央の尾根に堂塔が東西に配置され、塔の心

礎から舎利容器と各種の荘厳具が発見された。まさに大津京を守護するにふさわしい寺であったのである。

そしてこの近江京は琵琶湖より敦賀湾に通じて、小浜等からの大陸文化の導入口でもあったし、大津は重要な港であった。それを中心として、この新都がいよいよ発展しようとしていた矢先に、天智天皇十年（六七一）十月十七日、天皇が後事を自分の子の大友皇子と弟の大海人皇子に託して崩御されたため、大海人皇子はひとたびは意を改めて吉野に入って出家剃髪したが、それがかえって壬申の乱を誘発して、新都は大海人皇子の軍により崩壊し、都も飛鳥にもどされたのである。寺門伝記補録では、この園城寺は大友皇子の荘園城邑のあったところであるといわれ、この皇子の家地（御井の地）に、さきの崇福寺を移建したことがあったが、霊夢によって、崇福寺を再びもとの地に移したため、皇子の家地に大友氏の氏寺を建てることを発願したがその完成を見ないままに、天智天皇が崩御され大友皇子も壬申の乱で敗死したので、その子与多王は父の遺命にもとづき皇子の菩提を弔らうために、天武天皇に奏上して旧家地に一寺を、天武天皇八年（六八〇）より、朱鳥元年（六八六）の七年間をかけて創建されたというのである。この寺の「園城」の寺名は天武天皇によって命名されたという(2)。

しかしこの園城寺が天台別院化するまでの奈良、平安初期までには明確な動きを知ることはできない。

そしてこの寺が、天台別院となって円珍の勢力が進出してくることによって、新しい発展が見られるのである。

つぎに園城寺が天台別院であったことに関連してあらためて、天台別院の性格について考えてみると、天台別院は九世紀・十世紀にわたって全国にまたがって散在しているが、そのなかでも近江・山城に多いがまた大和・摂津をはじめ、東山道では陸奥・出羽・上野・下野、あるいは東海道では伊勢、北陸道では越前・加賀、山陽道では丹波・但馬、南海道では紀伊・伊予に分布している(3)。

とくに最初の天台別院は近江甲賀郡の善水寺といわれている。
そして園城寺の天台別院化については、次の太政官牒にその成立の事情がくわしく述べられている。

太政官牒延暦寺

以二園城寺一可レ為二天台別院一事

右、太政官今日下二近江国一符偁、滋賀郡擬(イ大)少領従七位上大友村主夜須良麿解状偁、謹撿二案内一、太政官貞観四年十月十七日下レ国偁、彼国解偁、擬大領従八位上大友村主黒主等解偁、件寺傳二講読摂領一以二十禅師傳燈大法師位円珍一任二別當一、令下加二修治一兼演中法音上者、国司覆審所レ陳有レ実、謹請二官裁一者、右大臣宣、奉レ勅、依レ請者、今円珍引二率徒衆一、勤二力修治一興レ廃継レ絶、望請、長為二天台別院一、以二件円珍一作二主持之人一、其別當先挙二用円珍血脈一、若無レ人者、及二同宗一於二彼此中一智行兼具少欲知足堪能者、便令二寺家簡定一、加二国印一署進レ官補任、一任後無二犯過一者、不レ聴輙替一、然則莫レ問二諸院一、無レ妨二本願一、謹請二官裁一者、右大臣宣、奉レ勅、依レ請者、国宜承知依レ宣行レ之寺宜二承知牒到準レ状、故牒、

貞観八年五月十四日　　正六位上行左大史廣階宿弥八鈞奉

従四位下行左中辨兼皇太后宮亮藤原朝臣在判(4)

これによると、はじめ近江では天智天皇が大津宮の東北の山中に創建されたという志賀山寺、すなわちのちの崇福寺の伝統を引くとともに、大友皇子の追善のために大友与多王が草創したと伝えられ、ここが大友氏の氏寺であったとのことで、そのために比叡山に最澄を中心として天台宗が起ると、貞観年間に志賀郡領大友黒主・大友夜須良麿らがこの寺を円珍に寄進して園城寺となづけたのである。

この園城寺の規模については、天智天皇七年（六六八）に近江の長等山麓にあった崇福寺をここに移した跡の地に伽藍が整えられたが、その内容がいかなるものであったかは詳細に判明しないが法相宗にもとづいて建てられていたと考えられる。永保元年（一〇八一）の山門による園城寺焼討の炎上に対する右大史大江重俊の官使勘録の記録によると、「勘二録寺塔房舎焼失一、其記云、御願十五所、堂院七十九処、塔三基、鐘楼六所、経蔵十五所、神社四所、僧房六百廿一所、舎宅一千四百九十三宇也(5)」と見えている。また五十四年後の長承三年八月二十七日の鳥羽天皇園城寺供養願文によると、「建二立檜皮葺三間四面金堂一宇、二階三間中門二宇、二階三間大門一宇、廻廊六十四間、鐘楼一宇、閼伽井屋一宇一、奉レ造二立安二置金色一丈六尺弥勒如来像一体、八尺無著菩薩像一体、八尺世親菩薩像一体一、奉レ書二写金字妙法蓮華経一部八巻、無量義経一巻、観普賢経一巻一、奉レ模二写素紙々々々観々々々六十巻(6)」と、この寺院の伽藍は丈六の弥勒如来と無著・世親を安置する元来法相系の本尊や祖師にもとづく諸尊が金堂に安置され、それを中心に中門と廻廊をめぐらしている。またつぎに治承四年（一一八〇）五月二十七日の兵乱での平知盛の一万余騎での焼討にもとづく炎上では、平家物語に、

本覚院、常喜院、真如院、花園院、普賢堂、大宝院、清瀧院、教待和尚本坊ならびに本尊等、八間四面の大講堂、鐘楼、経蔵、灌頂堂、護法善神の社壇、新熊野の御宝殿、惣て堂舎塔廟六百三十七宇、大津の在家一千八百五十三宇、智證のわたし給へる一切経七千余巻佛像二千余躰、忽に煙となるこそかなしけれ(7)。

と述べて、この時焼失せる堂舎塔廟は六百三十七宇に及んでいる。このことからも当時から六百余の伽藍が存していたことがうかがえる。

この園城寺がはじめ大友氏の氏寺として草創されたということに於てはいまでは明確に知ることができないけれど

も、円珍により天台別院としてもとからあった伽藍が再興されたのである。そして比叡山のなかには信仰の地として、東塔には薬師、西塔には釈迦、横川に弥陀（のち聖観音）を配していたが、この寺では鎌倉末期に画かれた園城寺境内絵図によると、寺域を弥勒をまつる金堂・唐院を中心とする中院地区と、新日吉社・五大堂勧学院を中心とする南院地区と、新羅社・住吉社等の配する北院および三別所、如意寺の存在を画いている。

しかしなんといっても伽藍の中心は中院の伽藍群で、弥勒金堂を根本堂宇として、智證大師の祖師像を安置する唐院、食堂、中門、普賢堂、五大堂、五重塔、講堂（大日・弥陀・釈迦三尊）が設けられ、金堂の前方に護法社及び拝殿、また西北に熊野社、常行堂、鐘堂、法華堂、毘沙門堂、浴堂が示されている。

また円珍のゆかりの唐院の中には山王社及び拝殿があった。

つぎに南院関係の伽藍には正法寺、灌頂堂、経堂をはじめ五所社、八所社、三尾社、白山社、五大堂、不動堂、勧学院、惣門、新日吉社、稲荷社、三尾御旅所、玉坐社、十八明神などを配している。北院には中央に新羅社、宿王社、般若社、火御子社、大拝殿、三重塔のほか常在寺本堂、鎮守社、金光院、若宮、早尾社、岩神社、住吉社、教待堂、惣社、惣門が描かれ、そのほか三別所には長等山山麓に厳妙寺、尾蔵寺、近松寺、世喜寺を示し、如意寺の境域には如意ケ岳の山腹の寺院を画いている。(8) もちろん南都の寺院の如く、整然と伽藍配置を具えているのではなく、山麓に弥勒金堂を中心として散在的配置を持っていて、あたかも平城のような形態を具えていた。

つぎにこの園城寺の中心となる金堂にもとの法相糸の弥勒如来をそのまま配したことについては、天台宗と弥勒信仰との関係をも示す必要がある。

天台宗に於ける弥勒信仰の形態については、最澄と弥勒信仰との関係において最澄が空海に送った書状の中に「待見弥勒」と述べているし、伝教大師発願文でも「牟尼の日久しく隠れて慈尊の月未だ照さず」と、竜華三会を待つ思想を早くから持っていたと考えられる。天台宗では法華経の思想による弥勒信仰は存在したと考えられるが、のちの空海の如き強い下生思想をいだくには到っていない。最澄の思想は弥勒よりもむしろ釈迦との隔絶感を中心とする将来佛としての弥勒にその中心思想が置かれていたと考えられる。然し天台宗における弥勒信仰は園城寺の本尊が弥勒であったりする事実があるが、法相宗及び真言宗の如き系統的な弥勒浄土思想を持つまでには到っていない。天台浄土教は阿弥陀浄土教発達史上の主流と目されることからしても、明確な一貫性のある弥勒浄土思想は見られないようである。

いま便宜上、中国の天台宗関係の弥勒信仰者をかかげて見ることとする。

中国の天台開宗の祖である智顗の師事した南岳の慧思については、先に聖徳太子の項に於て述べたのでここでは述べないが、智顗の伝に於ても慧思と同様に弥勒信仰の形態が見られる。続高僧伝十七の隋国師智者天台山国清寺釈智顗伝では、その入滅に際して、

口授二観心論一（中略）往二石城寺一掃洒於二彼佛前一命終、施二床東壁西向二西方一称二阿弥陀佛波若観音一、（中略）素二三衣鉢杖一以二近身自余道具一分為二二分一、一奉二弥勒一一擬二羯磨一（中略）又聴二無量寿一竟（中略）吾諸師友従二観音勢至一皆来迎レ我（中略）卒二於天台山大石像前一、(9)

と、明らかに阿弥陀信仰による観音勢至の来迎の形態が見られるのであるが、法華経伝記第十二では「後於石城寺弥勒像」として天台山大石像は弥勒であると説いている。(10) これは智者大師の往生伝に弥勒と弥陀と二つの対象佛があったことを示すのであるが、具体的な往生の様相はこの伝よりすれば弥陀浄土への往生であるべき筈である。しかるに

続高僧伝十九の智凱の高弟の国清寺釈灌頂の伝では、

忽以二貞観六年八月七日一終二於国清寺房一春秋七十二、（中略）臨レ終命二弟子一曰、弥勒経説佛入城日香煙若レ雲、汝多焼レ香、吾将レ去、（中略）自起合掌如レ有レ所レ敬、発口三称二阿弥陀佛一（中略）奄然而逝、（中略）先以二貞観元年卒、臨レ終云、吾生二兜率一矣、見二先師智者一宝坐行列皆悉有レ人、惟一座独空、云却後六年灌頂法師昇レ此説法、焚レ香験レ旨、即慈尊降迎、(11)

と、さらにまた灌頂のこの伝のみならず、同門の智晞の伝にも、

如二吾見夢一報在二兜率一宮殿青色居二天西北一見二智者大師一、左右有二諸天人一皆座二宝座一、唯一座独空、吾問二所以一、答云、灌頂劫後六年当来昇二此説法一(12)、

とて、灌頂伝と同様の説話が述べられている。このことは礼佛と往生浄土の相違並びに弟子の往生観と師匠の往生様相の異同を示すものであるが、未だ隋代以前よりの弥陀と弥勒の信仰形態の混乱状態が終っていないことを示すものである。また智顗に無量寿佛経疏、阿弥陀経義疏、請観音経疏各一巻の弥陀佛の思想を表わす経典の抄疏の外に、弥勒成佛経疏五巻及び弥勒上生経疏等が見えて、弥勒思想に関する経典をも抄録していることから、ますますかかる両者の信仰を兼帯するような往生思想に於ける混乱が生じたのであろう。このような往生思想の混乱は、中国に於ける阿弥陀信仰の不安定性、即ち浄土教の完全なる独立が未だ見られない時代に於ては有り得べきもので、殊に我国の如き浄土教の隆盛を見ない中国では、たえずかかる浄土往生思想は、弥勒思想及び道教の神仙思想に左右されることが多かったと考えられるのである。このような中国に於ける混乱は我国の初期天台に於ても見られるのであって、相応和尚伝がこのことを示している。相応伝によると、承和十五年（八四八）後生のことについて本尊の前で祈ったところ、

夢中明王（中略）令見二十方浄土二都率極楽如レ見二掌中一（中略）随二願求一而可二往生一之、（中略）係念於二都率内院一到二於外院一、慈慶大徳坐二於内院一、（中略）我依二転読法花一乗之力一、既生二内院一、早帰二本山一一心一向可レ転三読法華経一（中略）同十八年十月二日（中略）遷二遠離之別屋一、焼香散華正向二西方一、唱二弥陀号一、容皃厳二於尋常一、[13]

この相応伝については本朝法華験記では「最後如念、……見慈氏尊、入於見寂[14]」と弥勒往生を願って果したとあるが、相応伝では極楽往生をなしたとなっている。天台宗に於ける往生思想は弥陀・弥勒の往生よりも、往生者が生前中に法華経を読誦するかしないかに大きな問題があった。殊に受持・読・誦・解説（げせつ）・書写の五種法師を重んずる天台宗では止観業の習修と相通じ、それは五種三昧に通ずる要道でもあった。法華経巻六の随喜功徳品には「世尊滅度後、其有レ聞二是経一、若能随喜者、為レ得二幾所福一」とて「聞是法華経」の功徳を説き、法師功徳品には「若善男子善女人受二持是法華経一、若読若誦若解説若書写、是人当得八百眼功徳、千二百耳功徳、八百鼻功徳、千二百舌功徳、八百身功徳、千二百意功徳」と六根清浄はすべて法華受持の功徳と説いている。殊に往生については極楽往生に於て法華経第六の薬王菩薩本事品に「若有二女人一聞二是経典一如レ説修行、於レ此命終、即往二安楽世界阿弥陀佛大菩薩衆囲繞住処一生二蓮華中宝座之上一」と見え、同経第七巻の普賢菩薩勧発品に、「若有レ人受持読誦解二其義趣一、是人命終為二千佛授レ手、令レ不二恐怖一、不レ堕二悪趣一、即往二兜率天上弥勒菩薩所[15]一」と兜率天往生のことが見えている。このように法華経は弥陀・弥勒両浄土に対する共通せる往生思想を含んでいることは、法華経信者の往生の二様性をも示すものでもある。天台宗の人々の往生の二様性はかかる法華経の二様性に起因すると考えられるのであって、往生＝極楽浄土と限定されることは専修門の開展による結果であろうと考えられる。また叡山の宝幢院の道栄の伝でも「我当書二写妙法蓮華経一（中略）今生書写レ経（中略）当レ昇二覩率[16]一」とある。

そして、平安初期の空海・最澄の弥勒思想の中には天台・真言共に上生思想より下生思想の傾向が見られるのであり、かかる傾向は唐代末期に起った則天武后等に見られた弥勒下生思想の影響とも考えられるのであるが、「往生兜率天」の思想よりも「値遇竜華三会」の思想にもとづくものが多い、それは我国に於ける末法思想の形成とも関係するのであって、特に最澄が像末の叡山に住すと考えられ、自らもその時代に生れた弟子であると叫び、法華経にも「世尊、於二後五百歳濁悪世中一、其有下受二持是経典一者上」とか、また最澄が法華真実の経は釈迦滅後五百歳に於て流伝すべき経典であると提唱したことは、末法思想と法華経の結合を知り得る天台高僧の所説であるが、それはまた平安時代の法華思想に大きく影響を与えると共に、全国的な規模に於て見られるにいたるのである。(17)

ことに園城寺の本尊の弥勒如来についても、

金堂弥勒縁起曰、昔南岳大師坐禅シテ御坐ノ時、弥勒菩薩自二覩率天一影向、御長一丈六尺、金銅身也、弥勒曰、我留レ是可レ守二護和尚ノ佛法ヲ一、其後転レ貌、一尺八寸ニ成給也、而其国兵乱之時、奉レ渡二置辺国一、其時百済国王、遣二勇士一奪二取之一、安二置百済王宮一、其時百済国相二従日本一之間、欽明天皇御宇、百済国之済(聖)明王、始而佛法奉レ渡二日本一之時、釈迦弥勒二尊奉レ渡レ之、即此弥勒也、日本見レ佛之最初也、一尊ハ大和国ノ法隆寺本尊是也、此国依レ為二小国一、日本渡給時、為レ相二応国一現二小身一、三寸成給也、其後　敏達天皇御相伝而、用明天皇奉二皇子上宮太子一給、太子籠二髻中一尊二崇之一、太子ハ南岳大師化身ニテ御坐ノ間、思二昔因縁一故頂二戴之一給也、(18)

と、南岳興山慧思禅師と聖徳太子との関係を求めつつ、さらに教待和尚が弥勒の再起であるという伝承や、その弥勒は百済よりもたらされたものであったということや胎蔵界の四菩薩にかたどって、三尾（普賢菩薩）・新羅（文殊菩薩）・護法（観音菩薩）・金堂（弥勒菩薩）として、園城寺の伽藍を胎蔵界曼荼羅に見たてたり、弥勒は胎蔵界の祖師と見て、円珍に園城寺を付した教待和尚はまた「汝与レ我共興二佛法一、卜二霊地於龍華樹下一、耀二諸院於兜率内院一、應レ構二慈尊成道之転法輪所一、弥勒如来誓諾（ウチウナツキ）給、爾時、同牟尼滅後之弟子、悉應レ預二都率来迎一、若欲レ得二命終之引摂一者、崇二弥勒之尊像一、而名号唱者、滅二重罪一、忽率二聖衆菩薩一應レ迎二兜率之内院一縦身骨化而為レ塵、名号之念心誓二悉駄魂神一共至二内院一成佛、預二見佛聞法之得益一、證二無生法忍果一、所レ残應レ救二孝子迷情一云云」(19)と述べて、円珍はその自分の示した授沢集にも弥勒のことを明らかにし、その遺志をついで園城寺金堂に弥勒如来を安置したのであるというのである。そして天台宗南岳と聖徳太子および舒明天皇、さらには教待和尚ならびに円珍と弥勒信仰思想をかかげ、そのうえ「本佛弥勒菩薩者、新羅国尊二御坐之間、彼因縁依レ不レ浅之、今レ為レ擁二護慈氏之佛法一御影向云云」(20)と新羅明神との関係にまで付嘱し、そのうえ円珍の伝えた南山道宣よりの受戒（三昧耶戒）については、

一新羅明神、従二終南山道宣一受戒給、大師御将来三昧耶戒、以二道宣戒法一為二本儀一開二会之一、用二灌頂三昧耶戒一、故為二守護戒法御影向一云云、(21)

一明神新羅国御坐之時、従二玄超阿闍梨一御傳二受三種悉地法一、此法門跡一流傳、他門無レ之、故大師御釈云、傳二三種悉地法一、守二護我四海一文、為レ守二護此秘法一御影向、因レ玆誦二三種悉地真言奉法施一也、

一明神尊星王一躰御坐之間、為レ守二護此秘法一御影向、是条殊深秘也、(22)

と、三摩耶戒と新羅明神との関係におよび、新羅明神は弥勒の応現とまで称するに到った。

また康平五年八月十八日の「園城寺龍花会縁起」によると、

夫以、祖師智證大師、承和年中為レ受二持佛法一渡海入唐（中略）適依二本山三宝之加護一得レ届二長安青龍寺一、随二法詮闍梨二一々受二顕密之道一、入二堂義淳一、瀉瓶事畢之後、遂帰二本朝一、有二一老翁一現二於船中一曰、我是新羅国明神也、

為二和尚一護二持佛法一、期以二慈尊出世一、作二是言一畢、其形不レ見、（中略）到二近江国滋賀郡園城寺一、（中略）有二一老比丘一、名称二教待一（中略）此寺建立以後百八十余年也、（中略）教待呼二氏人一、出来云、先祖大友与多為二天武天皇一所二建立一也、本是大友太政大臣之家地也、太政大臣奉二天智天皇勅一以二宗（崇）福寺一建二立此地一、造二顕丈六弥勒像一安置訖、（中略）以レ寺永奉レ付二属和尚一矣、付属之後明神住二寺北野一、老比丘教待詣二明神一、（中略）明神答曰、是弥勒如来（中略）問二教待之所一、（中略）誠知二弥勒之化身一（中略）忝歩二弥勒之古跡一、幸入二教待之旧居一、高仰二金堂一不レ異二四十九重之如意殿一、（中略）我大伽藍須下修二龍華会一以為中値遇慈尊之謀上（中略）心地観経云、我今弟子付二弥勒龍花会中一、得二解脱於末法中一、善男子一搏之食施二衆生一以二是善根一、見二弥勒一当レ得二菩提究竟道一、（中略）最初会中奉二拝弥勒如来一、（中略）最初会中値二遇頂礼一、若又適依二此念佛力一往二生極楽一(23)

と述べられているが、園城寺の弥勒如来は円珍の帰国に際して感得したという。また新羅明神については、さきの円仁の感得した赤山明神と対抗する意識もあったと考えられる。

円珍はまた憬興の三弥勒経疏を全忠より受けて寛平二年（八九〇）閏九月十一日追記しているほか(24)、唐大中十一年（八五七）＝天安元年に、円珍が将来した求法目録の中にも「弥勒経慈恩疏鈔一巻」(25)が含まれるなど、弥勒三部経に関する関心も高かったと同時に、将来佛としての阿弥陀の存在はまだそれほど重視される時代でもなかったのである。

さらに円珍の大伯父にあたる空海の弥勒信仰について見てみると、空海は承和二年三月十五日の入滅に際し、御遺告十七箇条に、

一、可レ報二進後生末世弟子祖師恩一縁起第十七（中略）吾閉眼之後、必方往二生兜率他天一可レ待二弥勒慈尊御前一、五十六億余之後、必慈尊御供下生祗候、可レ問二吾先跡一(26)

と、入定後、兜率天に往生するという思想を持っていた。空海の弥勒思想については、「待見弥勒」の思想が早くから存したように思われる。弘仁七年（八一六）最澄の弟子泰範との相論に於て最澄もまた「我公此生結レ縁、待レ見二弥勒一儻若有二深縁一、但住二生死一同負二群生二」とて、(27)渡唐の両宗の祖師には共通した弥勒の出生を待つという思想があったことが知られる。また性霊集の「講三演佛経一報二四恩徳一表白」の中に、

夙聞三世如来十方菩薩、報二四恩徳一悉證二菩提一、是故奉三為四恩一、敬造二某甲佛等一、敬写二某甲経若干一、兼発二普賢大士菩提行願心、観音慈氏大慈悲心一、(28)

とて、四恩の報謝に於ける諸尊礼拝の儀を出して、弥勒のことに及んでいる。そして空海の高野山への隠棲は弥勒の出時を待つという思想にもとづいている。また空海には高野山を以て弥勒浄土に擬せんとする思想も存在したらしいが、確証は得がたいと諸説に説くところである。

それはともあれ、空海が入定に弥勒を欣求したことは、先の最澄の書状に明らかであるごとく、「待見弥勒」という、上生思想の強調より下生思想による弟子等への教導という意味が大きく働いていることは否めない。兜率往生でなく兜率天に於ける入定及び下生を説く処は、空海の即身成佛義を具現する必要からも一つの教義的宗教的意義を持つものであったであろう。(29)

また天台密教では弥勒と大日の一体観に立つものとして、善無畏の「慈氏菩薩略修瑜誐念誦法」二巻により、明確に知ることが出来ると考えるものである。この念誦法の巻上によれば、

若欲現世不捨色身、造證慈氏宮、同会説法、得大悉地者、（中略）若欲依此法念誦、先観浄法界心三昧耶、(30)

と瑜伽行による本尊と色身との一体観を説いているのみならず、五輪塔の観法及び画像ならびに曼荼羅の画法を述べ

て、最後に

灌頂説法悟無生　慈氏大日同一体

廏嚕左那即慈氏　一生菩薩即愈誐

自心即是母地心　母地即是慈氏尊(31)

と大日即慈尊と理解し、慈氏菩薩誓願陀羅尼を咒することが「若有衆生於未来世、末法之時能読誦受持者、説以宿業堕阿鼻獄者、我成佛時当以佛力救抜出之(32)」のごとき功徳を持っているということは重視すべきことであろう。

即ちこれら密教の弥勒信仰は瑜伽による慈氏咒を念誦することによる弥勒浄土欣求の思想であって、法相系の弥勒浄土思想とはその入浄土の方法に於て異なるものを持っているのである。とくに空海の弥勒浄土思想は下生時に於ける付法弟子の救済に於て法相の単なる上生思想とは意を異にするのであって、ここに付法の意義と下生の意義が結合して説かれていることは、真言の弥勒浄土思想が弟子等に空海の先蹤をしたい、より厳重に守られねばならないものと考えられたことを示す。真言教の弥勒浄土思想が本来の弥勒佛に対する信仰より、かえって弘法大師の入定に対する祖師信仰の形態を強く具えていることは、祖師が弥勒を念じ、兜率天に入定したから、付法の弟子も共に彼天に入定すべきであるという強い師弟感の具現として表明される場合が多いからである。そしてこれは後に弘法大師＝弥勒として一体感を形成し、遂に大日＝弥勒＝弘法大師との三位一体観まで生ずるに到ったのであろう。

殊に弥勒の住処の位置について、胎蔵界曼荼羅の中台八葉院について、東北を以て弥勒としている思想は、法相の西北思想と相対するものが見られる。または付法弟子伝中、実恵、智泉、真然、聖宝、観賢、寛助、真興、祈親、真誉、琳賢、高弁、宥快、知道、浄厳等、其他数多くの人々に兜率往生の事実が認められるが、殆ど大師の先蹤を遵守する以外に一歩も出ない。また真言宗では真然秘訣等にもとづくという「御入定大事」というものが伝えられ、その中に「都率上生大事」として多く後世に喧伝されたが、信疑の程は論じ難い。ともかく御入定法の中に「慈尊下生時、必死骸、又成二肉成一、佛値二遇シタテマツル大師一、是則即身成佛云云」とあることは、大師の下生観にもとづく、下生経を中心とする弥勒信仰の発展形態であろう。そして、傳教も弘法もともに弥勒下生思想をもっていたことは、平安初期の新興佛教の特質でもあった。

これらのことから考えても、円珍が空海の血統をうけ、特に胎蔵界問題に関心が深く、真言宗の金剛界重視の立場より離れて天台密教を樹立するためには胎蔵界を立てる必要性があり、特に根本中堂が薬師如来を中心とするのに対して園城寺では弥勒下生経にもとづく弥勒如来を本尊とすることによって、密教的にも胎蔵界の根本道場とせんと考えたのであって、円仁門下が、最澄の法華・戒律思想の護持に傾いていったことを知っていた円珍は、到底山上では台密の完成はおぼつかないと考えたと同時に、神佛習合思想にもとづいて、わが国の神々と習合する以前に於て新羅明神を感得することによって園城寺の構造的な基礎を高め、園城寺の密教根本道場としての立場を強化しようと考えたのに外ならなかった。

また授戒時における教授師としての梵網戒に於ける問題についても、台密の大成者として名高い五大院安然は、普通授菩薩戒広釈の中で、梵網戒の授戒における教授師たる弥勒の立場について述べている。

釈迦遺法之弟子弥勒得道之眷属、故勅二末代一令下請二當師一為二教授師一、二釈迦佛受二舎那戒一、傳二授逸多一、如レ是二十余菩薩傳来終至二羅什一、如二梵網戒本説一、又燈明佛所説戒法、蓮蔵受持、如是四十余菩薩傳説、終二伊波勒一、如二地持戒本説一、弥勒應二生梅怛哩耶聚落一、乃至受二持梵網具戒一、為二菩薩僧一、滅後亦為二菩薩戒法軌範之師一、故勅二末代一令下請二軌範一為中教授師上、三弥勒是在二釈迦前一十二年、生二兜率天一、至二結集時一、従二天上一来、与二文殊等一結二菩薩蔵一、故勅二末代一、令下請二戒主一為中教授師上、四弥勒如来、三身具足、法報辺表難レ知、化身或住二覩史多天上一、或云、梁代東陽傅大士、現田獲魚捕、利二潤衆生一、又文殊、是過去本師、釈迦是現在教主、弥勒是当来界主、故今之為二教授師一、(33)

もちろん円珍は崇福寺の本尊が弥勒であったことの継承として園城寺に於ても弥勒如来を本尊とすることとなったとも理解できるのであるが、また円珍はその門下の入定後の進展について見つめてゆかなければならないという弥勒下生思想に影響されつつ、台密への形成に力をそそごうとしたとも理解されるのである。そしてこの園城寺では、円珍を別当とし、豊珍を上座、僘海を寺主、朝暹を都維那に任じている。これはもともと円珍が徒衆を引率して、この寺の修治に力を致したことによるのであった。しかしこの園城寺が叡山に余りにも近かったことは、より一層両寺の対立を高め深める要素となったことも否めないのであるが、山門・寺門の対立については次に述べることとする。

(1) 扶桑略記第五、天智天皇七年正月十七日条
(2) 寺門伝記補録第七(大日本佛教全書)九九頁
(3) 高木豊『平安時代法華仏教史研究』法華教団の成立と展開、四六頁、第四表(次頁に引用)
(4) 天台座主記、安恵条(延暦寺版)一九一頁
(5) 扶桑略記第三十、承暦五年(永保元年)四月十五日条
(6) 本朝文集第五十八(国史大系本)鳥羽天皇園城寺供養願文
(7) 平家物語巻四(日本古典文学大系本)三三九頁
(8) 京都国立博物館「古地図」解説、一四頁
(9) 続高僧伝十七、釈智顗伝(大正蔵五〇、史伝二)五六四頁

天台別院形成一覧表

年号	紀元	国名	寺院名	本寺	史料
承和六	八三九	伊勢	多度神宮寺		続日本後紀
承和七	八四〇	播磨	大道寺		続日本後紀
承和七	八四〇	播磨	清妙寺		続日本後紀
承和七	八四〇	播磨	観音寺		続日本後紀
承和七	八四〇	伊予	定額寺		続日本後紀
嘉祥三	八五〇	上野	聖隆寺		日本紀略
貞観五	八六三	摂津	悉檀寺		三代実録
貞観八	八六六	近江	園城寺		平安遺文
元慶二	八七八	加賀	止観寺		三代実録
元慶五	八八一	信濃	観音寺		三代実録
元慶五	八八一	陸奥	弘隆寺		三代実録
元慶六	八八二	近江	延祥寺		三代実録
元慶六	八八二	近江	無動寺		門葉記
元慶八	八八四	山城	雲林院	元慶寺	三代実録
天慶八	九四五	山城	補陀落寺	無動寺	門葉記
天暦四	九五〇	出羽	某寺		僧妙達蘇生注記
天暦四	九五〇	下野	某寺		僧妙達蘇生注記
天暦一〇	九五六	大和	妙楽寺	無動寺	多武峯略記
応和三	九六三	山城	六波羅蜜寺		伊呂波字類抄
天延二	九七四	山城	感神院		二十二社註式
永祚二	九九〇	山城	法興院		門葉記
永祚二	九九〇	山城	西願寺	妙香院	門葉記
永祚二	九九〇	山城	楽音寺	妙香院	門葉記
永祚二	九九〇	山城	普賢寺	妙香院	門葉記
永祚二	九九〇	山城	法楽寺	妙香院	門葉記

年号	紀元	国名	寺院名	本寺	史料
永祚二	九九〇	山城	成恩院	妙香院	門葉記
永祚二	九九〇	山城	修城寺	成恩院	門葉記
永祚二	九九〇	近江	法界寺	妙香院	門葉記
永祚二	九九〇	近江	僧寺	妙香院	門葉記
永祚二	九九〇	近江	穴太寺	妙香院	門葉記
永祚二	九九〇	近江	羽東寺	妙香院	門葉記
永祚二	九九〇	近江	法蔵寺	妙香院	門葉記
永祚二	九九〇	近江	法道寺	妙香院	門葉記
永祚二	九九〇	近江	定林寺	妙香院	門葉記
永祚二	九九〇	近江	徳隆寺	妙香院	門葉記
永祚二	九九〇	丹波	願皇寺	妙香院	門葉記
永祚二	九九〇	但馬	河合寺	妙香院	門葉記
永祚二	九九〇	但馬	須全寺	妙香院	門葉記
永祚二	九九〇	播磨	三枝寺	妙香院	門葉記
永祚二	九九〇	越前	文室寺	妙香院	門葉記
永祚二	九九〇	紀伊	法音寺	妙香院	門葉記
永祚二	九九〇	紀伊	定岳寺	妙香院	門葉記
永祚二	九九〇	伊予	三昧院	妙香院	門葉記
正暦二	九九一	山城	観音院	妙香院	門葉記
正暦二	九九一	山城	修学院	園城寺	
長徳四	九九八	山城	大雲寺	園城寺	大雲寺縁起
寛弘二	一〇〇五	山城	解脱寺	園城寺	
応徳三	一〇八六	近江	円徳院		扶桑略記
永暦二	一一六一	山城	平等院		

本寺を記さないものは、すべて延暦寺を意味する。

(10) 法華経伝記第十二(同右五十一、史伝三)五七頁
(11) (9)に同じ、釈灌頂伝、五八五頁
(12) (9)に同じ、釈智晞伝、五八二頁
(13) 弥勒如来感応抄(宗性自筆本)第五、相応和尚傳(平岡定海『東大寺宗性上人の研究』下)
(14) 続群書類従百九十四、第八輯上、一二〇頁
(15) 妙法蓮華経第七(大正蔵九、二六二、四六〜六一頁)
(16) 弥勒如来感応抄第四、日本法華験記、沙門道栄伝(平岡定海『東大寺宗性上人の研究』下)
(17) 平岡定海『日本弥勒浄土思想展開史の研究』一一五頁参照
(18) 園城寺伝記一之二(大日本仏教全書本)一頁下
(19) 同右、三頁下
(20) 同右、八頁上
(21) (20)に同じ
(22) (20)に同じ
(23) 本朝文粋十一、園城寺龍花会縁起、実範朝臣(図書刊行会本)三八六頁
(24) 三弥勒経疏(園城寺蔵)(大正蔵三八、一七七四、三二六頁)
(25) 平安遺文(九)、三三九五頁、僧円珍求法目録
(26) 御遺告第十七(大正蔵七七、二四三一、四一一頁)
(27) 平安遺文(九)、四四一一号、三三九一頁
(28) 『弘法大師全集』性霊集第八、七八表白文
(29) 森田竜僊『弘法大師の入定観』参照
(30) 慈氏菩薩略修愈誐念誦法(大正蔵二〇、密教、五九〇頁)
(31) 同右(同右)

(32)　佛説慈氏菩薩誓願陀羅尼経（大正蔵二〇、六〇〇頁）
(33)　授菩薩戒広釈中（大正蔵七四）七六六頁

二　寺門・山門の確執

平安時代における天台宗の問題は、あくまでも延暦寺を開いた最澄と、園城寺を復興した円珍との紛争の要因を追求しなければならない。それはまた単に最澄門下における慈覚大師円仁と、智證大師円珍との確執のみならず、天台と密教との関聯において、最澄は止観業・遮那業はともに成立するとの立場をとって、たんに同等との立場をとったが、円仁は隋他意と、随自意をもって、天台円教と、真言密教を判別して、理密と事密を建て、法華も大日も密教に異ならず、ただ法華には三密が存在せず、大日には三密が存在すると考え、理密事密同等、すなわち理密俱密の立場を保持することに意を用いている。

しかるに弟子円珍にいたっては、さらにそれを乗越え、ついに顕劣密勝という平安初期における空海を中心とする東密の金胎不二といっても金剛界を優先して密教を樹立しようとする立場に抗するためにも、空海の重視していなかった善無畏の蘇悉地羯囉経を両部不二の秘経として、金胎両部の二而不二に対して、更に深秘なりと解して、この経典によって蘇悉地灌頂を最極の法として、その上に顕劣密勝との立場をきずき、最澄の止観業重視の立場を崩し、その円密一致の教判より抜け出そうと考え、密教の表徳の法門をたたえ、現実の生活をそのまま肯定しようとする動きに転じた。それ故に密教においては厳然として両部を学ぶ以前に密教の戒律として平等・誓願・驚・除垢障の必要からも三種菩提心を正し、伝法灌頂を受ける以前に授けなければならないものと決定づけているのである。そして五大院安然はさらに教判を進めて、五時五教を立てて蔵通別円の四教に密教を加えて、五教とし、円教は理密、密教は事密として、五教全体が蔵通別が顕教、円密が密教となって一切の佛教を摂尽するとして、[1]空海の東密に対して、台密の教判を樹立することによって、これを超えることにつとめ、空海入定後の東密の劣勢に対して、台密は洛中に進出して、寺門の発展を導いたのであった。

しかしながらこのような動向は、いまさら円珍門徒がきずいたのではなかった。それは延暦寺の草創当初からの最澄と義真との教理的な相異にその要因が根ざしているのであって、いたずらに山門と寺門の根拠なき対立ときめつけることは意を得ていないとおもうものである。

ことに両者の確執については、さかのぼって最澄と義真との関係を考えなければならない。そして最澄にとっては入唐にあたって義真を単に通訳として伴うにすぎなかったのにかかわらず、彼が自分と同様に伝法受戒したことに最澄は少なからず不満をもつにいたったと同時に、さらに義真は最澄の純粋の弟子ではなくて、そのうえ帰朝後も比叡山には住することなくて、相模にあったことも最澄にとってはその直系の光定と同一視することができなかったのであると考えられる。[2]そのために最澄は、初め弘仁三年（八一二）に病がおもく後事を弟子達に託したときには、比叡山の総別当には泰範を、伝法のための座主には円澄を定めているが、[3]弘仁十三年の入寂のときには、自分の弟子は十分に育っていなかったし、そのうえ対立する空海が真言密教を盛にしていこうとしているときに、南都に反対して顕戒論を著して比叡山に戒壇を設けて朝廷の許可を得て毎年年分度者を認められ、天台宗をして地方に教線を発展させようとしたのであったけれども、最澄の在世中には許可が得られそうもなかったので、最澄としては自分の入唐時の不十分さが残っていたことを憂い、また自分の寂後にもより推しすすめたいとおもっていた遮那業を受け継ぎそれを発展させるためにも「天台の一宗は、先帝の公験に依って同じく入唐受法の沙門義真に授く(4)」といわざるを得なかったのである。

その結果、最澄の寂後七日目に比叡山に大乗戒壇を設けることが勅許されたので、翌年四月十四日に義真は戒師として大戒を十四人に授けた。そして義真は初代の天台座主となったのである。

太政官牒　延暦寺

右得二故十禅師傳燈大法師位最澄弟子義真奏状一偁、先師最澄弘仁十三年五月十五日豫知レ入レ滅、付二属天台教法竝院内雑事於前入唐弟子僧義真一畢、六月四日怡然遷化、自レ爾以来、義真円澄同在二比叡之峯一、鑽二仰天台教法一、徒衆如レ旧遺跡弥新、冀奉二 勅旨一教二示一乗戒一傳二流于後際一授二一宗之僧首一者、左大臣宣、奉 レ勅、依レ請者、寺宜二承知牒到準レ状故牒、(5)

として、最澄の天台付法の弟子として、義真と円澄がいたのであるが、どちらかといえば義真は密教に近く、円澄は顕教を主張して、最澄の直系たらんとしたのである。

そのことは、後に義真が天長十年七月四日の入滅に際して、ひそかに自分の弟子の円修に「以二院内雑事一譲二授弟子僧円修一私号二座主一然而大衆不レ許上二奏於公家一、仍勅使右大弁和気朝臣真綱登山止二其職一、因レ之円修移二住大和室生寺一(6)」と天台座主の地位を譲らんとしたがかえって、円修は円澄から山門を追却されて、室生寺に到ったことは、最澄の直系としては山門の中に真言密教に影響されたものは、あくまでも除かなければならないという純粋性が、一面では排他性となって両者のきびしい対決となってゆく可能性を強くいだいていたのである。

またそれは義真の門下が最澄の高弟の円澄等と全面的に協調していたというわけではなく、最澄門下の仁忠（叡山大師伝の著者）などは、叡山におけるこの門下の発展を必ずしも喜ばなかった一人で、まして最澄の直系を以て任じた光定の擡頭にいたっては、義真門下の快しとするところでなかった。

ことに最澄のあと義真が天台座主を継承したが、天長十年（八三三）七月四日に入滅し、その時において義真は空海が盛に東寺を中心として真言宗を弘めているときに当たり、また天台宗としても最澄の没後たとえ義真がその後をついで延暦寺に戒壇院を建て授戒伝律を行ったとしても、義真の密教への傾倒からして最澄の戒律にたいする教学的うらづけをそのまま顕教的なものに重視して強化しようとするまでにはいたらなかったのである。あまつさえ義真はその没時に於て、戒律を重視する側の円澄や光定に告げずして自分の弟子の円修に座主を与えるなどしたために、延暦寺内に混乱が生じたのである。このことについて光定は伝述一心戒文のなかでつぎの如く述べている。このことはまた後の慈覚門徒と智證門徒の対立を考えてゆくについても重要な意義をもっているのである。

表案

故最澄法師弟子沙門光定言、光定、久従二先師之最澄法師後一、承二聞傳法之由一、最澄法師、有二二弟子一、彼弟子義真、円澄、義真法師上﨟、円澄法師下﨟、去弘仁三年、在二最澄法師病床一、其年五月、付法印書、授二円澄法師一、弘仁四年、義真法師、従二相摸国一、来二於叡嶺一寄在、義真法師上﨟、円澄法師下﨟、同弘仁十三年、付法印書、授二義真法師一、其時光定言、付法之書、授二於二師一、誰師為レ首、最澄法師云、上﨟之師、可レ為二衆首一、亦言、義円二師、定二高階師一、可レ向二泉路一、最澄法師云、建二立桓武天皇御願之宗一、被レ弘二二師一、道弘レ人、人弘レ道、（中略）義真法師、後左右之事、相労仕奉、如二最澄法師命一、義真法師被レ弘、天長十年七月四日永逝、彼七月下旬、光定、承二於先師傳法之由一、告二円修師三綱一、雖レ然、告事之旨、不レ承レ之矣、百三十余日、寺家之政不レ令レ聞、（中略）将定二年分度者一、鎮二国家内一、是之政事、在二於山門一、是延暦寺、弘仁皇帝、為レ成二桓武天皇御願一、所二建立一矣、（中略）然円澄、光定、不レ聞二義真法師臨終之事一、百三十余日、未レ定二傳法之首一、不レ聞二傳法之音一、恐傷之心、多二於朝夕一、伏惟皇帝陛下、至徳通神、布二慈雲於緇侶一、道隣二極聖一垂二日月於玄門一、伏欲下別降二厳勅一、円澄法師、賜中延暦寺之傳法之首上、然則、如二弘仁三年、最澄法師、付法印書一、将定二於山門一、護国之政、継二於山家一、護家之法、留二於叡岳一、義真法師、命終之後、傳二最澄法師遺風一、円澄法師、登二耳順年一、身命不レ幾、如二最澄法師命一、将弘二是師一、不レ任二仰至之誠一、上二表陛下一、軽触二威厳一、伏深二戦汗一、謹言、

天長十年十月二十八日(7)

ここでも述べているように最澄はその入滅に際して、義真と円澄を延暦寺の後継者とするについて、重要な混乱を見せていることは、のちに両者のきびしい対決を引起す結果となった。またつぎに最澄の山家学生式に見られる年分度者の獲得だけでは、とうてい空海の真言宗が擡頭して隆盛となったのに対しての天台教団の自立は不可能であった。

その上、従来よりの授戒の権限が、興福寺・東大寺を中心とする南都佛教側の手中にあるかぎり、天台宗の教団組織あるいは官僧を出すための勅許を得るについても困難を極めたから、最澄が晩年に南都のきびしい反対を押切っても、円頓戒壇の樹立を願わざるを得なかったのであって、そのために戒壇を比叡にきずく必要にせまられたのである。そして天台宗の僧侶となるものは延暦寺で登壇受戒すべきものと定め、天台僧としての証しを受戒によって確立すると同時に、天台教団の地方への進出の基盤をきずこうとするものであった。

そしてこの光定の伝述一心戒文こそ円修、道叡、乗天、戒宣等を叡山より追放し、円澄を立てることによって戒律重視の光定一派によってこの山門を占めようとする計画でもあった。しかし承和三年（八三六）の円澄の入滅後は、天

台宗よりの入唐僧円仁が帰国するまでは光定が実際的に叡山を統率し、義真の影響を排除しようとしたと考えられる。しかしこの光定らの戒律至上主義に対して円仁は、嘉承元年（八四八）二月の円仁の上表文によっても、天台止観と真言法は互いに義理が真理において相通じ、その上、中国の例を見ても、諸祖師この通を唱えていたことについては自分も理解しているが、いま帰朝後、自分もまた「奉二為国家一、永修二灌頂一、増飾二皇祐一、鎮二護聖境一」(8)とて、ここに灌頂の必要性を強調している。このことは円珍もまた規式で強調していて、両者は共通した主張を延暦寺の僧徒にむかって叫んでいることは、一方では最澄の高雄灌頂以来の伝統を重んじつつも、他方では伝法灌頂が密法伝承の上に重要な要素をなしていることを述べて、最澄以来の戒律至上主義を押えようとしている。それは戒壇院完成以後における延暦寺の立場は、いかに空海の開いた東寺以来の灌頂が平安密教の形成の上に優位にあったかを如実に知らされたためでもあった。これに先だつこと五年前の承和十年（八四三）に、空海の弟子実恵は、「大士灌頂法門、是詣極之夷途、為二入佛之正位一、頂謂二頭頂一、表二大行之尊高一、灌謂二護持一、明二諸佛之護念一超昇出離、何莫レ由レ期」(9)とて、灌頂の密教受法における必要性を強調している。ことに「夫於二灌頂一有二結縁一有二傳法一、結縁者謂二随レ時競進者皆授一レ之、傳法者謂二簡レ人待レ器而方許一レ之」(10)と、特に伝法灌頂の場合は、その宗の法を将来に伝えるものとして重視されたのであるから、これに列席を怠った延暦寺の僧をたしなめた円珍の動向は、ややもすれば円頓戒を終えたのち、将来をとまどって、止観研究を怠る愚僧たちに鉄槌を加えるものであると同時に、天台遮那業の伝統を重んじない人々に対する警告でもあった。(11)

　このような天台宗の密教化が進むにつれて、さらに「密劣顕勝」と「顕劣密勝」のはげしい闘争が、前者を採らない円珍の入唐求法により、はげしく動揺していったのである。これに対して円仁は、円珍が最澄の高弟であったのに対して、彼は義道の門下であり、また母が空海の姪であったことも、最澄の直系から好まれなかったと見られるのである。

ことに最澄の寂後において密教の充実をはからんとして、慈覚大師円仁は承和五年（八三八）に入唐して、五台山の志遠に天台を、長安の大興善寺元政に金剛界を学び、さらに青龍寺の義真に胎蔵界と蘇悉地の大法を受け、また玄法寺の法全より胎蔵儀軌を、宝月より悉曇を習って、最澄の到らなかった長安の密教を体得して、その上、空海が金剛界を主軸としていたのに対して、空海の学ばなかった善無畏の蘇悉地法を受け、空海の不空中心の密教に対抗し、不空以前の密教をかかげ、そのうえ法華と密教との合致を求めたのであった。

さらについで入唐した円珍の場合は、青龍寺法全に師事して、両部灌頂を受けるとともに、天安二年（八五八）に帰朝すると同時に天台宗の密教化と貴族社会への進出につとめ、貞観六年（八六四）勅命によって仁寿殿に灌頂壇をもうけて清和天皇や藤原良房等三十余名の貴族に灌頂を授けた。そしてこれを教学的に大成したのが五大院安然であった。

このような天台宗の密教化への道程については、最澄のときには止観・遮那の両業を並べて法華経と大日経との円密一致を認めようとしたが、完成にはいたらなかった。しかるに円仁の帰朝後は、顕教を三乗教、密教を一乗教として、法華も大日も等しく密教と融会して、法華経は唯理密教、大日経は事理倶密教として、理同事別としたのに対して、円珍の場合は、法華経も涅槃経もともに大日経と同じく第五時の説法として見ると同時に、法華は初、涅槃は中、大日は後に配して、大日経は法華経よりはるかにすぐれているとして、顕劣密勝の立場を貫こうとした。その弟子安然にいたっては、さらに五教判を立て、蔵・通・別・円・密を示し、密教をもって法華円教の上に位置せしめることを試み、最澄よりの天台止観業のみを重視する光定らにきびしい批判を行い密教の独立をはかったのであった。

つぎに斉衡元年（八五四）四月三日円仁を延暦寺座主とした。この円仁は貞観元年（八五九）に、もと天武二年（六七四）に大友与多王が、大友皇子の追善のために建立していた園城寺を修理して供養を行い、貞観六年（八六四）円仁の没後、安恵が天台座主であったときに円珍はこの園城寺を天台別院とすることに成功したのであった。この園城寺では、円珍の血脈を以て寺の維持をはかるとともに、その経営を掌握することの官符を得た。

この点より考えるならば、円珍は、初めから山門との別離を心中に秘め、光定や円仁等の保守的な態度に将来における自派との対立を予測していたがために、この別院を充実し密教灌頂道場をきずき、いつの日かの門下の山よりの離脱を予想していたのかも知れないと考えられるのである。

そしてこの別院はさきの崇福寺をうけつぐ意味に於ても、弥勒如来を金堂に安置して、さらに教待和尚・新羅明神との合流と習合を考えねばならなかったといえる。ただこのことについては円珍はその記録の「行歴抄」には明確に記していない。

このように円珍が園城寺を台密の道場として、自己の血脈を中心に運営しようと意図したことは、山門との根本的な対立の要因ともなったのである。またこの別院を天台密教の中心伽藍とすることにより、叡山のわずらわしさから離脱するとともに、円珍もまた唐院を新たに築いて、さきの空海と同様に智證門徒の動向を弥勒下生時まで見つめてゆきたいと考えると同時に、この園城寺を中心として、延暦寺の如く、いたずらに比叡山の山中に籠ることなく、如意寺を出口として洛中へ進出するための拠点としようと考えたのであった。

しかし一方の山門の立場より考えてみるとき、あくまでも園城寺は重要なる天台別院であって、末寺としての地位を強調して、その統轄は叡山側に於て確保し、天台座主はこれを支配し、末寺たる園城寺から本寺を統轄する天台座主となり、末寺僧徒による本寺支配という本末顛倒の立場は極力防禦しなければならないとの立場をとったのである。

そして、延暦寺そのものについては、止観真言兼備のものを以て天台座主とすべきことを主張しているが、この真言を重視する円珍等の動きに対して、「先師既開二両業一以為二我道一代々座主相承莫レ不二兼傳一、後輩豈乖二旧跡一如レ聞山上僧等専違二先師誓一互生二偏執之心一殆不レ顧下扇二揚余風一興中隆旧業上（中略）宜丙以下通二達両業一之人上処二座主之位一立為乙恒例甲」(12) とあれば、叡山方では円珍等の顕劣密勝にはげしく対抗し、最澄以来の戒律主義を主張する「旧業を興隆する」ことをはかるものは、まったく光定一門の山上に住する衆徒であったと意識したのである。顕密両業は人の両目、鳥の双翼の如しといえども、いきおい山上と山下の分裂はさけることができずに、ついに対決とならざるを得なかったのである。そのことは円珍が天台座主に任ぜられた後においても、仁和六年の円珍三箇条の遺誡にも、「一余之住持拠二故別当大師光定扶持之恩一、是故手下同法莫レ失二其恩一必存二水乳之穆一」(13) と光定一門と事をかまえることに警戒心をいだいている。ことに円珍門徒が慈覚門徒に抗することを避けているのであるが、園城寺については、天台別院であると同時に延暦寺の末寺であることを確認している。

一　園城寺延暦寺末寺也、於二別當職一者以二座主挙状並寺牒一先挙二用予門徒一、門徒無レ人時以二大師門弟一可レ為二別當一、若予門人与二慈覚大師門徒一違背者、問二犯過一本寺牒二送重過之由一可レ停二止寺務職一耳、(14)

しかしこのことは決して長くつづくものではなかった。そして両者の関係は同宗派にかかわらずきびしく対立する根をさらに深めていったのである。

ことに智證門徒と慈覚門徒の対立は正暦四年の智證門徒の山上よりの追放以前に、永祚元年（九八九）智證門徒の余慶が天台座主に任ぜられたときから起因したのである。

余慶、姓宇佐氏、筑前国早良郡人、明仙権律師弟子也、補二定心院十禅師一、至二権僧正一、證徒権官是為レ始焉、康保四年二月二十二日、礼二行誉律師一灌二頂于千光院一、年五十三、臘三十、後以二大法一付二於十八大徳一、其中勝算、穆算、明肇、観修、世称二證門四王一者也、天元二年任二権少僧都一、補二長吏二治十二同三年奏請、観音院為二今上御願寺一、正月十六日、勅置二阿闍梨五口一、其後又以二観音院内蓮台房一同為二御願所一、置二阿闍梨四口一、四年以レ慶任二法性寺座主一、法性寺者藤原貞信公草創也、慈覚門徒、欝訴拒レ之、朝廷不レ容、檀家不レ可、依レ之慈覚智證両門大騒動、日相二蘖于山上一、於レ是慶率二其徒一下レ山、移二住北石蔵観音院一両門不和之初也、具在二于雑記中一、事寛和元年、皇太后昌子朱雀皇女円融皇后、大雲寺ニ建二立数字精舎一、所レ謂講堂六天、五大堂、灌頂堂大日、法華堂普賢、真言堂両界、阿弥陀堂、已上又皇太后、改二大雲寺一号二観音院一、従レ是寺院増為二尊大一、永祚元年九月二十九日　勅レ慶為二天台座主一、(15)

これは余慶がはじめ行誉について、千光院で灌頂をうけ、その門下はすべて智證門下であったと同時に、天元二年（九七九）円融天皇の御願寺として余慶が観音院を開き、また天台密教の拠点を先の千光院に築き、慈覚門徒の良源等の築いた法華総持院に対抗しようとしたのであった。そこでこの門下の隆盛を見た慈覚門徒は、いかにしてもこれを排除して彼らを叡山から追い出し、叡山においては顕教的な法華教学をたたえる一門で占拠しようとする動きが激しく起ってきたのである。

また余慶を中心として京都貴族との交渉もはげしく起こり、その公家勢力を背景に天台座主に昇らんとすることに山門側のはげしい反対がわきあがって来たのである。

そして特に藤原忠平の建立した法性寺への余慶を中心とする寺門の進出は、山門が黙認するものではなかった。この法性寺の建立のきっかけとなったのは、藤原忠平が左大臣に昇進し、摂関政治の復活のきざしが見えたことと、興福寺でなく京都に氏寺を建て、祈願寺であると同時に、そこは忠平の賀の祝をする場所とする意味をも含めた。(16) また承平四年（九三四）十月十日に法性寺は定額寺となることを認められて朱雀天皇の御願寺に昇格した。(17) この時期には灌頂がこの寺で行われ、御修法もなされている故、密教寺院としての性格が強かった。天慶八年（九四五）に、藤原穏子が寺内に多宝塔を建てて一切経を供養しているが、(18) この朱雀・村上天皇の母の穏子が天暦八年（九五四）十月に崩ずると同時に、その追善のためにまた塔が建立されている。

さらにこれより先の天暦三年（九四九）八月十四日に藤原忠平の死去とともにこの寺は藤原一族の重要な菩提寺ともなった。この寺の完成にともなって、この法性寺をめぐって支配権を掌握する座主職について争論が発生したが、それは天元四年（九八一）に智證門徒で園城寺の長吏の余慶が法性寺座主に補任されたことによるものであった。

円仁系（慈覚門徒）の良源が出て山門より寺門系の追放を促進しようとしたため、両派の対立が、ますますはげしくなる一方で、円珍も生前その内紛をとどめようとしたが、その対立意識は底流となって残った。

そしてこの良源の智證門徒への圧迫は、藤原氏の京都の氏寺的性格を強めつつあった法性寺の主導権をめぐってよりきびしいものとなり、紛争の口火が切られたのである。

十二月、権大僧都余慶任二法性寺座主一、于レ時慈覚（円仁）大師門徒云、法性寺座主者、建立太政大臣貞信公（忠平）以二慈覚大師門人一而補二任之一、仍長者四代之間、奏二任座主九人一、他門不レ交、而第五長者、当時太政大臣（頼忠）誤違二旧蹤一、以二智證大師門徒余慶一奏二任第十座主一、仍慈覚大師門徒僧綱阿闍梨等廿二人、諸院諸寺従僧百六十余人引率、参二向関白太政大臣里第一、僧徒失レ礼、有二濫吹事一、因レ玆供奉之僧綱等召二仰綱所一、被レ停二公請一、其後不レ幾経レ日、権大僧都余慶辞二法性寺座主一、(19)

この問題は慈覚門徒が長く増命より尊意まで天台座主に補任されず、義海より慈覚門徒に天台座主職が帰った余勢をかりて、良源以後も智證門徒を天台座主より締め出そうとする一連の動きに通じていた。それは余慶の個人攻撃という問題ではなかった。ことに永祚元年（九八九）天台座主に任命されたとき、余慶の補任状を持った勅使の源能遠は叡山の登口で数百人の山僧により京に追い帰され、そのため余慶の天台座主就任は有名無実となったのもその一つのあらわれであった(20)。

これについて慈覚門徒の理由は、法性寺は忠平が創建してより、比叡山の西塔院主弁日大法師が座主となって以来九代はすべて慈覚門徒で占めていて、いま智證門徒よりの任命は心外であるというのである。

朝廷ではこの論をくつがえして、忠平の草創のときには決して慈覚門徒のみに別当を付したのではなく、智行かね具わった住職に足る人をもって選んだのであって、余慶もまたそれに該当する人物であるといって返答している。

勅答曰、初貞信公創レ寺、不三必附二慈覚一門一、唯是撰二智行兼具者一任レ職、然慈覚之門多レ人、幸相続領レ之、今余慶亦有二智行誉一、因而補レ之、何必守二一門一乎、徒衆一百余人、又向二檀越廉義公家一、濫吹甚、帝聞レ之激怒、詔停三止慈覚一門僧綱阿闍梨二十五人、諸寺諸院供僧一百六十余人之封職一、従レ是山上両徒、拒争日喧、於レ是智證門人避レ山、各住二于別院一(21)、

そこで両門の諍いははげしく、余慶は門人を率いて観音院に、勝算も修学院へ、観修と門人は解脱寺に、穆算は一乗寺へとのがれ、一方慈覚門徒は追討ちをかけるごとく山の中の智證大師の関係の千手院経蔵や観音院、および一乗寺を良源の命によって焼こうとする動きさえ見えた。

その争いは正暦四年（九九三）に余慶の弟子の成算が慈覚大師の遺跡の赤山禅院を襲わんとして、これを防ぐことを

理由として八月八日慈覚門徒は智證門流の坊舎を襲い四十舎宇を破壊して門徒一千人を追い出し、彼らは山を下りて再び山に登ることはなかった。

法性寺の伽藍は道長の時代に五大堂が建立されたのであるが、寛弘三年（一〇〇六）十月十日の法性寺五大堂の造佛については御堂関白記に、

十月十日、己卯、行法性寺、見造佛、覚円寺座主院源等阿闍梨宣旨下、
廿四日、癸巳、到法性寺、見造作佛、
廿五日、甲午、寅時行法性寺、卯時奉佛開眼、諷誦信布百端、僧都綾褂一重、佛師等賜禄物幷預馬等（カ）、春宮大夫（道綱）堂供養、上達部五六人許来、退出、参内、大夫請僧等賜度者、使頼親（藤原）朝臣、従寺上達部参、（中略）大夫修諷誦二百端、自堂定五僧定、前大僧正観修、寺座主院源、律師慶命、兼摠、実誓、
廿六日、乙未、従中宮（彰子）賜殿上食物、
十一月四日、癸卯、堂五僧来云慶、大僧正綾褂一重、院源、慶命白褂一重、兼摠、実誓単重一領、[22]

と見えて、五大堂の丈六の本尊の開眼は智證門徒の観修、道長の護持僧の院源、慶命、兼摠、実誓等、開眼の五僧は智證門徒が多く、それは道長が観修、心誉を重視し、観修は道長の浄妙寺の検校に、心誉は観修の弟子で法成寺の寺務になっている。

ここに慈覚門徒が余慶の法性寺就任を反対し追放されたにもかかわらず、法成寺の成立をめぐり寺門系が摂関家へ接近し、道長と心誉の関係や頼通と余慶の弟子の明尊との関係、さらには頼通の第六子が出家し覚円と法名を定め、明尊に師事し、法成寺の運営をまかされ、また園城寺の長吏となったほど寺門と接近したのである。

このように摂関家の寺門への傾向はただならぬものがあり、法成寺の成立もこのような背景のもとになされたのである。しかし、法性寺座主は弁日（山）、余慶（寺）、院源（山）、慶命（山）、尋円（山）、賢暹（山）、寛慶（山）、最雲（山）、行玄（山）、勝豪（山）等の山門を中心に座主職を掌握して、法性寺は京都における天台宗、特に慈覚門徒が九人も相つづいて座主となることによって、慈覚門徒の京都での根拠となったのである。

(1) 宇井伯寿『日本佛教概史』二九頁
(2) 伝述一心戒文（大正蔵七四、六三四頁）
(3) 叡山大師伝、弘仁三年遺書
(4) (2) に同じ
(5) 天台座主記、義真条（延暦寺刊本）六頁
(6) 右に同じ、八頁
(7) (2) に同じ、六五七〜六五八頁
(8) 類聚三代格巻第二、嘉祥元年六月十五日官符（国史大系本）
(9) 同右、承和十年十一月十六日太政官符
(10) 右に同じ
(11) 平岡定海『日本寺院史の研究』第三章「平安時代における寺院の成立と構造」四七二頁
(12) 天台座主記、安恵条、貞観八年六月三日官符
(13) 同右、円珍条、仁和六年十一月十七日円珍遺誡、二五頁
(14) 同右、円珍条、寛平三年十月二十八日円珍遺言、二六頁
(15) 寺門伝記補録十三（大日本仏教全書本）二〇九頁
(16) 日本紀略後篇一、延長七年二月二十三日条（国史大系本）

(17)　同右、二、承平四年十月十日条
(18)　同右、天慶八年二月二十七日条
(19)　扶桑略記第二十七、天元四年十二月条（国史大系本）
(20)　天台座主記、第二十世余慶条、四七頁（延暦寺本）
(21)　寺門伝記補録十九、両門不和事（大日本仏教全書本）四二四頁
(22)　御堂関白記、寛弘三年十月十日条（大日本古記録本）

三　園城寺戒壇問題

慈覚・智證両門徒の対立抗争は絶えることはなかったが、正暦四年（九九三）八月にいたって智證門徒の叡山追放という事件によって決定的な断絶となっていったのである。その内容は正暦四年八月十四日の座主院源の上奏によって知ることができるが、それは智證門徒成算が多くの悪徒を引具して慈覚大師の遺志によって建てられた西坂本の赤山明神を襲って、神宝の慈覚大師入唐求法のときの笠と杖を盗んだという理由で、慈覚門徒から成算の身柄を引渡すことを勝算に要求したが、成算から過契を送って来たけれども、赤山禅院の住僧平代（慈覚門徒）は、智證門徒の成算は観音院と修学院に多くの僧兵を集めて、往還する慈覚門徒を襲撃したと告げたので、八月八日慈覚門徒は智證門徒の四十余宇の坊舎を破壊して一千余人を山下に追い出し、山上の千手院及び諸房を切拂ったという事件が起きた。

（正暦四年）八月十日之比、観音院十禅寺成筭童子、由㆓無実小事㆒、禅院住僧平代致㆓大愁㆒、仍慈覚大師門徒僧等斫㆓焼於千手院房舎㆒、并門人一千余人僧侶追㆓出山門㆒已畢、焼亡房舎四所、権少僧都勝筭房、故阿闍梨満高房、阿闍梨明肇房、僧連代房也、斫壊房舎千手院卅余宇、蓮華院（冷泉院御願）之佛眼院、（故式部卿是忠親王建立）故座主良勇房、故前少僧都房筭房、権少

僧都穆筭房、故阿闍梨倫誉房、故已講実定房、阿闍梨寿勢房、故阿闍梨湛延房等也、此外房舎粗有二其数一、不レ能二具記一、其後智証大師門人等各占二別処一不レ住二叡山已上(1)

この事件のために智証門徒の慶祚等は智証大師の尊像を背負って山を降り、一端大雲寺に入ったのち園城寺に到った。この時の主謀者は慈覚門徒では赤山禅院の住僧平代、智証門徒では慶祚阿闍梨（龍雲房）、賀延阿闍梨（山本房）、忠増阿闍梨（習修房）、源珠大僧正（西方院）で、その中心人物の慶祚は、

釈慶祚（ケイソ）、門下録事中師元之子也、邃（フカシ）二顕密一、正暦四年、両門相孽（ワサハヒス）、祚率レ徒移二大雲寺一、不レ幾又遷二園城寺一、園城寺雖二智証興建一、徒衆尚寡（スクナシ）、及二祚之来一、学者四方麕至（クンカノ如ニ）、三井之道此時為レ熾（サカンナリト）、徒属益繁、(2)

と、園城寺に多数の智証門徒を集めてここに、園城寺の伽藍の復興につとめたのであった。

そのときに慶祚につきしたがった門徒は一千余人におよんだ。そして夜中にまぎれて一夜にして山門を退いた。

正暦四年癸巳八月八日、於二叡山慈覚大師門徒一、智証大師之門流、教門（修習カ）之徒争、智証門弟一千余人之大衆、一夜仁退山門、大雲寺入寺、慶祚大阿闍梨号竜雲房、賀延阿闍梨山本房、忠増阿闍梨習修房、源珠大僧正西方院、彼是四人為頭領、則大雲寺為本寺、二ケ寺建立、是王寺、福泉寺是也、中大門者大雲寺、南大門者是王寺、北大門者福泉寺也、(3)

そしてかくの如く慶祚が賀延・忠増・源珠等を引き連れて叡山を降りたことによって、天台宗僧徒で天台密教を学ばんとするものが四方より雲集してきて園城寺の基礎を固めた。

つぎにつづいて叡山と園城寺とのするどい対立となった園城寺の戒壇問題について述べることとする。

叡山における戒壇の始まりについては、最澄が延暦寺のなかに一条戒壇を設けて南都の戒壇に対立して天台宗の僧徒を中心として授戒をおこなおうとしたことに始まるのである。ことに比叡山では六条式に、「得度の年佛子戒を授

けて、菩薩僧となし、その戒牒には官印を請はん、大戒を受け終らば叡山に住せしめ一十二年近門を出でず」という山家学生式に基づく。この学生式は顕戒論に、

> 住山修学、十二年を期するの明拠を開示す　四十六
>
> 謹んで蘇悉地羯羅経の中巻を案ずるに云く、もし時念誦を作さば、十二年を経よ。縦ひ重罪ありともまた皆な成就せん。仮使ひ法具足せざるも皆な成就することを得んと。（已上経の文）
>
> 明らかに知んぬ、最下鈍の者も十二年を経ば必ず一験を得んことを。常転常講、二六歳を期し、念誦護摩、十二年を限る。然れば則ち、佛法霊験ありて国家安寧なることを得ん。(4)

と述べて一験を得るために十二年の籠山を求めたと見るべきである。

しかしこれは大乗戒壇を叡山に設置するという前提のもとに考えるべきで、大乗戒壇の実施は最澄の没後翌年の弘仁十四年（八二三）にまで後れなければならなかったから、最澄の生涯では、公許の戒壇受戒でなく、私の受戒を山寺で実施していたにすぎなかったと見るべきであろう。

しかしつぎの義真によって正式に叡山の受戒が公認されて戒壇院が設置された。そしてそのことによって以後、叡山戒壇院での授戒ということは天台宗徒にとっては厳重に宗祖の鉄則として守らなければならないことであって、これは教団を維持発展させるうえにおいても必要なことであった。

また正暦四年（九九三）に智證門徒が比叡山から慈覚門徒により追い落されてより四十二年後になって、園城寺の門徒が叡山の戒壇に登れないこととなって、愈々園城寺で独自に戒壇を設立しようとする動きが出てきたのである。ことに園城寺に戒壇院を設立しようとする寺門側の立場に対して、叡山方は園城寺はあくまでも天台別院として所

詮末寺的なものであるという考えかたは叡山方の思想から抜け切るものではなかった。そのうえ顕教的性格の強い叡山としては密教を重視する園城寺を異端として、これを敵対視するに至ったのである。しかるに園城寺内に延暦寺と同じく戒壇院を建てることは、延暦寺の存在そのものの意義をなくすることであるから、このことについては叡山もまた必死に戦わざるを得なかったのである。ここに両者の宿命的な対決があったのであった。

そして延暦寺としては智證門徒による天台座主補任と戒壇院問題はともに許すことが出来ない問題でもあった。このような問題の余波は、単に余慶のことに留まらず、その門下についても長く叡山を支配することを断滅せんとするものであった。

この余慶ののち明尊が智證門徒から天台座主に補任されたときも、唯三日にして慈覚門徒の反対にあって下山させられなければならなかったのである。このことについては元亨釈書の明尊の伝のなかで次のごとく述べている。

釈明尊、武庫令野奉時(トモトキ)之子、道風之孫、篁(タカムラ)之曽孫也、遊二智辯、慶祚之門一、学業早成、長暦二年九月、延暦寺座主慶命卒、朝議以レ尊任レ之、於時慈覚之徒沮(ハハム)レ之、語在二黜争志一、因レ茲両門相軋(キシル)、園城沙弥不レ得レ上二睿壇一、三年、尊上レ書乞レ建二戒壇於三井一、九五上、長久二年五月、宣二問園城戒壇立不於諸宗一、於レ是平相、律、三論、華厳、真言皆賛可、只台徒固執不レ允(ユルサ)、永承七年九月、始行二新羅祭祀一、神託二和歌一驩納(クワムタウス)(ヨロコフ)、初寛徳二年、為二園城長吏一、永承三年八月、遂任二天台座主一、数日而解レ印、(5)

この明尊の立場としては、この両門の軋轢が存在するかぎり、園城寺の沙弥が叡山に昇って山門の戒壇で登壇授戒をすることが不可能となったため独自で戒壇院を興すべきであると朝廷に訴えざるをえなくなったのである。もちろんこの事はその根源である叡山の賛意を得なければ絶対に許されるものではなかったのであるから、朝廷はその判断に非常に苦慮したとともに、なかなか決断を下すことができなかったのである。「抑傳教智證ハ師弟ノ契、延暦園城ハ一味ノ佛法ナリ、両寺戒壇何ノ妨カ有ベキナレドモ、冥慮ヨリ起ニ依テ、三井ノ訴訟度々ニ及トイヘドモ、代々聖主更ニ勅許ナシ」[6]と、このことはまた最澄の遺志に反するとともにまた天台宗の基礎をゆるがす問題でもあった。

この戒壇問題については、福尾猛市郎氏が「慈覚門徒と智証門徒の抗争について」[7]と題して詳細に述べられている。また園城寺側の主張については「園城寺伝記」「寺門伝記補録」「寺徳集」のほか、弘長二年（一二六二）八月の叡山楞厳院本の「園城寺事書」や、南谷真如蔵本の「園城寺戒壇詰難答」によって戒壇問題の性格を明らかにすることができる。

まず第一の長暦三年の明尊にかかわる園城寺戒壇の申請は、「明尊等申云、戒壇事于今未蒙許不之由也、及年月一門内無受戒事、愁緒之甚、何過於斯乎、至于今可蒙許不之一定也、者、此由可奏者」[8]と智證門徒は山門方が絶対に寺門方を叡山にのぼらせないという厳しい処置の存在する以上、受戒することができないために寺門自身で戒壇を設けたいとするものであった。しかし朝廷はこれに対して、「関白被申之旨戒壇、委任申旨、仰云、戒壇事更非レ可ニ抑留一、王者之心於事可レ無ニ偏頗一、何況於ニ佛一法乎、但此事未ニ辨理非一、独心不レ可レ決也、唯可レ然之様相定可ニ左右一」[9]と、朝廷側は園城寺に戒壇を許せば叡山より責められるし、これを否定すれば寺門より非難を受けるとして、関白藤原頼通は園城寺側に好意をよせながらもその決断の方途に迷わざるを得なかったのである。この時の朝廷の決断の不安定さを見越して、叡山側は出雲少院定清が中心となって、この年の二月十八日に、「慈覚門徒為ニ座主愁一、僧綱有職幷山上老少満山僧徒三千余人集ヨ会祇陀林寺一、自レ其引率参ヨ向関白左相府（頼通）高倉第一、然閉レ門不レ通、仍僧徒於ニ其門下一、成ニ濫吹一事（中略）其中悪僧為レ首ニ定清一」[10]と、園城寺戒壇停止を頼通に訴えた。それと反対に園城寺側は座主教円のあと明尊を天台座主として、一気に戒壇問題とともに寺門の支配力を全山に及ぼそうとした。このような明尊の天台座主就任問題において見られる山門と寺門の主張については山門側は、「凡備二一寺貫長一者住山為レ本、山修山学為レ業、可二以執二行寺務一也、近代如二智證之徒一、各建二立別院一、（中略）如レ是構二別院居住一、違二山家旧制一輩、不レ可レ為二一山貫長一、仍明尊僧正補職不レ可レ然、宜レ被二改易一也」(11)と末寺別当の天台座主就任不可を唱えて、寺門の山門への進出を拒みつづけたのに対して、寺門側は、「夫為二一寺貫首一者、官臈倶闌、智行兼備、佛法興隆為レ心、自宗弘伝為レ業、可下以執二行山務一以護中持朝家上也、其所レ謂別院建立者、是興隆弘通之基也、豈啻以下蟄レ山眠レ山、無レ心二興法利生一、端拱無為度上日、可下為二寺務貫首一為中護持僧上乎、而今明尊僧正、法臈云智徳云、有二何所レ闕一」(12)と興法利生論を持ち出して反論し、それはさらに本末論にまで発展して山門側が「山門寺門本是同居、一寺分異レ処、然則園城是延暦之末寺、豈可下以二末寺僧侶一為中本寺貫首上乎」(13)と末寺論をかかげ反論するに対して、寺門は山門を以て成立の状況から末寺と見るべきであるとして、「天台両門自レ本同寺、全無二本末之異一、若強論二本末一者、寺門為レ本、山門為レ末」(14)と園城寺は天智天皇の創建に対して、延暦寺は桓武天皇の御願により百年の隔てがあり、そのうえ、「慈覚之徒一向不レ備二寺門長吏一、貞観八年下二官符一云、三井別当者可レ用二円珍血脈一云云」(15)と主張した。この本末論争は単に座主論にとどまらず、明尊の主張する園城寺戒壇の必要性に関しても、

○寺門又奏言、天台菩薩大戒者、義真智證之正流也、本寺不レ可レ不レ傳レ之、蒙　賜二允許一建二立戒壇于三井一、向後行レ之、

○山門訴曰、夫戒者以二和合一為レ本、一宗有二両戒一者、既是不和也、園城傳戒甚不レ可レ然也、可二早停二止之一、

○寺門奏言、山門所レ奏全無二其理一、縦雖二一宗一寺院異者、戒壇何不レ別哉、依レ之、西土祇園、一寺之中建二両壇一、佛国之制若レ斯、一宗両壇何妨之有、其上、山徒於二座主一者、為二門徒各別一遮レ之、又於二傳戒一者、為二一宗同戒一

拒レ之、漫募二非理一自語相違、何不レ知二慙愧一乎、(16)

そして天台の傳戒傳律において、最澄・義真が入唐して道邃より菩薩三聚戒品を受け、最澄また叡山で一乗円戒を開かんとしたが、在世中にその目的を達せず、その没後、義真がこれを実施したのであって、「天台一乗円戒、傳教不レ行慈覚不レ受、唯有二義真智證一傳レ之、因而寺門是山家円戒正統也、尤開二戒場一不レ可レ不レ傳レ之者也云云、朝議未レ決、問二寺門戒壇立不於諸宗一、諸宗應レ勅皆可焉、唯山徒不レ許、於レ是即賜二真言三昧耶戒壇官符一畢(17)」。

この論争は山門寺門の戒壇に対する基本的な論点であると同時に、決定的な対立の要素でもあった。そして、山門寺門は共に戒壇論と座主論とを組合せて争論の対象としたのであった。そして明尊を中心とする「奏戒壇申文（中略）不被聴戒壇者、可被返任座主之山所申也、両事之間弥以難決也(18)」と、この山門の主張は単に明尊のときのことのみならず、応保二年閏二月一日より四日までのたった三日間の間のみの寺門出身の覚忠の座主について山門側は、その資格を論じて、

山門抗二奏状一言、可レ被レ召二返権僧正覚忠天台座主一、兼又不レ可下以二園城寺衆徒一、補中任天台戒和上職上也、覚忠座主五箇非拠、不レ経二本寺階業一、是一　超二越上﨟一、是二　住二別寺一、是三　背二智證遺誡一違二慈覚門徒一、是四　受二持南都小戒一、不レ可レ為二北嶺大戒之師一、是五　又　後三条院、以二住山者一可レ補二座主一之由被二　宣下一、可レ被レ停二止智證門徒座主職一、兼又二會講師、両寺灌頂阿闍梨、総持院阿闍梨八口、可レ為二延暦寺進止一云云、(19)

と、智證門徒による天台座主否認は、天台戒を受けないからであると述べ、それを理由に「園城衆徒、若不レ受二山門菩薩戒一者、三會之講匠、両寺灌頂阿闍梨、総持院阿闍梨、併可レ被レ附二山門一也(20)」と園城寺方を三會講匠の場からも閉め出し、僧綱への昇進をも断絶しようと意気まいたのであった。そこで朝廷は山門の意を入れて、園城寺方の天台

受戒を斡旋し仲介しようとするのであるが、寺門方は「凡受戒得度者事出二佛教一、公卿争輙定二申之一哉、専被レ問二諸宗一、而被レ下二綸旨一者尤可レ宣歟、就レ中、於二吾門跡之法流一者、自二御堂関白一殊以仰二崇当寺一、入道殿下忝受二其芳流一、門下繁昌、既今千枝万葉也、当寺磨滅、寧無二哀憐一哉、今日之中令レ参二禅定殿下一」[21]。ここで朝廷は園城寺戒壇のことを諸宗に聞くことによって裁決しようとしたが、それはかえって山門の怒りをかり立てるにすぎなかった。そのために朝廷は頼通を中心として仗議を重ねたが、一方を立てれば他方立たずで、裁決は代々の天皇もこれを行うことを躊躇した。そのために園城寺の戒壇問題はいたずらに混乱をくりかえすにすぎず、両者の「戒壇訴訟之濫觴、起自座主相論之根源」として戒壇問題と座主問題はともに密接な関係をもちつつ紛争を繰返しているのであって、単純なる解決はとうてい不可能であった。

つぎに園城寺事書により、この寺の戒壇に対する態度を見てみるとき、「吾寺陳答之趣、正暦以来、為レ遁二彼凶徒虎口一、雖レ挹二更三井清流一、猶勤二延暦之寺役一、而別二顕密之会場一、同学一宗、智行共闌、且依二先例一、盍レ被レ補乎云々、雖レ然、被レ閣二明尊一抽二補彼山教円僧都一之刻、両門僧侶不二和合一、一乗戒義不二相調一、因レ玆、智證門徒泣抛二師資累代之顕職一、始致二戒壇建立之望一者也」[22]と、戒壇造立は園城寺にとって、延暦寺より別離以来の悲願であった。ことに長暦・長久における両門の関係は天台宗の分裂の最初であったとともに、また結果として正嘉・正元での戒壇をめぐる対立はまったく両門義絶の結果をもたらしたといえるであろう。いまひるがえって延暦寺を中心とする僧徒の昇進の順序を示すと、

一山徒昇進事、

注記、十﨟竪義、廿﨟、号二竪者一等之請二山務政一之時、行之有レ職、又随二便宜一補レ之、僧綱、座主或門主挙奏、上古多叙二法橋一、近

来任二権律師一、次第昇進如レ常、学道経歴之輩、勤二一會六月、十一月、講師一、以二其労一任二律師一也、又法勝寺任二学生一者准二公請名僧一之間、或勤二最勝講等之聴衆一、或勤二大乗会以下講師一例多レ之、非修非学之輩、旧儀不レ任二正員僧綱一、近来更不レ及二其沙汰一者也、就中於二大僧都一者、住侶拝任近代之例也、京都僧綱猶以随分有二清選一、於二住侶一者殊就二器用一可レ被二抽任一也、近来非二其仁一之輩被レ聴レ之歟、官途之陵夷不便、云々、(23)

とあって、まず延暦寺に入寺して夏安居（夏﨟）を十年経たるものより、山門の大会の注記に任ぜられ、それを終って再び十年して初めて竪義者となって、論義法会に正式に参加できることになる。そして天台の三會の講師に擬せられていても、三會講師を終えてないものを擬講といい、この三會講師を勤めたものを已講と称して、この三會を終えたものを得業と呼んでいる。ことに延暦寺に於ては六月会と十一月会の講師をつとめたものが座主の推挙を得て律師に任ぜられたのである。

そして非修非学のものは当然僧綱に任ぜられる道は開かれていないので、天台宗での最高の座主や僧綱になり得べくもなく、彼等は堂衆としてとどまらなければならなかった。延暦寺に於てもその性格より顕教系（顕宗）の昇進と密教系（密宗）の昇進があって、顕教系の昇進の順序は、三會遂講→僧綱→三講講師→探題→證議→正権（法務）→別当→僧正となっていて、三講の聴衆もすべて本寺本山の学業がすぐれているという師僧や別当等の推挙が必要であったことはいうまでもない。密教系では特に傳法灌頂が重要な意義をもっていて、顕教が公請労を基準として昇進してゆくのに対して、密教系では相伝を重んずる関係上師僧の挙奏により決定される。この点師僧に絶対の権威があったので、よき師を求めることは直ちに昇進へ直接つながっていた。

また僧綱はすべて欠員により補充され、密教系では、諸祈願をして勧賞を受けることにより昇進が約束されていた。

また天台宗においての諸寺諸会の講問大會の探題になるのも延暦寺の天台座主の推挙によるもので、ことに法華会は勅願の法會でない関係上なおさら座主の推挙が必要であった。

そして探題に補せられる条件というのは山門昇進の順序によって、延暦寺修学の公請の名僧よりその上臈で、六月会、十一月会の探題を勉めた者より天台座主が推挙して補せられなければならなかった。しかし例外として寺門の明尊・良秀・成覚が宣旨を蒙って補せられたことがあったが、このときでも天台座主の推挙にもとづいて勅命によって任ぜられているので、いま二會講師を経た山門の慶増と賢暹が探題を辞退したあとをうけて、園城寺の澄観が、長治元年（一一〇四）十二月十四日に円宗寺法華会の探題の宣旨を得たことに山門側はするどく反対した。

この澄観は白河法皇の寵臣源俊房の子で、母は美濃守源実基の女で、園城寺に入り二會を経て康和元年（一〇九九）十一月二十二日の白河法皇の法勝寺御幸のとき造御願堂賞をうけて法務となり、園城寺の増誉権僧正の推挙により権少僧都に任ぜられ、法務をも兼ねていたが、おそらく院は近臣の子であることからも円宗寺法華会の探題にしようと考えたのであろうが、ここに延暦寺よりの猛烈な反対が起って、山の座主にもならず、座主の推挙をも得ていないものを補任することは、以ての外として長治二年（一一〇五）正月元日に強訴に及んだ。これはやはり白河院が寺門に好意を寄せている結果に対する反撥でもあった。そして天台座主の推薦にもよらず、院の推挙で以て補せられたことは承知し難いとして、十二月十三日の夜半に山を下って、延暦寺の末寺の祇陀林寺に日吉神輿を入れて騒いだ。その勢は数百で叫喚の声遠近に満ち、元日の節会が終るのを待って松明をふりかざし鉦鼓を打って右衛門の陣にせまって澄観の罷免を訴えた。京中の人々は前代未聞の不祥事と評し、儀式の終えた朝廷の高官は退庁もならず、まったく朝威や院威をないがしろにする振舞であった。そこで直ちに白河法皇の院庁で御前会議を行って七日間の猶予を山僧に求めて翌二日澄観の法華会探題の罷免となって事件が落着した。

しかしこの探題推挙につき、考えられることは園城寺の僧正増誉が、長治二年（一一〇五）閏二月十四日天台座主に任ぜられたとき、彼は二日間しかとどまらず、それも、その補任状をもって山上におもむいた勅使少納言源明賢は「山上騒動之間、不レ及二登山一以二官吏一送二宣命一、不レ知レ棄二置何処一」という状況で、白河天皇即位以来きわだって山門と寺門の争いが相ついで起こり、永保元年（一〇八一）の日吉祭での両者の相剋は園城寺焼打となってあらわれた。[24] このような両門の対立より考えても、園城寺よりの天台座主就任は不可能であった。これ以前の寺門出身の天台座主は阿闍梨猷憲（一年）、康済律師（五年）、増命僧正（十六年）は別としても、良勇阿闍梨（八ヵ月）、余慶大僧部（三ヵ月）、明尊大僧正（三ヵ日）、源泉権僧正（三ヵ日）、覚円大僧正（三ヵ日）、増誉大僧正（一ヵ日）、行尊大僧正（六ヵ日）、覚猷大僧正（三ヵ日）、覚忠権僧正（三ヵ日）、とすべて良勇より余慶にかけてははげしい延暦寺大衆の反対にあって、たとえ宣旨あって登山しても拝堂できず智證門徒の寺門は天台座主になることができなかったのであった。このことは、寺門より山門への大きな反撥の要因であって、これは探題となることも不可能で、法成寺や円宗寺の重要なる法會の探題はすべて山門により牛耳られる結果となった。[25]

そしてまた尊勝寺灌頂阿闍梨事件が天仁元年（一一〇八）三月二十一日に起った。

この尊勝寺灌頂堂は康和四年（一一〇二）七月二十一日に諸堂と共に建立され、園城寺の権僧正良意によって堂内の諸佛の開眼供養が営まれた。[26]

そののち尊勝寺に供僧二十余人と阿闍梨十二人が置かれた。つづいて康和五年（一一〇三）三月二十三日に再び阿闍梨十人を宣旨により尊勝寺に入れたが、このとき山三人、寺四人、東寺四人と配分され、ここに灌頂をば延暦・園城

・東寺の三ヵ寺の僧を以て実施することになった。このことは尊勝寺灌頂を以て三會已講に準じて密教出身者の僧綱への道を開こうとするものであって、この灌頂を終えたのち勧賞として寛智を権律師に任じ、覚行法親王に阿闍梨五人を仁和寺円堂に寄せている。そして、

従二今年一限二永代一毎年三月廿四日為二式日一可レ被レ行二結縁灌頂一也、今年胎蔵、明年金剛界、以勤二此両會一、小灌頂之人准二三會已講一、任二次第一可レ被レ補二僧綱一者、最前二ヶ年東寺、次二ヶ年延暦寺、次二ヶ年薗城寺、三ヶ寺人輪転可レ勤二此事一云々、抑依レ有二南北三會一、顕宗学徒誠以二覚発一、至二真言道一者漸欲二陵遅一之処、今始二此會一可レ謂二佛法之中興一、誠是密教之繁昌之秋也、(27)

この日を永式として金胎両部を交替して行い、小灌頂阿闍梨を三會已講に準じて次第に僧綱に補するということを制度化した。それは天台宗の顕宗関係のものは南北三會により昇進の道が開けているけれども、東寺真言はこの道が開けていないために僧綱昇進の道が閉されていたのを開こうとしたのである。これは真言宗が正式に六勝寺の中で認められたことになるのであって、法勝寺大乗会・御八講が天台宗の六勝寺への進出とすれば、尊勝寺結縁灌頂小阿闍梨は真言宗の進出というべきであり、この尊勝寺灌頂は六勝寺の中でも重要な意義を持つものであった。この灌頂を行っているのは六勝寺のうちこの尊勝寺と最勝寺であって、法勝寺等ではなされていない。ここにも尊勝寺の真言的傾向の強いことがうかがえる。ことに世情においては「近日叡山衆徒相乱、東西塔僧合戦、或放火焼房舎、或中矢亡身命、修学之砌還為合戦之庭、佛法破滅已当斯時歟、又薗城寺衆徒濫悪如此云々、凡天台佛法滅亡之秋歟、嗟呼哀哉」(28)となげかざるを得ない状況であった。

しかし長治二年度の灌頂は大阿闍梨覚行法親王、小阿闍梨権律師寛智（仁和寺）で進められ、つぎの嘉承元年には大

阿闍梨賢暹（延暦寺）、小灌頂阿闍梨範胤（延暦寺）がつとめてこのときも範胤は終了後勧賞によって権律師になっている。またつぎに嘉承二年には大阿闍梨法印賢暹（延暦寺）と小阿闍梨範胤が金剛界で行っている。これはさきの規式のごとく、仁和寺二回、延暦寺二回ともに胎↓金の順序で実施されたのであった。

ところが天仁元年（一一〇八）三月二十四日の灌頂は当然園城寺が同年と次の年を勤める順序であったのに、白河法皇の意向により東寺を以て始めようとして園城寺がしりぞけられ、そのことについて園城寺は延暦寺大衆と行動を共にして法勝寺周辺で強訴に及んだ。しかし白河院は東寺を優先して天台は時々用いるという手段に出られた。しかしこれは当然長治元年三月二十四日の永代規式に違反するのであって、その上園城寺の番は実際に行っていない以前に事が起ったため園城寺は大衆をあげて訴えた。その結果、このことについての計画は寺門・山門の反対にあい、このように寺門・山門も利を共にするときには屢々共に行動することもあった。

そしてこの院と東寺の敗北は尊勝寺灌頂の重要な主導権を東寺・仁和寺が失うことになって、尊勝寺より東寺は引上げなければならなくなった。

一方東寺はその対抗手段として永久元年（一一一三）八月十八日、寛助が東寺一長者に就任し、また仁和寺・円宗寺・円教寺・遍照寺の別当となっていたことを利用し、その上、鳥羽天皇の護持僧であったので、寛助は九月二十二日、宮中で孔雀経法を修して天皇の不予を祈ったあとで、尊勝寺灌頂を止めて東寺での恒例の灌頂により東寺分の僧綱を南北二會尊勝寺灌頂に準じて任ぜられ権律師に昇進することを永久の規式としたいと訴えた。

隆海法印記云、永久元年癸巳八月、天皇鳥羽院御在位時、御不豫、成就院大僧正寛助、八月十八日丙寅於二禁中一大炊御門高倉、令レ始二修孔雀経法一、伴僧廿人、修中有二効験一、廿五日癸酉満七日御結願、於二日御座一有二御加持一、大阿闍梨被レ物、頭中将通季取レ之、勧賞可レ依レ請之由、蔵人頭権右中弁実行仰レ之、依レ之此九月廿二日孔雀経法賞、以二東寺灌頂労一可レ被レ補二僧綱一之由、以二季才資光一令レ書二奏状一、被レ付二頭弁実行一畢、十月廿三日、任二申請之旨一、止二尊勝寺灌頂一、東寺分而、以二東寺恒例灌頂一為二斎會一、准二南北三會幷尊勝寺灌頂之例一、以二両界小灌頂一阿闍梨追二次第労一、可レ被レ補二権律師一之由宣下畢、一宗之人併以歓喜踏躍、(28)

この寛助の決断の理由は永久元年十月二十日の太政官符に見えている如く、「本寺の勤を以て、勧賞を行はるれば、承前不易の例なり。興福寺維摩會講匠僧綱に補せらる是なり。件の例に準じて尊勝寺灌頂を勤めず、只本寺恒例の灌頂を以てその労績となし畢ぬ」(29)と。すなわち、

不レ勤二尊勝寺灌頂一、只以二本寺恒例之灌頂一為二其労績一畢、両部之後、守二次第一被二採択一者、自宗専成二歓喜之思一、他宗又无二訴訟之愁一、（中略）而尊勝寺灌頂、自他宗相互勤行之間、頗違二彼素意一、仍於二尊勝寺灌頂一者、偏被レ付二天台宗一尤穏便歟、抑歴二三會一會灌頂御修法労一者、各預二勧賞一、然則以下遂二灌頂業一之輩上、同令レ勤二行御修法一、被二抽賞一者、僧綱之員数不レ増、諸徳之昇進相同歟、(30)

と述べてこの尊勝寺灌頂より東寺が積極的に引揚げた理由はこれを天台両門に譲るほうが波瀾を生ぜず、それに巻込まれることなく独自の道を歩むことができると判断したからであった。

このようにして寛助は、永久元年（一一一三）東寺灌頂を以て僧綱に任ぜられる道を開いたのである。

一以二小灌頂労一任二僧綱一事

太政官牒東寺

應下以二寺家恒例灌頂労歴二弐年一次第補中任権律師職上事

右、太政官今日下二治部省一符偁、得二権僧正法印大和尚位寛助今年九月廿二日奏状一偁、謹撿二案内一、東寺灌頂者、承和聖代為二鎮護国家一所レ被二始修一也、多歴二年序一、久積二薫修一、（中略）倩思二事情一、以二本寺之勤一被レ行二勧賞一者、承前不易之例也、興福寺維摩會講匠補二僧綱一是也、准二件例一、不レ勤二尊勝寺灌頂一、只以二本寺恒例之灌頂一為二其労績一畢、両部之後、守二次第一被二採択一者、自宗専成二歓喜之思一、（中略）大師遺跡最可二重崇一、其故者、移二青龍寺一、以開二灌頂堂於東寺一、擬二内道場一、以立二真言院於禁中一、随又被レ修二後七日御修法等一、厳重之儀、甚深之法也、（中略）望請天恩、因二准傍例一、以二東寺灌頂労一行二勧賞一、次第被レ補二権律師職一者、奉レ祈二万歳千秋之御願一、将レ為二令法久住之基趾一者、正二位行大納言兼民部卿太皇太后宮大夫源朝臣俊明、奉　レ勅依レ請者、省宜承知、依レ宣行レ之者、寺宜承知、符到奉行、

永久元年十月廿三日

権右中弁藤原朝臣　　左大史小槻宿禰[31]

との官符を獲得して、東寺灌頂の績労による僧綱への昇進を決定づけたのであった。

このような東寺の灌頂による僧綱昇進を知っていた園城寺は、わが寺も顕劣密勝の立場をとる以上、叡山に対する立場から、東寺の場合を範例と考えて、それにのっとって園城寺は、真言密教灌頂壇に入るまえに行われる三摩耶戒作法を以て叡山の戒壇院受戒と同等の資格を得ようと意図したのであった。そしてそれはもちろん僧階昇補への道を開くものであることを意味した。また明尊以来の百四十年間の悲願を達成するためにも、正元二年（一二五九）に三摩耶戒による法臈の確保による寺門の位置づけをなそうとしたのであった。

左弁官下　園城寺

應下當寺沙弥以二三昧耶戒一令上レ定二法臈一事

右権大納言藤原朝臣師継宣奉　レ勅、園城寺沙弥以二三摩耶戒一宜レ令レ定二法臈一者、寺宜二承知一依　レ宣行レ之。

正元二年正月四日　　大史小槻宿禰有家在判

中弁藤原朝臣光国在判(32)

これに対して山門はただちに大衆蜂起して、日吉社の八王子、客人、十禅師三基の神輿を振りかざして都に押入り、北野・祇園の神輿もこれに与し、山門では三堂、諸堂、社頭の門戸を閉し、延暦寺大講堂に衆徒会し、抗議を続けた。

同十一日依二山上催一門徒僧綱等登山京都住山共会二合大講堂一畢、起請文云、

一、今度企二訴訟一願レ召二返園城寺戒壇　官符一於二此事不一レ如レ意者、連名之面々各可レ離二山一此事不レ可レ拘二門跡長者師匠之制禁一致二一味同心沙汰一又不レ可レ存二自他門跡意趣一専合躰可二訴訟一、若無二　天裁一速発二向三井一打二滅寺門一即坐雖レ亡レ命可レ無レ悔者也、右相背輩速蒙二神明罰一、仍連名起請如レ件

正元二年正月十一日　　中納言法印親暁(33)（以下四十五人連名）

このような山門のきびしい糺断に耐えきれず、ついに朝廷は、鎌倉の背景をもってする園城寺方の申状も拒み、一端園城寺に差出した官符も十九日には

右弁官下　園城寺

應レ召二返三摩耶戒　官符一之事

右、権大納言藤原朝臣師継宣奉　レ勅、園城寺三摩耶戒宣下已訖、而山門貽二鬱訴一　朝廷難レ被二黙止一、早可レ召二返官符一之由、宜レ令二下知一者、寺宜二承知一依レ宣行レ之、

大史小槻宿禰在判
有宗(イ家)

正元二年正月十九日

中弁藤原朝臣在判(34)
光国

とまったく朝三暮四のありさまであった。ここで、つぎに園城寺方の主張する三摩耶戒による戒壇院受戒の代替に対する論議の状況をさぐって見ると、もし三摩耶戒のみでも認められないとき寺門側は「沙弥已失二定夏臈之儀一、門徒豈有二休愁之時一乎、一寺所存、異途全無」(35)という状況に追いやられ、この訴訟は、全く「今案レ之、大訴者只傳戒之一事也」と叫ばねばならなかった。ことにこの三摩耶戒は、園城寺としては「一寺得度之法式、何及再勅哉」(36)と必死になって取組まなければならない問題で、山門よりとやかく抗議されるべきものではなかった。しかし山門は三摩耶戒は灌頂の方便として用いられるもので、「三摩耶戒者、学二密教一之輩入二壇灌頂一之時、早為螢二大日法身之戒體一、再増受二梵網報身之戒儀一、是偏就既二定法臈之僧衆一、暫為遂二灌頂之方便一、是以三国之風儀、以レ之未レ定二夏臈一云々」(37)と論難した。これに対して園城寺側は「三摩耶戒者、真言門七種戒之惣号、入二佛家七衆人一之首脚也、於レ所レ受々戒、有二別受共受一、於二能受之人一、有二直入廻心一」(38)、さらに三摩耶戒はなにも灌頂を受けたもののみにかぎったことではない、と主張して、叡山の戒壇院受戒と同様の価値を持つものであると園城寺側は主張しつづけなければならなかったのである。この園城寺の三摩耶戒に対する問題はまた治承二年（一一七八）後白河法皇が、園城寺で権僧正公顕より灌頂を受けられるため二月一日御幸あるべきと伝えられたとき、叡山はこれにするどく反対した。

治承二年正月廿日乙卯、天晴、延暦寺衆徒蜂二起三塔一会合、催二末寺庄園兵士一、是為レ焼二薗城寺一云々、法皇来月十日於二薗城寺一、以二前権僧正公顕一為二大阿闍梨一、可下令レ受二傳法灌頂一給上、仍来月一日可レ有レ御二幸平等院一、寺也然而叡山衆徒鬱レ之、可レ令レ受二天台灌頂一給者、於二延暦寺一可レ有二御灌頂一也、又於レ寺被レ遂二其事一者、彼寺自二往昔宿意也、依此賞被立戒壇歟、不如只依有寺有此事也、速可焼拂薗城寺之由議定、此事風聞及叡聞、然而不進奏状、仍雖不被仰子細、事已火急之由聞食、今日辰剋許以右大将宗盛、遣入道大相国摂津福原亭、被仰合、又召延暦寺僧綱等以右中弁経房朝臣、（院近習人、奉行御灌頂事、）被仰子細於僧綱等蜂起、何故哉、疑申戒壇事歟、全不可有其儀、此事於奉致障碍者、以山不可令用御、早々令登山、可申仰旨於衆徒之由被仰含云々、(39)

そしてこのとき以後源平の兵乱後の文治年間に到るまでもさらに争論がたびたび繰返され、文治二年には後白河院が園城寺御幸を公顕のすすめによって実現し、あわせて戒壇設置の要望を聞こうとしたときに、延暦寺の全玄が十一ヶ条の条文をかかげて、園城寺の灌頂を前提とする三摩耶戒を受けることの非を述べて反論した。ことに後白河法皇は公顕を支持し、また寺門派をたたえたがためにこの対論は甚だきびしいものであったが、これは弘長二年八月の三摩耶戒論争の「園城寺戒壇詰難答」の中に引用しているので、それにもとづいてこの対論の論点をかかげることとする。

山門〔難〕（全玄）

(1) 三摩耶戒者、再増受梵網報身之戒儀也、是一、

(2) 三摩耶戒非真言教主之説、是二、

(3) 一行阿闍梨之心地戒品者、此経浅略一相也、豈以浅略戒、為此宗戒乎、是三、

(4) 大日経持明禁戒品所説、三世無导智戒也、是四、

寺門〔答〕（公顕）

則三摩耶戒者、七種戒之惣名也、可通浅略深秘之戒、梵網十重者是浅略相也、豈混同乎、是一、

三摩耶戒大日経説也、豈非真言教主之説乎、是二、

浅略深秘共是毗盧遮那佛説戒也、真言宗戒何箇浅略而限深秘乎、是三、

三世無导智戒者、方便学処品説也、何云持明禁戒

(5) 此三世無㝵智戒未灌頂人、猶未レ令レ聞二其名一、是五、已上行隆記、

(6) 三摩耶戒、是八壇灌頂、七日行法之中六日行法也、一寺僧侶不二入壇一灌頂之時、無二受戒之儀一可レ為二沙弥一歟、是六、

(7) 三摩耶戒是灌頂法也、別以二此戒一無二傳受儀一、是七

(8) 三摩耶戒、是真言秘蔵也、彼寺者有二顕密両宗一、但顕宗者受二何戒一乎、是八、

(9) 三国風儀、以二三摩耶戒一為二大僧戒一之所、何寺院哉、是九、

(10) 自金智不空已来、諸大師等受二大僧戒一之後、得二三摩戒一也、是十、

(11) 佛法三学所立義、此事不二分明一歟、是十一、六箇条全玄後日勘送行隆許歟、

品説一乎、是四、

三世無㝵智戒者、結縁之者、既傳受二之未灌頂人一、盍聞二其名一乎、是五、

三摩耶戒第六日行用レ之時、則令レ傳二受三摩耶戒一於レ得二比丘之号一也、是六、

不空三蔵等灌頂以前、別受二三摩耶戒一之人也、何云二無別受儀一乎、是七、

三摩耶戒是七衆別受之戒、為二大僧戒一之寺院、是西天一向大乗寺等也、猶如以菩薩戒、但顕宗者何憚乎、是八、

以三摩耶戒為二大僧戒一之寺也、是九、

受二三摩耶戒一之人、有直入二廻心之二類一、受二菩薩大僧戒一之後、得二三摩耶戒一、不レ可二定申一者也、是十、

佛法三学所義、立二此事一之条、一向大乗寺等之真入二真言門一之衆也、是十一、

文治二年後白河法皇御時、三井公顕僧正、為ㇾ達二戒壇之宿訴一、爰全玄僧正以二大日経幷義釈文一、令ㇾ破二公顕偽奏一、忽預二叡感之余一、勅問云、即以二灌頂三摩耶戒一為二真言宗戒一、可ㇾ立二戒壇一哉、座主申云、此義不ㇾ可ㇾ有、以二其宗教主説戒一称二其宗戒一、而三摩耶戒非二真言教主説一之由、撿二文尽詞一、経二奏聞一之間、終止二園城寺臨幸之儀一、兼断二三摩耶戒壇之望一訖、然者、彼三摩耶戒、就二顕教一未ㇾ作二法藹之羯磨一、寄二密教一難ㇾ称二其宗之戒壇一、

此外僻言雖多、非二今所用一、不ㇾ能二破尽一矣、(40)

ここにおける寺門側の立場は、山門が梵網十重戒を重視するのに対して、(1)梵網戒は浅略相で、三摩耶戒ほど深秘なものでなく、(2)山門側が三摩耶戒は真言宗の説といい金剛界を重視するものの用いるもので、天台宗では採らないとするも、寺門側の密教重視の立場からすれば、三摩耶戒は大日経による胎蔵界の立場でも認められるものである。(3)そのうえ三摩耶戒は毘盧舎那佛の説いた戒である以上、真言説戒に浅深の区別があってはならないのである。(4)山門はこの三摩耶戒は大日経持明禁戒品を充てているのに対して、寺門は方便学処品を充当し、(5)山門が、三世無导智戒で未灌頂の人に与えるものでなく、単に灌頂に限られたものと見るのに対して、寺門は結縁の人にも、未灌頂の人にもともに与えることができるものであると述べ、(6)山門では不入壇・無受戒のものは沙弥と称するのに対して、寺門は三摩耶戒で比丘を得ると便じている。山門は三摩耶戒はあくまでも灌頂のためのもので、この戒には傳受の意義

はもたないからこれを受戒と振返るだけの価値はないとするも、寺門は別受として考えるもので、不空三蔵の示したように灌頂以前に必ず受けなければならないものであるとしている。(8)特に山門では、園城寺は天台宗の末寺で顕密両宗を兼ねているのが原則である以上、密教による灌頂の存在を認めても、そのときにおこなう三摩耶戒は密教に限ったものであって、いったい園城寺の顕教系のものはどこの戒壇に登るべきであるのか、と難詰するのに対して寺門は、三摩耶戒は七種別受の戒で、これは顕宗の菩薩戒と同等のものと理解すべきである。(9)また山門は三国で三摩耶戒を、顕教の受戒と置きかえている寺が存在するのかどうか、についての質問には、寺門の返答はいまだ充分でなかったのに対して、山門側はさらに追求して、三摩耶戒は戒壇院受戒の後に得る戒で、戒壇院受戒と同律に取扱うものではないと述べた。これに対して寺門はまた反論して、必ずしも戒壇受戒の後とは限定せず、直入・廻心の心をもつ人あらば三摩耶戒を授くべきものであるとその普遍性を強調した。(10)また戒定慧の三学を顕宗で立てるも、三摩耶戒のみでは不分明であるとするも、寺門は一向大乗寺（天台寺院）でも真言門の人は三学と共に実施すべきものであると論破している。この問題をさらに結論づけるとき、密劣顕勝の立場をとる園城寺としては、いまや大乗戒壇院の設置より灌頂の三摩耶戒によって代行しようとしたため、その主張は真言を行ずる園城寺は灌頂以前の三摩耶戒を重視せざるを得ないのであって、この点では東寺の灌頂を以て僧綱昇進へ開いた道の方が無難であった。ことに天台宗は最澄自身が止観業と遮那業との合一を求めたにかかわらず、そのことがかえって延暦・園城の対立の根源ともなり、さらに戒壇院での菩薩戒と灌頂壇における三摩耶戒との対決ともなって数百年にわたる抗争が繰返されたのであった。

園城寺はあくまでも、さきに正元二年正月四日の許可にもとづく三摩耶戒の断行を辞せず、これを早くも実行することにしたため、山門は文永元年（一二六四）五月二日に寺門に対して焼討を行った。その理由としては、四天王寺に園城寺の公顕が、園城寺の唐院を模して五智光院を建てたことなどにより、四天王寺別当を寺門で確保しようとしたことに反対して、これを山門に取りかえそうとしたが、その沙汰が朝廷において渋滞したために、延暦寺の講堂、四天王院、戒壇院、常行堂、法華堂を焼いたときに、園城寺はこれを機として権僧正仙朝を請うて三摩耶戒を修して沙弥を度したことに抗議をして、この行動にうつったのである。

五月二日山門衆徒発二向園城寺一金堂以下堂塔房舎等悉焼失、依二去月廿九日三摩耶戒執行事一也、同三四両日衆徒重発向焼二拂三別所并関寺一、凡三井焼失雖レ及二度々一寺中三別所大津東西浦拂レ地焼失不レ如二今度一、先レ是山門発向最前三井衆徒遣二使者於武家一雖レ乞二救兵一六波羅不レ遣レ之、[41]

そして三摩耶戒問題は、絶えず園城寺側の炎上につながり、それを機に、園城寺の大津の東西浦の支配権確保をねらったものでもあった。それはまた公家方に立とうとする山門と、武家方に立つ寺門との対立をも含めた様相を示していたのであった。またそれは宿命的とまでいえるのである。

この山門と寺門の抗争は、この文永元年以降も続けられ、山門も寺門も血気にはやる若輩の僧によって事ある毎に蜂起を企てたのである。文保三年（一三一九）再び園城寺金堂供養及び戒壇のことで争乱に及んだ。この年の二月に顕弁僧正を三井長吏として拝堂した時に長承僧正を戒師として受戒を受けたことに対するきびしい山門側の反発が起こり、山門は「可レ被レ破二却自由之戒壇一之由、及二奏聞一」[42]と述べ、これについて後宇多法皇は院宣を下して、この受戒を認めないことにした。

園城寺金堂供養并戒壇事、無二其沙汰一之上者、不レ被下二勅使一之条勿論、其子細度〻被二仰下一候了、不レ可二疑殆一歟、然而猶不レ属二静謐一云〻、事之次第尤不二穏便一、且於二戒壇一者、起レ自二霊神之冥慮一、及二于衆徒鬱陶一之間、此両条、代々棄捐之条、或被レ載二官符一、或被レ下二院宣一了、已為二永格一、雖三向後更不レ可レ有二勅許一、若有二張行之輩一者、早可レ被レ加二炳誡一、凡尊三崇当山当社一、卓二礫他寺他門一、云二大宮造営一、云二講堂供養一、有二急速御沙汰一之処、忽及二嗷々儀一之条、殊所レ被二歎思食一也、叡念之異レ他冥鑒定可レ通歟、只以二一旦鬱念一、争招二両寺之闘乱一哉、早可レ止二発向之儀一之由、重猶被三差二遣御門徒一□可レ有レ宥二御下知一之旨、御気色所候也、仍執達如件、

（文保三年）
四月十九日酉ー　　左衛門佐資明

謹上　中納言僧都御房(43)

もともと朝廷としては戒壇設置のことは代々これを認めぬ方針である以上、これをくつがえすことはできないとの態度をとった。そのために、それをあえて行った長乗僧正を土佐に流罪とすることに決定した。その理由はまったく「園城寺金堂供養并戒壇事、不レ経二奏聞一、自由張行不レ可レ然之間、長乗僧正所レ被レ処二流刑一也、（中略）於戒壇并城擲者、厳密被レ仰二武家一、忩可レ被二撤却一(44)」として、大覚寺派を以てする後宇多院は、叡山側に立つ武家方の寺門にきびしい判断を下した。この時の延暦寺側は、あくまでも最初の貞観八年十一月十一日の官符を楯にとって、園城寺は延暦寺の末寺ときめつけ受戒は寛平三年十月二十八日の智證大師の十二ヶ条を引用して、「一、我没後、門人必於二大乗戒壇院一、受二菩薩大戒一、不レ受二小乗劣戒一、一、我没□（後カ）、門人若受二小乗劣戒一、彼門人於二大講堂庭一、成二大集会一、可レ放二捨我門徒一、拂二山門僧衆一耳(45)」という過去の鉄則を振りかざし、そのうえ、園城寺別当は山門より補任されるべきであるとの過去の官符を示して、園城寺の性格こそは、

一、三井凶徒非円宗器用事

高祖傳教大師遺誡、尋我法花宗由。緒、初靈山大簇、後者天台也、我宗学者、為国為家、必可山修山学云々、彼寺凶此故。類。永（棄）奇本山之奥区、偏卜三井之凶地、

更非山修山学之侶、争為円虫(融)円頓之器、仍長寛元年被下園城寺　宣旨云、何背天台戒品、可従他宗之和上哉、
自今以後可停止云々、乱代々亀鏡、巧連々梟悪、違犯之科、罰而有余者歟、(46)

と、園城寺は天台の本義と異なるものであると非難し、「非円宗器」と反発した。そして延暦寺はこの院宣を好機として園城寺への発向を実行にうつした。このことについて、非常に煩瑣ながら、重要な意義を示している以上、禅定寺文書の全文をかかげることとする。

一、今度発向、且任先規、且不背　勅定事

金堂供養幷戒壇事、去十三日欲遂其節之間、可賜警固之由顕弁僧正申武家、々々又承　勅定、可遣定軍之由被経　奏聞候了、就之遮被下　院宣云、戒壇事更無　勅許、若為自由張行者、尋捜交名可断罪寺門凶徒云々、宿老等且仰　勅定、且任門主貫首之厳命、相宥若輩之処、同十八日建立戒壇、遂行受戒之条、顕然之間、任先例、山門治罰、更不可有豫儀之由、若輩頻蜂起之刻、於自由戒和上者、遮被処還俗遠流之重科了、而廿二日院(後宇多法皇)宣云、戒壇幷城擲事、仰武家可撤却之由、厳密御沙汰之最中也、明日明後日止物忩之儀、可相待聖断云々、廿三日院宣云、明日中可撤却之由所被仰武家也云々、任数通之　院宣、雖相待武家撤却、二四日空暮了、其上、山門園城寺咫尺之間、不撤却之条、已以眼前也、而及暁天　院宣等到来、武家申詞云、園城寺戒壇幷城擲事、就　院宣、触申聖護院・円満院之処、被承諾申之間、差遣使者(秀尚・良成)致沙汰云々、申詞之趣太以矯餝也、就中大津東浦者、山門一円之進止、山王垂迹之霊地(有社壇、号四御前)、田中恒世末孫生得神人住所也、而凶徒等為招敵、廿五日早旦焼拂彼浦畢、剰発向山門領南志賀、欲焼失事、已及二ケ度了、里人群集、致防禦之間、凶賊希有而引退了、爰知、三井両門之承諾、武家両使之撤却、云紿云恰已以無実、仍不堪鬱陶、若輩発向了、于時叡峯之瑞雲、須臾而起、

園城之炎焰、忽然而揚、小(北)山之遠見、東川之謳歌也、或野鳥導道俗、或猿猴交軍陣、戒壇灰燼、更非人力、一寺魔(廃)滅、起自冥慮者歟、数日思惟不背　勅定、衆徒発向不乱先規云々、

以前条々、大概如斯、今度山門衆徒、且随厳密之勅定、且待武家之撤却、発向之日限送旬日、若輩之炳誡存豫儀之条、有忠無料、有理無誤、所詮使節之検知、撤却之妄語、匪啻椋(重)　朝儀、既似軽武威、科条尤深、争遁其誡、此等之趣、具可被注申関東者歟、若雖令撤却、忽企発向之由及注進者、非招御沙汰之参差、須貽衆徒之欝憤者歟、仍為仰憲法之注進、所成一揆之衆儀而已、(47)

この事書によると、山門は寺門に対して院宣にもその許可なく、勝手に受戒をおこない、去る十八日に受戒を施行したことは、山門としてはどうしても治罰を加えるべき必要があると若輩はわめきたてている。そこで山門は戒壇と城郭の撤去を園城寺と武家に申入れたが、なかなか要領を得ない。そして円満院・聖護院門跡も言を左右にして本意を示さない。その上、寺門は大津の東浦を手中に収め、日吉神人の田中恒世の末孫を襲い、あまつさえそこを焼き払い、山門領の南志賀を焼討しようとしたとして、園城寺に焼討をかけようとするものであるとの理由をかかげている。そしてこの行動は文保三年（一三一九）の四月の花園院宸記の記録によると、

十三日、戊戌、晴今日傳聞、三井寺欲供養金堂建戒壇、仍山門蜂起、神輿已可有入洛云々、顕辨僧正建立戒壇云々、天魔之所為歟、但聖護院円満院等争申云々、

十五日、庚子、晴、貞観政要談義如例、談義了連句卅韻、山門猶未落居云々、十七日衆徒等可発向園城寺云々、聖護院円満院請文者、戒壇事更無其実云々、尤以不審事歟、顕辨僧正去十一日、送使者於武家申云、戒壇事、若輩衆徒蜂起之間、雖加制止不叙用之由申送云々、而今忽諍申之条頗不審事也、

十八日、癸卯、傳聞、去夜丑剋許三井寺衆徒二百人許、帯甲冑至長乗僧正房、迎取行園城寺云々、是為金堂供養戒和尚云々、但聖護院円満院等申顕辨僧正所、不授之受者相残之間、為灌頂所迎取也云々、但寺門衆徒自称云、金堂供養了、戒壇立了云々、何真何偽未辨者也、天魔之所為不能左右、依此事山門弥蜂起、廿一日可発向寺門云々、法滅之相誠足歎者歟、

廿五日、壬戌、晴、今暁山門衆徒発向園城寺云々、午剋参今小路殿、今日御湯殿始也、其次第不能具記、未剋許資明参申云、園城寺金堂戒壇等皆焼拂了云々、法滅期已時歟、悲歎之至不能記盡耳、今夕可有改元之由有沙汰、而依園城寺事及豫義、有勅問于人々云々、

裏書
園城寺為山門被焼先例及度々歟、然而今度堂并僧坊等、不残一宇拂地焼失了、此事超過先例、是併法滅之期歟、可歎息……(48)

この月の十三日より山門の蜂起が始まり、十五日に園城寺に向い、寺門側は二百人計でこれと対決し、二十五日に到って金堂、戒壇等をすべて焼き拂い堂宇および僧房等一宇をも残さず焼亡したことは先例にも見られないほどであった。

園城寺の焼亡の記録については禅定寺文書のなかに「園城寺廻禄」をしたためて十度を数えている。

薗城寺廻禄事

承保二年二月廿五日

白河院御代　天台座主勝範

永保元年六月九日

崇徳院御代　　座主行玄自保安二年二十年、

白河院御代　　座主覚尋自承保二年七ケ年、

保安二年潤(マヽ)五月二日

鳥羽院御代　　座主行玄(仁亮)自永保元年四十一年、

保延六年五月廿五日

亀山殿御代　　座主最仁自建保二年五十一年歟、

応保三年六月九日応保治二年三年ノ三月改元不定云々

二条院御代　　座主快修自保延六年廿四年歟不定、

建保二年四月廿四日

順徳　　座主慈円自建(応)保三以来五十一年、

文永元年五月三日

弘安三年六月廿四日但三井寺不焼云々

大覚寺殿御代　　座主道玄自文永元十七ヶ年、

文保三年四月廿五日

座主慈勝自弘安三年四十年、

自文永元年至于文保三年五十六年歟(49)

このようなことによって、山門寺門の関係はまったく焼けば造り、造れば焼くということを繰返すにすぎず、花園院は「天魔の所為」「法滅之相」となげかれずにはおられなかったのである。人々は園城寺が焼ける毎に民家もその災害をこうむり数え歌や落書を作ってこれをなじった。

一大事之訴詔ニ、　二ケ条之有事、
三摩ヤ(耶)戒与堂供養、　四めい(明)之衆徒ニせめられ、
五(御)裁許もなけれハ、　六波羅もゆるさず、
七度までや(焼)かれて、　八度目ニあたりて、
九やうせん(供養)とせしかバ、　十方よりせめられ、
百余人之大衆、　千(詮)なしとてにげしハ、
億(憶)治なくぞおぼゆる、
山風ニフキヤブラレテ寺クモノ　イクタビ家ヲツクリカウラム
寺法師イカヅチニコソニタリケレ　ナリノミナリテヤガテオツレバ

いまは又たゝぬものゆへかいたむ（戒壇）のけふりとなれることぞかなしき(50)

とて、この山門寺門の争いは、琵琶湖の大津をめぐる港湾権の問題まで含んで、混乱に混乱を重ねていったのである。いまこの禅定寺文書は奇しくも、この戒壇問題の実態を示しているといっても過言でない。

山門側はあくまでも園城寺は天台別院にして、末寺であるという根拠から離れようとしないし、また山門も自ら権威を重んじて、籠山につとめ祖師の教学を護持し、真言から遠ざかろうとしたことが、かえって山門をして京都の貴族や、四天王寺の獲得におくれをとる結果となって、その張本としての園城寺攻撃に終止しなければならなくなったのであるといえるのである。一方また園城寺は、延暦寺戒壇に登ることができず、いたずらに窒息死させられるような状態から一歩でも抜け出るためにも、いち早く京都に進出し、朝廷や貴族との関係を深めてゆくためには、やはり真言宗の退潮を見せはじめた六勝寺建立の頃より中央への進出を目ざましく始め、ことに寺門派は六勝寺別当、延暦寺総持院検校、定心院十禅師（以上二院は円珍時代のみ）、法性寺座主（余慶）、四天王寺別当（定基）、法成寺寺務執行（心誉）、梵釈寺別当（禎範）、崇福寺別当（増誉）、平等院執印（明尊）、清涼寺別当（隆明）、廣隆寺別当（増誉）、浄妙寺検校（観修）、西明寺別当（公伊）、證金剛院検校（覚猷）、白山検校（覚宗）、蓮華王院別当（公顕）、円宗寺別当（有観）、鶴岡八幡宮別当（隆弁）、熊野三山検校（増誉）、新熊野〔今熊野〕検校（覚讃）など園城寺の兼帯する諸職は京中に拡大し、そのためにも叡山は北陸や山陰・東北等に日本海に沿って教線を進めるしか方途なく、修験等にも立遅れ、のちに寺門は真言宗醍醐派とともに大峯山に進出し、叡山の勢力の中央貴族への進出をはばんだのであった。それはまた他方からすると、まったく円珍の顕劣密勝の教学にささえられたといえるのであって、私はここに両者の対決は最澄自身にも存在し、それが具体的になるにつれて、それぞれの高僧が自然と立場を異にするにいたって、より明確に慈覚門徒・

智證門徒と称して相対立し、それぞれが、それぞれの門徒の祖師に忠実になればなるほどきびしい対決が運命的といえるほどに、宗教戦争的な様相まで露呈してくるのであって、この問題は決して悪僧論や僧兵論で解決されるべき問題であってはならないのである。以上これを以て私の結論とすることにする。すなわち顕劣密勝・密劣顕勝こそが、両者対決の根幹であるというべきである。

(1) 扶桑略記第二十七、正暦四年正月十一日
(2) 元亨釈書巻第四、慧解三
(3) 大雲寺縁起（大日本史料）正暦四年八月是月条
(4) 顕戒論（日本思想大系本）一一五頁
(5) 元亨釈書第四、慧解三、釈明尊
(6) 参考源平盛衰記十、三井戒壇不許事（史籍集覧本）
(7) 『園城寺の研究』所収、福尾猛市郎「慈覚門徒と智證門徒の抗争について」
(8) 春記、長暦三年閏十二月一日条
(9) 同右、同年閏十二月二日
(10) 扶桑略記二十八、長暦三年二月十八日条
(11)〜(17) 寺門伝記補録十八、明尊座主論事、三一二頁
(18) 春記、長久元年六月二十六日条
(19)〜(21) 寺門伝記補録十八、覚忠座主論事、三一四頁
(22) 園城寺事書（鎌倉遺文㈩八八六九号、弘長二年八月条
(23) 釈家官班記下（群書類従本）六九頁
(24) 天台座主記、増誉の条、七三頁

(25) 平岡定海『日本寺院史の研究』「六勝寺の成立について」六六五頁
(26) 尊勝寺供養記(群書類従本)二九五頁
(27) 中右記、長治元年三月二十二日条
(28) 同右、長治元年三月三十日条
(29) 東宝記第四、法宝上(続々群書類従本)九一頁
(30)(31) 東宝記、法宝下、永久元年十月二十三日条
(32) 天台座主記、尊助の条、二三八頁
(33) 右に同じ、二三八頁
(34) (32)に同じ、二四二頁
(35)~(38) (22)に同じ(鎌倉遺文㈦、二一七頁)
(39) 山槐記、治承二年正月二十日条
(40) (22)に同じ
(41) 天台座主記、最仁の条、二五四頁
(42) 天台座主記、慈勝の条、三二二頁
(43) 禅定寺文書(十巻文書)九七、後宇多法皇院宣案
(44) 同右、後宇多法皇院宣案
(45) 同右、九九、延暦寺衆徒一揆衆議事書案
(46)(47) 右に同じ
(48) 花園院宸記、文保三年四月十九日~二十五日条(宸記集下)
(49) 禅定寺文書、九八、園城寺廻禄記録(一一七頁)
(50) 同右、九七、園城寺戒壇事文書案、㈨落書

第三章　地方寺院の成立と構造

第一節　筑前国観世音寺の成立とその性格

一　観世音寺の成立と諸国講読師について

観世音寺の成立、およびその推移については、かねてより、竹内理三氏が「筑前観世音寺史――東大寺の末寺となるまで――」と題して、『南都佛教』第二号に発表されたもの、(1)および、高倉洋彰氏が「筑前観世音寺史考」(2)として、述べられた論文によって明確にされているのである。ことに観世音寺の造像、とくに「観世音寺と不空羂索観音像」(錦織亮介)(3)や、また寺域については、さきの高倉洋彰氏が「筑紫観世音寺の調査とその成果――伽藍配置に関する新たな知見を中心に――」(4)と題して、考古学的な分野から種々検討を加えられている。

殊に竹内理三氏が観世音寺についての詳細な検討の中で、観世音寺が東大寺の末寺化した問題のなかで「東大寺末寺化は、東大寺側の積極的なはたらきかけによるものであることが察せられる」(5)と述べられ、高倉氏も「保安元年（一一二〇）に観世音寺は東大寺の末寺となる。種々の原因があったろうが、律令制の崩壊にともなう大宰府権力の衰退と、観世音寺の莫大な経済力の掌握を目的とした東大寺の進出にしぼられる」(6)と述べられている。

いまこのことについて、観世音寺の性格を寺院構造の方向から検討を加えると共に、いかなる理由によって、観世音寺が東大寺の末寺化しようとする動きに応じたのか、そしてそのような可能性が観世音寺側にも存在したのかどうかなどの問題に触れてゆきたいと考えるものである。

観世音寺の創建については、斉明天皇七年（六六一）新羅と唐の連合軍が、百済を討つ軍を起したがために、百済への援軍を催して、斉明天皇が自ら軍を西に進めたのであるが、(7)この年に天皇が崩御されたため、天智天皇が斉明天皇の追善菩提のために創建されたのが観世音寺であると、続紀の和銅二年（七〇九）二月一日の条に述べている。

しかしこの寺の建立は直ちに始められたのではなく、かなりの年月を要して完成に到ったのである。和銅二年はその途中の経過を示したものである。

二月戊子朔、詔曰、筑紫観世音寺、淡海大津宮御宇天皇（天智）奉㆓為後岡本宮御宇天皇（斉明）㆒誓願所㆑基也、雖㆑累㆓年代㆒、迄㆑今未㆑了、宜㆘大宰商量充㆓駈使丁五十許人㆒、及逐㆓閑月㆒、差㆓発人夫㆒、専加㆓撿挍㆒、早令㆗営作㆖、(8)

そしてこの観世音寺については、延喜五年（九〇五）の観世音寺資財帳にその全容が示されているといっていいのである。

つぎにこの寺院の建立のための動きが見られるのは、天智天皇の時代ではなく、天武天皇の崩御の年の朱鳥元年（六八六）に筑前国百戸、筑後国百戸の合せて二百戸の封戸が施入され、その封戸充当の地は、のちに観世音寺によって荘園化された筑前国嘉麻郡碓井郷（五十烟）、同鞍手郡金生郷（五十烟）と筑後国生葉郡大石郷（五十烟）、同山北郷（五十烟）であった。(9)

この寺の造営が初期において捗らなかったのは、その発願者が天智天皇であったがため、壬申の乱を発端として、天智・天武の仲が好ましくなかったことにより渋滞をきたし、文武天皇の大宝元年（七〇一）には近江国の志我山寺とともに五年間に造営の見込みがつかないならば寺封を停止するという制限が加えられていた。(10) このような状況から考えて、観世音寺の成立は大宝二年（七〇二）以後の大宰府の処置により急ぎ具体化されたと考えられる。

この大宰府とは、「ツクシノオホミコトモチノツカサ」と称し、中国・朝鮮へ出てゆく遣隋使・遣唐使・遣新羅使の出発の基点であったと同時に、(11) 大宰府を含んだ筑前国は「成二辺賊之難一也、其峻レ城深レ湟、臨レ海守者、豈為二内賊一耶」(12) と外敵を防ぐための最前線であった。そしてそのために天智七年（六六八）には栗前王が筑紫率に任ぜられている。(13) また十年（六七一）六月には筑紫帥（カミ）に昇り、十一月に対島国司より使を「筑紫大宰府」に使して唐商人の郭務悰等が二千人の人数で四十七隻の艦を以て筑紫に到ることを報じているが、これが大宰府の初見ともいわれ、筑紫大宰府は、対外関係と対内的には九国二嶋を統率し、あわせて筑紫国守を兼ねていたと見るべきであろう。そして天智天皇三年（六六四）に築かれた筑紫の水城を守ることも重要な使命であった。持統天皇三年（六八九）には浄広肆河内王を筑紫大宰帥として兵杖を授けて、大宰府を強化し、遣新羅使・留学僧・新羅送使等の饗応や接待に応ずるとともに防人の監督にも当っていたのである。

大宰府は令義解の職員令によると、

大宰府帯二筑前国一

主神一人、掌二諸祭祠事一、帥一人、掌下祠社、戸口、薄帳、字二養百姓一、勧二課農桑一、糺二察所部一、貢挙、孝義、田宅、良賤、訴訟、租調、倉廩、徭役、兵士、器仗、鼓吹、郵駅、傳馬、烽候、城牧、過所、公私馬牛、闌遺雑物、及寺、僧尼名籍、蕃客、帰化、（謂、遠方之人欽レ化内帰也、）饗讌事上、大弐

一人、掌同レ帥、少弐二人、掌同二大弐一、[14]

このように大宰府は帥を中心として、大弐・少弐・大監・少監・大典・小典・大判事・少判事・大令史・少令史・大工・少工・博士・陰陽師・医師・笇師・防人正・佑・令史・主船・主厨・史生等、総員五十人を数え、大宰府は筑前国のみならず筑後・豊前・豊後・肥前・肥後・日向・薩摩・大隅の九国と壱岐・対馬二島の管理にあたった。文徳実録によれば、

夫大宰府者、西極之大壌、中国之領袖也、東以二長門一為レ関、西以二新羅一為レ拒、加以、九国二嶋、郡県闊遠、自レ古于レ今、以為二重鎮一、夫謀レ事必就レ祖、発レ政占二古語一、因撿二旧記一、大唐高麗新羅百済任那等悉託二此境一、乃得二入朝一、或縁二貢献之事一、或懐二帰化之心一、可レ謂二諸藩之輻湊、中外之関門一者也、因レ玆有徳為二帥弐一、才良為二監典一、[15]

とあるごとく、朝鮮半島の新羅からの使者や中国の使者までここを通り、また西国の重鎮であったから、ここを支配した藤原広嗣などは朝廷に抗する拠点とすることができたほどであった。

このような地理的条件のもとにあった大宰府にあって、大宝二年（七〇二）頃より遣唐使の往還が盛となって、その航行の安全と、風向待や外国の使者接待のためにも、和銅二年（七〇九）には「雖レ累二年代一、迄レ今未了」[16]として放置されていた観世音寺の造営をいまや大宰府をして促進させる必要が生じたのであった。

そしてその資財に充てるために筑後国十六町（三原郡八町・生葉郡四町・竹野郡四町）、筑前国十二町三反百三十六歩（那珂郡三反百卅歩・嘉麻郡六町四反・穂浪郡六町）の熟田を施入されることとなった。[17] しかしこの寺院の完成には単に資財を投じても、それを管理する僧侶を見出さないかぎり無用の長物と化する憂いがあった。

ところが、養老四年（七二〇）二月に隼人が大隅国守陽侯史麻呂を殺し乱を起したとき、大伴家持の父の旅人が征隼人持節大将軍を命ぜられて、授刀を従五位下笠朝臣御室に命じ、九州に下向してより、[18] 大伴旅人は天平二年（七三〇）

大納言に任ぜられて帰京するまで大宰府にあり、神亀五年（七二八）より天平二年までの三年間は大宰帥であった。そのとき彼が引きつれていった笠朝臣の一族から、のちに観世音寺を開いた満誓が出た。

この満誓は俗名笠朝臣麻呂といい、元明天皇の即位した慶雲四年（七〇七）に美濃守に任ぜられ木曽路を開拓し、また尾張守に進み、養老三年（七一九）七月初めて按察使が置かれたとき尾張・三河・信濃の三カ国を管するなど、なみなみならぬ元明天皇の寵愛を受けた。また天皇の養老五年（七二一）の不予に際して、諸寺の併合があわせて行われた。

五月己酉（丁未朔三）、太上天皇不豫、大赦天下、辛亥（五）、令下七道按察使及大宰府、巡二省諸寺一、随レ便併合上、壬子（六）、詔曰、太上天皇、聖体不豫、寝膳日損、毎レ至二此念一、心肝如レ裂、思下帰二依三宝一、欲レ令二平復一、宜下簡二取浄行男女一百人一、入道修レ道、経レ年堪レ為レ師者、雖レ非二度色一、並聴二得度一、以二絁九千絇一、施二六郡門徒一、勧二励後学一、流二傳万祀一、戊午（十二）、右大弁従四位上笠朝臣麻呂、請下奉二為太上天皇一出家入道上、勅許レ之、(19)

その時、笠朝臣麻呂（満誓）は元明天皇の追善のために得度して、以前よりの天皇の寵愛に報いるためにも、発願出家して、養老三年より大宰府に下っていた旅人のもとにあった笠朝臣御室をたより大宰府に到らんことを願い、許されて造筑紫観世音寺別当となって、この寺の造営に従事することになったと考えられるのである。ことに大伴旅人も元明天皇の不予の報に接して歌を詠じて弔問している。

大宰帥大伴卿の、凶問に報ふる歌一首

禍故重畳し、凶問累集す。永に崩心の悲しびを懐き、独り断腸の泣を流す。但し両君の大きなる助に依りて、傾命を纔に継げらくのみ。

世の中は空しきものと知る時し　いよよますます悲しかりけり

　神亀五年六月二十三日[20]

この世間を無常と観じ「四聖の起滅は夢の皆空しきがごとく、三界の漂流は環の息まぬが喩し[21]」と嘆じた旅人は、その嘆きを満誓と共にすることができたのであるから、旅人は満誓が下向して観世音寺の造営に尽力することを喜んで受けいれたと考えられるのである。

満誓もまた

　沙弥満誓、綿を詠ふ歌一首造筑紫観音寺別当、俗姓笠朝臣麿といふ

しらぬひ筑紫の綿は身につけて　いまだは著ねど暖かに見ゆ

沙弥満誓の歌一首

世間を何に譬へむ朝びらき　漕ぎ去にし船の跡なきがごと

　造筑紫観世音寺別当沙弥満誓の歌一首

鳥総立て足柄山に船木伐り　樹に伐り行きつあたら船材を[22]

筑紫は住みよい処と考え、都の生活は漕ぎにし船の跡なきが如くに思い出の彼方に消え、いまは観世音寺造営のための用材の調達に心をくばるという立場にあったことを示している。

このため観世音寺の造営は満誓の努力によりかなり推進されたと見られる。そして養老六年（七二二）より勅して造観世音寺別当となった沙弥満誓は、天平三年（七三一）にはこの寺院の組織として、三綱の職掌を整え、安居のための伎楽具の施入をはかったのであった[23]。しかし観世音寺の如き、府大寺と称するような大宰府にとっての重要な伽藍は短時日に決して完成するものではなかった。天平十年（七三八）に五年を限って食封一百戸を与えられたが[24]、まだ伽藍

を整えるには到らず、玄昉が入唐して帰国後、宮中内道場に進出して、光明皇后等に則天武后の中国での弥勒大佛造像等の例を示して、東大寺大佛の造像の促進を訴え、勢力日々に盛なることを求めたが、この玄昉の内道場進出を嫉んで乱を起した藤原広嗣の叛乱後、彼もまた妖僧としてしりぞけられて観世音寺の造営に携わることになってやっとこの寺が完成に近づいたのである。

この玄昉について扶桑略記抄は、

流俗相傳云玄昉法師、大宰府観世音寺供養之日、為二其導師一、乗二於腰輿一供養之間、俄自二大虚一捉二捕其身一、忽然失亡、後日、其首落二置于興福寺唐院一、(25)

とのべて、玄昉が観世音寺落慶の導師をつとめたとき、天より彼の首級を奪って南都興福寺唐院に落したという伝説をかかげている。この史実については全く信を置くことはできないけれども、少くとも玄昉が観世音寺の造営に携わった頃には伽藍が次第に整い、落慶への道も開けていたであろうと推察できるのである。しかし玄昉による造営が果して行われたのかどうか、またその成果については全く知ることができない。

しかし観世音寺の伽藍の内容については、延喜五年(九〇五)の「筑前国観世音寺資財帳」を待たなければならない。これは観世音寺当局が大宰府に対して上申したもので、観世音寺講師・読師が署判を加え、三綱がこれを証明し、伽藍・佛像・経典・寺領より奴婢の員数にいたるまで詳細に記載され、大宰府の証判として「大宰之印」が押されている。この資財帳はこの寺の三綱のみでなく、国師と大宰帥が立会いでいちいち実物を検知して明瞭に記載することにつとめている。そしてこの観世音寺資財帳は、貞観九年(八六七)六月十一日に作成された安祥寺伽藍縁起資財帳、同十五年(八七三)廣隆寺資財帳、元慶七年(八八三)九月十五日、河内国観心寺縁起資財帳につぐものであって、これらの資財帳の作成にあたって共通している項目は、一、佛物、二、法物、三、常住僧物、四、通物、五、楽具、六、水陸田、七、雑公文、八、別院に分類されていて、これは延暦十七年（七九八）五月二十日の官符に基づいて作成された多度神宮寺伽藍縁起資財帳の佛物、塔、宝物、布薩、楽具、僧物、通物、墾田等の分類とも共通したものがある。そのような例から考えても、資財帳はまず最初に佛像、経典、常住僧物の三宝物をあげ、ついで伽藍を維持するための、陸田、墾田等を記載する定めとなっていたと考えられる。しかし元慶七年（八八三）の観心寺の記載例では、最初に伽藍の建築物をあげ、ついで佛像等を記している。もちろん寺院によって多少の異同はあるが、その源流は奈良時代の寺院縁起幷流記資財帳の記載例をもとにして作成されているといえるのである。(26)

この延喜五年の観世音寺資財帳では、章を分けて、塔物・通物・用器・佛殿・僧客房・佛経・佛物・法物・観世音菩薩物・聖僧物・通三宝物・塔物・布薩物・常住僧物・温室物・通物・伎楽・用器・鋪設・大衆物を列記している。

その伽藍配置の特徴については高倉氏が詳細に「筑紫観世音寺史考」で述べられている如く、寺領の四至とも関連させながら考えてゆくと、北を大野城南城外の遠賀門下道、東を大野川（御笠川）、南を五条大路ないしは大野川、西を大宰府の学校院との境である松岳と学校院東小路を結ぶ線として、伽藍は西の学校院との境界および南の五条大路が金堂と塔の中心を結ぶ東西線と講堂・中門・南大門を貫く寺の中軸線との交点より、それぞれ一・五町をはかる点が注目され、寺域は方三町を示しているという調査報告がなされている。(27)

そこに三十七余の堂宇が建ちならび、寺域の中央には講堂と中門が廻廊で結ばれ、その内側に東に五重塔、西に東金堂が配されている。その伽藍形態は天智天皇のときからの堂塔配置が飛鳥時代よりの流れを受けて、廻廊内に金堂と塔を左右に並べて、うしろに講堂を置く方式をとった川原寺（弘福寺）や大官大寺、崇福寺の様式を具えているとい

えるのである。(28)

伽藍には南大門、中門、四面廻廊、五重塔、金堂、講堂、鐘楼、菩薩院、戒壇院、大房（僧房）、小子房（僧房）、客僧房、経蔵、倉、竈屋、水屋、備屋、碓屋、政所院等が存在し、金堂の本尊は丈六の阿弥陀如来坐像で銅鋳佛で二脇待を控え、四方に四天王を配した。また講堂には捻像（塑像）の不空羂索観音を安置し、菩薩院には十一面観音画像をかかげていた。のちの康治二年（一一四三）の観世音寺燈油料・恒例佛事料等相折勘文(29)のときは金堂には阿弥陀如来、講堂には聖観音、不空羂索観音、十一面観音、杵島観音（聖観音）、弥勒菩薩、文殊菩薩、新造阿弥陀如来、新造馬頭観音、吉祥天等が安置され、講堂が観世音寺の本堂のような景観が存在していたと考えられる。また五重塔には中尊として金銅阿弥陀如来像が安置されていた。

この寺が金堂の弥陀佛より観世音菩薩を中心に創立されたということは寺名からも明らかであるが、その理由については、天平十二年（七四〇）九月の藤原広嗣の乱に、

勅二四畿内七道諸国一曰、比来縁三筑紫境有二不軌之臣一、命レ軍討伐、願依二聖祐一欲レ安二百姓一、故今国別造二観世音菩薩像壱軀高七尺一、幷写二観世音経一十巻一(30)、

諸国に修羅道を司る観音像（七尺）を造らしめたことなどは、対新羅征伐の戦勝を祈願するための大宰府内の府大寺である意義をより明らかにしているとも考えられるのであり、とくに中央の佛教界の政治僧として宮中内道場を中心として活躍した玄昉や道鏡が、ともに東大寺の戒壇と関係ある筑紫観世音寺と下野薬師寺に配されたのは、偶然ともいえるが、案外、良弁等の指示により罪科を軽減し、両寺の造立と戒壇院建立の促進方をはかった処置であったのかも知れないと考えられるのである。

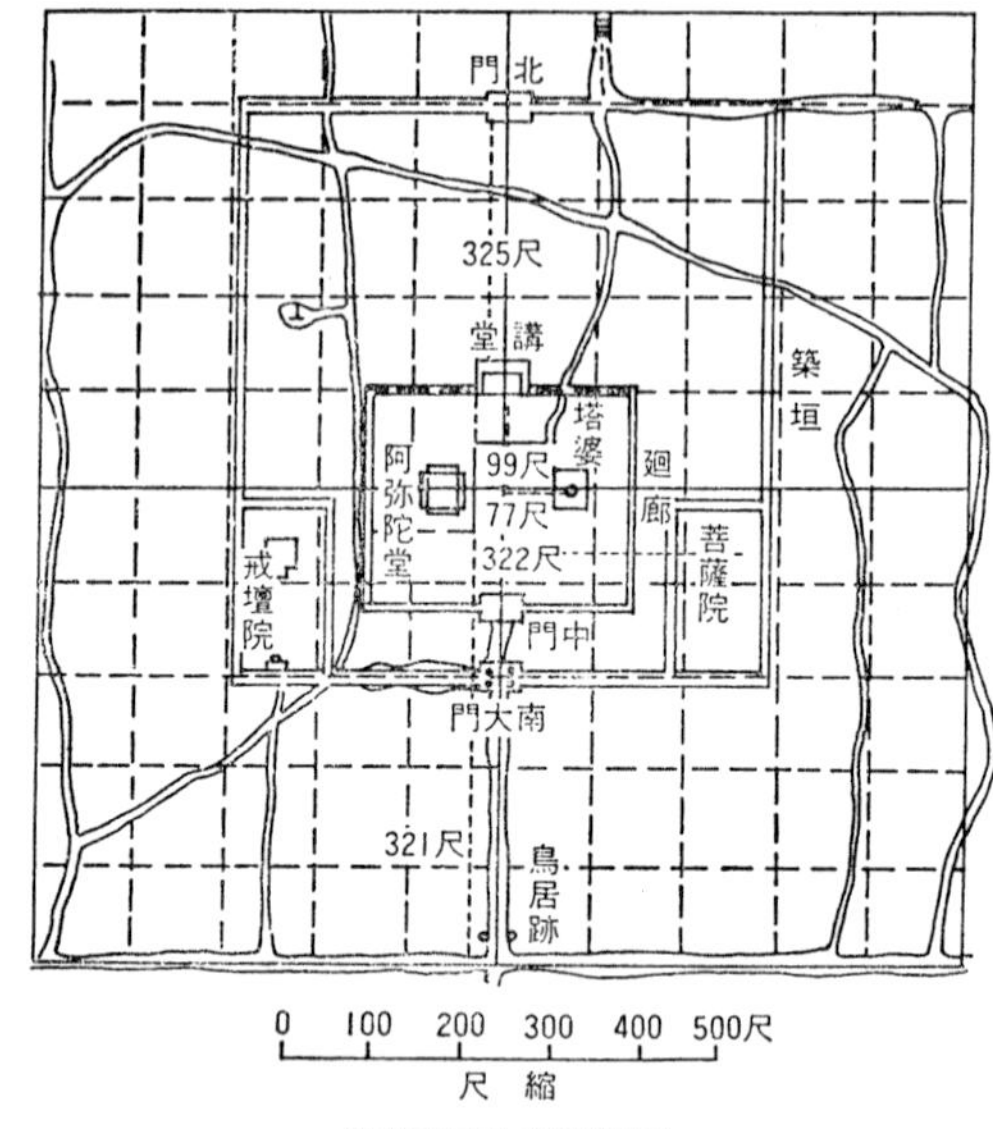

観世音寺伽藍配置図

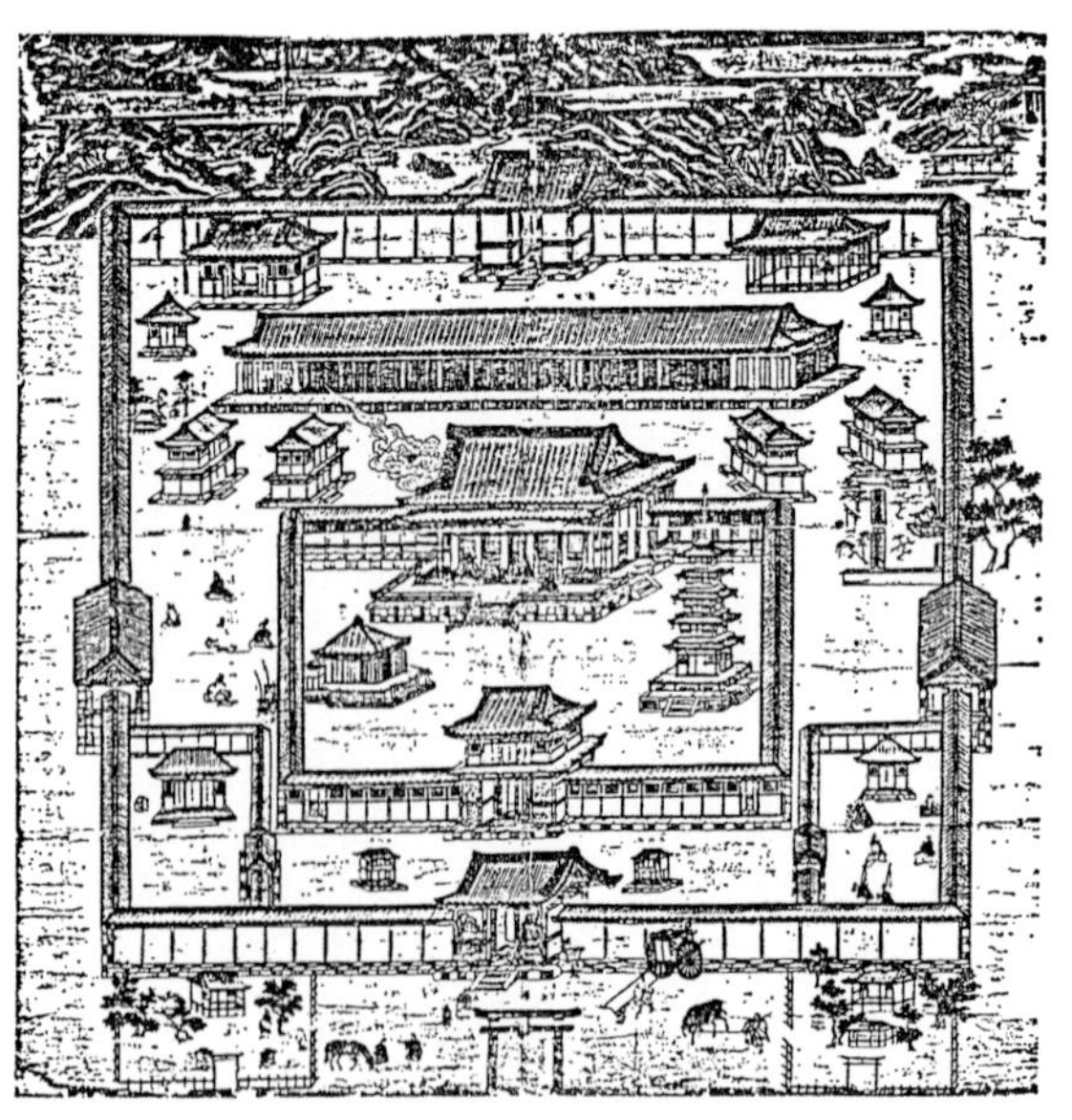

観世音寺絵図

観世音寺はまた呉楽等を演じて、渡来人に対する接待所的な性格も帯びていて、[31]天平十年（七三八）頃より五年を限って食封百戸がこのために与えられ、五百町の墾田が追加された。[32]そして玄昉の左遷をもって天平十七年（七四五）に伽藍の完成を見るに到ったのである。

そのことはまた天平十三年（七四一）三月二十四日の国分寺創建の詔、つづいて天平十五年（七四三）東大寺大佛造顕の詔を出されることにより、筑前国観世音寺と下野薬師寺は次第に脚光をあびてきたともいえるのである。

すなわち、「定二諸寺墾田地限一大安・薬師・興福・大倭国法華寺・諸国分金光明寺、々別一千町、大倭国々分金光明寺四千町、元興寺二千町、弘福・法隆・四天王・崇福・新薬師・建興・下野薬師寺・筑紫観世音寺、々別五百町、諸国法華寺、々別四百町、自余定額寺、々別一百町」(33)と墾田が配分され、ついで大佛造顕事業が着々と進み、そのうえ陸奥国産金の慶事が報ぜられ、ついで諸国諸寺の復興を進めるために墾田が盛んに施入されることになった。観世音寺に対してもこのとき五百町が与えられた。

大宰府　牒国師所

観世音寺

右寺、伍佰町、

諸国国分金光明寺

右寺、壱仟町、

諸国国分法華寺

右寺、肆佰町、

自餘定額寺

右寺別、壱佰町、

牒、被治部省去七月十九日符称(偁、下同ジ)、被太政官今□符称、奉今月一日勅称、去四月一日詔書、寺寺墾田地許奉者、宜依件数施行者、省宜承知、准勅施行□、府宜承知、准状施行者、宜知此状、准状施行、今以状牒、々至准

状、故牒、

天平勝宝元年九月廿九日　　従七位上行少典茨田宿禰五百村

少弐従五位下小野朝臣田守[34]

ここでつぎに注目しなければならないのは、国師についてである。もともと国師が諸国に置かれるようになったのは大宝二年（七〇二）二月二十日の「任二諸国国師一」[35]に始まって、霊亀二年（七一六）には諸国の寺院が荒廃にまかせ廃寺統合の必要が生じ、ここに国師・衆僧・檀越の協力を得て寺院の財物田園の検断を行っている。

詔曰、崇二餝法蔵一、粛敬為レ本、営二修佛廟一、清浄為レ先、今聞、諸国寺家、多不レ如レ法、或草堂始闢、争求二額題一、幢幡僅施、即訴二田畝一、或房舎不レ脩、馬牛羣聚、門庭荒廃、荊棘弥生、遂使下無上尊像永蒙二塵穢一、甚深法蔵不上免二風雨一、多歴二年代一、絶無二構成一、於レ事斟量、極乖二崇敬一、今故併二兼数寺一、合成二一区一、庶幾、同レ力共造、更興二頽法一、諸国司等、宜下明告二国師衆僧及檀越等一、条二録部内寺家可レ合幷財物一、附レ使奏聞上、又聞、諸国寺家、堂塔雖レ成、僧尼莫レ住、礼佛無レ聞、檀越子孫、惣二摂田畝一、専養二妻子一、不レ供二衆僧一、因作二諍訟一、諠二擾国郡一、自レ今以後、厳加二禁断一、其所レ有財物田園、並須二国師衆僧及国司檀越等相対検挍、分明案記、充用之日、共判出付不レ得下依レ旧檀越等専制上[36]、

かくして諸国の寺院の取扱いについては、原則としては国司の職制のなかに国内の寺および僧尼名籍のことを掌ることになっているけれども、[37]聖武天皇等の佛教重視の政策により、いままでの国司管理よりはずして寺院の処理等に当っては国師の関与することが多くなって来て、寺院の所有する田園財物を管理して、たとえ檀越といえども寺院財物に対する専断は許されるものではなかった。このような国師の権威は国分寺が発足すると、国司と共に寺地を簡ん

で経営に携わることになった。しかし国分寺建立について諸国司が必ずしも協力したとは考えられず、その国々の経済的条件も早急にこの目的を達成するには到っていないのである。

詔曰、朕以二去天平十三年二月十四日一、至心発願、欲レ使二国家永固、聖法恒修一、遍詔二天下諸国一、々別令レ造二金光明寺・法華寺一、其金光明寺各造二七重塔一区一、并写二金字金光明経一部一、安二置塔裏一、而諸国司等怠緩不レ行、或処寺不レ便、或猶未レ開レ基、以為、天地災異一二顕来盖由レ茲乎、朕之股肱豈合レ如レ此。是以差二従四位下石川朝臣年足、従五位下阿倍朝臣小嶋、布勢朝臣宅主等一、分レ道発遣、検二定寺地一、并察二作状一、国司宜下与二使及国師一、簡二定勝地一勤加中営繕上、又任四郡司勇幹堪三済二諸事一、専令二主當一、限二来三年以前一、造二塔金堂僧坊一悉皆令レ了、(38)

ことに国分寺は光明皇后と武智麻呂の協力のもとに不比等の財源を費してまでも造営に力を入れたのであって、わが国の則天武后たらんとする光明皇后の意欲も盛であったが、在地に於ける問題としては国司が主催して、国師と共に適地を求め営繕をはじめ、その決定された寺地の上に、郡司が郡内の労力を動員して天平二十一年までに完成させることを約束させることになって、国分寺の詔を出して九年、約十年での目途を立てる必要にせまられたのである。しかしこの国師は国分寺や在地の寺院の経営に従事するといっても、僧綱の支配を別に受け、寺院の三綱と国司とのパイプ役まで与えられ、「今聞、国師赴レ任之日、受二得官符一、解任之時国司无レ状」(39)と国師は在国に赴くとき治部省に通知するも、解任のときには国司に報告しないなど、国師と国司の連絡の不充分なことは、国分寺の運営にも影響を与え十分に効果を発揮したとはいえないのである。

またさきの太政官符に見られるごとく、観世音寺の墾田五百町の施入については、まず国師所に通達してその施行をうながしているので、大宰府にある国師所は観世音寺のほか、九国二嶋の国分寺及び定額寺を統括していたのであ

り、観世音寺が筆頭に書かれていることは、この寺が、天平七年（七三五）に、

勅曰、如聞、比日大宰府疫死者多、（中略）府大寺及別国諸寺、読二金剛般若経一、[40]

と天然瘡の流行を憂えて金剛般若経を読ませたという府大寺はおそらくこの観世音寺を指すのであろう。そのことはいまの太政官符でも国分二寺より上位に寺名を明らかにしていることでもわかるのである。

そして墾田の割当ては、のちの東大寺に当たる大倭国々分金光明寺の四千町は別として、元興寺（二千町）、大安寺、薬師寺、興福寺、法華寺および諸国国分寺（一千町）、弘福寺、法隆寺、四天王寺、崇福寺、新薬師寺、建興寺、下野国薬師寺（五百町）、諸国法華寺（四百町）等の中に組込まれ、四天王寺や、新薬師寺と同等の地位にまで高められた。ちなみに下野薬師寺については天平十年（七三八）の駿河国正税帳に「下野国造薬師寺司宗蔵上一口、従九口、助僧二口」[41]とあることから天平十年頃より造られ「件寺者、天武天皇所二建立一也、坂東十国得度者盛萃二此寺一受戒、今尋二建立之由一、与二大宰観音寺一一揆也」[42]とあって、観世音寺と薬師寺はこの時に対等の地位を与えられたと考えることができる。

そして天平宝字五年（七六一）正月二十一日に、

勅曰、東山道信濃国坂東国々、以二下野国薬師寺一為二戒壇院一、西海諸国、以二筑紫観世音寺一為二戒壇院一、[43]

これは東大寺戒壇が天平勝宝七年（七五五）といわれているから、それより六年後にあたって、東西の戒壇道場が開かれたことになる。[44]

奈良時代、大宰府は藤原広嗣の乱により、天平十四年（七四二）に一旦廃止され、筑紫鎮西府と称したが、同十七年に再び復した。そして観世音寺も府大寺として、また西国戒壇の重鎮として九国二嶋に君臨すると共に、西海諸国にその威光を示すために伽藍の造営と造佛による内容の充実をはかり地位を安定させる必要が生じたのである。

もともと奈良時代における国師制は大国師、小国師とに分かれ、越前等の大国には大国師を、丹波等の小国には小国師を任じていたが、のちに国師に統一された。そして国師は国別一人ずつ六年間を以て任期とし、国分寺の運営に携わり、正月八日より一七日の最勝王経の転読および国庁における吉祥悔過を七僧を請じて行う行事を主催し、春秋二仲日には一七日金剛般若経を転読し、安居への指導や、国分寺の僧尼の闕を補い、その修理等にも関与していたのである。また延喜式の主税上に見られるように、全国の国分寺の供料についての問題においても大国の国分寺料は小国の国分寺料より二万束多く、諸国の国分寺の外に中央の諸大寺へ納付する分や、在地寺院の修理料に充当する分も含まれていた。いまの観世音寺に対しても、延喜年間では、筑前国と筑後国の二国が修理観世音寺料として一千束分を負担することになっていた。(45)しかし国分寺の運営は国司制度が律令体制のもとで強力に推進されていたときにはかかる全国的な配分が可能であったかも知れないが、藤原氏の擡頭は律令制の天皇の上意下達の権威を弱体化することをめざしたものであったし、国分寺の運営は平安時代に到って正しくなされたかどうかは疑わしい。すでに神護景雲年間には「諸国国分寺塔及金堂既或朽損、由レ是天平神護二年各仰二所司一以二造寺料稲一、随即令レ修、而諸国緩怠曽未二修造一、非三唯露二穢尊像一、実亦軽二慢　朝命一」(46)という状況であったから、平安時代における国分寺の荒廃への傾向にははげしいものがあったと考えられる。

　そしていまや国司を中心とする国衙での権威も、藤原氏の関係者以外は排除され、その交替にも実があがらず、このことは国師の六年の任期に於ても同様で、中央寺院におることを欲して地方寺院に進んで行くことを欲せず、平安遷都後は奈良時代の旧制の国師を改変することを欲して、ついに延暦十四年(七九五)八月十三日に諸国講読師に改称されることになった。いまそのことのために便宜全文を掲げることとする。

諸国講読師事

太政官符

應下簡二任諸国講読師一及相替六年為上限事

右得二僧綱牒一偁、案二太政官去延暦十四年八月十三日符一偁、右大臣〔藤継縄〕宣、奉レ勅、如聞、諸国々師任限二六年一、兼預二他事一煩以二解由一、自今以後宜下改二国師一曰二講師一、毎レ国置中一人上、挙下才堪二講説一為レ衆推譲者上、申レ官奏聞、然後聴レ補、一任之後不レ得二輙替一、但読師者国分寺僧依レ次請レ之者、今撿二諸国講師一、或身期二老死一、或情無レ知レ足、則自倦二講席一、何堪二誨導一、遂使二汚レ法堕レ罪背レ師弃レ資、加以當国司等撿二掌伽藍一、諸寺綱維趨二走府庁一、此非下道俗異レ形魚鳥殊レ性之意上、伏望、簡二大智一而任二講師一、挙二少識一而補二読師一、限以二六年一為二秩満期一、其部内寺寄二附件師一、然則用レ人之策永存、媚レ俗之辱自息、謹請二処分一者、右大臣〔神王〕宣、奉レ勅、所下以撰二用講師一特居中永任上者、本欲二人能弘レ道教以利レ民也、而今名應二簡擢一実乖二委寄一、然則味進之可レ責、豈非二採擢之乖レ方、宜三准レ所レ請折中処分、其講師年限一依二来請一、但浅学之輩未レ練二戒律一、年少之人時聞二違犯一、宜下簡二年卅五以上心行已定始終不レ易者一補上レ之、簡レ才用レ譲申レ官経レ奏等一同二前符一、若有下自事二衒売一妄求中俗挙上者、永従二擯出一以懲二後輩一、如二僧綱一受レ囑　揆レ情論レ之、其読師者依レ旧用レ之、又部内諸寺者、講師国司相共撿挍、不レ得二独恣一、(47)

延暦廿四年十二月廿五日

すなわちこの時期においては、中央政府として必要なことは、地方寺院をいかに統制するかということと、巨大な南都寺院の影響力を削減することにあった。そのために従来の国師を改め、講師と称し、在任期間を六年に限り、満位以上の僧より撰び、大智なる僧を講師とし、読師には国分寺僧の小智なる僧より順次薦に任せて補任することと定められたが、講師の夏期における病没に際して、これを補充することに困難をともなっていた。そして国師をして諸国講読師と改変することは、いままでの制度では国司にへつらう国師多く、講席に倦んで、法儀を整えることも出来ず、制度あっても実質的運用に矛盾が多く生じたので、この国師を改めると同時に、延暦二十五年（八〇六）の官符を以て、華厳・天台・律・三論・法相等の「七宗年分度者、受戒之後、各試二其業一依レ次差二任立義複講及諸国講師一」(48)と改められた。このことは七宗の年分度者を以て諸国講師とすると同時に最澄による七大寺に対する天台宗の地方進出をめざす道を開くことでもあった。

そしていまや国分寺も国師でなく諸国講師が、これを検校することに左の如く変更されたのである。

太政官符

應レ令下二諸国講師一撿中校国分二寺上事

右撿二案内一、太政官去天平十六年十月十七日勅偁、国師親臨撿挍務令二早成一、用レ粮造レ物子細勘録以申二綱所一、一切諸寺亦復如レ之者、自レ茲以降遵行既久、至二于延暦十四年一改二国師一称二講師一、専任二講説一不レ預二他事一、堂宇頽壊不レ存二修葺一、尊像損汙無レ情二改餝一、熟論二其理一事不レ容レ然、今被二大納言正三位藤原朝臣園人宣一偁、奉レ勅、自今以後宜下与二国司一共令中依レ件撿挍上、其申二送用度一幷勘二解由一一依二旧例一(49)

弘仁三年三月廿日

このような諸国講師が国分二寺を管理することは、単に教学的な問題だけではなく、寺院の修理経営にまで講師が責任を負うこととなり、その責務が大きくなったのであるが、弘仁九年以後、諸国講師を願う天台宗が国分寺等を通じて地方へ教線を伸ばしていこうとする前途を明るくするものであった。

また国分寺僧の質の低下も、国分寺の経営を危うくする結果をみちびいていた。ことに延喜三年（九〇三）の状況について見てみると、山城国、摂津国等の十一カ国では、「只補二講師一、不レ任二読師一、毎レ修二御願一以二国分僧一為二之読師一、件僧等既無二階業一、安有二智行一（中略）加以七大寺外加二来立義一得業者、其数不レ少、階業之人、八宗是多、補任之国七道数少、或年及二七十一、任二読師一、或算至二八十一被レ補二講師一、遂衰老之身、亡二於中路一耆年之眼暗二於説経一[50]」という結果を生み、国分寺の僧は「闕二修学之勤一、乏二戒行之操一[51]」という状況であったから、諸国講読師の制を立てても、国分寺より出す読師の任にたえる充分な人材を得ることができなかったし、国分寺自体が崩壊の一歩手前であったというべきであろう。また七大寺より選ばれた講師についても、試業に合格するものが多くあっても、任国の定数がきまっているために、補任されるものの年齢があまりに伸びて、その任についたときには七十、八十となって、とうてい国内の諸寺の指導や検察をおこなうことができないような状態となって、このような諸国講読師の制度も空洞化してしまう結果となっていった。その上、遙任国司の場合と同じく、地方寺院への転出を好まず、三會制度が実施されると、地方に出ていった場合、中央の大会に招請されることは不可能となり、僧綱への昇進ができなくなってしまうことも、この制度が一時的に存続するにすぎなかった大きな理由であった。

しかして、この制度を最も巧みに利用したのは天台宗であった。それは天台法華宗年分学生式の六条式に、

> 凡そ両業の学生、一十二年、所修所学、業に随ひて任用せん。能く行ひ能く言ふは、常に山中に住して衆の首となし、国の宝となす。能く言ひて行はざるは国の師となし、能く行ひて言はざるは国の用となす。
>
> 凡そ国師・国用、官符の旨に依って、傳法及び国の講師に差任せよ。その国の講師は、一任の内、毎年安居の法服の施料は、即便ち当国の官舎に収納し、国司・郡司、相ひ対して検校し、まさに国裏の池を修し溝を修し、

荒れたるを耕し崩れたるを埋め、橋を造り船を造り、樹を殖ゑ紵を殖ゑ、麻を蒔き草を蒔き、井を穿ち水を引きて、国を利し人を利するに用ひんとす。経を講じ心を修めて、農商を用ひざれ。然るときは則ち、道心の人、天下に相続し、君子の道、永代に断えざらん。

右六条の式は、慈悲門に依つて友情を大に導く。佛法世に久しく、国家永く固くして、佛種断えざらん。慺慺の至りに任へず、円宗の式を奉り、謹んで　天裁を請ふ。謹んで言す。

弘仁九年五月十三日　　　前の入唐求法沙門最澄[52]

と見えて、諸国講師に進んで天台宗僧を任ぜられ、天台宗では南都寺僧の地方進出を好まないという間隙をぬって全国的発展をめざしたのであって、最澄が弘仁九年（八一八）に示したという六所宝塔院の思想はそのことをよくあらわしている。

そのうち一番早く建立が始められたのは、弘仁五年（八一四）の南方の豊前宝塔院で、さきに延暦二十三年（八〇四）の最澄の入唐求法の時に参籠祈念をこめたという縁で、豊前国、香春の神宮寺内に建立され、宇佐神宮との関係を深め、奈良時代より創建されている弥勒寺への接近をはかっている。また弘仁五年（八一四）には西方の筑前宝塔院を筑前観世音寺内に造り、ここも最澄が入唐の砌に滞在して五尺の千手観音檀像を安置して渡唐の安全を祈ったという縁によるといわれている。また東方の上野宝塔院は弘仁六年（八一五）に緑野郡鬼石町の浄法寺に、最澄が信濃路より両毛地方に入ったとき建てられることになったといい、さらに北方の下野宝塔院は下野薬師寺に近い下都賀郡小野寺の大慈院に建てるに到ったというのである。[53]この宝塔院が完全に創建されたかどうかは別として、最澄が天台教団を全国に弘める範囲を示すと同時に、筑前の観世音寺と下野薬師寺の戒壇の存在する処に焦点をあてて自己教団の進出をはかっていることは、やはり諸国講読師の問題と切りはなして考えることはできないのである。そして最澄は「差二任立義複講及諸国講師一者、今天台一門已立二円宗一、大乗三学流傳未レ周、望請、別当乙簡下堪レ為二講読師一者各一人上、毎年申レ官補レ之、令甲レ演二傳件宗一、其一任之内、毎年安居法服施料、依二先大法師最澄所レ奏年分之式一」(54)。ここに最澄は近江国分寺の出身であったから諸国講読師を通じての教線の伸長をはかったと考えられるのである。

もちろん空海の開いた真言宗もまた、承和四年（八三七）八月に官符を受けて、「應三真言宗僧毎レ年任二諸国講読師事」(55)として、全国への自宗の発展をはかろうとしているのであった。

このような状況を基盤として、観世音寺の動向を見てみると、この寺はさきに最澄との関係について入唐祈願の問題もあったが、空海も帰朝後、入京するまでの間、この寺に止住している。

観世音寺においても、さきの府の国師、筑前国の国師は当然、大宰府講師、筑前国講師と称せられるべきであったが、大宰府は九国二嶋の全体を統括している以上、大宰府講師も当然九国二嶋の講読師を統括する立場にあった。ことに府大寺といわれた観世音寺は、この寺の講師は、反面には府講師としての性格も与えられていたと見るべきである。また安祥寺を創した恵運は、もと東大寺に止住し、のち実慧より密教をうけ、一切経を坂東に広めたのち、「天長十年奉勅、被レ拝二鎮西府観音寺講師兼筑前国講師一、以為二九国二嶋之僧統一」(56)としてこの寺に住した大宰府講師であった。すなわち観世音寺講師は筑前国講師を兼任しているばかりでなく、大宰府講師として九国二嶋の寺院管理をも任されていたのである。

そのことは、天長五年（八二八）及び天長七年（八三〇）頃にかけて観世音寺に止住していた光豊は「別当観音寺講師傳燈大法師位光豊」(57)と称して観世音寺別当と講師を兼任した。この光豊はさきの弘仁十二年（八二一）の官符に見られたような六十以上の度者を国分寺僧とされても、老耄の極みで、ものの役に立つべくもなく、「修二理堂塔一、料二済供養一、曽無二強堪一者」(58)ということであるから、国分寺僧二十人の内五人だけでも二十五歳を以て任じ、その若がえるべきことを大宰府を通じて申請している。のみならずまた恐らく自分と兄弟弟子と考えられる宇佐八幡宮の神宮寺の弥勒寺講師の光恵とともにさらに上表して、弥勒寺で三年を経過し、六時行道および読経の成果が官司と講師によって認められたとき、この人を年分度者として弥勒寺の運営を任され、神宮の神封物により正月や安居等の法服を整え、仕丁を充てられることの許可を得るほか、光豊は肥前国松浦郡弥勒知識寺にも度者五人を得ることの許可を得ている。(59)また大宰府管内の大隅・薩摩国および壱岐嶋の講読師についても、「府司於二観音寺一、与二彼講師一共簡下試部内僧精進練行智徳有レ聞、堪レ任二講莚一始終無レ変者上将レ補二任之一」(60)と、観世音寺は九国二嶋の講読師の試定の場ともなったのである。

このことは玄蕃式のなかに、九国二嶋の講師に対して「大宰観世音寺講読師者、預二知管内諸国講読師所レ申之政一」(61)ことがかかげられ、この条文はまた延喜式にも組込まれた。(62)

そして観世音寺での受戒についても、以前の条文を認め、東海・東山道は下野薬師寺、西海道は観世音寺でおこなう規定が盛られている。その受戒者の戒帳は五月以前に集め僧綱に提出するのは六月一日と定められている。そしてこの寺の講読師には戒壇が存在している関係上、律分のうちより任命されている。

太政官符治部省

應下以二律宗僧一補中任下野国薬師寺講師幷太宰府観音寺講読師上事

右、嘉祥元年十一月三日格偁、下野国解偁、件寺天武天皇所二建立一也、坂東十国度者、咸萃二此寺一受戒、今尋二建立之由一、与二大宰観音寺一一揆也、而只有二別当一無二講読師一令下二国講読師一勾中当雑事上、求二諸故実一、未レ覩二所由一、望請、准二彼観音寺一、簡下択戒壇十師之中智行具足為二衆所一レ推者上、充二任件職一、便為二授戒之阿闍梨一者、右大臣（良房）宣、奉レ勅、講師依レ請任レ之、但読師臨レ事、次第充二用彼寺僧中智行兼備者一、別当職早従二停止一者、而年来之間、件講読師、只用二階業之人一、還忘二格条之意一、既非二其宗一、何授二戒律一、左大臣（忠平）宣、仰二下所司一、自今以後、須丙令下二戒壇和尚羯磨教授三色僧一薦中挙大十師中智行兼備之者上、綱所加二覆審一、補乙任両寺講師甲、但観音寺読師寺択二小十師一同以補レ之者、省宜下承知依レ宣行上レ之、符到奉行、

右大弁藤原朝臣（邦基）　　　　左大史阿刀宿禰（忠行）

延長五年十月廿二日(63)

このように観世音寺においては、戒壇院が存在し、また旧来の諸国講読師の制も、そのまま存続していたが、延喜時代になると、国分寺時代の国師や、そののちの諸国講読師による寺院管理の方向は衰退して、延喜式に定められた諸寺別当三綱の支配にうつっていった。

凡諸大寺幷有封寺別当三綱、以二四年一為二秩限一、遷代之日、即責二解由一、但廉節可レ称之徒、不レ論二年限一、殊録二功績一、申レ官褒賞、自余諸寺依二官符一任二別當及尼寺鎮一、並同二此例一、其未レ得二解由一輩、永不二任用一、亦不レ預二公請一、但僧綱別勅任二別當一者、不レ在二此限一、

凡諸寺以二別當一為二長官一、以二三綱一為二任用一、解由与不勘知幷覚挙遺漏、及依二理不尽一返却等之程一同二京官一、其与不之状、令二綱所押署一、(64)

しかしさきのことから、観世音寺では中世に到るも、講読師による寺院支配が継続されたことは、観世音寺が九国

二嶋を指導するということをつづける必要があったことと、九州地方が中央と異なり旧体制が崩壊しにくいこと、あわせて名称の存続に強い意欲を持ち、九州全体を大宰府を中心に統轄するという現状を中央政庁でも崩しにくかったこと、また九州の人々の団結力と信仰への理解を示していたことにもよるであろう。

(1) 竹内理三「筑前国観世音寺史」(『南都仏教』第二号)
(2) 高倉洋彰「筑前国観世音寺史考」(『大宰府古文化論叢』下、吉川弘文館)
(3) 錦織亮介「観世音寺と不空羂索観音像」(『仏教芸術』一〇八号)
(4) 高倉洋彰「筑紫観世音寺の調査とその成果—伽藍配置に関する新たな知見を中心に—」(『仏教芸術』一三六号)
(5) (1) に同じ
(6) (4) に同じ
(7) 日本書紀巻二十六、斉明天皇七年正月六日条
(8) 続日本紀巻四、和銅二年二月一日条
(9) 新抄格勅符抄巻十抄、寺封部、筑前国観世音寺資財帳
(10) 続日本紀巻二、大宝元年八月四日条
(11) 日本書紀巻二十七、天智天皇六年十一月九日条
(12) 同、巻二十八、天武天皇元年六月二十四日条
(13) 同、巻二十七、天智天皇七年七月条
(14) 令集解、職員令
(15) 文徳実録第四、仁寿二年二月八日条
(16) (8) に同じ
(17) 筑前国観世音寺資財帳(延喜五年)〔平安遺文㈠、一九四号〕

(18) 続日本紀巻八、養老四年二月二十九日条
(19) 同右、養老五年五月六日、十二日条
(20) 万葉集巻第五、雑歌、七九三号
(21) 同右、七九四号
(22) 同右、巻三、三三六号、三五一号、三九一号
(23) 大日本古文書、東大寺文書五、一〇九の九　天平三年三月三十日条〔観世音寺文書（内閣文庫蔵）〕大宰府牒案
(24) 続日本紀巻十三、天平十年三月二十八日条
(25) 扶桑略記抄巻二、天平十八年六月条
(26) 平岡定海『日本寺院史の研究』四三三頁
(27) (2) に同じ
(28) 福山敏男「観世音寺研究」(『建築学研究』三—八)
(29) 大日本古文書（東大寺文書五）観世音寺古文書（内閣文庫蔵）一一二号　観世音寺燈油料恒例佛事料等相折勘文
(30) 続日本紀巻十三　天平十二年九月十五日条
(31) (22) に同じ
(32) 続日本紀巻十三、天平十年三月二十八日条
(33) 同右、巻十七、天平勝宝元年七月十三日条
(34) 大日本古文書二四（補遺一）六〇三頁、大宰府牒案、天平勝宝元年九月二十九日
(35) 続日本紀巻二、大宝二年二月二十日条
(36) 同、巻七、霊亀二年五月十四日条
(37) 令義解、職員令
(38) 続日本紀巻十七、天平十九年十一月七日条
(39) 類聚三代格巻三、太政官符、天平勝宝四年閏三月八日

(40) 続日本紀巻十二、天平七年七月十二日条
(41) 寧楽遺文上、駿河国正税帳、二二二頁
(42) 類聚三代格巻三、太政官符、嘉祥元年十一月三日
(43) 帝王編年記巻十一、淳仁天皇条
(44) 東大寺要録第四、諸院章四、戒壇院
(45) 延喜式第二十六、主税上
(46) 類聚三代格巻三、太政官符、神護景雲元年十一月十二日
(47) 同右、巻三、太政官符、延暦二十四年十二月二十五日
(48) 同右、巻三、太政官符、承和二年十月十五日
(49) 同右、巻三、太政官符、弘仁三年三月二十日
(50) 同右、巻三、太政官符、延喜三年六月二十日
(51) 同右、巻三、太政官符、仁和二年六月二十二日
(52) 天台法華宗年分学生式(日本思想大系本『最澄』)一九五頁
(53) 景山春樹『比叡山寺』三二頁
(54) 類聚三代格巻三、太政官符、承和二年十月十五日
(55) 同右、巻三、太政官符、承和四年八月五日
(56) 安祥寺伽藍縁起資財帳(平安遺文(一)、一六四号)
(57) 類聚三代格巻二、太政官符、天長七年七月十一日
(58) 同右、巻三、太政官符、天長五年二月二十八日
(59) 同右、巻三、太政官符、承和二年八月十五日
(60) 同右、巻三、太政官符、承和十一年四月十日
(61) 政事要略巻五十五、交替雑事条(国史大系本)

(62)　延喜式巻二十一、玄蕃寮
(63)　政事要略巻五十六、交替雑事、太政官符、延長五年十月二十二日
(64)　(62)に同じ

二　観世音寺の構造

つぎに観世音寺の組織と、寺院としての運営の実態を知るためには、まずその法會のあり方について検討を加えねばならないが、平安時代におけるこの寺の年中行事を知ることができる史料は極めて少ない。そこで、文書等の中に記載されているものからたどって考えてみることとする。

いまは観世音寺は天台宗に属しているが、明治八年までは東大寺に属していた。具体的にまとめられた年中行事としては江戸期の「観世音寺年中行事目録」が存在するが、その内容は室町期に近いものと考えられる。また中世におけるこの寺の年中行事を知るものとしては、平安末期の康治二年（一一四三）二月に観世音寺三綱が作成した「観世音寺燈油料恒例佛事料等相折勘文」(1)が最もよく当時の年中行事のあり方を示している。またこれが作成された直後の六月二十一日に金堂、廻廊が炎上しているが、この点からも重要な史料といえる。この当時においては、金堂には観音の本師である阿弥陀佛を安置し、講堂は観音及び諸尊九体を並坐させた様相を示し、その性格からして、ある時期には観音の六道済度をあらわす六観音を安置していたのではないだろうかともおもわれるのである。

毎年八月一日より翌年の七月三十日までの三百六十日を回期として、佛聖供米八十二石八斗と灯油料四十四石一斗二升を充当している。またこのときの観世音寺の全体の佛事料としては二百五十六石を充て、大治四年（一一二九）の

観世音寺封惣勘文にある定田三百七十二町七反二百八十歩、所当米二千四十一石七斗三合よりすれば約十分の六が佛聖料等に充当されているのである。(2)

しかしこの総額は東大寺の支配を受けてからで、この時には観世音寺としては東大寺への運上米として千五百十八石二升八合を決定していて、その内の除分としての寺家例用は二百九十石一斗三升一合とあれば、さきの二百五十石余は観世音寺として、通常の費用を僧侶等の供料を除いて示したものであるということができるであろう。

この観世音寺の年中行事のなかで、大宰府に対する祈願として、異敵の侵入を調伏するために護国経典といわれている仁王経や最勝王経を読誦するための修正会や、仁王不断経に多くの費用を充てている。そしてまた正月八日より十四日までの間、観世音寺で吉祥悔過がおこなわれている。

いまこの寺の年中行事を整理してみると次の表の如くなるのである(第6表参照)。

さてその中で、この仁王不断経は貞観十六年(八七四)金字仁王経一部が下野薬師寺、大宰観音寺、豊前弥勒寺に配布され攘災増福のため安居のときにも講じ、それを年中行事にすべきことを太政官より命じられたときに起因する。(3)

その費用については佛供料年料五石四斗は大宰府の税司納米より受け、常灯油料は筑前国正税三百束を寺家が買備えている。そして仁王長講の僧供料は堂童子を含んで、筑前国上座郡把岐庄の庄田地子米をもって充当され、余分に収入した場合は閏月の費用や、金堂、香花炭松鋪設の費用として備蓄することを許して、大宰府が税司より僧供料日別一升五合を差出すときには、税司所より寺の長講所の請求にしたがって前年の十月より十二月にかけて差出すことになっていた。(4)

この僧供料と庄司任命の支配権をめぐって、三綱と金堂長講所衆の間に永祚二年(九九〇)に相論が生じ、三綱が供

第6表　観世音寺年中行事

月	日	行事
一　月	一～七日	上七日　仁王不断経（金堂） 〔元節供　鎮守日吉山王廿一社〕 上七日修善（呉楽アリ）
	十三日	踏歌
二　月		修二月七ヶ夜
	十五日	常楽会（大講堂）
	十七日	〔天智天皇御国関会（大講堂）〕 日吉宮二季彼岸
三　月	三　日	〔桃花会〕節供 〔傳教・弘法両大師供〕
	八　日	以後五ヶ日　毎年最勝會
四　月	八　日	〔戒壇院・両山覚頭傳法事〕
	十五日	安居初（呉楽アリ）
	中申日	鎮守　日吉山王宮御神事
五　月	五　日	節供〔菖蒲会〕〔三問三答〕（大講堂）
六　月	三　日	法華談義六十巻（天永元年九月より）百箇日
	十五日	〔祇園會　能（文正二年より）〕
	十八日	〔例講（大講堂）〕
七　月	七　日	〔七夕会（薬師堂）〕節供
	十四日	自恣会
	十五日	蓮花会 安居酒肴アリ
八　月	一　日	〔若宮八幡御祭礼〕 〔諸院法華三昧〕 日吉宮二季彼岸
九　月	七　日	恒例御国関八講
	九　日	〔日吉山王宮御祭礼〕 〔観音節供〕
十　月	十五日	五ヶ日法華会〔玄昉僧正追善法事〕 〔八幡宮、若宮冬王子御祭礼〕
		大阿弥陀会
十一月	三十日	二期神祭（十一月分） 〔大師供、天智天皇御祭事〕
十二月	八　日	文殊温室粥
	十三日	〔大般若〕一七ヶ日
	十八日	〔例講〕
	二十三日	佛名会
	三十日	諸堂散供　歳末読経
毎　月	十八日	観音講
二　季		受戒（春・冬） ※句當観恵法師常供 ※専當成穏法師常供

この表は筑前国観世音寺修理米用途帳（長元十年、平安遺文五七三号）、年中佛聖燈油幷恒例佛事料米相折帳（康治元年、観世音寺文書〈内閣本〉）、大宰府観世音寺年中行事日録（江戸期カ、観世音寺蔵）により作成した。ただし〔　〕は江戸写本による。※は長元十年用途帳。

料の庄園の庄司を任命することは不当であるとの内紛が生じている。その僧供料は作人別反別二斗五升で地子米三斗二升五合をいうのであって、この地は現在の朝倉郡把木町にあたる。

一請以二重長講僧等　永可三進二退官燈分稲幷把岐庄一事

右、蒙二　府裁進退一、官燈分稲、庄家等度度蒙二　府牒一、御外題等之後、僧等進退、随即夜々挑二燈明一、日々長講専無二闕怠一、而時三綱等申云、御任之後、必件庄幷官燈稲等、如レ本可レ為二寺家進退一、既本願天皇　御施入也、何長講僧等、任意恣可二進退一乎云云、蒙　府裁、進退為二永代之例一、

以前条事、如レ右、抑佛法興隆之跡、依レ人既顕、王法厳政之道、当時進退也、(5)

すなわちこの長講僧等は、いわば他寺では学侶に相当するものとも考えられるのである。

このことは、年中行事に見られる四月十五日より七月十五日の安居の初めと終りに呉楽を奏する例となっていることに対しても、筑前国の正税物より充当されることになっていた。

府政所下　筑前国

應依レ例宛二下観世音寺安居御願呉楽析物一事

右、得彼寺牒状偁、件呉楽安居御願初・後、筑前国下二行其析物一、所レ令二勤仕一也、而自去長保三年〔字脱〕今不レ下二其析一、因玆楽人等叶二例期一不二参仕一、度々雖レ牒二送其由一、□〔更〕不二承引一、御願旧蹤、可レ謂二廃怠一、仍進レ牒如件、望請　府裁、下給二府符一、令二下行一析物依二勤仕一者、中納言兼帥平卿〔惟平〕宣、件楽、是鎮護例事、不レ可二闕怠一、而依不レ行二析物一不レ勤二其事一、国宰所為不レ可レ然、宜加二下知一、充二行楽人析物一、令レ勤二仕件事一者、所仰如レ件、国宜知レ状、依レ宣行レ之、

大監平朝臣

大監

長保五年七月十三日(6)

またつぎに年中行事に見えている三月八日の毎年最勝会に対して、中央でおこなっている興福寺維摩会・宮中の大極殿での御斎會、三月の薬師寺における最勝會などの三會制度にのっとって、九州の大宰府においても実施することを決定している。そのために観世音寺に大宰府の警固所田二十町をこれに充当し、十町分は僧供料、十町分は請僧布施料に、主厨司領田二十町を以て遍智院料に、蔵司税司并びに諸司納物を府院御斎會料として定められている。そして「撰㆓管内有智浄行輩㆒、為㆓件三會請僧㆒、以㆓講師一口聴衆弐拾口㆒為㆓恒例定数㆒也、其講師則経㆓三會㆒訖、号為㆓已講㆒、春諸国正税日別充㆓米壱斗㆒、件人生前之間長為㆓其供養料㆒也、前人昇進、挙㆓用次人㆒、已講衆共以㆓僉議㆒、抽㆓聴衆中之堪能㆒、請㆓補当年之講師㆒、以㆓聴衆年労之者㆒、補㆓任壱伎嶋之講師㆒、然即以㆓彼嶋㆒、為㆓此三會之分㆒不㆑任㆓他人㆒、常補㆓件人㆒、待㆓其闕年㆒次第行㆑之」(7)とあって、観世音寺の最勝講には二十口の聴衆を置き、その講師となったもの、あるいは多年の聴衆を勉めたものをもって壱岐島講師とするという制度を確立するにいたって、観世音寺が府大寺としての地位をより拡大していったのである。

しかしこの寺での大会は九月七日の恒例御国関八講でこれには五十六石の多額の費用を用い、八口の講師を請じて、四日間談義をおこない、その僧供料は延二百四十八前に達し、庄園である山北封、大石封、碓井封、全生封の四カ所が充てられ、連日六十二人の僧が招かれ、観世音寺としては最大の行事であった。それは大宰府を開き発展させたのは天智天皇以来であるということを参詣の人々に示すと同時に、この寺の開山忌にもあたる行事であったのである。そして正月の修正会の終りの日、夏安居の初めあるいは終りに呉楽が奏されて、昔、新羅の使者をもてなした例にのっとっている。

つぎに十二月二十三日の佛名會に関しては、承和年中より三千佛の画像を画いて七道諸国及び大宰観音寺等に佛名経を添えて貞観十三年（八七一）に配布されてより、この寺で実施されるようになったのである。(8)

そしてまたこの寺の諸事の運営にあたっては、延喜式でも述べているように、筑前国正税物が充当されていたことは先に示した如くであるが、のちにはさきの四封がその主要なる財源となっていたのである。

つぎに、このような年中行事を中心に運営されていた観世音寺の組織を考えることとする。一般には諸寺院の統括の組織については、延喜式で規定されているごとく別当がその中心となっているのが通例である。しかるに、この観世音寺は府大寺という特殊な事情によって、府講読師にあたるものが、別当の上位にあって、この講読師は、諸会を主催すると共に、春秋二季の戒壇における授戒を通じ、たんに観世音寺のみならず、九国二嶋の授者に対する授戒を通じ、その指導性を最初より与えられていたから、その慣例にもとづいて別当、三綱の上に位置して文書に署判する義務を帯びていた。また重要な延喜五年十月一日に提出された資財帳でも講師即別当は筆頭に署判し、この場合においては講師真文、読師観盛のあとに帥および大弐・少弐が認証を与えているのである。

このことは講読師制がこの寺では特に重要な位置を占めていることを示している。このような講読師の遺制が存続するに到った理由については先に詳述した。また後には講師と別当を一人で兼ねることもおこって来た。この講師別当のほかに寺務組織として寺家三綱（上座・寺主・都維那）が見られるが、これは奈良時代より見られ、天平宝字二年（七五八）の奴婢に関する解では、上座・寺主・国師使僧が署判を加えている。(9) また天平宝字五年（七六一）には西海諸国のために戒壇がこの寺に設置され、国師にその重責が荷せられたのであるが、延暦十四年（七九五）以降、国師が講読師に改められたのち、天長五年（八二八）には光豊が観世音寺講師に任ぜられたとき寺家三綱を批判して、「三綱之職事多二米塩一、修二理堂塔一祈二済供養一曽無二強堪者一」[10]と、その立場の相違を述べている。そして講師は年分度者を指導し、はたまた「須下簡二智行者一、羯磨剃頭請使授戒上」[11]と授戒を主催するとともに、また「正月并安居等法服布施」や「法會之庭法用有レ闕　轉経之日経文訛雑」を検するなどの役を帯びていた。[12]もちろん先にも述べたように大宰府講師は筑前国講師を兼ね、講読師は修正月安居を完全に行うことは重要な任務であった。またこの講読師は府内の精進練行の僧を選んで、観世音寺で試業して、講莚に堪えるものをもって九国二嶋の講読師とする権限を与えられていた。そのため斉衡二年（八五五）に、この寺に大宰府より布薩戒本田二町を加えられている。[13]

天慶三年（九四〇）の高田庄の相論の時の観世音寺牒状の署判には、講読師の外に四人の別当が見えている。[14]そのほかに俗別当のような性格で大宰少弐が検校職を、俗別当を大宰府の大監、大典等の職にあるものが兼ねている。

つぎに永長二年（一〇九七）の呉楽田公験案において、観世音寺所司大衆が署判を加えているが、[15]このときの人数は四十八名にもおよんでいる。

読師(1)―上座(1)―権上座(4)―寺主(6)―都維那(1)―権都維那(3)[講師兼別当]―学堂(15)―大衆(17)―堂達(1)

となっている。そのほかにこの寺に関するもので多くの署判の見えているのは天永元年（一一一〇）観世音寺談義縁起に対する二十九人の自署のあるもので、このときの区分は次の如くである。[16]

講師(兼)別当(1)―読師(1)―検校(1)―上座(1)―権上座(1)―寺主(1)―権寺主(1)―都維那(1)―権都維那(1)―〔所司〕

―傳授大師(2)―学頭(1)―講代(1)―勧進(3)―談義衆(13)

この二つの文書は、その性格を異にしているけれども、最初のものは寛弘六年（一〇〇九）寺僧増昭が安居御願の初・後の呉楽傜丁三十二人分の功稲八百四十束分を大宰府蕃客所領とすることに対する抗議のために作成されたものであって、したがって安居にたずさわる学衆としては、この文書に署判を加えることが当然であったと理解されるから、ここではおおかた寺内組織が判明するともいえる。すなわち観世音寺の全体の統括は講師兼別当によってなされているのであって、寺務機関は所司と称され三綱職がこれを掌っている。寺内大衆は学堂と大衆に分かれ、安居談義や、最勝講の講師、あるいは聴衆となる人々を学堂と称し、東大寺や興福寺に見られる学侶と同じ性格のものといえる。即ち学侶とは南都僧俗職服記では「学問之為交衆スル僧ナリ」と述べてあり、堂衆が「両堂衆　是論不レ出、平日法用肝要ニ勤レ之」と学侶とは区別している。学侶は即ち学問に専ら従事し、論義に参加するのに対して、堂衆は論義に参加することができず、平日の法用にのみ参加し、供花、読経、読師等の役にたずさわるものと規定されている。即ち学問（主として佛教に関する）をもって佛に仕える僧侶の集団を指して学侶と呼称したのである。学侶に対する呼称は時代や、寺院により種々異なるが、上代では「学問僧」「学生」「学僧」と呼ばれていた。特に学侶と称されたのは主として平安時代になって、堂衆との階層分離を示す上に盛んに用いられるようになったのである。(17)それに対して大衆は堂衆に比べられるもので、堂塔の管理から、法要の諸準備、供料の調達等に掌わっていたと見るべきであろう。

観世音寺の寺院経済については天平十八年（七四六）に造営を見て以来、大同四年（八〇九）、弘仁十三年（八二二）、承和九年（八四二）、貞観三年（八六一）、仁和二年（八八六）と多年にわたって、観世音寺交替実録帳を作成しているが、延喜五年（九〇五）に作成された観世音寺資財帳が最も重要である。その原本については現在は東京芸術大学に所蔵され、前欠本となっているが、最初は観世音寺に存在し、保安元年（一一二〇）に観世音寺が東大寺の末寺と化すると共に、仁平三年（一一五三）の東大寺印蔵目録の中に含まれて東大寺に移されたものが、明治の東大寺の没落と共に流出したものが東京芸術大学に入手されたもので、その原本の異同については高倉洋彰氏が観世音寺に蔵されている写本、江崎正澄氏の写本等を校合して明確に論述されている。(18)

つぎに観世音寺において造像された諸佛についても、まず造佛が盛んとなったのは、天延三年（九七五）頃と見られるのであって、その時は大宰大弐藤原国章が薬師、十一面、延命の三体を新造し、寛和二年（九八六）同じく大弐菅原輔正が丈六観音像を造立するなど寺院内の諸佛がつぎつぎに造像され寺勢は盛んとなっていった。また寛弘八年（一〇一一）には資財を勘録するための唐櫃の整理がなされているが、康平七年（一〇六四）には塔が炎上している。

今日、（康治二年七月十九日）左大臣〔有仁〕召二外記一下二給太宰府解一、可レ勘レ例者、其状云、去六月廿一日夜、観世音寺堂塔廻廊焼亡、［観世音寺、是都府之大厦、天智天皇以後、元明天皇以往五代之聖主相続草創之御願也、五百余年之間、奉レ祈二国家一不退霊験之砌也、但於レ塔者、康平七年五月十一日焼亡了、中尊丈六金銅阿弥陀如来像在二猛火之中一、尊容無レ変、昔自二百済国一奉レ渡レ之云云、(19)

この時には、観世音寺の大講堂に安置されていた不空羂索観世音を始め、塔内の中尊阿弥陀如来および諸尊、廻廊等、五百余年にわたって火災を逃れていた伽藍が炎上したのであって、治暦二年（一〇六六）には大宰府は「造観世音寺行事所」を設けてこの寺の復興に着手し、府内の人々を動員してその再建につとめた。(20)

就中造作之間、始自レ入レ杣夫工事官人管内刺史及国土人民、加レ力尽□、一府群官両郭男女、安隠〔穏〕泰平、加レ之施二一粒一草一、身自下レ手道々工人、材木打土鴛鴦螮蝀之輩、或又路頭往反侶頭、挙レ手帰依、随喜之人、当寺諸寺禅侶、封家庄園民烟、善願円満、凡厥普天率土、横目群生流類、十方施主一切衆生、現当二世之望、各無レ疑

決定往生之願必令遂、乃至無辺平等利益、[21]

かくてその結果、法華経を始め、佛具類も整えられて、二年後の治暦二年（一〇六六）十一月二十八日に瓦葺五間四面の大講堂が再建され、金色丈六観世音像が完成して落慶を見ることとなった。[22]

しかしこの寺の修復ののち、主なる寺領庄園について、延久の荘園整理令にもとづいて寛徳二年（一〇四五）以後の荘園を取り調べられ、当寺も碓井封（百五十一町四反二百三歩）、肥前国中津庄等もその対象となって整理されようとしたがこれを逃れた。[23]

それと共に観世音寺は把岐荘をはじめ、承暦二年（一〇七八）以後の寺院荘園の再確認をおこない、延久の荘園整理にかこつけて侵入しようとした国衙検田使等の入勘を停止して免判をとりつけることにつとめた。その間にあって寛治三年（一〇八九）には把岐庄内で松永法師なるものが宇野御厨の下文をかかげ押妨をはたらくなど、寺領内の相論も多く発生し、[24]上座郡黒嶋庄でも勘返田一町につき作人の大宰府湯打板役の免除を求めたのであった。これらのことから観世音寺としては、延喜五年以来の資財帳の整備が緊急に必要となったとともに、寺宝管理の対策を樹立するためにも嘉保年間（一〇九四〜五）に新たに「嘉保年宝蔵実録日記」を作成することになった。それには寛治六年（一〇九二）の実録日記を基本とし、見在するものと無実なるものに分け、十六個の韓櫃の内容を調べ、別納の箱や、天慶の乱で純友に掠め取られた武具等も記載している。[25]

その上、観世音寺として重要な四封のうちの碓井封に対する安楽寺神人の乱入が永長二年（一〇九七）におこなわれるなど寺領についても不安の種が尽きなかった。

観世音寺はさきに講堂の再建ができたものの、五重塔の再建はおぼつかなかったが、幸い信仰の厚い大江匡房が大宰権帥として来府すると、その計画が具体的に進み、その造塔のための九州諸国への造営料の分配が示された。五重塔の造塔料国として一層（筑前・大隅）、二層（肥後・豊後）、三層（筑後・日向）、四層（肥前・薩摩）、五層（寺家）と承徳三年（一〇九九）の庁宣によって定められたが[26]、その計画が具体的になる直前の康和四年（一一〇二）八月の大風により金堂、戒壇院、廻廊、大門等が再び顚倒してしまった[27]。

ここで考えなければならないことは大江匡房の大宰府への下向である。大江氏は代々菅原氏と共に文筆・儀式に長じていた家系で、文章生、文章得業生、文章博士になった人が多い。匡房は父は参議大江成衡、母は官内大輔橘孝親朝臣の娘で、天喜四年（一〇五六）文書得業生となり詩文に長じ、若くして三事兼帯し（蔵人・左衛門権佐・右少弁）、後三条天皇の師となった。また政治的には、同天皇の荘園整理令のための記録所の補佐を行っていたが、天皇の崩御ののち記録所の政務もおとろえたので、匡房も一端出家を志したが藤原経任に止められ、白河天皇の即位後は天皇に重んぜられ、美作守に任命されて従四位下に昇進し、応徳元年（一〇八四）左大弁に進んだ。匡房が大宰府に関与したのは、永長二年（一〇九七）三月、勅授によって大宰権帥を兼ね、次の年の九月に下向して、第一次は承徳元年（一〇九七）―康和四年（一一〇二）解任までの五十七歳より六十二歳まで、第二次はつぎに大宰権帥となった藤原季仲が、日吉社の訴えにより周防国に配流され、さらに常陸国に送られたため匡房が再任され、長治三年（一一〇六）―天永元年（一一一〇）まで、すなわち六十六歳から七十歳まで在任した。そして、彼はその一年後に七十一歳で薨じている[28]。

しかし平安末期となると任官されても実際に赴任するものは少く在京して下向せず、遙任化することは常であった。匡房も承徳二年のときは下向しているも、長治三年の二度目のときは下向していない。この間大弐は藤原長房が任ぜられていたが寛治八年（一〇九四）の彦山闘乱により、それ以後十六年間は闕官となり、天永二年（一一一一）には藤原顕季が大弐となっている。このような大宰府における遙任化の傾向は、「帥卿任二官符旨一、雖レ被二支配一、於二其身一在レ京、不レ赴二任御一之間、雖レ有二下知之名一、敢無二来役之実一、自今以後、又以同前歟」(29)となげかざるを得ない状況で、観世音寺に対しておこなったさきの大江匡房による五重塔再建計画も、まったく水泡に帰してしまったのである。いまこの全容を示す必要からも全文をここにかかげる。

観世音寺三綱等解　申請　府裁事

請レ被下言二上　公家一、管国受領中充二給重任弁遷任宣旨一於二申請輩一、令造二立当伽藍内焼失五重塔壱基上状、

右、三綱等、謹検二案内一、当伽藍者、是天智天皇之草創也、其後天武・持統・文武・元明四代之聖主、殊下二綸綍一、所レ被レ令二造畢一也、既雖二先帝之建立一、永為二累代之御願一、有験之霊地、殊勝之伽藍也、而去康平七年五月十一日不慮外天火出来、五間講堂・五重塔婆、拂レ地焼亡、于レ時宗像大卿(時藤原師成)御任也、仍殊企二結構一、造二立講堂并佛像一、所レ被レ奉二供養一也、但至二于塔廟一者、当時無二其営一、尒降灰律遙換、居二諸久積一、爰江都督卿(大江匡房)前任之日、可レ造二立件塔一之由、申二下　官符一、雖レ被下二知管内諸国一、世及二澆季一、民皆凋弊、不レ寄二一支之木一、不レ運二一簣之土一、因レ玆帥卿重経二奏聞一、再申二下　宣旨一、被レ加レ催二促於諸国一之間、任二秩已暮一、帰洛既畢、其後亦拝二除都督一之時、為レ遂二彼素懐一、又経二奏達一之日、去嘉承□(元)年五月廿五日官符偁、應下令二管内諸国并本寺一致二造営一兼又不レ論二神社佛寺権門勢家庄園一、平均支二配材木一、終二不日功観世音寺五重塔一基一事、右正二位行権[帥]大江朝臣去三月廿三日奏状偁、重検二案内一、件塔婆者先帝(白河法皇)之御願、鎮西之大厦也、去康平年中寺家有レ火、拂レ地焼亡、自尒以来、雖レ経二年序一、無レ復二旧基一、爰匡房前任之日、任二官符旨一、或支二配管内諸国一、或充二課本寺一、欲レ営二土木一之処、任秩既暮、帰レ京忽催、是素懐不レ遂之条、丹心為レ歓之間、重浴二朝恩一、再任二都督一、今度不レ抽二勤節一者、何日又勤二

営造一乎、望請　天裁、任二前任所給官符一、重被レ下二宣旨一、且令三管内諸国本寺勤二営造一、且不レ論二神社佛寺権門勢家庄園一、支三配材木一、将終二不日之功一者、正二位行大納言兼民部卿太皇太后宮大夫陸奥出羽按察使源朝臣俊明宣、奉レ勅、依レ請者、師卿任二官符旨一、雖レ被二支配一矣、（於カ）其身在レ京、不三赴二任御一之間、雖レ有二下知之名一、敢無二来役之実一、自今以後、又以同前歟者、只以二申請功課之宰吏一、可レ被レ令二造営一也、若然者、便励二成風之力一、定畢二不日之功一者歟、抑塔廟焼亡之刻、其中佛菩薩皆所レ奉二取出一也、件尊像等併所レ奉レ宿三置二盖金堂内一也、然則三時之行法、三昧之所作、於二金堂一所二勤行一也、而間康和之比、大風之刻、金堂又顛倒、尊像多損、因レ玆行法之法侶、皆失二其所一、有限御願、殆及二闕怠一、雨朝雪夜、張蓋致二其勤一、香花燈明、夙暮難レ備、非二啻寺家之凌遅一、多亦宰府之澆薄也、若此時不レ与レ施者、亦期二何時一、天長地久之御祈、何事如レ之、鎮三護国家之謀一、何善過レ斯、望請　府裁、速被三言二上　公家一、遷任重任之中、有レ申三請諸国司一者、即被レ下二裁許之宣旨一、欲レ遂二塔婆之造営一、仍注二事状一、以解、

元永二年三月二十七日

権都那従儀師浄与 在判
都維那従儀師（覚珍）
権寺主大法師
寺主威儀師
権上座大法師
上座威儀師
検校大威儀師（源尊）(30)

ここに示されている如く、大宰帥の遙任は大江匡房以後大宰帥に任ぜられても任に赴かず、大弐たるものも京に居りながら執務するという状況で、府民の事情にうとく、大宰管内の安楽寺や筥崎宮、大山寺、香椎宮の神人の押妨絶えないという状況であった。その原因はさきに述べた如くである。そして「其故者去々年、春任二太宰帥一、于レ今不レ赴レ任、（中略）凡下人之訴、不レ可レ及二仗議事等一也、為二帥大弐一之人乍レ在レ京最初条事許、所二申請一也、其後早着二任所一、行二府務一也、其身乍レ居レ京、暗執二行府務一、至二民憂一者、申二行陣定一之条、非二賢者之所一レ為」(31)という状況であったため、「大宰府言上、神民蜂起、群盗相乱、凡管内放火殺害者、不レ可二勝計一、（中略）是帥卿匡房任帥之後、于今三ケ年不二下向一之故歟、管国之乱、只在此事也」(32)と、大宰府の九国支配の律令体制はまさに崩壊の手前であるという状況であった。そして保延六年（一一四〇）の大宰府長官と管内諸社神人、国司また府官との対立は、ますます激化混迷をつづけ、府内の権威は大監紀朝臣、惟宗朝臣、監代紀朝臣、惟宗朝臣、監代大中臣、宗形朝臣等の大監職に政治の実権が移っていった。そのため権帥、大弐は在地に下向せず遙任化が決定的となっていった。そして「天永二年（一一一一）辛卯、大宰帥中納言大江匡房卒、蓋中頃以来、帥人不レ在レ府、大弐以下居レ府管二鎮西一、至二後世一、大弐亦不レ処レ府、少弐為二府主一、帥大弐在レ朝司二其職一云々、亦於二筑前一置二留守所一、官吏到レ之、後武家号二大宰府一曰二守護所一矣」(33)。この状況はまた観世音寺に於ても府大寺であった関係上、その影響を受けないわけにはいかなかった。

ことに康和四年（一一〇二）の大風による伽藍の被害は、四年後の嘉承元年（一一〇六）五月二十五日に、管内諸国の神社、佛寺、権門勢家に平均して観世音寺五重塔及び十一間僧房の再建の官符を朝廷より下されることを命ぜられても、管内諸国国司の交替はげしく、宰官また遙任化して「可レ令下二管内諸国一造立上之由、雖レ被二下知一、是依二西府之大廈一、諸国未レ致二其勤一」(34)とついにその目的を果すことができなかったのである。

そして観世音寺の支配についても、「近代為二講師別当一之者、偏貪二庄園地利一、不レ営二寺家之土木一、或運二上京都一、偏充二私用一、或給二従類之脊顧一、無二堂舎之修造一、如レ此之間、寺塔門廊悉以頽壊、佛聖燈油殆及二闕怠一」(35)と、観世音寺自体も講師兼別当が寺塔修理に尽す覚悟が見られない状況であった。もちろん修理の条件としては「諸堂之破損、抑少破之時者、寺家加二修補一、及二大破一之時者、公家御勤也」(36)といっても、大宰府自体が観世音寺修理への管内統制の力を失い、寺院そのものの自活性も弱い現状では、このような大風の被害より立ちあがることは不可能であった。

(1) 福山敏男「観世音寺研究」(『建築学研究』三ー八)
(2) 観世音寺寺封勘文(平安遺文㈤、二一四〇号)
(3) 類聚三代格巻二、太政官符、貞観十六年閏四月二十五日
(4) 東大寺文書(百巻本四三号)大宰府牒案、永延二年十月二十五日
(5) 同右、観世音寺金堂長講僧等解案、正暦二年四月十三日(平安遺文㈡、三五一号)
(6) 大日本古文書(東大寺文書五、一〇九の五)(内閣文庫蔵)大宰府政所下文案、長保五年七月十三日(平安遺文㈡、四三一号)
(7) 赤星文書、大宰府牒(平安遺文㈡、四三五号)
(8) 類聚三代格巻二、太政官符、貞観十三年九月八日
(9) 観世音寺奴婢帳、天平宝字二年十二月二十二日(蜂須賀家文書)
(10) 類聚三代格巻三、太政官符、天長五年二月二十八日
(11) 同右、巻二、太政官符、天長七年七月十一日
(12) 同右
(13) 大宰府牒案(平安遺文補遺ノ二、四四六六号)
(14) 観世音寺牒案(東大寺文書、百巻本四十五号)(平安遺文㈠、二五〇号)
(15) 大日本古文書(東大寺文書五、一〇九号)呉楽田公験案、永長二年七月十六日

(16) 大日本古文書(東大寺文書別集)観世音寺談義縁起案、天永元年八月
(17) 平岡定海『日本寺院史の研究』三五二頁
(18) 高倉洋彰「延喜五年観世音寺資財帳小考——観世音寺蔵写本に表われた資財帳原本の脱文とその補足——」(鏡山猛先生古稀記念『古文化論攷』)
(19) 本朝世紀第二十七、康治二年七月十九日条
(20) 大日本古文書(東大寺文書別集、一の一三号)造観世音寺行事所請文案、治暦二年五月二十一日
(21) 観世音寺文書(太宰府天満宮史料、五の二〇三頁)
(22) 扶桑略記巻二十九、治暦二年十一月二十八日条
(23) 東大寺文書、百巻本第二十四巻、筑前国嘉麻郡司解案、延久六年八月二十九日
(24) 大日本古文書(東大寺文書三(東南院文書)八五七の三)観世音寺三綱等解案、寛治三年八月十七日
(25) 観世音寺古文書(内閣文庫蔵)嘉保年月日観世音寺資財帳案(平安遺文㈣、一三六八号)
(26) 大日本古文書(東大寺文書五、一一三号)(観世音寺古文書)大宰府庁定文案、承徳三年九月二十二日
(27) 観世音寺古文書(京都大学所蔵)大宰府政所牒、文治二年八月十五日
(28) 公卿補任(大系本)天永二年十一月五日条
(29) 大日本古文書、(東大寺文書五、一一五号)(内閣文庫蔵)観世音寺三綱等解案、元永二年三月二十七日
(30) 同右
(31) 中右記、天仁元年二月九日条
(32) 同右、天仁元年三月五日条
(33) 歴代鎮西要略二(『福岡県史』三七九頁)
(34) 大日本古文書(東大寺文書別集一、一七の五)観世音寺牒案、天仁二年六月十日
(35) (27)に同じ
(36) 大日本古文書(東大寺文書別集一、一七の二)太政官符案、嘉承三年六月二十一日

三　観世音寺への石清水別当の進出

平安初期より中期にかけての観世音寺別当の動向は、この寺の別当次第が明らかでないので、その性格を正しく知ることができないが、別当の任限は六年であった(1)。そしてつぎにさきの観世音寺の復興をめぐって新たな動きが見られるのである。それは嘉承元年（一一〇六）十月に僧暹宴という人物が別当に任ぜられたからである。

この暹宴なる人物は、中右記に、

裏書云
件暹宴者、是鎮西観世音寺別当也、依下修二理彼寺一功上、今日叙二法橋一也、世称二腰引禅師一、以二交易物一為二其業一、仍富重二千金重一、外国之者、昇二綱位一如何、有二其故一歟(2)、

と見えて、宋貿易やその他の交易によって巨万の富を貯えた人物であった。このようなことからして、彼はこの寺の修理をはかろうと考えたのであるが、この文書のなかに去る康和四年（一一〇二）の大風で倒壊したときの別当は石清水別当の頼清と見えている。この頼清というのは石清水検校元命の女を母として生まれ、石清水八幡宮護国寺別当となって康和三年正月に六十三歳で没している人物である。この頼清は観世音寺別当のみならず、大山寺別当も兼ねており、没すると共にその子光清に別当職をゆずっている。すなわち「爰雖レ有二別当法印非常一、依二院宣一、故法印弟子石清水修理別当光清拝二任当寺長吏一已了」(3)と見えている。

この光清はそのほか弥勒寺検校、弥勒寺喜多院院主、同宝塔院院主、極楽寺別当等をも兼ねていたが、その光清から暹宴は観世音寺別当職を受けた。その理由としては嘉承元年（一一〇六）十月八日に暹宴が独力を以て顛倒した観世音寺の金堂、廻廊、中門の修理を府に申請し、再建の工事に着手したことがあげられている。そして彼の計画では、

大門一宇、戒壇一宇、四面築垣、佛像二軀、力士二体で、この新造のほか金堂の二層、諸佛尊像等は用材を調達したままになっているので、これを整えて修理完成したいということであった。暹宴は天仁二年（一一〇九）には講師兼別当に任ぜられ、その弟子良宴を読師としている。この暹宴による修理の内容は天仁三年（一一一〇）の戒壇院の修理と、廻廊、四面築垣の再建のみであった。(4)

しかしこの寺の修理は暹宴に於ても全体から考えて一時的なものにすぎず、保安元年（一一二〇）六月に寛助の決断により観世音寺はついに東大寺の末寺と化した。

元永元年、四月廿八日、符、六十二、真言宗仁和寺、左中弁師賢息、二品親王弁経範法務資、同六月十四日、始行二寺務一、補二庄園司一、（中略）保安元年月日、観世音寺被レ付二本寺一、近年八幡別當頼清光清等相次補任、雖レ似レ随二本寺一、已有レ名無レ実、僧正杜申二請僧正寛助七十五保安二年、任二大僧正東寺長者一兼二法務一仙院一、偏付二寺家一、向後美談也、(5)

このことについてはさらにつぎに述べることとする。そして東大寺の末寺化したのち二十四年を経た康治二年（一一四三）に再びこの寺が炎上して、金堂、西南廻廊が焼失した。そののち久安四年（一一四八）の調査による観世音寺の堂塔の現状は、

講堂一宇　五間四面（不留雨露）

五重塔　一基　（焼失無実）

金堂　一宇　焼失

東西廻廊　西南焼失

中　門　　顛倒無実
二王堂　　東間大破
　戒壇院　五間　壁、扉大破
　　沙弥戒料　廊三間　顛倒無実　　中門　大破
　　四面築垣　西南大破
鐘堂　三間　朽損
経蔵　三間　朽損
温屋　五間　朽損
食堂　六間四面　天井皆無実
東西、南大門幷大垣　破損
　東大門破損、西大門顛倒、南大門朽損
　大鳥居橋朽損
日吉社　上宮殿、下宮御殿　朽損(6)

という状況で、このような破損を修復できなかったことも、この寺が東大寺の末寺となっていった要因であったともいえる。

つぎに観世音寺別当に石清水別当が補任されたことについて考えてみたい。この寺に関係するのは頼清と光清であるが、頼清はその姉が鳥羽天皇の皇后宮の女房であり、その背景をもつその子の光清が、堀河・鳥羽・崇徳の三朝に仕えて三十五年間も石清水の社務を統轄し、そのために光清は石清水の強力な指導者となった。またその娘を鳥羽院に入れて、道恵法親王（寺）・覚快法親王（山）を生み、外戚の関係をたもち、天台勢力にも近づいて、主として園城寺方に近かった。

そして光清はかねてより石清水勢力の西国への浸透をはかりたく考え、東大寺で受戒を受けた機をとらえて康和二年（一一〇〇）にその推挙を得て康和四年以後の観世音寺登壇戒師に任ぜられると共に、同寺の別当にも合せて補任されることになったのである。

（マヽ）
中東大寺申二大宰府観世音寺登壇戒師一挙状（弁本寺解状）

東大寺戒壇院律宗三職大法師等誠惶誠恐謹言

請レ被下特任二先例一、補中任（同イ）奝円大法師代観世音寺登壇戒師上状、

挙進傳燈大法師位光清（年□□ 﨟□□）

右、大法師等、謹撿二案内一、雖レ須下奝円任二夏﨟次第一、下二向彼寺一、勤中仕御願上、而道路遼遠、山海険阻、年老病重、不レ堪二行歩一、因レ茲簡下定堪レ為二其器一大法師光清上、彼寺戒師所二挙達一也、望請、本寺早奏二聞公家一、被レ賜二官符一、仍勒二事状一、以解、

康和二年九月十七日

教授　傳燈大法師位円秀

羯磨　傳燈大法師位宗快

和上　傳燈大法師位奝円

東大寺解　申ニ請　天恩一事

請レ被下殊蒙二　天恩一、任二前例一、賜二官符太宰府一、補中任末寺観世音寺明後年以後登壇戒師代上状、

副進　律宗三職挙状一通

右謹撿二案内一、本願聖主、建ニ立戒壇院一之後、諸国度者沙弥、於二此院一、登壇受戒、実紹二如来之遺跡一、這傳二佛法之戒光一、爰東西堺遠、参詣有レ煩、因レ玆東者於二下毛野（ママ）薬師寺一、而令二登壇一、西者於二太宰府観世音寺一、而令二得度一、此等両寺皆依二本寺本師夏﨟次第一、且補ニ任戒師一、且寺務執行、而奝円雖レ當二巡行一、依レ病挙レ代、而件大法師光清者、融二五篇七聚之軌則一、尤為二登壇戒師一、又足二寺家別當一、望請天恩被レ賜二官符於太宰府一、補ニ任彼寺別當一、将レ令レ勤ニ仕御願一、仍勒二事状一、以解、

康和二年九月十九日

権都維那師厳俊
都維那師兼幸
寺主大法師朝秀
上座威儀師大法師慶珠
別当権律師法橋永観(7)

そしてこの康和二年（一一〇〇）にすでに、東大寺は観世音寺に対して「末寺」と称していることが、この文書でも明らかである。また東大寺での戒壇院戒師は本寺の夏﨟次第によって観世音寺戒壇の戒師に任命される例で、それでもって、東大寺は観世音寺の支配についての本寺としての面目を保っていたであろうと考えられるが、実質的にはその支配は次第に弱体化していったと見られるのである。戒和上に奝円が石清水の光清を推した理由は彼の弟子であっ

たことによるのであろうが、その具体的な理由は見つかっていない。

つぎに石清水別当の性格とその教学的傾向について触れてみたい。

まず寛仁年間から治安、万寿と十三年間石清水八幡護国寺の別当にあった元命が、宇佐宮弥勒寺内に喜多院を建立してより、宇佐と石清水の勢力が逆転することになり、元命はさらに宇佐宮の神宮寺である弥勒寺の勢力を掌握するために末寺末社荘園を統轄する惣検校職に就いた。その背景には藤原道長の援助もあった。そして最澄との縁によってきずかれた筥崎塔院をも摂して、(8)元命は石清水八幡宮護国寺別当が弥勒寺講師を六年毎に兼任し、その条件として元命は「元命謹検二案内一拝二任当職一之後、勤二仕三所大菩薩成等正覚幷鎮護国家之祈願一、計二其年労及二五十年一也、而元命年齢已傾、且暮難レ期、抑以二所帯職一譲二与弟子一古今之例也(9)」と喜多院を通じて弥勒寺の経済的基盤を相承して掌握することに成功したのである。このことは光清も同様であったが、この弥勒寺講師職の譲与について権別当円賢が庶子の寛賢にゆずろうとしたとき光清はこれに反論して、円賢は菅原氏を称している上に、安楽寺別当の安杲の祖風を継いでいることから、光清は円賢が自分の庶子の寛賢に弥勒寺講師を附することにきびしく反対し、告文をささげて応神天皇陵に祈っている。

維保安四年、歳次癸卯四月廿六日己酉、吉日良辰仁、掛毛畏岐、当陵尓御坐世留、八幡大菩薩乃、宇豆乃広前尓、石清水別当法印大和尚位光清、恐美恐美毛申給久、夫大菩薩、撥乱於異城之昔者、陳王業天、海内咸寧志、施化於本朝之今者、ホトコシ神威シ天、天下皆仰久、因玆天、清和天皇御宇乃時岐、行教和尚乃勧請尓依天、朝廷乎奉護持、男山尓垂跡礼給倍里、所以ニ専為和尚之門徒天、令レ補二執務之官一了、仍弥勒寺講師元命者、当宮乃所司尓補シ天、後知為入二和尚之門跡一尓、廼改二俗姓一天、始称二紀氏一須、随二法家一之日者、雖レ不レ尋二俗姓一毛、任二神官一之時者、依レ被レ賞二氏人一奈里、何況弥勒寺者、八幡権現之御願、百王鎮護之仁祠奈里、尤以二氏人一天、被レ補二其職一、然則元命蒙二長任官符一天後者、則尋二氏人一天、被レ任二講師一留、而故権別当法眼円賢、雖レ為二石清水別当清円之養子一毛、未レ改二俗姓一須、擬継二安楽寺別当安杲之祖風一志天、猶称二菅家一須、雖レ然依二無涯之神徳一里、浴二不次之朝恩一天、補二任講師シ天、執行寺務乃間、堂舎乃破壊不可勝計須、恒例乃佛事宛如二断絶一之、是違例之基為、希奇之事奈里登存須留処尓、件円賢存生之時、受レ病之後以レ所二帯講師職一天、讓二与庶子寛賢一之由云々、尋二件寛賢一者者、去年出家志天未レ累二夏臈一須、齢を未レ足志学須、身仁不帯二神官一須、被レ補二講師一尓、不レ堪二器量一須、爰光清既為二和尚之門徒一、亦為二元命之曽孫一止志天、身尓官位を窮免、齢比不惑尓余礼利、本末二官を兼行シ天、佛事神事を執務せ牟事、適遇二斯時一天、尤当二其仁一礼利、是以天元命戒信清円之先例尓因准シ天、可レ被兼二任件講師職一由、所レ申二請天裁一也、（中略）垂跡乃慈悲遠施シ天本末二宮乃執務遠兼行須留事遠、令遂免給倍、(10)

ここで石清水と宇佐は本末二宮と立場を逆にしていることが明らかである。このような石清水小別当の立場は、のちの宗清の告文にも「宇佐宮、石清水、香椎、筥崎、廟号雖レ異毛、根本是一奈利」とか(11)「就中園城寺者、祖師立身之地、弟子低頭之砌奈利(12)」と見えているが、これは別当職の最初の石清水を開いた行教が大安寺行表の弟子で、その一族に真言宗の重鎮の益信がいたため、第一代別当の安宗は極楽寺を創建したが、彼の師主は東大寺直観阿闍梨で、真済の弟子でもあった。このつながりは安宗の弟子の延晟も同様で、大安寺延瓊の弟子で、次の定胤は安宗と共に東大寺直観の弟子となって南都に近づいていった。しかるに光誉が別当となってより、彼が天台座主義海僧都の弟子であったことから石清水に天台の学風が流れ、元命の娘の生んだ頼清は横川の頼源大僧都に師事し、十四年間の別当在任中にもとの四王院の跡の大山寺や観世音寺別当をも掌握し、いま光清もまた天台座主仁覚に師事し、弥勒寺の喜多院、宝塔院、筥崎宮等を支配して天台宗への傾向を高めていった。また頼清の譲りを受け観世音寺を支配するとともに、東大寺との関係をも保って戒壇の再興をはかろうとしたのであった(13)。

また一方では石清水別当と東大寺との関係は、康治二年（一一四三）十一月三十日、検校光清の三子の勝清を父として、三井寺長吏実慶僧正の姉を母として生まれた慶清は受戒を東大寺戒壇院で興福寺壱賢大徳、東大寺浄能律師、元興寺仁増律師、大安寺永誉大徳、招提寺頼増律師等七大寺の大徳を戒師として沙弥戒を受けた戒牒が残っているが(14)、また光清の場合も同様であったと考えられるのであって、光清が観世音寺で東大寺の承諾のもとで授戒を実施しようとしたのも、南都授戒方式にもとづくものであったと見ることができるのである。

ここで考えられることは石清水別当の観世音寺別当の兼任の実態は、園城寺を中心とする天台教学の影響を受けつつ、観世音寺本来の関係である東大寺との関係をも保って行きたいとする考えにもとづく光清等の立場が明らかとなるのである。しかしそれはいうまでもなく観世音寺の本来の立場ではなかった。

観世音寺がこの時期に天台宗に近づいたことについては、さきの大山寺、智山、安楽寺が悉く天台宗に近い関係にあって、安楽寺別当の場合でも菅原氏出身の増守（寺）、安円（寺）、基円（寺）、定快（山）、全珍（寺）などすべて天台系別当が存在し、ことに基円等は安楽寺に食堂・温室・一切経蔵を建てるなど活発な動きを示している(15)。ことに光清が叡山と対立したのは大山寺をめぐってである。

件事元者、慶朝法印為二天台座主一之時、依二院宣一、以二八幡別当法橋光清一補二鎮西之大山別当一了、（大山者是天台之末寺也、）然間慶朝座主与二本山大衆一違背、被レ拂二山上一之日、悪僧首法薬禅師執二行山上政一之時、推而成二彼大山別当一、下二遣延暦寺下部幷日吉社宮主法師原於鎮西一、猥以執行、爰件法薬禅師濫行弥長、被二追捕一之剋、又法橋光清申二下宣旨一、相二具検非違使庁下部一、令レ捕二法薬禅師之従類一、帥卿随二宣旨一、相二具兵士一、欲レ搦二悪僧等一、互合戦之間、竈戸宮者在二大山之内一云々、(16)

この事件は大山寺がもともと延暦寺の末寺であったものを鎮守竈戸八幡宮が宇佐宮の別宮であったことを理由にして石清水の支配にうつそうとしたことによるのであるが、光清が園城寺に近い人物であったことも、延暦寺をして追却せんとした理由であると考えられる。

そして光清は頼清以来の大山寺の関係を重視し、彼が大山寺別当を兼ねたのも彼が天台宗に近かったからでもあった。

このように光清はほとんど全国八幡宮の長たるの観あり、兼帯したところは竈山との関係は久しからずして断絶したけれども、弥勒寺、同寺喜多院、大隅正八幡宮の三職は確保され、筥崎八幡宮も光清の孫の慶清のときに別当に補せられて石清水は八幡の中心として、特に西国に優勢をほこったのである。(17)

このような状態において展開する観世音寺も天台の影響を受けないわけにいかなかった。それは、光清のあとその影響をうけて別当になった暹宴が「観世音寺談義」と称して、天仁三年（一一一〇）六月より「定二三七口之結衆一、始二百箇日之談義一、先於二三昧之佛前一、祈二　聖朝宝祚一、次談二一乗之奥義一、仰外朝安穏、午上即披二摩訶止観一論、談二定恵之法門一、午後又読二往生要集一、結二浄土之良縁一(18)」と三十七人の僧侶を集めて摩訶止観や往生要集を談義し、暹宴は「以二有智山安楽寺例一、（中略）久傳二天台之教法一、企二勧学之計一(19)」とて百ケ日六十巻の法華経の談義勧行を計画し、大宰府よりその供料として三十一石の配分を受け、談義衆十三口、勧進僧三口、講代一口、学頭一口、伝授二口、所司（三綱）六口、検校一口、読師一口、講師兼別当（暹宴自身）の署判を集めて太政官の許可を求めたのである。(20)

このような談義衆には別当暹宴のほか、その一門が加わっているが、この動向は東大寺が観世音寺をその支配下に置こうとするとき、必ずしも好ましい状況を示すものではなかった。元永元年（一一一八）東大寺別当に任ぜられた寛助が、二年後に観世音寺を吸収するにあたって、石清水別当頼清・光清、およびさきの暹宴のあり方について、「雖レ似レ随二本寺一、已有名無実」(21)という観世音寺のあり方を追及して、天台宗に流れんとするこの寺を東大寺へ引き返すことこそ本来の面目を新たにすると共に、戒壇の性格からしても天平以来に復帰すると同時に、暹宴等の観世音寺の私有化から防ぎ、その残存所有している四封四庄を確保することに於て、平安末期より経済的危機にあえいでいる東大寺の財政を建て直す必要から、観世音寺の末寺化が、にわかに擡頭し具体化されたものと考えることができるのである。

以上のことから考えて、観世音寺の存在はその構造上、別当より本来は講師、読師が中心となってこの寺院を支配してきたことは、やはり戒壇を中心に運営されるべきであるという原則をふまえていたからであるが、それが度々の災害を受け伽藍の維持が苦しくなり、平安中期には東大寺との関係も充分に受戒を通じて繋がらず、さらに寺領の動揺と、安楽寺や石清水、宇佐弥勒寺等の天台系寺院の優勢の前にはどうすることも出来なかったと考えられる。そして逆縁ながらも光清による受戒の復興や暹宴の努力による戒壇院の再興は、天台的要素を持ちながらも、本来の南都への復帰を求める声も興って来たことを示すのではないだろうか。そして、この寺は、東大寺としても、さらに支配形態を強化する必要も生じてきたのである。

（1）東大寺文書（百巻本第四十巻）官宣旨案、久安三年五月十六日

（2）中右記、天永二年五月五日条（史料大成本）

（3）大宰府政所下文（馬越恭平氏旧蔵文書）（大宰府・太宰府天満宮史料、六ノ一二九頁）
（4）大日本古文書（東大寺文書別集一、一五の三）観世音寺所司大衆等解案、天仁二年四月日
（5）東大寺別当次第（東大寺本）
（6）東大寺文書四ノ三二、観世音寺堂舎損色勘文、久安四年壬六月十六日（平安遺文㈥、二六四九号）
（7）朝野群載第十六（国史大系本）
（8）大日本古文書（石清水文書二）治安四年四月十五日、太政官符
（9）同右、永承二年三月九日、太政官符
（10）大日本古文書（石清水文書一、三二）保安四年四月二十六日、別当法印光清告文
（11）同右（一、三三二）権別当法印宗清告文
（12）同右
（13）石清水祠官系図（続群書類従本、二三〇頁）
（14）大日本古文書（石清水文書、二、六一五）沙弥慶清戒牒

（前略）

沙弥「慶清」（自署）稽首和南大徳主等

竊以、三学殊途、必會二通於渉盡一五乗廣運、資二戒足一以為レ先、是知、表無表戒務衆行□（之）津梁、願無二願心一祈二七支之勝因一。但慶清宿因多幸、得レ選二法門一未レ登二清禁一夙夜兢悚、令レ契二康治二年十一月卅日、於東大寺戒壇院一、受二具足戒一、伏願大徳慈悲、哉済二少識一謹和南疏、

康治二年十一月卅日　　沙弥「慶清」（自署）

和上

傳燈大法師位「壱賢」（自署）

（15）太宰府天満宮文書、天満宮草創日記
（16）中右記、長治二年十月三十日条

(17) 宮地直一『八幡宮の研究』「別当光清を中心とする石清水の勢力」一七七頁参照
(18) 大日本古文書(東大寺文書別集一、一五の三・四) 観世音寺談義縁起案、天永元年八月日
(19) 同右(一、一五の一) 大宰府牒案、天永六年九月
(20) 大日本古文書(東大寺文書別集) 観世音寺談義縁起案、天永元年八月
(21) (5)に同じ

四 観世音寺の東大寺末寺化

1 東大寺の経済的基礎の動揺

さきに「筑前国観世音寺の構造とその性格について」(1)述べ、この寺の成立とその古代的支配構造といわれる講読師によるこの寺院管理のあり方について、平安中期になって康和四年(一一〇二)に観世音寺が大風によって倒壊したときに、かねてから筥崎宮と本末関係にあった石清水八幡宮はよりいっそう九州への進出をはからんがために宇佐の弥勒寺の検校職を掌握し、また観世音寺の別当職をも兼ねようと意図するようになってきたとともに、また一方では最澄が帰唐後この宇佐の弥勒寺にあったことから、この寺が早くから天台宗の影響をうけるようになっていったことや、また大宰府天満宮に属している安楽寺も天台宗の末寺化されていったことも、この観世音寺に根強い支配権を求めていた東大寺としては強い危機感をいだくようになっていった。

ことに観世音寺の別当を兼ねた石清水八幡宮の光清は全国の八幡宮の長たるの観あって、このような観世音寺の状況にきづいた東大寺別当の寛助は「雖似随本寺已有名無実」(東大寺別当次第)と述べて光清のような石清水の別当の相

続によるこの寺院の運営は、まさに東大寺の実質経営が不可能となると同時に、それはまた天台宗に乗取られる憂えさえ見えてきたために、この際に積極的に、この寺を確保する必要が生じてきたのである。

この寛助については、櫛田良洪氏が『覚鑁の研究』(2)のなかで詳細にその行状を述べられているが、寛助は仁和寺寛朝（遍照寺）大僧正を慕い真言宗の興隆をはかった。この人は蔵人頭左中弁源師賢の長男で、宇多源氏の出身、歴世歌道に長じていた。また父の師賢は「後拾遺和歌集」の歌人で、生母は源頼光の娘で、はじめ遍照寺経範入室の弟子となった。そののち承保二年（一〇七五）十月十九歳の若さで阿闍梨の官符を受け、承暦四年（一〇八〇）に長和親王性信に従って廣沢流の密灌を受け、寛治六年（一〇九二）御室覚行法親王が仁和寺灌頂院での入壇灌頂の教授師を果たし、この覚行との結びつきによって僧綱に任ぜられ、それより中御室の御近侍衆として御修法に参加した。康和五年に中御室が五壇の大法を修したとき、金剛夜叉壇に臨み大任を果たした。このように寛助は仁和寺成就院に住し覚行法親王に侍しながら遍照寺別当経範に仕えていたことから、この経範の弟子という関係で、醍醐寺の勝覚のあと六十二歳で東大寺別当に補任され（兼任）示寂までその任にあった。

またこの寛助は、真言宗では経範のあとの廣沢遍照寺の基礎を固め、東寺長者となったのちも、東密の法将として威大な存在であった。ことに密法には厳粛な態度でのぞみ、ひとたび適材でないとする風聞のある者には付嘱を許した法文の一切をことごとく召し返すという厳しい態度で臨んだため、まったく廣沢の法流は寛助を措いて成立しないほどであった。

そして寛朝は有職故実にも通じ、ことに南都とのかかわりあいにおいて、天永三年（一一一二）八月五日に春日御塔の造立に際しては、東寺による地鎮を積極的に定め、空海の南円堂地鎮の先例を示した。そしてこの御塔が出来て塔内の御仏の舎利を唐招提寺に求め、すべてが寛助の沙汰でおこなわれ、そこに白河法皇の思し召により寛助をして尊勝陀羅尼や許可の書泥などを籠められるなど、白河法皇の第三皇子の覚行法親王との深いつながりのもとで一切が進められるほどであった。そのために世の人は、

而近代寛助法印只一人為長者、然而近日候院、御逆修間不暇他事之比也、仍不可申請、縦雖可行地鎮又以無人也、不如奈良僧正祈申大明神、只始木作等事御案尤可然、於今者臨安置御佛之時、如請寛助法印可令行鎮壇之由申了、(3)

と称して、寛助の存在は真言宗の発展に大きな影響を与えた。ことに彼が東寺長者であったときの尊勝寺灌頂阿闍梨事件が天仁元年（一一〇八）三月二十一日におこった。このとき寛助は延暦寺と園城寺が尊勝寺灌頂に対する東寺の進出をはばんだことに関して、この対抗手段として永久元年（一一一三）八月十八日、寛助が東寺一長者に就任し、また仁和寺・円宗寺・円教寺・遍照寺の別当となっていたことを利用し、その上、鳥羽天皇の護持僧であったので、寛助は九月二十二日、宮中で孔雀経法を修して天皇の不予を祈ったあとで尊勝寺灌頂を止めて東寺での恒例の灌頂により東寺分の僧綱を南北二会尊勝寺灌頂に準じて権律師に任ぜられ昇進することを永久の規式としたいと訴えた。

隆海法印記云、永久元年癸巳八月、天皇鳥羽院御在位時、御不豫、成就院大僧正寛助八月十八日丙寅於二禁中一大炊御門高倉、令レ始二修孔雀経法一、伴僧廿人、修中有二効験一、廿五日癸酉満七箇日御結願、於二日御座一有二御加持一、大阿闍梨被レ物、頭中将通季取之、勧賞可レ依レ請之由、蔵人頭権右中弁実行仰レ之、依レ之此九月廿二日孔雀経法賞、以二東寺灌頂労一可レ被レ補二僧綱一之由、以二季才資光一令レ書二奏状一、被レ付二頭弁実行一畢、十月廿三日、任二申請之旨一、止二尊勝寺灌頂一、東寺分而、以二東寺恒例灌頂一為二斎會一、准二南北三會幷尊勝寺灌頂之例一、以二両界小灌頂一阿闍梨追二次第労一、可レ被レ補二権律師一之由宣下畢、一宗之人併以歓喜踊躍、(4)

この寛助の決断の理由は、永久元年（一一一三）十月二十三日の太政官符に見えているごとく「本寺の勤を以て、勧賞を行わるれば承前不易の例なり。興福寺維摩会講匠僧綱に補せられる是なり。件の例に准じて尊勝寺灌頂を勤めず、只本寺恒例の灌頂を以てその労績となし畢ぬ(5)」と、即ち、

不ㇾ勤二尊勝寺灌頂一、只以二本寺恒例之灌頂一為二其労績一畢、両部之後、守二次第一被二採択一者、自宗専成二歓喜之思一、他宗又无二訴訟之愁一、（中略）而尊勝寺灌頂、自他宗相互勤行之間、頗違二彼素意一、仍於二尊勝寺灌頂一者、偏被ㇾ付二天台宗一尤穏便歟、抑歴二三會一一會灌頂御修法労一者、各預二勧賞一、然則以下逐二灌頂業一之輩上、同令ㇾ勤二行御修法一、被二抽賞一者、僧綱之員数不ㇾ増、諸徳之昇進相同歟(6)、

と述べて、この尊勝寺灌頂より東寺が積極的に引き揚げた理由はこれを天台両門に譲るほうが波瀾を生ぜず、それに巻き込まれることなく真言宗独自の道を歩むことができると判断したからであった。そして天台両門より無理な戦をいどまれることとなく、東寺灌頂がいままでつながらなかった僧綱への道も開けることになって、これは寛助の新しい方向として高く評価されることになった。しかし結果としては東寺の六勝寺への進出が失敗したというべきである(7)。

このような寛助が、東大寺別当となったのであるから、さきの自分の師の経範が、「建二立真言院一、自二着ㇾ任之始一、寺衆半以二違背一、（中略）喧嘩不ㇾ絶、康和五年閏九月、衆徒注二三十五箇条不治行縁一(8)」という汚名を挽回するためにも、寛助は東大寺の治政のなかで、観世音寺の離れてゆこうとすることを止め、その根本的な対策を構じて、白河法皇との関係を通じ、その院政の間に末寺として温存するための強化を考える必要を痛感したと考えることができるのである。

そのためにはまず、この寺の保有する古文書を東大寺が確認し、その保有権を主張することが先決であった。その

手段としては、観世音寺に蔵する古文書そのものをそのまま本寺にもちかえることは、かえってその寺の存立の意義がなくなることとなるのであるから、東大寺はそれよりも観世音寺に所有する古文書をいち早く書写して案文を作成してそれを大宰府をして承認させることが必要であるとの手段を考えたのであった。そのことについて東大寺は白河院政末期の保安元年（一一二〇）にその行動をおこしている。

そこでまず寛助は東大寺別当としての寺務についたときに吉書を行い、東大寺の諸庄園の管理のために各庄園司を補任し、ついで寺主威儀師厳慶を惣目代に任じ、上座には範縁得業を補して修理目代として、東大寺別当として住するために東南院の修造をおこなわせ、そのほか戒壇院、食堂の修理をも実施し、自分が東大寺に乗込むための諸準備をすませ、また東大寺の荘園体制の整備と、伽藍修造への意欲をかきたてることにやぶさかでなかった。

そのうえ、元永元年（一一一八）十月十五日には仁和寺を出て、白河法皇の第三子覚法、第四子聖恵を従えて、東大寺戒壇院での登壇受戒のため、木津川を船で下向し、東大寺の学侶等、兼禅・覚厳・覚樹等所司得業は泉木津まで出迎えて、僧正は車に駕して中御門にいたり、つづいて東南院に入り、二人の宮と共に、東大寺隆暹が戒和上となって、戒壇院で受戒をおこなった。このとき、以前よりの興福寺千朗の戒和上職をはずして、寛助が法務との故を以て、この職を興福寺衆徒の反対を押し切って東大寺側に取り返すことに成功した(9)。

すなわち「僧正依レ為二法務一、改二復前規一、衆徒雖二発起一、敢不二承引一、満寺感荷(10)」と、その感を述べている。そして白河法皇の二児をしたがえて堂々と十六日に拝堂におよび東南院に引上げていったのである。

このような寛助の態度はもちろん東大寺側の喜ぶところであった。

いま当時の東大寺の修理の必要性については永久五年（一一一七）に朝廷に申入れている状況によると講堂及び戒壇

院の破損が甚しかったようである。

（端裏書）「到来同十一（マヽ）箇官使武末　戒壇并講堂」

左弁官下　東大寺

　應令寺家年中修造早請覆勘戒壇院并講堂等破壊事

右権大納言源朝臣雅俊宣、奉　勅、宜令寺家年中修造、早請覆勘者、寺宜承知、依宣行之、

　永久五年五月九日　　大史小槻宿禰（花押）

中弁藤原朝臣（為隆）（花押）(11)

そのほか東大寺は天平以来の大佛殿などの伽藍に多くの修理の必要が生じてきた。

左弁官下　東大寺

　應早修造戒壇院并講堂等破損事

右、得彼寺今月十四日陳状偁、被左弁官今月九日　宣旨偁、権大納言源朝臣雅俊宣、奉　勅、宜令寺家年中修造、早請覆勘者、須任宣旨、早致其勤也、而當寺封戸庄園、雖有其数、代代国司、或収公田園、或不弁調庸、仍近年以来、寺家相折、動以闕乏、就中修造大佛殿之間、雖似造官之沙汰、非無寺家之煩費、然則不経幾程、重企修造、其力難叶歟、但、申請条条被裁許者、試課成風之巧、欲励不日之功、具旨載状、右抑寺家納物例用之外、若有余剰、縦無宣旨、何宛作料、不致其勤乎、然而近代之間、年中相折殆以不足、勘決之処、無其隠歟者、同宣、奉　勅、宜仰彼寺、早令修造、但、所申請之条条、随其勤否、追可　裁許者、寺宜承知、依宣行之、

永久五年五月廿五日　　大史小槻宿禰（花押）

中弁藤原朝臣(為隆)(花押)(12)

しかしそれにもかかわらず、東大寺の経済はいままでの天平からの封戸や荘園よりの年貢の収入のみでは諸堂や大佛殿の修造にも耐えられなくなってきたほか、諸国の代々の国司は自分の所領の年貢を増大させるために田畑を公田と称して社寺領を収公し、約束されていた調・庸も社寺に納入せずまったく「近年以来、寺家相折、動以闕乏」という状況に追いこまれていったのである。そのうえ東大寺にとっては封戸は古来より最も重要な財源であった。

この封戸については、東大寺には元来大佛鋳造が完成した天平勝宝元年(七四九)十二月二十五日に太上天皇および天皇・皇太后の行幸があって、封四千戸、奴百人、婢百人が施入され、後に天平十九年(七四七)分と合わせて五千戸の封戸が施入された。そののちその封戸の分類がなされて、天平宝字四年(七六〇)七月二十三日には修理料として千戸、供養三宝並びに常住僧分二千戸、官家佛事分二千戸と規定された。けれどもこの五千戸のうち、其の後、新薬師寺に百戸、東寺・西寺に二千戸を移され、さらに二百戸を東寺常住僧供料として転用されて、東大寺に残るところは二千八百戸となった。ついで平安初期にはまだ二千八百戸であったが、東大寺要録では二千七百戸となって、また久安四年(一一四八)にはついに二千六百戸に減少している。これらの東大寺封戸については弘仁二年(八一一)より久安四年(一一四八)までは、その所在国について戸数と共に変化は認められない。また久安四年の東大寺封戸進未注進状では、東大寺の封戸の実収については封戸進済の国々は未進が多く寺の経済的基礎となり得ないような状況を呈しているが、一面、とにかくこの時代までは、封戸を分封された諸国が名目なりにも存在していたことが事実である。その諸国とは、伊賀・駿河・上総・近江・美濃・上野・下野・若狭・越中・越後・丹波・丹後・播磨・美作・周防・紀伊・阿波・讃岐・伊予・土佐で、東海・北陸・中国・四国の広い地域にまたがっていた。

この封戸制は、唐會要九十食封実数の条にあるように、中国に起因する制度ですべて課戸をもって戸数に準じ、州県は国官・邑官と帳を執って、その租調を供し、おのおの租調を準配し、そののち国邑・官司に送ることに唐ではなっていた。いまこの食封の制度を参照して、わが国でも採用された年貢納入の制度であって、令制では、封戸より、給主（例えば貴族や寺院）に収納されるものは、封戸の差し出す田租の全額と調庸の全部、ならびに仕丁とされ、田租は土地よりの収穫物で、調庸は体役であった。この封戸制による寺院経済の基礎は、東大寺のみならず、平安初期の新抄格勅符抄では飛鳥寺千七百九十五戸、大安寺千余戸、興福寺千二百戸、西大寺六百三十戸、法華寺五百五十戸、川原寺五百戸、薬師寺五百戸等、多くの寺院が封戸の収納によって経営されていた。しかし朝廷が平安に遷されてからもこの封戸制にもとづく諸寺院では国衙を通じて、国司が直接納入責任者となっていた。しかし奈良時代の国司制度が、藤原貴族政権の擡頭によって変質するにいたって、国家的背景にたつこれらの寺院の国司依存による在地年貢の収納形態を改めなければならなくなった。もちろん東大寺もこのような律令制的国司制度を基礎として経済を保っていた。だから国衙の収納のあと、これらの封戸を、諸国に出向いていった東大寺雑掌が、寺納分の封戸を受け取る形をとっているが、国々の在地支配にまではおよんでいない。いわゆる土地そのものに対する支配権については寺側は持っていず、収穫物に対する規定量の確保を通じて収納権を行使していた。すなわち年貢支配権を得ていたということである。そしてこの封戸制にもとづいて、平安中期頃まで寺院経済を維持していたのである。

だから東大寺の経済的基礎の動揺は、さきの封戸――のちは封戸代として年貢全体を指すことになった――の国衙による未進によって始まると考えられるのである。竹内理三氏のいわれるように「東大寺の経済的基礎であった封戸は、延暦を第一期とし、延長を第二期とし、天喜〜康平を第三期としてひたすら衰退をたどった」ことに注目すべきであろう。ことに諸国封戸等は久安年間より封戸の未進が多くなり、近江・美濃・駿河・下野・若狭・越中・越後・丹後・播磨・阿波・讃岐・丹波・周防を数え、少分でも弁進する国は駿河・上野・上総・紀伊で、完全に弁進することができた国はわずかに美作・土佐のみであった。この傾向は嘉承元年（一一〇六）頃には「寺家の土木に至っては、諸国若くは封戸を済せずんば、また誰か闕乏の支となすことができようか」と、東大寺は諸国にいまさらながら封戸の弁済を求めなければならないほどであった(13)。そのために東大寺は、

方今世及二澆季一、人無二信心一、諸国受領、不レ肯二三宝一、以レ渋二佛聖之封戸一、為二修吏之上計一以亡、寺領之庄園、為二治国之要道一(14)、

と、封戸の未進をなげかざるを得ない状況であった。そして諸国の封戸についても、「国国の封物、おのおの未進をいたし、済するところはわずかに十分の一にして、庄庄領田は多く収公せられ、残るところは百分の半ばにも及ばなく、（中略）諸国の宰吏は、ひとえに封戸を対捍し、寺領を収公してしまう」ので東大寺の別当や所司はどうすることもできなくなって、諸国封戸の完納を期待することが不可能となった。またこれと同時に東大寺の寺田のなくなっていく原因は東大寺別当が任期四年に定められていたので、一貫的な経済政策がとりにくかったことも大きく影響しているということができる。

このような経済的危機に対して、東大寺はその経済的主体を封戸経済より荘園経済に切りかえる必要にせまられた。この過程において、竹内理三氏は、東大寺領の荘園化について、㈠寺田の荘園化――これは寺領の四至の確立と一円所領化ならびに不輸田化としてあらわれ、そののち公民の荘民化する過程をたどる。つぎに、㈡封戸の荘園化――封戸にあてられた郷里が、固定化して荘園となったもの、ならびに封戸より封戸代として便宜的に塡補された郷保が荘

園化したもの――が考えられ、最後に正税物の荘園化――大和国に多く見られる公田の免田化による庄田の成立、ならびに庄田の重層による散在形荘園の形成――が考えられると述べられ、そのほかに筑前の観世音寺領を含む、末寺の荘園化について説明されている（竹内理三氏『寺領荘園の研究』）。このような竹内氏の所論は、東大寺の荘園形成の方法ならびにその動向を示すものとして注目すべきであろう。[15]

そして東大寺としては、封戸の回復をまずはからなければならなかった。しかしながら、平安末期に近づくにつれて、封戸は崩壊の一途をたどり、到底東大寺の経済をささえてゆくことができなくなってしまっていったのである。ことに東大寺荘園の成立は、決して封戸制度と無関係に発生したものではなかった。伊賀国黒田荘はもと天暦四年（九五〇）頃には阿拝郡に六十戸、伊賀郡に四十戸あったものが、黒田杣、玉滝杣の住人が公田に出作して家作の威をつのり、国衙への正税を送らないために、伊賀国衙より差し出す東大寺に対する封戸代として三百六十石を出作田の所当でもって便補することとなって、久安四年には、伊賀国では「黒田庄出作便補百八十余石、玉滝鞆田出作百八十余石」と配分され、また承安四年（一一七四）にはこの地に対する東大寺の荘園として認めて一切の勅事、国役を停止することとなった。そして伊賀国黒田荘については、「出作田畠は、件の杣四至内であって、杣工などが寄住して数百年の間、荒野を開発して、はじめて乗田としたところである。またここは土民が寺家に「封物之代」を弁進する東大寺領の一つである」と考えられるにいたった。また伊賀国司も「畠は国司の支配地でないが、田は公田が転じて寺領となったのであるから、寺家の御封として便補する年貢については認めるが、その残りは国衙に収めてもらう」ように訴えていることは、封戸制と国司制の関連のもとに東大寺の諸国封戸の荘園化が促進されていったことを示すのである。しかしここには複雑な過程が生まれ、国司の交替にあうごとにこの封戸代の特権は動揺をきたし、伊賀国司が時勢にのって黒田荘に国司の支配権を浸透させて、東大寺の公田私有化を防ぐのに対して、東大寺は聖武天皇勅施入の杣としての既得権を主張し、国司の出作田内支配権を排除しようとした。

そのことについては初め東大寺の創建当初のときに、権別当の実忠が述べているように、「僧実忠、独策二愚誠一、率二工匠等一自身往至二於伊賀杣一、造二出應レ奉レ固様一、幷令レ造二雑材木一」(16)、そして大佛及び大佛殿のほか、諸堂修理用材の調達を行ったのであったが、いま久安四年（一一四八）に覚仁が示した注文によると、

（端裏書）「伊賀御封事覚仁注文」

伊賀御封支配事

本数三百六十余石

昔ハ黒田庄出作便補百八十余石　玉滝・鞆田出作同前、去天仁之比、醍醐（勝覚）権僧正前御任之時、鞆田所當之内四十石、被超（加）黒田出作了、其後及四十年、黒田分二百廿余石、玉滝等分百四十余石之中、鞆田村出作請補九十余石、而鞆田住人如昔数、南北杣各半分定ヲ便補之由、訴申歟(17)、

伊賀国の所当三百六十余石は、封戸代として確保されていたのであるが、天仁年間（一一〇八）に黒田荘出作田の所当のなかに鞆田庄が加えられ、黒田分二百二十余石、玉滝分百四十余石、鞆田分九十余戸と配分されたのである。

この時期における東大寺の修理の必要性については、少しおくれるが大治四年（一一二九）の東大寺修理所修造用途注進状によると、(18)大佛殿及廻廊の葺替、講堂の修理・葺替、戒壇院講堂と廻廊の葺替と、北室の大房小子房、東室と北室との間の間廊、上司の東倉、西倉、八幡宮、気比宮の王垣等の修理を中心として、大小材木二千五百三十八枝、焼瓦、一万七千四百枚および、伴匠鍛冶・葺工・瓦工・車借・筏師・杣工の食物、見米一千三百五十三石、准絹三千

四百七十疋を必要としている。まさに伊賀国の封戸代のみではその必要を満たすことが到底できないほどの額であった。

その結果、東大寺はこの天平よりの伽藍を維持するために、寛治八年（一〇九四）には、延喜四年以後の諸国封戸を点検し、[19]承暦年間（一〇七七）よりの回復をはかろうとしている。しかしそれでも封戸の未済は打ちつづき、嘉保三年（一〇九六）にはそれに追討をかけるように東大寺の堂塔廻廊僧房雑舎大小門の修理が必要となって来た。[20]そして用材調達等は長治元年（一一〇四）より始めなければならなかった。[21]そして嘉承元年（一一〇六）における伽藍破損の状況は、かなり多くの箇所に及んでいたのである。そのような難関を切りぬけるために醍醐寺より勝覚が東大寺別当に任命された。そして、

寺家土木者、諸国若不済封戸、亦誰可為闕乏之支、別当勝覚居職之後、鎮営此事、雖励其力、修南誊者、北戸傾、造東廊者、西堂損、力少寺大、朝補夕破、与其徒私歎、不如奏公庭、方今世及澆季、人无信心、諸国受領、不肖三宝、以渋佛聖之封戸、為循吏之上計以亡、寺領之庄園、為治国之要道、[22]

この勝覚は醍醐寺座主定賢の弟子で、三宝院に住していて、応徳三年（一〇八六）定賢の譲りによって、醍醐寺座主となると同時に四十八歳で、東大寺別当を兼ね在任十四年に及んだが、その間、白河法皇の皇子行真が東大寺戒壇院で受戒を受け、長治二年に（一一〇五）は大佛殿で千僧供養をおこない、ことに東大寺領の封戸荘園の確保につとめ、摂津国の賀茂社との相論において、長猪御厨の地を東大寺領猪名庄とすることに成功した。またさきの如く、嘉承元年（一一〇六）には諸国封戸の徴収の促進を朝廷に訴え、このために造東大寺長官の復活を求めて右中弁為隆の就任をきめ、さらに伊賀国玉滝杣の内の鞆田、湯船庄等の確保につとめ、永久二年（一一一四）には造東大寺所をして大佛殿

修理用の用材の獲得を黒田杣に求めてその目的を達している。

またこの年、覚鑁上人は東大寺戒壇院で受戒をとげている。この勝覚は元永元年（一一一八）東大寺別当職をさきに述べた僧正寛助にゆずったのである。そののち寛助が示寂したのちに天治二年（一一二五）に還補され、寛助がとりもどした観世音寺の別当に上座範縁を任命したが、勝覚は東大寺長者と醍醐寺の寺務繁多のため、醍醐寺上座賢円を差向けたけれども東大寺側はこれを承知せず、寺務四年にしてしりぞいたのであった。(23)

このように、東大寺は修理すべき堂塔伽藍の増加に加えて「封戸廿箇国、其員一万一百五十斛也、而伊賀国御封三百廿五斛、便補三箇杣田地之外、自余十九箇国、一塵不令弁済、本願聖霊、以御封米、偏被宛行修造析、若無裁許者、争廻計略哉(24)」という状態で、このような諸国の封戸の減少との挟撃に合うこととなり、東大寺の封戸は二十一ヵ国中十九ヵ国の未済という結果となったのである。

このことは荘園についてもいえるのであって、「諸国庄園、及于六十余処、而四十箇処皆以停廃、僅所残留十余処、田地狭少之上、所當、只為恒例佛事大會等析、敢不及修造之用途、方今顛倒窂籠庄々之中、数十処、往古券文炳焉、近年宣旨分明(25)」という状況に於ては東大寺の造営修理料国としてかけがえのなかった伊賀国に対して、隣の伊勢国より起った平氏は平正盛を中心として、寛助が東大寺別当になる以前の承徳二年（一〇九八）頃より伊賀国において蠢動し、東大寺領鞆田庄をおびやかしていた。一方東大寺は延久三年（一〇七一）頃より食堂、大佛殿の東庇が傾き、東大寺別当勝覚はその任期十四年間をかけて修理につとめたが、東大寺領鞆田庄自体が、平家のために六条院への寄進という新しい本家の成立により、庄務職を平正盛の一門が掌握するという横暴を繰返した結果、伊賀国の所当米は減少することになったのである。

爰去承徳二年、依備前守平正盛寄文、以鞆田村内田廿町、被立券六条院御庄已畢、其後天仁二年、同村田十三町、都介村田卌余町、暗被押籠之後、卌人杣工称其作人、併駈仕之間、全不随寺家之所勘、但、於国司者、毎年撿注之後、依例勘除、至于所当官物者、以寺家封戸百卌一石、所塡補也、(26)

そして平正盛はさきのごとく、鞆田村を六条院領として立券し、東大寺領の六十余町もそのなかにとり入れたために、東大寺と平家の対立はますます深まっていったのである。そのうえ正盛は杣工を作人としてつかい、天仁以来の同庄内の同村田地十三町、都介村三十余町を押領したので、「造大佛殿料所召大少材木、有其数、依件等妨、早難採進、雖三箇杣、以鞆田為宗之故也、就中件村所請募封戸代、石別見米三斗弁済寺家、残七斗所立用杣食也、然而依無其勤、慥□(可)令弁済之由、雖加催促、無心弁済、長治二年以後未進已及三百余石、云雑役云官物、寄事左右、共忘其勤、所為之旨、旁渉狼籍(27)」ているのである。

このような状況に対して、東大寺は伊賀国に代るものとして、天平以来関東の下野薬師寺と同様に西国の筑紫の観世音寺が戒壇院の設置で大きな役割を果たしていたことにきづき、その寺領の吸収と強化をはかることに勇断をもってのぞみ、とくに寛助の強力な白河法皇を背景とする関係において、これを引きもどそうとすることを決意したのであった。

この観世音寺は最初は斉明天皇の追福作善のために天智天皇が建立されたものであったが、天平宝字元年（七五七）に関東の下野薬師寺とならんでこの寺に戒壇院が建立された。これから東大寺との関係も発生したようである。その寺領は延喜五年（九〇五）の資財帳では封戸は二百烟を数え、筑前国嘉麻郡碓井郷に五十戸、鞍手郡金生郷に五十戸、筑後国生葉郡大石郷五十戸、同郡山北郷五十戸に分かれていた。しかし律令制の衰退とともに、封戸の荘園化が促進され、碓井郷の封田百五十一町四段二百八十二歩と封戸が封田と称された。そして金生封田、大石封田、山北封田がともに荘園化されていった。また観世音寺領の荘園として把伎庄、黒嶋庄、船越庄、山鹿庄と四庄を占め、その上、この寺は西国貿易の中心地にも位置している重要な寺院であった。東大寺はさきの戒壇のことをもととして、次第に末寺化することに動いていったのである。ことに長暦二年(一〇三八)~永承四年(一〇四九)にかけて、観世音寺は東大寺と深い関係となったが、このことは史料的には康和二年(一一〇〇)に大法師光清を末寺観世音寺登壇戒師に補せられんことを東大寺が申請したことによってわかる。これはちょうど観世音寺が康治二年(一一四三)の火災のあとの再興に力をいたしているときで、この頃より再興にもとづいて東大寺の力が加わってきたものと考えられるのである。(28)

2　観世音寺の東大寺の末寺化

観世音寺に対する東大寺の末寺化の強化については、その必要性が永承三年(一〇四八)より起ってきた。東大寺別当深観は「観世音寺申返」(29)として、観世音寺の東大寺への回復を計画したのであるが、まだ具体的な強化策は明確ではなかったが、東大寺の封戸や既成の荘園が弱体化するにつれて、その強化の必要にせまられることになって注目され出したのである。そのために永承四年(一〇四九)にはまず観世音寺の所蔵する文書を点検し、一結十五巻であることを確認し、なかでも船越庄の四至牓示の沙汰文書を点検した。(30)ことに東大寺の荘園は、東大寺別当が、「長吏御任限四箇年矣、仍代代別当令補任給之後、寔雖有庄庄之愁、称新任之由専一不被奏公底、第二三年者、如走自過矣、亦於任終者、不幾任限之故不被沙汰而止」(31)という、東大寺側にも荘園・末寺支配の欠陥があって荘園住民の離反も起しかねない状況も見られたのである。

またそれと同時に諸国の封戸に対する諸国国司も「在封国司不致合期之弁、纔有其弁者、是非見色、抑寺家建立之後及三百余歳、佛事繞薄僧侶廃亡[32]」として諸国司の処置をいまさらなげかねばならなかった。

しかし観世音寺に於ても天喜六年（一〇五八）大宰府の学校院との間に、開発田に対する相論が生じ[33]、またさきに立券した船越庄の不入権を康平三年に獲得するなど、寺領の強化をはかった。しかるに康平七年（一〇六四）五月十二日にいたって雷火により堂塔・廻廊・僧房が炎上した[34]。このときはわずかに本尊の不空羂索観世音像が助かったにすぎなかったのである[35]。

この康平七年（一〇六四）の観世音寺の焼亡は金堂・宝蔵・政所等を残して、延喜五年（九〇五）に資財帳が作成されて以来の焼亡で、康治二年（一一四三）の寺家年中相折帳によると講堂には聖観音・不空羂索観音・十一面観音・弥勒菩薩・文殊菩薩・杵嶋観音・吉祥天・阿弥陀如来（新造）・馬頭観音と六観音の立像がならび壮観を呈していた。そして総じて九体を安置し、金堂には阿弥陀如来、食堂には文殊聖・大黒天が存在していたのであった。この焼亡ののち五重塔以外は二年後に大宰府の大宰大弐藤原師成以下官人等の協力により復興し[36]、治暦二年（一〇六六）十一月二十八日に講堂（瓦葺五間四面一宇）の建築をおこない、金色丈六観音像及び捻像、不空羂索像（焼亡時残存の分）を安置して供養をとげたのである[37]。

また延久元年における荘園整理に関聯して、観世音寺は碓井封田の目録を呈出し、その五十一町四反二百三歩を確認したが、肥前国杵島庄は国司により収公されようとした[38]。しかしまだ寺領では国司の押妨や、大宰府兵馬所との相論が生じていた。

この時期に於ても、観世音寺は、その所管の講師は東大寺より下向し、在地においては読師一人、上座一人（威儀師二人）、権上座一人、寺主一人、権寺主三人、都維那一人、権都維那一人、俗別当一人の十二人によりこの寺を運営していた。そして応徳元年（一〇八四）には講師兼別当に隆昭が在任し、把岐庄・黒嶋庄の検田使による勘出田の免除を得ている。しかし上座郡原庄等では松永法師等の相論が繰返されていた。

この当時、東大寺と天平以来の深いつながりがあり、東国の末寺として戒壇院を持ち有力な存在であった下野薬師寺の現状は、

東山道下野国河内郡薬師寺、往古国王聖武天皇御願、東大寺末寺也、三年ニ一度太政官符罷下天、得度授戒所始行也、仍於今者破壊顚倒既以明白也、四至、東限田河、南限下条堤、西限国分寺、北限荻窪也、仍代々国師禅師雖預知之、彼東大寺本所之沙汰、更以所不知也、然于今田畠三百余町所也、仍伽藍無止、(39)

とその存在すら明らかでないという状況であって、東大寺として、ますます観世音寺の回復とその寺領に負担を求めなくてはならなくなってきたのである。そのためにまず延喜以来の資財帳を改める必要もあって、寛治六年（一〇九二）より嘉保元年（一〇九四）にかけて新たに資財帳を作成し、佛具、楽器、宝物、呉楽装束等を点検し、天慶の乱に藤原純友により掠め盗られたものについて以後のものを調査している。

しかし筑紫国へ天台宗が進出してきて以来宇佐の神宮寺である弥勒寺、大宰府天満宮の安楽寺等がその根拠地となって平安時代には勢力を増し、観世音寺碓井封も、大宰府天満宮がその神人を用いて濫行が繰返されたので大宰府に訴えこれを止めている。(40)

この間の承徳三年（一〇九九）に、大宰権帥大江匡房はこの寺の五重塔の再建のことを大宰府所管の九国二嶋にはか

ったが、その目的は達せられなかった。(41) そしてさきにも述べたが、東大寺は戒師の夏臈次第により観世音寺・下野薬師寺の登壇戒師を任命すると同時に、石清水修理別当光清を観世音寺の別当に補任した。(42) その間に観世音寺は、康和四年（一一〇二）八月に再び台風により金堂・廻廊・戒壇・南大門・宝蔵・僧房等が顚倒し、また再建修理の必要が生じた。(43) この修理に際して観世音寺の別当がいたずらにこの寺の諸封・荘園よりの自己の利益ばかりを追求して、かんじんの寺院の修理を行わず、自壊的な傾向さえみられてきたのであって、この傾向は単にこの寺のみならず、大宰府の支配においても管内九国二嶋の管理が充分おこなわれず、そのうえ国司の遙任化がすすみ、その統制力が弱められていったことも関係するのである。(44) そのため別当暹宴はとりあえず独力でこの修理を敢行しなくてはならなくなった。

そこで延久三年以来の肥前国中津庄の回復を求めた。しかしこの暹宴はまた観世音寺の内部にいままで見られなかった「観世音寺議義」と称して摩訶止観を読み、安楽寺の例にもとづき天台教法を伝えんとする傾向を生み、(45) また暹宴みずから観世音寺別当に金堂修造賞として法橋に任ぜられ、そのうえ彼自身が商才に長じ、千金の富を有していた。このように西国の僧が僧綱位に任ぜられることは中央の僧綱で疑問が生ずるほどの勢をもっていたためでもあった。(46) そして読師兼昭、検校源尊、権上座良賢、寺主永誉、権寺主範秀、都維那覚珍、権都維那林睿を寺務諸職に配していたが、この暹宴については文書上での初見は別当頼清に替って観世音寺を支配し、永久二年（一一一四）三月二十九日没するまでの約十年間在任していた。そして自分の弟子の暹増を上座に、経暹を権上座に、暹智を権寺主に置いて、三綱を掌握しようと考えていたが、暹宴の没を知った東大寺はこの機をのがさず保安元年（一一二〇）観世音寺に命じて、東大寺別当寛助の命により、寺宝、寺領等の「公験為本寺沙汰書移案文、進上之」(47) べきことを命じて公験たる荘園文書の引写上進をうながしたのである。しかしこれは単なる寺家への公験の進上でなく、引写した観世音寺領の関係古文書に対して保安元年六月二十八日に東大寺は大宰府の府官の証判を求めたのであって、東大寺は観世音寺に留守所的性格を与えて、この寺の荘園の管理と庄園年貢の内より東大寺への進上分の年貢を規定し、より強固に観世音寺の末寺化を促進しようとするためのものであった。

けれども、そののち二十三年を経て、康治二年（一一四三）六月二十一日再び堂塔廻廊が焼亡することになって(48)、そのとき再び暹宴の系統で、天台宗系の琳実が別当職に東大寺側の反対を押切って就任し、暹宴の後を追うこととなったのである。

左弁官下　東大寺

雑事参箇条

一應観世音寺別当大法師琳実秩満後、如元付寺家事

右、得彼寺所司等去□□□〔正月廿〕□□〔日カ〕□□□□〔解状偁東〕大寺者、封戸庄園、元是雖数多、頃年以来次第停廃、云佛事、云修造、已及闕如、而観世音寺、為往古寺領之上、偏為支寺家大事、故大僧正寛□〔助〕為別当之時、永停止他宗執行、申入寺家畢、其後弥無他妨之間、去康治元年、他門僧琳実、横以補任其時院宣云、若有未進者、早可停任者、爰四箇年之間、未済千七十斛、殆及年貢半分、就中彼寺者、任院六年也、今年秩満改定之理、旁以炳然也、寺家大訴只在斯事、早浴天恩、可被返付本寺者、権大納言藤原朝臣伊通　宣、奉　勅、琳実秩満之後、依請(49)

そしてその結果、東大寺はあらたに鎮西米として、観世音寺領から運上されるべき年貢は、大治四年の例によると、その所当米二千四十一石七斗三合のうち一千五百十八石二升八合をば運上することになっていたが、これらも琳

実は焼亡後の伽藍復興のためと称して、東大寺に送付すべき年貢をば未進したために、東大寺はまずこの寺の別当職を掌握し、完全な末寺化については琳実の任期終了後を待たなければならなかった。それは仁平三年（一一五三）寛暁が東大寺別当となり、同年四月二十九日に東大寺印蔵目録を作成したなかに、観世音寺文書七十六巻、二禎、一帖二通を収め、[50]それを保元三年（一一五八）六月十五日の朝廷による庄園公験の提出を機会として東大寺政所が末寺観世音寺の文書案文を書写し、荘園記録券契記録所に進上することとなって、[51]完全なる観世音寺の末寺化が確定したのであった。

この当時における観世音寺の現状については、久安四年（一一四八）の観世音寺の「堂舎損色勘文」によると、[52]この寺の五間四面の講堂については破損して、雨漏りがはげしく、また五重塔は康平七年（一〇六四）の雷火による焼亡後は礎石のみ残り、天仁元年（一一〇八）に暹宴により再建された金堂も、康治二年（一一四三）六月二十一日に西南の廻廊とともに焼失してしまい、いまは中門もなく、ただ破損の甚だしい壁のくずれた戒壇院と、瓦のゆるんだ鐘堂、経蔵、温屋、食堂、南大門、東大門、日吉社が存在するにすぎなかったのである。

いまこの寺の日吉社の存在について考えてみるとき、この神社はいまも観世音寺の鎮守として、寺域の後に存在するが、もとは上宮（三間）・下宮（五間）に分かれ、毎年四月晦日と十一月晦日に春秋の祭を行い、この日吉宮では二月と八月に二季彼岸会を催している。[53]この社が建立されたのは文書上では大治三年日吉社注文に見えているが、[54]この時を設置のときと見ることについては、東大寺への運上米のはげしいときでもあり、おそらくそれ以前の暹宴が、観世音寺の天台化を推し進めた天仁元年（一一〇八）に金堂、廻廊、中門の再建と同時に山王権現を勧請したと考えられないでもない。

また天永元年（一一一〇）に観世音寺で暹宴が法華経談義を開いた縁起に「正文者依有途中之畏、寺家留之」[55]と暹宴は本文を東大寺に差出すことにより没収されることを憂えて忌避し、正文を観世音寺に止めていることは、その裏面においてこの寺の天台化と私有化をともに推進しようとしていることを本寺に察せられたくないとの考え方をもっていたからであって、おそらくこの暹宴の観世音寺別当の在任中に鎮守社として設けられたと推察されるのである。そしてこのように、この久安四年における伽藍の荒れ方がかなりひどいことでも、その復興の必要がさけばれ、また観世音寺と東大寺との関係においても、観世音寺側が、常に伽藍の復興という名目のもとに東大寺への運上米を未進に追い込み、その年貢を以てこの寺を運営しようと考え「止本寺年貢、可充修理用途」[56]と主張したのに対して、東大寺側はこの寺の伽藍の復興より観世音寺領の金生封、碓井封からの東大寺への送付年貢の確保を通じて、本寺の経済立て直しをはかろうと考えていたのであるから、その目的からしてこの寺の復興はなかなか進みそうもなかったのである。

その後荒廃した観世音寺は、寛元年中は入宋して戒律を学び霊山を巡拝して帰朝した済宝が帰朝して、建長二年（一二五〇）「自抱二化疏一奔二走四方一取二資於人一、殿閣門無、奐然改レ観」[57]と少規模ながらも再興されたことがうかがえるのである。

3　観世音寺領の東大寺領化

つぎに観世音寺領の動向については、さきに竹内理三氏が『寺領荘園の研究』のなかで、末寺の荘園化について触れられ[58]、重ねて「筑前国観世音寺史――東大寺末寺となるまで――」[59]について述べられ、また最近では高倉洋彰「筑前国観世音寺史考[60]」に詳細に述べられているので、更に論を加える必要はないが、東大寺側より考えて見るときは、本寺の修理や、法会料としての観世音寺領が必要であった。そのためにまずこの寺領より差し出される東大寺への運上米の用途について判明するものでは、二月大般若會御佛供料、修二會二月堂上七日僧供料および下七日僧供料、銀堂葺工料、八幡宮彼岸御供料、八幡宮御八講政所御僧供料、三月十四日花厳会勅楽人饗料および花厳會楽人日中饗料等を金生封より[61]、また食堂御佛供、七月三十日大佛殿長日大般若供、瓦造支度給例飯間酒料[62]に充てられ、これらの観世音寺領から差出されるものおよび周防国よりの年貢を含めて東大寺では鎮西米と称している。このことについて正安元年（一二九九）十一月の「東大寺年中行事」では、鎮西米[63]は第7表の如くその用途を定めている。

第7表　筑前国観世音寺領鎮西米

月　日	所　　当
1.8	散節請僧供料（口別3斗5升）
	修理事始木工両座等料（26石7斗4升3合）
2.1～14	二月堂行法政所奉加油1升分
2.25	法用定(12石7斗5升4合3勺)
4. 8	羂索院浴像経御佛供料（4升8合）
4.15	夏講（1石1斗3升8合）
5. 2	大佛殿御斎會僧供料（100人分）(口別5升)
5. 5	節供八幡宮小五月会（9石3斗6升）
6.28	講堂解除會大佛供及請僧百人等供料（28石5斗6升8合）
7.19	梵網會執蓋饗料(1斗5升)，同請僧供料等(4石9斗9升6合)
9. 9	節供八幡宮九日會（1石）
12. 8	温室節食堂七賢佛供料（3斗5升）
12.10	四十聴衆法華會布施米（4石）
12.14	大佛殿万燈会御佛供料（1斗）
	鎮西米所下分（67石4斗3升5合）
	同総都合(169石8斗8升6合9夕5才)〔一年中細々所下分〕

そして鎮西米の総数については大治四年（一一二九）に差出された定田三百七十二町七反二百八十歩、地子米千四百五十三石八斗三升五合で、東大寺への運上米千五百十八石二升八合にはこののちは完納を期することが少なかったけれども鎌倉末期までは続けられた[64]。そしてこの運上のための観世音寺領の基幹となるものはもちろん筑前国嘉麻郡にあった碓井封、および鞍手郡の金生封で、これは奈良時代よりの封戸二百烟のうち筑前国壱百烟（それぞれ五十烟ずつ）

に起因するもので、延喜五年資財帳でもそれを継承しているが、碓井郷では長保六年（一〇〇四）には百五十一町四反二百八十二歩を数え、封戸郷よりの所出の年貢田が次第に定着して庄田化し、牓示を立て、四至を点定して、東は五里堺及び大海を限り、西は八王子畑の東を限り、南は岡並びに小峰山の際を限り、北は北郷の堺を限る嘉麻南郡の四図（条）三里・四里・五里・五図三里・四里・五里・六図三里・四里・五里、七図三里・四里・五里にわたって、封戸の保有田が「彼寺封戸田勿検田使入勘」と寺田化し(65)、延久元年（一〇六九）の荘園整理令の出たときには碓井封は碓井庄といわずに碓井封田と称しているところに、この郷が観世音寺がもっていた封戸であったという本質を失ったわけではないことを示している。そしてこの土地の作人を庄民と称さずして封民と称し、他の荘園とは性質を異にした古代的支配構造をそのまま残そうとしている。

またつぎの金生封にしても、大治三年（一一二八）に金生封作田注文を作成して、定田百十七丁八反三百歩として(66)、保元三年（一一五八）には金生庄と称し(67)、観世音寺に充当されていたもとの封戸郷は平安中期にいたって次第に荘園化していったのである。このような傾向は筑後国生葉郡の山北大石封も同様であって、全く荘園化して寺領として重要な位置にあった。そしてこれらの四封は封田＝庄田、封民＝寺人、としての取扱をして、また把伎庄・船越庄・山鹿庄・黒嶋庄等を合せて四封四庄として観世音寺の経済的基礎となったのである。

しかるにいま東大寺が、観世音寺の末寺化を強化しようとした目的は、もちろんこの四封四庄に加えて、その他の寺の寺領よりの年貢をも集めるのが目的であった。

このため保安元年六月二十八日に、鎮西米の確保のために、観世音寺に命じて注進させた寺領の公験は第8表の如くであった。

第8表　保安元年六月二十八日観世音寺公験等注進目録（庄園分）

	必要書類・庄園名	巻	通	枚	公験	面積
	延喜五年資材帳	1				丁 反 歩
	養老絵図	1				
	天暦田図	1		67		
筑前	碓井封	3	3	26	本	151・4・282
筑前	金生封		1	18	本	130・1・一
筑後	大石・山北封		1	12	本	59.8.240 56・7・144
筑前	肥岐庄		3	28	中島	49・一・一
筑前	黒嶋庄		1	8	本	19・6・一
筑前	船越庄	3	3	26		27・8・180
筑前	山鹿庄		5	5	本	?
筑後	駕駄御薗			16	公	?
筑前	高田庄		1	11	公	6・7・100
筑前	山鹿桑		1	8	公	
肥前	五箇庄		1	21	公	(319・7・314)
	吹田庄		1	8	文	

（筒井寛聖氏所蔵文書〈平安遺文9巻4775号〉より作成）

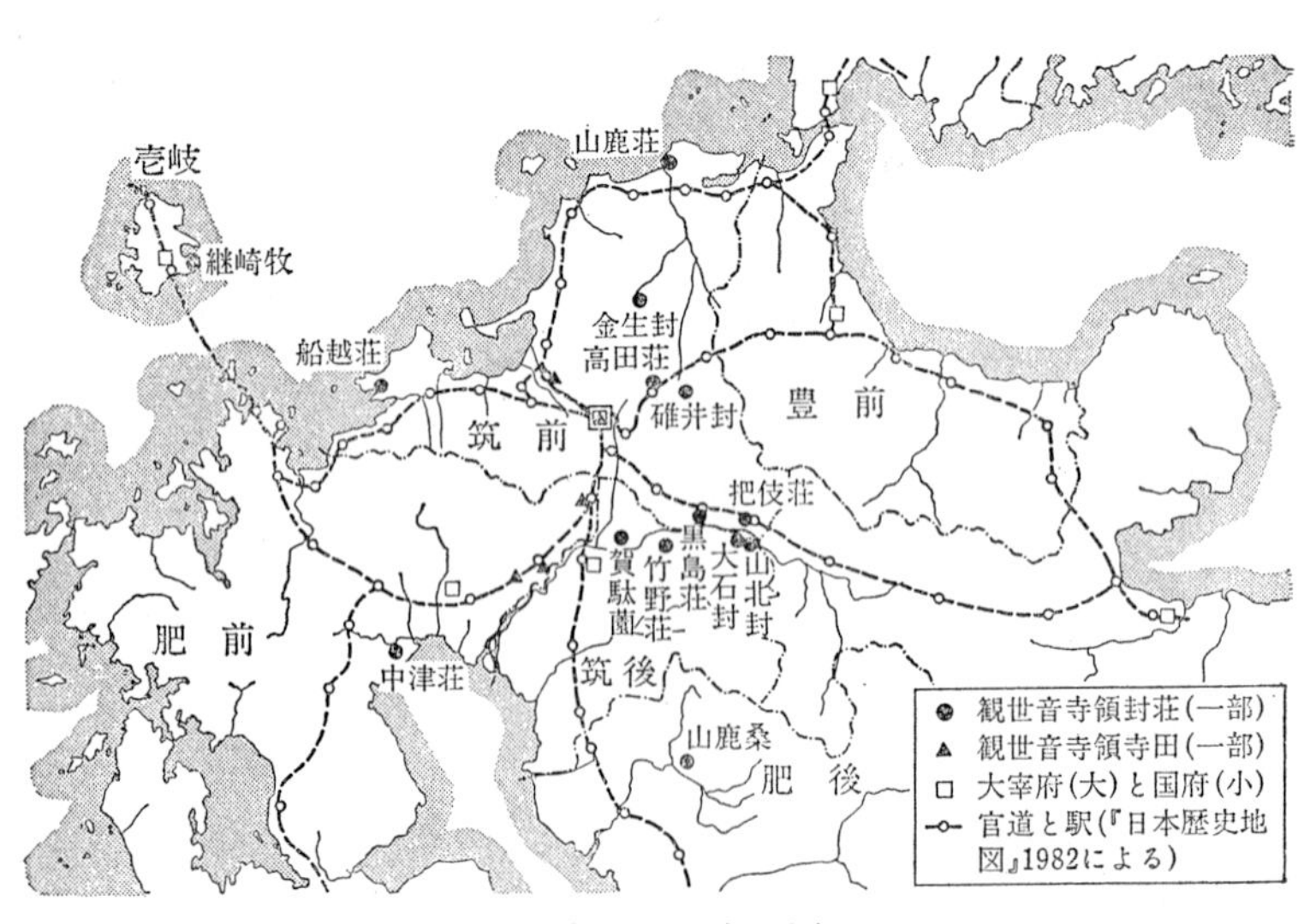

観世音寺寺領封荘・寺田分布図
（高倉洋彰「筑紫観世音寺史考」『大宰府古文化論叢』下，118頁より引用）

もちろんこれは東大寺別当であった寛助の命によるものであって、その封荘の大きさからいって、百五十一町を占める碓井封と金生封が主要なものであった。この寺の古文書の書写は本寺の沙汰として末寺側が正文を書き写したものであるけれども、ここに大宰府の証判を求めたことは、この案文そのものが、正文と同様の価値をこれに与えんとすることを東大寺側が考えたものであった。

そして、天治二年（一一二五）勝覚が東大寺別当の吉書のときに東大寺上座範縁が、惣目代と観世音寺別当に任ぜられたが、さきに書写された観世音寺文書はたんに印蔵のなかに収納されているにすぎなかった。しかしその効力を得るためにはこれを中央へ届出をする必要があった。

このことに気付いたのが、大治四年定海が東大寺別当に任ぜられたときに、いままでとどこおりがちな華厳會を再興したときに権都維那覚仁は、この提案を計画したのであった。(68) まず覚仁は大治二年に観世音寺年貢米が太郎丸によって運上されたのに立会い、(69) また同四年の金生封六十石（淀津定）の受取りにも出向いている。(70) 彼は寺家重代の所司として、伊賀国黒田庄、玉滝杣の回復に強力な支配力を持ってのぞみ、現地に自らおもむき、またあるときは目代、代官を在地に下向させ、雑役賦課、斗代の引きあげをはかるなど果敢な経営に乗出し、平安末期の東大寺を乗切って他からは悪僧といわれるほどの力量を持ち合わせていたのであった。(71) そこで彼は東大寺別当寛暁のとき仁平三年に印蔵内の観世音寺文書を点検した。このときの別当寛暁は仁和寺にあって東大寺の寺務は覚仁等に任されていた。この時期に於いて東大寺のかかえる大修理は大佛殿・講堂・僧房の修理及新造と造瓦二万五千枚に及び、その費用は一千三百五十三石に及んだのであった。(72) このときにあたって観世音寺領の強化をはかるために覚仁は寛暁とはかり、後白河院の院庁が始まり荘園収録の点検がなされたのを好機として、東大寺の別当政所に保元二年（一一五七）観世音寺領の公験を集め、これを京に進上して朝廷の荘園券契記録所に差出すための復本をつくるために、観世音寺文書の書写を始めた(73)。もちろんさきのものは観世音寺より差出した案文とはいえ、「依記録所召進上如件、但件文書正文、在観世音寺、而去以保安年中（保安元年六月二十八日）彼寺所司等為沙汰所写送於本寺也、大宰府帥并府官（権帥源重資）加判行奈印了、仍如正文、而今依記録所召、書副案文、進上如件」(74)とあり、この正文に添えた案文は朝廷の記録所に止めるものであったため急ぎ書き写さなければならなかった。

その理由は保元元年（一一五六）十月二十日に後白河天皇を中心とする朝廷で、保元の乱ののち、諸荘園の整理のために記録所を開いたことによるものでもあった(75)。

そこで東大寺は覚仁の沙汰により、観世音寺領および大井・茜部庄等の案文・宣旨等を東大寺側より差出すにいたったのである。

（端裏書）（観世音寺文書）
「□□□□□□第六□（帙）十七巻并雑目録□□（四通カ）」

観世音寺文書可令書進上人〻事

（円尊）上座六巻　＼庄〻注文　＼五佛常燈　＼賀駄庄　＼山川藪沢　＼碓井御封　＼柴田・高田

権上座四巻　＼学校院　＼寺僧交名　＼高田　＼金堂長講　（異筆、○勾勘ト一筆、下同ジ）「返納了」

（浄厳）寺主五巻　＼把岐　＼把岐　＼船越　＼五佛　＼呉楽　（異筆）「返納了」

（静寛カ）権寺主四巻　＼最勝会　＼吹田　＼講析米　＼五箇庄注文　（異筆）「返納了」

（源厳カ）従儀師四巻　＼郭□（内）田　中津　宣旨　□□（田所）□（勘カ）注

都維那師(永俊)五巻　＼大宝縁□〔起〕　□〔金〕生庄　＼山鹿庄　＼一切経　＼五百町例□〔名〕
権都維那師(信尊)七巻　＼壱岐嶋　＼仁王　＼法會　＼吉祥　＼布薩　＼南大門　＼早良奴婢
等覚房四巻　山鹿　大石・北両封(山脱)　＼把岐　＼船越四至
禅家房四巻　＼碓井　船越入勘　黒嶋　諸封庄　(異筆)「返納了」
威儀師(覚仁)一巻　天暦田図　(異筆)「返納了」
右、依　政所(寛暁)仰、今明日之内、早々令書写交勘、可被進上正文・案文相具、　是、為令付進記録所也者、仰下旨如件、
保元三年六月十二日(76)

(表題書)
東大寺美濃国大井茜部両庄宣旨送文　保元三年
(美濃安八郡厚見郡)
大井・茜部両庄、如元可寺領之由　宣旨献覧之、慥可納置印蔵之由、可令下知給候也、被附記録所文書等、覚仁之沙汰候、仍如此被　宣下之事、尤覚仁ニ可令召仰給者也、
抑金生封(筑前鞍手郡)御年貢米等納所支配注文令献覧候、子細見彼状候、是為御不審候也者、以此旨可申之由所候也、恐々謹言、

七月八日　威儀師俊縁奉

謹言上　東南院已講御房(77)

このようにして観世音寺領文書を朝廷に呈出して東大寺の末寺領として確認されたのであるが、それはまた末寺としての性格を強めることとなったのである。かくして観世音寺領の掌握は平安末の大修理をひかえた東大寺としては

多額の用途を必要としたのであって、これらの鎮西米については東大寺の年中行事と結びつけると同時にそれはまた伊賀国黒田庄の年貢未進をも補うものであった。その納期は、金生封では正月と六月で、年次によって異なっていた。長承元年（一一三二）の例では、

長承元年　観世音寺運上米納所支配

合

同年十二月日碓井早米三十石 上司十石 下司十石 酉酉十石

同二年二月廿二日金生米百五十石 醍醐十石

酉酉四十石　下司五十石

寺六十石 但於十石者別納也、斗出共可結解者、

同三月十六日山鹿米百石 上司三十石 酉酉四十石 下司卅石

同月廿二日把岐米六十三石 上司廿一石 新薬師別納廿一石 下司廿一石

并三百卅三石

長承二年六月八日(78)

このように運上米の納所への納入を定めているが、鎮西米の運上には途中の船賃・船祭・奴祭・梶取功食・水手九人功・欠料・平駄賃・本賃・津川下賃・綱・兵士粮料等の料足を含めなければならなかった(79)。そしてその運上船については太郎丸・千寿丸の名があげられ九人の水手、六人水手を以てそれぞれ瀬戸内海を通り淀津を経て木津川をのぼり、木津より東大寺の納所蔵に納められたのである。しかしこの鎮西米の本寺納額は時には一定せず、ことに平安末

期の源平の兵乱が近づくにつれて減少の傾向を示したのであった。このことについてはまことに煩瑣にわたるけれども次の文書の全文をかかげることとした。

東大寺衆徒等謹解　申請　天裁事

請殊被蒙　天裁、永停止末寺筑前国観世音寺別相傳、如旧以彼執務幷碓井封以下領、

付本寺別當子細状、

右、謹考旧貫、彼寺者、天智天皇之梵宇、吾大伽藍之管領也、即以四封四庄之年貢、宛置本寺末寺之寺用以降、涼燠屢推移、星霜数百歳、其間中古年貢寺納定、或年者七八百石、或時者五六百石也、而治承乱逆以後、地頭号成其妨、土民称致対捍、運上土貢有名無実之間、勝賢僧正寺務之時、深歎此事、奏聞事由、去建久六年之比、下遣検注使於彼寺領、尋捜所当官物之尅、已一千余石也、其内除置末寺佛聖燈油修理析以下種〻相折、以所残之京定四百石可済納本寺之由落居之処、僧正入滅之後、彼寺別當定勝法印、被召所帯元興寺之日、為慰其愁訴、件四百石年貢内、可被恩減五十石之由、依経上奏、於三百五十石者、毎年無懈怠、可令運上本寺之旨、慥被下　宣旨了、依之定勝一期之間、参期無違乱、寺用不闕如、而其門弟内光恵僧都當彼別當職之役、定誉僧都譲得拝領碓井封之間、動依欲致年貢之失墜、毎年究済可限六月中之由、一寺共同起請已訖、雖然猶不拘厳密之沙汰、逐年而緩怠、則去年年貢空過起請之期日、大略未済、未曽有之懈怠也、就中衆徒聊加尋沙汰之処、其旨猶違失不法之処、責而有余者歟、如此之間、十二大會用途幷重色人供等、併以断絶畢、非啻為佛法人法磨滅之基、兼又非今世後世罪障之源哉、凡者　本願勅施入之寺領、諸国雖治之、世及澆季、所廃煩費、或為顚倒、或為衰微、適継本寺之法命者、只為末寺領許也、伽藍之安危、偏可依彼年貢之済否、望請　天裁、且依旧規、早任申請、永停止件別相傳之議、如元。以彼寺執務幷碓井以下領□可付本寺別當之由□上之、□□惣寺之、忝被　宣下者、内大佛八幡廻眸、弥致百王之護持、外律学二院合掌、奉

仍不堪懇愁訴、粗録事状以解、
祈億載之宝筭矣、衆徒等誠惶誠恐謹言、

寛喜三年六月廿九日　東大寺衆徒等(80)

そしてここではさきに大治四年（一一二九）に東大寺に送付していた一千五百十八石一升八合もの運上米が、永暦以後、次第に減少してきている。その原因としては源平の兵乱の影響と考えられるとともに、治承四年（一一八〇）東大寺自体が平家の焼討にかかり炎上し、観世音寺よりの運上米も、あるときには七、八百石、さらに減少して五、六百石と一定していなかったうえ、源平兵乱以後は在地の地頭の押妨により封民の年貢未進がうちつづき送付すべき運上米は有名無実となっていったのである。

ことに勝賢が東大寺別当となってより、東大寺は、大佛殿及講堂の復興や、伊賀黒田庄の退転等の問題をかかえていたために観世音寺領の復活をはかりその所当官物一千石を収納することをはかったのであるが、それでは荒廃した観世音寺の修理や年中法會の料足が不足するという理由から、観世音寺の自己費用の末寺佛聖燈油料以下種々相折分を除いて、残るところの京定四百石を東大寺へ観世音寺側から納入することで両者の決着がついた。そしてこの額はまた東大寺の経済をささえるに必要な額であった。そしてそれはいままでの伊賀国封戸米三百十五石に相当するもので、東大寺が寛喜三年（一二三一）にいままで造営料国であった周防国が知行国としての性格が加わるまで東大寺は観世音寺領に大きな負担を求めていたことになるのである。

また勝賢の入滅後、建久六年（一一九五）頃には観世音寺の運営については、別当定勝が知行し、この寺の修造の必要から東大寺は定勝の愁訴を受け入れて、以前よりの四百石の年貢を五十石分減じて三百五十石とするかわりに毎年懈怠なく本寺に運上することを約束させたのである。もちろんこの鎮西米は年中行事の都合から毎年六月までの納期と定められていた。

一、鎮西米事三百五十石 寺用所下析米 国斗定

右、始自年内、至于六月中、悉可寺納者也、以之宛諸會〻析、支一寺〻用、尤不違期限、可被寺納、雑掌沙汰、

有懈怠者、質人罪科、同不可有所遁矣、

一、九口講供析事ロ別□(五)石 寺斗定、以鎮西米下行之、

右、守鎮西米下行之例、六月中可被究下矣、[81]

しかしこの定勝のとき、観世音寺修造勧進上人慈済が建久九年（一一九八）「件寺東大寺末寺也、而止本寺年貢可充修理用途之由上人結構、非勧進儀之由、衆徒訴申[82]」と、かねてよりの鎮西米の停止によってこの寺を修造せんとする態度が見えたが、東大寺はそれを承知することができなかったために、東大寺としてはやはり観世音寺の末寺化をはかり、また西国沙汰所としての鎮西米の確保のためにどこまでも必要欠くべからざるものとして続けねばならなかった。しかるに定勝の一期の間は完納を見たが、その弟子定誉ののち、さらに門弟の光恵のときには、またもや碓井封の年貢等がとどこおり未曽有の懈怠となったのでこれを訴えたため、光恵は碓井庄年貢の外二百五十石を毎年六月中に定納することを約束する請文を差出して事は落着した。ことに正安の「東大寺年中行事」では東大寺が鎮西米と称したときはたんに観世音寺領のみならず周防国二嶋分、白河寺分も含めて称[83]しているのである。そのほか仁治二年（一二四二）正月二十日、東大寺別当に定親が補任されて吉書がおこなわれたときにも「一、観世音寺御年貢事、沙汰人西室得業[84]」と見え、文永年間にもまた金生封四十九石余をしばしば寺納しているのであって、観世音寺は東大寺にとって重要な末寺であったと同時に経済的基盤となっていたのである。

そして以上のことから、観世音寺と東大寺は不即不離の関係にあって近世にいたるまでも末寺化することとなったのである。

いまこの稿を終えるに当って、古代寺院の支配構造がかなり深く地方寺院に及び、その末寺化という形態を通じて宗教的にも経済的にも結合していったことが結論づけられるのであって、これは単に東大寺の場合のみならず、延暦寺や園城寺等の場合も同様であり、このことはまたつぎに鰐淵寺等の場合についても述べることとする。

(1) 平岡定海「筑前国観世音寺の構造とその性格について」(『大手前女子大学論集』一八号)
(2) 櫛田良洪『覚鑁の研究』第一章　覚鑁と寛助との関係、六、寛助のあゆみ、四二〜六五頁
(3) 中右記、天永三年八月五日条
(4) 東宝記第四、法宝上、続々群書類従本九一頁
(5) 同右、八八頁、永久元年十月二十三日条
(6) 同右
(7) 平岡定海『日本寺院史の研究』第三章、第八節、五、六勝寺と天台・真言宗の進出、六五七〜六七三頁
(8) 東大寺別当次第、東大寺図書館蔵(群書類従本六三八頁)
(9) 同右、六三九頁
(10) 同右
(11) 東南院文書一、二四〇(大日本古文書家わけ十八)永久五年五月九日、官宣旨
(12) 同右、一、二四一(同右)永久五年五月二十五日、官宣旨
(13) 平岡定海『東大寺の歴史』一二九〜一三一頁
(14) 東大寺文書、百巻本二十三巻(大日本古文書、東大寺文書二五三号)嘉承元年八月五日官宣旨
(15) (13)に同じ、一三二〜一三三頁

(16) 東大寺要録巻七、雑事章第十、東大寺権別当実忠二十九ヶ条事
(17) 東大寺文書（1・1・343）久安四年二月二十一日、伊賀国東大寺封支配注文（大日本古文書・東大寺文書十二、三四三号）
(18) 東南院文書二、四（平安遺文二一四八号）大治四年十二月二十日、東大寺修理所修造用途注進状
(19) 諸国御封文書上（平安遺文㈣、一三三四号）寛治八年十一月十二日
(20) 東南院文書一（大日本古文書）二三一号、嘉保三年七月十二日、官宣旨
(21) 同右、二ノ四（平安遺文㈣、一六二二号）長治元年七月二十日、東大寺用木色目注進状
(22) 東大寺成巻文書二十三巻、嘉承元年八月五日、官宣旨
(23) 東大寺別当次第、東大寺図書館蔵（群書類従本六四〇頁）
(24) 東大寺成巻文書第四十巻、久安三年五月十六日、官宣旨案
(25) 同右
(26) 東南院文書二（大日本古文書・東大寺文書二、四八八号）、永久三年四月三十日、鳥羽天皇宣旨
(27) 東大寺成巻文書二十七巻（大日本古文書・東大寺文書六、二七〇号）永久三年五月二十五日、東大寺別当三綱等解草案
(28) （1）に同じ
(29) 東大寺別当次第、東大寺本（薬師院文書）（群書類従本六三五頁）
(30) 守屋孝蔵氏所蔵文書、仁平三年四月二十九日
(31) 東大寺文書、天喜元年七月、美濃国茜部庄司住人等解（平安遺文㈢、七〇二号）
(32) 東大寺文書、天喜四年閏三月二十六日、官宣旨案（平安遺文㈢、七九〇号）
(33) 松浦詮所蔵文書、天喜六年十一月二十三日、筑前観世音寺牒案（平安遺文㈢、八九九号）
(34) 本朝世紀第二十七、康治二年七月十九日条
(35) 観世音寺不空羂索観音像銘文（本堂安置）
(36) 観世音寺文書、治暦二年八月二十二日

(37) 扶桑略記二十九、治暦二年十一月二十八日条
(38) 東大寺成巻文書第二十四巻（大日本古文書、第二六一号）延久元年八月二十九日、筑前国嘉麻郡司解
(39) 東大寺文書、寛治五年十二月十三日、下野薬師寺注進状案（平安遺文㈣、一三〇三号）
(40) 東大寺文書別集（大日本古文書）、永長二年六月二十九日、大宰府政所牒案
(41) 観世音寺古文書（東大寺文書五）内閣文庫所蔵文書一一三号、承徳三年九月二十二日、大宰府庁定文
(42) 平岡定海「筑前国観世音寺の構造とその性格について」（『大手前女子大学論集』一八号）七〇頁参照。
(43) 観世音寺古文書（京都大学所蔵）嘉承元年五月五日、大宰府政所牒案（平安遺文㈣、一六五九号）
(44) (14)七〇頁
(45) (14)七六頁
(46) 中右記、天永二年五月五日条
(47) 東大寺成巻文書第二十八巻、保安元年六月二十八日大宰府牒案
(48) 百練抄第七、康治二年六月二十一日
(49) 東大寺成巻文書第四十巻、久安三年五月十六日、官宣旨案
(50) 守屋孝蔵氏所蔵文書（大宰府天満宮史料、二七九九頁）仁平三年四月二十九日、東大寺印蔵文書目録
(51) 東大寺古文書（大日本古文書・東大寺文書九、九九巻九二四号）保元三年六月十五日、観世音寺文書記録所進上目録土代
(52) 東大寺文書、久安四年壬六月十六日、筑前国観世音寺堂舎損色注文（平安遺文㈥、二六四九号）
(53) 観世音寺古文書（内閣文庫蔵）（大日本古文書・東大寺文書五）康治二年二月、観世音寺年中佛聖燈油幷恒例佛事料米相折勘文
(54) (22)に同じ
(55) 東大寺文書別集（大日本古文書）、天永元年八月、観世音寺談義縁起案
(56) 三長記、建久九年二月二十七日条

(57) 本朝高僧伝第六十五、筑前観世音寺沙門済寶傳

(58) 竹内理三『寺領荘園の研究』末寺の荘園化、一一〇〜一一三頁

(59) 竹内理三「筑前国観世音寺史——東大寺末寺となるまで——」（『南都仏教』第二号、六一頁）

(60) 高倉洋彰「筑前国観世音寺史考」（『大宰府古文化論叢』下巻）

(61) 東大寺文書、大治四年三月二十八日、筑前国金生封年貢米結解状（平安遺文㈤、二一二八号）

(62) 同右、大治三年十月日、筑前国太郎丸納所年貢結解状（同右㈤、二一二一号）

(63) 東大寺文書、東大寺年中行事用途帳（鎌倉遺文㈢、二〇三〇八号）

(64) 観世音寺文書（内閣文庫蔵）、大治四年七月日、観世音寺封惣勘文（平安遺文㈤、二一四〇号）

このことについては竹内理三氏の「筑前国観世音寺史——東大寺末寺となるまで——」（『南都仏数』第二号、二八三頁）の論文に詳細にわたって述べられているので、その論文より、この項に関するものを転載させてもらうと次のようである。

ここでは観世音寺領の碓井封、金生封、大石封、山北封と、把伎荘、黒嶋荘、船越荘、山鹿荘とを、四封四荘と称し、観世音寺及び本寺東大寺の重要な所領であった。今、この四封四荘の平安末の状況は次表の如くである。

	大石封	山北封	把伎荘	黒嶋荘	船越荘	金生封	碓井封・山鹿荘	計
	町 段 歩	町 段 歩	町 段 歩	町 段 歩	町 段 歩	町 段 歩		
見作田	五八、八、二四〇	四七、三、〇六〇	五一、五、一八〇	五、二、二四〇	二七、八、一八〇	三六、〇、〇三〇		
内除田	五〇、〇、三〇〇	三六、六、二四〇	二一、六、一二〇	五、〇、〇〇〇	七、九、〇六〇	一、二、一八〇	町 段 歩	町 段 歩
定田	九、七、三〇〇	一〇、六、一八〇	二九、九、〇六〇	二、二四〇	一九、九、一二〇	三四、七、二四〇	五五、二、三〇	三七二、七、二八〇
	石 斗 升 合	石 斗 升 合	石 斗 升 合	石 斗 升 合	石 斗 升 合	石 斗 升 合	石 斗 升 合	石 斗 升 合
所当	六八、一、一、二	七一、六、六、六	一三四、一、四、九	六、八、四、三	九三、二、二、七	三四九、一、〇、〇	一三八、五、九、八	二〇四一、七、〇、三
内地子	三八、一、五、五	四一、五、三五	一一六、六、六、四	一、〇、四、〇	七七、七、四、〇		（一七八、六、九、〇）	一四五三、八、三、五
段米	一、九、五、七	二、一、三、〇	五、九、八、四	五、三	三、九、八、七		（七二、二、九、三）	八六、四、〇、三
雑米							（一三九、四、八、五）	二三九、四、八、五
佃米	二八、〇、〇、〇	二八、〇、〇、〇	一一、五、〇、〇	五、七、五、〇	一一、五、〇、〇		（一七七、二、三、〇）	二六二、〇、〇、〇
成目	六八、一、一、二	七一、六、六、五	一三四、一、四、九	六、八、四、三	九三、三、二、七		（一六六七、六、九、八）	二〇四一、七、〇、三

内								
寺用	二四、二、〇、〇	二四、二、〇、九	六五、九、七、〇	—	一五、〇、九、四		（七九、七、六、七）	二〇九、一、三、一
立用	八、四、八、〇	一三、八、八、〇	二五、九、二、〇	—	三、〇、〇、〇		（二四七、三、一、三）	二九八、五、九、三
封庄用	三、〇、〇、〇	一、五、〇、〇	—	一、〇、四、〇	一、五、〇、〇		（八、八、一、一）	一五、二、一、二
見納	三、四、三、二	三、〇、七、八	四二、二、五、九	五、八、〇、三	七三、六、三、三	五六六、四、一、六	七六五、三、九、一	一五一八、〇、二、八

この表には説明を必要とする。この表の中、大石封以下船越荘に至る二封三荘については、保延三年の作田所当地子并段米惣勘文によった（根岸文書二三六六号）。碓井封、金生封、山鹿庄については、保延三年の勘文に特に之を除く旨を註して除いているので、金生封については長承元年金生封作田注文にのせられた大治四年の作田注文（東大寺文書二二五八号）と、大治元年八月二十五日金生封年貢米運上結解状とによった（尊勝院文書二一〇五号）。碓井封、山鹿荘については、適当な史料がないので、大治四年七月観世音寺封庄惣勘文の所載数字から（内閣文庫蔵観世音寺文書二一四〇号）、上述の各荘の数字を差引いたものを示した。

大治四年七月の惣勘文は、首を欠いて定田百七十二町七段二百八十歩とある項から始まって、所当米、除米、残米、運上米の各項に分け、その内訳を示しているものである。その封荘の名を示した部分がないので、四封四荘のものであると断定は決定的には出来ないが、碓井封・金生封の名は見え、また定田の総計は、この四封四庄のものと推定して差支えない程度のものである。ただこうした操作によって算出した碓井封及び山鹿荘の見納米が、定田五十五町余に対して七百六十五石余となって過大となる点に、多少の不安を感ずるが、こうした不安を前提として、平安末の状況を推測する多少の参考となろう。成目の中、寺用とあるは観世音寺の寺用で、鐘堂料、佛聖料、八講法花會机炊飯料、燈油料であり、立用は仁王不断経衆布施料、綱掌・庁頭・書生・貫首・鎰取・小寺主・雑色人等例食料であり、封庄立用は、封庄・井料である、最後の見納とあるは、本寺東大寺への見納米である。

(65) 尊勝院文書、長和三年二月十九日、筑前国符案（平安遺文(二)、四七六号）
(66) 東大寺文書、長承元年、筑前国金生封作田注文（平安遺文(五)、二二五八号）
(67) 観世音寺古文書（内閣文庫蔵）保元三年、観世音寺領文書目録（平安遺文(九)、四七七五号）
(68) 平岡定海所蔵文書、大治四年東大寺所司解（平安遺文補二、四六九三号）

(69) 東大寺文書、大治三年十月日、筑前国太郎丸納所年貢結解状（平安遺文㈤、二一二一号）

(70) 同右、大治四年三月二十八日、筑前国金生封年貢米結解状（平安遺文㈤、二一二八号）

(71) 久野修義「覚仁考——平安末期の東大寺と悪僧——」（『日本史研究』二一九号）

(72) 東南院文書、大治四年十二月二十日、東大寺修理所修造用途注進状（平安遺文㈤、二一四八号）

(73) 観世音寺文書（内閣文庫蔵）（大日本古文書・東大寺文書五、一二四号）保元二年九月十四日、観世音寺封荘等公験目録

(74) 東大寺文書（保坂潤治氏旧蔵）（大日本古文書・東大寺文書九、九九巻九二四号）保元三年六月十五日、観世音寺文書記録所進上目録土代

(75) 百錬抄第七、保元元年十月二十日条

(76) 観世音寺文書（内閣文庫蔵）（大日本古文書・東大寺文書五、一二四号）保元三年六月十二日、東大寺政所仰文

(77) 東大寺文書（東京大学蔵）保元三年七月八日、東大寺別當寛暁御教書

(78) 東大寺文書、長承二年六月八日、観世音寺運上米納所支配（平安遺文㈤、二二七六号）

(79) 観世音寺古文書（大日本古文書・東大寺文書五、一一八号）大治五年十一月五日、観世音寺筑前碓井封年貢送文

(80) 東大寺文書、寛喜三年六月二十九日、東大寺衆徒解土代（鎌倉遺文㈥、四一六九号）

(81) 東大寺成巻文書四十二号、文永六年九月日、東大寺学侶連署記請文（鎌倉遺文(十四)、一〇五〇四号）

(82) 三長記、建久九年二月二十五日条

(83) 観世音寺文書（内閣文庫蔵）寛喜三年十月二日、筑前国観世音寺別当光恵未進年貢請文（鎌倉遺文㈥、四二二七号）

(84) 東大寺文書（旧薬師院文書）仁治二年正月十七日、新熊野法印（定親）吉書日記（鎌倉遺文㈧、五七三一号）

第二節　周防国阿弥陀寺の成立

一　東大寺と周防国との関係

私はさきに筑前国観世音寺の成立の問題に触れたのであるが、いま東大寺の知行国の周防国に成立した阿弥陀寺について、この寺を開いた俊乗房重源との関係について述べてゆくこととする。

もともと東大寺と周防国との関係が生じたのは、平安初期にこの国が東大寺の封戸を納める国として関係を持ったことに始まる。すなわち延喜四年（九〇四）以後の東大寺に封戸を納入した諸国の中にこの国が含まれ、そのとき東大寺に対して二百石を納入している。[(1)] このことが、平家による治承四年（一一八〇）の東大寺焼討による炎上後の復興に際して、この周防国を得ることに意を決した東大寺側の一つの理由でもあった。

そのため東大寺は、重源を主動力とし、頼朝を強力な檀越として東大寺の再建計画を進めてゆくとともに、十世紀よりの寺院経済の基礎であった荘園を復活させ、とくに白河・鳥羽・後白河院政の積極的推進の経済的基礎として採りいれられた知行国制にならい、東大寺も、その前に法勝寺建立の際に見られたところの知行国制度を導入して再建後の新財源の獲得をはかろうとしたのであった。

そして東大寺はさきに平家の一族によって荒された伊賀国の荘園の復活のみにてはとうてい大佛殿やその他の伽藍の復興を求めることは不可能であることを知り、ここに大佛造立を契機として周防国を得るために、重源を主動力として鎌倉幕府に請うて、ついに文治二年（一一八六）三月二十三日重源は周防国に対する国務管理を獲得したのである。(2)この国においても平安時代よりの藤原政権の任命した国司職は名目上は存続していたが、実質的には新たに国司上人（国務管理者）たる地位を得た東大寺の俊乗房重源によって実務が行われたということは、この国が次第にこれまでの律令制的国支配の形態から、東大寺の造寺知行国となることによって東大寺領的性格に変質していったのである。

しかし初期における東大寺と周防国の関係は、むしろ大佛造営という目的のため、材木の採取地である得地保等の地域の獲得に重点が置かれたのであった。そしてこの国は建永元年（一二〇六）六月四日の重源の示寂後もつづいて東大寺造営知行国であったが、東大寺の完成後の承元二年（一二〇八）に法勝寺九重塔婆造営料国となったために東大寺の知行国は一時停止されたのである。(3)

このように、最初の周防国に対する東大寺の知行国的な性格は原則的には一時復興・造営の目的に宛てられ、その目的が達成された後には収公される性格を持っていて、荘園のごとき私有権の永続性を持つものではなかった。しかるに東大寺は寛喜元年（一二二九）十月三十日に天平以来の伊賀国の東大寺領にかわるものとして、この国の領有を求めたのであった。

> 左大弁申、東大寺修理料申㆓一州㆒事、又伊賀庄新補地頭押領事、国事有㆓御沙汰㆒、依㆓申請㆒周防不㆑被㆑沙㆓汰其替㆒之間、遅々歟、庄事定毫已内々触㆓関東㆒云々、其僧帰洛之後、聞㆓返事㆒重可㆑仰由被㆑仰、(4)

と伊賀国における東大寺の勢力の減退の代りにこの国を確保し永続的な受領化をはかることとなった。そのために東大寺は門戸を閉じて、朝廷にせまったがため、朝廷もこれを許し、寛喜三年（一二三一）四月十日に備前国をも含めてこの国を東大寺の知行国とすることを認めた。(5)

そこで東大寺は国司上人として俊乗房重源を任じ、つづいてまた大勧進に行勇を補任し、ついでこの国に下向させ、鎌倉幕府にも、同国に対する守護地頭の押妨を防ぐために、在地御家人群も国司上人の下知に従うべき旨の通達を与えて、実質的に東大寺の知行国となったのである。ことに周防国を東大寺に与えられた目的はこの寺の造営と修理という永続的目的であるために、周防国も永久的に東大寺によって支配管理される結果となったのである。

ことに知行国となって造寺料に宛てられた以上、造寺国に所課される調銭・正税の徴取権は当然知行国に与えられ、したがって国司は遙任となってしまって在京した。この周防国の場合は東大寺が直接に国司上人を下し、国庁を開設し、国司上人が東大寺に居るときは在地に留守所を置き国務を執行している。このように東大寺の場合、国司上人がしばしば現地におもむいていることは、平安中期の遙任の国司任命による知行国より強力な支配を行おうとしたと考えられるのである。またこのことは、東大寺の積極的な働きかけ以外に、後白河法皇を背景とする重源の強力な推進力があったことも否めない。

また周防国の場合のみならず、重源は備前国も九条兼実に申し入れ、建久四年（一一九三）四月十日に、

此日、召二東大寺大佛上人春（俊）乗房重源、今ハ号二南無阿弥陀佛一也一并彼寺長官左大弁定長等一、備前国可レ被レ付二東大寺一之由、仰レ之、但件国可レ給二能保卿一、遂可二知行一人也、仍可レ申三任国司二云々、然而、大佛殿造営之間、能保卿一切不レ可二口入一、上人一向可二沙汰一（6）

かくして、藤原能保にかわるこの国の支配権を重源が得ることができた。つぎに、周防国でも、文治二年四月十三日に、

以二元周防守公基一、可レ被レ任二丹波守一、周防国一向被レ付二東大寺一事、（中略）申云、被レ下二済物免除宣旨一之時、以二

造寺長官行隆并上人等一、連二署解状一被レ下二宣旨一了、然者国司専不レ可二罷入一歟、但為二後代一尚被レ置二仮名之国司一、(7)重源は以前の遙任国司と異なり、東大寺の実務権を深くこの国に浸透することをはかったのであった。

このような国支配の実権を掌握した重源はその知行国内に自分の関係末寺を創建することを計画した。それはすなわち周防国阿弥陀寺、播磨国浄土寺、伊賀国新大佛寺等であるが、建久八年（一一九七）重源はこれに関連する伊賀国阿波・広瀬・山田有丸の諸庄、播磨国大部庄、周防国の椹野庄、宮野庄、備前国の南北条、長沼神前、野田庄等や、高野新別所、東大寺別所、渡辺別所、播磨別所等の諸庄堂舎を一括して東大寺東南院院主定範に在世中に譲っていることから、つぎにこの定範と重源の関係をさぐってみることとする。

（1）諸国御封文書上（東大寺文書2・136、東大寺図書館蔵）
（2）玉葉四十四、文治二年三月二十三日条
（3）周防国吏務代々過現名帳（東大寺文書104・851・1、東大寺図書館蔵）
（4）明月記、寛喜元年十月三十日条（大日本史料五の五、三二一頁）
（5）玉葉六十四、建久四年四月十日条
（6）同右
（7）同右四十五、文治二年四月十三日条

二　重源と定範

いま俊乗房重源の性格については、いままでの先学は、まず虎関師練が元亨釈書の中で、

釈重源、黒谷源空之徒也、仁安二年跨レ海入レ宋、適与二明菴西公一、遇二于四明一、相伴上二台山一、拝二蒸餅峯阿羅漢一、(1)

と見えて、重源が源空の一門であることを強調しているがごとき錯覚に陥っている感がある。

ことに重源の僧官については、建久六年（一一九五）三月十二日に宣旨をもって、傳燈大法師位に任ぜられ大和尚位に補せられているのみで、[2]後の東大寺別当に補せられた宗性のような学侶としての正式の官位は与えられていない。そのため私は重源の僧位については奈良時代の行基の大僧正位と同じく実務的な性格を示す必要から、正式の僧官でなく贈位と理解すべきであろうと考える。

また重源と定範の関係は重源の入滅の記事の中で明確にとらえることができる。すなわち、

八月八日、丁巳、晴、今朝定範僧都来、（中略）於㆓謁之次㆒、問㆓大和尚臨終行儀㆒、答曰受㆓痢病㆒、又不㆑食、自㆓去五月晦比㆒減㆑気、於㆑不㆑食者、不㆑得㆑減、六月朔比不㆑可㆑過、今両三日之由称㆑之、常結㆓弥陀報本印㆒、弟子等不㆑可勅（ママ）如㆓念佛㆒、只以㆓閑寂㆒可㆑為㆑事、仍弟子一両人相替護㆑之、六月六日夜半許気絶了、無㆓異瑞㆒如㆓平生之案㆒、无㆑期、然以㆓閑寂㆒印手不㆑乱云々、[3]

と見えて、定範が重源の最後を見とどけている。このような重源と定範との関係は、東大寺の再建のために重源が宋よりつれて来た陳和卿によって、播磨国大部庄や、伊賀国阿波・広瀬・山田有丸庄、周防国宮野庄などが押妨されたことについて三条長憲に報告したのが定範であったこととも関連があると見ることができる。

つぎに建久八年（一一九七）六月十五日の重源譲状では、

寺領庄園堂舎別所等者、南無阿弥陀佛偏住㆓弘法利生之思㆒、専致㆓興立之沙汰㆒、而年齢已廻㆓八旬㆒、相㆓待余命於旦暮㆒之間、為㆑令㆘始置㆓佛事㆒継㆗将来㆖、為㆑令㆑充㆘置相節無㆗闕怠㆖、以㆓件所々㆒奉㆑譲㆓故東南院々主権僧正法印大和尚（勝賢）㆒、即面々佛事如㆓阿弥陀佛之沙汰置㆒、遙経㆓後々将来㆒、可㆘令㆑無㆓退転㆒給㆖之由、誂傳之処、忽有㆓老少不定之

理一、先立令二入滅一給（中略）今拭二前後相違之涙一、残留而失二計略一、爰権律師舎阿弥陀佛為二院家棟梁一令レ請二傳彼遺跡一給、故以二件庄領堂舎別所等一、如レ奉レ申二付故僧正御房所一、奉レ譲二舎阿弥陀佛律師定範一也、是偏依レ奉レ置二尊師聖宝之遺跡一、一向付二東南一院之進止一、然者雖レ経二代々一、院家知行之人相二承之一、可レ被レ致二其沙汰一、敢莫レ分二渡余所他門一、又莫レ懸二惣寺別当所司三綱之進止一、是則可レ為二向後凌遅之因縁一故也、

この譲状に見えているように、重源は自分の支配に属していた寺領や別所を東南院の定範に譲与することを約束している。またこの定範には重源より舎阿弥陀佛という名号を授けていることでも両者の親密性が見られる。(4) またこの譲状が示しているように、元来重源は東大寺の復興にあたって、勝賢と定範を基盤としてその地歩を固めていったと考えられるのである。

そして定範は、その出自において、尊卑分脈に見られるように、(5)

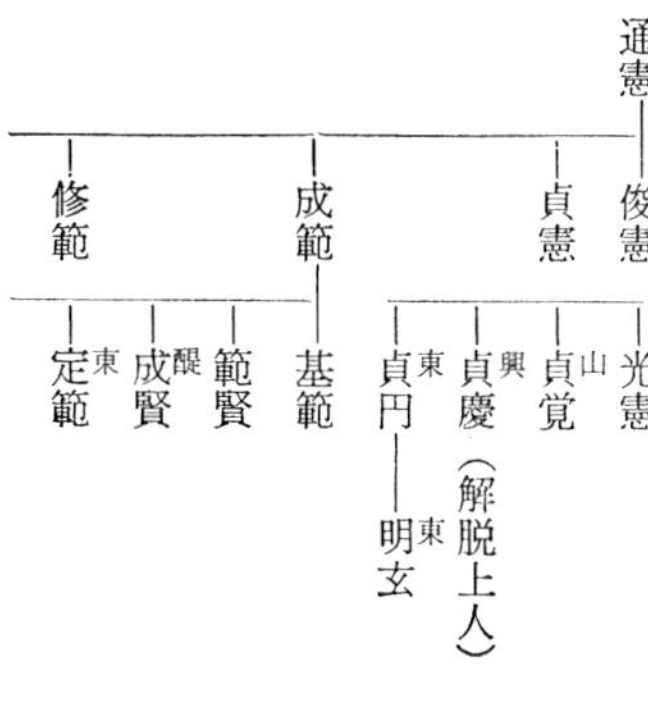

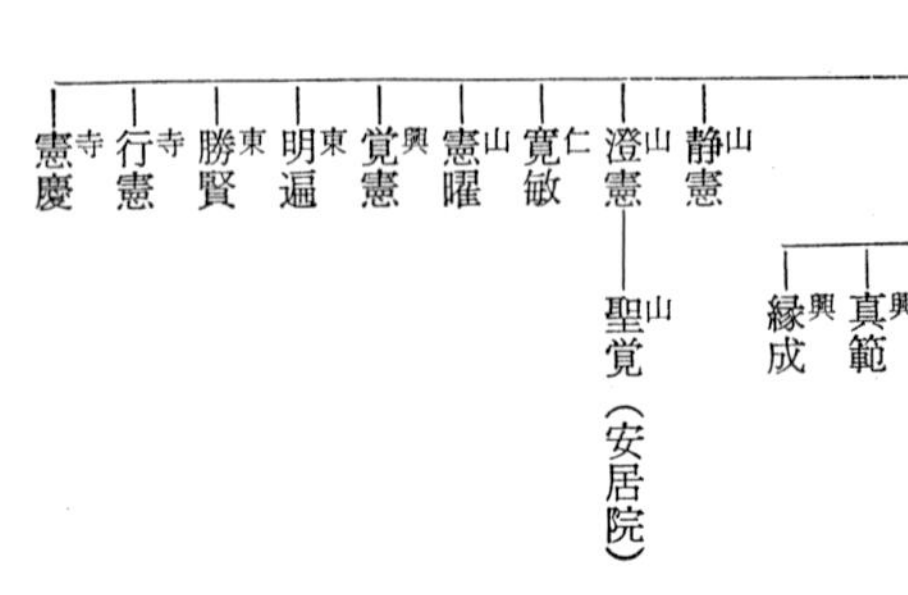

このように醍醐寺より東大寺別当となり東南院門跡をついだ藤原通憲の一族の勝賢や、重源の譲状をうけ、いま東南院院主となり、のちに東大寺別当に補された定範も、ともに同族であった。

定範は平治の乱で平清盛によって追放された播磨中将成範の子で、これらの通憲の一門は、通憲の滅後、多く大寺の佛門に帰している。そして「凡此一門にむすぼふれたる程の者は、あやしの女房に至まで、才智人に越たりき(6)」といわれ、この一族の寺院への進出については、延暦寺、興福寺、東大寺、醍醐寺等、まことにめざましいものがあった。

そしてその理由としては、寺院の勢力を背景に平氏討伐に結びつけようとする後白河法皇の意図とも重なっていたとも考えられる。ことに通憲の妻の朝子が後白河天皇の乳母であったので、同天皇の信任厚く、通憲の亡きあとも、天皇の意志により各大寺へ投入されたとも見ることができるのである。そしてこれらの一門はまたそれぞれの寺院で重要な位置に進んでいった。ことに興福寺権別當覚憲や、東大寺別當の勝賢が左記のごとくに東大寺の鎌倉復興の開眼供養や東大寺供養の中心人物となったのも通憲一族の寺院進出の結果によるものであった。

文治元年(一一八五)八月廿五日大佛開眼供養

後白河法皇御幸

開眼師東大寺別當僧正定遍

咒願師興福寺別當権僧正信円

開眼導師興福寺権別當権大僧都覚憲

建久六年(一一九五)三月十二日東大寺供養

後鳥羽天皇行幸

仁和寺守覚法親王、源頼朝

咒願師東大寺別當前権僧正勝賢

供養導師興福寺別當権僧正覚憲(7)

つぎに定範については、東寺長者補任の建久四年(一一九三)の条に、

権僧正勝賢

(五月廿九日カ)三月十六日辞ニ僧正幷長者一、以ニ成賢一補ニ律師一、建久六年(三月十二日)東大寺供養、呪願勤レ之、有ニ勧賞一、以ニ定範一任ニ権律師一、七年六月廿二日卒、少納言通憲子（中略）

同(建久)六年

三月十六日東大寺供養三千僧、呪願前僧正勝賢于レ時別当、勧賞以ニ定範一東南院院主、任ニ権律師一、導師権僧正覚憲、證誠二品親王仁和寺、以ニ御弟子無品親王道法一為ニ二品一、有ニ行幸一、関白幷太政大臣参會、前右大将頼朝同、(8)

とあるように、勝賢と覚憲と定範はそれぞれ東大寺供養に参会しているのである。ことに建久六年（一一九五）には、東南院院主として勧賞にあずかり、勝賢の推挙によって、権律師に昇進し、勝賢が建久七年（一一九六）に五十九歳で腫物により示寂すると、そのあとをついで、東南院院主となって、そののち建保元年（一二一三）十二月六日に東大寺別当に昇進した。さらに寺務九年の長きにわたって別当となって、嘉禄元年（一二二五）六十一歳で入滅している。

さきに東大寺を復興した重源が、建永元年（一二〇六）に八十六歳をもって示寂しているから、重源とは二十歳の開きがあり、重源が定範に譲状を与えたのは重源七十七歳で、定範は三十三歳の若さであって、この年に勝賢の資をうけて東南院院主となったのであった。

また重源は自分がさきに住した醍醐寺との関係からも重源が勝賢や定範と結ぶことにより、復興事業に対する寺内の反発を押え、自己の存在性を高めることを彼自身が求めたとも考えられるのである。

このように重源は醍醐寺や東大寺での通憲一族と通じ、東南院を背景として、後白河・後鳥羽両院や、源頼朝とのつながりを保ちつつ東大寺再建の事業を進めていったのである。

このことは一般にいわれている重源の勧進聖という性格とは異なるもので、この点からも建久八年（一一九七）の重源譲状はかなり重視すべきであると考えるものである。

いま重源の性格について、再び虎関師錬の見た重源像について見てみると、元亨釈書に、

而乞二指授一、十余歳、建久六年春三月落慶、上、太上皇従二百司一幸レ寺、大将軍源頼朝監護宿衛、法事之壮観也、源没、置二遺像于寺一、予遊二東大寺一、衆人聚二一所一、予怪而往、古履旧杖、人争頂戴、予問レ故、対者曰、源上人之遺具也、詣レ寺者、必先捧戴摩捋、予熟見二其杖履一、光瑩如也、蓋把玩之為也、是以知二源之遺愛一矣耳、(9)

とくに東大寺復興について、栄西と重源との関係を知っていた師錬は、それをしのぶためにいまこの東大寺を訪れ、重源没後も、その勧進に用いた杖を多くの人々が頭に頂戴して、その功徳にあずかろうとしているのを見て、重源が、「一針一草、各人各佛（中略）乃作二一輪車一、大可レ容レ身、車之左貼二詔書一右幹疏、巡二行州県一、勧二励万民一、其巨楹碩梁長二百尺、大数十囲、源巧画二妙計一、運転如レ神、梓人皆附而乞二指授一」(10)と重源上人の勧進姿を思いうかべ、この重源の宋風の勧進が、異様なまでに人の心をとらえて、大事業が完成に近づいたことに、今更ながら感激しているのである。

この勧進は他の論考のごとくたとえ法然的なものが見られるにしても、それが重源のすべてであったと考え難いのは、重源と法然との関係よりも重源と醍醐寺との関係をさらに重視すべきであるとともに、東大寺も当時真言化していることに注目しなければならない。ことに重源が、東大寺勧進上人と称して地方に大佛勧進におもむいているとき、当時の東大寺別当には、禎喜（東寺）―定遍（仁和寺・東寺）―雅宝（勧修寺）―俊證（東寺）―勝賢（醍醐寺）―覚成（東寺）―弁暁（東大寺）―延杲（東寺）―道遵（仁和寺）―成宝（勧修寺）と、このときの大半の別当が真言宗に属して、尊勝院の勢力がまだ盛り上っていなかったから、東南院の勢力を背景として重源は勧進におもむいていたと考えられる。

伊賀	阿波・広瀬・山田有丸庄	平家没官領	陳和卿
播磨	大部庄	後白河院に申請	陳和卿
周防	椹野庄 宮野庄	旧寺領 重源申請	陳和卿衣食料
備前	南北条 長沼神前 野田庄	行隆免許開発 国司免許開発 宣旨開発	

つぎに重源より定範に授けた建久八年の譲状で、重源が定範に譲ったのは上記の荘園である。(11)それ以外に高野新別所、東大寺別所、木津木屋敷、渡辺別所、播磨別所等を含んでいる。

いまどうしてこれらの堂舎や荘園が定範に帰したかを考えると、まず陳和卿に与えた荘園については、重源は元久三年（一二〇六）四月十五日の院庁下文(12)をもって、陳和卿が日本の状況にうとく、あまつさえ庄務不能といわれるまでの押妨をくりかえしたため建久九年（一一九八）十二月に陳和卿のかかわっていた備前国野田保の開発田を、東大寺燈油料田として寺領に切り変え、顕密佛事用途料にくり入れることになった。(13)このことについて三長記は「今朝定範僧都来、寺本領大部庄事為レ示二子細一歟(14)」と、定範は陳和卿の没収荘園の処理にあたって重源の指示のもとに動いていることを記している。

そしてこれらの荘園の成立は重源や定範が「勧進上人大和尚(重源)、或申二直顚倒之寺領一、或申二賜没官之地一、或以二私寄進文書一所二建立一之寺領也(15)」と平家没官の地や、もと東大寺領で平家により押領された輌田庄等の土地や、さらにそのほかの多くの寄進地を回復しようと考え、その年貢は東大寺造立の間の巧匠の供料として、造営完了後は寺の用途に帰すべきであるという条件が与えられていたのである。

けれどもこの矛盾は早くも重源在世中に起こり、国情を知らない無策な荘園管理のあり方や、陳和卿の嗔恚憍慢な性格や、その他の不満により重源の指示にも従わないという結果となって、このような陳和卿の庄務散々の状況はより早くこれらの荘園の処理を考える必要が生じ、重源ははじめに工人の衣食料やその他の費用に充てられていたものも、造営終了後は、再興された大佛殿の両界供養法壇供料、および、供僧十二口料、大佛殿最勝王経佛供料、幷同講衆三十口料、同不断供花禅衆二百口料、東大寺八幡宮二季御八講用途料、戒壇院毎年受戒勤行用途の諸供料に用途を変更して、寺領化することにつとめている。

このように重源譲状に見える諸所の所領は、伊賀国の山田有丸領等では大江師盛を預所職とした。また重源の申請によって建久三年（一一九二）八月二十五日に後白河院の許しを得て陳和卿に与えられた播磨国大部庄は、重源が陳和卿よりとりあげて大佛殿の関係用途として東大寺領化して、その在地支配を重源が、その弟子の如阿弥陀佛と観阿弥陀佛を預所職に任じて、さらにその庄内の東北の角に重源の南無阿弥陀佛別所として三間瓦葺の堂を浄土堂として建立し、皆金色阿弥陀丈六像を建立し、さらに薬師堂を建てて庄内の破壊された堂内の八百余体の佛像を集め、庄の東の鹿野原を、重源の弟子で弥陀名号を与えられた弟子達に配分して開発し、佛聖燈油念佛者の用途に充当することになった。また周防国椹野庄は紀季種を預所職に補し、宮野庄は陳和卿を経て重源の支配がなされ、備前国長沼神前は平頼盛の所領で開発領主であったのを重源は寺領化し、その預所職に重源の弟子の得阿弥陀佛、春阿弥陀佛の両人を任ずるなど、重源は没官領等を東大寺領とするごとに、自分の同行の弟子を預所職に宛てている。これについて重源は、

庄々執務職者、多年常随同之、尤可二憐愍一或有縁近仕親属之甚難二捨離一、以二如レ此之輩一所二補任一也[16]、

とあれば重源は荘園確保と預所職を通じた念佛同行衆の定着をはかったものと考えられるのである。ことに建久四年より東寺に附せられていた播磨国も正治年間の文覚の失脚によって造寺国支配が弱まったとき、重源は成範の故地の

播磨国に定範を入れて大部庄の支配を確立するとともに、備前より播磨へ進出し、兵庫港の経島を整備してそのつながりを密にした。そしてこのことにより、室町期に兵庫津が東大寺の所領となった。重源はこの目的が達せられると、大部庄に荘園管理と念佛別願道場の目的で浄土寺を建てることになったと考えられるのである。

このような重源の播磨国における大佛殿燈油料の獲得はもちろん東大寺領が筑前国観世音寺領を吸収して西国への進出と拡大につながるものであった。故に重源の寺領の確保と浄土堂を中心とする別所の建立とは決して別のものではなかった。

さきの陳和卿の問題にしても重源がはじめから承知していたかに考えられ、この問題も重源にとっては、その生涯を終えるまでに決着をつけて、いずれ自分の弟子で東大寺別当になる定範に譲与すべきものと考えていたと考えられ、あたかも陳和卿はそのための手段のようにも見られる。ただその結末が彼の人間的欠陥のため意外に早く結論が出されたといえないでもない。

さきの重源の譲状では、大佛殿燈油料のほか、東大寺浄土堂佛聖幷不断念佛衆二十四口料、渡辺浄土堂佛聖幷念佛衆料等、東大寺への寺領年貢の中に、自分の建立した浄土堂供料をも含め、毎年千九百二石八斗の巨額の年貢が含まれている。

そしてこの重源の所領確保の結果、重源没後は定範に譲与され、その没前重源は勝賢やその他の信西入道通憲等の追善供養をいとなみ、また、貞慶のいる笠置寺に宋版大般若経を納めるなどの作善を行っているのであり、そこにも重源と定範の強いつながりがうかがえるのである。

(1)　元亨釈書巻十四、檀興（国史大系本、二一三頁）

(2) 僧官補任、和尚号(大日本史料四ノ九、五五頁)
(3) 三長記、建永元年八月八日条(大日本史料四ノ九、五〇頁)
(4) 重源譲状、建久八年六月十五日(大日本史料四ノ九、八二頁)
(5) 尊卑分脈第二輯(国史大系本)四八九頁
(6) 平治物語上、「信西の子息遠流に宥めらる事」(日本古典文学大系本、二一三頁)
(7) 東大寺続要録、供養篇(東大寺蔵)
(8) 東寺長者補任第二(続々群書類従本、五六四頁)
(9) 元亨釈書第十四檀興(国史大系本、二一三頁)
(10) 同右
(11) (4)に同じ
(12) 元久三年四月十五日院庁下文(随心院文書、鎌倉遺文㊂、一六一三号)
(13) 東大寺続要録、寺領章、院庁下文、建久九年十二月日(東大寺蔵)
(14) 三長記、建永元年八月八日条(大日本史料四ノ九、八二頁)
(15) (12)に同じ
(16) (14)に同じ

三　重源の別所と弥陀名号

つぎに別所に建立された浄土堂や、弥陀名号の即身義的な性格について述べてゆくこととする。

さきに述べたように重源の浄土堂建立は東大寺の寺領確保とつながるものであり、まったく大部庄の場合に見られたごとく、重源の荘園維持と末寺成立は不可欠のものであった。この現象を単に重源の個人的信仰によるのであると見ることは、あまりにも重源をして法然との関係を重視しすぎる傾向が強いのではなかろうかと考えられるのである。

まず、以下に第9表で示したように重源の作善集では、(1)その設けられた東大寺・高野山・渡辺・播磨・備中・伊賀の別所については、念佛道場のための別所と称しているが、周防国のみは「周防南無阿弥陀佛」と称して称号を異にして別所と称していない。これは重源がここを本拠として他の別所とその性格を異にしていることを示している。

またおなじ別所内でも高野山では新別所と称して、その意味は「専修往生院」を意味し、専ら往生極楽を求める念佛道場であることをあらわしている。

この別所たる念佛道場の堂宇と本尊の形態を見てみると、東大寺と播磨・備中・伊賀・備前はそれぞれ大きさを異にして、東大寺は丈六の九体の阿弥陀佛を安置し、播磨はいわゆる快慶作の丈六の弥陀三尊立像、伊賀もまた円形の石壇の上に立つ弥陀三尊来迎立像であるが、備中は浄土堂一宇とのみあって、丈六の弥陀像は立像とは記していない。このことからして作善集内に単に浄土堂一宇と記するものはその規模が大きいことを示し、つぎに「一間四面浄土堂一宇」とか「一間四面小堂一宇」とあるものは、その内陣に丈六阿弥陀坐像を安置するもので、その一間四面堂の形態は、現在東大寺にある行基堂（現在の俊乗堂のできる以前に重源上人像を安置していた）の形式を指すものと考えられる。

また別所内の浄土堂を中心に迎講を行ったものとしては渡辺別所、播磨別所が考えられる。ことに堂宇や、本尊が場所により立像や坐像を混在させ、迎講という、現在も大和の当麻寺や矢田寺で行われている来迎供養を行っているなど、重源の念佛は単に源空のいう専修念佛の方法ではなく、平安時代の密教的な要素を残し、源空や親鸞のような、多念を排して一念に徹するという専修形態でないと見るべきであろう。西方指南抄のなかの源空が黒田聖人すなわち重源に送った書状の中に、

第9表　重源の別所と定範への譲状の対比一覧

別所	〈大和〉 東大寺別所	〈紀伊〉 高野新別所（専修往生院）
堂宇	浄土堂一宇奉安置丈六十躰之内一躰六条殿尼御前自余九躰相具、御堂自阿波国奉渡之 △東大寺鐘楼岡浄土堂一宇　方六間瓦葺 △安置丈六佛菩薩十躰	奉造立一間四面小堂一宇 食堂一宇 奉安置等身頻頭盧并文殊像各一躰
塔・鐘	金銅五輪塔一基奉納御舎利三粒、一粒者聖武天皇御所持舎利、今二粒東寺西竜寺	三重塔一基奉安置銅五輪塔一基、長八尺奉納其中水精塔一基、高一尺二寸納佛舎利五十一粒
経典・画像・その他	奉安置一切経二部　一部唐本　鐘一口 印佛一面一千余躰 △一切経二部唐本日本〻 △佛舎利	奉安置三寸阿弥陀像一躰并観音勢至唐佛 三尺皆金色阿弥陀像并観音勢至 八大祖師御影八鋪三尺涅槃像一躰 四尺四天像各一〻 執金剛身深蛇大王像各一躰十六想観一鋪 十六羅漢像十六鋪唐本 釈迦出山像一鋪但紙佛 又十六羅漢十六鋪唐本墨画 弘法大師御筆之華厳経一巻心経二巻
湯屋	湯屋一宇在常湯一口 △鐘楼谷別所 △在三間湯屋一宇鉄常湯船一口 △食堂一宇五間二面瓦葺 △安置等身皆金色救世観音像一躰 △同供所屋一宇七間三面板葺 △木津木屋敷一処副本券文 △在二階九間二面倉一宇 △五間二面雑舎一宇	湯屋一宇在鉄湯船并釜 鐘一口　本寺大湯屋鉄船并釜口径各八尺、釜卅石納傳法院塔九輪鉄施入之、蓮花谷鐘奉施入

		〈摂津〉渡辺別所	〈播磨〉播磨別所	
	△本堂一宇	一間四面浄土堂一宇　奉安皆金色丈六阿弥陀像一ㇵ并観音勢至 来迎堂一宇　奉安皆金色来迎弥陀来迎(ママ)像一ㇵ長八尺 娑婆屋一宇 奉結縁一間四面小堂一宇 △渡部別所并木屋敷地副各券文 △浄土堂一宇方三間瓦葺 △安置丈六皆金色阿弥陀三尊像	浄土堂一宇　奉安皆金色阿弥陀丈六立像一ㇵ并観音勢至 一間四面薬師堂一宇　奉安堅丈六一ㇵ 奉結縁長尾寺御堂并半丈六三躰観音勢至四天	△播磨大部庄内別所 △浄土堂一宇方三間瓦葺 △安置立像皆金色阿弥陀佛三尊丈六像 △薬師堂一宇　同 △安置旧佛八百余躰
	△三重塔一基	銅五輪塔一基奉納佛舎利三粒 △佛舎利	鐘一口　始置迎講之後二年　始自正治二年 弥陀来迎立像一躰 鐘一口	△佛舎利　鐘
良弁僧正御筆顕無辺佛土功徳経一巻 画絵像涅槃像一鋪　四臂不動尊一ㇵ 普同塔一ㇵ　播磨并伊賀丈六奉為 本様画像阿弥陀三尊一鋪唐筆		天童装束卅具　菩薩装束廿八具 楽器等 印佛一面一千余躰奉始迎講之後六年成建仁二年六年		
	△食堂一宇 △湯屋一宇	大湯屋一宇在鉄湯船并釜 鐘一口在鐘堂一宇 △鐘仮屋少々 △二階九間二面倉一宇 △湯屋二宇内 一宇無差大湯屋在大釜 一宇別所小湯屋在湯船	湯屋一宇　在常湯一口	△播磨国大部庄

〈備中〉備中別所	浄土堂一宇奉安置丈六弥陀像一ゝ 吉備津宮造宮之間奉結縁之 奉結縁神宮寺堂并御佛舎 奉修造庭瀬堂并丈六 妹			鐘一口鋳奉施入之
〈周防〉周防別所	周防南無阿弥陀佛 一間四面浄土堂一宇奉安置弥陀丈六像一躰 奉造宮一宮御宝殿并拝殿三面廻廊楼門 遠石宮八幡宮　小松原宮八幡三所 末武宮御宝殿八幡三ゝ 天神宮御宝殿并拝殿三面廻廊楼門	鐘一口		湯屋一宇在釜 △周防国椹野庄 △同国宮野庄
〈伊賀〉伊賀別所	〆五古霊瑞地建立一聚別所当 其中古崎引平巌石立一堂佛壇大座皆石也 奉安置皆金色弥陀三尊来迎立像一ゝ并観音 勢至各丈六 皆金色三尺釈迦立像一躰優塡王赤栴檀像第二 転画像奉摸作之　御影堂奉安置之摺写十六羅 漢十六鋪　同御影堂安置之	鐘一口至肩長四尺		湯屋一宇在釜 △伊賀国阿波・広瀬・山田有丸庄
〈備前〉備前国	造立常行堂奉安丈六弥陀佛像 豊原御庄内造立豊光寺立湯屋在常湯一口 此外国中諸寺奉修造凡廿二所也			同国府立大湯屋不断令温室 施入田三丁畠卅六丁 △備前国南北条・長沼神前庄 △同国野田庄

『南無阿弥陀佛作善集』（史料編纂所本）　△重源譲状（建久八年六月十五日）（大日本史料四ノ九）

弥陀ノ本願ニ乗シテ往生シナムニハ、願トシテ成セストイフ事アルベカラズ、本願ニ乗スル事ハ、タヾ信心ノフカキニヨルベシ、ウケガタキ人身ヲウケテ、アヒガタキ本願ニマウアヒ、オコシガタキ道心ヲオコシテ、ハナレガタキ輪廻ノ里ヲハナレ、ムマレガタキ浄土ニ往生セムコトハ、ヨロコビノ中ノヨロコビナリ、罪ハ十悪・五逆ノモノムマルト信ジテ、少罪オモオカサジトオモフベシ、罪人ナホムマル、イハムヤ善人オヤ、行ハ一念・十念ムナシカラズト信ジテ、无間ニ修スベシ、一念ナホムマル、イカニイハムヤ多念オヤ、阿弥陀佛ハ不取正覚ノ御コトハ成就シテ、現ニカノクニニマシマセバ、サダメテ命終ニハ来迎シタマハムズラム、釈尊ハヨキカナヤ、ワガオシエニシタガヒテ、生死ヲハナレムト知見シタマハム、六方ノ諸佛ハヨロコバシキカナ、ワレラカ證誠ヲ信ジテ、不退ノ浄土ニ生セムト、ヨロコビタマフラム、(2)

とあれば、これは重源の示寂近きを知って差し出したといわれているが、源空が「一念ナホ生マル、イカニイハムヤ多念オヤ」と弥陀一佛のみ祈るべきとする源空が、重源の多念を許していることは、重源の多様な信仰形態を許容していたともうけとれるのである。

もちろん重源の念佛は、源空の専修念佛というきびしい誓約とは異なるものを持っていたと考えられるが、周防国阿弥陀寺においても「不断高声念佛衆十二口衣食料」(3)とか、播磨国浄土堂では「相語三十口浄侶、勤行不断高声念佛」(4)とあり、重源の念佛は源空の指導にもとづく、高声念佛であったことが察せられるのである。そして集まった大衆が弥陀の立像のまわりを廻り礼拝していたことが、播磨浄土寺や伊勢の新大佛寺の台座の円いことでも考えられる。

ことに重源は、かの高声念佛と温室沐浴とを合せ、「抑念佛行業温室之功徳者、諸佛之所嘆殊勝之善根也」(5)とする。それは重源の念佛理解の中には、この当時ようやく大衆の中に源平兵乱の悪難を祓除する方法として敵となり味方となった戦死者の同族菩提のため人々は進んで源空の提唱する念佛講に参加する傾向が強くなり、源空もまたこの機をとらえて教線の普及をはかったのであるから、そのような時代背景を重源は大佛勧進を通じて全国的な傾向として見つめると同時に、その方法を通じて、戦死者の供養のために東大寺大佛を造顕するということも合せて提唱したとも考えられる。

つぎに重源にはもう一つの目的があった。それは東大寺の復興を通じて正治二年（一二〇〇）四月に解状を出して、自分は行基の先蹤をうけつぐものであることを人々に示そうとしている。

（端裏書）「院庁御下文案」

院庁下　播磨国大部（賀茂郡）庄内浄土堂所司等

可下任二東大寺大和尚重源申請一以二当堂一為中御祈禱所上事

堂壱宇

一丈六尺背金色立像阿弥陀佛一躰

八尺背金色立像観音・勢至各一躰

右、彼重源去四月日解状偁、謹撿二案内一、行基菩薩昔為二東大寺知識勧進上人一之間、造二営若干堂宇佛像一、祈二請叡願一之果、遂尋二其古風一、今大和尚重源亦造二立件佛像等一、奉レ祈二御願之成満一、然間舎那金白（色カ）堂宇棟檐複二旧儀一、即被レ遂二行供養大會一畢、是則祈請相二叶佛意一、不レ背二神慮一之所レ至也、仍以二件別所堂一、寄二進一院御祈願一、欲レ奉レ祈二天長地久宝寿長遠一之由矣、抑彼浄土堂丈六立像有二殊勝霊験一、所謂或有限類之中、乍レ向二佛前一不レ及二拝見一、或有レ生二盲者之中一、参二詣此堂一忽明眼也、其霊瑞猶如二東大寺大佛一、末代希有之勝事也、尤可レ為二御祈願所一哉、望請天恩、因二准先例一、以二件堂一可レ為二一院御祈願所一之由、被レ成下二庁御下文一者、将至二于未来際一、為二不退之御願一矣者、任二重源申請一、以二彼堂一永為二御祈願所一、可レ令レ奉レ祈二仙算一之状、所レ仰如レ件、所司等宜二承

知一、不レ可二違失一、故下、

　　正治二年八月　日　　　　　　　主典代右衛門少尉兼春宮(権大進脱カ)憲信在判(6)

すなわち重源は大佛および大佛殿の復興事業を起こすについて、天平の行基の先蹤を追慕したいという考え方を持っていて、それは『作善集』の中にも随所にあらわれている。

魚住泊　彼島者昔行基井、、為　助人築　此泊而星
霜漸積侵損　波浪然間　上下船　遇　風波　漂死　輩　不知幾
千　仍　逐　井　聖　跡　欲レ　復二旧儀一
河内国狭山池者行基井旧跡也、以　堤　壊　崩　既　同　山野ニ
為　彼　改　復　臥　石　樋事六段云々
清水寺橋并世多橋加口入
備前国船坂山者自　昔相交　緑　陰往　還人、　或愁　悩或失
身命、　仍勧進　国中貴賤切掃　彼山成　顕　路永留盗賊難
或又伊賀国所々山々切　掃　往反　人令　平安(7)

また重源はそのためにも過去に行基の築いた狭山池や魚住泊等を進んで修理している。

このように大佛再建に際して、事業の推進のためにそれにたずさわる人々の延命長寿と追善菩提をおしすすめ、来世の臨終正念のための不断念佛と、現世における協力者に健康と温室功徳を与え、浄土堂に住する不断念佛衆の浄行のための沐浴と、法会以後の一般の参詣者へのふるまいの湯等の慈善救済の場所として、浄土堂を中心とする別所周

辺の地を提供したのであり、それはまた天平の行基の先蹤にもとづくのであった。

つぎに重源が人々に与えた阿弥陀佛号について考察する前に有名な慈円の重源の名号授与に対する反駁があるが、それは、

東大寺ノ俊乗房ハ、阿弥陀ノ化身ト云コト出キテ、ワガ身ノ名ヲバ南無阿弥陀佛、ト名ノリテ、万ノ人ニ上ニ一字ヲキテ、空阿弥陀佛、法アミダ佛ナド云名ヲツケヽルヲ、マコトニヤガテ我名ニシタル尼法師ヲヽカリ。ハテニ法然ガ弟子トテカヽル事ドモシイデタル、誠ニモ佛法ノ滅相ウタガイナシ(8)。

と見えて、重源は阿弥陀の化身とするために自分の名をも南無阿弥陀佛と称したと述べている。これに対して慈円は法然の場合について「マヂカク京中ヲスミカニテ、念佛宗ヲ立テ専宗(修)念佛ト号シテ、「タヾ阿弥陀佛トバカリ申ベキ也、ソレナラヌコト、顕密ノツトメハナセソ」ト云事ヲ云イダシ、不可思議ノ愚癡無智ノ尼入道ニヨロコバレテ、コノ事ノタヾ繁昌ニ世ニハンジヤウシテツヨクヲコリツヽ、(中略)ソレモ往生〱ト云ナシテ人アツマリケレド、サルタシカナル事モナシ(9)」と、重源の人名のうえに佛名を附することを行ったことについても、法然門徒もこれを流用したのであると考えている。

ことにこの方法は、重源が独自に法然の専修念佛とは別にあみだしたもので、その構想は、大佛および大佛殿の勧進のためと考えられる。とくに二月堂過去帳の中に、

内陣ノ畳六枚施入セル　顕俊大法師　奉レル二宝物一尼善阿弥陀佛

御堂ノ修造勧進聖人礼阿弥陀佛

観音ノ御厨子造レル　聖人法阿弥陀佛

青衣女人　別当延杲大僧正
造東大寺勧進大和尚位南無阿弥陀佛
鏡施入　身長中子　寛幸擬講
定弥五師練　袈裟施入　尼法阿弥陀佛
明範大法師　顕弥大法師練　慶運堂司練(10)

このように、勧進聖人に「礼」あるいは「法」阿弥陀佛号を与え、重源自身も高野山延寿院銅鐘銘に「勧進入唐三度聖人重源」(11)と記し、勧進するものは阿弥陀佛の化身たることを意識した。また勧進聖の懇請をうけて、勧進に参加した女人には「比丘尼法阿弥陀佛」とか、「尼善阿弥陀佛」とか、比丘と区別して「尼」を附け与えていたと考えられるのである。このことについては石田尚豊氏が、「重源の阿弥陀名号」の論文の中で詳細に検討され、寿永二年(一一八三)にすでに始まって、重源は荘園預所職や、念佛衆、維那、工人、佛師、僧侶にこれを附して勧進の積極的推進をはかったと述べられている。(12)ここで注目すべきは重源の別所に三角五輪塔を配していることで、同氏も検討を加え、重源の墓所や、その他に用いられている水晶の三角錐の火輪について、重源が密教教理を忠実に表現したと同時に、五輪塔が覚鑁の「五輪九字明秘密釈」にもとづき、大日と弥陀の相互関係を具象化したものであり、大日即弥陀の思想をあらわすものであると述べられている。(13)この考えに私も意を強くするものであるが、源平の兵乱の敵味方供養のために、東大寺大佛の鋳造を、華厳経の華厳教主という考え方から発展させ、源平の兵乱の犠牲者の霊をとむらう意味からも東大寺大佛は阿弥陀如来と同一体であるという考え方を重源は勧進思想の中に盛り上げて、追善供養のための東大寺の大佛への勧進をすすめたとも考えられるのである。

そのためその中心人物である定範に阿弥陀佛を含むという意気込みを示すための「含阿弥陀佛」、また弁暁に起信の「信阿弥陀佛」という名号を与え、造像に尽した佛師快慶に「安阿弥陀佛」を与えるなど、勧進事業への尽力を求めているのであって、重源の勧進に参加した人物はこの名号を与えられることが法師、尼御前等に多かったことが、さきの慈円の阿弥陀如来を軽視するという反論を導き出したものと考えられるが、これは重源が真言宗の曼荼羅思想や、即身成佛思想をその思考の母体として形成していたとも考えられる。このように名号を与えられた比丘、比丘尼は即身にして阿弥陀佛の生まれかわりとなって現世において人々を救済することができ、来世の引摂を約束されるということを重源は説いて回って授与したともいえるのである。これについて石田氏も「人々に阿弥陀名号を附するという思想は如何に考ふべきであるか。それは覚鑁にもその著述があるやうに、密教特有の阿字観である。人々の胸に阿字を宿す思想は、鎌倉時代には阿字義の絵巻にまで表現されたが、重源の場合この阿字即ち大日は、現実の困苦の最先端に於ては、その救済の因子として阿弥陀となることは何の矛盾も感ぜられない筈である。従つて同行衆が自ら阿弥陀佛といふ尊貴の如来の名称をおのが名の下に附し、何阿弥陀佛と称して平然たることは、阿字変じて阿弥陀佛となつたのであり、この阿字観の変質といふ密教的原理から考へるときのみその妥当性を得るやうに思はれる[14]」と述べられているが、しかしこれが単なる阿字観にもとづくものであるかどうかの疑問も残る。

しかし醍醐寺でつちかわれた重源は、弘法大師の即身成佛義や、十住心論への理解を深めていて、大日経に説くこの身を捨てないで佛の境界に到達し、そしてこの即身成佛の道は、身口意をもって法佛平等の道をさぐり、加持力をもっての故に秘密主は世に出現して衆生を利益するとあれば、重源は勧進聖という性格による庶民への語らいかけと、その身そのままに弥陀佛の生まれかわりとして、現世に浄土を再現しようとする動きを示し、いたずらに来世を求める死後の往生極楽の思想とは一線を画している。それは播磨の浄土寺の浄土堂の内部構造からもうかがえる。表面的な堂の外観より、内部に巨大な弥陀三尊の立像を置き、高声で弥陀名号を唱えて円形の須弥壇をめぐっている衆生は、まさに極楽浄土をこの世に遷した姿でもある。それは即身成佛的な弥陀成佛思想の具現を求めたと考えるべきであろう。決して法然等の説く死者の床において「只今往生」を叫ぶようなものではない。

ただ平安中末期より盛んとなってきた浄土信仰や、法然の提唱による弥陀一佛の信仰の鎌倉初期の流行に遅れないように、重源なりに弥陀信仰を樹立していったのであって、重源には専修念佛的な要素は見られないことはいうまでもないのであって、この点は法然と重源を同一視することはできないのであって、ここに彼の弥陀信仰の特質があるのである。

(1)　南無阿弥陀佛作善集（史料編纂所影印本）
(2)　源空書状（鎌倉遺文㈢、一六二二号）
(3)　正治二年十一月八日周防国司庁宣案（阿弥陀寺文書、鎌倉遺文㈡、一一六一号）
(4)　建久三年九月二十七日僧重源下文（播磨浄土寺文書、鎌倉遺文㈡、六二二号）
(5)　正治二年十一月日重源定文（阿弥陀寺文書、鎌倉遺文㈡、一一六二号）
(6)　正治二年八月日後鳥羽院庁下文案（東大寺文書、鎌倉遺文㈡、一一五六号）
(7)　(1)に同じ
(8)　愚管抄第六（日本古典文学大系本、二九五頁）
(9)　同右
(10)　二月堂過去帳（室町文明年間よりの書継本、二月堂内陣蔵）
(11)　延寿院銅鐘銘（泉福寺蔵）

(12) 石田尚豊「重源の阿弥陀名号」（『大和文化研究』第六巻第八号、一九六一年、中尾堯・今井雅晴編『日本名僧論集第五巻 重源・叡尊・忍性』九九頁、吉川弘文館、一九八三年刊収録）
(13) 同右、一一八頁
(14) 同右、一一九頁

四　阿弥陀寺の成立

周防国における重源の創建といわれている阿弥陀寺は、現在山口県防府市牟礼にあり、東大寺の別院となっている。この阿弥陀寺は、作善集の記載では、まえにも述べたように阿弥陀寺と称せず「周防南無阿弥陀佛」(1)とあって、播磨別所や摂津の渡辺の別所は播磨大部庄別所とか、渡辺別所と名づけられていることから考えて、この「周防南無阿弥陀佛」は、重源のすべての別所の本拠であることを示したものと見ることができる。正治二年（一二〇〇）十一月八日の周防国司庁宣案によると、

爰忝奉㆓造東大寺使之勅宣㆒、当国之執務已至㆓十五ヶ年㆒、然間国府東辺枳部山麓、卜㆓水木便宜之地㆒、建㆓立不断念佛与長日温室㆒、即捧㆓功徳之上分㆒、奉㆑祈㆓後白河禅定法皇御滅罪生善出離生死成等正覚由㆒、於㆓此別所㆒者為㆓法皇御祈願所㆒、(2)

と見えて、重源が周防国の国務を始めたのは、正治二年より十五年以前の文治二年（一一八六）であると述べている。それは鉄塔銘では「造東大寺杣始、文治二年四月十八日」(3)に相当するが、東大寺造立供養記には、

文治二年春被㆑寄㆓周防国㆒、四月十日大勧進以下十余人、幷宋人陳和卿、番匠物部為里、桜島国宗等、始入㆓周防

杣一、而源平合戦之時、周防国拂レ地損亡、故夫者売レ妻、妻者売レ子、或逃亡、或死亡、不レ知レ数者也、纔所レ残百姓若存若亡、為上人著岸之時、国中飢人雲集也、上人発二悲心一、以二船中米一悉令二施行一矣、如レ此施行及二度々一之間、重賜二農料種一、令レ生二活人民一、爰巡二撿材木一之間、深谷高巌莫レ不二歴覧一、命二杣人等一云、於二好木求得之輩一者、柱一本別可レ賜二米一石一云云、(4)

とある。このとき重源は、陳和卿、番匠物部為里、桜島国宗等を引きつれてこの国に入り、佐波川をさかのぼり、用材の調達におもむいたことを指している。

しかしそれまでの周防国の状況は、かの源平兵乱の結果国中は疲弊し、夫は妻を売り、妻は子を売り、あるいは逃亡し、また死亡するもの多数にのぼっていた現状を見て、重源は、この東大寺大勧進を通じて周防国の人々の救済と、用材の調達を通じて杣人等に懸賞米を支給し、好木を求めようとした。

またそれ以外に大佛殿造営にともなう周防国より東大寺に至る用材運送の要点として、摂津の渡辺別所や魚住泊、大輪田泊、経ケ嶋等を修理している。建久七年（一一九八）六月三日の重源の申請によると、

重源去四月二十八日奏状偁、重源敬稽二旧記一、魚住泊者、天平之昔行基菩薩所二建立一也、弘仁之間破壊年久、天長九年依二故右大臣清原真人(夏野)奏状一、殊降二叡旨一、早令二作治一、自二承和末一廃而□(不)レ修、貞観九年東大寺僧賢和、伏請二天裁一、更致二修固一、不レ終二其功一、空以入滅、延喜年中清行(三善)朝臣雖レ上二報(封)事一、未レ及二営築一、浜岸弥頽、兆域遂亡、毎レ至二雲陰月暗一、風急星稀、莫レ不二落レ帆弃レ檝、東呼西叫、因レ玆、近世山陽・南海・西海三道公私之船、十之八九、居然漂没、於レ是彼泊住人・近辺僧侶等歎曰、此泊之為レ躰也、非二啻舟船失レ利之憂一、遂有二人徒損レ命之悲一、自レ非二上人一、誰救二此難一、請任二旧跡一、早企二新功一、且是行基菩薩勧二衆庶人一、成二東大寺碩徳一之余、復修二比泊一、倩

見二当時之次第一、盍躡二天平之蹤跡一者、重源且発二大願一、且依二宣旨一、東大寺大佛殿・南中門等纔雖二建立一、其余堂舎未レ造已多、廻二何秘計一、支二此大営一、再三雖二辞遁一、緇素尚固請、若奪二其志一、奈二菩提一何、仍愁以然諾、試相励、其上大和田泊者、古今之間、或雖二修複一、二十年来、石椋頽壊、風波相突、舳艫易レ迷、河尻一洲者、洪濤漫漫、万里無レ岸、廣潟浩浩、四面受レ風、既来而欲レ入二河尻一、不レ待而空没二海底一、二所之煩、蓋又如レ此、既謂二普済一、何弃二此所一、況乎慇懃之趣、更出二糸綸一哉、然猶貧道之身、更無二独営之力一、勧進之行、恐レ少二同心之人一、是以殊被二宣下一、欲レ唱二知識一、(5)

と述べて重源は、単に大佛殿への用材を求めるだけでなく、その運送の途中にある港湾も合せて修理しているが、その中でも魚住泊と、大和田泊は最も重視したところである。そしてそれはやはり重源が行基の先蹤にもとづこうとしていること、また大佛殿再建事業が行基の天平の遺業を継ぐことである以上、重源は行基の再来という意識を人々にかき立てようと考えたとも思考できる。ことに重源が「貧道之身、更無二独営之力一、勧進之行、恐レ少二同心之人一」(6)と述べていることは、大佛勧進に同心協力する人々を多く求めなければならないということでもあった。

重源の大佛殿再建の事業に関連する事業を分類すると、(1)周防国よりの用材調達とその促進をはかるための現地支配の確立を目的とする末寺の創建をはかり、この阿弥陀寺を成立させる必要性があった。そこは重源が国司上人として、同国の支配を行うための国庁寺的な性格をも帯びていた。(2)同じく用材運送支配と交通路の整備すなわち備前国支配と播磨別所および魚住泊、大和田泊の整備、(3)つぎに用材集積と配送計画の樹立のための摂津渡辺別所の開設と同時に、(4)木津川着岸と材木の用途による分類、および奈良坂越の計画立案等に必要な木津木屋所の建設、および(5)東大寺伽藍の建築工事とその管理を目的とする東大寺別所、そのほか別途に工人の食糧の確保のための東大寺領諸荘園の復活整備等が、平常の東大寺の大佛殿造営以外に大きな負担となって重源のうえにおおいかぶさってきたのである。

しかし重源の動きはあくまでも周防国より東大寺に到る瀬戸内海の交通路を通じた用材の調達という大きな事業を併せ持たなければならなかったことから、とくに用材調達の根拠地である周防国や伊賀国における当寺の基盤を再構築することが急務であった。そして重源の動きを見てみると用材調達と別所建立は同時的な性格を持っていると考えてよいのである。いま重源による別所や末寺の造立の時期を見てみるとつぎのごとくである。

周防国	阿弥陀寺	文治二年
播磨国	浄土寺	建久三年
伊賀国	新大佛寺	建仁二年

と、まずこの阿弥陀寺は、東大寺の大佛開眼供養の終ったあと、文治二年三月二十三日、周防国を東大寺造営料国として確保して、重源は番匠を率いて周防国に下向して大佛殿用材の調達の促進と阿弥陀寺造立が合致した時期に成立している。

それに対して播磨の浄土寺は大部庄の確立を目的としたもので、重源の荘園確保の一環でもあった。

また伊賀の新大佛寺は杣工の食糧確保と平家没官領の地を東大寺領として整備する根拠地ともなった。そしてあわせて在地の阿波・広瀬・山田有丸庄の支配を確立するためのものであった。

これらの末寺形成は、「凡寺家者致二庄家之祈禱一、庄家者為二寺家依怙一、各致二和順之思一、偏存二氏寺之由一、抑当庄者、終以可レ為二東南院進止一、而若自二院家一被レ致二其妨一、佛聖燈油念佛衆相勤等令二違乱一者、奏二達子細於公家一、可レ令二落

居二之也（7）」と大部庄の浄土寺と東大寺東南院との関係において述べられているように、本末関係が相互に強力に結ばれ、それはまた重源の荘園復活支配にも及んでいたのである。

このような関係は周防国阿弥陀寺にも共通していた。阿弥陀寺は、寺域を東は枳部山檜山地、西は河、南は宗友南垣根、北は牟礼山と定め、寺名は「東大寺別寺牟礼令別所南無阿弥陀佛（8）」または「南無阿弥陀佛別所（9）」と称し、一般に阿弥陀寺と称された。

堂宇には浄土堂（七間四面）、薬師堂（七間四面）、舎利殿壱宇と、堂内に鉄塔（五尺）を安置し、そこに舎利を入れ、また寺域内には鐘楼、湯屋（五間四面）を含んでいる。この湯屋には大釜（二十五石入）を置いて、そのほか鉄湯舟一口を安置するなど、念佛衆および結縁者が、念佛と沐浴を一体化することによって、東大寺の再建の用材の調達にたずさわる人々の清浄な身体建康を保つための沐浴と日々の作業による疲労の除去と促進をはかったのである。

また労務に従事する人々の慰労といこいの場所を与えるためにも岩室や温室が必要で、それは労働への不満を解消することにも役立ったのである。

つぎに阿弥陀寺の寺領の形成は、正治二年十一月八日の重源の国司庁宣によると、

水田弐拾三町伍段、陸畠三町、田壱町者、毎日佛餉燈油料、田拾弐町者、自八日辰時至十五日、毎月七ヶ日夜不断高声念佛衆十二口衣食料、口別一町充之、

田三町六段者、毎月薬師講・阿弥陀講・舎利講三ヶ度講延僧供料、反別壱段充之、

田玖段者、承仕三人衣食料、人別三段充之、（但潤月佛餉燈油者承仕可令備之、）田陸町・畠三町者、長日温室之維那六人衣食料、人別田壱町・畠五段充之、（10）

と見えているから、重源はこの寺院を成立させるについて、この阿弥陀寺は現世においては薬師如来に祈願をこめ、用材調達にともなう災難よりのがれんことを祈り、ついで来世の引摂を阿弥陀如来に祈り、みずからも阿弥陀の分身、あるいは化身として、源平の乱に倒れた父母兄弟子女の菩提を祈り、さらには身を浄めて大佛殿再建のための日常の作業に従事せんとする用材採取者の杣工や運送全般にたずさわる人々に対する弥陀信仰の浸透をはかり、その拠点として、阿弥陀寺を成立させる必要が重源側において積極的に推進する理由があったものと理解すべきであろう。

つぎに阿弥陀寺の寺領を見るために第10表を作成した。これによると、正治二年の庁宣とは面積として多少相違するところがあるものの、大略変動はない。ここで阿弥陀寺は重源が国司上人に任ぜられ、また国司職を掌握している関係上、荘園領主のような一円化の方法は採れないために、知行国内の散在する公田を庄田化するしか方法はなかった。故に「令レ差ニ募申請坪々一間、不レ能ニ一円一所レ散ニ在于諸郡一也」(11)と述べている。

それは名主・作人をして年貢を請け負わせるという畿内型の請坪の形態を周防国に導入する方法をとったものと考えられる。それは一反の田地を庄田化することで、それはまた国衙領支配の全田統制の反当収量の獲得という年貢徴収への便宜を得るためにも必要な手段であった。そしてこの庄田に対して、「悉不輸一色免、不レ可ニ致所当官物以下国役万雑事之催促一者也」(12)と万雑公事を免除し、ひたすら阿弥陀寺への年貢に応ずべきものとされていた。そして名主は光清はじめ四十六人に達し、二十五町の寺領の運営に当たらせ、寺領は当寺の近在の牟礼令に薬師講、舎利講の毎月講の年中行事に必要なものの財源を求め、ついで佛聖燈油田を都乃に充当し、念佛講が不断高声念佛をとなえる費用に充てている。この大佛殿用材調達に当っていかなる不時の災難をこうむった人への祈願や、現世の苦悩の抜苦与楽のため祈願をこめる念佛衆の用途については、念佛衆の個人々々が目代の春阿弥陀佛の支配のもとに入って、所当年貢の調達にみずから当たる請所的な性格をそなえ、料所の運営にたずさわっている。このことは、さきにも述べたように、東大寺領の大和国の雑役免、佛聖田白米免田等の免田荘園化の方法を流用したともうけとれる。このような傾向は重源もすでに荘園体制が形成されている周防国で、新たに阿弥陀寺の荘園を得ることの困難さを考えるときに、国衙領を中心とする公田の庄田化を押し進めることによってこの寺の経済的基礎を固めようと考えたと見るべきであろう。そしてさらに地頭職の確保へと動かざるをえなかったのである。

ことに阿弥陀寺が、国庁寺的な性格を初期より持っていた関係上、退転せぬように、その経済的基盤を固める意味からも、念佛衆の所領を一地域内に固定させなかった。例えば念佛衆の中心であった称阿弥陀佛のごときは牟礼令、都乃、三井と分散して所領の管理を行っている。また湯沸を通じて温室の仕事にたずさわる人々も、念佛衆の口別一反、講衆の度別一反より多く、温室維那は重労役のため一丁五反の田畠を与えられていることは、重源が温室運営を念佛衆より重視していたことを示すのであって、光明皇后以来の東大寺の慈善救済事業としての温室の伝統を、周防国で生かすという、勧進→念佛→工事→温室という発想は、東大寺の古来の伝統を生かし、行基的な行動を起し、慈善救済を行うという多目的の完遂のために重源が起案し実行にうつしたものと考えることができるのである。そしてそのために阿弥陀寺の成立は是非とも必要なことであったと同時に、その存在を明らかにするため後白河法皇の祈願所となり、在庁官人を檀越としてこの寺の基礎を固める必要が生じたのである。

重源はこのことについて、

抑念佛之行業、温室之功徳者、諸佛之所ㇾ嘆、殊勝之善根也、仍南無阿弥陀佛毎ㇾ至二便宜之処一、興二立此事一、(中略)
於二此別所一者為二法皇御祈願所一、永以可ㇾ停二止諸寺別当之課役一、以二代々留守所在庁官人一為二檀越一、為下念佛温室

〔正治 2.11.〕(『鎌倉遺文』1163,1164,1165)

郡・地名	里名	丁反		職田	丁	反	地名	講衆等
下小乃		(畠)	5	湯沸料田		5	上小乃	善阿弥陀佛
富海	中海，岡本，相田，富海，里外，馬下	1	6	念佛衆料田		5	富海	青阿弥陀佛
						1	富海	実阿弥陀佛
						6	富海	明阿弥陀佛
						2	富海	賢阿弥陀佛
				承仕三人料		2	富海	
	小計	10	8		16	4		
〔都濃郡〕 都乃	乃田，高田，大井，久米，東益，石前	6	9	佛性田		5	都乃寄進田	
				燈油田		5	都乃寄進田	
				念佛衆料田		5	都乃寄進田	智阿弥陀佛
						不	都乃寄進田	称阿弥陀佛
					1	—	都乃寄進田	唵阿弥陀佛
						7	都乃本郡	成阿弥陀佛
						2	郡乃本郡	金阿弥陀佛
					1	—	都乃本郡	見阿弥陀佛
						1	都乃寄進田	実阿弥陀佛
				湯沸料田		2	都乃寄進田	蓮阿弥陀佛
					1	—	都乃寄進田	王阿弥陀佛
助正寄地	三奈木，田村，白方	3	4					
為真寄地	猿振，山前，楡田	1	6					
末武	猿振	1	—					定阿弥陀佛
	小計	12	9		5	7		
〔熊毛郡〕 三井	三井，久米，久米下	2	2	舎利講田		5	三井	称阿弥陀佛
				念佛衆料田		3	三井	成阿弥陀佛
						4	三井	明阿弥陀佛
周防本郡	語下	1	—		1	—	周防本郡	善阿弥陀佛
				湯沸六人料田	6	—		
				畠	3	—		
	小計	2	2		2	2		
	計	28	0		26	4		

第10表　周防国阿弥陀寺領一覧

郡・地名	里名	丁	反	職田	丁	反	地名	講衆等
〔吉敷郡〕								
吉木本郡	小木，平田		8	薬師講田		3	吉木本郡	唵阿弥陀佛
				念佛衆料田		5	吉木本郡	青阿弥陀佛
湯田	田家		3			3	湯田	蓮阿弥陀佛
㘭保	矢地	1	—		1	—		聖阿弥陀佛
	小計	2	1		2	1		
〔佐波郡〕								
大前	桑原，中社，桃本	1	1	念佛衆料田		6	大前	金阿弥陀佛
						5	大前	恵阿弥陀佛
佐波令	美香，酒井，立石，治田，下村，逆田，祝津	1	1	念佛料田		1	佐波令	称阿弥陀佛
						6	佐波令	実阿弥陀佛
						2	佐波令	教阿弥陀佛
					(畠)	5	佐波令	王阿弥陀佛
						2	佐波令	蔵阿弥陀佛
				承仕三人料		2	佐波令	
					(畠)	7	佐波令	
牟礼令	勝間，猿振，引道，勾道，上枳部，鷹原，牟礼，野田，枳部，東里	6	4	舎利講田		7	牟礼令	称阿弥陀佛
				薬師講田		9	牟礼令	唵阿弥陀佛
				念佛衆料田		8	牟礼令	称阿弥陀佛
						2	牟礼令	金阿弥陀佛
						2	牟礼令	実阿弥陀佛
						8	牟礼令	教阿弥陀佛
						8	牟礼令	賢阿弥陀佛
						5	牟礼令	蓮阿弥陀佛
					(畠)	5	牟礼令	蓮阿弥陀佛
					1	—	牟礼令	蔵阿弥陀佛
					(畠)	2	牟礼令	蔵阿弥陀佛
					(畠)	5	牟礼令	聖阿弥陀佛
						4	牟礼令	恵阿弥陀佛
					(畠)	5	牟礼令	恵阿弥陀佛
				承仕三人料		5	牟礼令	
				(畠)	1	7		
上小乃	望，阿佛		1	念佛衆料田		5	上小乃	智阿弥陀佛

無二退失一之計上、且当州与二愚身一、宿縁殊深、故敦為レ令レ結二同一佛土厚縁一、所レ企二此善願一也、若向後有二不道之輩邪見之類一、顚二倒用途免地一、而退二失念佛温室一者、一宮・玉祖・天満天神・春日・八幡等守護善神王幷寺内三宝、令レ与二冥顕之両罰一、現世受二白癩黒癩之身一、後生堕二無間地獄之底一、若無二違背一而有二勤行一者、令レ得二無量之寿福一者也、在庁官人等宜二承知一、依レ宣行レ之、(13)

そして在庁官人には、多々良弘盛、日置高元をはじめ四十四人、中でも土師氏十五人、賀陽氏七人、中原氏七人が参加し、重源は「於二当所一念佛温室在庁官人等合力之結縁、同心之誓状、甚以随喜者也、定不レ背二佛意一、必相二叶神慮一歟」(14)と述べて彼等在庁官人の協力を喜んでいる。そして在庁官人の氏寺としてもこの寺の性格を決定した。そして重源の没後、周防国国司上人は『周防国吏務代々過現名帳』によれば、寛喜二年（一二三〇）には法印行勇や、そののち建仁寺の佛心上人円審、さらに東大寺戒壇院を再興した実相上人円照、東福寺の円爾弁円（聖一国師）あるいは新禅院の聖守上人や、鎌倉極楽寺長老良観上人忍性等も国司上人として東大寺の修理造営にたずさわっていても、(15)重源のような実力を持っていたとは考えられず、阿弥陀寺の運営も、寺院の維持はなされても、念佛講等の発展はあまりなされず、政治の中心は国衙領内の国庁寺にうつって、阿弥陀寺は重源没後は代々の国司上人の寺務兼隠居所のような性格にうつっていったのである。そしてこの阿弥陀寺住持職は国司上人が兼帯していた。そのために目代は正月五日に阿弥陀寺に参詣することになっていた。しかし国司上人は常に在住せず、寺中の運営は、その支院の輪番によってなされていた。

いまこのような周防国阿弥陀寺の性格を見てみるとき、重源が開山として開いてより、東大寺の再建完成後は、下向した国司上人が住し、在庁官人を督励して周防国を支配していたが、多々良氏より興った大内氏が勢力を得て、正和元年（一三一二）頃より目代の離反が始まり、周防国を掌握していた国司上人に正嘉二年（一二五八）、東大寺戒壇院中興の実相上人円照が就任してより、国司上人が新禅院、鎌倉極楽寺、京都戒光寺、三聖寺、戒壇院長老とつぎつぎ変って、動揺がはげしく、鎌倉末期より室町期は戒壇院長老が主として国司上人であって、阿弥陀寺も、大内勢力の進展とともに国衙を中心とする土居八町の地をもって国衙領として縮小されると、東大寺の一国支配は室町期に入って次第に消滅してゆくとともに、阿弥陀寺の機能も重源時代のものとは異なり、国司上人の仮住居に変質していったのである。

ここにいま私は阿弥陀寺を通じて重源を中心とする末寺成立の過程を述べ、その性格を見るとき、末寺は本寺の積極的意志により発展するものであり、教義の伸長を求める教線活動の浄土宗や日蓮宗または一向宗のような信徒という人間支配をともなわない古代寺院の支配に属する地方寺院では、あくまでも寺領としての土地制度に根ざす以上、それが守護大名、地方大名の擡頭によって退転を余儀なくされることは当然の結果で、ここに阿弥陀寺の変遷を考えざるをえないのである。

(1) 南無阿弥陀佛作善集（史料編纂所影印本）
(2) 正治二年十一月八日周防国司庁宣案（阿弥陀寺文書、鎌倉遺文㈡、一一六一号）
(3) 阿弥陀寺鉄塔銘（阿弥陀寺蔵）
(4) 東大寺造立供養記（大日本佛教全書、東大寺叢書一）
(5) 建久七年六月三日太政官符（摂津古文書、内閣文庫所蔵、鎌倉遺文㈡、八四七号）
(6) 同右
(7) 建久三年九月二十七日僧重源下文（播磨浄土寺文書、鎌倉遺文㈡、六二一号）

(8) (2)に同じ
(9) 正治二年十一月日周防国在庁官人置文（東大寺文書、鎌倉遺文㈡、一一六三号）
(10) (2)に同じ
(11) 同右
(12) 同右
(13) (9)に同じ
(14) 同右
(15) 周防国吏務代々過現名帳（東大寺文書104・251・1、東大寺図書館蔵）

第三節　出雲国鰐淵寺の成立と構造

一　鰐淵寺の草創と智春上人

鰐淵寺は現在島根県平田市別所町に存在し、天台宗の寺院としてあまりにも有名である。ことにまた古代より出雲大社の別当寺として栄え、その神宮寺的性格さえも具備していたといってよいのである。いまこの寺院を考察するに当って、島根県史編纂委員であった曽根研三氏が、昭和二十四年以来の成果をまとめられた『鰐淵寺文書の研究』(1)は、この寺院に蔵する古文書を整理され研究されたものとして極めて注目すべきものであることは言うまでもないが、最近では井上寛司氏が、この、曽根研三氏の前掲書について、曽根氏が、鰐淵寺の古文書を紹介するに先立って「鰐淵寺史の研究」を第一編として付されている。これは鰐淵寺の成立を修験道と蔵王信仰、ならびに出雲大社との神佛習合の立場について述べられているが、やはり曽根氏の見解にも不十分なところや、解釈の不鮮明さをまぬがれることができない部分も多く見られ、その上、「曽根氏の分析の前提となった鰐淵寺文書を子細に検討してみると、そこには多くの点で疑問も残こり、また率直にいって曽根氏の研究では必ずしも十分に鰐淵寺が分析しきれていないのではないか[2]」と考えざるをえないと述べられていることについては、私も早くより同じく考えていたことであり、井上氏の評価に賛意をあらわすものである。また、井上氏の鰐淵寺関係の所論が『山陰史談』の「中世出雲鰐淵寺領の成立と展開上・下」や、さらにはまた「出雲大社と鰐淵寺――中世出雲国一宮制の一特質――」と題して、鰐淵寺と出雲大社との関係について検討されている。

特に出雲国という古代史研究に重要な意義を持って、出雲風土記や、杵築大社の存在を中心として展開して来ている地域に於て、中世に成立している鰐淵寺の問題は、私の「日本寺院史の研究」にとっても重要な地方寺院の発展段階として極めて注目する必要がある。

ことに(1)天台宗の地方発展と鰐淵寺の成立、(2)鰐淵寺の寺院構造のあり方、(3)寺院構造の変遷と外部勢力（南北朝争乱を通じて）の進出による分裂、(4)出雲の杵築大社との習合と離脱等の多くの問題をかかげ、その上、曽根氏や井上氏が述べられている如く「(1)鰐淵寺の成立とは、なによりもまず浮浪滝を中心とする修験道、蔵王信仰の発展の中で現実のものとなった（中略）(2)鰐淵寺が新たに一つの寺院として成立するにいたった直接的な契機は比叡山延暦寺との関係であった。(3)鰐淵寺と出雲大社との関係は、むしろ鰐淵寺の成立後に本格的に展開したと考えられる[3]」と述べられているように蔵王信仰を背景としてもこの寺院が成立したことを示されていることは、また注目すべきことである。

しかし井上寛司氏が所領を中心として鰐淵寺に対して論ぜられているのに対して、私は寺院史の立場に立って、特に(2)の比叡山との関係を重視してこの寺の成立と構造を考える必要があると理解して本稿を作成し、中央寺院を本家本所とする地方寺院成立のあり方と意義を考えて見たいと思うものである。そして中世、とくに鎌倉時代を中心とする地方寺院の成立と構造について論を進めたいと考え、その目的のためまず鰐淵寺の草創について述べることとする。

いま出雲国鰐淵寺の成立を考える前に、この出雲国における佛教受容の問題を見てみるとき、鰐淵寺に蔵する銅造観世音菩薩立像はその銘文に「壬辰年五月出雲国若倭部臣徳太理、為父母作奉菩薩」の銘文が刻まれて、この「壬辰」は持統天皇六年（六九二）に相当するといわれている。(4)

この若倭部は出雲国神門郡の「郡司主帳无位若倭部臣」と出雲国風土記に見えて、(5)神門郡一帯に蟠踞していた豪族であったが天平十一年にはこの一族が寡くなって自存することができなくてついに大税の賑給を受けている者も多かった。(6)そしてこの部民は能登より出雲に広く分布し、東大寺写経生となるものもあって早くより大陸より朝鮮半島を経てきた佛教文化の受容に積極的な立場をとっていたと考えられる。

いま出雲国風土記の中に記されている奈良時代のこの国の寺院を見てみると第11表の如くである。

この表から考えて、この風土記が作成された和銅六年（七一三）は孝徳朝の大化改新の詔のあとをうけて、実際に国土経営にのり出し、新しい体制を維持し、あわせて地方の現状を把握する必要が生じた時期でもあった。ことに出雲国風土記はその編纂がゆきとどいて、編者は「天平五年二月卅日、勘造秋鹿郡人神宅臣全太理、国造帯意宇郡大領外正六位上勲十二等出雲臣廣島」と示されている。(7)

ここで出雲国国造が国庁にあっては大領として大きな権限を有していたことはいうまでもない。すなわち風土記記載の記事は和銅より天平五年までの在地における寺院のあり方を示し、それは天武→文武→聖武と次第に佛教文化の流入が高まり、大寺の建立や国分寺の成立にも朝廷が積極的態度を打ち出して来た頃のことであった。もちろんこののち国庁の近くに天平十三年（七四一）三月二十四日の詔をもって国分寺と国分尼寺が建てられる以前のことである。

ここで注目すべきことは、教昊寺以外はすべて新造の寺として記されていることで、この時期に寺院が諸郡に競って建立され、その施主は大領出雲臣太田等の在郡の有力士豪や諸臣等であった。そしてこれら新造寺院の中には三重塔を造ったり、僧寺のみならず尼寺をも造立するなど、かなり積極的な動きさえも見られる。主として述べられている「厳堂」とは荘厳した堂という意味で本堂か金堂に充当する堂宇を建立されてあったことを示している。その分布については次の図の如くである。

第11表　出雲風土記にみえる出雲国の寺院分布

郡	郷	寺名	堂宇	塔	僧数	施主	里程（郡家より）
意宇	舎人	教昊寺	（本堂）	五重	教昊ほか	散位大初位下、上腹首押猪	東二十五里
	山代	新造院	（厳堂）		なし	日置君目烈	西北四里
	山代	新造院	（厳堂）		一人	飯石郡少領出雲臣弟山	
	山国	新造院		三重		山国郷人日置郡根緒	東南三十一里
楯縫	沼田	新造院	（厳堂）			大領出雲臣太田	西六里
出雲	河内	新造院	（厳堂）			旧大領日置布弥	南十三里
神門	朝山	新造院	（厳堂）			神門臣等	東二里
	古志	新造院	（厳堂）			刑部臣	東南一里
大原	斐伊	新造院	（厳堂）		僧　五人	大領勝部臣虫麻呂	南一里
		新造院	（厳堂）		尼　二人	斐伊人樋伊支知麻呂	東北一里
	屋裏	新造院		（三重）	僧　一人	樋伊支知麻呂	東北十一里

この中、教昊寺は教昊が創建した寺院で、現在も安来市の教昊寺跡より、単弁蓮花文軒丸瓦が出土して、安来市の野方廃寺跡と同じであるともいわれ、二重孔式心礎が存在している。(8)

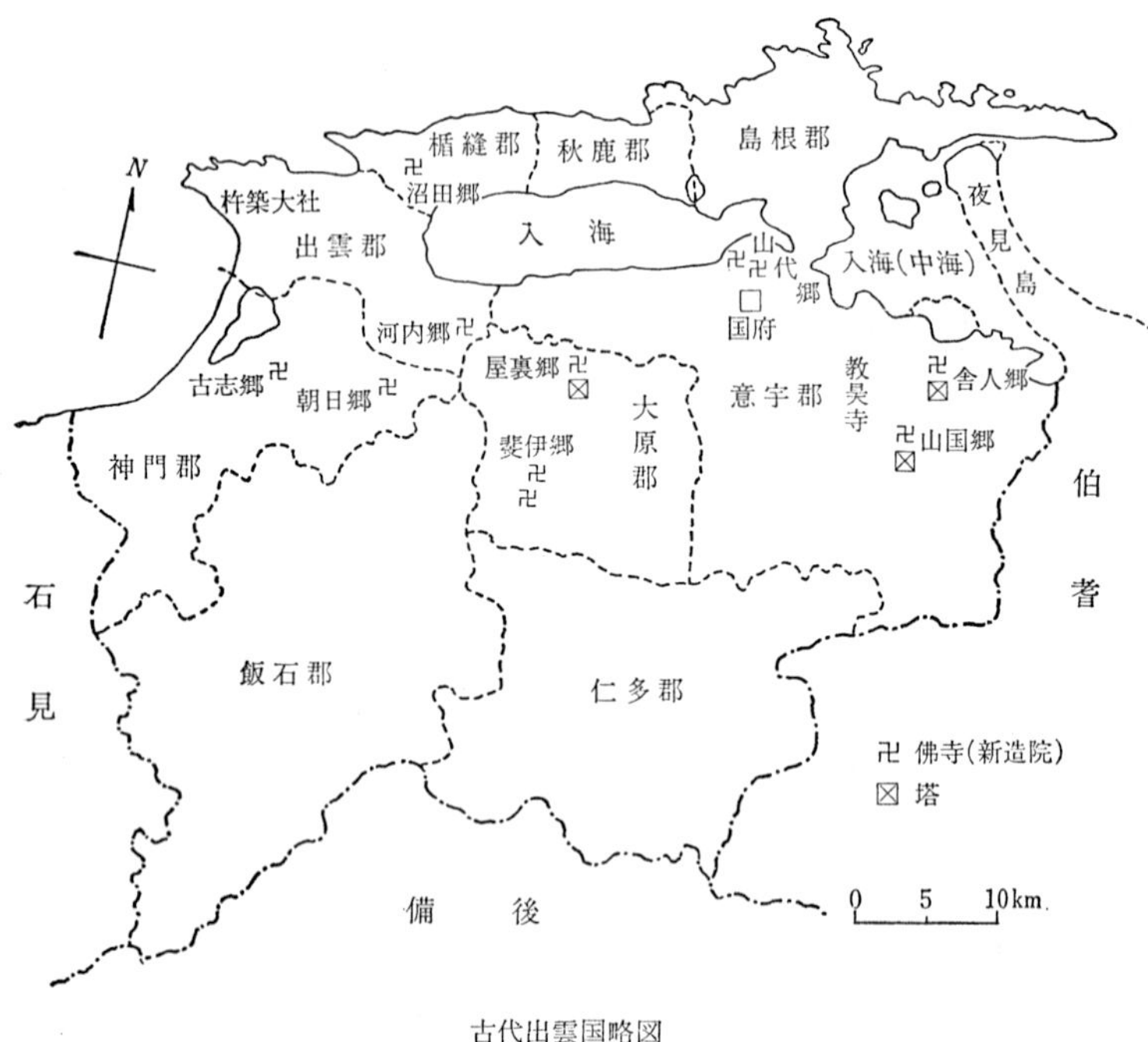

古代出雲国略図

またこの寺院の分布からして、意宇郡四、大原郡三、神門郡二、出雲郡一、楯縫郡一、と国庁のある意宇郡に多く、宍道湖畔を通って出雲に近づくにつれて少くなっている。そして塔の建立も、教昊寺の五重塔を始めとして、意宇・大原と出雲に近づくにつれ小規模となっていく。

この出雲国の状況は、奈良時代より平安初期にかけて見られる隣の伯耆・因幡の国の場合をも見てみる必要がある。そしてこの両国とも古代の廃寺が国府周辺に集まって分布している。

それは出雲国で見られるように、やはりこの国の国府を中心に在庁官人が施主となって、彼等氏族の祈願のために寺院をきずいたのであって、のちにこれらの在地寺院を政庁が統制するために国分寺や国分尼寺が設置されるに到ったと考えられるのである。因伯二国では白鳳期の廃寺としては、因幡東部の岡益、栃本、玉鉾、大権等に集まってやはり国府に近い地域を中心として佛教文化が発展していったことを示している。(9) ことに岩井廃寺や栃本廃寺、あるいは大原廃寺では塔の存在も知られ、因幡国では播磨国・但馬国に近い地域で早く佛教文化が栄え、それが次第に出雲国に近づいていったことがわかる。その文化の発展については瓦の文様が都に近い方が密で、離れるにつれて疎となっていることでもわかる。

これらの廃寺の出土遺物のなかでも西伯郡岸本町の大寺廃寺の石製鴟尾などの遺物によって白鳳より奈良時代にかけて、この地にかなり大きな寺院が存在していたことがわかるのである。(10)

さらに因伯地方における造像例より見てみるとき、有名な三徳山三佛寺奥ノ院投入堂の蔵王権現が大正十年の本尊修理の際に脚部より発見された仁安三年(一一六八)の造立願文からこの時期に造立されたことがわかる。この三佛寺の蔵王権現像の銘文は因幡国における蔵王信仰の受容された年次の判明する一つの重要な史料といえる。(11)

また大山寺常行堂に安置されていたという阿弥陀如来像には胎内銘より大法師良円が天承元年(一一三一)に造像したことが明らかである。

このように天承年間より仁平年間にかけてこの因伯地方に中央の佛教文化が移入され、ここに天台宗を中心とする大山寺の信仰もかきたてられるに到ったといえる。この大山寺が平安時代の史料としてあらわれてくるのは寛治八年(一〇九四)大山寺衆徒が天台座主を訴えて上洛した記事が中右記に見られるので、この時期には伯耆の山岳寺院として大きな勢力を持っていたことがわかる。

このように地方に於ける佛教文化の普及につれて、因伯地方で見られたように国造や郡司を施主として寺院が造立されるに到ったのであるが、これら山陰地方には早くより大陸よりの佛教文化が伝えられ、渡来人も多く、造像技術も発達して、すばらしい佛像も早くより造られるに到ったと考えられる。

これらの文化の流れは当然「神の国」出雲へもついで進出していったので、出雲国でも壮大な国分二寺が建立されたのは先に述べた通りである。

いまここで鰐淵寺の問題に立ちもどって、同寺に蔵されている推古佛について景山春樹氏は「これは九州北部に多く見られる埋経のなかに合せて収められていたもので、もともと鰐淵山に納められていたものが、なにかの機会に出土したものと推定できる」(12)と述べている。

この鰐淵寺のある鰐淵山の土地は、出雲風土記に述べられている「出雲の御埼山」の北東にあたり、風土記では、この山は九十六里あり「西の麓に謂わゆる天の下造らしし大神」の杵築大社があり、門前の小川は御埼山より北に流れる意保美小川に臨んで、現在の鼻高山の山麓で別所・唐川を含む地域である。この出雲御埼山は、いまの旅伏山―鼻高山―天台ケ峰―弥山―鷺峠―太々山にいたる島根半島の西部の山塊を指し、これをすべて御埼山と称し、杵築大社の背後にあって神のおられる場所として聖域と考えられていたのである。しかし教昊寺や、新造寺院まで詳細にかかげている風土記に、この地方に一寺の新造寺院も記していないことは、推古佛と鰐淵寺を結ぶことの不可能さが示されているといってよいのであって、智春上人の草創と推古天皇御眼平癒の話は、天台宗が導入され、薬師如来が、この寺の本尊となされるに到ってからの所伝と見るべきであろう。この点、両者は本来無関係と考えるべきである。

次に智春上人の草創の史実をささえるものとして、後拾遺往生伝の中に鰐淵山で修行した出雲鰐淵山の住僧、沙門永暹の傳がある。

上人永暹者、石州人也、俗姓紀氏、幼而出家、住二雲州鰐淵山一、即如法書二写法華経一、其後於二天王寺并良峯山一同書二写供養二如法経一、其間断レ言持レ斎、凡修二大佛事六箇度一、毎度切二足一指一、燃燈供養、即発誓曰、死苦レ不レ可レ堪、以之代二其苦一、又毎日所作、法華経一部、三時供養法、念佛一万遍、其外不記矣、身無二資貯一、室無二粮食一、所持者三衣一鉢錫杖金鼓而已、生年七十三、於二天王寺一、啒二衆徒一、読二弥陀経四十八巻、四十八箇度一、又満二百万遍一、不レ記二幾度一、（中略）又於天王寺西門修二念佛一、其終日、心神不レ例、上人謂曰、此病是命之極也、我有二本願一、於二聖徳太子墓下一、可レ終二此命一、扶二載手輿一、至二河内国太子御墓所一、上人修二供養法一畢、数刻不動、弟子相近見之、手結二定印一、身亦結跏、容顔不変、威儀不乱、端坐而終、于時天仁元年十月八日巳刻也、[13]

この傳について井上光貞氏も、後拾遺往生伝は、中巻の序文より、三善為康が大治四年（一一二九）より保延三年（一一三七）までの往生者の所伝を集めたものであって、[14]ことに永暹は天仁二年（一一〇九）に河内の聖徳太子廟で示寂しているので、当然往生伝中の主要なる人物であった。彼は七十三歳で示寂していることから考えて、幼にして鰐淵山で法華経を書写して、聖者として修行を行ったのは彼を十一歳得度と考えてみるとき、永承年間より末法思想に導かれて鰐淵山に入ったといえる。また、永暹は鰐淵山の修行僧であったと同時に諸山を訪れ、山城の善峯寺や摂津の四天王寺に如法経の供養をするなど、世に如法経聖と称される人物であった。

そのほか、拾遺往生伝の中の勢縁上人は「受二習両界法一、修二三密行一、漸及二暮年一、移二住伯耆国一、草二創一堂一、奉安木像両界曼荼羅、啒二東塔頼昭阿闍梨一、為二供養導師一」[15]と出雲出身者で伯耆国で一堂を創って比叡山東塔の頼昭阿闍梨を迎えて供養を行っている。

また、同じく出雲国出身の良範上人は、「夢中杵築神社西浜、有二一隻舟一（中略）是自二極楽浄土一、為迎二定当国住侶良範幷行範上人等一来也」[16]とて杵築社の西の海を以て極楽浄土への迎えの道と考えられていた。さらに行範も出雲国大

原郡の出身で、一生の間、一心に念佛を唱え、西方往生を願ったというのである。(17)

このように如法経信仰にもとづく西方往生者が、院政期を通じて数多く出てくることは、この鰐淵寺の浮浪滝の聖地の存在意義を高め、この出雲御埼山に埋経する例や、回峯聖の草堂をきずくものも、しだいに多くあらわれるに到ったと考えることができる。

ことに平安末期の如法経信仰の実態について見てみると、それは末法思想の地方伝播を通じて次第に盛んとなり、法華経を重視する比叡山の勢力が、それにつれて浸透し、さきの勢縁上人の例の如く草堂を寺院に改めて比叡山東塔の頼昭阿闍梨を招じ開山として供養を行ったところに建立された寺院が、天台宗の末寺化への道をたどったとも考えられないでもない。

ことに如法経とは如法に経典を書写することであり、法華経及び法華三部経を書写することをいう。法華経の書写の功徳については先に述べた如く、同経の法師品に主たる典拠が見られるのであるが、「又如来滅度之後、若有レ人聞妙法華経乃至一偈一句一(中略)受持・読誦・解説・書写(中略)於二未来世一必得二作佛一」(18)と見えて書写せられた経典を見ることは、佛を見ることと同じとまで考えられている。その上、この如法経の思想は天台宗の慈覚大師が、

年及二四十一身羸眼暗、知二命不レ久、(中略)絶レ跡待レ終、(中略)於レ是以二石墨草筆一手自書二写法華経一部一、修二行四種三昧一即以二彼経一納二於小塔一安二置堂中一後号二此堂一曰二如法堂一(19)

と、法華経書写の功徳と天台の止観業の常座三昧、常行三昧、常行常座三昧、非常行非常座三昧の四種三昧を行って、法華経書写の後に坐禅を行い、阿弥陀佛を唱念し、方等・法華の三昧を修し、自らの罪障を懺悔し、遂には天台教理の一心三観に達すると共に、経供養を行った後その経を銅筒に修めて安置することを始めたことに起因する。長元四

年（一〇三一）十月二十七日の菩薩比丘尼の如法経銅篋にきざまれた「上東門院御願文」に、その由来を明らかにしているのでいまその全文をかかげると、

法華一部八巻如法に書き奉りて、横川の慈覚大師の如法堂におさめたてまつる。此の世の紙墨してかき、あたなるかまへしておさめたてまつれば、浅き人の目には、朽そこなはれ給ふとみるときありとも、実相の理は常住にしてくちせず、もろ〳〵の功徳を備へたるものなり、我願心ざしきよくかたければ、おのづからこの道理にかなふらん、これによりて我この経は微妙の七宝に勝たる経巻となりて、七宝の塔の中にまし〳〵て、弥勒の世まで傳へ置て、釈迦御法うせなんときにも、此経はましまして、人をわたせ奉らん、弥勒の世に出たまへらん時に、此経よせて人をわたさせたてまつらん。弥勒は後の佛につけたてまつりて、世々にたへす人をわたさせたてまつらん、又此功徳によりて、我か国の君たひらかに、民やすらかならん、又法界衆生をあまねくわたさん、われ後の世に三界を出て、かならす極楽浄土に生れて、菩提の道を修してとく佛になりて衆生をわたさん、又浄土に生れて後には此の経によせて人をわたさん、弥勒の世にも自ら逢ひてこの経をもちて人をわたさん。又此の経をおさめたてまつる事は、慈覚大師の如法経のちかひに心さしをおなしうせんとなり、此思によって世々に大師とたかひに善知識となりて、佛事をたすけ衆生をわたす身とならん。かゝる深き誠を釈迦多宝弥陀弥勒普賢文殊観音勢至十方三宝共に照したまひて我願かならずみてたまへ

長元四年十月廿七日　　　　　　　　　　　　　　菩薩比丘尼(20)

いまこの思想について見るとき、如法経は弥陀浄土欣求という帰依者の本願は、単に弥陀浄土に止まらず弥勒下生を持つという所に如法経信仰の特質が考えられ、そこに弥勒下生思想のあり方が見られるのである。弥勒の世に生れ

たいという平安時代の人々の考えの中には化他の思想が含まれ、如法経書写の功力は、後世の衆生済度への橋わたしの役目を果さんとすることを誓っている。弥勒下生経に「若有下書二写経一班中宣於素上上、其有レ供二養経一皆来二至我所一」(21)とか「令レ得二受持一修二諸功徳一来生二我所一」とかの弥勒の下生後の救済思想にもつながるものである、弥勒は「称二讃釈迦牟尼佛一（中略）能於二五濁悪世一教二化如レ是等百千万億諸悪衆生一、令レ修二善本一来二生我所一」(22)と釈迦に誓願して末法後の釈迦遺法の衆生を救済する本願を持っていたのである。(23)このようなことから考えても如法経の思想は、慈覚大師を起点とする天台宗の無動寺や横川楞厳三昧院を中心とする山岳信仰による回峯行の行者が、聖としてこれらの聖地を訪れ、在地の信仰をかきたてて教線の拡大を計ったと考えざるを得ない。そのことは後白河院も、梁塵秘抄のなかで、

聖の住所は何処何処ぞ、箕面よ勝尾よ播磨なる書写の山、出雲の鰐淵や日の御崎、南は熊野の那智とかや(24)

と述べ、このように山岳回峯の行者は静寂で、滝に打たれ苦修練行できる場所をさがした。山陰道では書写山円教寺に端を発し、伯耆の大山、出雲の鰐淵山に行場を求めた。そして如法経の思想と蔵王信仰をうらづけとした弥勒信仰もあわせてかきたてられたのであった。島根県倭文神社経筒銘によると、

釈迦大師壬歳入寂、日本年代記康和五年癸未歳、粗依文籍勘計年序二千五十二載也、今年十月三日己酉山陰道伯耆国河村東郷御坐一宮大明神御前僧京尊奉供養如法経一部八巻、即社辰巳岳上所奉埋納也、願以此書写供養之功結縁親疎、見聞群類縦使雖異受生之所、昇沈必定値遇慈尊之出世、奉堀顕此経巻、自他共開佛之知見、仍記此而已、願以此功徳、普及於一切、我等与衆生、皆共成佛道、釈迦舎那成、道場成正覚、一切法界中、転於無上輪、

正遍知者大覚[尊]　辺際智満方知断

補処今居都率天　　下生当坐竜花樹
願我生生見諸佛　　世世恒聞法華経
恒修不退菩薩行　　自他法界證菩提(25)

とあり、この経筒は大正四年十二月十一日に発掘され、経巻とともに飛鳥佛の観音像、藤原期の弥勒像や古銭、吹玉等が共に出土している。この倭文神社の経筒と鰐淵寺の推古佛は規模が異なるにしても、同じく埋経佛であったということが理解できるのである。

そして一宮大明神の前で僧京尊が如法経を供養して神前読経を行い、釈迦遺法の弟子が弥勒の出世において救済されると述べ、1神佛習合、2如法経信仰、3弥勒信仰が三位一体をなしているのである。

つぎに鰐淵寺に関する経筒の出土銘文については、仁平元年（一一一五）の僧円朗等による如法経信仰と蔵王信仰の様相がその銘文に示されている。

釈迦文佛末法弟子僧円朗、始自仁平元年辛未二月卅日至于同三年癸酉五月二日殊致精誠、如法奉書写妙法蓮華経一部八巻、奉安置鰐淵山金剛蔵王宝窟、但行法写経之勤、礼拝供花之行、皆勧有心知識同殖無漏妙因、乞願有縁無縁共生一佛土法界衆生同證三菩提矣、

写経衆
僧円朗
僧順朗
僧信尊

僧　厳　澄[26]

かくのごとく、僧円朗は順朗・信専・厳澄の三人を引きつれて、仁平元年（一一五一）二月三十日より、同三年五月三十日までの十五カ月間浮浪滝の蔵王権現に、祈願をこめ、日夜、法華経を書写し、一部八巻の写経を終えたのち経筒に入れ鰐淵山金剛蔵王宝窟に安置したというのである。ことに平安中期より見られる蔵王信仰は、その顕著にあらわれたものとしては藤原道長が、寛弘四年（一〇〇七）金峯山に登って、法華経、無量義経、観普賢経と阿弥陀経、弥勒三部経を埋経して「為奉釈専恩為値遇弥勒、親近蔵王、弟子無上菩提」とか「為臨終時身心不乱、念弥陀尊往生極楽」さらに「為除九十億却生死之罪證無生忍、遇慈尊出世也」の願文をかかげ弥勒下生の竜華三會の暁を祈って弥陀、弥勒の関係経典を埋経している。[27]

このように埋経を中心とする鰐淵山の信仰が、三佛寺等と同じく蔵王信仰を引き出すに到ったのは浮浪滝の地形も幸しているが、この深秘の道場が、多くの聖たちの修業道場としてよく知られるようになって聖の往来もはげしくなったと考えられる。

いま智春上人の鰐淵寺の草創の問題について考えるとき、それは僧円朗等の例はいうまでもなく、それ以前の拾遺往生伝の勢縁上人や永暹上人の行っていた聖としての性格を彼も強く帯び、それが永暹や勢縁の如く他国に遊行することなく、この蔵王窟で如法経を書写し、草庵を営んで、この地で往生した上人であったと見るのが正しいと考える。そして智春上人もまた勢縁上人等と同じ経路をたどって伯耆国より入ってもと材木郷に住した人であるといわれるのも、伯耆を通じた蔵王信仰の経緯を示すものと考えるべきであろう。

またこの智春上人にかぎらず、草創開基に関する伝記めいた人物の出自に関する記事の明らかでないことは、他寺の場合も同様で、伯耆国の大山寺が出雲国玉造の金蓮上人といい、三徳山三佛寺では、はるかにへだたった役小角とするなど、開山の出自を明確にしないことによってかえって草創開山の宗教的価値を高めようとする動きも見られるのである。

このように考えてくるとき、梁塵秘抄の、「聖の住所何処何処ぞ……出雲の鰐淵や日の御崎」とある聖の住処としてこの浮浪窟をあげるべきで、智春上人を聖とするならば、彼は永承の末法に入って以来、この窟に入って、身に貯えなく、粮食もなく三衣一鉢、錫杖をたずさえて御埼山山塊で苦行をいとなみ、この地で、ささやかな草庵を営みつつ入滅したものと考えるべきであろう。その年次は永暹の出生年次よりも少し早い平安末期で院政前期に相当するものと考えるべきである。そしてさきの仁朗の如法経埋経は藤原道長の金峯山信仰より百十年を経てようやく出雲地方にこの信仰が普及したと考えることができるのである。

そして建長六年（一二五四）の鰐淵寺衆徒勧進帳案に、「昔有二智春聖人一、徳行甚奇異也、甲輩鱗類之肉嘗再反、於本質禽獣魚肉之觴、触レ口重復於旧躰、終訪遊猟、而霊験之地、早ト二練若一」[28]とあれば、智春上人は奇異な行動を見せ、非僧非俗の生活をくりかえし、霊地をさぐるのにすぐれたものをもっていた験者という、聖としての性格の強い人物であったと見るべきである。そしてこの地でささやかな草堂を建てて籠山したが、のちこの草堂を中心として鰐淵寺が建立されたと考えるべきである。そしてさらに鰐淵寺の成立を考えるためには、延暦寺の別院の無動寺や楞厳三昧院ならびに慈円との関係についても、さらに詳しく検討を加える必要があるのである。

（1）曽根研三『鰐淵寺文書の研究』（昭和三十八年十月、鰐淵寺文書刊行会刊）
（2）井上寛司「中世出雲鰐淵寺領の成立と展開(上)」（『山陰史談』一四）二頁

(3) 同右、五〜六頁
(4) 鰐淵寺蔵、銅造観世音菩薩立像銘
(5) 出雲国風土記、神門郡（日本古典文学大系本）一九九頁
(6) 出雲国大税賑給歴名帳（寧楽遺文下）
(7) (5)に同じ、二五五頁
(8) 内藤正中『島根県の歴史』三三頁（山川出版社刊）
(9) 『鳥取県史』第三章、古代文化の推移、七三二頁
(10) 同右、七三六頁
(11) 同右、七五九頁
(12) 『近畿文化』出雲（景山春樹述）
(13) 後拾遺往生伝中（続群書類従本、八上、伝部）三〇八頁
(14) 井上光貞『日本浄土教成立史の研究』二三五頁
(15) (13)に同じ、出雲国勢縁上人伝、三一五頁
(16) 同右、出雲国良範上人伝、三一五頁
(17) 同右、出雲国沙門行範伝、三一五頁
(18) 妙法蓮華経法師品（大正蔵九・一・三〇）
(19) 日本高僧伝要文抄第二、慈覚大師伝（東大寺図書館蔵・宗性自筆本）
(20) 上東門院御願文（門葉記七十九、如法経一）（大正蔵図像十一、六二八頁）
(21) 弥勒下生経（大正蔵一四、四二二頁）
(22) 弥勒大成佛経（同右、四三二頁）
(23) 拙著『日本弥勒浄土思想展開史の研究』一二四頁
(24) 梁塵秘抄第二、二九七号（日本古典文学大系本）三九六頁

(25)　鳥取県倭文神社経筒銘（平安遺文、金石文一六三号）
(26)　鰐淵寺経筒銘、仁平元年二月三十日（平安遺文、金石文三四〇号）
(27)　(19)に同じ、一三四頁
(28)　鰐淵寺衆徒勧進帳案（鰐淵寺文書三五一号）（鎌倉遺文(十一)、七八三九号）

二　天台宗の進出と鰐淵寺の成立

1　無動寺と楞厳三昧院

鰐淵寺と延暦寺無動寺及び、楞厳三昧院と関係する史料についてはⒶ建暦三年（一二一三）二月の無動寺検校坊政所下文、[1]Ⓑ建暦三年二月日の別当某下文、[2]Ⓒ建暦三年二月日慈鎮所領譲状案[3]の三通とさらにこれを補うものとしてⒹ建保四年五月十三日将軍家政所下文、[4]Ⓔ天福二年八月日慈源所領注文[5]があり、ⒶⒷⒸは同年同月に作成されたものであるが、鰐淵寺にとって、もっとも重要なものは、Ⓒの慈円が朝仁親王に対して青蓮院領を譲与した建暦三年二月日の慈鎮所領譲状案である。その内容は次のようである。

譲進
　門跡相傳房領等事
無動寺
　雲林院　浄土寺　多武峯　伊賀立庄（近江滋賀郡）　大和庄（近江滋賀郡）　法定寺

蓮興寺　三方寺　額(安カ)金寺　千興寺　大山寺　百済寺
大日寺　乾竜寺　池辺寺　円明寺　躰興寺　薬師寺
一条御領　山階御領　七(条)社御領　宝石寺　得芳庄但雲林院領
真野新免　乙訓庄(山城乙訓郡)

三昧院
鏡社　南庄御相折庄也　北庄同　坂田庄(近江坂田郡)名切嶋　鞆(結イ)絵庄　立入庄(近江野州郡)
神崎東保　同西保(近江高島郡)　梶原寺　教興寺　印(通イ)保寺　飯村寺
鰐淵寺　牛蔵寺　西京御領

常寿院
織田庄(越前敦賀郡)　同浦三所　村松庄(三河渥美郡)　井村庄　井上新庄(紀伊那賀郡)　山内庄
桜井庄(摂津島上郡)　保田庄(紀伊在田郡)　内田庄(遠江城飼郡)　波志波庄　四至内
原見(ママ)庄顚倒了　朝日庄(山城相楽郡)同

法興院

極楽寺
　桂林院大僧正門跡譲給領
坂本御塔平方庄
坂西庄　砧山庄(近江栗太郡)　福田庄　気比供僧　比叡庄(近江高島郡)　金武保付山室

竜宝寺　千与丸保　永楽寺

別相伝

松岡庄　(讃岐寒川郡)志度庄　(甲斐巨麻郡)加々美庄

已上三所存日之間、送霊山院之外、如形年貢可沙汰也、

(和泉日根郡)淡輪庄　六郷山　三尾社

西山往生院観性橋旧跡也

持佛堂常燈領善恵房大和国領、其名不覚悟、在于寄文、

大懺法院寄進領

(伊勢鈴鹿郡)原庄国宗　稲井庄降舜　福光保増円法印

六条法印寄進庄

(丹波天田郡)奄我庄　小嶋庄　富永条々　榑葉庄

＼(越前坂井郡)藤嶋庄　後三条院田　躰光寺

大乗院領

(武蔵国橘樹郡)稲毛本庄　(河内古市郡)尺度庄但去給法華堂畢

山洛寺院房舎　文書皮子等

聖教

桂林蔵

青蓮蔵

百光蔵譲給豪円法印畢、後定令進候歟、

秘書流々

三昧阿闍梨荷皮子観智

青蓮院随身皮子篆隷

桂林大僧正随身皮子本無銘、今双左、双右、

智泉房随身皮子甲乙

七宮随身小皮子左右

最秘小箱一合

余随身皮子四合

常左　常右

灌淼　真

右、已上寺院・領所・房舎・聖教、併譲進

朝仁親王已訖、其中少々領家職之間、有遺言旨、無指過怠者、不可有相違歟、雖存日之間、於今者一向御成人之

間、仰含御門人等、可有御沙汰也、如此大小巨細、世間出世可仰合人々、

密宗事座主(公円)慈賢阿闍梨　豪円法印

顕宗事円能法印俊記律師　聖覚前大僧都

世間雑事尊長法印為御乳母之上、旁以無左右事候、増円法印雖受重病、存日之間、殊可被仰合、又可計申候也、二位法印必々同心合力、不可

有依違候、慈円存日更〻不可有御憚、一切事、随思食可有御沙汰、世出世人〻不可有御憚候、無動寺三昧院等検校宮前大僧正仁暫雖宿申之、若不叶御意事候之時ハ、
無動寺ハ豪円法印
三昧院ハ座主僧正
此両人可被宿補候也、御出家成人之時、早可有御補任候、於常寿院者、雖無別当、只申院宣御沙汰、不可有其難候也、自余処〻勿論候歟、

建暦三年二月　日

前大僧正[6]判加国富

いまこの四通の文書を対比するとき、(A)は鰐淵寺を「可為無動寺領」と述べ、(B)はその副進、(C)は三昧院領、(D)は楞厳三昧院所司により「当院末寺鰐淵寺領」と述べている。また(E)は「出雲国鰐淵寺加国富所当莚百五十枚、能米百石」と記して「三昧院領」となっていて、(A)のみが無動寺末寺と見ているが、鰐淵寺はもともと横川の楞厳三昧院領に属する寺院であったと見るべきであろう。

しかし、いまここで鰐淵寺の成立を考える以前に、平安時代に於ける比叡山延暦寺の動向を見てみることにする。傳教大師最澄ののち義真の弟子の円珍は、顕劣密勝を唱えて分派して天台別院の園城寺を創建して天台密教の本拠として山を降り、その一派は寺門を名のって、山門の叡山と対立した。

そして山門の慈覚大師円仁はその教学を相応に伝え、相応は東塔の中に無動寺を貞観五年（八六三）に創建した[7]。そして相応和尚伝によると、この寺を天台別院として、三間の不動堂を中心としてその中に等身の不動明王を安置した。

貞観五年、奉レ造二等身不動明王像一、佛師未二必其人一、頗不二如法一、因レ茲取二代材一更欲レ改二真造一夢告云、不レ可三更用二他材一、吾賜二好工一須三早令二直造一、相好円満、霊験日新、宛如二生身一、昔于塡王奉レ造之像相二迎本佛一授レ之不レ違

矣、毎レ致ニ祈念一、必有ニ感応一、如ニ響之随レ声、類ニ雲之従レ風、同七年、造ニ立佛堂一、安ニ置此明王於中台一、為ニ此伽藍一号ニ無動寺一、[8]

そしてこの無動寺は叡山のなかで東塔、西塔の聖道門的な立場と異なった地歩をきずいたのである。この相応の不動明王への信仰の樹立は、彼が斉衡三年（八五六）より円仁について籠山して、円仁から不動明王法、別尊儀軌、護摩法等を授けられたことによる。また彼は無動寺を開く以前の貞観三年には比羅山西阿都川の滝で修行をくりかえし、松尾明神を勧請し、同四年に金峯山に到り、この不動明王を中心に貞観五年より無動寺谷に伽藍を建立して無動寺と号した。

ことに相応和尚は師の円仁が貞観六年（八六四）一月十四日に示寂するや、同八年（八六六）七月十四日に慈覚大師の諡号を申請して許可され、このときあわせて最澄に傳教大師号を得て、天台宗の思想的基盤をきずいた。[9]

そして元慶六年（八八二）無動寺を以て正式に天台別院として成立したが、それには藤原基経が彼の檀越として存在していたからでもあった。[10] もちろん相応の提唱する回峯行はすべて不動明王をかたどり、山王の神祠に詣でることを規定した。[11]

相応和尚はまた「天下第一の験者」として、数々の効験を示して無動寺建立の基礎を固めた。

そののち相応は無動寺を出てふたたび比良山の裏手の葛川（阿都川）の渓谷で生身の不動明王を感得して、ここに「葛川息障明王院」を草創したのである。その結果明王院は無動寺の支配下に入ることになった。このように無動寺は相応を中心に平安中期に回峯修験の行法を中心に教線を張ったのである。そして無動寺には無動寺検校を置き、寺内の僧侶の統制と寺領の確保につとめた。

そしてこの無動寺を開いた相応の弟子達は喜慶、慶円、慶命、寛慶等は天台座主に補任され、無動寺はまた「無動寺三昧院両寺検校職、任二相承一、蒙二勅宣一、以レ之為二門首一、又為二根本中堂検校一」(12)とて、叡山の中心である根本中堂を支配し、相応門下の無動寺検校は天台座主となる登竜門として延暦寺内に大きな勢力を得るにいたった。

このように無動寺が根本中堂を支配するにいたった反面、康保三年（九六六）八月二十七日に天台座主に就任した良源は、同年十月二十八日の夜、講堂・四王院・延命院・法華堂・常行堂・文殊楼等が焼亡したためこれの復興につとめた。ことに良源は円仁の首楞伽院の建立のあとをたどって如法経信仰を高めた。また彼の師の円仁が横川に籠ったのは天長十年で四十歳ともいわれている。すなわち、この年には如法経の写経を始めて、その秋に完成の供養を執り行ったのである。(13)叡岳要記には、

首楞厳院、慈覚大師建立、

葺檜皮七間堂一宇、

安二置聖観音像左脇、毘沙門天像右脇、不動尊像一、各等身

右、慈覚大師、入唐求法之後、解レ纜浮レ舶之間、忽遇二大風難一没二南海一、念二彼観音力一、現二毘沙門身一、即便図二画彼像一、風晴波平、須曳着二彼岸一、帰山之後、建二立一宇一、安二置観音毘沙門像一、依二海上願一、所レ被二果遂一也、此堂不レ安二置不動尊像一、而修学之僧、依三念レ咒多得二効験一、仍廣作レ之、次明王像、安二置観音之右一、蓋為二鎮護国家興隆佛法一也、大師為レ安二置彼観音毘沙門一、結構霊屈也、人跡稀致随二白馬一而択二上方一、鳥声不レ聞削二青厳一而卜二此地一、嘉祥元（二カ）年九月建二立一堂一、図二絵天像一、更造二移木像与二聖観音像一、共安置云々、天長六年九月十九日、慈覚大師、始造楞厳院(14)、

と、円仁は最澄よりの教学の実践の場を横川に求めたのである。そしてそこで円仁は三カ年横川にとどまって、この音楞厳院を中心に如法経の写経を始めたのである。如法経濫觴類聚記には、

根本如法堂事

根本如法堂

葺檜皮方五間堂一宇

安置多宝塔一基高五尺

又旧白木小塔奉納如法経

塔右安置金色釈迦像一体

塔左安置多宝佛像一体

四角安置普賢文殊観音弥勒像各一体

天長十年歳次甲辰、慈覚大師年及四十、身羸眼暗知命不久、尋叡山北洞幽閉之処、結草為菴、絶跡待終、蟄居三年、練行弥新、夜従天得薬、其形似苽、喫之半斤、其味如レ蜜、傍人有語曰、此是三十三天不死妙薬也、嚅畢夢覚、口有余気、大師心怪自恃焉、其後疲労更健、暗眼還（モトノコトク）明、於レ是石墨草筆手自書二写法華経一部一、修二行四種三昧一、即以彼経納小塔安置堂中、号二首楞厳院一、後人此堂曰二如法堂一矣、[15]

と述べて、如法堂はすなわち首楞厳院であって、この堂に円仁自身の書写した根本如法経を木造轆轤塔内に安置し、これを釈迦如来に見立てて、左右に普賢・文殊を配し、また当来佛としての弥勒をまつっている。このこと自体が埋経による如法経信仰が地方へ発展する基盤となったのである。円仁は承和三年（八三六）には「首楞厳院領」や、「首

楞伽院式九ケ条」を定め、四種三昧の道場であると同時に如法経の根本道場と定めた。(16) またのちにこの横川に源信が入って首楞厳院二十五三昧起請を草するなどして、念佛道場も併設され、叡山での浄土信仰の基盤となった。

このような横川における円仁の動きにつづいて、横川に入った良源（慈恵大師）は、円仁の示寂後三十年して生まれ、入山して座主となってよりこの山を中興し、世に元三大師と称された。横川では檜皮葺一宇、母屋五間の定心房にとどまり、この房の佛堂で大乗経典を講じていた。

この良源は天暦八年（九五四）藤原師輔の発願によって講堂と法華三昧堂と常行三昧堂を付した楞厳三昧院を創建した。

楞厳三昧院

葺檜皮七間講堂一宇

堂上置二金銅如意珠形一

安二置金色薬師像一躰・同普賢延命像一軀・綵色五大尊像一軀一

葺檜皮方五間堂一宇

安二置普賢乗白象像一軀・同観音勢至地蔵龍樹等像一軀一

右、九条右大臣師輔草創也、天暦八年月日、登二楞厳峯一、欽二仰慈恵大師一、歴二覧山院地勢一、忽発二願念一草二創法華三昧堂一、丞相於二大衆中一、自敲二石火一誓曰、願依二三昧之力一、将レ伝二我一家之栄一、国母太子皇子槐跡棘徳、栄花昌盛、継レ踵不レ絶、曼二衍朝家一、若素願潜通、適有二鏡谷應一者、所レ敲石火不レ過二三度一而有二効験一、一敲之間忽焉火出、在々緇素以二抃躍一、丞相手自挑レ燈、蘭紅之影應二棘誠一而照曜、(17)

この堂宇は右大臣師輔により草創されたもので、ここに良源と師輔との関係が明らかとなる。良源は座主となると同時に承平五年（九三五）につづいて炎上した叡山の東塔の再建に従事しなければならなかったため、横川の興隆は少しおくれ、まず東塔の檀那院、横川の恵心院を復興し、良源の二十六箇条にも「籠山一十二年、修二習四種三昧一雖レ在二同式一、当今所レ修、只常行三昧也(18)」と良源は常行三昧を盛んに提唱した。

そして円仁示寂後、叡山の度重なる炎上と慈覚・智證門徒により顕劣密勝、密劣顕勝の争論の中に、ややもすれば密教を立てる円珍門下に流されやすい寺内の状況に、法華一乗の法門を護持し、そのうえ叡山の綱紀が乱れて、僧侶は名のみ求めて、学問に心がゆかず修業もとどこおりがちであることに強い警告を発して、叡山の「大会永代不レ絶、年〻別当莫レ忘二制旨一、但至二色衆供一、事在二報恩一」ときびしく寺内を戒めている(19)。

まさに良源の時代は叡山に門閥の対立が起ろうとしたときで、慈覚・智證門徒の分裂がはげしい対立の中で動揺した時代で、良源は智證系門徒を叡山より排除して、山下に降さんことを考え、天元三年（九八〇）の根本中堂落慶供養のときには智證門徒の余慶や穆算、勝算等の寺門系を一人も呼ばなかったほど、慈覚大師の門閥をもって叡山を固めた。

そして良源のもとに一山の僧徒三千をひきいて叡山中興のために藤原師輔一門に近づいた。ことに憲平親王が誕生して、良源をその護持僧としてより、より親密さを加え、天暦九年（九五五）には師輔の法華八講にのぞみ、師輔の第十子を門下に入れるなどして、良源はこの一門との関係を背景として叡山内に勢力をはり上﨟三人を越えて座主に任ぜられた。彼はこのように摂関家の勢力を背景に比叡山の再興と統制をはかったのである。そして智證門徒をして山下の天台別院の園城寺へ追放することを積極的に進めた。また寺門系の天台座主余慶を登山させず、補任の宣命使を追い返すなどして、それ以来智證門徒による天台座主の就任は不可能となったのである。(20) その結果、良源はみずから楞厳院の検校となり、横川中堂をたて、永観元年（九八三）右大臣藤原兼平により横川薬師堂が建立されたのである。

ことにこの時期における叡山の統制にあたっては座主政所を置き、延暦寺の管理にあたった。また一乗止観院すなわち根本中堂を中心に東塔に九院、西塔に十六院を形成した。この寺は南都の伽藍構成とは異なり山岳寺院として比叡山内に塔院堂坊は地形に応じて建てられ、天長元年（八二四）に初めて座主・三綱の執行機関を構成し、貞観八年には座主・大別当・小別当・上座・寺主・小寺主・都維那が政所の要員を構成していた。この延暦寺政所が寺務の中心機関であったが、のちに西塔には無動寺が独立した寺務機関をもつこととなった。そして無動寺検校が置かれ、良源は横川の首楞伽三昧院のなかに検校職をおいて、それぞれ所属する院坊の管理に当らせるとともに、寺領の管理執行にもあたった。そして延暦寺の寺務機関の分離が行われたのである。そののち延暦寺の統制は西塔院主と無動寺検校と楞厳三昧院検校によって運営されることになったのである。

いまこの良源の開いた楞厳三昧院検校の職務に任ぜられるためには「門徒中若僧綱、若内供、若阿闍梨、被二大衆推譲一為二貫首一」とて僧綱や内供奉十禅師、あるいは阿闍梨をつとめたものの中より院司を選んだ。その結果同院の修理造営には、知院事一人、預二人を常住僧中より選び、三昧院の法華三昧供料として近江国・美濃国にあわせて八束が充当されたのである。

このように横川に於ける三昧院の基盤が固まるにつれて、それは西塔と並び立つようになった。

天禄三年（九七二）正月の楞厳三昧院現在僧等解では、この院に住する僧二百口の多きにおよび、寺僧の所在を示す基礎となる「現住僧帳」や、年中行事に関する「別立季帳」を記するに当って所属をいままで東塔帳、西塔帳にゆだねていたことは不便をきたす結果となったため、西塔の現住帳や別立季帳にもとづいて本院も組織を整備し、これまでの東塔・西塔への依頼度をあらためて楞伽三昧院の独立をはかった。

楞厳三昧院

請被因准西塔例、割分佛聖例僧幷廿六人及現住僧分状、

八聖

法華経如法堂　観音　文殊　不動　毗沙門□中□（已上カ）（堂カ）　大黒天神　山王　慈覚大師

例僧十八人

長講二人　承事二人已上中堂

堂童一人如法堂　真言堂　般若堂　砂碓堂　兜率堂

苗鹿寺已上各一人

雑色八人

右、謹検案内、西塔院佛聖例僧幷現住僧、別立季帳、歳年已□（久）、方今此院住僧漸満二百口、爰或付東塔帳、或載西塔帳、触事有煩、仍准西塔可立別帳之由、略承気色了、然則加立例僧帳、亦可准彼例、仍注佛聖例僧廿六人幷現住僧、言上如件、

天禄三年正月十五日　　預法師「慶定」

別当大法師　　大預法師

勾当大法師「静安」　　知院法師（草名）

「准状

座主権少僧都良源」

「奉行

上座大法師　寺主大法師「祥妙」都維那大法師（草名）」〇「延暦寺印」三十五アリ(21)

この文書の示す如く法華経、観音、文殊、不動、毘沙門、大黒天神、山王、慈覚大師の八聖をかかげて三昧院の佛聖としているが、この大黒天神については、延暦寺の政所の大炊屋に「大黒天神像一躰、別当光定内供、為二政所本尊一満山守護也(22)」と、寺院の炊飯を行う中心に光定が大黒神を置いていることは傳教大師の大炊屋の神として、この神を重視した結果といわれている。これが直ちに大国主神と習合するかは疑問であるが、この八聖の中にも、また楞厳三昧院内にも大国天神が祀られていることは注目に値する。

そのほか仁安四年（一一六九）二月五日の横川中堂の災上に際しても、楞厳三昧院の災を鎮めるために祈請をした諸社の中に出雲大社が含まれている。(23)

さらにこの楞厳三昧院と出雲との関係を示すものとして、出雲国嶋根郡三津厨が、良源の遺告によって示されている所領の中に存在し「右嶋、故大弩師貫邦施入也」とて、毎年海藻等を法華堂十二僧の没後における不断念佛八講を行うための僧供料に充当している。(24)

このことは良源の所領が、近江国野州郡立庄、高島郡里田江西庄、神崎郡高屋庄、若狭国志積浦、出雲国三津厨と、藤原師輔の所領寄進地も含めて、山陰地方にまで伸びていることは、良源の元三大師としての如法経の信仰も所領拡大とあわせて進められたと推測できる。

ことに良源は「廿六ヶ条起請」の中で、「年来講匠（中略）遍于東西之嶺、滋味連日溢于主客之坊、招衆徳於旅亭、朝朝之饗松葉忘味」(25)とか、本来、最澄の説く十二年籠山の根本義を忘れ「而近代或越大原、或向小野、東西南北、出入往来、無忌憚之類、往々而有聞」(26)と、もちろん良源が天台学僧を本来の姿にもどそうとしても、のちの嘉承年中には「天台山三千人のうち東塔千八百十三人（無動寺此中に在り）、西塔七百十七人（黒谷此の中にあり）、横川四百七十人（飯室此中にあり）」とて、(27)良源在世中でも三昧院に二百人を数え、回峯行と如法経書写を提唱し、そのうえ横川の地を弥勒下生の聖地としての信仰も覚超等によって提唱されるに到って、横川、葛川明王院から、延暦寺内部の西塔・横川の対立や智證・慈覚門徒の相尅よりのがれて名山で修行しようとする天台僧も多く見られたであろう。そして慈覚門徒は、その開いた地方道場を慈覚大師開基と名づけ、元三大師の門徒は慈恵大僧正の開基といい、さらには智證大師の門徒も同様に地方で祖師を立てて開基と称して自己の教線を拡大していった。かかる教化に参じた地方の人々は、教化をうけ聖と称して名山に入り、横川や葛川、あるいは善峯寺に参じて修行するものもあらわれた。

先に述べた出雲の永暹上人や伯耆の勢縁上人等もかかる存在であったとするならば、鰐淵窟に籠って修行した僧円朗、順朗、信尊、厳澄も最初、慈覚門徒の修行僧に導かれて、鰐淵窟を開いた智春上人の仁平期における弟子であったといえよう。ただ智春の時代推定は甚だ困難な問題を多く含んでいるにしても、私はこの智春上人が良源門徒が嶋根郡に進出して出た天禄より寛弘以前に存在した鰐淵窟を開いた人物と見ると同時に、天台教線の提唱する如法経信仰、弥勒信仰、そして三徳山の信仰にもとづく蔵王信仰を具備した平安中期の在郷の上人と見ることが至当であると考えるものである。

もちろん鰐淵窟と鰐淵寺成立については必ずしも智春上人と同時期の成立とは考えられない。このことについては次の項に述べることとする。

2　青蓮院門跡の成立と鰐淵寺

比叡山における慈覚門徒と智證門徒の対立は良源座主以来慈覚門徒は智證門徒を山下の天台別院の園城寺へ追放することを考え、円珍門徒の山門よりの擯出は正暦四年（九九三）を以て終り、山内は円仁門徒で独占されるにいたった。しかしここに慈覚門徒内の新しい対立が生まれた。それは白河院院政期における梶井門跡の成立と、ついで鳥羽院政期に成立した青蓮院門跡との抗争であった。

この梶井門跡は東塔南谷の円融房、および東坂本梶井の円徳院を中心として成立した門跡で、天喜元年（一〇五三）に座主になった明快が梨下(なしもと)流より出て座主になってから比叡山に門跡が起ったともいわれている。しかし梶井門跡の台宗における地歩を固めたのは、応徳三年（一〇八六）に梶井に白河法皇が中宮賢子のために円徳院を建立して供養されてからであった。

供二養叡山東坂下梶井御願寺一、公卿侍臣等供二奉絲竹管絃一、奉レ安二丈六九躰金色阿弥陀佛像一、故中宮職一周忌間、毎月一躰開眼供養丈六佛像也、寺司勧賞、并被レ寄二阿闍梨三人一焉、別当法性寺座主法印大僧都仁覚補二権僧正一、前太政大臣源朝臣師房三男、母与二左右大臣一（俊房　顕房）同胞也、(28)

この円融院は中宮賢子の一周忌のため、白河法皇の御願寺として九体の阿弥陀佛をまつる寺院で、この別当職に法性寺座主の仁覚が権僧正に昇進して任命されたのである。

この仁覚は右大臣源師房の三男で慶範、明快につき教学をまなび、さきの藤原師輔の子の尋禅が天台座主となった

第12表　天台座主三門跡出自対照表（但し重任を含む）

門跡＼年代	正暦二→延久二	延久二→文治六	文治六→元徳二	元徳二→明徳三
梶井	一（明快）	七	一四	八
青蓮院	○	三	二三	九
妙法院	○	○	三	三
その他	一九	二二	一九	五

例についで藤原貴族の出身で座主に任ぜられたのである。もともと叡山に貴族が入ることは最澄の開山以来の主旨ではなかった。それは天台教団を貴族化すること、すなわち中央政権の直接的影響を受けることを極力防ごうとしたことによる。そして天台座主職をめぐる門閥的傾向が見られるのは、この梶井門跡が成立してからである。この梶井門跡は仁覚—仁実—最雲—明雲—承仁—承円—尊快とつづき、天台座主はこの梶井門跡と、のちの青蓮院門跡によって占められているといっても過言でない(29)。

このようにして始まった梶井門跡の成立は、白河法皇の院政の開始と相待って権門が叡山に進出する起点となったのである。そしてこれら門跡寺院に入寺せぬかぎり天台座主への道はおぼつかないのである。この仁覚の在任中は平静であった三塔も、のち横川の慶朝が梶井の門閥に反対したことにより梶井門跡と大衆との相剋が見られたが、白河院はこのとき門跡方を庇護した。また仁豪の座主のときにも、無動寺の寛慶が門跡と対立した。

権大僧都寛慶被申云、雖二一山貫主一有二不レ知之事一、是西塔横川無動寺各有二長吏一、然者彼人々各依レ為二別所一可二沙汰一歟、件所々強不レ可レ触二座主一歟、是年来習也(30)、

この寛慶は、天仁二年（一一〇九）に仁源が無動寺検校のあとを引きつぎ無動寺検校職にあったことより、西塔・横川・無動寺の検校を差しおいて座主が専権を振うのは検校を無視するものであると反抗した。すなわちこの寛慶は藤原俊家の息で、慶範に入室し、無動寺の中心人物として天仁二年同寺の検校であったため、彼の梶井門跡に対する反

抗には無動寺検校、横川長吏（楞厳三昧院検校）、西塔院主（宝幢院検校）——検校を長吏と称する——を動員して、永久二年（一一一四）七月には「一日大衆乱発、欲レ奪二座主職一、是偏法性寺主寛慶可レ為也[31]」と寛慶は自己の無動寺検校職を背景として梶井門跡の進出をはばんだが、白河院は「座主職可下偏期二死闕一停中止彼此競望上之由宣下[32]」して寛慶を排除し、彼の一類によっての大衆の動揺をきびしく止めた。寛慶は仁豪の死闕ののち座主となったが白河院はこれを無視し、叡山は再び動揺した。

　これは無動寺が三塔の主動力を持っていたことを示すと同時に門跡が三塔の検校職を掌握しようとする動きであって、その背景には白河院政があったことはいうまでもないのである。そして天治二年（一一二五）十二月二十九日に、「次座主仁実為二無動寺検校一宣旨下[33]」と仁実はまず寛慶のあとの無動寺長吏を掌握し、楞厳院検校もまた仁覚のあと仁実が掌握して白河院政のもとに梶井門跡は三塔の主動権を得ることになったのである。仁実の三塔への支配は白河院政の敗退とともに一時的であったが、門跡が座主となり無動寺検校等を得るという先例が開かれ、寛慶の座主は長吏の意見を聞くべしという主張は、反対に座主により長吏を兼ねるという結果となったのである。ことに梶井門跡の仁実が再び座主となると白河院は大治元年（一一二六）正月十三日に白河院、待賢門院、鳥羽院の日吉御幸があって、仁実は勧賞を受け、このような白河院の庇護のもと梶井門跡による座主が成立したのである。そしてついで堀河天皇の皇子を仁豪の弟子として入室させ、ここに皇族が天台座主となる道を開いて、この親王は僧綱に任じてのち親王宣旨を得るという初例を開くほど、皇族入寺による延暦寺の主動権を白河院は掌握しようとしたのである[34]。

　いま梶井門跡と同様のことが青蓮院門跡の成立についてもいえる。梶井門跡は仁実により確立されたが、梶井門跡に対立した無動寺寛慶の弟子で、藤原師房の息の行玄が保延四年（一一三八）十月二十九日座主となった。ことに梶井

延暦寺天台座主・梶井・青蓮院門跡一覧

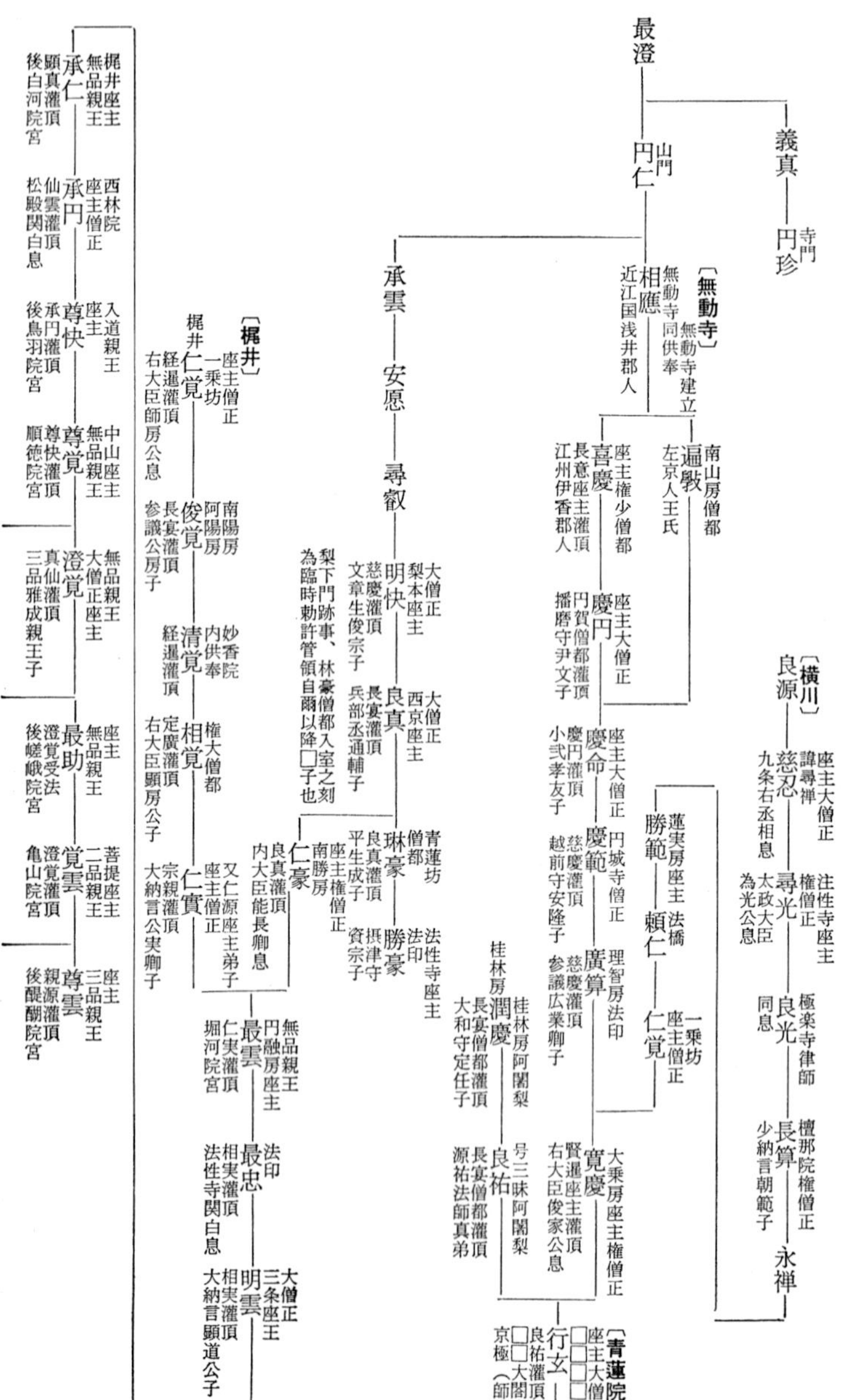

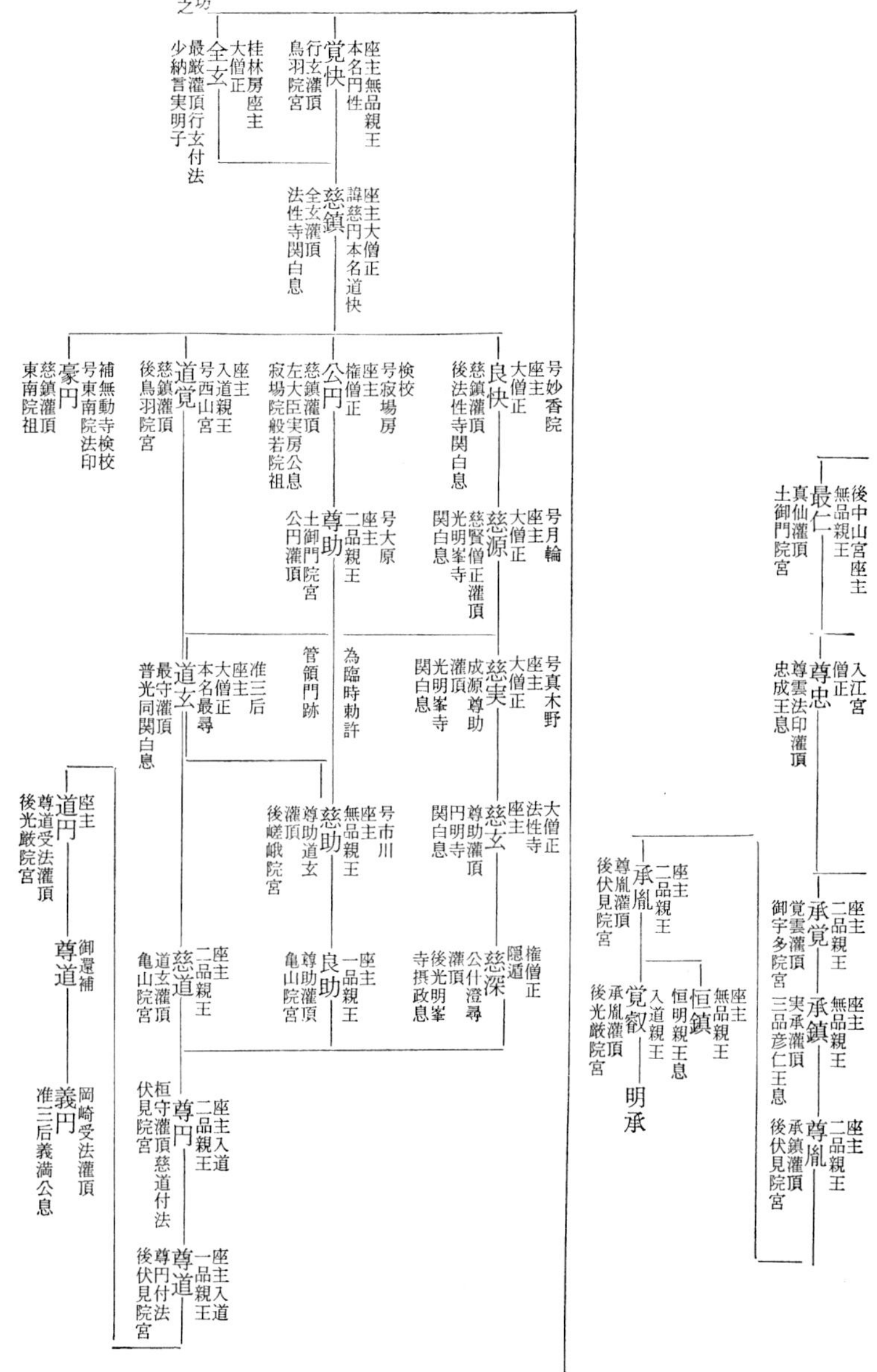
桂林坊相承之
座主無品親王 本名円性 覚快 行玄灌頂 鳥羽院宮
桂林房座主 大僧正 全玄 最厳灌頂行玄付法 少納言実明子
座主大僧正 諱慈円本名道快 慈鎮 全玄灌頂 法性寺関白息
号妙香院 座主 大僧正 良快 慈鎮灌頂 後法性寺関白息
号月輪 座主 大僧正 慈源 慈賢僧正灌頂 光明峯寺関白息
号真木野 座主 大僧正 慈実 成源 尊助 灌頂 光明峯寺関白息
大僧正 法性寺 座主 慈玄 尊助灌頂 円明寺関白息
権僧正 隠遁 慈深 公什 澄尋 灌頂 後光明峯寺摂政息
検校 号寂場房 座主 権僧正 公円 慈鎮灌頂 左大臣実房公息 寂場院般若院祖
号大原 座主 二品親王 尊助 土御門院宮 公円灌頂
為臨時勅許
管領門跡
号市川 座主 無品親王 慈助 尊助道玄 灌頂 後嵯峨院宮
座主 一品親王 良助 尊助灌頂 亀山院宮
座主 入道親王 号西山宮 道覚 慈鎮灌頂 後鳥羽院宮
准三后 座主 大僧正 本名最尋 道玄 最守灌頂 普光同関白息
座主 二品親王 慈道 道玄灌頂 亀山院宮
座主入道 二品親王 尊円 桓守灌頂慈道付法 伏見院宮
座主入道 一品親王 尊道 尊円付法 後伏見院宮
補無動寺検校 号東南院法印 豪円 慈鎮灌頂 東南院祖
座主 道円 尊道受法灌頂 後光厳院宮
御還補 尊道
岡崎受法灌頂 義円 准三后義満公息
後中山宮座主 無品親王 最仁 真仙灌頂 土御門院宮
入江宮 僧正 尊忠 尊雲法印灌頂 忠成王息
座主 二品親王 承覚 覚雲灌頂 御宇多院宮
座主 無品親王 承鎮 実承灌頂 三品彦仁王息
座主 二品親王 尊胤 承鎮灌頂 後伏見院宮
座主 二品親王 承胤 尊胤灌頂 後伏見院宮
座主 無品親王 恒鎮 恒明親王息
入道親王 覚叡 承胤灌頂 後光厳院宮
明承

門跡が白河院をバックとしているのに対して行玄は鳥羽院政を背景として天台座主に進出し、寛慶の意志をついで、白河院政の敗退を待って、梶井門跡に対立する新しい門跡の樹立を計ったのである。ことに白河院政は摂関家を排除することを目的としていたため、叡山でも梶井門跡を立てて、無動寺を中心とする藤原貴族の出身者に圧迫を加え排除しようとして、座主の死闕以前に藤原貴族出身の寛慶に座主をゆずることを拒み、その継続をはかるためにも、白河院は順徳天皇の子の最雲法親王を仁豪に入れ、仁源の弟子の仁実の座主昇進とともに「検校座主僧正仁実以二権大僧都最雲一兼叙二法印一」(35)など梶井の基礎を固めた。行玄はこのような強力な梶井勢力をいま排除するよりも、梶井を西塔支配にとどめて、新しく鳥羽院政を背景として自己の房舎の青蓮房を門跡寺院に昇格することを考えた。殊に鳥羽院政は摂関家と抱合の形の上に展開され、白河院政で排除された忠実は鳥羽院政が始まると再び忠通を排して力を得て、その子頼長まで勢いを得たのであるが、(36)行玄はこの機に乗じて摂関勢力を利用して鳥羽院政に近づいていったのである。

この行玄は関白藤原師実の息で、前天台座主寛慶につき保延四年（一一三八）十月二十九日前大僧正覚猷の譲を得て年四十二歳で天台座主に任命された。そののち法成寺検校及び法成寺権別当に任ぜられ、康治元年（一一四二）五月十二日には鳥羽法皇の延暦寺受戒が行われ戒師となっている。

有二登壇受戒事一、上卿侍臣着二朝服一供奉、如二初東大寺儀一、御共(供)僧綱同レ之、入二御戒壇門一之後、戒和上天台座主僧正行玄乗レ輿参仕、有二執蓋者一登壇之儀、人不レ見レ之、被レ閇レ門之故也、事畢、令レ参二常行堂一給、有二御諷誦事一、以二法橋実請一為二導師一、此間大雨下、次令レ参二中堂一給、被レ始二七佛薬師法一、被レ啓二白千僧供解文一、事了、還御（中略）

十五日丁未、臨二幸無動寺一、有二御誦経事一云々、(37)

このことは行玄と鳥羽法皇の関係を深める重要な要因となったのである。そしてついで行玄は法勝寺別当に任ぜられ、天養二年（一一四五）再び法皇の御登山あり、さらに年四十九歳の若さで大僧正に任ぜられたほどであった。

そこで行玄は保延五年（一一三九）五月十四日鳥羽院の寵愛の美福門院得子の御産御祈りのため東洞殿に到り、七佛薬師法を修し、同六年鳥羽法皇のため白河北殿で同じく七佛薬師法を行うなどして、その結果、鳥羽法皇の護持僧にもなった。ことに久安三年（一一四七）六月十七日より鳥羽・崇徳両院の登山あって、九カ日間住山あると同時に、行玄はついに久安六年（一一五〇）十月二日美福門院の金泥一切経の供養の導師をつとめた。

> 二日甲辰、天顔快晴、終日無二片雲一、大僧正行玄（天台座主）承二法皇詔一祈レ得レ晴、五壇法、而非二唯得一レ晴、終日無二片雲又無レ風、衆庶歎美、同法験惟新焉、是日、美福門院、於二法勝寺金堂一、供二養金泥一切経一、辰時、伴二兼長卿一、詣二法勝寺一、今暁禅閤参入、御二九重塔一（塔北面懸簾）、為レ見二礼儀一也、禅閤見二金泥一切経供養一三度、（白川院当時法皇并今度、）両院、（法皇、美福門院）、夜前、渡二御金堂一、巳時行幸、供養之儀存レ式、(38)

このことあって美福門院より十月四日に、

> 以二山上本坊一為二美福門院御願一号二青蓮院一被レ申二置阿闍梨五口一、(39)（美福門院於二法勝寺一被レ供二養金泥一切経一止雨御祈賞、）

かくのごとく叡山における行玄の住房の青蓮房を美福門院の御願寺にして改めて阿闍梨五口を置くこととなって、ここに行玄の目的が果されて青蓮院門跡が成立したのである。

この結果、叡山にはさきの梶井門跡といまの青蓮院門跡の二門跡が並立することとなると同時に、鳥羽院政は白河院政に代って叡山での大きな地歩を固めたことになったのである。

そしてこの青蓮院門跡に行玄のあと鳥羽院の第七皇子覚快法親王を迎えて青蓮院はその基礎を強固にした。ここで注目すべきことは、行玄が十七年座主にあった間、「青蓮院加二無動寺並横川三昧院一」(40)として無動寺と横川を掌握し、梶井門跡は東塔・西塔を中心に叡山を掌握して、中世の叡山はこの二門跡の併立によって運営されることになったのである（付図参照）。

源平の兵乱や梶井門跡で座主明雲の法住寺殿における刎首等のことあって、叡山そのものも混迷に混迷をつづけたが、覚快法親王の譲をうけた慈円は建久三年（一一九二）藤原忠通の息として、兄の摂政兼実と共に、後白河院政が法皇の崩御によって終末を告げるると、将軍頼朝の擡頭にともない、後鳥羽親政を背景として叡山に新しい勢力を得るに到った。そして、建久四年（一一九三）三月二十日、無動寺検校、大乗院別当にあわせて任ぜられつづいて天台座主となった。ことにこの無動寺大乗院はさきの梶井門跡仁豪のときに対立した寛慶の住房であった大乗房を再建したものであった。これはあきらかに梶井門跡に対抗する青蓮院の基盤を固めることにもなったのである。そして建久七年（一一九六）十一月二十五日慈円は摂政兼実の失脚と共に一端座主を辞した。(41)

しかし慈円は座主の梶井門跡に移るのをおそれたため、梶井の後白河院皇子の承仁法親王が座主に任ぜられそののち二十九歳の若さで病没したのち建仁元年（一二〇一）再度座主に還補した。しかし慈円は建仁二年良尋と意を異にして座主をしりぞいた。そして彼は建暦二年（一二一二）に第三度、また建暦三年十一月十九日に第四度の座主に還補された。

いままで非常に長い経緯をたどって延暦寺での門跡の成立について述べて来たのであるが、これは鰐淵寺との関係のもとに考えねばならないことでもある。

それは鰐淵寺文書の(A)すなわち無動寺検校坊政所下文に

(A)無動寺検校坊政所下　出雲国鰐淵寺

可早任国司庁宣状、領知国富一郷経田百町事、

右、件経田、以国富一郷百町、可引募由、任院庁御下文之旨、為一円不輸地、可為無動寺領之由、成国司庁宣畢、於本免百町者、非諸社講経田、一向為寺領、南北長吏、各相分五十町、令領知、可奉祈聖朝安穏之御願、於年貢莚千枚者、無懈怠、可弁備於本寺之状、所仰如件、寺宜承知、依件用之、故以下、(43)

(B)下　鰐淵寺

可早任政所御下文状、令領知国富(出雲)郷経田百町事、

副下

　政所御下文

右、件経田於子細者、載于政所御下文、任南北長吏成敗、住僧等各令領知之、御年貢莚伍佰枚、定納伍仟(合)莚、任請文之旨、無懈怠可令進済之状、所仰如件、寺宜承知、勿敢違失、故下、

　建暦三年二月　日　　　　行事大法師（花押）

別当阿闍梨（花押）(44)

(D)将軍家政所下　出雲国鰐淵寺

可早停止前地頭孝元濫妨、任本寺下知、以内蔵孝幸□□□□□□(可為地頭職事)、

右如楞厳三昧院所司等解状者、当院末寺鰐淵寺領地頭職事、孝元為彼職、有限年貢以下、無懈怠可進済之由、依

致懇(望補)狼藉其職之処、狼唳(戻)多綺本約如忘、自名所当一向未済之上、剰寺僧等年貢悉以抑留、凡云畠所当、云在家布、去年去々年分一向入亡、不致其弁、前預所都維那不知実名所従男字藤次郎無指過怠之処、搦取妻子、追捕住所、於伯耆国令殺害彼男畢、仍被停止地頭職之刻、称有将軍家御下知之状□□(不従)本寺之下知、横張行云云者、偏忘本寺之恩、勿致濫行之条、甚以不穏便、早任本寺下知、停止孝元之無道、以孝幸可為地頭之状、依仰如件、□□(以下)、

建保四年五月十三日　案　主菅野(景盛)（花押）

知家事惟宗(孝実)（花押）

令図書少允清原(清定)（花押）

別当陸奥守中原朝臣(廣元)（花押）

大学頭源朝臣(仲章)

相模守平朝臣(義時)（花押）

右馬権頭源朝臣(頼茂)

左衛門権少尉源朝臣(惟信)（花押）

民部権少輔源朝臣(親廣)（花押）

武蔵守平朝臣(時房)（花押）

書博士中原朝臣(師俊)（花押）

信濃守藤原朝臣(行光)（花押）(45)

この三通の文書を見てみるとき、建暦三年二月は、この年の正月十一日に慈円は座主を辞して遁世するために辞し

たのであるが、青蓮院出身の弟子公円が座主拝堂を行ったのは四月九日であるから[46]、この無動寺検校政所下文は青蓮院門跡の慈円が掌握しているときに出されたもので、文書に見えている無動寺および三昧院検校については「無動寺三昧院等検校、宮前大僧正仁暫雖申之、若不叶御意事候之時ハ無動寺ハ豪円法印、三昧院ハ座主僧正、此両人可被宿補候也」とあれば、座主交替期に出された無動寺検校坊政所下文は、無動寺大乗院より鰐淵寺に送付されたものである。すなわちそれは慈円の意志、或いは命令によるものであって、彼は出雲国鰐淵寺の経田としての国富郷内百町を「一円不輸地、可為無動寺領」として、寺領の確保を命じ、鰐淵寺は南坊・北坊の長吏がおのおの五十町ずつ支配して年貢莚千枚分を領主の無動寺に納入することを命じたのである。これは慈円の引退の時に無動寺領を確保して、他寺他社や国衙の妨害から防ごうとする目的のものであった。これはさきの建暦三年二月日の慈鎮所領譲状では慈円は鰐淵寺を楞厳三昧院領として組み込んでいる。もちろん青蓮院としては無動寺三昧院と共に支配しているもののこの譲状では、三昧院より無動寺がはるかに青蓮院の中心勢力であったため、末寺への圧力をかけ末寺による寺領支配の確実をはかるためにも青蓮院は無動寺領として鰐淵寺に年貢送達を命じたのである。しかし青蓮院門跡領としては鰐淵寺は無動寺領に属さず楞厳三昧院領に配されていたことは譲状の通りである。そのため(D)の建保四年将軍家政所下文では明確に「楞厳三昧院所司等解状者、当院末寺鰐淵寺領地頭職事」と鰐淵寺は楞厳三昧院を本寺とすると規定して譲状と合せている。

このように鰐淵寺は無動寺・楞厳三昧院を領家と仰いで、つぎの青蓮院門跡の朝仁親王に慈円に収めていたものと同様に年貢を納入することを約束しているのである。

もちろん慈円が出雲鰐淵寺を掌握するに到った経緯や年時を明らかにすることはできないけれども、伯耆大山寺の場合、寛治八年（一〇九四）壬三月に「今日伯耆大山大衆三百人許、参院陣云々、依憂申座主也(47)」とあれば、伯耆大山寺は平安中期より天台宗の末寺として、かなり大きな地歩を占めていたことから、出雲清水寺等も早くからその影響のもとにあったと考えられるが、それが必ずしも鰐淵寺とつながるかは疑問であるが、やはりこの時期には成立していないと考えるほうが至当であろう。

しかし、大山寺がこの時期に天台宗であったと見ることができることに影響されて、智春上人の鰐淵窟を中心に鰐淵寺が成立したとき、この寺も慈円の意志により、やはり天台宗に属さなければならない必然性が醸成されていたと見ることができる。ことに応永九年（一四〇二）「一山連署式目」の追記に、

出雲国鰐淵寺衆徒等、可㆑存㆓知条々事㆒、

一、慈鎮和尚以来、為㆓無動寺末寺㆒、奉㆑仰㆓御門跡㆒之上者、雖㆑為㆓向後㆒、可㆑有㆓御扶助㆒、若令㆑向㆓背本所㆒、現㆓不忠㆒者、可㆑有㆓罪科㆒事(48)、

とあることは、慈円が鳥羽院政を背景として、青蓮院の寺領の拡大をはかり、いままで智春上人の草庵しかとどめていなかった鰐淵窟一帯を広め山王七社を建立し、摩多羅神をまつり常行堂を建て、根本堂を造立し寺院としての面目を一新し末寺化したと私は考えるものである。平安時代の山陰の動きについて、中右記の寛治八年（一〇九四）閏三月五日に伯耆大山寺の僧が、天台座主の行玄を批難して強訴に及んでいる記事がある。慈円が建暦二年（一二一二）十月に「南谷中、勝地房跡、仰㆓執当法橋定覚㆒新㆔建立房舎㆒号㆓新青蓮院㆒(49)」と新青蓮院を造立していることと関聯して、この機会に鰐淵寺を充実して、唐川と別所に叡山の横川と無動寺谷と同じく北坊・南坊を設けて、山岳修行を可能にした新たなる伽藍を完成し同時に天台宗の末寺化を実現して、出雲における重要な拠点としようとするためにあらた

めて鰐淵寺と名づけたと考えることができる。そのため、それ以前のものにはたとえ鰐淵山に浮浪窟の名はあっても寺名を示すことがなく、したがって同寺文書も、慈円の座主辞退に近い建暦三年が、この寺の文書の初出であり、建暦二年—三年の間にこの鰐淵寺が成立したと考えざるを得ない。しかし推古佛はこの時期に、経筒の埋経遺跡より出土していたため、建長六年の鰐淵寺衆徒勧進帳案では「推古天皇云々」との智春上人との所伝を作成したのであるともいえる。

ことに慈円はまたこの寺を通じて天台の教線の拡大をはかり、神佛習合の地歩を固めて杵築大社（出雲大社）と結ぶことにより、さらに新しく寺院勢力の拡大をはかろうとしたと考えることができる。ここに鰐淵寺成立の大きな理由を見ることができるのである。そして私はさらに稿を改めて、中世における鰐淵寺の寺院構造についてつぎに述べることとする。

(1) 無動寺検校坊政所下文（鰐淵寺文書、一号鎌倉遺文㈣、一九七五号）
(2) 別当某下文（同右、鎌倉遺文㈣、一九七六号）
(3) 慈鎮所領譲状案（鎌倉遺文㈣、一九七四号）
(4) 将軍家政所下文（鰐淵寺文書三号、同右㈣、二一三一号）
(5) 慈源所領注文（同右、㈦、四六八七号）
(6) (3)に同じ
(7) 叡岳要記（群書類従本）無動寺条
(8) 日本高僧伝要文抄、無動寺大師伝（東大寺図書館本）
(9) 相応和尚伝（群書類従本）
(10) 門葉記巻第一三二（大正蔵図像十二）
(11) 景山春樹『比叡山寺』五四頁

(12) 華頂要略五五上（天台宗全書）一一二一頁
(13) (11)に同じ、八七頁
(14) 叡岳要記（群書類従本）六二五頁
(15) 門葉記第七九、如法経一（大正蔵図像十一、六二六頁B）
(16) (11)に同じ、九四頁
(17) (14)に同じ、六三二頁
(18) (19) 天台座主良源起請（平安遺文(二)、三〇三号）
(20) 天台座主記（延暦寺刊）四七頁
(21) 延暦寺三昧院所司解（平安遺文(十)、四九〇六号）
(22) (14)に同じ、五八七頁
(23) 同右、六二六頁
(24) 天台座主良源遺言（平安遺文(二)、三〇五号）
(25) (26) 天台座主良源起請（平安遺文(二)、三〇三号）
(27) 二中暦第四（改定史籍集覧）八六頁、高木豊『平安時代法華仏教史研究』第一章、六七頁参照
(28) 扶桑略記第三十（国史大系本）応徳三年六月十六日条
(29) 天台座主記（延暦寺刊本）
(30) 中右記、天永二年十月二十五日条、井上光貞『日本浄土教成立史の研究』第三章「天台教団の変質と法然の宗教の成立」一八〇頁参照
(31) 中右記、永久二年七月二十六日条
(32) (29)に同じ、七八頁
(33) 中右記目録、天治二年十二月二十九日条
(34) 本朝皇胤紹運録（群書類従本）四六頁

(35)(29)に同じ、八三頁
(36)竹内理三「院政の成立」（岩波講座『日本歴史』古代4）二八頁
(37)本朝世紀第二十四、康治元年五月十二日条（国史大系本）
(38)台記、久安六年十月二日条
(39)(29)に同じ、九一頁
(40)同右、八七頁
(41)同右、一二二頁
(42)同右、一五六頁
(43)(1)に同じ
(44)(2)に同じ
(45)(4)に同じ
(46)(29)に同じ、一五〇頁
(47)中右記、寛治八年壬三月五日条
(48)一山連署式目、正平十年三月の内の応永九年十月九日追記（鰐淵寺文書、曾根研三本八一号）
(49)(29)に同じ、一四九頁

三　鰐淵寺の南北両院の成立

さきにわたくしは、鰐淵寺の成立について述べたが、いまこのことに続いて、この寺の中に成立していた南北両院について、その成立と変遷を考えてゆくこととする。(1)

この寺院については前にも述べたように天台宗寺院として出雲国において大きな勢力を持っていたのであるととも

に、鎌倉時代には守護の佐々木泰清からも「国中第一之伽藍」(2)と称され、また「当寺者、推古天皇之御願、国中無双之伽藍也」(3)と自らも認めていたと同時に、後には「当寺者、推古天皇為御勅願之浄場、其後山門最初御末寺」(4)とか、「鰐淵寺者、為杵築奥院、佛神不二之内證、国家護持之伽藍也」(5)とのべて、この寺院は中世における出雲国での天台宗を背景とした有力な寺院であった。

この寺院の成立に当っては、さきに鰐淵窟に営まれた智春上人の草庵を中心に形成されたのであるが、山門による出雲国に対する教線の拡大と、その中心となった慈円が鳥羽院政をバックとして青蓮院門跡の進出と、その寺領の増大をはかるために、ここに鰐淵寺を形成したのであった。

またこの時期の主な伽藍としては、根本となるものには薬師堂・千手堂・三重塔・常行堂・宝崛・温室・政所・本覚堂や、鐘楼のほか摩陀羅神社・山王七佛堂等の諸堂が存在していたと考えられる。(6)またこの寺院では開山上人の宝崛を中心とした蔵王信仰と、天台宗にもとづく薬師信仰と千手観音の信仰を中心としていたと見られる。

ことに鰐淵寺の中心となっていた薬師堂については、「天福年中神火忽起、数字伽藍、支干紅焔、若干尊像、化于蒼天」(7)とあれば、天福年中（一二三三）に突然の雷火によって根本薬師堂をはじめ、三重塔そのほか数字の堂宇が炎上したことがあったと見られる。すなわちこの事以前にあった伽藍については、それ以前の記録・文書も経庫等とともに焼けてしまったため、最初の伽藍の様相は判明しない。

しかし草創期の智春上人の行状から考えて、蔵王崛の草堂がもっとも早く建てられていたと考えられる。(8)

つぎに根本薬師堂については、建長六年勧進帳では四面七佛薬師堂と見え、その規模は明らかでないが、現在の五間四面の堂宇に近かったのではなかろうかとおもわれる。

この寺院に薬師堂があることについては、やはり比叡山延暦寺の根本中堂との関連性が考えられる。延暦寺の根本中堂については山門堂舎記には、

根本中堂初号二比叡山寺一後称二一乗止観院一、亦曰二中堂一、
延暦七年戊辰傳教大師建立者、伐二虚空蔵尾自倒之木一、以二本切一自手彫二刻薬師佛像一軀一安二置之一、大師発二誓願一而祈二利生一、件像揺レ頭而諾二済衆一如二生佛一、詎謂二木像一矣、此堂元者三宇、各別、文殊堂、薬師堂、経蔵等也、薬師堂以レ在レ中故曰二中堂一也、
薬師佛木像二軀立高各五尺五寸、並身押金、衣文綵色、
件像、一軀者、傳教大師伐二虚空蔵尾自倒之木一像也矣、一軀者座主惟首和尚所レ造矣、
同佛像七軀立高各二尺、並壇像、本願主不レ知二誰人一、
已上九軀、安二置根本薬師堂一在二磬一枚一、廣四寸五分長一尺一分(9)

と見えて、この根本中堂の薬師如来は伝教大師最澄が初めて登山して草庵を結び、その時に自作されたと伝え、その事から考えて、天台宗の末寺でも薬師佛を重視したと見るべきであろう。(10)鰐淵寺も出雲国における天台宗寺院としての、その基礎を固める意味において、本寺と同様に本山の根本中堂に倣って根本薬師堂が伽藍の最初に建てられたと考えられる。

この薬師堂については、建長勧進帳以後は乾元二年（一三〇三）四月の薬師堂の修理に当っては「南院薬師堂」といい、(11)元弘二年（一三三二）の後醍醐天皇の宸筆願文では「根本薬師堂造営」と述べ、(12)また「鰐淵寺根本南院」(13)とも称して、この寺院では平安末期から鎌倉初期にかけて南北両院に分れて、あたかも延暦寺の楞厳院検校を横川長吏と呼称

したり、天台別院の園城寺の統率者を園城寺長吏といったように、末寺の鰐淵寺に於ても南北両院に分れて長吏職を置いたのである。

この南院薬師堂における諸行事については、正平式目による、正月元日より行われる一七日間の最勝講の間の内陣の作法として薬師悔過が行われていた。

本堂分（中略）次内陣作法、先薬師悔過、北佛頂一座、是外陣勤已前也、長号二人内、一人勤之、布衣五条、次大導師、其人如注上、二人隔夜勤之、一人別六年宛、一向勤修也、装束如長号、次千手悔過一座、其役如薬師悔過、次座席事、大導師二人、着南北中柱際、北者上座、南者次座、次南北切床方、為座上、長号二人、着正面間、両方柱際、北者上座、南者次座、以正面間、為末座、是禮堂出入之所故也、承仕出入、十二月一日、於廻文経営所、別当房在人数沙汰後、為行事役、書出廻文、承仕請取之、催勤、若結衆不足之時者、書入次座、仍及月廻、廻文不定也、(14)

このように南院はもともと薬師堂を中心に形成されていたのである。いまこの鰐淵寺の南北両院の成立を考えるに当って『島根県史』に引いている「古今記録案」がある。

鰐淵寺建立並焼失事

一推古天皇御宇、智春聖人建立安置観音尊像勧請、金剛蔵王為地主権現云々、

一寛和二年丙戌千手堂薬師堂等造替云々、破壊朽損之故歟、国衙造営ト見ヘタリ、

一天永三年壬辰建立塔、同造営国衙、営云々天治二年四月七日塔供養三井寺長吏同乗房請僧百人云々、

一仁平三年癸酉十一月廿七日、依久木新大夫与鰐淵寺唯乗房万田庄相論、三郎先生源義憲朝臣方人而焼払鰐淵

山畢、卯時伊乃谷合戦焼失末時也、久寿二乙亥年中造営畢、
一永萬元年乙酉二月四日戌時千手堂薬師堂以下焼失畢、本覚坊火出ト見エタリ
一治承元年丁酉十月九日千手堂造営供養、
一同二年戊戌千手堂薬師堂常行堂塔釈迦院普賢院焼失畢、
乗陽坊火出僧行房歟、同年六月千手堂柱立年中造営畢、
勧進宝光坊
文治年中薬師堂造営、勧進同人常行堂朝山庁事造云々、
元暦元年十一月塔並千手院（堂）供養云々、
檀那宝光坊供養、導師天王寺松林房、請僧六十人、講師布施馬二匹鞍置、絹五十重、色々布三百端、莚百枚、米百石、鉄各等也、請僧布施人別上馬鞍置、絹一重、舞童十二人、唐綾一端、舞師八人、各上馬二疋也、惣
一山大衆分布施、馬牛各錫莚布鉄一人モ不漏、至修行者客僧引畢、
文治二年丙午九月十五日
薬師堂供養導師松林坊(15)

この史料についての信頼性において井上寛司氏は「中世出雲鰐淵寺領の成立と展開」のなかで、『島根県史』では「当寺に伝わる古記にして正中二年の編纂と思わる」と述べているのに対して、この記録は正中二年（一三二四）より早く正安三年（一三〇一）頃の記録をもとに近世になって編集したものといわれ、いまは明治初年の写本が残されていると述べられている。私もこの史料のすべてを信ずることは同様にできないが、以前に述べたように、建長六年（一

二五四）の勧進帳に見える天福炎上の時に記録消失してしまったとするならば、多少の疑義をもつにしても、鰐淵寺における薬師堂や千手堂の成立の状況をさぐることができるであろう。この両堂が鰐淵寺の成立と同時と考えるべきか、あるいは薬師堂・千手堂が先に建てられてのち鰐淵寺の伽藍に吸収したのかについては判明しない。しかしこの史料で見る限り寛和二年（九八六）以前に両堂が、唐川に千手堂が、山中の別所に薬師堂がすでに建てられていたと考えられる。ついで天永三年（一一一二）に塔が建てられ、天治二年（一一二五）に供養が寺門方の園城寺長吏同乗坊によっておこなわれた。またそののちの炎上については仁平三年（一一五三）には康和三年（一一〇一）以来源義家の次男の義親が、対馬守として在任中に公物を横領したため彼が隠岐国に流刑となったとき、逆に隠岐の兵をしたがえて出雲国にいたって官私の財物を奪って乱を起したことがある。朝廷はこのため因幡守平正盛を追討使として天仁元年（一一〇八）義親とその一族を滅した。これに関して、中右記では、

凡諒闇之中、雖犯人首入洛事、頗可有議定歟、就中祈年祭春日祭以前、触穢遍天下歟、旁可有用心也、但於正盛事者、世間、気色不可論左右、義親者、是故義家朝臣男也、先年成六位、国功任対馬守、在任之間、殺害人民推取公物、匡房卿為大弐之時、濫悪千万之由進府解、仍配流隠岐国、而越来出雲国、又以成悪行、去年殺国司家保目代、奪取官物、依如此悪事、催近境国々兵士、令因幡守正盛追討之由、被下宣旨了、依切彼首、正盛遷任但馬守、故義家朝臣年来為武士長者、多殺無罪人云々、積悪之余、遂及子孫歟、未聞本在京都身仕朝家子孫及如此罪、義親曝骨山野之外、懸首於獄門之前、後悪之者見之可恐歟、(16)

この乱によって出雲国に新たに平氏の勢力が進出し、丹後・伯耆などとともに山陰への進出の拠点となったが、この乱の時鰐淵寺は伯耆大山寺とともに平氏に味方したために、そののち仁平三年（一一五三）に源義親の兄弟の源義憲

の家人の久木新大夫と鰐淵寺の唯乗房とが万田庄をめぐる相論のために、伊之谷で戦って鰐淵寺の伽藍が炎上して久寿二年（一一五五）に再建された。しかるに永万元年（一一六五）また本覚坊より失火して再び両堂はじめ焼失した。かくてこの寺はたびたび失火・炎上・再建とくりかえし、治承二年（一一七八）頃には寺内に千手堂・薬師堂・常行堂・塔・釈迦院・普賢院等が存在していたが、さらに乗陽坊にいた僧行房の放火により炎上したというのである。

第13表　中世伯耆大山寺の院房

院名	院房名																
中門院	西楽院	泉光院	浄光院	禅林院	小山院	持法房	藤本房	乗蔵房	大宝房	禅智坊	閼伽井房	悟明房	月光房	正定房	惣持房		
南光院	経悟院	円宿院	安楽院	勧持房	寂蓮房	了本房	西光坊	金剛房	慈蓮房								
西明院	善心院	東泉房	三光房	大楽房	増月房	経視房	蓮観房	隆蔵房	恵明房	桜本房	唯林房						
所属不明	長寿房	鏡明房	修禅房	生蓮坊	法明房	宝蓮房	知月房	因明房	賢如房	真林房	宝泉坊	善心房	知蔵房	東楽房	井本房	山本房	円浄房

洞明院蔵『大山寺縁起』・沼田頼輔『大山雑考』阿弥陀堂阿弥陀如来像台座修理銘（弘安九年九月十五日）により作成（『鳥取県史』通史編、三四九頁より）

以上のことから考えて、平安末期の鰐淵寺の動向については、動乱期における本寺の延暦寺のような混乱を示していたとは見られないのであって、むしろ出雲国の国衙と在庁官人の勢力のもとに寺院の安定性を見出すことにつとめていたと考えるべきである。一方また寛治八年（一〇九四）閏三月八日の伯耆大山寺のような強訴しうるような勢力は、鰐淵寺ではいまだ保持していたとは考えられない。[17] このことについて大山寺縁起では、

> 堀川院御宇、寛治七癸酉歳ニ、地蔵會ノ頭役、富田ノ庄司ト云フ者、頭ヲツトムベキ由僉議有テ、差符ヲツカハシケルニ、当時ノ庄務ナレバ、恵明房ツトムベシトテ、宮仕専当ヲ追返テ、更ニ不ㇾ随ケリ。恵明房ハ西明院ノ住侶ナリケレバ、一院是ヲ引汲スル間、中南両院

僉議シテ、去ル嘉保元年正月十八日、西明院ノ兼好追却シテ、合戦両度ニ及ヌ。山上震動シテ上下不安、座主ハ西明院ヲ引汲シ、中門ハ庄司ト同意ス。衆徒既ニ変々ニナリシガ、三院一同ニ、和与ノ儀ヲ以テ上裁ヲ仰ンガ為ニ、三月廿二日大衆六百余人神輿ヲ頂戴シテ参洛シ、訴訟ヲ企ツ。ヲビタ、シカリシ事共也。(18)

と見え、また大山寺鉄製厨子銘にも、

(第一枚)(刻)
本朝伯州會東郡地主紀成盛記文
本系紀納言
于時承安二年壬辰十一月廿日乙酉奉鋳
大山権現御躰三尺金銅地蔵尊容一
軀、即鋳鉄厨子奉安置之、是無窮之計
也、抑此願之起、去年七月廿八日乙未夜
御宝殿并御正躰炎上、因玆道俗男女
(第二枚・今亡)
莫不悲歎矣、当山住侶談曰、傳聞當山
懿徳八年戊戌開闢以降一千六百五
十余歳、未聞此事云云、而今輙以満山
之力、難励造営之功、成盛独可盡微力
由、同年六月三日庚辰一山三院議定、
仍同七月十日丁丑御宝殿上棟、本者三
(第三枚)(刻)
間、今加長簷、同三年癸巳八月廿二日壬午
遷宮、是則天神地祇不助成者、豈遂此
大願哉、上始自　聖朝、下迄于庶民、悉
依當山之霊験、併誇願海之成就、加之
始自願主成盛、及于子子孫孫、永預権
現之利益、久期栄華之繁昌焉、
(第四枚)
鋳像師延暦寺僧西上
願　主　紀　成　盛
大行事宝殿検校南光院遍照金剛基好
證　署
西明院院主大法師　淇　秀
南光院別当大法師　基　俊
中門院座主大法師　俊　操(19)

とあって大山寺がその寺院組織の中に、「一山一院議定」と見えている。この寺の三院とは西明院・南光院・中門院の三院を形成して、強訴に当っては三院僉議して行動を起すべきとされていて、これに協力しないものは寺院より追放されたとのことであるが、三院が必ずしも一致するとは限っていなかった。寛治七年（一〇九三）の事件にしても中門院は富田庄司に味方し、座主方の西明院方に反するなど政治的な不一致が見られるのである。

この大山寺の場合、中世では寺内は「一山三院四十二坊」以上に及んだ。このような寺院組織は鰐淵寺では見られず、ことに源義憲の家人の久木氏による押妨に際しても、いたずらに焼討されるという弱体ぶりを見せつけているにすぎなかったのである。

しかし平氏滅亡後の元暦元年（一一八四）より文治二年（一一八六）にかけての塔・千手院・薬師堂・常行堂等が国衙の在庁官人の朝山氏により再建されていることは地方寺院としての当然の動きであった。

またこの時期から延暦寺が鰐淵寺を末寺化しようとする動きが活発化するとともに、とくに近江源氏で天台宗の信仰をもっていた佐々木氏が出雲国の守護として支配権を得るとともに、延暦寺や公家を背景として根本薬師堂を中心とする大山寺の南光院や中門院のごとく鰐淵寺でも佐々木氏を背景とする根本千手堂を中心とする北院が形成され、また別に南院は桜本坊が中心となり、北院では和多坊が中心となって、両院とも本寺に倣って長吏職を置いた。後にこれが要因となって南院は公家方に、北院は武家方となって寺院全体の動向に二つの分裂を来すという大きな影響を及ぼすことになったのである。

そして北院の場合については、その中心の千手堂でも正月の最勝講に当っては薬師堂と同様に千手観音悔過が行われていたと考えられる。正平式目には、

次千手悔過一座、其役如二薬師悔過一、次座席事、大導師二人、着二南北中柱際一、北者上座、南者次座、次以テ二南北切床方一、為二座上一、長号二人、着二正面一間、両方柱際、北者上座、南者次座、以二正面間一、為二末座一、是礼堂出入之所故也、承仕出入、十二月一日、於二廻文一経営所、別当房在二人数沙汰一後、為二行事役一、書二出廻文一、承仕請二取之一、催レ勤、若結衆不足之時者、書二入次座一、仍及二月廻一、廻文不定也、(20)

そしてこの両院はそれぞれ位置を異にしていて、もともと千手堂は唐川に、薬師堂は別所に存在していたのである。これは本寺の延暦寺の根本中堂の場合とも共通している。そしてこの寺の寺院構造については、次に述べることとする。

(1)　平岡定海「出雲国鰐淵寺の成立について」(『大手前女子大学論集』一五号)
(2)　鰐淵寺文書一四(一一号)、出雲守護人検非違使佐々木左衛門尉泰清下知状、建長六年四月
(3)　同右八六、長吏讃岐律師頼源言上目安状写、正平六年十月日
(4)　同右一八五(一四〇号)、鰐淵寺初答状案、弘治二年
(5)　同右三九〇(三六六号)、鰐淵寺年行事連署状年欠
(6)　同右八一、一山連署式目、正平十年三月
(7)　同右一五(三五一号)、鰐淵寺衆徒勧進帳案、建長元年
(8)　(1)の論文の中の「鰐淵寺の草創と智春上人」の項
(9)　山門堂舎記(群書類従本)
(10)　叡岳要記(同右)
(11)　鰐淵寺文書四〇(三五八号)、南院薬師堂修理料田注文、乾元二年四月十一日
(12)　同右五〇、後醍醐天皇宸筆願文、元弘二年八月十九日

(13) 同右五三、後醍醐天皇綸旨、建武三年正月十五日
(14) (6)に同じ
(15) 『島根県史』六、三八〇頁
(16) 中右記、天仁元年正月二十九日条(大日本史料三ノ十、一七頁)
(17) 同右、宝治八年壬三月八日条
(18) 大山寺縁起詞書第八(大日本史料三ノ三)嘉保元年壬三月八日条
(19) 平安遺文、金石文四二五号(鳥取県大山寺鉄製厨子銘)
(20) (6)に同じ

四　鰐淵寺の構造

さて鰐淵寺の伽藍の中心であった根本中堂の構造については、さきに述べたように本寺の延暦寺の根本中堂の変遷とあわせて考えてみなければならない。

延暦寺の根本中堂については山門堂舎記や九院佛閣抄では、最澄が当初虚空蔵尾に建てた薬師堂・文殊堂・経蔵の三つの小堂がだいぶいたんできたので、円珍の座主の時に「九間四面」の新堂につくりかえ、その九間のうち、中央の五間を薬師堂と呼び、南側の二間分を「経蔵」に当て、北側の二間分を「文殊堂」に当てて、当初よりの三小堂の形式と思想を、そのまま大堂に引きつぎ、この形式がのちまでも天台宗の根本中堂の祖型となった。(1)

貞観元年九月廿五日勘定資財帳云、葺檜皮五間、根本薬師堂一宇、長三丈、廣一丈五尺五寸、高一丈二尺、葺檜皮五間文殊堂一宇、長三丈三尺、廣一丈六尺、高一丈二尺、葺檜皮五問経蔵一宇、長三丈三尺、廣一丈六尺、高一丈二尺、

出雲国鰐淵寺絵図（江戸時代木版画）

元慶六年智證大師為二座主一之時、与二三綱大衆一、倶見二頽危一、新設二材木一改二造之一、始自二元慶六年歳次壬寅六月七日戊寅一至二于仁和三年十一月七日一、都六ヶ年荘厳畢レ功、然會二三宇別堂一以為二九間四面一宇一、造二加一面孫庇一以二中五間一為二薬師堂一、西二間為二経蔵一、北二間為二文殊堂一、或記云、今以云二毘沙門堂一是也、焼亡以後、横川大僧正以二中七間一為二薬師堂一、以二南二間一為二大師堂一、以二北二間一為二文殊堂一、云々、(2)

そしてこの根本中堂は、承平五年（九三五）に焼亡したので当時の座主の良源は天慶元年（九三八）から根本中堂の復

当初の三堂
（最澄創立）
（延暦四年〈785〉）
経 薬 文
円珍の改修
（三堂一宇）
（仁和三年〈887〉）
経蔵 薬師堂（中堂） 文殊堂
（外　陣）
良源の大堂
（経蔵別置）
（大師堂創設）
（天慶元年〈938〉）
大師堂 秘仏 七仏薬師 文殊堂
（本　陣）
虚空蔵尾へ
経蔵（根本）
（いまはない）
（現在の様式にいたる）
（寛永十九年〈1642〉）

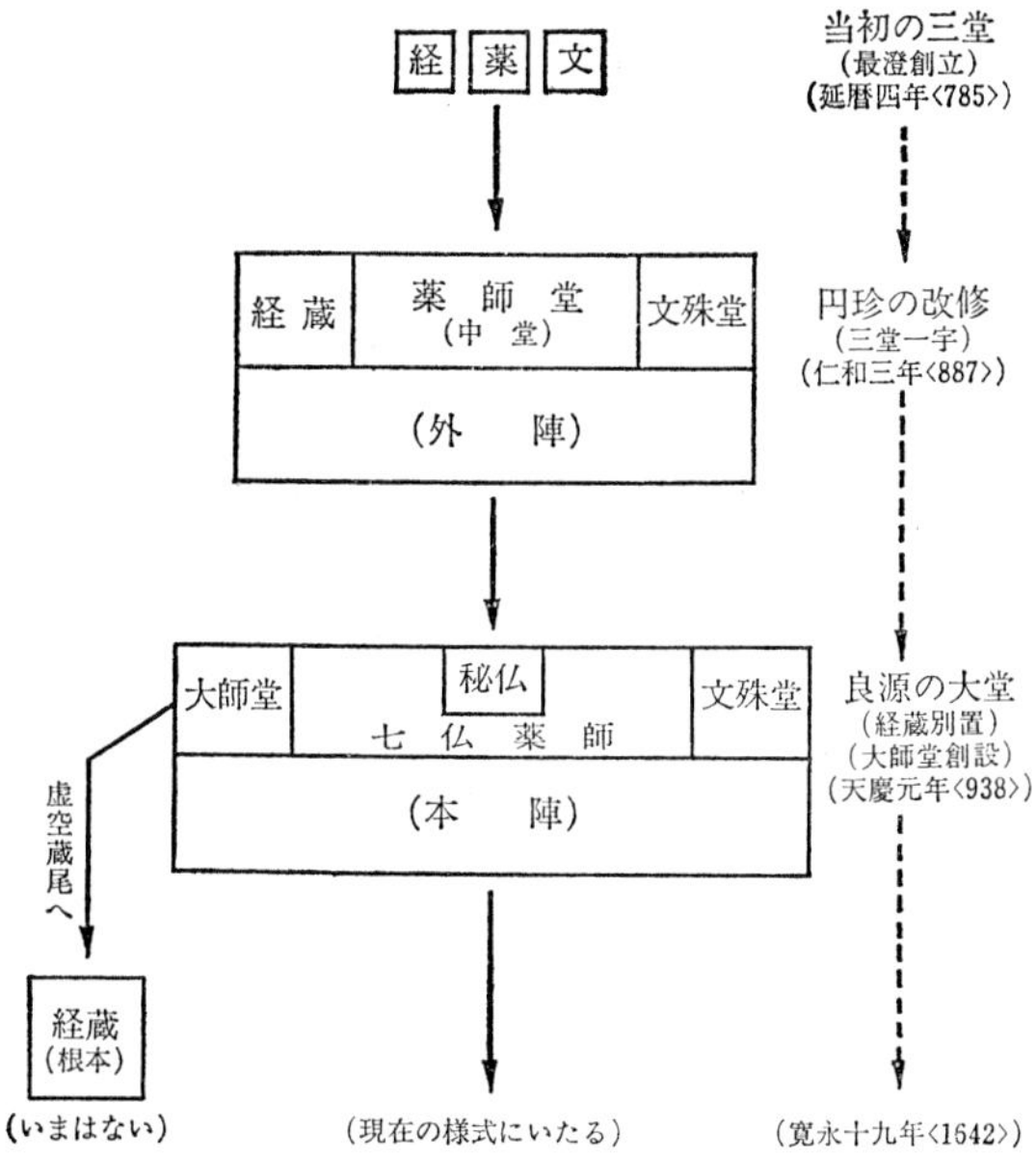

一乗止観院変遷図（景山春樹『比叡山』134頁より）

興に着手し、さらにひとまわり大きなものとして、十一間四面の堂宇に改め、中央の七間を薬師堂、北の二間を文殊堂として経蔵を虚空蔵尾に遷し、かわりに傳教大師の木像をまつって大師堂として、ここに根本中堂に新たに祖師堂としての性格を附加して、いよいよ天台宗の根本中心伽藍となした。

出雲国の鰐淵寺においても、最初は前節で述べたごとく、七佛薬師をまつる薬師堂があり、そのほかに三重の如法塔が建てられていたことは、延暦寺の三堂分立の例にもとづくものと考えられる。

しかしこの四面七佛薬師堂も、天福年間の炎上後において「僅雖レ改二一両之殿堂一、未レ及レ興二半分之

基證一、適所レ企、猶不レ能二成功一、何況於二残聖跡一哉」(3)と述べていることは、この時の炎上以後は、いままでの薬師・千手の二つの根本堂の構成を改めて、延暦寺の根本中堂が円珍の時に三堂一宇となったと同様に根本堂を一宇として、建築の簡素化と南北両院の衆徒の一交衆として、両院の角逐をふせごうとしたと考えられる。

そして鰐淵寺は天福の炎上ののち、嘉暦元年（一三二六）にも再び炎上して、さらに二十二年を経て貞和三年（一三四七）に本堂・三重塔・常行堂等の復興を志したのであるが、その間の事について式目では、

嘉暦元年、焰上以後、数宇佛閣内、為二一宇一、未レ及二建立一、空送二廿余年一畢、是偏住僧等、無力之故也、就レ中頃年之間、依二若輩行人等短慮一、増二両院之確執一、将レ及二一山之破滅一、山木争論、即其一也、依二玆造営事一、無沙汰之間、近日両院成二合躰一、加二一同連署一、案文謹進二覧之一畢、(4)

と述べていて、この寺の再建に当っては寺内の薬師堂を中心とする南院と、千手堂・三重塔を中心とする北院とが、互いに用材調達の順位を争って相論が絶えなかったため、なかなか再建に着手することができなかったと述べている。

そこで本寺の青蓮院尊円親王は令旨を下して、その促進をうながした。

鰐淵寺南北両院一交衆事、寺解、令二披露一之処、本堂営作等、令三合二其力一、可三為二興隆之儀一者、尤神妙歟、且寺中、不レ可レ有二異儀一之由、其沙汰候、但両院長吏職等号者、不レ可レ有二改動一之由、可レ被三加二下知一者、依二青蓮院（尊円）二品親王御気色一、執達如レ件、貞和三年十一月十三日、権大僧都隆静在判、月蔵房法印御房云々、(5)

これに対して、鰐淵寺寺務（別当カ）の法印権大僧都宗舜（月蔵房）は、南北長吏に尊円親王の令旨を伝達して南北両院の交衆を一つに和合して伽藍の再建に従事すべきことをさとした。

そして南北両堂一塔の法會を営むためにも薬師・千手の両尊を一堂に集める必要にせまられ、それはまた「貞和同

心」とか「貞和和同」とか称して宗舜は惣寺の一致をうながしたのであるが、それは宗舜が多分に南北朝の兵乱の混乱からの南院の頼源を中心とする勢力の排除を意識したためであった。

それとは別に伽藍の造営について考えるならば、

一於二造営一、不レ可レ致二疎略一事、嘉暦焰上、已三十廻、数宇造営、未レ失二眼前之愁一、歎二身上之恥辱一、何事如レ之哉、然則、各忍二退屈之思一、弥抽二贔負之忠一、且申二立三代先朝、後伏見伏見幷持明院、已上三代一云々、勅裁之料所、且秘計、諸方勧進之施物、速造二畢根本堂舎一、幷可三建二立左右伽藍一者也、塔・常行堂也、

一可レ加二所々修理一事、鎮守諸社、幷経蔵、温室及仮堂等、有二朽損一者、加二修理一、及二顛倒一者、可二改造一者也、(6)

と見えて、鰐淵寺の中心伽藍はなんといっても、この薬師如来と千手観世音菩薩をまつる根本堂と、左の三重塔と右の常行堂であった。そして平安末期より分立した南院は根本堂内の薬師堂を、また北院は千手堂と三重塔を支配していたのである。

また堂内の佛像群については、

一、可下造二立佛像一修中複(復)古佛上事、於二新造薬師・千手、及眷属十六躰一者、日光・月光・十二神、幷破蘇山功徳天二躰也、大檀那高岡禅尼念智、泰覚(佐々木泰清)彦孫、高岡金吾師宗母堂也、既被二造立供養一畢、所レ残廿八部衆、但婆蘇功徳者、以前十六躰内也、幷四天王像、可三建二立之一、次古像諸尊、幷一切経以下聖教及佛具・曼荼羅供佛具以下注文在レ別、道具注文在レ別、等随二破損一、可レ加二修複(復)一也、就レ中、釈迦、多宝、塔二如来者、天福以往、古像脱二度々火災一霊佛也、而嘉暦廻(回)禄、御身両雖レ存、座光者、共焼畢、而于レ今無二沙汰一、云二冥慮一、云二見聞一、誹謗尤有レ憚、忩可レ奉二造加一哉、(7)

とあってすでに炎上して消失したものについては新造し、また古佛についてはこれを修理している。

つぎに鰐淵寺の寺院構造を示すものとしては、この正平十年の一山式目ほど具体的に示したものがないために、この史料を中心として考察を加えてゆくこととする。

まず本寺としての延暦寺の青蓮院門跡と鰐淵寺との関係については、まず南院の長吏であった頼源が、後醍醐天皇方に味方した混乱のあと、貞和に到って鰐淵寺の組織を立てなおそうとした青蓮院門跡側は、貞和和合の条件として、「是則、啻匪(非)寺僧契約厳重、抑又、門主御諾許炳焉者、既誡未来末弟之輩、況於貞和同心之先達哉、奴々不可起無益之邪執矣」(8)とその指導権の確立をはかっている。

けれども鰐淵寺側としては、寺内の不一致や訴訟等に際して、「抑天下為一人之天下、猶任公卿僉議而、治国、況寺中、為諸僧之寺中、豈非衆会評定而、行事哉」(9)との自覚に立つ限り、寺側よりの訴えを本寺や朝廷に持ちこむ事はかえっていたずらに時間を浪費するばかりで、決して得策と考えないようになったのである。

この事は本寺の青蓮院の門跡側にも通ずることであって、「但非無本山、又雖在門主、頗倦遼遠之往還何遑企朝夕之訴訟不若衆徒一心而、興真俗自他相互令糺得失仍此篇目、尤至要也」(10)と青蓮院とこの寺が地理的に遠隔の地にあることから、通常の訴訟に対しては寺が自主的に対処すべき方針を認め、他へ問題を持込むよりも衆徒の一決によってすべての訴えを決することを望み、衆徒もこれに積極的に賛意を示した。

このように地方寺院では中央の本家・本寺の干渉から離れて、在地勢力との結合を計ろうとしたのであった。鰐淵寺でも佐々木氏や塩冶氏、さらには尼子氏等と計ってこの寺の地歩を固めようとしたのである。

また鰐淵寺には本寺の横川の楞厳院の場合と同じく別当・長吏・一和尚の制をとっていて、横川の楞厳院に附属する解脱谷・戒心谷・般若谷・飯室谷・椛尾谷・都率谷等に一和尚を置いて支配しているのと同様に、この寺でも、上位の僧侶を一和尚すなわち宿老と呼んでいる。(11)

鰐淵寺ではまず南北両院に長吏職を置き、別当、南院長吏、北院長吏の一山三長老制をとっている。(12) この両院の長吏職は鰐淵寺の政所に出向いて、「政所事、両長吏隔月可三致二沙汰一矣」(13) と隔月にこの寺の寺務を掌握する事になっていた。

また両院の本尊が一堂に安置され、さらに両院の衆徒が合一されたときにも南、北長吏の名称はこれを温存した。

いまこの式目に見えるこの寺の交衆の性格については、北嶺のみならず南都においても見られる。興福寺等でも交衆とは「学侶、学問之為交衆スル僧ナリ」と述べて、(14) 彼等は論義法要などで、相互に問答を交す衆徒のことを意味している。

鰐淵寺の寺院組織では、この寺の別当や、南院、北院の長吏よりも交衆がこの寺院の中心となっている衆徒であるから、いまその性格を明らかにする必要がある。正平式目では、

一名帳次第、当寺竪入之人者、於二受戒一即年可レ交レ衆、他山横入輩者、経二止住三年一可レ交レ衆也、結衆三十人満者、非二沙汰之限一、但山里、共為二無縁之貪僧一、無二其隠一者、為二其身一、無二私力一、為二坊主一、難二合力一之由、捧二二人之起請文一者、暫放三免二之、少分資縁出来之時、可二勧入一也、但雖レ可レ捧二一人誓文一、有二如レ形資助一之由、寺中無レ隠之輩事者、任レ法可レ致二沙汰一也、次横入与竪入、同一臈之違目者、以二竪入一為二座上一事、先規也、二臈不レ同者、非二沙汰之限一、次竪入受戒前後事、如二貞和連署一矣、(15)

この式目によると、この寺に入るためには竪入と横入の二つの場合がある。竪入の入寺の場合には、まず当寺に師

を求め和多坊のような正当な塔頭寺院に入寺して、出世後見の師の指導のもとに受戒を受けることができた時より、衆徒としての資格を得るというのである。それに対して横入の入寺の場合は単に止住三年で、それも他の寺院より訪れたものを指し、竪入を座上にして臈次も横入より一臈昇るなど両者の相違が見られるのである。さらに無縁の者も入寺に対する二人の証人あって起請文をしたため、入寺に必要な経費を調達できたときには、衆徒となることができると規定している。これは中央寺院のような血縁的な貴族等の進出の見られないこのような地方寺院では入寺資格の買得という手段も構じられて、寺院組織の維持を計ったとも考えられる。しかし本寺の山門では次の如くなっている。

一、衆僧十九歳、度僧寺位ニ定ル故ニ勅裁不レ申ニ平僧一、ヤガテ上人ト号也、

一、出世ハ、院号公家、或公家養子坊官ハ、坊号妻帯、侍法師、国名妻帯、御承仕ハ、持佛堂ヲ司ル、妻帯出家随意、御格勤ハ、御膳ヲ調也、下僧、下法師也、

一、山門三門跡脇門跡、院家、出世、清僧、坊官、妻帯、同位有浄、侍法師、山徒、衆徒同位也、

一、庁務ハ坊官随分衆任レ之、脇門跡ニテハ雑務ト呼ナリ、坊官ヲバ官人ト喚也、以下有ニ差別一、脇門跡モ天台座主ニハ被レ任也、

一、候人ハ門跡ニ召使ハル惣衆ヲ云也、

一、三綱ハ寺家以下ノ衆多シ、輪番ニ執當職ニ任ル也、執當ハ山門ノ司ヲ知ルナリ、諸役者ニ補任ヲ成ナリ、

一、堂衆承仕ハ中方ノナル、役公入ハ下法師ガナルナリ、処々ノ堂ニヨリテ任ズル也、

一、東塔西塔ハ執行ト云也、横川ハ別当ト云ナリ、衆僧ノ一老任之役也、執行代別当代ニ若キ衆徒任レ之、

一、七座公人四至内、職モタネバ衆徒、維那、同中方法會時大僧先達スル也、鑰取(カイドリ)、男、前唐院ノ鑰アヅカル也、出納(シツナウ)、下法師、被物録物取出又納也、庫主(コス)、下法師、佛供ヲ調ル者也、政所、下法師、中堂御常供佛供ヲ調スル也、専當下法師、若輩タリト云ヘ𪜈杖ヲツクナリ、執当輿前ニ行也、右ハ執当ノ補任ナ

リ、執當ニ随ナリ、

一、三門跡

脇門跡、

院家、

出世、清僧 院号権大僧都法印官位共ニ極ルナリ、御持佛堂ノ法事ヲ勤也、堂上ノ息、或ハ養子ナリ、

坊官、妻帯 歯黒、 坊号公名叙位不任官也、御門主ニ奉公給仕スル也、出世等輩也、不レ禁二四足二足類一ヲ以下輩同シ、児ノ時水干、

侍法師、同 同、 同国名叙位不任官也、児ノ時長絹、坊号ヲモ付ナリ、

御承仕、同ヲセウシ 名乗也、慶光ナド云ナリ、御持佛堂事ヲ司也、荘厳ヲ仕、佛具ノ取沙汰アルナリ、幼時御童子也、国名ヲモ付、又名乗之外、金光、金祐、金党、真宗、真光、真党ト云付ナリ、

御格勤、 同、 下僧下法師也、浄衣肩絹袴、幼名必有二異名一、

一、妻帯モ僧正法印官位共ニ極ル、事ニヨリ、家ニヨル也、

一、三綱、堂衆、公人、下僧下法師ナリ、山徒法師幷中方妻帯衆禁二四足二足一不レ禁レ魚、叙位不任官也、

一、衆徒、 清僧也、権大僧都法印ガ極メナリ、僧正ハ希也、平民モ徳ニヨリテ任スルナリ、東寺ニハ多也、

一、堂衆ノ事、根本中堂長講、 一ノ長講二ノ長講ト云也、三人也清僧也、方ナレドモ任二此職ニ一准二上方一弟子児ヲ持也、 中承仕、 三人清僧中方也、 咒師(スシ)、一人、以上七人、

一、執當、根本ハ清僧也、中古ヨリ以来妻帯ノユヘニ、寒中三十三日暁垢離ヲトリ、従二正月朔一至二十五日一修正、毎暁彼堂至二内陣一出仕也、此外妻帯不レ入二内陣一、言全ハ不レ修二此行一、貫(マ)一ツタクハ一生修二此行一也、

一、東塔南谷ノ常行堂ハ、 上方清僧存之、 法華堂也、 上方ナドモ、此堂務ヲ存スレバサカル、又中方ヨリハアカレホト、トテモト云ナリ、清僧勤トテモノ事、中方御童子ニテナウシテ、若衆タチノヲトテト云、ソレトハ天地各別也、

以下ノ堂々、或ハ中方、或ハ公人任レ之、妻帯ハ堂ノ務ヲバ存シテ、堂ノ勤行等ヲバ清僧ヲ供養シテ勤レ之、

右皆執當之補任也、妻帯中堂ノ内陣ヘ入事ナシ、執党人也、

一、下僧、下法師也、後ニ公人ニ成ル、公人ノ息モ、御童子ニナレバ、中方ト成ル、中方ノ息モ、児ニナレバ上方ト成ル、下法師モ三代目ニハ上方ニ成ルトハ申セド、中方ニハ成レド、上方ニ成ル事ハ稀也、(16)

いまこの中世の延暦寺の例を見ても、もともとは戒律を保った僧が清僧として尊ばれていたが、中世では出世（主として学侶）以外の三綱（執当職を含む）や、坊官、寺法師、承仕等には妻帯をも許され、衆徒にも許されている。そのうえ上方、中方、下方に分かれ、諸堂の雑務を司る下法師、法会の諸準備をする堂衆、承仕は中方、そして坊官等の上方が見られるが、下法師が中方になることが出来ても、上方への進出は稀であるという状況であった。

このことは、たんに山門のみならず南都でも寺院に関する階層を分けて、

法親王、諸王、入道親王、猶子、地下子、住侶、学侶、非学侶、両堂衆、律衆、坊官、北面、侍法師、力者、三綱、勾当、小綱、専當、衆徒、承仕、堂僧、従僧、伴僧、院代、監事、結衆、田楽法師、(17)

と序列が定まっていて、興福寺や東大寺もこれに準じている。また衆徒については山門の場合とは少し異なるが、

一、衆徒武士帰依之輩、雑染受戒交衆之者、称之、当時末葉之輩、春日祭礼弁法會竪義以下勤レ之、興福寺卅講、法花會竪義、維摩會散華等也、東大寺法花會卅講等勤行、以二学侶之中﨟席一為レ先也、衣重衣白五条裹頭帯二討刀一、古代除位勿論也、（中略）只称二仮名、官名、国名等一也、官務是長也、沙汰衆記録所貝衆蜂起之時吹貝也等有之、其余ハ平衆徒也、(18)

やはり南都でも僧徒の交衆については半僧半俗的な性格が強い。

このように見てくるとき鰐淵寺の組織も山門に倣っていると考えるべきである。

鰐淵寺の正平式目においても、「貞和三年六月廿三日、両院一揆挙状云、本堂・常行堂・塔婆・宝幅・大社等、恒

例臨時勤行、幷頭役公事已下、悉為一交衆、可令勤仕之、不可有南北別座之儀則矣」(19)とて、この寺院では南北両院に分れ、ともに衆徒と称しているが、これは天台宗では清僧と称して南都でもいう学侶のことを意味するのである。故に交衆は鰐淵寺に於ける学侶層が一山の恒例・臨時の法要に際して一致団結して勤修すべきであると約束している。それはそれ以前に於て、横川に出した鰐淵寺の衆徒の解状に於て、

当寺者推古皇帝勅願、智春上人之建立也、往昔、旌(遙)無南北院号、而中古已来、依不慮之確論、致両院各別者歟、或時、成和合、有時令角立、異同已及度々、爰嘉暦元年、焔上以後、数宇佛閣内、為一宇、未及建立、空送廿余年畢、是偏、住僧等、無力之故也、就中頃年之間、依若輩行人等短慮、増両院之確執、将及一山之破滅、山木争論、即其一也、依茲造営事、無沙汰之間、近日両院成合躰、加一同連署、案文謹進覧之畢、古来、度々、雖有南北和合之例、依為私之云為、不能後範治定、然則、尽未来際、宜為一交衆、勤大小之行事、仍下賜御一諾之令旨、且備来際之亀鏡、且為全当時之興行、衆徒等謹言上云々(20)

とて南北両院はこの寺では互いに意見を異にしたり、中央の政治状勢により動揺したりすることも多かった。すなわちそれは南院・北院に属する学侶層が分裂することが繁しかった事を指すのであるともいえる。

またこの寺院の温室での入浴次第を見ても一番老僧・二番中臈・三番下臈・四番行人に分れていて、なかでも五院大衆に含まれる学侶層では、学頭職がこれを統率していた。

一、惣分恒役外、可専行学事、計諸堂勤行之隙、以房中閑居之暇、行顕密之大道、奉祈公家武家之御願、学教證之仲微、可施自利々他之勝益、智行共闕名国賊、豈可不慙哉、然則、於内行者、雖為房々、各々之随意、於修学者、可致同心同會之談話、於其中、無器量之先達者、可任意、三十講之結

衆者、不レ可レ簡ニ堪否一、早若学頭、若属ニ有縁一、能化可レ専ニ学問一也、(21)

ことにこの鰐淵寺ではその年中行事のなかに講問法要が多く含まれ、修正会問答講・最勝講・六月会法華三十講・霜月会法華十講そのほかこのような講問法会には講師には学頭役がなり、毎年一月元日より七日までの最勝王経を講ずるときには、

一、本堂分、最勝講作法、年始七箇夜内、初五箇夜者、講ニ最勝王経十巻ヲ一、一夜別両巻、後二ヶ夜講ニ仁王・法華両経、一夜別一座結衆十二口、廿五臈已下、順次十二人、一和尚結願座、法華二和尚也、第六夜、仁王三四和尚、開白夜、最勝一二巻以下、准レ知レ之、唄師打金、問者散華、薬師唄弁三十二相、出者必横座役也、件両役必分ニ南北一也、但七箇夜内、一夜者、竪座勤之、次座席事、横座六人一面、北床三人、南床三人、竪座六人、二面南北各三人、(22)

とあって、寺内の一和尚・二和尚・三和尚・四和尚の講問の開白・結願の諸座役が定まっていた。

ことに本寺の延暦寺の場合では、正月六日までの修正会（根本中堂）、六月三日の宗祖御影供（根本中堂）、十一月二十四日の天台大師に対する報恩のための霜月会（東塔）が行われ、一般に法華大会ともいわれている。

比叡の霜月会はもろこし（唐）の天台大師の忌日也。大師は南岳の慧大師の弟子、陳隋両代の帝師也。南岳は位六根をきよめ（清）、天台はさとり（覚）五品にのぼれ（登）り。（中略）

開皇十七年十一月廿四日に維那につげ（告）て、の給（宣）はく、「命まさに（将）終なむとす。かね（鐘）のこゑ（声）を聞て、正念をまさ（増）む。ひさしく（久）うち（打）、いき（息）のたえ（絶）むをかぎり（限）とせ（為）よ。」との給（宣）て、なほくゐ（直居）てうごか（動）ず。定に入がごと（如）くにて終ぬ。

（中略）

伝教大師ふかく（深）大師の恩を思て、延暦十七年の十一月に、はじめて（始）七大寺名僧十人を請じてひえ（比叡）の山のせばき（狭）室にしてはじめて（始）十講を行へり、十日講をはり（終）てそのあくる（其明）朝廿四日大師供をおこなふ（行）。霊応図を堂の中にかけ（懸）て供養す。供物を庭のまへ（前）よりおくる（送）に、茶を煎じ、菓子をそなふ（備）、天台の昔に奉供するにおなじ（同）。花をさゝげ（捧）、香をつたふ（伝）、震旦の煙を思やる。時々鐃鈸（にょうばち）をうち（打）、かた〳〵（旁）画讃をとなふ（唱）。すべて（凡）天竺震旦我国の諸道の祖師達をも供をそなへ（備）て同くたてまつる（献）。画讃は顔魯公が天台大師をほめ（讃）たてまつれ（奉）る文也。(23)

このような本寺の大会にもとづいて、末寺の鰐淵寺でも天台宗による年中行事が組まれていたのである（次表を参照されたい）。

いまこの鰐淵寺の年中行事を見てみるときに、非常に多くの法華経に関する問答講の多いのにきづく。それはこの寺院がかなり忠実に本山の法会を受けつごうとしていることが理解される。もちろん中世の多くの寺院に見られるような学侶・堂衆・行人等との対立がなかったとはいえないけれども、大山寺に見られたような寺内や所領の問題で強訴に及んだということはなかった。

この様に考えてくるとき鰐淵寺は出雲国における古代寺院としての性格を抜け切ることはできなくて、時代の変遷にともなって、延暦寺の慈円以来の青蓮院門跡を基幹としながら、本寺の勢力より離脱して鎌倉時代では在国の守護の佐々木氏の勢力を背景としてその祈願寺となろうとして努力し、のちの後醍醐天皇の隠岐遷幸に際しては、この寺の頼源はまた天皇方に軍忠を示すことによって、出雲国に於ける鰐淵寺の地位を拡大して杵築大社を席巻しようとしたのであった。しかしそれはまた寺内を南院・北院に学侶層を分けることに依って、かえって混乱を生じ、後醍醐天皇の建武失政以後はこの寺院の勢力も弱体化し、ついで佐々木の傍系の尼子氏の一時的な擡頭によって、わずかに勢

第14表　鰐淵寺年中行事

場所	月日	法会	内容	口数
宝崛	1月1日	修正会	問答講　薬師散華 三十二相　千手悔過	9
本堂	1月 1日～ 7日	外陣	最勝講 最勝王経・仁王経 法華経講問	12 （12月 1日廻文）
		内陣	薬師悔過・千手悔過	10
	2月（三ヶ日）	修二月会	散華・講問	10
	4月14日～7月15日		安居作法	11
	5月28日～ 6月4日	六月会	法華三十講 結願・阿弥陀経	30 （2月4日廻文）
	6月14日	万燈会	十種供養	24（6月11日廻文）
	6月15日	蓮華会	経供養　伽陀	24
	10月27日	本願講	法華八講	8
	11月24日～28日	霜月会	法華十講	10
	毎月8日・18日	講作法		5
	毎日	不断法華経		2
三重塔	毎月晦日	釈迦講	法華経・釈迦講私記・阿弥陀経・九条錫杖	8
	二季彼岸	〔中日涅槃会〕	舎利	
	4月8日	佛生会		
常行堂	1月8日～15日	修正会	三時行法	14
	8月10日～17日	引声念佛	昼夜十二時 常行三昧	 12
	12月1日～1月 7月1日～8月10日		二期例時	堂僧12
	毎月15日	月別衆参		堂僧皆参
		長日例時	毎月六番	毎日2堂僧
本覚堂	4月28日～(百ヶ日)	法華問答講	（三十品論義三反・後十ヶ日十講）	小勧進以下
大社	3月1日～ 3日		大般若経転読（三頭三部転読）	一部30 （三部90）
	臨時		祈禱・追善・堂塔供養	

（鰐淵寺記録　正平10年3月〈鰐淵寺文書〉より）

力を盛返すことができたといわれるものの、毛利氏の進出によって、その勢力が弱まって固定化していったのである。

つぎにこの寺院で学侶層の下にあった行人について考えてみることとする。行人とは正平式目では、

次、行人一交衆准二衆徒議一、不レ可レ有二南北差別之儀一矣、右、為下専二堂塔造営一、興中隆顕密佛法上忌二両院角立之偏情一、成二一味同心之交衆一者也、然則、於二行人等中一、或存二各別本習一、或依二当座諍論一、起二両院偏執一、則面々之主人、共可レ加二治罰一、又各々付節、同宿、於二未来一、成二異議一、欲レ乱二一交衆一者、以二師匠敵対之科一、可レ擯二出衆中一、[24]

と見えて、行人の存在が明らかである。

この行人の性格については、本寺である延暦寺の場合と合せて考えなくてはならない。慈円は愚管抄のなかで、法然の弟子の安楽房のことに触れて次のごとく述べている。

建永ノ年、法然房ト云上人アリキ。マヂカク京中ヲスミカニテ、念佛宗ヲ立テ、専宗念佛ト号シテ、「タヾ阿弥陀佛トバカリ申ベキ也。ソレナラヌコト、顕密ノツトメハナセソ」ト云事ヲ云イダシ、不可思議ノ愚癡為智ノ尼・入道ニヨロコバレテ、コノ事ノタヾ繁昌ニ世ニハンジヤウシテツヨクヲコリツヽ、ソノ中ニ安楽房トテ、泰経入道ガモトニアリケル侍ノ入道シテ専修ノ行人トテ、又住蓮トツガイテ、六時礼讃ハ善導和上ノ行也トテ、コレヲタテ、尼ドモニ帰依渇仰セラルヽ者出キニケリ。ソレラガアマリサヘ云ハヤリテ、「コノ行者ニ成ヌレバ、女犯ヲコノムモ魚鳥ヲ食モ、阿弥陀佛ハスコシモトガメ玉ハズ。一向専修ニイリテ念佛バカリヲ信ジツレバ、一定最後ニムカヘ玉フゾ」ト云テ、京田舎サナガラコノヤウニナリケル程ニ、院ノ小御所ノ女房、仁和寺ノ御ムロノ御母マジリニコレヲ信ジテ、ミソカニ安楽ナド云モノヨビヨセテ、コノヤウトカセテキカントシケレバ、又グシ

テ行向ドウレイタチ出キナンドシテ、夜ルサヘトヾメナドスル事出キタリケリ。トカク云バカリナクテ、終ニ安楽・住蓮頸キラレニケリ。法然上人ナガシテ京ノ中ニアルマジトテヲハレニケリ。(25)

この場合法然の弟子の安楽房遵西について見てみるならば、彼は高階泰経の侍で、法然について入道して専修念佛の行人となって、善導の六時礼讃を行じていた。もちろん彼は入道していても法然のようなもともと戒律堅固な者でなく妻帯承知の下法師であったために、念佛に事よせて「女犯ヲコノムモ魚鳥ヲ食モ、阿弥陀佛ハスコシモトガメ玉ハズ」との態度を採ったのは、かえって彼の行人としての在り方を示したともいえるのである。しかし慈円はこれを法然ともども順魔として退けているのである。

つぎに治承二年(一一七八)八月八日よりの延暦寺の内部に於ける学侶と堂衆との争乱のことの中に行人について述べている。

抑堂衆ト申ハ、本学匠召仕ケル童部ノ法師ニ成タルヤ、若ハ中間法師ナトニテ有ケルカ、金剛寿院ノ座主覚尋僧正、(左馬頭藤忠経子、平家諸本僧正上有二権字一、八坂本覚尋作二覚尊一誤)御治山ノ時ヨリ、三塔ニ結番シテ、夏衆ト号シテ、佛ニ花奉シ輩ナリ、近来行人トテ、山門ノ威ニ募、切物奇物責ハタリ、出挙借上入チラシテ、徳附公名附ナントシテ、以外ニ過分ニ成、(山門云々至レ此、唯長門本有、)大衆ヲモ事トモセス、師主ノ命ヲ背、加様ニ度々ノ合戦ニ打勝テ、イト、我慢ノ鉾ヲソ研ケル、(長門本云、大湯屋ニモ申ノ時ヲ堂衆ト定ラレケルニ、午刻ヨリ下テ、学生ノ後ニ居テ指ヲサシテ笑ケレハ、角ヤハ有ヘキトテ、学生トカメケレハ、堂衆申ケルハ、我等ナカラン山ハ山ニテモ有マシ、トモスレハ聞知ヌ論議ト云事ハ、何ソアナオカシナト云合リ、云々、)古キ人々ノ申ケルハ、山門ニ事出来ヌレハ、必世ノ乱アリ、一年天下ノ騒モ、山門ヨリ乱初タリト聞ユ、今年又何事ノ有ヘキヤラン、鬼門ノ方ノ災夭ナリ、帝都尤慎ヘシトソ歎申ケル、(26)

これによると行人は下法師で、寺院の出挙・借上などにたずさわり、夏に行をおこない、佛に花を供えるなどの堂衆より下部に属するものであった。そして承仕や公人とも近い存在であった。そしてその発生は学侶の召仕から始まっているのである。

鰐淵寺に於ても行人は当座の争論を起し、それがために南院と北院が対立することもしばしばあったし、また行人は自分が召使われている主人に味方するのが通例であったから、より彼等の争論が激しくなったとも考えられる。そして「依若輩行人等短慮、増両院之確執、将及一山之破滅[27]」と、行人は若輩の僧と組んでしばしば学侶層と対決する場面もあったと考えられるのである。

また温室での入浴の配分にも行人は下臈分の下に充てられていて、「堂衆承仕ハ中方ノナル、役公人ハ下法師ガナルナリ[28]」との本寺の在りかたにもとづいてこの寺の行人を考えるのが至当であろう。

つぎにこの寺院に於ける集会について見てみると、正平式目では、(1)衆会を催す時自由の故障をいってはならない事、(2)衆會不参の咎の事、(3)衆会での賛否の事、(4)衆会の議決の方法の事、の四カ条が挙げられている。

一、衆會催促時、自由不可致故障事、抑天下為一人之天下、猶任公卿僉議而、治国、況寺中、為諸僧之寺中、豈非衆会評定而、行事哉、但非無本山、又雖在門主、頗倦遼遠之往還何遑企朝夕之訴訟、不若衆徒一心而興真俗自他相互令糺得失、仍此篇目、尤至要也、自今以後者、各不問大小事、不分世出世、毎加催促、必可集来者也、次衆會次第者、先下臈、次老僧云々、然則、若輩遅参、可加誡、宿老後来、聊有優恕歟[29]、

この寺院に於ける集会についてはこの寺とは別に、東大寺等の中央大寺院に見られるような学侶集会・講衆集会・堂衆集会があって、大事に至っては惣寺集会を催すなどの集会の分化は見られない。しかし集会の精神としての「一、

集会出仕之仁、俄令二故障出来一、以二起請文一可レ被レ乞レ暇、若無二證文一者、全不レ可レ称レ暇事」とか、「一、或得二権門語一、或恐二権門之威一不レ可レ有二無想評定一事」(30)とのべて、権門勢家の干渉を受けずに独自で寺院内の合議権を確立しようとする動きが見られるのであって、叡山の三塔僉議などもその代表的なものである。

そしてこの鰐淵寺に於ける集会は大寺の惣寺集会に相当するものであった。ただここで集会といわないで衆会と称していることについては、学侶と衆徒を集めた南北両院の交衆の集会であることを示していると考えるべきである。

そしてまた本寺の青蓮院門跡よりの申出があっても、寺内の衆徒の自決権を専重した。集会に際して衆徒一心するためには是非とも出欠を厳重にしなければならなかった。そしてその議事の運営に際しては、先に下臈分の意見を聞き、そののち老僧の意見を聞いてそれぞれの問題について検討を加えて決議を導き出すこととしている。そのために若輩や老僧の遅参をとくにきびしくいましめている。

ことに遅参については、政所に申請し、不参については百文の罰金を出させ、会議中に勝手に退座したときは不参とみなすと規定している。また現に病気のものは起請文を出させ衆会の統一を計っている。

つぎに衆会の評定については

一、評定事、糺二衆會之参否一、究二故障之是非一、然後、其人或訴人、或政所、述二題目一者、先上座、有徳之中、可三被二評定一下臈短才之輩、不レ可二進言一、但愚者千慮必有二一徳一云々、然者、不レ論二老若一、不レ簡二賢愚一、一往之意見、旌(族)又、非二禁制一、何況被レ下、ヘ各議之時、述二所存一者、定法也、而其時、或成二卑下一、或以二偏執一、閉二口巻舌一者、還而違乱之基、比興之事也、可レ知レ之、

一、評定時、可レ随二多分義一事、古書云、三人謀之時、随二二人言一云々此事、古今之佳例也、諸人可レ順二衆議一者也、

但雖二少分一、先達古実之深義、不レ可レ棄レ之、雖二多分一、若輩今案レ之、深言難二許容一者歟、可レ棄レ之也、

一、不参之輩、不レ可レ破二衆會議定一事、既於二當参評定之衆一、猶択二多分一、豈為二不参他行之身一、独破二大義一哉、

但先日之評定多レ誤、後昆之難破顕然者、一同悔レ之、一同二可レ改レ之也、

一、無人数評定、可レ有二斟酌一事、古実先達、相交者、五人已上之談會、自許レ之非二急事一者、是尚可二斟酌一也、

但不慮之大事、率爾出来之時者、不レ可レ論二人数之多少一、縦雖レ為二一人一、於二興隆方一者、可レ有二計沙汰一者也、(31)

とあって、衆会の評定に当ってはその出欠を正し、上座有徳の僧の意見に従うべきと規定され、たんに短才未練の輩の進言に従うべきでない。しかし人々の意見は集会に集まった者のすべてに聞くべきであって、評定に当っては多分の義に従うべきものとされていた。このような中世寺院の集会に際しては、東大寺などの例に見られるごとく、反対点を集めてその多いことによって否決することに定まっていて、現在のような賛成票の多い方を採って可決するという方式とは逆の方法を採っている。これは佛教による罪の深いものほど世の中より排除されるという思想にもとづいているのである。しかしその除外例として、先達・古賢の意見がたとえ少数であってもそれを尊重すべきで、若輩の浮言に同ずることはあってはならないし、まして不参者は多分の決定に従うべきであることは「一、随二多分評議一不レ可レ有二異議偏執一事」とか「一、云二衆徒一、云二学侶一一味同心、致二其沙汰一不レ可レ有二別心私曲一、若有二内通矯餝之輩一者可レ処二罪科一事(32)」と規定している東大寺などの場合もその精神は同一であって、これはおそらく本寺の延暦寺に於ける規式にのっとって作成され実施されたと考えることできる。

以上の如く鰐淵寺と延暦寺の関係は、伽藍の構造、および寺院の組織の在り方からして、多くのものを本寺から吸収しつつ、伯耆の大山寺の場合に見られるごとき京都にまでも働きかけるというような積極的な行動に出ず、むしろ

地方寺院としての地歩を鰐淵寺は固めていったものと考えるべきである。しかし杵築大社の三月会との関係については稿を別にして見てゆくこととする。そしてここでは鰐淵寺の寺院組織に大略触れたのである。
（1）景山春樹『比叡山寺』四〇頁
（2）山門堂舎記（群書類従本）
（3）鰐淵寺文書一五、鰐淵寺衆徒勧進帳案、建長六年月日（鎌倉遺文㈩、七八三九号）
（4）同右八一、一山連署式目、正平十年三月
（5）～（10）（4）に同じ
（11）鰐淵寺文書一八〇（一三四号）、山門横川宿老連署状、弘治二年五月九日
（12）同右一〇三（七四号）、一山三長老連署文書紛失状、永享五年十二月
（13）（4）に同じ
（14）南都僧俗職服記（東大寺図書館本）
（15）（4）に同じ
（16）𩣡𩧐嘶餘（群書類従本）
（17）（18）南都僧俗職服記、平岡定海『日本寺院史の研究』三八八頁
（19）～（22）（4）に同じ
（23）三宝絵詞下三十、比叡霜月会、山田孝雄『三宝絵略注』三八五頁
（24）（4）に同じ
（25）愚管抄第六（日本古典文学大系本）二九四頁
（26）源平盛衰記第九（史籍集覧本）三九〇頁、治承二年八月八日条
（27）（4）に同じ
（28）（26）に同じ

(29)（4）に同じ
(30)東大寺文書（1 1 141）東大寺衆徒申状案、嘉暦二年五月九日、平岡定海『日本寺院史の研究』三七八頁
(31)（4）に同じ
(32)（30）に同じ

五　南北朝争乱と鰐淵寺

いままで鰐淵の寺院組織について見てきたのであるが、つぎに鎌倉・室町にかけてのこの寺院の動向を中心に考えてみることとする。

源平の兵乱ののち出雲国の守護職は源頼朝の命により、近江源氏の佐々木氏の占めるところとなった。この佐々木氏は源頼朝より近江国・出雲国・隠岐国・長門国の守護職をあてがわれ、これを掌握することになった(1)。ことに出雲国にいたっては貞永二年（一二三三）より長期に渡ってこの国を支配するにいたったのである。

佐々木氏はもともと宇多天皇の皇子敦実親王が左大臣源雅信の子の扶義を養子とするとともに近江など四カ国の国司としたことから始まる。ことに、その子の成頼は近江の蒲生郡佐々木庄に住し、荘名をとって氏の名とした。そしてはじめはこの庄の下司と祖神をまつる佐々貴神社の神官を兼ね、また近江の在地土豪であったが、平安末期に佐々木季定の子の秀義が源為義の猶子となり、平治の乱に源義朝に味方したため、平氏により近江を追われて相模国の渋谷重国のもとに住した。つぎに治承四年（一一八〇）源頼朝の挙兵に応じ、その勝利の結果近江の所領を回復したうえ、秀義の子の定綱が近江の守護職に就いた。ことに佐々木氏の本拠の佐々木庄は、延暦寺の千僧供料所であったので、

延暦寺とも相論がしばしば生じたことがあったが両者の関係は継続した。

いまここで、佐々木氏と出雲国守護職との関係は高綱が鎌倉より最初に任命されていたかは疑問であるが、秀義の末子で母が渋谷重国の女であった佐々木義清は、明月記の嘉禄三年三月十一日の条に「隠岐守源義清守護彼国」(2)と見えていて、隠岐を掌握していたが、出雲については明確ではなく、おそらく出雲氏の国造の支配がその勢力をまだ保持していたからであろう。またこの佐々木の一族がすべて隠岐守を名乗っていることでもまた明らかである。けれども隠岐を中心としながらも佐々木氏の出雲への進出が見られる。ことに大社の総検校職と権検校職をめぐって紛争が起きたときに佐々木氏の介入がおこなわれた。

廿日癸巳、出雲国杵築神主真高及㆓刃傷狼藉㆒之由、彼国守護隠岐太郎左衛門尉政義注進之間、可㆑召㆓進其張本㆒之旨、今日被㆓仰下㆒之上、改㆓神職㆒、以㆓内蔵孝元㆒所㆑被㆓新補㆒也、(3)

ここでは佐々木政義が守護と見えていて、隠岐との関連上、天福元年（一二三三）までに出雲の守護職をも確保していたと考えられる。しかし守護は必ずしもこの場合在国しているとは限らず、鎌倉にあって任国の検断権を行使する場合も多かったのである。これは杵築大社の出雲国造家の紛議が平安末期より起こり、ことに文治二年（一一八六）頼朝の社寺興隆の一環として、五月三日に大社総検校職を出雲則房より、中原資忠が源氏に味方して大功あったとして任命されたことに起因する。(4)この中原資忠の源氏への大功は彼がしばしば鎌倉へ下向して杵築社の主導権を源氏より認められるための作謀の結果であった。しかしこの機に乗じて武家は中原氏を利用して出雲社家の分裂をはかり、そこに守護佐々木氏の勢力の浸透を源頼朝は極力望んだとも考えられるのである。(5)

（源頼朝）（花押）

下　出雲国杵築社神主并神官等所

可早停止旁乱妨致社務事

右人、為彼職、停止旁乱妨、依旧可執行社務、但近来面々輩以私威張行之間、殆似軽君御威、於自今以後者、更不可叶諸人之下知、一向相営(専カ)神事、可勤仕御禱之状所仰如件者、神官氏人等宜承知、勿違失、以下、

元暦元年十月廿八日(6)

このような大社神官の紛争はまた、次の文書が示すように文治より建保にいたってかなり長期にわたっている。

新院庁下　杵築(出雲)大社神官等

可早停止孝高濫望、任相傳文書理、以孝綱為当社神主并惣検校職事、

右、今月日孝綱解状偁、謹検案内、当社御垂跡以降、皆以神命為此職、人代之後、始賜出雲姓為国造、令奉行神事、代々聖主忝下鳳詔、撰其器量、近来被定置領家之後、称神主父以奉行社内、蒙領家之成敗、云彼云此、自神代及人代卅余世、皆子孫相傳之所職也、而孝高者當国官人中原頼辰男也、只孝綱父孝房依為外戚親類、近令服仕許也、全無一紙文書、縦為孝房子息得譲与、不得豈無差別哉、況於異姓他人哉、神慮難測、人望有憚者也、就中当宮御遷宮之時、奉懐御躰事、非當氏全無其例、近則内蔵資忠、属武士暫雖補此職、臨遷宮之期、殊有其沙汰、以孝綱父孝房被還補、遂其節畢、子細詳見所進證文等、抑當職者、古昔則被下綸旨、近来又為領家裁、当時已為庁分御領、何不蒙庁裁哉、非器之輩連々社務之間、社内狼藉、神事陵遅、田畝荒廃、不進年貢、爰孝綱且歎恐社家之不静、且思案庁分之皆空、殊廻計略、有限神事用途之外、可進済千石之御年貢之由、已進請文畢、是則孝綱以相傳文書、譲男孝忠、孝忠者為平忠光孫之間、忠光随分以私力、可励済之由約諾、仍於請文者、忠光所加判也

者、望請庁裁、且任重代相傳文書理、且依当時奉公異他、被還補者、偏専神事、奉祈天長地久之御宝祚矣者、早停止孝高濫望、任文書理、以孝綱可為神主幷惣検校職、兼又於御年貢者、有限之神事用途之外、任請文、毎年仟佰斛直可令庁進状、所仰如件、神官等宜承知、不可違失、故下、

建保二年八月　日　　主典代雅楽頭安倍朝臣（花押）

別当権大納言源朝臣（通具）（花押）　　判官代右衛門権佐藤原朝臣

右近衛権中将源朝臣（守通カ）（花押）　　治部権少輔藤原朝臣

前阿波守藤原朝臣（隆宗カ）（花押）(7)

そしてこの文書に見られるように中原資忠の進出は、彼が在庁官人という立場を利用して武士化しようとした為であった。それはまた幕府にとってこの出雲国への守護進出のための好条件となったのである。ことに国衙領への武家の進出は願ってもない好条件であり、好い機会でもあった。このことについて井上氏の述べられた内蔵忠光・資忠の社務職の押領は、「鎌倉幕府の成立にともなって出雲国造の地位が大きく動揺し、文治二年五月三日頼朝は突如として大社検校職を国造孝房の手から奪い、これを内蔵忠光の子資忠に与えた。こうした幕府の方針転換ないし大社への介入が杵築大社ならびに出雲国造に大きな衝撃を与えたことはいうまでもないところであった(8)」という説には私も賛意を表する。そしてまたこの出雲国造家が態度を一変して幕府に近づき所領の地頭職を守護の認承のもとに獲得したのは、私も次の文書の示す如く建長元年（一二四九）と考えるものである(9)。

下　（藤原頼嗣）（花押）

出雲義孝

可令早領知出雲国神魂社領大庭・田尻保地頭職事

右、承元二年九月六日孝綱給御下文之上、当知行無相違云々者、為彼職、守先例、可致沙汰之状如件、

建長元年十一月廿九日(10)

去十一月令賜大庭・田尻御下文給之条目出候、令執申候之処、如此候之条、殊悦入候、恐惶謹言、

建長元年十二月十二日　　　　左衛門尉（佐々木泰清）（花押）

出雲国造殿（義孝）(11)

このように、国造方が次第に守護に近づくことによって、大社領の地頭職を安堵されることを願ったのも、国造家が武家に近づいて、自己の地位を温存しようとした結果でもあった。

かくのごとき傾向は決して大社のみには限らなかった。鰐淵寺の場合に於ても同様のことが見られる。

すなわち建長六年（一二五四）守護佐々木泰清は鰐淵寺に対して、

凡自華洛至辺土、於霊寺霊社者、無守護之綺、況不及郡使之乱入歟、爰当寺苟為国中第一之伽藍、何不蒙御放免哉、而適當憲法之御奉行、争無佛神帰依之捐、然者於犯科人等、雖無一向御免之儀、被止使者之乱入訖、若謀叛殺害等之大罪出来者、為衆徒之沙汰、欲出進其身於守護所、此条且先先被優恕之上、縦雖為新儀、被寛宥者、一寺之繁昌、館下之御祈請、何事過之哉(12)、

という寺側の守護への申請に対して、守護は「彼境内令停止入務郡使訖、但出来謀叛殺害以下重犯科人等之時者、於衆徒之沙汰、不日可被召渡於其身守護所者也(13)」と、その主張を承諾するとともに、鰐淵寺側も佐々木泰清にこれを機

会として近づき、この寺の南北両院のうち北院は、とくに守護の援助のもとにその中心であった三重塔内の釈迦・多宝佛の修理に協力することを求めている。このことはいきおい北院の衆徒が寺内の中心となって、南院の勢力を押さえて、鰐淵寺の主動力を掌握し、その上、文永・弘安の役に於ける異国調伏の祈を通じて、この寺を守護の祈願寺とすることに成功したと考えられるのである。

相二当故信濃入道(佐々木泰清)一周忌果候之間、衆徒御中、令レ読二誦法華経百部一給、廻向候之由事、承候畢、御志難レ有覚候、抑三重塔婆造営事、可レ奉三合二力衆徒一之由、故入道先年依二宿願一候、且被レ令二沙汰一候歟、然而未レ被レ終二其功一之由、承及候、雖二少分候一、鵝眼三十貫送二進之一候、次為レ奉レ籠二塔心柱御銀塔壱基一、奉納仏舎利一粒、唐品法華経一部、入道同令二沙汰一置候之間、奉レ送之候、其間事、以二使者一同前兵衛入道申候、恐々謹言、

(弘安六)六月廿九日　　左衛門尉(佐々木頼泰)（花押）

鰐淵寺北院衆徒中(出雲)(14)

またこの佐々木泰清からは、以前の出雲の守護の在国しなかった場合より任国におもむいて政務をとる場合が多かったと考えられる。ことに佐々木泰清とその子の頼泰は、ともに鰐淵寺の塔の造営に協力し、その事はのち、その子貞清にまでも受けつがれた。そして正和三年（一三一四）にも貞清は泰清・頼泰の宿願を果さんがためにこの寺に銀塔を寄せている。そして北院の和多坊に近づきこの坊を中心とした守護との関係に対して、南院はより以上公家勢力に近づいて、自院の力をきずこうと考えたのである。

ことに文永弘安の役は幕府の経済的基礎の改変をよぎなくされたとともに、御家人層に社会不安をひきおこすこととなった。そして御家人は惣領制の衰退のために庶子の所有権を認めてその特権的立場はうすらぎ、それに加えて北

条氏の家督（得宗）の独裁の強化が蒙古襲来以後行われ、頼朝以来の評定衆制度は得宗制度にその重点が切りかえられ、その上鎌倉幕府内部においての執権職の権威の退化は、公家政権の復権を求める結果となった。そして北条政権には変質した政治が行われ、高時の時にはますます無力化される傾向にあった。

このような北条一門における権力の退化は、過去の幕府体制を尊重する外様方の人々の反感を受けることとなった。そして北条一門は御家人からの支持は得られなくなって、そのうえ御家人は蒙古襲来以来急速に零落し、公事の負担にたえず永仁五年（一二九七）には有名な徳政令が出されて、そのうえ御家人所有の質人の売却などを禁じたり、また金銭貸借の訴訟は受けつけぬことということになって、幕府の不信はますます高まっていった。

これらの動きに対して朝廷では承久の乱以後、皇位継承についての最後的決定権をも幕府に依存しなければならなくなっていた。また朝廷の政務にあずかる貴族も幕府の意志により左右されるような状況となり、憤懣絶えなかった。とくに幕府の力によって皇位を継いだ後嵯峨天皇は在位四年後に、後深草天皇に譲位して院政をとられ、その第二皇子の恆仁親王を即位させたのが亀山天皇であった。このような皇統の大覚寺・持明院両統の迭立という変則的な傾向は当然皇位継承問題をひきおこすこととなるが、幕府は蒙古襲来のためにそれに関することは一時介入を避けることとなった。しかしついに皇統は二つに分かれ持明院統（後深草系）と大覚寺統（亀山系）との間に五十年にわたっていまわしい争いがくりかえされた。そしてこの争いは皇位のみならず、両統の御料地の処分をもめぐる問題をも含んでいた。室町院領、七条院領、八条院領は大覚寺統にわたり、持明院統は長講堂領、法金剛院領、室町院領の一部が中心であって、これら御料地はそれぞれその経済的基礎となり、とくに大覚寺統の所領は後醍醐天皇が討幕計画を進められる大きな財源であった。

ことに出雲国では大覚寺統に属する八条院領として、岡本庄・温治庄・佐陀神宮寺・来海・淀庄等があったが、持明院統に関するものがなかったため、大覚寺党は出雲により早く地歩を固めようとしていた。

ことに後醍醐天皇が即位された時には、すでに皇統をうけつぐものとして、皇太子には邦良親王およびそのつぎには量仁親王が決められ、みずからの意志で皇位を決定することはできなくなっていた。しかし天皇が幕府の干渉を排除して親政の実を挙げんとして、延喜天暦の治への理想と、承久の乱時の反省にもとづき、院政を廃し記録所を新設して吉田定房、万里小路宣房、日野資朝および俊基、北畠親房を起用して、諸政を刷新しようとする努力は、幕府そのものに対する反抗となって現われた。そこで資朝を東国につかわし、俊基を近畿に潜幸させた。しかしこれは失敗に終わった（正中の変）が、天皇はそれにも屈せずさらに近畿の寺院勢力の結集に力をそそいだ。

承久の乱の失敗の原因は、先述のように南都諸寺の中立であったためであったことから反省し、天皇は元弘の乱においては反対に諸寺勢力結集への方針に主力をそそがれることとなった。そのためにも二皇子の尊雲・尊澄を法親王として、天台座主に任じて比叡山の僧兵を掌握させようとした。

この尊雲親王は梶井門跡に属し、嘉暦三年（一三二八）には、青蓮院の慈道親王の門跡を停め、同四年（一三二九）には自からすすんで青蓮院門跡を掌握し、つづいて、無動寺・横川の検校をも兼ねて全山を管領して天皇方の傘下に収めるために元徳元年（一三二九）に後醍醐天皇はまず日吉社に行幸を計画し、ついで三月二十七日には大講堂の供養をとげられた。(15)

これについて太平記では評して、

今南都北領ノ行幸、叡願何事ヤラント尋レバ、近年相摸入道ノ振舞、日来ノ不儀ニ超過セリ。蠻夷ノ輩ハ、武命ニ順フ者ナレバ、召トモ勅ニ應ズベカラズ。只山門南都ノ大衆ヲ語テ、東夷ヲ征罰セラレン為ノ御謀叛トゾ聞ヘシ。依レ之大塔ノ二品親王ハ、時ノ貫主ニテ御座セシカ共、今ハ行学共ニ捨ハテサセ給テ、朝暮只武勇ノ御嗜ノ外ハ他事ナシ。御好有故ニヤ依ケン、早業ハ江都ガ軽捷ニモ超タレバ、七尺ノ屏風未必シモ高シトモセズ。打物ハ子房ガ兵法ヲ得玉ヘバ、一巻ノ秘書尽サレズト云事ナシ。天台座主始テ、義真和尚ヨリ以来一百余代、未懸ル不思議ノ門主ハ御坐サズ。後ニ思合スルニコソ、東夷征罰ノ為ニ、御身ヲ習サレケル武芸ノ道トハ知ラレタレ(16)。

このことは南都でも同様で、後醍醐天皇は元徳二年（一三三〇）三月八日に南都の春日社・興福寺・東大寺へ臨幸なって、名目は絶えた旧儀の復興であったけれども本当は東大・興福両勢力の反幕勢力への結集であった。さらに園城寺にも新たに領地を寄進するなど、四大寺を中心とする勢力の結集は大覚寺統の所領に合わせて、これら寺院の全国にわたる所領・人員も動員できることとなって、いまや御家人の不満と、悪党の発生に政治力の弱まってゆく北条政権をいっきに葬らんとされたのである。

この倒幕計画は、吉田定房の密告により、日野俊基が捕えられるにおよんで、天皇は南都の東大寺東南院に元弘二年（一三三二）七月二十五日に同院の院主聖尋僧正をたよって潜幸の宣下あって、そして八月二十四日夜陰に女官の姿をされ、三種神器をたずさえられて南都に向かわれた(17)。

むかし亀山院に、御子など産み奉りて候ひし女房、この頃は、后の宮（禧子）の御方にて、民部卿三位（親子）と聞ゆる御腹に、当代（後醍醐）の御子もいでものしたまへりし、山の前座主にて、今は大塔の二品法親王尊雲と聞ゆる、いかでならはせ給ひけるにか、弓ひく道にもたけく、大かた御本性はやりかにおはして、この事をも、おなじ御心におきての給ふ。又中務のみこ（尊良）のひとつ御腹に、妙法院の法親王尊澄と聞ゆるは、今の座主にてものし給へば、かた〴〵、此叡の山の衆徒も、御門の御軍に加はるべきよし奏しけり。（中略）日頃の御本意には、まづ六波羅を攻められむまぎれに、山へ行幸ありて、かしこへつはものどもを召して、山の衆徒をも相具し、君の御かためをせらるべしと定められければ、かの法親王たちも、その御心して、坂本に待ちきこえ給ひけれど、今はかやうに事違ひぬれば、あへなしとて、俄に道をかへて、奈良の京へぞ赴かせ給ふ。(18)

この時の東大寺側の態度については、

今度（元弘三年七月）御密慮之御事ニヨリテ、八月下旬比頃、御計謀ヲ以、当門跡江窺ニ御幸之宣旨也、法務聖尋僧正御頼、叡慮殊勝之義也、西室院門主関東縁□也、因テ於レ寺謀略難レ叶之間、御密宣中納言殿内牒也、甚御密事云云、丑刻集會、東南院院主大僧正聖尋、坊官所、寛宝法眼、実祐法橋、院勾当琳禅大僧都、院官侍四品兼雅、丑刻南殿東ノ妻ニ集会、

元弘日記云、三年七月二十五日、主上東南院聖尋僧正御所、可レ有二御幸一兼而宣下、八月二十四日深夜御幸之沙汰、巳刻執行法眼寛宝、奉行実祐法眼、家従三百騎幷御門徒内衆三十人引卒而於二泉河一参問、主上御感、路次可レ為二守護一有二勅定一経二般若寺一出二御北御門一、経二転轄御門国分御門南一、築地東へ至二南大門一、従二御所四足門南宸殿二入御、御□□□先陣奉行実祐法眼、後陣寛宝法眼、著御後直叙二法印一勅許、廿五日寺門一統聖尋僧正被二披露一之処、西室尊勝院両院家不レ和レ之、聖尋僧正供奉、鷲峯入御、丑刻寛宝法印、薬師院実祐法眼、正法院為二供奉一、路次凶賊遮レ道、寛宝法印、実祐法印、手勢三百騎三手分而追散之間、凶賊退散、無事鷲峯入御、当下別当東大西南院信覚大僧都坊室入御、有二御滞留一、諸臣馳奉之、不宜□之間、於二笠置寺一可レ移二御座一、(19)

以上の如くこの天皇の倒幕運動の是非について、東大寺のような大寺院でも東南院（公家方）・尊勝院（武家方）に分れて意見の相違が存在したことは、いま鰐淵寺の場合でも同様であった。

ことに叡山にならい天皇方は鰐淵寺を元徳三年（一三三一）に祈願所とした。これは天台座主尊澄法親王の指示によるとも見られる。しかるに天皇方は笠置山で敗退するや、後醍醐天皇は隠岐に流される結果となった。ここで注目すべき元弘二年（一三三二）八月十九日の後醍醐天皇の宸筆の願文について考えて見ることとする。[20]

この願文はこの寺の南院長吏の頼源が隠岐の国分寺御所に参向して受領したものであるが、頼源はこの時だけでなく、興国二年（一三四一）には後村上天皇の皇居の吉野に到って同文の願文を受けるなど南朝方に終止尽力していることは頼源の残した文書目録で明らかである。[21]

この頼源は鰐淵寺で、朝敵滅亡の祈願をいたし、その効験あって、先帝還幸なったことにより、建武三年（一三三六）三所郷を南院領として給わることとなったのである。さらについで宇賀庄の寄進を受けるなど頼源は、「存㆓寺中興隆㆒、拾㆓身命㆒」多年にわたり南朝方にたって南院を中心とする鰐淵寺の寺領の拡大と、南院の中心となっている薬師堂・常行堂の造営に尽力したのである。

そして頼源は天皇の還幸にもとづき寺内の若輩の衆徒や行人をもひきいて六波羅を攻めて天皇方に軍忠をほどこしている。

（袖判）

出雲国鰐淵寺住僧、讃岐房頼源、謹言上、

欲早依今月七日合戦預恩賞子細事、

右、子細、今月七日、自八幡、令発向京都、向竹田河原幷六波羅西門、頼源不惜身命、致合戦忠勤之条、中郡彦次郎入道、朝山彦四郎所見知也、然者、早度々致忠節上者、預恩賞者、弥為抽合戦忠、言上如件、

元弘三年五月　日[22]

また船上山でも建武三年に名和長年の軍に頼源が参加するなど、彼自身の天皇方に対する活躍が目立っている。[23]しかしこのことを鰐淵寺の寺内の問題から考えてみるとき、頼源はいままで佐々木氏を中心とする守護勢力に依存して寺内に強力な地歩を占めていた北院が、鎌倉幕府勢力の衰退によって弱体化した間に乗じて、新興勢力の天皇方に参加することに依って鰐淵寺の維持のため自己の属している南院の再興とその寺領の拡大をはかったのであるとも理解できるのである。

ことに頼源は在庁官人の朝山氏とも通じ協力して、反幕府勢力の一環を形成していたのであった。いま頼源の文書目録より考えるならば、頼源は貞治五年（一三六六）に権少僧都の僧位にあった以上、当然正平十年（一三五五）の一山連署式目に連名しなければならないのにその文書のなかには署名が在存せず、この式目の所在については「此正本者、北政所竹尾坊有レ之」と、[24]南院方より北院方の主動のもとに作成されたと見られることからして頼源はこの時期にすでに失脚して吉野等に逃避していたと見るべきであろう。

その時期はまた暦応四年（一三四一）に足利直義が南朝に味方していた佐々木貞清の子の（塩冶）高貞討伐の命を鰐淵寺北院の衆徒に命じていることから考えて、[25]この時期を以て南院の衰退と見ることができる。そして貞和五年（一三四九）十一月二十五日に光厳上皇は院宣を下して、

出雲国漆地郷、為根本千手堂修造料所、如元可知行之由、可有御下知鰐淵寺之旨

御気色所候也、以此旨可令申入青蓮院二品親王給、仍執達如件、

貞和五年十一月廿五日　　按察使（柳原資明）（花押）

大納言法印御房(26)

ここでは北院の根本堂の千手堂の修造料所として漆地郷が施入された。これは文永年間以来等閑にされていた漆地郷の回復を北院がはかったものであった。

しかるにこの時に、さきの頼源は、

目安

　勅願寺出雲国鰐淵寺長吏讃岐律師頼源申、

　当国三所郷地頭職事、

右、当寺者、推古天皇之御願、国中無双之伽藍也、就中、先朝自隠岐御所、去元弘二年八月日、忝被籠　宸筆御願書於当寺根本薬師堂、依被致　朝敵滅亡之御祈念、無程翌年(元弘三)先代悉被誅伐畢、就之、建武三年正月日、於山門、所有御寄附三所郷於当寺根本南院也、随而、興国元年八月十三日、当御代、於吉野　皇居、下預安堵綸旨畢、然者、早任度々勅裁、可有遵行地下之旨、重下賜　綸旨、申受　宮令旨、全知行、弥為抽御祈禱之忠勤、謹目安言上、如件、

　正平六年十月　日(27)

と述べてやはり南院根本薬師堂と三所郷地頭職の留保を吉野に出向いて訴えているが、大勢としてはその意義は消滅している。

ことに青蓮院門跡は慈鎮以降武家と親しくそのうえ伏見天皇の皇子の尊円親王が入られてより持明院党により占められていたため、この鰐淵寺が青蓮院門跡の支配下にある以上一時的に南院が南朝化しても、それを修正することを

命じたのは、貞和三年（一三四七）十一月十三日の青蓮院二品尊円親王の令旨であったと理解すべきである。この意味において正平式目の性格は、慈鎮の時の慣習にもとづいて式目を改めるべきとの見解をもって、さらに頼源一門を排除し、足利幕府を背景とする北朝方による鰐淵寺の支配権を北院を中心として確立しようとする意図にもとづいて作成されたものであると考えるものである。

しかしこの青蓮院門跡の鰐淵寺支配は当然大社の三月会を通じて、出雲国の守護・地頭の支配にもつながるものであったから、のちに尼子氏の富田城内の法会の席の坐配（左座論）につながる安来の清水寺との相論に於ては、

一、鰐淵寺者、従往代為青門之御寺務、当山譜代之末寺也、清水寺者、近年罷成梨門之御門徒、恣申掠及異論之段、新儀之申事、非例之専一、何事如之、然上者、曽以不可有許容事、(28)

と、このように天文より弘治にかけて実に二十一年間にわたって座論相論が繰り返されたが、それは結局梶井門跡が清水寺を利用して出雲国の鰐淵寺の青蓮院門跡の支配をくずし、その主導権を得ようとした企であって、これは成功しなかったのである。このように鰐淵寺は、延暦寺を本寺としていると同時に、在地の佐々木氏、朝山氏、さらには南朝とも関係を持ちつつ、寺院を維持していったのであって、そこに末寺と本寺の関係を、明確に見ることができると同時に、地方に於ける寺院が、本寺と別に独自な地方勢力との結合を求めて、生存していったことを、ここに知ることができたと同時に、私はさきの鰐淵寺の正平の式目を中心として、鰐淵寺と本寺との関係を追求しつつ、その構造を明らかにして、両者が時代の推移にかかわらず案外不動の基礎を年中法会や寺院組織の中に持ち続けていたことを考察したまでである。

(1) 佐藤進一『鎌倉幕府守護制度の研究』二四七頁
(2) 明月記、嘉禄三年三月十一日条
(3) 吾妻鏡二十九、天福元年六月二十日条
(4) 同右六、文治二年五月三日条
(5) 『島根県史』(七)、八五頁
(6) 北島文書・千家文書、源頼朝袖判下文(平安遺文、補四二一)
(7) 北島文書(鎌倉遺文(四)、二一二二)新院庁下文
(8) 井上寛司「中世出雲国一宮杵築大社と荘園支配」(『日本史研究』)一八頁
(9) 同右、二一頁
(10) 北島文書、鎌倉将軍袖判下文(鎌倉遺文(十)、七一四三)
(11) 同右、佐々木泰清書状(同、七一四八)
(12) 鰐淵寺文書一四(二号)、出雲守護佐々木泰清下文(同右、七七四一)
(13) 同右
(14) 鰐淵寺文書二八、佐々木頼泰書状(同右、一四八八六)
(15) 天台座主記(延暦寺本)三三一頁
(16) 太平記巻二、南都北嶺行幸事(日本古典文学大系本五八頁)
(17) 平岡定海『東大寺の歴史』一九六頁
(18) 増鏡第十八、むら時雨(和田英松『重修増鏡詳解』五九七〜五九九頁)
(19) 東大寺雑集録十二(東大寺本)
(20) 鰐淵寺文書五〇、後醍醐天皇宸筆願文、元弘二年八月十九日
(21) 同右八六、権少僧都頼源送進文書目録状、貞治五年三月二十一日
(22) 同右五一、讃岐房頼源軍忠状、元弘三年五月日

(23) 同右五五、伯耆守名和長年軍勢催促状、建武三年二月九日
(24) 同右八一、一山連署式目、正平十年三月日
(25) 同右六二、足利直義誅伐勢催促状、暦応四年三月二十四日
(26) 同右六六、光厳上皇院宣、貞和五年十一月二十五日
(27) 同右八六、長吏讃岐律師頼源言上目安状
(28) 同右一九八（一四七号）、楞厳院別当代・西塔院執行代連署条々書、弘治二年七月二十八日
(29) 平岡定海「出雲国鰐淵寺の成立について」（『大手前女子大学論集』一五号）五六頁

第四章　室町時代に於ける寺院の成立と構造

第一節　尾張国真福寺の成立

一　尾張国への真言宗の進出

平安初期に弘法大師空海が真言宗を弘めてより、この宗は傳教大師最澄の開いた天台宗とともに、次第に中央から地方に発展していった。

尾張国でも、はじめは国衙のあった中島郡を中心として、この国の西南部から三河国の中部以東に進出していった。ことにこの中島郡では、もともと奈良時代には東大寺の所領があり、平安時代には醍醐寺三宝院の所領があったために、中央文化の影響を早くから受けていた関係上、平安新佛教の進出も早かったと考えられる。そしてこの地は、やはり東西文化の交流の地として重要な位置にあり、関ケ原越が一般化するまではこの地域が尾張の文化の中心となっていたのである。

ことにこの国では平安時代より鎌田政清の乳母乳竇貞哺禅尼の創建になる知多郡南奥田の報恩寺や、平安末期の康

和五年（一一〇三）に藤原連長、僧智能、大江重房等が協力して復興した甚目寺等がある。(1)

この甚目寺は寺の縁起によると、推古天皇五年（五九七）甚目（はだめノ）竜麿の創建によるものだといわれ、この甚目竜麿はもと伊勢の海士であったが、ある時の漁に黄金の聖観音が網にかかってから佛に帰依して、甚目寺を創建しようと発願したと伝えられている。ことにこの寺の遺跡から、飛鳥時代の古瓦が多数出土していることからも、その瓦の様式から考えて飛鳥時代に起源を求めることができるのである。

しかし三代実録に、

尾張国海部郡人治部少録従六位上甚目連公宗氏、尾張医師従六位上甚目連公冬雄等同族十六人、賜二姓高尾張宿禰一、天孫火明命之後也(2)

とあって、この甚目氏は、尾張国海部郡津積郷や中島郡に住して、ことに甚目多希麻呂は天平六年（七三四）の尾張国正税帳(3)では、中島郡の郡司として勢力を保持していたことから考えて、この甚目寺もこの氏の氏寺として創建されたものと考えられるのである。

また康和五年（一一〇三）正月には藤原連長や、僧智能、大江重房等が協力してこの寺を修理したが、この頃より真言宗の勢力がこの寺に伸びて来た。また天治元年（一一二四）二月にこの寺が地震で破壊され、大治元年（一一二六）甚目寺荘下司の大江為道によって復興修理され、この寺の荘園も、藤原惟方の子の東寺長者成宝の支配を受け(4)、鎌倉時代には尾張国における真言宗進出の重要な拠点となったのである。

また愛知郡笠覆寺も延長八年（九三〇）藤原兼平が堂塔を建てて、真言宗の高僧を請じ、中島郡中荘では僧行西が満願寺を復興し、鎌倉時代には性海寺、勝福寺等が相ついで再興され、真言宗の発展を来したのである。

いまこれらを通じて、尾張国での大きな寺院として、真福寺の成立と能信の開基の関係およびその教学についてつぎに述べてゆきたいと考えるものである。

（1）愛知県史一、三二六頁
（2）三代実録九、貞観六年八月八日条
（3）尾張国正税帳（寧楽遺文上、二一九頁）
（4）勧修寺文書二十一、尾張国甚目寺相伝由来記（『愛知県史』別巻、三四二頁）

尾張国甚目寺庄相傳系図

成宝（勧修寺僧正房）——菅原氏女（熱田宮女）——藤王女——道恵
　　　　　　　　　　　　　　　　　　　　　　吉祥女——源淳（法名真如）

尾張国甚目寺庄事、々書一通如レ此、以二此旨一可レ令レ申二入西薗寺入道前太政大臣（実兼）家一之状、依仰執達如レ件、

元応二年七月廿九日

相模守（北条高時）判
前武蔵守（金沢貞顕）判

陸奥守（北条維貞）殿

二　長岡庄と中島観音堂

真福寺は、尾張国長岡庄の中の西方郷を中心として、大須庄にわたって能信上人によって創建された寺院である。もともとこの大須の地は、現在の木曽川と長良川の合流点に当っている地域であるが、中世では、両河の合流点に

位置せず、大須庄は長良川の沖積層にきずかれた荘園であったと考えられる。

この長岡庄は、その成立が延久二年（一〇七〇）頃と推測されるが、この荘園の範囲は、現在の中島郡祖父江・上牧・本郷・長岡・大須を中心とする木曽川左岸の地に展開されていた荘園である。また和名抄にいう小塞郷を中心として石田・東方・秋江・境方等をも含んでいたと見られる。(1)

この長岡荘というは、延久二年（一〇七〇）の近衛家所領目録によると、もともと宇治殿領すなわち藤原頼通の所領のなかに含まれていたことが考えられる。その伝領関係は次の如くである。

一　庄務本所進退所々

（中略）

尾張国（中島郡）

長岡庄 西重有 東重房朝臣　　同国（海部郡）富田庄 行有

高陽院領内　　京極殿領内

（中略）

一　宇治殿領事 平等院領外称京極殿領是也、

宇治殿（藤原頼通）――四条宮（藤原寛子） 母従二位藤原祇子 後冷泉院妻后 知足院殿養母

――高倉北政所（隆姫女王） 中務卿具平親王女、宇治殿正室 此知行所譲京極北政所歟、其後知足院殿相傳

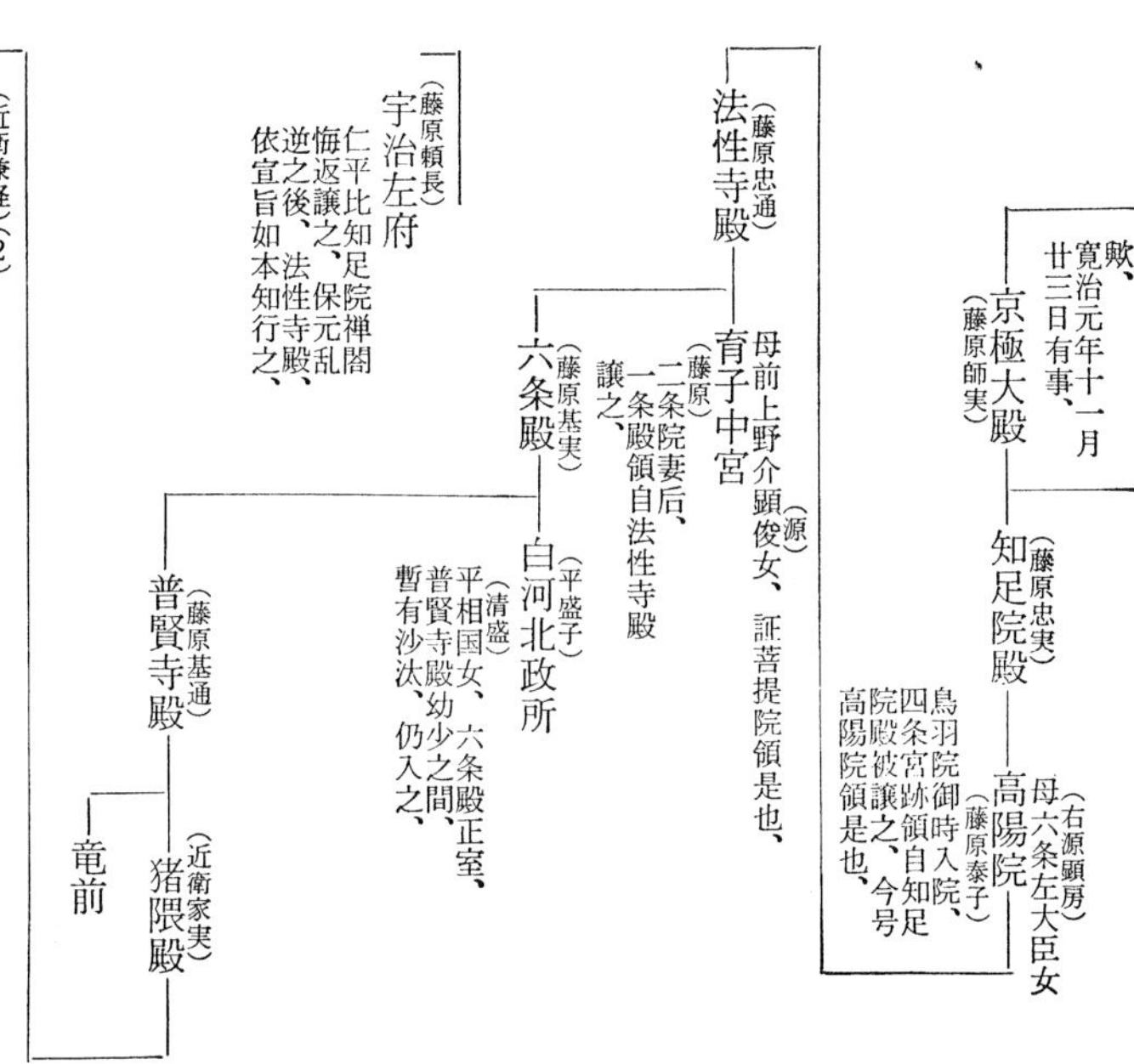

この長岡庄は鎌倉初期においては高陽院領に属していた。この高陽院というのは、太政大臣藤原忠実の女で、母は

源顕房の女の准三宮師子で、はじめは勲子と称し、のち泰子にあらため、鳥羽天皇の後宮に入って、長承二年（一一三三）女御となり、同三年三月二日に准三宮に昇り、同月十九日立后宣旨を受け、鳥羽天皇の皇后となった。また久寿二年（一一五五）十二月十六日、六十一歳で崩御されたが、この間に宇治殿（藤原頼通）の所領は、知足院殿（藤原忠実）に伝領され、高陽院は知足院領と四条宮領を合せて伝領して、それを法性寺殿（藤原忠通）に伝えたのである。そのため、この尾張国長岡荘も、近衛家領に含まれて、高陽院を本家としていたことが明らかである。

また領家については、鎌倉初期では明らかでないけれども、建武より貞和にいたる間に烏丸三位入道や、源少将国平、粟田口侍従等が領家職を保持していたことが次の文書で明らかである。

尾張国長岡庄河東西方郷逆松名田畠事

前領家源少将殿国平元弘三年十月三日御┐寄┘進北野┐之状、并前地頭佐々木壱岐三郎左衛門尉信貞、元弘三年十一月廿五日、寄┐進北野社┐之状、去年康永三年二月七日之夜、宝生坊焼失之時、令┐紛失┐之由承候畢、仍為┐後日┐紛失之状如┘件

康永四年三月十八日

大中臣宝受丸
藤原知貞（花押）
高階明貞（花押）
藤原元氏（花押）
地頭代　高階明親（花押）
領家代　沙弥願信（花押）(3)

またこの時以前の地頭職については、吾妻鏡の文暦二年（一二三五）七月七日の条に、承久の乱に対する佐々木信綱の功名を賞して、幕府より長岡庄の地頭職が与えられている。

将軍家政所下　尾張国長岡荘住人

補任　地頭職事

前近江守信綱法師

右人、承久兵乱宇治河勦鋒之勧賞、豊浦庄之替、可レ為二被職一之状、所レ仰如レ件、以下、

文暦二年七月七日

案主左近将曹菅原

令左衛門少尉藤原

知家事内舎人清原

別当相摸守平朝臣

武蔵守平朝臣(4)

そして、康永年間にもこの一族の佐々木信貞が地頭職を保持してこの荘園を確保していたと考えられるのである。このような本家―領家―地頭の支配を受けていた長岡庄内に真福寺が成立するのであるが、その初期の形態としては、まず尾張氏による阿弥陀寺内の観音堂に対する所領の寄進が寛元三年（一二四五）に見られるのである。この尾張氏というのは、早くより中島郡に、国衙が存在し、尾張国年魚道（あゆち）を本拠とした土豪として成長し、朝廷よりは奈良時代以前にすでに尾張連のカバネを得て存在が認められていたのであった。この氏族は古代では天火明命を祖とし、また熱田社に草薙剣を奉賽するなどしたため、奈良時代より宿禰の称も許され、その勢力も、中島郡・春日部郡・海部郡にも及んで、有力な部族であった。

そしてこの一族が、鎌倉中期に自己の所領の一部を割いて、阿弥陀寺内の観音堂の護持のため畠地等を寄進したことから、真福寺の成立となっていったのである。

いまそのために長文ながら全文を引用することとする。

(端裏書)
「古證文寄進状」

敬白　奉寄中嶋観音堂左衛門尉尾張俊村私領畠地事

合

一所参段者但下地者伍段也、

此地之本色者、雖レ為二地子畠一、浅井村内尾三郎馬允盛長屋敷畠、恒(垣)内熱田宮御油畠伍段仁令立替寄進之間、於色者、本色於互所ニ請負一也、仍此敷地仁波、毎年御油参合、任二一度一別進二糸弐朱一、并観音堂寺倉倍修理用途銭佰文、無二懈怠一可二奉納一之者也、

在管中嶋(尾張)郡尾塞郷内観音堂新堂北畠地也、

四至限東紀太郎入道垣内竹西小堀　限南路
　　限西大道　　　　　　　　　　限北大道

一所伍段　妙阿弥陀佛屋敷也、毎年寺倉倍修理用途銭百文、無懈怠可奉納之、并熱田宮貢御栗壱籠、本斗参升也、

四至限東伊与阿闍梨領堺堀　限南御堂大門
　　限西堀西俣　　　　　　限北大道

一所五段　花太郎入道恒内也、毎年寺倉倍修理用途錢佰文無懈怠可奉納之、熱田宮貢御粟壹籠、本斗參升也、

四至　限東堀　限南大門
　　　限堀西　限北大道

但、此畠(ママ)地者、行光房恒内令立ニ替之一、阿弥陀寺奉レ寄之志者、行光房恒内之本主尾張氏幽霊依ニ無一子一、為レ訪ニ

彼後生一也、仍住僧者、可レ令レ掃二‐治（除）阿弥陀寺近辺一者也、於二例時懺法之勤一者、観音堂仁可二勤行一之、

右、件畠地者、左衛門尉尾張俊村相傳私領也、然奉レ寄二観音一志者、奉レ始二本願聖霊・二親尊霊一、為二代々亡者一、後生菩提法界衆生平等利益也、但心意正直仁志天以無二邪心一之僧為二住侶一、致二例時懺法之勤一、且可レ掃二‐治御堂近辺一、但自二本願聖霊一寄進之田畠弐佰文、自二俊村一寄進分地参佰文、已上伍佰文、毎年為二佛物一可二奉納二寺倉一倍、以二此銭一寺僧等令二談義一、至二于尽未来世一、可レ加二修理一者也、修理之時、於二足手所役一者、寺僧及心之程、可二相営一者也、檀那寺僧仁不レ可レ懸二別煩一、寺僧又檀那於不レ可二蔑如一者也、若又俊村孫々中、至二于末代一、浄行持律僧出来、可レ為二住僧一之由、於下有二所望一之時上者、住僧四人中、器量乏之住僧退二宿房一、可レ令二居住一也、但取テ二乱行之名一、落世之時者、早速仁可レ退二出住坊一者也、令二子孫相傳一之事、傍輩向後可レ悪レ之故也、於二余住僧一者、随二器量一不レ可レ嫌二世間出世一者也、若至二于後々末代一、於レ令三違二輩（背）此旨一之輩者、冥蒙二観音御罰一於一、顕不レ可レ為二子孫末葉一、仍於二本券幷寄進之状一者、為二後代一、一通者子孫中帯レ之、一通者寺僧中仁所レ預二‐置之一也、仍相加二起請一之状、所レ令レ奉レ寄之状如レ件、

寛元参年乙巳十二月十八日

左衛門尉尾張俊村（花押）

嫡男左衛門尉尾張俊秀（花押）

寺僧

大法師尊慶（花押）

大法師寛奝（花押）

阿闍梨禅慶（花押）

（裏書）

「

但寺僧中、強竊二盗・四一半・博様（マヽ）実正之輩之事者、非二沙汰之限一、於為二無実一者、心及之程可レ為二其方人一、此外少事者、望時可二醋（斟）酌之一、

妙阿弥陀佛（花押）

大法師幸玄（花押）

但於二此段一者、起請文之状儀除レ之畢、雖二須書替一、清書□□（煩之）間、加二文状一畢、

（尾張）長俊宿禰聖霊奉レ寄分田畠弐町内、田壱段、畠弐段者、限二永代一惟（推）鐘分仁不レ可二相違一之、所レ残目壱町 柒段分者、御堂修理用途銭毎年弐佰文、至二于未来際一、無二懈怠一、寺倉倍可奉二納之一、

僧幸玄（花押）

『但此南坊地者、可レ令レ掃二治小堂之近辺一之由之状、雖二書載一レ之、故入道殿此坊地毛、一向例時掃治共可レ令二観音堂勤仕一之由、令三遺二言之一天死去畢、故小御堂近辺者、至二于後々末代一、可レ掃二治俊秀一者也、仍為二後代證文一、任二遺言之趣一、注進之状如件、

宝治三年二月廿二日

左衛門尉尾張俊秀（花押）

但、此坊地伍段者、雖レ為二一坊一、可レ為二二坊一也、坊地之不足、一乗寺寄二地田一之所当内二玖佰文一、永寄加レ之畢、然二坊内南坊者、小御堂之近辺於可レ令二掃治一、於二例時懺法一者、於二観音堂一可レ令二勤行一、但此坊地仁波上分佰文可レ付レ之、南坊地者、温屋跡代上分百文者、止レ之畢状如レ件、

（尾張俊村）（花押）

（尾張俊秀）（花押）

○紙継目裏に尾張俊村の花押あり。（5）

この文書にあらわれている中島観音堂は、いまの名古屋市の大須の宝生院に安置されている聖観音であるが、元来は中島郡尾塞郷内にあって、はじめは阿弥陀寺が存在していてその寺に附属していたと考えられる。このもとの阿弥陀寺の規模については明らかでないが、施入者の尾張俊村・俊秀の一族の妙阿弥陀佛が屋敷を郷内に所有し、その四至内に「御堂大門」とあれば、寺域も、築地で囲まれた寺院構造を持ち、本尊として阿弥陀佛を祀る本堂が存在していたと考えられる。いま尾張俊村がこの寺域内に観音堂を建てた理由としては、「阿弥陀寺奉寄之志者、（中略）尾張氏幽霊依レ無ニ一子一、為レ訪ニ彼後生一也」とて、いまや子孫を継ぐべき子弟を失ったため、「奉始本願（尾張長俊）聖霊・二親尊霊、為代々亡者、後生菩提法界衆生平等利益」をこうむらんがためにこの新堂を建てたというのである。

その管理に当っては一丁三反の畠地より生み出す段銭は俊村寄進分地三百文、先祖の土地より二百文と合せて五百文を充当している。

またこの堂には住僧四人を置き、浄行持律僧を以て住僧として、尾張氏は檀那としてこの堂の維持に当るものと定められ、この阿弥陀寺は尾張氏の檀那寺であった。そして俊村の子孫でこの堂の堂僧となる希望者があったときには優先して住僧となる資格を与えられるべきであると述べている。

そして観音堂の寺僧は法華談義と法華懺法を行い、観音経寺の読誦講讃と、密教的な修法をも実施していたことは寺僧の資格に於ても大法師と阿闍梨に分かれていたことによっても判明するが、この妙阿弥陀佛の存在こそが、尾張氏を代表するものと考えられる。これをもし同氏の女人とするならば寺僧は他の四人ともうけとれるのである。そして五年後の宝治三年（一二四九）にはこの観音堂の周辺に南坊が建てられ、また鐘楼も存在するなど一寺としての規模が明らかとなってくる。また観音堂では、例時懺法が行われることが恒例となっていたということからはじめは天台宗に属していたのかもしれない。

またこの寺の寺領からの年貢は、この堂の寺倉に収められ、修理の用意としての銭百文、油三合、糸弐朱のほか、熱田宮に差出すものとして御栗壱籠を充当分として、本斗三升に定めて差出す義務も帯びていたようである。そのほか、海西郡一乗寺東方の尾張俊村の所有地一丁五段を南坊の所用に当て、この南坊は一坊であっても本地房坊地と、肥後房坊地に分かれて、銭一貫八百文を九百文ずつに分配して与えられることが寛元四年に附け加えられたのであった。(6)

このような中島観音堂が、そののちいかなる動きを示したかは明らかでないけれども、正嘉元年（一二五七）の頃には「みはしの観音」として信仰され、(7)文永十二年（一二七五）には、「中嶋観音寺之阿弥陀堂」(8)と称し、いままでの阿弥陀寺の名は見られなくなるので、さきの観音堂が発展して、中島観音寺の名称に移行したものと考えられる。そして比丘尼浄戒が田畠三丁六反を寄進し、尾張俊明がこれに花押を書いていることは、この寺が依然として尾張氏の檀那寺として、その維持を援けていたことが考えられ、またのち真福寺成立後も、尾張宣俊の書写になる蔵理抄を宝生院に蔵している。

蔵理抄

（八）本云

嘉元二年三月廿八日於三条白河御房書之、随分秘蔵御抄タリ可秘々々

叡山本院住侶永増卅七

正和五年十月七日書写畢

尾張宣俊卅一才

（九）本云

嘉元二年三月十日於天台山東塔東谷佛頂尾寂地坊書写之畢、随分秘蔵抄也ト

□意思念故於十条不交他筆也　永増卅七才

正和五年十月十八日巳上十帖以一筆書写畢　尾張宣俊卅一才

（十）本云

嘉元二年春三月於寂地房西室随分秘蔵御抄書也、不可他見云々

叡山住侶永増

正和五年八月廿五日書写畢

尾張宣俊

この蔵理抄とは、比叡山の本院の僧永増が著わした天台教学の書で、その中には文永三年（一二六六）の蓮花王院供養に関する論義等の記録も含まれ、永増は比叡山東塔の東谷に住し、佛頂尾寂地坊西室でこの書を作成している。[9]これを尾張宣俊が正和五年（一三一六）に書写していることからしても、さきの阿弥陀寺より出発した中島観音寺は天台系の寺院であったと考えることができるのである。

（1）『愛知県史』第一巻、荘園の推移、三七四頁

（2）近衛家所領目録（鎌倉遺文⑽、七六三一号）

（3）宝生院文書、大中臣宝受丸等連署紛失状（『愛知県史』別巻、三一九頁）

（4）吾妻鏡三十、嘉禎元年七月七日条

（5）宝生院文書（鎌倉遺文⑼、六五九八号）尾張俊村・同俊秀連署寄進状

（6）宝生院文書（同右⑼、六七二四号）尾張俊村・同俊秀連署寄進状

(7) 宝生院文書(同右㈩、八一一〇号)西光畠地寄進状
(8) 宝生院文書(同右㈤、一一八二一号)比丘尼浄戒田畠寄進状
(9) 蔵理抄奥書(真福寺善本目録)続編一九七頁

三　能信上人とその教学

つぎに真福寺の開山能信上人の生涯を考え、その教学体系を知ることは、真福寺を知るうえに重要なことである。この能信上人は後に述べるように、新義真言宗を開いたといわれる覚鑁→頼瑜→儀海という醍醐寺報恩院を中心とする教学体系と、禅宗の東福寺系の禅密兼学を提唱する癡兀大慧の教学を受け、その両体系を基盤として真福寺を開こうとしたことが考えられるのであるが、この問題を理解するために能信上人の伝である真福寺列祖伝を一つのよりどころとしながら、それに関聯した問題を解明してゆくことにする。

能信上人については、真福寺に蔵されている開山遺言敬白文[(1)]なり、宝生院由緒書[(2)]等にも充分示されているけれども真福寺に蔵する多くの善本の奥書(真福寺善本目録)を中心にその動向を知ることができる。

この能信上人について、真福寺列祖伝によると[(3)]、諱は浄泉といい、正応四年(一二九一)伊勢国鈴鹿郡関郷井後に生まれ、文和三年(一三五四)閏十月二十五日に六十五歳で入滅している。そして上人の六十一歳の正平五年(一三五〇)に真福寺を草創したというのである。

まずはじめに能信は得度を関の慈恩寺の実済阿闍梨について受け、ついでそこで十八道を学び、僧としての資格を得た。もともとこの慈恩寺は律宗と真言宗を兼学していたので能信は「慈恩寺律而兼密、上人思惟、深法者一流難究、

況乎密律作務繁重也、容易而臻其精乎、於于茲参籠大神宮一百日、祈秘密正傳」(4)と考え、伊勢大神宮に参籠して、真言密教の弘通を誓っている。

この能信の真言宗を考えるにあたって、それ以前の伊勢国に於ける真言宗の進出をまず考えなければならない。それはまたこの国での神佛習合の問題とも関係している。

伊勢国では文武天皇二年（六九八）十二月二十九日に伊勢国多気郡にあった多気神宮寺を度会郡に遷している。(5)この寺はもともと多気郡多気郷に存在し、のちに斎宮の宮となったが、ここに早くも神宮寺の存在が見られる。

また天平神護二年（七六六）七月二十三日には、「遣レ使造二丈六佛像於伊勢大神宮寺一」(6)と見えているが、これは天平勝宝元年（七四九）四月一日の東大寺大佛に対する陸奥産金の喜びによる改元の詔の中に、「辞別弖宣久、大神宮乎始弖、諸神多知爾御戸代奉利諸祝部治賜夫、又寺々爾墾田地許奉利僧綱乎始弖衆僧尼敬問比治賜比新造寺乃官寺止可成波官寺止成賜夫」(7)と、伊勢大神宮の神慮を喜び、あわせて伊勢大神宮の禰宜の下神主首名を従七位より従五位下に昇進し、四月五日に民部卿紀朝臣麻路をつかわして奉幣している。(8)これらのことが、ついにさきの伊勢大神宮寺の成立の要因となったものと考えられるのである。

また桑名郡の多度大神宮寺についても、多度神宮寺伽藍縁起竝資財帳によれば、天平宝字七年（七六三）十二月二十日、満願が道場をきずき丈六の阿弥陀佛を造立して、宝亀十一年（七八〇）には賢璟が三重塔を完成している。その資財帳に、

桑名郡多度寺鎮三綱謹牒上

神宮寺伽藍縁起幷資財帳

以二去天平寶字七年歳次癸卯十二月庚戌朔一廿日丙辰、神社之東有レ井、於二道場一満願禅師居住、敬二造阿弥陀丈六一、于レ時在レ人、託レ神云、我多度神也、吾経二久劫一作二重罪業一、受二神道報一、今冀永為レ離二神身一、欲レ帰二依三宝一、如レ是託訖、雖レ忍二数遍一、猶弥託云々、於レ茲満願禅師神坐二山南辺一伐掃、造二立小堂及神御像一、号称二多度大菩薩一、次当郡主帳外従七位下水取月足銅鐘鋳造、并鐘台儲奉レ施、次美濃国近士県主新麿三重塔奉レ起、次宝亀十一年十一月十三日、朝廷使令（ママ）二四人得度一、次大僧都賢璟大徳三重塔起造既畢、次天應元年十二月始私二度沙弥法教一、引二導伊勢美濃尾張志摩并四国道俗知識等一、造二立法堂并僧房大衆湯屋一、迄二于今日一遠近修行者等、作レ備二供養行事並寺内資財一、顕注如レ件、(9)

とあって、神託に「我は多度神なり、吾れは久劫を経て重罪をなし、神道の報を受く、今冀くは永く神身を離れんがために三宝に帰せんと欲す」と述べて、釈迦浄土、弥勒菩薩、薬師如来、観世音菩薩、勢至菩薩、阿弥陀浄土、薬師浄土、聖徳太子像、大般若経、華厳経等を安置して、三間の檜皮葺の本堂を構えている。ここに出てくる賢璟の伝については、元亨釈書に、

釈賢憬、世姓荒田氏、尾州人也、少年出家、受二唯識于興福寺宣教一、天平勝宝七年、東大寺戒壇成、鑑真行二竭磨法一、憬為二受者一、是本朝登壇受戒之始也、性耐二苦励一、勤修不レ倦、剃レ皮然レ指、兼有二才識一、延暦十二年、朝廷議二遷都一、勅レ憬見二新都平安城地一、是歳十一月寂、寿八十九、(10)

と、彼が尾張国の住人であったことが、より以上この多度神宮寺の発展に寄与したものと考えることができるのである。このような傾向はこの多度神宮寺のみにかぎらず、越前国気比神宮寺、宇佐八幡宮の神宮寺の弥勒寺等も、この時期より次第に神佛習合の思想にもとづく神宮寺として盛んに建てられたのである。(11)

しかるにこの多度神宮寺をめぐる問題は、平安初期に至って、「大僧都修行傳燈大法師位賢憬」の手により、延暦二十年（八〇一）には弟子の鎮修行住位僧賢中の手にうつり、そののち、承和六年（八三九）より天台宗が、南都の諸宗のごとき僧房内に止まる学問的形態を脱して、籠山修行終了後は、積極的に地方教導に赴くべきであるという実践的要素を強く打ち出して来た結果、[12]この年に「以二伊勢国桑名郡多度大神宮寺一為二天台一院一」[13]ことを計画し、東海地方への進出の基盤を天台宗は、最澄の宇佐の神宮寺の弥勒寺への進出と相俟ってきずこうとしたのであった。

しかしこの天台宗の多度神宮寺への進出は、伊勢進出をめざした真言宗により大きな打撃をこうむった。まず、もとの所有者の屋部王家より山部王（桓武天皇）に伝領され、櫛田川の上流で多気・飯野の両郡に跨がっている本田六十六町の私領を川合荘として延暦二十二年（八〇三）東寺の遮那丈六夜燈日供及び毎七月十五日施盆料として施入され、[14]ついで弘仁三年（八一二）十一月に、布施内親王（桓武天皇第五女）の墾田七百七十二町が東西両寺に施入され、そのうちの七百十五町が、伊勢国大国庄に充当された。[15]ことに大国庄は布施内親王の存生中に空海に寄せられたものであるから、有力な東寺領となった。[16]このような東寺勢力の伊勢国への進出は、しだいに伊勢大神宮寺を通じて真言宗による習合思想を組立てていったのである。平安初期の伊勢神宮の本地については、清原貞雄氏は、「八幡宮の本地佛が唱へられたとほゞ同じ頃伊勢大神宮の本地佛が唱へられて居る。即ち東大寺要録や大神宮諸雑事記に伊勢大神宮の本地佛が盧舎那佛即ち大日如来であるとあるのがそれである。大神宮の本地佛は普通大日如来とせられて居るのであるが、別に救世観音であると云ふ説も此の頃あつたと見えて大江匡房の江談抄の中に、民部卿俊明が其の事を物語つたと云ふ噂書を記して居る。又拾遺往生伝には宇佐八幡の本地佛が不動であると云ふ事を記して居る。これらが平安朝の中期までに発見せられる本地佛である」[17]と説かれて、真言宗はその思想を発展させ、北の桑名郡にある多度神宮寺を席巻しようと考え、天台別院の排除を試みている。

左弁官下延暦寺

應任二先宣旨一、且弁三申子細一、且進三上文書一、東寺訴三申押妨末寺伊勢国多度神宮寺并本宮石本一事、

右、得二東寺去月五日解状一偁、謹撿二案内一、件寺往古之比、満願聖人依二多度大明神託宣一、建三立堂舎一安三置佛像一、所二草創一也、而承和十四年八月、彼寺僧寿寵、為二真言宗一可レ奉レ祈二鎮護国家一之由、請二官裁一之処、及二嘉祥二年一、可レ為二真言別院一之旨、官省符倶被二成下一、其後星霜推移、已為二寺家末寺一、随則自二寺家一補三任別当一、取初(最)者則法教大法師、次安人、次正明、次法円、次慶尋、次真恵、次永秀阿闍梨、亦信縁阿闍梨、次念信阿闍梨、次永源、次忠安、次朝尊、当時琳賢也、此中延暦寺未レ補二一人別當一、就中去寛治三年如レ此放二延暦寺使者一押妨之日、以二此状一経二奏聞一之処、在地被レ下二宣旨一、随二其陳状一、停三止延暦寺妨一、可レ為二真言別院一下二官符一畢、其後于レ今無二相違一、而近来称二延暦寺使一、下三向彼寺一、所二張行一非法也者、件多度神宮寺本宮石本任二往古之例并前官符旨一、停三止延暦寺妨一、可レ為二真言別院一、為レ蒙二裁定一、言上如レ件者、權中納言大江朝臣匡房宣、奉レ勅、宜仰二彼寺一、任二先宣旨一、且弁二申子細一、且進上二證文一者、寺宜二承知一、依レ宣行レ之、

大史小槻宿禰

長治二年七月十四日

右少弁藤原朝臣(18)

この文書が示しているように、多度神宮寺資財帳にある法教が真言宗より出た別当に擬せられて、承和十四年八月寿寵がこの寺を真言別院と成したというのである。この寿寵は東宝記では承和四年（八三七）四月五日に、最初東大寺に住していたのを改めて東寺の寺僧となった人で、年五十七、臈三十二の高臈であった(19)。承和七年（八四〇）十二月七

日に「先レ是伊勢国桑名郡多度神宮寺為二天台別院一令レ停レ之」[20]と多度神宮寺の天台別院廃止による真言別院化の動きを推進したのは寿寵であったと考えることができるのである。しかし延暦寺は機会あるごとにこれを取りもどしたいと考えていたことはいまの官符によっても明らかで、種々の妨害を承保三年（一〇七六）に試み、「件神宮寺依レ為二末寺一、欲二領知一之処、称二寺家別院一押妨之由、東寺所二訴申一也」[21]となったのであるが、再び長治二年（一一〇五）・嘉承二年（一一〇七）にも失敗して、この神宮寺はついに真言宗化されてしまったのである。

このような伊勢国における真言宗の動向は、当然隣国の尾張国にも影響を与えずにはおかなかったのである。また一方、尾張国では、延喜十四年（九一四）に春部郡東条にあった安食荘が醍醐寺修理料として施入され、このほかこの寺にのち定海が灌頂院を建て、三宝院の基礎をきずいたとき、毎年結縁灌頂職等の布施料も加えられた。[22]ここに醍醐寺の進出もうかがえる。

このように真言宗の東寺や、醍醐寺が伊勢・尾張に進出して、しだいにその勢力が拡大していったのである。

また鎌倉時代における伊勢大神宮と真言密教との関係は、沙石集のなかに、

> 去弘長年中に、太神宮へ詣て侍しに、或神官の語しは「当社に三宝の御名を忌、御殿近くは僧なんども詣でぬ事は、昔此国いまだ無りける時、大海の底に大日の印文有けるによりて、太神宮御鉾を指下てさぐり給ける、其鉾の滴り露のごとくなりける時、第六天の魔王はるかに見て、此滴国と成て、佛法流布し、人倫生死をいづべき相ありとて、うしなはんために下りけるを、太神宮魔王に行むかひあひ給て、「我三宝の名をもいはじ、我身にも近づけじ、とく／＼帰り上り給へ」と、誘へ給ければ帰にけり。其御約束をたがへじとて、僧なんど御殿近くまゐらず、社壇にしては経をもあらはにはもたず、三宝の名をもたゞしくいはず。佛をば立ずくみ、経をば染紙、

僧をば髪長、堂をばこりたきなんどいひて、外には佛法をうとき事にし、内には深く三宝を守給事にて御坐ゆゑに、我国の佛法ひとへに太神宮の御守護によれり。[23]

とあって、天照大神の御本地は大日如来と考え、ことに真言を納受し、和光同塵を説くと理解し、重源も建久六年（一一九五）東大寺再建を神宮に誓い、西大寺の叡尊は文永・弘安の役に対して異国調伏の祈願をこめ、建治三年（一二七七）正月に勧修寺長吏の道宝、弘安四年（一二八一）醍醐三宝院の定済、通海等の真言宗の僧のみならず無住、師錬等の禅僧も伊勢に参詣している。このように伊勢神宮に参詣したのはあながち能信一人ではないのであり、能信もその影響のもとに伊勢神宮を訪れて感応を受け真言宗の興隆を誓ったのである。

能信の真言教学研究の態度は、その「善本目録」から見ると、元応二年（一三二〇）に「即身義抄」を書写し、[24] ついで元亨三年（一三二三）には甲斐国の横根寺をおとずれて、下野国勧進阿闍梨の寛琳の抄した儀軌を写し、[25] この間能信は尾張国と甲斐国をしばしば往復している。

ついで文保二年（一三一八）に再び伊勢国鈴鹿郡の慈恩寺に入って、実済阿闍梨の指導のもとに「文保二戊午春三月二十日浴両部灌頂、吾寺称慈恩寺方是也、于時歳二十七[26]」、とここで慈恩寺方の傳法灌頂を受け、そののち元亨四年（一三二四）には鳥羽の大福寺で釈摩訶衍論を学ぶために両寺の往復を重ねている。

ことに能信も伊勢の両部神道への関心が強かったから、いきおい大日経研究への意欲をかきたてた。

そこで斎宮安養寺で禅密二教に通じていた佛通禅師癡兀大慧の教学を知らんとして、その高弟の寂雲のもとをおとずれたのである。能信伝には、

満暁夢中神託曰、汝所二求法一者、在二当国斎宮安養寺寂雲和尚一、佛通禅師禅密附法之高弟也、可レ往二而請益一焉、

上人感歎往於安養、謁寂雲和尚説夢中事、和尚云、吾平日患附法無人、故祈修嗣於大神宮有年、先夜被神託夢求法人、今日汝来預知焉、感應同交値遇因縁如合符節、師資歓喜微笑、高祖如逢恵果、則建曼荼羅、上人再登伝法職位、于時嘉暦元年秋九月七日、歳三十五、寂雲喜其偉器、開蘊奥悉授一流要訣、

今称安養寺方是也、後世以是流為正系矣、

と見えている。(27)

この寂雲の師の癡兀大慧という人は、伊勢国に生まれ伊勢平氏の血を引き平清盛の遠孫に当るといわれ、はじめ天台学を学び、しだいに諸宗におよび、ことに真言密教学に通じていた。また東福寺の円爾弁円と論議をたたかわしたが、その論に圧せられ弁円のもとにくだった。気骨するどく、現在の保国寺の坐像はその堂々たる容貌から厳しく激しい性格であったことがうかがえるのである。

この安養寺は徳治三年（一三〇八）に癡兀大慧が開いた禅宗寺院であるが、同年六月二十日の安養寺開山住持大恵の示した置文によると、

凡当寺者、本願頼暹雖企造営令造立佛殿之後、受重病依難有命、且為造畢、且為興隆佛法以自筆永仁五年二月一日、以彼二ヶ寺譲与大慧、同三日本願他界畢、而大恵以三ヶ年之内方丈法堂庫裡僧堂已下数宇之甍令造畢、佛事勤行無退轉、然則上所載住持已下事、又修理造営、寺中非分之沙汰等大慧門弟等、無異曲、成同心、加衆議評定可企当寺之興行、若不随衆議於背定置法之輩者、不可為門徒及末流者也、仍為後代置文如件、(28)

この寺は本願たる権律師頼暹が建立したとき、はじめの計画を進めているうち、頼暹が重病におちいり、建立の完

慧日山宗派図（東福寺誌二三八頁）大慈門派

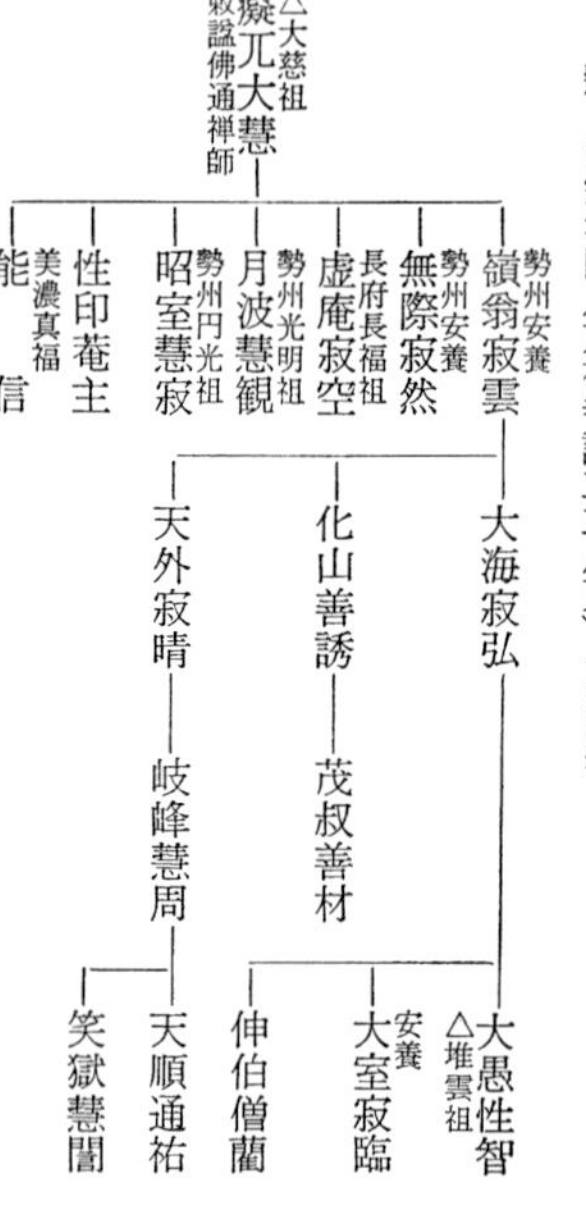

成を見ることができなかったために、頼暹は、癡兀大慧を招いて造営途中の東明寺と安養寺の完成を促進するようにとの自筆の譲状を永仁五年（一二九七）二月一日にしたため寺領田畠山林の目録を添えて同月三日に他界したので、大慧は門徒を引きつれ、三ヵ年をかけ正安二年（一三〇〇）に方丈・法堂・庫裡・僧堂以下数字の造営を完成させたのである。

その結果、この安養寺は大慧門下の寺院となり、その住持たるものは、

一、当寺住持事、大恵命後者、以㆓門弟弁性㆒可㆑定㆓住持㆒者也、於㆓弁性以後住持㆒者、雖㆑為㆓永代大恵之門徒等㆒、各々無㆓私曲㆒、不㆑憚㆓権威㆒、成㆓衆議評定㆒、大恵之門徒之中、以㆓当寺相應知法器量之仁㆒可㆑定㆓住持㆒、又為㆓当寺住持㆒者、如㆓本願置文㆒、乍㆑住㆓他所㆒不㆑可㆑成㆓住持之称号㆒、何況以㆓寺物㆒於㆓私用㆒乎、又以㆓寺領田畠山林等㆒任意不㆑可㆑譲㆓与放券于他人㆒、又縦雖㆑定㆓置住持㆒若其人有㆓不調不細㆒者可㆓改替㆒也、(29)

したがってこの寺では大慧門徒以外の止住を許さず、きびしい規則をもうけて、現在の僧は二十人に定めた。また延慶四年（一三一一）には安養寺禁制を定め、寺内の寺庵をはじめ末寺の庵も「最初定二開山住持一之上者、任二其法脈一可レ為二住持一、若住持、若檀那、号二其俗縁一、或号二朋契一、而於二別派一不レ可二横住一、若其法孫令二断絶一者、次第々々以上之本寺々々可レ有二管領一事」(30)と遺告して、正和元年（一三一二）十一月二十二日、八十四歳で安養寺の塔頭大慈庵で示寂した。そしてその法系は伊勢国福蔵寺、安養寺、光明寺、円光寺、真福寺に及んで伊勢の臨済宗における東福寺（慧日山系）の主流をなしたのである。

この法系をつぐ能信は大恵の示寂後、十三年を経てこの寺をおとずれ、大恵ののこした自筆の「大日経疏見聞」十帖を開山大慈庵の経蔵で閲覧している。時に能信は三十五歳で、大慧の弟子の嶺翁寂雲に師事して禅密に通ずることになった。この嶺翁寂雲は寂雲坊を開き、その流脈は「精二真言一」とあって円爾弁円以来、大恵を通じた禅密付法をうけついでいるのである。その奥書によると、

大日経見聞　十帖　縦七寸　横四寸三分

正中二年写本、粘葉装、紙数四十五枚乃至八十六枚、第一帖本文首に「書本云　文永九年十月六日於二東福寺方丈一子時始レ之宰相已講発起之云々」

（奥書）

（一）右見聞者東福開山国師御談義前往東福佛通禅師自筆之本也云々

正中二年乙丑之暦六月二日書写之、即一交了、正本伊勢国多気郡上野御薗安養寺開山塔頭経蔵被レ納レ之云々

（二）　本云

文永九年十月廿日畢

十四反化者礿禅　化礿禅欲界化二禅化等也

右見聞者、東福開山国師御談義前住東福佛通禅師御自筆之本也云々

正中二年乙丑之暦六月十三日書写之、即一交了、正本伊勢国多気郡上野御薗安養寺開山塔頭経蔵被ㇾ納ㇾ之云々

沙門釈能信生卅五(31)

とあるが、この大日経見聞とその注釈書の大日経疏見聞・大日経住心品疏見聞等を四月十五日より九月四日まで半年間滞在して、詳しく書写している。この書では、その考え方の基盤として大日経の住心品と具縁品を理解するにあたって、法華経に重点を置いている。それはやはり平安中末期より起って来た天台浄土系の学問が、次第に一般化していった関係上、法華経を無視することができなくなったからであるということがいえるかもしれない。

しかしこの著者であるところの東福寺開山の円爾弁円は決して弘法大師空海の著した十住心論や秘蔵宝鑰の十住心の説を否定はしていないのであって、天台大師の四教儀と並立してとりあげている。すなわちそこでは華厳・法華は理秘密、大日・金剛頂は事理具密と理解して、そのうえに臨済禅の修證義にもとづいて実践への理解を深めようとしているのである。要するに台・密・禅の統合を意図していることは聖一国師も栄西禅師もともに三位一体説を採らざるを得ない前期禅学の弱点さえも含んでいたといわざるを得ないのである。

ことに文永九年（一二七二）よりの東福寺での弁円の講義が始まったときは、弁円は七十一歳で、筆者の大慧は四十四歳の若さであった。そして大日経の住心品第一より嘱累品第三十一までの六巻三十一品についてくまなく経題、各

品の大意、要義を問答体で解釈をほどこしているのである。能信はここに禅と密との関連性を窮め、禅学は旧来の密教をしのぐ新鮮さをもっている教学として彼はかなり興味をそそったと考えられるのである。

しかしそれにあき足らずさらに大日経の注釈書を求めるために能信はさきに訪れた甲斐国山梨郡横根寺に到り、善通寺有範の大日経疏妙印抄を求めて書写し、嘉暦元年（一三二六）には醍醐寺の秘事法門の秘鈔や異尊法・諸尊護摩鈔等を学んだ。

さらに志を新たにして武蔵国多西郡高幡不動堂に粉河寺の頼瑜の教学をくむ儀海をたずね、嘉暦三年（一三二八）二月より七月までそこに滞在して釈論の注釈書や、菩提心論に対する頼瑜の著書に接した。

その主な頼瑜本としては大日経疏指心鈔十六巻、大疏愚草十八巻、序分義短冊一巻、釈論開解鈔三十六巻、釈論愚草二十二巻、即身義顕得鈔三巻、二教論指光鈔五巻、二教論愚草四巻、菩提心論愚草四巻、宝鑰勘注三巻、宝論愚草五巻、声字義開秘鈔二巻、声字義愚草二巻、吽字義愚草三巻、理趣経文句愚草一巻、瑜祇経拾古鈔三巻のほか、薄草紙口決二十巻等である。(32)

それはまた能信が頼瑜の大日経の注解や釈論の解釈に深い理解を示したことをあらわしている。この能信のたどったこの頼瑜→儀海→能信の法脈について考えてゆく基礎として、頼瑜の師であった興教大師覚鑁の教学体系を知る必要がある。覚鑁と頼瑜はともに高野山において大伝法院をめぐる争乱に巻きこまれ根来に去っていったのであるが、そこに教学の類同性が明確に見られるからである。そこでまず覚鑁について見てゆくこととする。

覚鑁は、はじめ仁和寺寛助の門に入り、そののち興福寺慧暁について唯識・倶舎を学び、東大寺の覚樹より華厳を習い、東南院で三論を学んだのち仁和寺に住した。天永元年（一一一〇）十二月高野山に登って、青蓮に迎えられ、再び仁和寺に帰って寛助より三摩耶戒や伝法灌頂を受け、醍醐寺の理性房賢覚から五部灌頂を受けてのち高野山にもどり、大治五年（一一三〇）華蔵院聖慧法親王の高野登山の機をとらえて小伝法院を建立し、鳥羽上皇より石手荘の寄進をうけ学衆三十六人を集めた。

さらにその目的を発展させるために長承元年（一一三二）大伝法院・密厳院を建てて、鳥羽上皇は傳法會料として七カ庄の施入を見た。

しかしこの覚鑁の高野山における教学研究の態度については、櫛田良洪氏も、その著で随所に述べられているごとく、教相面を重視する大伝法院方の覚鑁に対して、事相面に傾いた金剛峯寺方とはげしく対立することになった。覚鑁は「秘密荘厳傳法灌頂一異義」のなかで、金剛峯寺方の近代の阿闍梨は、ただ事相面のみ重視して、教相面を深めようとしないと警告している。すなわち、

近代の阿闍梨は両部の灌頂に於て、或は各別の印明を授けてこれが源底だと伝へ、或は同一の印明を伝へてそれを最上と名づけてゐる。或は一印二明を用ゐて究竟と目く。或は同明異印を用ゐてこれを妙極と称する。師師僉我流を是とし、弟弟随つて人の傳を非とす。各々自門を讃揚すること有つて、一他家を信仰することなし、一宗の中に於て、猶、自他の異論を生じ、同流の内にあつて、既に彼此之別執を興す。（中略）賢愚区々に分れたり、知法の人は機根に随つて巻舒し、違教の輩は胸臆に任せて是非せり。偏へに自学を執して妄りに他授を謗す。既に宗意に非ず、定んで佛智に背なん、大覚を證せんと慾せば、宜しく辺執を捨つべし。(33)

そして覚鑁は自分の教学体系において、事相偏重の金剛峯寺方に対して教相重視の立場を貫き、高野山も祖師大師の教相重視に立帰るべきであると述べている。

この考え方はもともと空海自身のなかにもあって、

一末代弟子等可レ令レ兼二学三論法相一縁起第十二

夫以真言之道密教之理、同入性故入二阿字義一也、然而案二万物意一皆在二内外一、然則以レ密為レ内、以レ顕為レ外、必可二兼学一、因レ玆軽二本宗一、勿レ重二末学一、宜下知二吾心一兼学上而已、但人任レ器不レ堪レ兼者、将任二本業一精進修行、具由在レ別、青龍寺例専此而已、依レ彼示レ之、亦宗分講読、定額中非二要望一、以二智行人一簡定、[34]

このような「御遺告」の思想は、教相体系の具現には欠くことができないものであった。

覚鑁はいまや大伝法院を興すに際して、この空海の示した兼学の精神を高野山に導入することによって、事相一辺倒のあり方から修正を加えようとしたのに外ならなかった。しかしそれはまた一方の金剛峯寺方では、

夫於二末寺一者、味道之客自レ西自レ東雲集、求法之賓、于レ朝于レ夕星繁、或以二南北二京客僧一為二修学一、或以二七大諸寺之浪人一為二供僧一、加之以二瑜伽唯識一、横二談内證教一、以二中観智論一恣汗二法身之法一、爰大師御遺告、雖二妙法一円非二五千之分一、雖二東寺一廣非二異類之地一云々、[35]

この覚鑁の主張による大伝法院方は、南都京洛の客僧を招いて修学させるもので、高野山本来の密教道場でないときめつけたのである。

しかし覚鑁のこの唯識・中観・大智度論・釈論等の教学重視の方向は、覚鑁の在世中にも高野山でかなえられることなく、真言宗の本地法身説法の絶対性は金剛峯寺方ではかたくなに守られていたので、そのために大伝法院をめぐる問題は、覚鑁教学に対立する立場をとる高野山では金剛峯寺と大伝法院との二頭支配は絶対に許さないという金剛峯寺側のはげしい反対に会って、大伝法院のことは覚鑁の思い上った行動であると痛烈に批難を加えたのであった。

そして覚鑁はついに保延五年（一一三九）頃に下山し、根来山の豊福寺に止住し自己の教学の樹立をはかったのである。

ことに覚鑁の教学の特徴は、高野山で墨守されている本地身説の偏重からのがれなければ真言宗が平安末期の浄土宗の波及の影響から立ちあがることが至難であると考え、一切衆生を救うためには、佛の大慈悲心より出現する佛身としての、加持身にもっと重点を置くべきであると主張し、さきの本地身はさとりの法そのもので、真理自体を示すものであって、決して言葉を持ちだして衆生を化導するものではない、故に自性身の中の加持身こそ説法利生の力を持っているのであって、ここに覚鑁の教学の基盤があった。

そしてさきに高野山にきずいた覚鑁の大伝法院は覚鑁の滅後も、金剛峯寺方との相論が尽きなかった。そしてついには高野山の主導権争いにまで発展していった。その結果、百二十年後の仁治三年（一二四二）七月十三日に高野大伝法院幷びに僧坊等が奥院の凶徒により炎上の憂目にあった。

十三日癸巳、今日申刻、高野傳法院幷僧房等為二奥院悪徒一被二焼拂一云々、仍武士等馳向、是去年七月傳法院法華三昧之間、為二奥院悪党一被レ破二損道場一、件下手三人或遣二配所一、或禁二獄舎一、去正月奥院遣二軍兵一乱二入大塔一、供僧百四十口内、傳法院衆廿口自由令レ除二名帳一畢、依二此事一両方搆二城墎一、遣二官使一雖レ被二制止一、還及二此災一、法滅之期歟、為二之如何一、[36]

このような炎上の憂目にあいながらも、大伝法院方は教相の護持への強い意欲を持っていたから、再建を考えたが、金剛峯寺方の反対にあって実現しそうになかった。

そして仁和寺道深法親王による和与も実現の道ならず、文永九年（一二七二）に到って退転のきざしが見え、このとき学頭であった忠俊が醍醐より登山し、その学頭職を中性院頼瑜にゆずることになったのである。

頼瑜もまたその困難なことを忠俊より聞き、いずれは離山もやむなしとの心を決めて、とにかく登山して、大伝法院の再建に努力することとなった。

しかし山上はやはり不穏な空気に満ち、その上に弘安六年（一二八三）閏七月に天野社の神馬相論のことが発生し、また弘安九年（一二八六）大伝法院方が僧徒のため大湯屋の建設をはかったことから、七月二十四日、再び蜂起して合戦に及んだ。そのため頼瑜は正応元年（一二八八）大伝法院と密厳院を根来山中に移す決意を固めたのであった。

このの ち頼瑜は根来寺（円明寺）を中心に中性院を建てて、自己の教学の確立をはかったのである。このように頼瑜もまた覚鑁のあとをつぎ教相重視の立場を変えなかったと考えることができる。

この頼瑜は嘉禄二年（一二二六）紀伊国那賀郡山崎の土生川氏に生まれ、高野山で大伝法院の再興をはかり覚鑁の法系の興隆を推し進めようとした。頼瑜ははじめ木幡観音院真空より秘密口決を受け、ついで醍醐寺の報恩院憲深から金胎の大法を受け、文永三年（一二六六）高野山に登って大伝法院の学頭職に任ぜられ、伝法会を執行した。そして伝法院及び僧房等の再興をとげて中性院と名を改め、頼瑜はその住する所をのちすべて中性院とすることにより、その流祖となろうと考えていたようである。

この高野山中性院では良尊、道猷、仙覚等に伝法灌頂を授け、文永十一年（一二七四）には東大寺をおとずれ、真言院で華厳・法相の教学を受け、特に南都の研学竪義のあり方に深い関心をよせていた。彼が遺言として弟子に示した中に、門弟勝円房順継の「釈摩訶衍論」（第十広短冊）の奥書に、

去嘉元癸卯元冬、中性院先師上綱（頼瑜）寝病床之日命ニ愚質ニ云、我化滅之後、毎年忌辰可レ勤ニ竪義決択一、我頃日欲レ就ニ勧

劣不退門一、記二彼短冊一、然未レ遂二其功一露命将レ消、爾須書二此短冊一而勤二彼竪問一、遂乃至翌年正月朔日未刻寂、然滅後愁レ腸屠レ肝、遺訓止耳、由レ玆拭二千行之涙一綴二十題之草一而已、(37)

と述べ、南都と同様竪義の必要性を強調し、建治三年（一二七七）六月に伝法院で実際に竪義を行っているなど、南都教学への接近も見られるのである。

そののち、弘安三年（一二八〇）覚洞院法印実勝より第三重許可秘印を授かり中性院流を起したが、あの大伝法院の争乱に巻きこまれたため、それを永遠にさけるために、正応元年（一二八八）二月に百四十年来の高野山での大伝法院と密厳院の伝統を断って根来山円明寺に移り、頼瑜は根来山神宮寺西僧坊に住房をかまえ根来山中性院と称した。そしてこの新しい根来山の大伝法院は根来一山が醍醐三宝院の支配にあったために、その頼瑜の法燈からしても安全で

頼瑜・儀海・能信の教学系統一覧

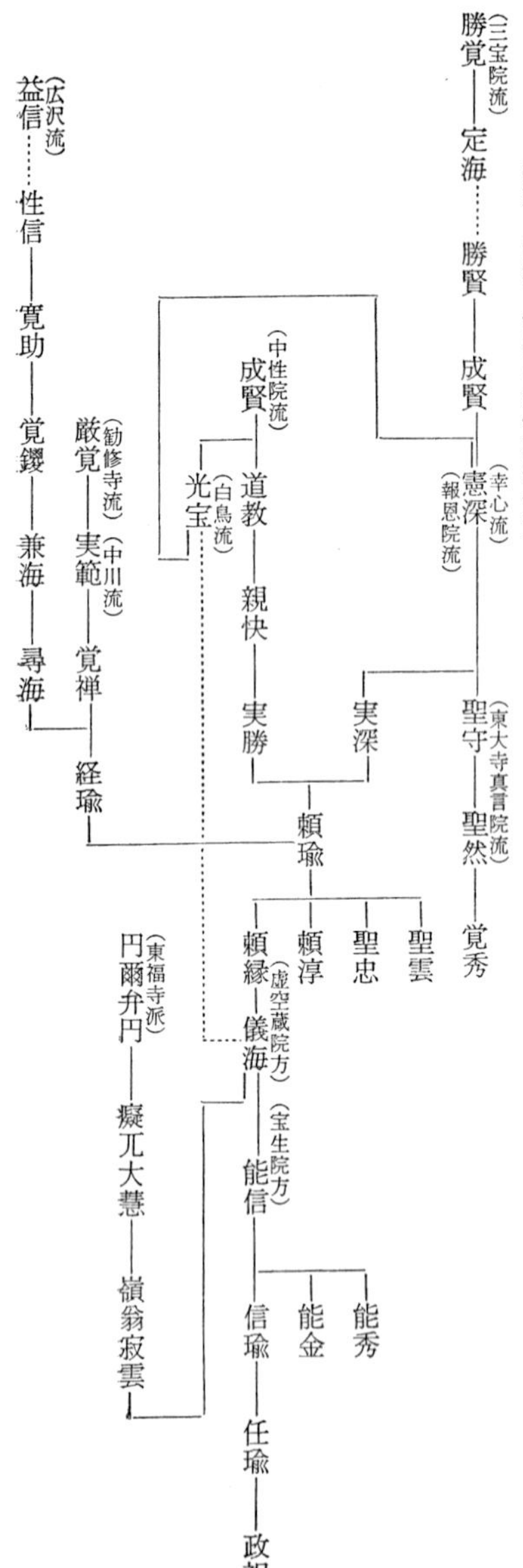

あったと考えたのである。

そして彼は嘉元二年（一三〇四）正月一日、七十九歳で入滅したのであるが、頼瑜の教相及び事相の体系については、彼はやはり覚鑁の教学をうけつぐものであった。

そしてさらに加持身説をおしすすめて、広い視点に立って真言宗を見てゆこうと考えた。そのため大日経疏指心抄をあらわし、その第二に彼は、「然るに古徳未だ自性身中に加持身あることを知らずして、或は本地自證の境と曰ふて、経疏の自證無言の文を害す、或は他受変化の説と云ふて顕教の三乗一乗の佛に同ず、恐くは疏家の深旨をかくし、宗家の本意を失するか。当に知るべし。中台の尊なるを以ての故に、大師自性身説法の義を壊せず、また加持身なるを以ての故に、疏家の神力加持三昧の説に違はず[38]」と覚鑁と同じく加持身説を強調している。

この頼瑜の加持身説の強調は、彼もまた南都や醍醐寺に遊学して、高野山の本地身偏重にこだわることを欲しなかったためである。

つぎに頼瑜の秘密事相の立場においても、彼は根来寺中性院に於て醍醐三宝院流印可、あるいは安祥寺流（勧修寺系）、または理性院流を伝承し、そのほか功徳院流や小野流・西院流にも通じていた。

このような醍醐寺系諸派による事相の継承も、高野山では喜ばなかったという結果、前にも述べたように醍醐寺の支配の強い根来山に彼を追いやったのであると見ることができるのである。その法系については前頁の如くである。

このような教学を持っていた頼瑜の学風は、その弟子の頼縁にうけつがれたが、この醍醐系の密教は関東にも伝えられることになった。さきに醍醐寺に住し、中納言光雅の子の光宝が、成賢より三宝院の両部秘宝を受け、醍醐寺座主に任ぜられたが、承久三年（一二二一）六月、承久の役に関東方の勝利を祈ったがために本寺を追放され、鳥羽より関東におもむき、同年八月二十一日、幕府より祈禱の賞を受け(39)、そののち関東で安貞二年（一二二八）三月まで滞在していたため(40)、この間三宝院流の密教が関東に広まったものと考えられる。

もちろん光宝の血脈が直ちに成賢の流れをくむ頼瑜にうけつがれたかどうかは明らかでないけれども、頼瑜の高弟の頼縁の弟子の儀海が、おそらく光宝等と共に関東におもむき武蔵国高幡にあった不動堂を中心とする金剛寺を文永年間より荒れていたのを中興して、ここに醍醐三宝院流を伝えたのが、三宝院流の関東への波及の大きな要因となったと考えられる。

この儀海と能信との関係は、能信が儀海の写した頼瑜本を高幡不動堂で多く書写していることからも、その学風の継承が見られる。いまそれらの奥書からすると、儀海については嘉元四年（一三〇六）武蔵国由井横河慈根寺に住したのが初見である(41)。ときに二十七歳であった。そののち、徳治二年（一三〇七）に鎌倉大佛谷に到り瑜祇経拾古抄を書写し(42)、また横根寺にもどっている。儀海はここより武州由井大幡永徳寺、同国北河口永福寺に足をはこび、また高野山蓮華谷誓願院、あるいは陸奥国小手保河俣にて多くの頼瑜の諸本を筆写し、元応元年（一三一九）に、頼瑜の寺の根来寺中性院を訪れ秘蔵宝鑰等を書写している(43)。

またついで権律師に昇り、再び関東に帰り下野国小山の金剛福寺で明月抄を書写し(44)、儀海の関東と根来中性院との往復は元応二年（一三二〇）より元亨元年（一三二一）において頻繁で、その間、陸奥国の小手保河俣に甘露寺を開き、護摩堂を建て、元亨四年（一三二四）より元徳二年（一三三〇）にかけては高幡不動堂の中興開山となって、醍醐三宝院流及び頼瑜系の関東での教学の本拠となったのである。

この儀海を中心とする法流を三宝院方の末流である報恩院流の異相承の傳授で、虚空蔵院儀海法印方と称し、また虚空蔵院方とか、儀海が武州を中心に展開したから武蔵方ともいわれた。

このように儀海の武蔵方は、醍醐・根来方を正しくうけついでいたから、根来↕高幡の往還は頻繁であったと考えられる。

いまこの儀海方をうけつぐ能信との関係については、次の灌頂秘決の奥書によく示されている。

灌頂秘決　一巻

縦四寸八分

正平八年（文和二年）写本、巻子本、欠脱あり、表題下に「開山御筆」とあり。

（奥書）

書本云

建治元年大歳（亥）乙卯五月十日傳之　頼尋

元徳元年十二月三日於武州西郡高幡不動堂弊坊書写了、右此秘決者先師最後対面之時、奉傳授之畢、誠是依数年之懇切令感得之畢　権律師儀海

文和二年十月十二日於武州不動堂、依師主法印御誂、令書写之畢　執筆実快

金剛資能信

文和三年四月十一日於尾州仲嶋郡長岡河東北野真福寺花蔵坊、依師匠厳命佛法弘通[45]

すなわち、この能信のおとずれた元徳元年（一三二九）儀海は高幡不動堂に住していたことが明らかである。

この間、能信は、その前年の嘉暦三年（一三二八）二月二十九日にこの地を訪れて頼瑜の代表的著作の釈論開解鈔・大日経疏指心抄を高幡不動堂で書写し、この年度の頼瑜本の書写は相当数に及んでいる。このことからして能信は親しく儀海のもとにあって、その指導のもとに教学の体得に及んだものと考えられるのである。能信の教学はさきの頼瑜の異相承の虚空蔵院方儀海の影響のもとに、彼は尾張に帰って一寺を建立する決意を固めたともいえる面があるのである。

つぎに能信の教学についてであるが、能信はその教学体系からも、さきの覚鑁や頼瑜の系統を引くものであった。ことに真福寺の「善本目録」の中に頼瑜の釈論開解鈔や、大日経疏指心抄を書写して、その学風を継承していることからも明らかである。そしてそれがほとんど高幡不動堂にあった儀海を通じて嘉暦三年（一三二八）に習学している。そのときの書写本の奥書は次の通りである。

釈論開解鈔第一・五・十三・十八　四帖　縦八寸　横四寸九分

嘉暦三年写本、粘葉装、各表紙に「能信」とあり。

（奥書）

（一）本云弘長三年正月七日此抄第一闕故、依僧正御坊仰重記続レ之了
三宝院末資頼瑜

此本者是最初草本也、文言或乱次第義旨又難詳故、於二中性院坊一重申二精談莚一令二再治一之、具写取畢、蓋論家之肝心学道之目足也、自レ非二我師之聴許一者、何及二他人之披覧一矣

弘安第六之暦仲呂初三之夜、一点燈下五更渉浚記之了　　佛子性脱

文保二年三月廿日奥州陸国小手保河俣宿坊、以二先師法印頼―（瑜）御本一書写畢

三宝院末資儀海

嘉暦三年三月十八日於二武州多西郡高幡不動堂宿坊一、令二書写一畢

金剛佛子能信（マヽ）生年[46]

大日経疏指心抄

（十）　本云

建治二年七月下旬之比、以二傳法會談義之次一記畢　　金剛佛子頼―五十二

永仁三年乙未後二月十五日於二根来寺中性院一、拭二老眼一首尾五十日之間染二禿筆一也

佛子仁恵五十一

徳治二年六月六日於二武蔵国由井横河慈根寺草菴一、酉尅令二染筆一了

願以書写生々世々値遇大師聴聞密教

三宝院末葉金剛資儀海廿八

嘉暦三年七月一日於二武蔵国多西郡高幡不動堂別当坊一、重二交点一畢

金剛佛子能信[47]

ことに頼瑜の教学は「三宝院末資」として、弘長三年（一二六三）六月に醍醐寺の成賢の流れをくむ憲深のもとをたずねて報恩院流を受け、ここで釈摩訶衍論を講じたことに始まる。そこで能信はこれを真先にここで書写している。

この釈摩訶衍論は大乗起信論の注釈として、起信論の五分の旨帰をあらわし、弘法大師はいたるところでこの論を引用し、真如生滅の二門の蘊奥を開き不二果分を示した真言の論蔵であるが、頼瑜は釈論開解鈔を著わし、聖法、法敏、慈行、通法等の唐の注解書を引用し、さらに華厳の法蔵・元暁・慧遠・宗密等の注記を引用し、顕密通論の義を述べて、密教の華厳的理解を紹介することにつとめている。能信も、頼瑜のこの立場を支持し、さきに示した大日経疏指心鈔の加持身説を推しすすめている。

もちろんそれらの書を能信は高幡不動堂より書写して帰ると同時に、嘉暦三年（一三二八）七月には、帰途、甲斐国山梨郡の横根寺に到り、善通寺宥範の大日経疏の注釈書の大日経疏妙印鈔を書写している。能信はこれらの大部のものを書写するにあたって、弟子の尾張房祐禅、讃岐房良勢、寂晴、能金、了金、美濃房能賢等を書写のための弟子としてつれて筆写に及んでいる。そして嘉暦四年（一三二九）再び伊勢国泊浦大里大福寺開山御塔智福寺に泊まり、佛通禅師の残した灌頂秘口決等を書写している。能信は時に三十六歳であった。それらの奥書を示すと次の如くである。

灌頂秘口決中・下　二帖　縦五寸一分　横五寸二分

元徳二年写本、粘葉装、紙数中卅八枚・下四十九枚、各帖表紙に「能信」とあり。

（奥書）

（中）　本云

右此口決本者、勢州多気郡上野御薗安養寺開山佛通禅師御塔頭経蔵被レ納御自筆薄紙切紙巻物也、雖レ然為二永代重秘一易持令三書二写厚紙一云云、于時嘉暦四年己巳三月廿日於二伊勢国泊浦御厨大里大福寺開山御塔

頭智福寺二書写畢　　　執筆金剛佛子能信 生年卅九

（中略）

上件三宝院汀禾必ロン夬〔灌頂秘口決〕上中下三巻、先師佛通禅師大和尚最後御口決也、自門流写瓶付二属上足弟子一之外、於二他門者一以二親昵知音乃至師範等之儀一、更々妄不レ可二見聞書写傳授一而已、于時嘉暦四年四月三日泊浦大福寺住持比丘寂雲敬記

元徳二年歳次庚子正月廿九日於二尾州中嶋郡長岡庄河東徳林寺弊坊一上中下三巻一筆書写畢(48)

三宝院灌頂釈　一巻　縦四寸四分　全長七尺五寸七分

（奥書）

御本云

于時嘉暦三年歳次戊辰九月十三日、於二伊勢国多気郡上野御薗安養寺一、任二開山大和尚御遺命一、当寺長老空然和尚塔主恵吽上人、愚僧寂雲二人同時取出於二先師塔頭経蔵一御印信袋書之小僧五十六才五師御自筆本巴薄紙虚ヲ折ニテ書給レ之也、

于時元徳二年歳次庚午正月廿三日於二尾州中嶋郡長岡庄河東寺嶋徳林寺弊坊一写畢

金剛佛子能信(49)

菩提心論随文正決　七帖

元徳二年写本、粘葉装、紙数各廿五枚前後、各帖表紙に「能信」とあり。

縦七寸五分　横五寸一分

（奥書）

（一）本云

右此書写本者、伊勢国多気郡上野御薗安養寺開山佛通禅師大和尚御塔頭経蔵密宗見聞内云々、而依同国度會郡泊浦御厨内大里瑞雲山大福寺現住長老雲公和尚之厳命、尾州中島郡住金剛佛子能金生年二十五歳于時嘉暦四年大歳己巳三月廿一日、於同処開山御塔頭智福寺書写正校畢、書本雖薄紙巻物為永代易持令書写双紙已下六帖准知之

元徳弐年歳次庚午正月晦日於尾州仲嶋郡長岡庄河東徳林寺学頭房書写畢

釈沙能信(50)

と見えて、能信は佛通禅師の開いた安養寺をふたたびたずね、遺弟の嶺翁寂雲より、佛通禅師の書写した灌頂秘決、三宝院灌頂釈、菩提心論随文正決を寂雲と、長老の空然和尚、塔主恵吽上人、の三人で開山塔より採り出して、尾張中島郡の住人で能信の弟子の能金（二十五歳）にこれらを書写させ、いままでの頼瑜・儀海の教学の最終的な結論を三宝院流の灌頂の解釈に求めている。それは能信がやはり覚鑁や頼瑜の加持身説にもとづき、佛通禅師の禅より見た大日経の新しい解釈、さらには宗性等の華厳教学さらには、醍醐報恩院流の原点である三宝院流の解釈を深めることにより、新しい実践性のある能信の密教の具現にあったと考えられるのである。ことに能金が中島郡の住人であったことも、中島郡の中嶋観音寺の荒廃を改めて、自己の寺院としてまず徳林寺を、ついで真福寺を開こうとしたのであっ

た。ことにこのことは能信上人伝では「寂雲喜二其偉器一、開二蘊奥悉一授二一流要訣一、今称二安養寺方一是也、後世以二是流一為二正系一矣」(51)と能信は真福寺を開くに当って、佛通禅師の安養寺方、さらには、

上人亦思惟、本朝密教傳来一源二流、小派各六家、家説正統、然則不レ渉二諸流者一難レ究二法淵源一、故遊二小野一渉二廣沢一、登二南山一赴二東武一、謁二郡(多西脱カ)高幡不動堂虚空蔵院儀海和尚一、探二中性一流之源底一、今吾寺称二武蔵方一是也、自レ是欲二密法流傳之繁殖一、草二創真福寺一、張二講莚一教二諭諸徒一、不レ怠二三密瑜伽観(勤)行一、四来随レ化望レ風、門葉日蕃衍矣(52)、

この能信の開いた真福寺では小野流、広沢流、武蔵方をとき、とくに東海地方への教線の伸長をはかった武蔵方を学ぶことに、能信が最も関心のよせたことは、前に述べた通りである。そしてそれらが基盤となって真福寺の教学が能信によって樹立されたのである、それはまた能信のたどって来た道であったのである。

正中二年（一三二五）七月二十二日能信は誓を立て、能信・聖真・寂法・是円が起請して、「前住東福佛通禅師佛法顕密等御所談、殊大日経疏見聞聞書抄物等、有二當御流信仰一、法器付二嘱門弟子一立二御法蔵一可二弘行一」(53)と佛通禅師の法脈をまもることを誓っている。また康暦三年（一三八一）二月二十一日の密宗付法についての注進状にも、真福寺の法流は「玄慶・頼瑜再法印門跡相承大事、(中略)隆恵・定超両人所傳之口決」等、さらには「根来寺相承之内西南院方、蓮蔵院方、三宝・理性一通口決、及獄西院口決」(54)等が能信より信瑜にゆずられて法脈を継承していることは、それ自体能信の教学体系であったことを示すものに外ならない。そしてすなわちこの寺では能信上人の教学体系に従い仏通禅師系、頼瑜の根来寺系、さらには醍醐三宝院・報恩院系が真福寺の教学の中心をなすものとなったのであったのである。

（1）開山遺言敬白文、貞和五年二月十四日（宝生院文書）
（2）宝生院由緒書（真福寺善本目録）
（3）真福寺列祖伝上（宝生院文書、『愛知県史』別巻、二七七頁）
（4）同右（同右、二七八頁）
（5）続日本紀第一、文武天皇二年十二月二十九日条
（6）同右第二十七、天平神護二年七月二十三日条
（7）同右十七、天平勝宝元年四月一日条
（8）同右十七、天平勝宝元年四月五日条
（9）多度神宮寺伽藍縁起資財帳（平安遺文㈠、二〇号）
（10）元亨釈書十二、忍行（大系本）一八九頁
（11）大山公淳『神仏交渉史』一二頁参照
（12）平岡定海『日本寺院史の研究』四七九頁
（13）続日本後紀第八、承和六年正月二十六日条
（14）民部省符案（平安遺文㈠、七六号）
（15）伊勢大神宮司解案（平安遺文㈠、二四二号）
（16）竹内理三『寺領荘園の研究』三八八頁
（17）清原貞雄『神道史』七四、七五頁参照
（18）官宣旨案（平安遺文㈣、一六四六号）
（19）東宝記七、僧宝上、定額僧、承和四年四月五日条
（20）続日本後紀第九、承和七年十二月七日条
（21）官宣旨案（平安遺文㈢、一一二八号）
（22）官宣旨案（同右㈥、二五二〇号）

(23) 沙石集第一、太神宮御事（日本古典文学大系本）五九頁、梅田義彦『僧徒の大神宮崇拝史』五三―六〇頁
(24) 即身義抄下（奥書）（真福寺）〔善本目録続一六〇頁〕
(25) 寛琳六巻次第（同右）〔同右四二五頁〕
(26) 真福寺列祖伝（真福寺本）
(27) 安養寺条々（東福寺誌二一三頁）
(28) 同右
(29) 同右
(30) 安養寺定置（同右二二六頁）
(31) 大日経見聞（真福寺）〔善本目録続二〇頁〕
(32) 真福寺善本目録続輯（黒板勝美編）
(33) 『興教大師全集』（上）八〇三頁、櫛田良洪『覚鑁の研究』二九五頁
(34) 御遺告第十二（大正蔵七七、二四三一、四一一頁）
(35) 根来要書（中）、長承三年六月十九日、一ヶ条申文。櫛田良洪前掲書、一七八頁
(36) 百錬抄十五（大系本）仁治三年七月十三日条。櫛田良洪前掲書、四二六頁（二、大傳法院の焼失の章参照）
(37) 櫛田良洪前掲書、四六八頁
(38) 大日経疏指心鈔第二（大正蔵五九、五九四頁）。栂尾祥雲『秘密佛教史』三〇四頁
(39) 吾妻鏡第二十五、承久三年八月二十一日条
(40) 伝燈広録中、醍醐山二十八代座主平等心院大僧都光宝伝
(41) 大日経疏指心抄（真福寺本）〔善本目録続二七頁〕
(42) 瑜祇経拾古鈔（同右）〔同右続一二五頁〕
(43) 秘蔵宝鑰巻下（同右）〔同右続一五二頁〕
(44) 明月抄（同右）〔同右続四二五頁〕

(45) 灌頂秘決（同右）〔同右続三四三頁〕
(46) 釈論開解鈔（真福寺）〔善本目録続五七頁〕
(47) 大日経疏指心鈔（同右続三〇頁）
(48) 灌頂秘口決（同右続三四二頁）
(49) 三宝院灌頂釈（真福寺）〔善本目録続三二八頁〕
(50) 菩提心論随文正決（同右続一三四頁）
(51) 真福寺列祖伝上（『愛知県史』別巻、二七七頁）
(52) 同右
(53) 能言上人御誓状、正中二年七月二十二日（宝生院文書）
(54) 密宗附法事、康暦三年二月二十一日（同右）

四　真福寺の成立

真福寺の成立については、能信上人伝では、正平五年（一三五〇）十二月十三日と述べている。

草二創真福寺一、張二講莚一教二論諸徒一、不レ怠二三密瑜伽観(勤)行一、四来随レ化望レ風、門葉日蕃衍矣、其徳不レ孤遂達二天聴一、正平五年臘月十三日、恭蒙二勅願宣旨一、口宣于今伝而在於寺、建二巨藍一給二封戸一、帝渥遇超二当時一、先是真福草創、(1)

それは宝生院文書の中に、

御祈禱事、殊可レ被レ致二精誠一者、天気如レ此、仍執達如件、

正平五年十二月十三日　　左中弁兼有（花押）

能信上人(2)

この後村上天皇の勅願所になったことをもって草創と考えているが、能信の著書の奥書より見てみると、真福寺の成立以前に徳林寺が存在している。すなわち能信は菩提心論随文正決を元徳二年（一三三〇）正月晦日に「尾州仲（中）嶋郡長岡庄河東徳林寺学頭坊」(3)で書写していることで判明する。この徳林寺は、すなわち能信の最初の教学推進への根拠地となったところである。それは声字義私聞書の奥書にも、

建武五年壬七月廿四日於尾州長岡庄徳林寺御談議畢、

能信四十八歳　能秀廿八歳

已上所化三十余人此中上足三人聖真御房（四十五歳 筑前国秋月郡）浄円御房　書聞衆十余人大進兵部
賢勝御房（三十五歳）

産弥寺住僧（卅八歳）
佐立（卅一歳）　円釈（卅一歳）　明教　賢真（信乃之）　道勝　賢覚（上総之）　円空　彦性　大夫　伊与　聖意（遠江之）

良意　淡路等也

已上打集聖真御房云々(4)

と見えて、徳林寺学頭坊には若い学僧が三十余人止住して、能信上人の経論の談議を書きとめ流派の研鑽に従事していたことがわかる。この徳林寺については、私は元徳二年（一三三〇）以前を以て成立したものと考える。しかしこの所在地の長岡庄は絶えず木曽川の流れの移動により不安定な地域で、河を下って東海や伊勢へ出発するのには便利であるが、大きな伽藍を形成することには無理があった。そして徳林寺の位置も、元徳二年（一三三〇）には長岡庄寺嶋とか、延元元年（一三三六）には大須庄寺嶋と称して、(5)尾張・美濃の境界にあり、また長岡・大須の両庄の地域の変動

によって地名を時に異にしている場合も見られるのである。

つぎに真福寺として宝生院文書に出てくるのは、元弘三年（一三三三）十月十八日の沙弥妙泉の寄進状からである。

奉寄進　　真福寺

尾張国中嶋郡長岡庄河東西方郷内逆松名田畠事

合

一所四段五十歩在所界

一所弐段内壱段ハ寄進　壱段ハ真福寺本堂地替

右、田畠者、依レ為二沙弥妙泉重代相傳一、為レ奉レ被レ訪二一親菩提所一奉レ寄二進北野真福寺一也、但於二万雑公事一者、停二止之一畢、若背二此之旨一、於下致二違乱煩一輩上者、可レ為二不孝之仁一、仍奉二寄進一之状如レ件、

元弘三年癸酉十月十八日　　沙弥妙泉（花押）(6)

この文書に於て、真福寺本堂の建立用地が示され、建武三年（一三三六）にはまた北野宮寺護摩堂、および僧坊敷地と見えている。(7)そしてこの護摩堂には五大明王が安置されていた。(8)

この初期の真福寺の堂宇については、すべてを明確にすることは不可能であるけれども、応永八年（一四〇一）の源光家の寄進状では、

奉寄進

真福寺燈油料田畠事

合三段六十歩畠二反大　坪付有二別紙一

右志者、偏為二毎夜常燈日々供養法一、年始修正、毎年八箇度護摩并涅槃會、毎月三堂御縁日燈明、依レ有二大願意趣一、永代所レ奉二寄進一状如レ件、

應永八年十二月　日　　秋江　源光家(9)

ここに三堂とあるのは、本堂、護摩堂、北野天神をまつる堂宇を指すと考えられる。

また僧房については、能信の宝生院をはじめ花蔵坊（信慶）、金輪坊、法輪坊、多門坊（能秀）、大智坊（良賢等）が奥書に見えているが、康永三年（一三四四）二月七日、宝生院が炎上したときののちの真福寺八坊については、この年次の寺領の公事次第を決定するに当って、「一番、律蔵坊、二番、大智坊、三番、多門坊、四番、花蔵坊、五番、金輪坊、六番、密厳坊、七番、禅定坊、八番、宝生坊」(10)の八番を決め、この寺のなかの八坊の存在が見られる。

その規模は中世に於ては中央大寺院のような大きな規模でなく、それぞれの坊では学問を中心に、庶民の供養等も行っていたと考えられる。しかしその中でも宝生院は開山上人能信の住坊であった関係上、この寺院の中心の塔頭となった。

ここで注目しなければならないことは、真福寺が、「長岡庄北野真福寺」あるいは「大須荘北野真福寺」と称し、北野の地名を付していることは、長岡庄河東西方郷の地に領家により北野天神が勧請されたことに起因している。

（烏丸三位入道）
（袖判）

奉寄進　長岡庄河東西方郷内新田事

合　壱段者

右、北野天満大自在天神者、四海第一之霊社一天無双之聖廟也、依レ之奉レ遷二本社之尊躰一崇三敬当庄之郷一内、奉

レ為二天長地久本家領家御祈禱一所レ被二寄進一也、仍状如レ件、

元亨肆甲子年三月　日　　左衛門尉藤原信直(11)（花押）

この文書により、元亨四年（一三二四）に、領家烏丸三位入道により長岡庄西方郷内に天満宮が勧請され社殿が建てられ、この西方郷が北野と称されるにいたったのであるが、そののちこの北野社は元亨三年より四年にかけ馬場、社殿が設けられ、社僧が補せられ、(12)地頭佐々木信貞もこれに新田を寄せている。

この間はまだ能信は甲斐国横根寺等にあって、長岡庄内の寺嶋の徳林寺に住するのは元徳二年（一三三〇）からである。そして建武三年（一三三六）三月に地頭代左衛門尉基縄は、西方郷内の田畠二反を「当庄天満天神幷護摩堂、永代所レ奉二寄進一御祈禱可レ被レ致二精誠一之者也(13)」と北野社と護摩堂に田地を寄せていることは、さきの元弘三年（一三三三）の妙泉の寄進状に真福寺とあり、また能秀の建武四年（一三三七）正月二十八日の金剛頂経開題の奥書に「長岡庄大須郷真福寺(14)」と見えていることから、元弘三年より建武四年までの間に真福寺が建立され、能信上人の進出が、まず寺嶋の徳林寺にはじまり、ついで河東西方郷に寺地を得て、そこに領家により勧請されていた北野天神社の中に五大明王を安置する護摩堂を建立し、さらに能秀等の弟子に多門坊等を建て、能信は主として徳林寺で三十余人の弟子達に講義をつづけていたと考えられる。しかして建武五年（一三三八）に真福寺内に大智坊ができてしだいに坊が増えていった。そして真福寺はまた北野の天満宮の神宮寺となってゆくことにより、北野社を寺内の鎮守として包括していったのである。

そしてそこに能信上人を中心として、新義真言宗の拠点として地歩が拡大して行くとともに美濃国の守護の土岐頼遠も祈禱所としてその存在を認める結果となった。

尾張国大須庄内真福寺、徳林寺於両寺者祈禱事申付訖、一族家人幷美濃国地頭御家人甲乙人等、不可致乱妨狼藉、
若有違犯之輩者、可処罪科之状如件、

暦應四年十月廿五日　　　　頼遠（土岐）（花押）

浄泉御房(15)

ここに於て、私は真福寺の成立は元弘三年より暦応四年までの間に完成したと見るべきで、それには能信上人の教学的な基礎と、能金、能秀等弟子の中島郡内に一寺を建立しようとする必死の努力が重ねられた結果であると理解することができると考えるものである。

そして正平五年（一三五〇）には、南朝勢力の伊勢・東海地方への進出につれて、能信上人の伊勢大神宮の帰依や、儀海和尚の伊勢信仰の影響を受けて、南朝の祈願寺としての地歩を得て発展しようとしたが、能信上人は文和三年（一三五四）閏十月二十五日に六十五歳の生涯を終え、入滅した。そして遺言により信瑜大徳を住持として真福寺の今後の進展をはかることになった。

いま能信上人の自筆の遺言敬白文によると、入滅に際して、次のことを定めている。

敬白
両部海會師資相承之聖教、佛具本尊等道具一期之後、奉ㇾ施㆓三宝諸天一期間之法談経㆒、自利々他之善根最少、奉ㇾ廻㆓向両部之諸尊㆒、五大明王依㆓此功㆒者、奉ㇾ廻㆓向孝養父母㆒奉ㇾ仕、祈　長殊（ラクバク）為㆓善知識之互縁信慶幽霊㆒、別以㆓其余稟之善根㆒者、能信為㆓浄刹之往生㆒、兼又雖㆓難ㇾ定有代之依㆒ㇾ身、寺聖教、但奉ㇾ属㆓聖真阿闍梨㆒、其後郷房信空為㆓法器㆒者可ㇾ被ㇾ属候、

一、新書写之五大明王奉レ属二聖真阿闍梨一、
一、古佛不動年来所持之本為レ奉属二信瑜一、
一、護摩壇之鈴三杵奉レ属二性瑜御房一、
一、四大明王奉レ納二入護摩堂一、
一、坊内之雑具可レ付二當坊一候、
右於二此義違背輩一者、不レ可レ為二愚僧能信弟子一候、
貞和五年二月十四日　　能信（花押）
新書写不動尊与大師御影并　　鈴一口
信禅法師奉二譲与一也、能信（花押）[16]

ここで能信は、真福寺の五大明王と聖教を弟子の聖真阿闍梨に、念持佛の不動明王（古い伝来を有するもの）を信瑜に、護摩堂の鈴・三杵を性瑜に、新写の不動明王の画像は、鈴を付して信禅に譲っている。このように教相面は聖真に、事相面では信瑜、性瑜、信禅に伝えることを遺言しているのである。

そして真福寺は宝生院を中心に教学を振興し、護摩堂で祈禱を行い南朝の祈願所としての地歩をきずいた。

ことに正平三年（一三四八）長岡庄の地頭職を観心寺に寄進されると共に[17]、正平五年（一三五〇）真福寺の能信上人に対して後村上天皇より祈願所としての地位を与えられた。これは長岡庄が南朝の勢力に入り、醍醐寺の文観が観心寺を興隆しようとしたこととも通じ、宝生院の能信また伊勢信仰より醍醐方に深いつながりが、先に述べたごとく教学的に存在したため、南朝の祈願寺となることにより真福寺の基礎がしだいに固まっていったと考えることができるの

である。このことはまた後村上天皇の血を引く土御門任瑜法親王がのちにこの寺に在住することになってその基礎をいよいよ確立することが出来たのである。

つぎに真福寺の寺領については、長岡庄内の西方郷、大藪郷等の散在田を中心とする初期に於ては小規模のものであったが、次第に寺の盛大となるにつれて拡大していった。

そして真福寺の末寺には真光寺、観音寺、安徳寺、および越前国性海寺が見られるが、真光寺は長良川の対岸、長岡庄河西堺方郷に存在し、領家の祈願寺として、嘉元年間には護摩堂も建立されていた。

また観音寺は大榑庄の勝村郷に貞和年間に成立し、鵜森神社の神域に近かったので、郷内の鵜森大明神の神宮寺として発展した(18)。

然るに延文五年（一三六〇）に大洪水があって鵜森大明神社の神社の脇、東の河西、鳥居の西より堤が切開し、百姓逃散の時、ひとり観音寺の住職宥恵「堤入眼、洪水退散」の祈禱を行った。それは中世に於ける在地性の強い地方寺院が屢々経験したことであろうが、寺領の細少にも拘らず、その宗教的、咒術的威力は未だ人々が神佛に依存することが多い中世農村に於ては、このような宥恵の如き態度は、その寺院の経済的基礎を確立する上にも大きな役割を果したと考えられる。そのことは次の文書に示されている。

寄進　大榑庄勝村郷観音寺佛正(聖)燈油料田畠事

合安清名内三分二田畠壱丁二反小者

右当寺御寄進子細者、当郷堤去延文五年八月日大洪水之時切畢、宮後乃脇所東河面一所鳥居西一所已上三箇所依レ令二破損一百姓等多分令二逃散一適相残田畠成二荒野一云云于レ時観音寺住宥恵大徳為堤入眼依レ致二御祈禱之精誠一所レ有二御寄進也、然又此田畠元者雖レ為二百姓七郎入道之名一、彼仁依レ令二逃散一同成二荒野一、剰三永代于二当寺一有二御寄進一上者、自今以後不レ可レ有二子細一、是偏為二佛法興隆一也、早可レ被レ致二本家領家御祈禱一之由、依レ被レ仰(カ)二寄進一之状如レ件、

康安二年六月一日　　預所沙弥実阿(19)

かくの如く、堤が屢々修復されたが一向にはかどらない時、宥恵の堤成就の祈禱の功力により完成出来たということのために、逃散荒廃の地、百姓七郎入道名の安清名一丁二反の土地を寺領として寄進された。

この宥恵は文和二年（一三五三）に儀海より「二所皇太神宮麗気灌頂印信」を受け、明らかに習合的修業を経て、観音寺の住持職に任ぜられたものと考えられるのである。それは観音寺が神宮寺として、真福寺の場合と同じく習合的発展をなすことが出来たと考えることが出来るからである。

また真福寺の末寺であった長良川沿岸の堀津北方郷安徳寺も、薬師堂を中心として成立し、貞和三年（一三四七）真福寺が、その住持職を管領することに依て末寺化した。

（端裏書）「堀津安徳寺寄進状　河津殿」

尾張国堀津於北方郷内安徳寺号薬師堂、住持職事、可レ有二御管領一之状、如レ件、

貞和三年十月　日　　左衛門尉（花押）

真福寺長老(20)

しかし、この寺の末寺は尾張国内にもこの他に多く散在して、那古屋安養寺等も末寺であったと考えられるが、明確な関係は判明しない。けれども真福寺の繁栄せる時には相当遠方にも末寺が存在したことがうかがわれるのである。

真福寺善本目録「五教章視聴記」の表紙及奥書によると、

（表紙）

越州三国湊性海寺事、永代可レ為二当院之末寺一契約見二此巻之奥書一古昔当院之繁栄可レ知云云

栄順誌

（奥書）

長禄四年庚辰閏九月廿三日、於二越前国三国湊性海寺一、令二再治一畢、爰当寺尾州大須真福寺ノ開山能信上人御弟子花蔵坊方宗信依レ有二子細一当国下住二當寺一則開山也、空信、恵範三代相続而既癈絶、近代住持秀明房頼済也、是又早逝畢、而間永代可レ為二真福寺宝生院末寺一之由、依レ有二契約一為二一見一下着、（以下略）

真福寺住持沙門任舜(21)

この奥書によって長禄年間（一四五七〜）までの間、越前国の三国湊の性海寺を真福寺が末寺として支配していたことが判明する。そして末寺形成の過程が、開山上人との法系のもとに形成され、それが、後には塔頭の末寺と化して行くのであって、その経営も遠方地が一度相続者が廃絶すれば容易に再興されないことも、その一つの特質であろう。故に末寺支配の場合には近在地に主力がそそがれてくるのは当然の結果であった。このことについて、塔頭が末寺を支配した形式は、同国妙興寺の場合でもつぎに述べるところであり、中世寺院の一つの支配形態であったものと考えられるのである。真福寺の場合も八坊あったが、その実際的力を発揮し、専ら本寺運営の中心勢力となったのが宝生院であった。故に性海寺の場合も必然的に宝生院の末寺化することになったと考えられるのである。

以上の如く真福寺が長岡庄のなかにあって成立し、能信上人の学頭坊として宝生院が高い地位と多くの蔵書をかかえて、真言教学の東海地方の拠点として成立し栄えていったことを論究したのであるが、この寺も、公家勢力の没落

と衰退にかかわり、在地武士団が擡頭するや、その保護者を、これら現地武士群に切りかえることによって、寺院の発展を維持したのであった。しかしその現地武士も、同一武士団が長く勢力をもっていたわけではなく、そこには勢力の消長があった。そしてその度毎に勢力ある武士群と巧みに結び、南北朝から室町時代へと、寺院の発展をはかったのであった。ここに地方寺院の発展の一つの方向がうかがえるのである。

(1) 真福寺列祖伝上（『愛知県史』別巻、二七七頁）
(2) 宝生院文書（同右）
(3) 菩提心論随文正決（真福寺）〔善本目録続一三五頁〕
(4) 声字義私聞書（同続一五九頁）
(5) 薄草子口决（同右続三九四頁）
(6) 沙弥妙泉寄進状、元弘三年十月十八日（宝生院文書）
(7) 預所阿闍梨実観寄進状案、建武三年二月二十九日（同右）
(8) 僧慶円寄進状、建武四年六月十八日（同右）
(9) 源光家寄進状、応永八年十二月　日（同右）
(10) 真福寺八坊古証文（宝生院文書）
(11) 左衛門尉藤原信直田地寄進状（宝生院文書）
(12) 沙弥信悟畠地寄進状、正中元年二月二十五日（宝生院文書）
(13) 左衛門尉基縄田地寄進状、建武三年三月　日（同右）
(14) 金剛頂経開題（真福寺）〔善本目録続一八三頁〕
(15) 土岐頼遠書状、暦応四年十月二十五日（宝生院文書）
(16) 開山遺言敬白文、貞和五年二月十四日（宝生院文書新(2)八七号）

(17) 観心寺文書、北畠親房御教書(大日本古文書一〇一号)正平三年八月二十二日条
(18) 禰宜氏真寄進状、観応三年六月一日(宝生院文書)
(19) 沙弥実阿寄進状、康安二年六月一日(同右)
(20) 安徳寺住持職寄進状、貞和三年十月日(同右)
(21) 五教章視聴記奥書(真福寺)〔善本目録続四三三頁〕

第二節　尾張国妙興寺の成立とその寺領

一　尾張国に於ける禅宗寺院の展開

妙興寺は愛知県一宮市大和町妙興寺にある尾張国に於ける臨済宗の巨刹である。伽藍は総門、勅使門、放生池、山門、佛殿が一直線に配置され、この寺を創建した開山は円光大照禅師、すなわち諱は宗興、字は滅宗と称した。そして創建は貞和四年(一三四八)から貞治四年(一三六五)まで十八年の歳月を要し、禅師の三十九歳より五十七歳に到る間にあたっている。

私はここで中世の禅宗寺院、なかでも臨済宗寺院の成立について、この寺院を中心に述べてゆくこととする。

もともと尾張国における佛教寺院は、平安期では天台・真言の二宗の寺院が盛んであったが、天台宗寺院はなかでも春日井郡に集中し、真言宗寺院は中島郡を中心として分布していた。鎌倉期には一向宗・時宗・日蓮宗等が進出してくるにつれて、禅宗の臨済宗は中島郡とその北部に、曹洞宗は知多郡、葉栗郡、丹羽郡、愛知郡にそれぞれ地盤を

第15表－a　尾張国寺院時代別一覧〔尾張志〕

時代＼宗派	天台	真言	臨済	曹洞	浄土	一向	日蓮	その他
平安時代	10	6						
鎌倉時代	8	5	4		7	17	3	2
吉野・室町時代	1	8	16	35	7	15	6	4
戦国時代	2	10	25	112	42	104	16	2

第15表－b　尾張国臨済宗主要寺院一覧

寺名	開山	開基年代	所属
長母寺	無住一円	弘長３年	聖一門下
円光寺	〔南浦紹明〕滅宗宗興	建武２年	大応門下
妙興寺	〔南浦紹明〕滅宗宗興	貞和４年	大応門下
定光寺	平心処斉	延元元年	壺福林夋徳瓊禅師法嗣
瑞泉寺	〔無因宗因〕日峯宗舜	応永22年	大応門下
光音寺	悟渓宗頓	（永享年中）	大応門下

占めている。その時代別の寺院数は上表の通りである[1]。

　このうち鎌倉期の禅宗寺院は東春日井郡篠木村の天台宗密厳院に明菴栄西が入り天台・真言・禅の三位一体論を提唱して葉上流を樹て尾張国に禅宗を導入した。そののち円爾・大恵・空然を経て慈明尊秀にいたり、この院を中心に尾参勢に大いに化門を張った。徳治年間には尾張国に東福寺派が先ず入って、弘長三年（一二六三）中部の天台宗の廃刹であった長母寺を興して教線を拡大して次第に禅宗のなかでも臨済宗が盛んとなっていった。いまその関係の寺院名を示すと上表のごとくなる。

　そこでは無住一円がまず長母寺を興したのち、建武二年（一三三五）になって南浦紹明派の滅宗宗興は国衙の近くの中島氏の故地に円光寺を、つづいて、貞和四年（一三四八）に荒尾宗顕の所領を基盤として妙興寺を建てた。そして大応門下は尾張の南西部に栄え、つづいて瑞泉寺、光音寺等も成立していったのである。

ことに尾張国の知多半島の荒尾郷より出た荒尾宗顕・泰隆は単に滅宗宗興の妙興寺成立に助力を与えたのみならず、自己の一族より無因宗因をも出しているほど禅宗の発展に寄与した。この宗因は九歳で上京して東山天潤菴の授翁宗弼に師事してのち妙心寺の第三祖となり、応永十七年（一四一〇）六月遷化したが、その弟子の日峯宗舜は尾張をおとずれて、また同二十二年弟子の玄瑞をして犬山に瑞泉寺を建て宗因もまた開山となった。(2) このように臨済禅は国中に弘まって室町末期には旧宗でこの宗に改宗する寺院が相継いだのである。

(1) 尾張志、『愛知県史』第一巻、第三期守護時代、第四章佛教各宗の発展、三三三頁〜三三六頁

(2) 扶桑禅林僧宝伝正法六祖伝

二　妙興寺の成立

1　妙興寺と荒尾氏

つぎに妙興寺を創建した滅宗宗興については、享徳二年（一四五三）の無隠徳吾の筆になる、妙興開山円光大照禅師行状では「師諱宗興、字滅宗、尾州中嶋郡人、其ノ先ハ嵯峨天皇第十二子、河原院也、以延慶三年庚戌歳生於源氏、天姿秀発異于常児」(1)とあって、嵯峨源氏の末流に属し、平安末期頃まで尾張国中島郡に土着していた中島氏を出自としている。父は覚阿といい、母は勝観といわれている。父の墓誌銘では「迎接院殿一奇覚阿大居士石塔　貞治五年三月十五日、開山円光大照禅師之父中島蔵人也」、母は「十梅院殿慈海勝観大姉石塔　暦応元年三月二十九日、開山円光大照禅師之母」(2)と見えてその出自は国衙の在庁官人であった中島氏より出ている。元応二年（一三二〇）四月三日の中島正介沙弥承念譲状案では「譲渡所領注文事、合尾張国大介職」と見え(3)、また文和二年（一三五三）の妙興寺の寺領目録によると、正介分として於保、佐賀里、暗水里等を、また中島宗笠分、中島新蔵人祐俊分等も含まれて初期の妙興寺領が形成されているが(4)、その動機は開山の滅宗宗興が、この国衙の大介であった中島氏の出身であったことによるものである。

この尾張国衙は現在の中島郡国府宮村大字松下にあたり、この国衙領については弘安五年（一二八二）の国衙領田畠注文によると千竈郷（愛知）・三宅郷（中島）・拝師郷（中島）・石作郷（中島）・尾塞郷（中島）・三和郷（中島）・草部郷（中島）・河崎郷（中島）・穂積郷（丹羽）等の諸郷を含む地域である。(5)

この尾張国国衙領はこの弘安五年（一二八二）の注文の奥書に「右件田畠者、依レ為二国衙一円進止之地一、為レ被二庄号于浄金剛院御領一注進言上如件」とあって、鎌倉時代には浄金剛院領に属していた。この浄金剛院とは後嵯峨上皇が康元元年（一二五六）十月二十五日に嵯峨の上皇の御所を浄金剛院として改め落慶供養をおこなった。(6)この院は道観上人を長老として浄土宗を中心に、その金堂は四天王寺をうつして多宝院をこの院の中に建てられてこの浄金剛院に寺領を寄せられた。

橘大后の、むかし建てられたりし檀林寺といひし、今ははゐして、礎ばかりになりたれば、その跡に、浄金剛院といふ御堂を建てさせ給へるに、道観上人を長老になされて、浄土宗をおかる。天王寺の金堂うつさせ給ひて、多宝院とかや建てられたり、川に臨みてさじき殿造られる。大多勝院と聞ゆるは、寝殿のつづき、御持佛するゐ奉らせ給へり。かやうの引き離れたるみちは、廊、渡殿、そり橋などをはるかにして、すべていかめしう三葉四葉に磨きたてられたる、いとめでたし。(7)

そして尾張国国衙領もこの院の寺領の中に含まれたのである。またこの浄金剛院領は後嵯峨上皇より皇后の大宮院に伝領され、さらに亀山上皇より昭訓門院へ、また後醍醐天皇へと伝領され、この地域に南朝の勢力が伸びて来たのである。そしてその勢力は美濃国よりこの地方に拡大されたが、それに対して熱田社領は持明院統の所領に属した。

この尾張国衙領で国人層として勢力を占めていた土豪の中島氏は、承久の乱に中島宣長が出て朝廷方となったので、一時その所領が幕府より没収されることもあったが、愁訴して延応元年（一二三九）に屋敷田畠を返納され、その地を守ることができた。(8) この宣長の子孫は代々「中島蔵人」と号し在庁官人となって、その所在地は現在の一宮市萩原町中島北方北浦二六二にある小高い丘を居館として住し、室町末期には中島城をきずいたといわれている。

それ以前の元応二年（一三二〇）には中島正介承念は尾張国大介職を相伝して国衙の近くに中島屋敷をかまえて居住し、その所領は国府周辺より、美濃国多岐庄までも所有していた。そして妙興寺を開いた滅宗宗興はここの中島氏より出自している。その行状記によると、その出生のときのことは、

師諱宗興、字滅宗、尾州中嶋郡人（中略）、師父謂二石作宗意（柏庵）一曰、若生二男子一与レ意、得麽、意笑曰、雖二未生前約諾一、若然須為二大應国師（南浦紹明）徒一矣、然後意復還二関東一、(9)

すなわち滅宗宗興は最初中島郡石作郷をおとずれた柏庵宗意のもとに父の意志により弟子となった。宗意は南浦紹明（圓通大應国師）の弟子で塔銘にも「度する所の弟子、宗雲、宗意等千有余人」(10)とある。この宗意については竺僊梵仙の天柱集雑著の中の天原菴之記に、

相陽の巨福山建長禅寺は、海内第一の蘭若たり。其の十二世圓通国師、号は南浦、諱は紹明。当山に示寂して闍維の後、二十余載を越ゆ、徒衆之れ多しと雖も、能く其の宅兆を卜して其の霊骨を安措する莫し。為さざるに非ざるなり、力及ばざるなり。徒の内に、宗意、字は柏庵と曰う者あり。寺の大耆旧と為り、且つ都聞の職を掌し、兹に念じ兹に在らずということ莫し。故に、嘗て寺の宅処に搭するや、然も地窄くして美ならず、夫の出入の径路の与めに行履に便ならず。内外彼我、其の憂に堪えず。其の事を以て朝廷に聞す。建武の初め詔して兹の地、並びに天源禅菴の額を賜う。（中略）是に於て木を削り石を伐り、堂室を精構し、床座臥具、備わらざる所靡し。

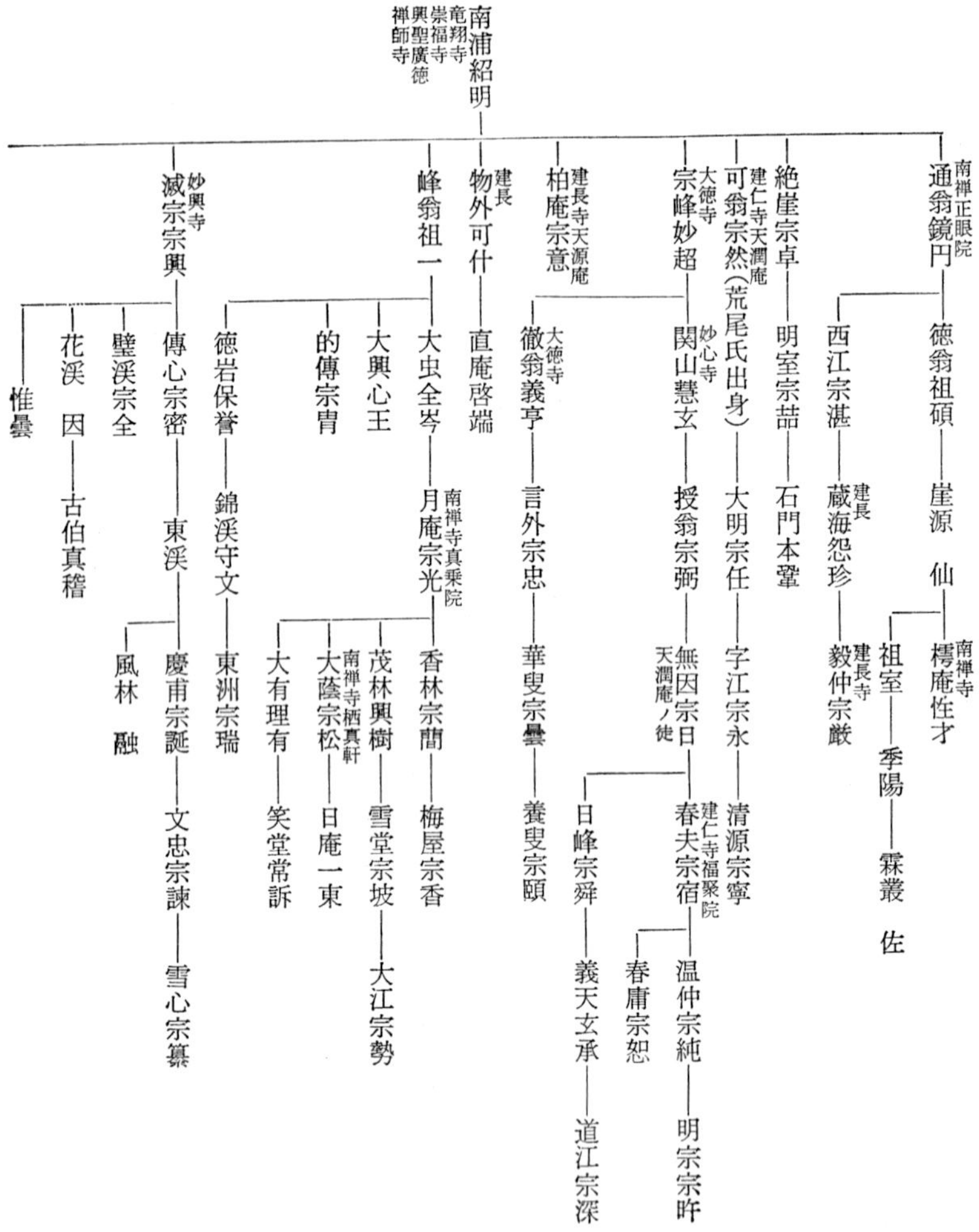
南浦紹明
竜翔寺 崇福寺 興聖廣徳禅師寺
(南禅正眼院)通翁鏡円—徳翁祖碩—崖源　仙—(南禅寺)樗庵性才
崖源　仙—祖室—季陽—霖叢　佐
通翁鏡円—西江宗湛—(建長)蔵海怨珍—(建長寺)毅仲宗厳
絶崖宗卓—明室宗喆—石門本翟
(建仁寺天潤庵)可翁宗然(荒尾氏出身)—大明宗任—字江宗永—清源宗寧
(大徳寺)宗峰妙超—(妙心寺)関山慧玄—授翁宗弼—無因宗日(天潤庵ノ徒)—(建仁寺福聚院)春夫宗宿—温仲宗純—明宗宗昨
春夫宗宿—春庸宗恕
無因宗日—日峰宗舜—義天玄承—道江宗深
宗峰妙超—(大徳寺)徹翁義亨—言外宗忠—華叟宗曇—養叟宗頤
(建長寺天源庵)柏庵宗意
(建長)物外可什—直庵啓端
峰翁祖一—大虫全岑—(南禅寺真乗院)月庵宗光—香林宗簡—梅屋宗香
月庵宗光—茂林興樹—雪堂宗坡—大江宗勢
月庵宗光—(南禅寺栖真軒)大蔭宗松—日庵一東
月庵宗光—大有理有—笑堂常訴
峰翁祖一—大興心王
峰翁祖一—的傳宗胄
峰翁祖一—徳岩保誉—錦渓守文—東洲宗瑞
(妙興寺)滅宗宗興—傳心宗密—東渓—慶甫宗誕—文忠宗諫—雪心宗葉
東渓—風林　融
滅宗宗興—璧渓宗全
滅宗宗興—花渓　因—古伯真稽
滅宗宗興—惟曇

天室龍受
- 龍倫
- 龍珂
- 龍吉
- 龍範
- 無隠徳吾―虎渓徳耽
- 進叟性勝―瑞蓼祖慶
  - 性悟

像設を尊厳して、生けるがごとくに之に事う。獲て蒸嘗の礼を為すに至っては、其れ猶先王の制に、宗廟有るがごとし。(11)

と見えて宗意は大応門下の俊才で、建長寺内に天源菴を開いて化門を張っていた。この宗意が尾張国をおとずれたとき中島蔵人の子の宗興をあずかり弟子となしたのである。そののち滅宗宗興は七歳で中島観音堂に入り、四書五経を光明寺良澄より学び、十九歳で円興寺で薙染受具し、先の宗意のもとをおとずれている。行状では

相陽建長寺天源菴、具陳二未生以前事一、意一見器許、意者国師上足、号二柏庵一、師便受レ業、親炙数歳、而掛二錫建長寺一、師忽辞レ意、意曰、我昔三度入唐、保二護国師頂相一、無レ恙帰朝、我門中輩、雖レ有下乞二此頂相一者上、余遂不レ許、見レ公宿契不レ浅、便付二頂相一、以為二法信一、師得レ之、晨昏炷礼、遂一香嗣二国師一、後還至二本国一、貞和四年戊子、師年四十有一、創二建妙興寺一、(12)

はじめ四十一歳まで宗興は柏菴宗意のもとにあって禅学にいそしみ、その間に南浦紹明の頂相を受け、妙興寺創立の基礎をきずいたのである。

この滅宗宗興の師事した南浦紹明の大応派は、その大半が五山派より離れ、この一派は自由な活動をしていた。この大応派ははじめ筑前国博多と京都の龍翔寺より、のち後醍醐天皇のあつい帰依をうけていた紹明の高弟の宗峰妙超を開山として大徳寺を開き、元弘二年（一三三二）十一月一日には一躍五山の一に列せられ、大覚寺統と密接な関係を帯びていた。(13)

南浦紹明は一代の間に四度も法筵を移しながらついに一寺をも開くことなく、その禅は、その師虚堂智愚（一一八五—一二六九）よりの直伝で楊岐、円悟の正脈を伝え、雲門禅の再興をはかって、禅師は棒喝亜流の死禅を求めた。詩偈遊戯の文字に堕さないで醇乎たる純禅を中国に求め、南宋禅林の正統派を伝えた。ことに中国禅林の黄流派がつとに北宋よりの為政者の帰嚮を受けているのに対して、楊岐派の虎丘紹隆の一派はいまだ辺鄙の地に偏在して、その素朴さを失わなかった。ことに日本よりこの禅林を訪れた求法者は偶然にもほとんど大部分がこの門下に参じているのである。これは日本よりの求法者が、いわゆる旧佛教の腐敗の反動として自然にこういう傾向の禅風を喜んだためと思われるが、その影響によって帰朝後も好んで地方に潜入する一因となった。(14)ことに求法者が帰朝後、その儘模倣して、寺院開刱の地を地方に求めた結果でもあった。またこの一派はわが国でも地方禅林の樹立につとめ、滅宗宗興もその一環として妙興寺を建てるに到ったのである。そして大応国師の門下に対する彼の教示(15)は「凡そ一千七百則の公案は皆一心の異名なり」「利根の者は与へれば即ち答ふ、鈍根の者とて半年一年十年二十年にも退転なく辛苦すれば終に透らずと云ふ事なし」。それは恰も「戦陣に於て敵に向つて只今勝負を決せん」とする如き態度において、「公案一千七百なれども山河大地、草木樹林皆公案なり」という立場をとっていた。そしてこの門下に参じた宗興は尾張国に帰るや、さきに法兄の宗暁が住持し開いたもとの円興寺の横の円光寺に入り、ここを基礎として宗暁と荒尾宗顕との関係を発展させて禅宗発展の基を開こうとしたのである。この円光寺については宗暁の延文四年（一三五九）の置文にこの寺の状況が明確にされている。

尾張国中嶋郡萩薗円光寺・同栄林菴□□〔寺カ〕領等事、為末代亀鑑置文条々

□円光寺同栄林菴者、為大應国師〔南浦紹明〕開山、宗暁興行霊場也、然為同国妙興禅寺末寺、滅宗〔宗興〕和尚可被管領之、

但栄林菴、宗暁弟子宗周房仁坊主職者、可被輔〔補、下同ジ〕之也、

一、当寺領萩薗村拾捌町者、宗暁重代相傳地也、熱田宮色、生栗代弐佰文、毎年令備進之外、全無他役矣、

但此内壱町弐段者、宗暁弟子親類等一期之間、配分之、可被存其旨歟、

一、萩薗村四至堺事、限東鈴置郷并円興寺・同正福庵等四壁竹、限南大道并八瀬市庭、限西保領河俣田、限北同前、為末代支證注之、

一、当寺勅願祈禱公家武家綸旨御教書并寺領安堵御下知已下證文等、調置之也、宗暁一期之後、滅宗和尚可被相傳之、云寺云菴、弥致興行沙汰、為門徒相傳、至于末代無退顚様、撰器用仁、可被付之哉、

一、当寺鎮守山王社領五段田、自荒尾方先祖寄進地也、寺務同管領之、可有鎮守修理矣、

一、栄林菴々領事、壱町真佐波田弐町内也、荒尾方寄附矣、大船橋田重元方寄附矣、五町四段小熱田神領北国分郷内畠此内壱丁五反平畠、参町玖段小、色段別百文宛定、大宮司方寄附矣、

一、船橋安楽寺、同滅宗和尚、為管領可有興行沙汰矣、但坊主職者、宗暁弟子宗松房仁可被補之、仍宗暁弟子等仁、

加扶持可令共住之旨、可被教訓歟、又杉御堂号極楽寺子細同前、
右大概如此、雖記所存、法眷之上、自幼少異他好不浅之旨、就真俗憑入者也、然滅宗和尚宜為一円管領也、自余輩不可存異儀矣、守此条々、可被致寺門興隆、門徒繁栄、檀越繁昌御祈禱等沙汰者哉、仍為後規録也、具在前矣、
延文己亥（四年）二月十五日　円光寺住持沙門宗暁（花押）(16)

とあってこの寺は円興寺の西に位置し、萩薗村十八町を寺領として、南浦紹明を開山とし、最初宗興の法兄の宗暁が管領し、そののち法弟の宗興の所管となった寺で、鎮守の山王社領と宗暁の興した栄林菴に真佐波田二町を荒尾宗顕より寺領の寄進がなされて成立した。これは宗暁と宗顕との深いつながりを示すものであって、荒尾宗顕と宗暁はともに宗意のもとで得度し、その関係において宗暁の譲りにおいて円興寺のあとに建てた円光寺を宗興がその最初に入寺した因縁によって、のちに建立した妙興寺の末寺化することとなった。この宗暁と宗顕の関係が、また宗興と宗顕をつなぐものと考えられるのである。すなわち法系を考えてみると、次のごとくなる。

南浦紹明┬宗峰妙超―関山慧玄―授翁宗弼―無因宗因（荒尾氏）
　　　　├柏菴宗意┬宗暁―宗顕（荒尾氏）
　　　　│　　　　└滅宗宗興（中島氏）
　　　　└可翁宗然（荒尾氏）

ことにこの円光寺は妙興寺の成立以前は宗興の本寺たる存在であった。元弘三年（一三三三）には寺領を後醍醐天皇より安堵され(17)元弘の乱に朝廷方に味方したので一時寺領を没収される憂目に会ったが、足利尊氏によって建武三年（一三三六）に返納され(18)、円光寺には萩薗村十八町が確保されたのである。

ことにこの円興寺の寺域に含まれている正福菴は国人層の荒尾宗顕と深い関係があった。この荒尾宗顕の出自につ

いては嘉暦四年（一三二九）の円興寺の正福菴に荒尾宗顕が中嶋郡山口保内下切須賀垂五反の田地と、同保内乾一色の地を寄進したとき「高階朝臣散位宗顕」と称し、[19]嘉暦二年（一三二七）国衙領内の朝宮保、山口保内に私領地をもっていた高階宗房で、またこの高階氏より高氏が出て、尾張国では暦応二年（一三三九）より同三年まで越後守高師泰が守護であった関係上、守護代は高師貞で彼も荒尾氏と同じ高階系であった。

尾張国中嶋郡内円光寺々領萩薗村事、依為往古寺領之、向後止守護綺之由、被仰下之上者、任彼御書下之旨、寺家可令致所務給之状如件、

暦応二年四月廿日　　　　高階師貞（花押）

円光寺長老宗暁禅師[20]

このとき円光寺長老宗暁に守護の綺を停止することを約束しているが、荒尾氏も、この同族の高氏の尾張守護への進出につれて勢力を伸して来たとも考えられる。

その出身地は知多郡荒尾郷と考えられ、現在の知多郡横須賀町上野町あたりで木田城に位置していた。[21]また嘉暦四年（一三二九）の寄進状のなかに、

寄進　正福庵田地事

合伍段者

在管尾張国中嶋郡山口保内　在所下切須賀垂内也、

四至　限東国分領〔寺、脱カ〕　限南類地
　　　限西当領〔荒尾〕　限北類地

右件田地者、高階朝臣為現当二世祈禱、所奉寄進山口保内乾一色正福庵也、而勘析銭貨拾弐貫伍百文、神氏女弁

之間、為名主職、永代可令知行者也、於色陸拾文津〻、毎年無懈怠、可令備進彼庵者、自公家武家、縦雖出来何様御徳政、佛陀寄進之上者、至于子〻孫〻、不可有悔返之儀、将又就公私、不可宛天下加徴万雑公事、為一円不輪地、神氏女可令知行之、若背此状、云寺家、云本主、致違乱煩者、以本物一倍、三十ケ日内可令糺返也、仍為後代亀鏡、證文之状如件、

嘉暦四年己巳六月二日　　散位宗顕（花押）(22)

ここでは荒尾氏の出自を高階氏と明示するとともに、山口保内の正福菴の寺領を寄せたとき散位宗顕と「宗」の字を付して禅宗に帰依したことを示しているが、このことは中島氏出身の滅宗宗興の場合と同じく、荒尾宗顕もまた在俗のまま柏菴宗意に帰依し、円光寺長老となった宗晩・宗興とは兄弟弟子の関係にあったのかも知れない。妙興寺文書にあらわれた所領伝達の系譜を考えて見ると次の如くなる。

- 高階朝臣某──帰覚──荒尾宗顕（幸若丸）
  - 泰隆
  - 親真（養子）──能親
  - 覚乗
  - 親経
  - 直経──経久（禅光）──経永

この宗顕は荒尾氏の惣領として幸若丸と称し荒尾帰覚の子で、知多郡より国衙領に高氏の守護と共に進出し、嘉暦元年頃には佐手原、朝宮保、山口保を中心として国衙領内の地頭職を得ると共に篠木、富田にも進出し、元弘元年には笠置山合戦に荒尾九郎として参加したのもこの一族の一人であった。

のちに妙興寺を宗興が成立し得るに当って荒尾氏の差出した寺領は「荒尾民部権少輔（宗顕）幷子息美作守（泰隆）寄進分」として田畠四十九町六反二百八十歩で、中島正介分十九丁八反大五十歩、野田太郎成氏寄進分田畠十三丁八反大、比丘尼宗可寄進分、中島宗竺寄進分合せて田畠三丁一反三百八歩、中島新蔵人祐俊寄進分二十四町九反を合せても、荒尾氏寄進の占める地域は中島氏一族の四十七町余に比べて大きい。その中心は寺地の妙興寺保、朝宮保、福重保、太神田、中嶋郡散在田であった。文和三年（一三五四）には妙興寺領を決定させた。足利尊氏の寄進状では、寺領は百十八町七反余で荒尾領、中島領を含めて妙興寺の寺領たることを確認している。

寄附

尾張国妙興寺

同国中嶋・丹羽・葉栗等郡内散在田畠、佰拾捌町柒段余坪付注文在別紙事

右如守護人土岐大膳大夫頼康・同代官頼熙執進、荒尾民部権少輔宗顕法師法名證覚・息男美作守泰隆幷中嶋正介長利・同蔵人大夫公俊・同僧宗竺・野田太郎成氏・奥田尼宗可等、今年二月十七日・十八日・十九日請文者、云寄附段、云当知行之扁、無相違云〻、如頼康同六月廿九日注進状者、請文等如此候、且知行無相違候、支申之仁無之候、云〻已上略起請詞者、彼輩寄進之許否、聊雖有其沙汰、任頼康申請、為当寺興隆、所寄附也、守本知行、可致沙汰之状如件、

文和三年七月廿八日　　正二位源朝臣（足利尊氏）（花押）(23)

として荒尾領と中島領を基礎として妙興寺成立の経済的基礎が固められたのであった。

この荒尾宗顕一族の国衙領における所領の支配構造について上村喜久子氏は「国人層の存在形態――尾張国荒尾氏

の場合――」として詳細に論究され、この一族は鎌倉幕府地頭御家人の系譜を引く典型的な国人で、広大な国衙領を所領の中に含め、滅宗宗興の出自である中島氏の所領が小片の地を単位として構成されているのに対して、荒尾氏の所領は名主層の所有地を構成単位とするものであった。そして、ときにはこれらを郷保として包括して掌握して名主層より徴収する年貢・公事をその得分内容としていた。そして名主層に対する領主的支配に立脚しているともいえる。また国衙領郷保地頭職をもち、荒尾氏は郷保地頭として請所支配をも行っていた。そしてこの荒尾氏の所領は中島氏の所領の集中している所をとりまき広範囲に分布し、その範囲が非常に大きいといえるのである。

ここでさらに注目しなければならないことは、荒尾氏は高氏の尾張守護以後、土岐頼康、土岐満貞の守護のとき被官の執進として守護の勢力に組みこまれるにいたったことで、妙興寺の成立にあたって守護土岐頼康との関係も深まり、守護と寺側の中間にあって寺領の確保に有利に動いたことはいうまでもない。

奉寄　尾張国中嶋郡長嶋山報恩妙興禅寺、妙興寺保領家職事

右件保者、為當国一宮真清田寺領内久我殿御管領、當知行無相違之地也、而當寺者、依令建立當保内、号妙興寺、為彼寺領一円不輸、限永代被寄附者也、但當所者、雖有造宮料所之号、以他所、可被遂其節、且妙興寺御帰依、依異于他、有御寄附之上者、為彼寺、可被専御家門長久御祈禱者也、為断未来之煩、被申副　勅裁之上者、更不可有相違、雖末代不可有違約之儀、仍為後證亀鏡、御奉寄之状如件、

延文四年二月卅日　　前左馬権頭（花押）(24)

そして妙興寺は荒尾、中村の国人衆の所領を寺領とすると同時に、久我通相の管領している真清田社の社領内に妙興寺の造立を始め、寺地はこの社領を以てして、妙興寺を建てることにより新たに「妙興寺保」という保の設定をさ

え見たのである。そして妙興寺は本家の久我通相より領家職を与えられることによって、久我家も寺側も年貢の滞納を防ごうとしたのである。そしてさきの円光寺よりの滅宗宗興の進出は、さらにその北に妙興寺を建立することによりさらに明白に表れてくるのである。即ち妙興寺は文和二年十月十八日（一三五三）の足利義詮御教書、同三年（一三五四）七月二十八日の足利尊氏の御教書のごとく、その法系には南浦紹明を勧請開山とし、さらに足利尊氏、土岐頼康、中島正介、荒尾宗顕父子等の室町武士団を有力な背景にもち、それはまた中央武士団より現地武士団にまで及ぶ大規模なものであった。

ゆえに妙興寺は他の諸寺と異なり最初から有力な室町武士団を背景として尾張国に出現した祈願寺的性格を持った禅宗寺院であるといえる。換言すればかかる性格を持つことこそ禅宗発展の有力な基盤であったともいえるのである。そして窮極的には延文二年（一三五七）には後光厳天皇御祈願所にまで発展するのである。そしてこの妙興寺の場合において初めて祈願寺としての充分にして且必要なる条件が整ったものと考えることができるのである。ために不意の寺域押妨や寺領侵害等の事件に際しても、それ等を通じて解決出来る性格を持っていたといえる。ここに完成せる祈願寺ということが出来るのである。そして先に示したように妙興寺の全寺領の約三分の二を荒尾氏の寄進に依存して成立していることは、妙興寺の檀那として、はたまた在地土豪勢力としての荒尾氏の存在は最も大きなものであったであろう。

ことに寺領は従来の中央大寺院の如く庄園的支配でなく、散在田を中心として形成された。さればまた散在田よりする収得物を中心として銭納をなしていることは、禅宗寺院としての妙興寺が現地領主的性格を持っていると考えるものである。またこれ等目録の土地の施入日が明らかである故、時間的に尊氏による寺領認承は荒尾氏等の施入後であることが明白である。

然しながら、これ等の散在田を中心とする広大な地域を支配するためにはやはり強力な現地領主の支持がなければ永続性を持たない。また、その為には重点的な地頭職の買得・寄進を以て更に寺領の充実を計る必要があった。

これ等の地頭職の殆どは荒尾氏の知行地であるが、妙興寺はこれ等の地域より以前荒尾氏の収得していた地頭得分を新たに収得する結果となったことはいうまでもないであろう。

第16表　妙興寺寺領取得一覧

地名	年月日	前所有者	田積	売価	種類	備考
妙興寺保	延文四年八月七日	久我　涌相	三四町・六反・〇六〇歩		領家職	寄進
牛野郷	康安二年三月十日	荒尾　泰隆	一・六・〇〇〇	二〇〇貫	地頭得分	寄進・沽却
佐手原郷	貞治二年七月十五日	能　親				沽却
福重保	貞治四年六月二十七日	荒尾　泰隆	三四・〇・〇〇〇	六〇貫	地頭職	寄進・沽却
朝宮保	貞治四年十二月二十一日	同	一・〇・〇〇〇	二五貫	同	同
吉松保	貞治五年二月三日	同			同	寄進・沽却
草部保	貞治六年四月二十八日	同	三・五・〇六〇		同	寄進・沽却
益田保	応安二年二月五日	荒尾　宗天	一〇・〇・〇〇〇	二五〇貫	同	
板倉保	不明	荒尾輔太郎	四・二・一八〇	不明	同	不

以上のことより考えられる問題は、妙興寺が祈願寺として成立するにしても、在地有力土豪の荒尾宗顕・泰隆の現地有力土豪を背景としなかったならば、寺領収益の安全性は期待出来なかったであろう。そして荒尾氏は、土岐氏の被官となってより、前述の地方に地頭として現地支配権を拡大し地域土豪として成長し、そしてこれ等郷保より得分を収得し宗顕・泰隆等に到っては、殆ど木曽川以東の地頭職を南北朝戦乱以前に北条守時により認承されて、それ以

来これ等現地に領主的支配を確立し、封建領主としての実体を具えるに到ったと考えられる。

ことに荒尾宗顕・泰隆と妙興寺の結合は荒尾一族が滅宗宗興に帰依したという信仰的要素を加味しながら、寺領という寺院の経済的要求を満足させる上にも必要であったと考えられる。荒尾氏が守護土岐頼康の被官人となると共に、各地における地頭の封建領主的性格が出来上り在地の直接的影響を知行地内の寺院が受けている以上、新たにその知行内に基礎を確立せんとする妙興寺等の場合は、必然的に地頭祈願所となり、さらには守護以上の祈願寺とならねばこの寺の発展することが期待できなかった。そしてその結果妙興寺の経済的基礎を確立するに到ったのである。

換言すれば妙興寺と荒尾氏との結合は、妙興寺が荒尾氏をパトロンとすることにより、荒尾氏もまた、現地領主的支配を寺領内に及ぼして行くことが出来、寺院の経済的基礎を確立し、さらにその拡大伸長のために、守護―幕府―天皇等の祈願寺とするための御教書が必要となったのである。

以上要するに正福菴から妙興寺の成立に到る問題を取上げ、合せて祈願寺とは大略如何なる形態において成立したものであるかを述べた。

2　妙興寺の構造

滅宗宗興は嘉暦三年（一三二八）中島郡円興寺に入ってより十八年を経て、妙興寺の創建をはかり、これに対して守護被官人の荒尾宗顕は寺の敷地として妙興寺保を真清田社領内に興して、この保の地頭職を以て妙興寺設立の基礎とした。

そしていよいよ貞和四年（一三四八）にはこの寺の創建工事を始めた。ときに宗興三十九歳であった。この寺は十八年後の貞治四年（一三六五）に落慶し、禅師の三十九歳から五十七歳にわたる時期で、晩年の円熟期にかかっている。そして妙興寺の創建に当っては前にも述べたように国庁の在庁官人の禅師出自の中島蔵人一族、知多郡の土豪で守護御家人の荒尾宗顕父子の所領寄進にもとづいて進められ、伽藍は壮大な典型的な禅宗伽藍の配置をそなえていた、それはおそらく開山の宗興が建長寺の配置に倣ったものと考えられる。そしてこれらの伽藍は、貞和四年に創建されてより、応永七年（一四〇〇）、応永十二年（一四〇五）、応永二十四年（一四一七）と三度の火災により災上しているが、文和二年（一三五三）頃に建てられたという勅使門は現在も残っている。

この寺が完成すると滅宗宗興は円通大應国師（南浦紹明）を請じて開山とし、その弟子の峰翁祖一を第一世とした。この滅宗宗興は、足利尊氏、久我通相等の支援を得て貞治四年には運営のための年中行事用途注文を作成し、応安五年（一三七二）十一月には宗興は東福寺首座となり、つづいて龍翔寺住持に任ぜられ、永徳二年（一三八二）七月十一日に妙興寺の天祥菴で七十三歳で示寂し、墓所は法兄宗暁の住した稲沢の円光寺につくられた。

妙興寺の構造については、貞治四年（一三四八）十二月に作成された妙興寺常住年中行事注文にもとづいて見る必要がある。その文書は塔主宗興、住持性守の印文、花押を据えた寺の構造を示す重要な史料である。(25)

滅宗宗興は寺院内の僧侶は僧衆百人、行堂八人を中心に形成し、それらを掌握するために維那（宗梵）・監座（源礼）・都管（宗尺）・首座（宗浦）・住持（性守）を置き、自分は塔主として開山（南浦紹明）につかえている。そのほか、雑役にたずさわる、庫院番衆四人、定使（力者）四人、鐘撞一人、点打一人、町買一人、小人工二人、方丈二人、塔頭一人と合せて百三十人を以て経営に当たっていた。

また当時の伽藍には山門、佛殿、僧堂、観音堂、方丈、東司、維那寮を具え、菜園をいとなみ、その用途は総額五

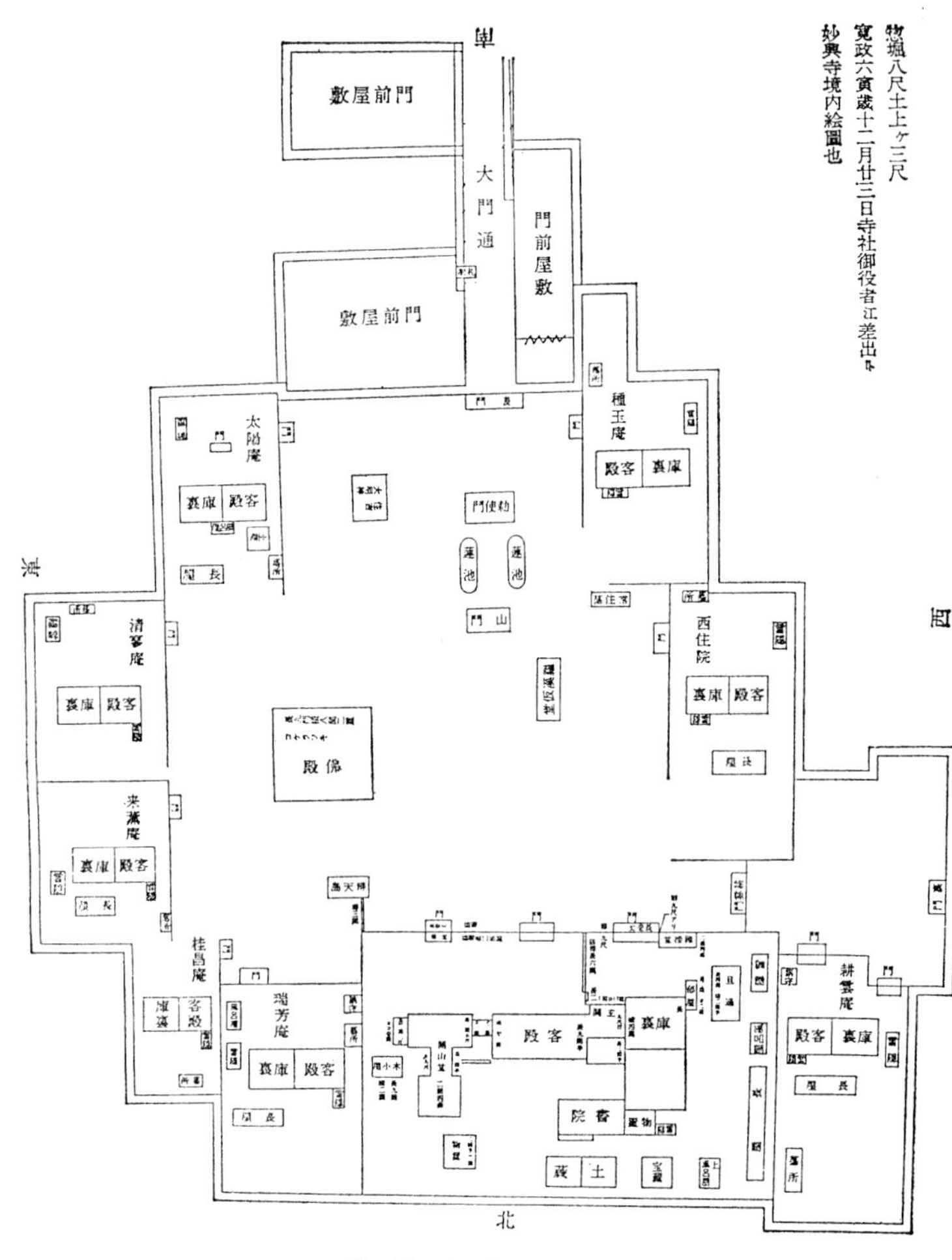
惣堀八尺土上ヶ三尺
寛政六寅歳十二月廿三日寺社御役者江差出ト
妙興寺境内絵圖也
南
西
北
東
大門通
門前屋敷
門前屋敷
門前屋敷
太陽庵
種玉庵
勅使門
蓮池
蓮池
山門
西住院
仏殿
桂昌庵
瑞芳庵
耕雲庵
客殿
庫裏
書院
土蔵
長屋

妙興寺伽藍図

第17表　妙興寺寺領一覧

		町.反.歩
(A)	文和　2.10.一	〔七二〕
	荒尾民部権少輔宗顕及子息美作守泰隆	49.6. 280
	中島正介長利	19.8. 大50
	野田太郎成氏	13.8. 大
	比丘尼奥田宗可	7.2　一
	中島宗竺	3.1. 308
	中島新蔵人祐俊	24.9. 半
	計	118.7. 278
(B)	嘉慶　2.8.13	〔一八一〕
	荒尾美作守泰隆	153.6. 60
	中島正介長利	25.3. 半
	中島重松源蔵人公俊	15.6　一
	毛受将監入道遠能	7.7. 大
	荒木兵庫入道	5.3　小
	上条将監	1.7. 060
	大塚弥九郎	1.0　一
	伏　見　院	18.0　一
	計	227.4 大
(C)	文安　元.8.25	〔三七一〕
	(A)＋(B)	(346.1. 278大)
	荒尾少輔太郎	4.2　半
	服部四郎左衛門入道宗直	7.1　一
	国領源左衛門入道覚円	8.1　小
	計	365. 6. 218
(D)	(長禄2)	〔三七二〕
	(荒尾民部権少輔宗顕及子息美作守泰隆)	＋ 5.9. 60
	(A)＋(B)＋(C)	(365.6. 218)
	虫鹿孫十郎教家	1.3
	小沢助次郎・同三郎	1.4　半
	長民部丞信隆	1.一　一
	山井三郎安永	4　一
	陸田次郎左衛門尉正清	5　一
	比丘尼慈澄	4　一
	中島蔵人並大輔坊	3　一
	木全中務尉宗吉	1　一
	平尾右京亮入道道珎	7
	成田民部大輔入道善政	1.0　一
	計	378.9. 008
(E)	(長享元)	〔三七三〕
	(D)	(378.9. 008)
	山本三郎廣明	1.9　小
	中島重松蔵人久俊	1.3
	織田河内入道慶熊	1.3　大
	計	383.4. 008

〔　〕は妙興寺文書番号

百六十九貫八百八十文であった。そしてこの寺の中心となった菴は宗興の住した天祥菴であった。

この寺院の経済は中世的な土地重視の方向より離れて室町時代に起って来た貨幣経済重視の方向に傾いた。当初は寺領内の領家職・地頭職の収入をもって充当して、そののち貨幣経済の浸透に順応して銭納形式にうつっていった。

この妙興寺の経営は僧衆の食料に供する米以外はすべて銭貨で計算され、その総額は五百六十九貫八百六十文という莫大な費用であった。

妙興寺の寺領の獲得状況を示す寺領目録については、(A)文和二年(一三五三)十月日、(B)嘉慶二年(一三八八)八月十三日、(C)文安元年(一四四四)八月二十五日、(D)長禄二年分(一四五八)、(E)長享元年分(一四八七)と五つの寺領目録が存在している。その所領については右の表に示した。(26)

この構造から考えて(A)文和二年のものは本安堵目録として、妙興寺成立の基礎となった真清田社領内の妙興寺保三十三丁の外に朝宮保・福重保を荒尾宗顕より寄進を受けてさらに中島正介分を含めて滅宗宗興が寺の経済的基礎を固めたときに作成された目録で、これはまた滅宗宗興の在世中における全寺領であった。(B)は永徳二年(一三八二)七月十一日天祥菴で宗興が示寂したのち文和以後の寺領を整理したもので、荒尾宗顕の子の荒尾泰隆は三十四町五反を以て、滅宗宗興の示寂後の開山塔領に施入した。そのほか、泰隆は国衙領内の草部保内に末寺の天徳寺を建てその寺領として益田保・草部保の田地を施入し宗暁・宗興の住した山口保内の末寺円光寺の敷地を萩園村に確立した。また同末寺蔵田寺を建てている。(C)は応永七年(一四〇〇)、同十二年(一四〇五)同二十四年(一四一七)の二度の焼亡ののち、足利義持の禅宗興隆の動きにのって寺領もわずかに補足され、数度の炎上後、応永二十九年(一四二二)四月十四日に佛殿を立柱し、同三十年(一四二三)開堂し、同三十三年(一四二六)六月九日には円光大照禅師の勅号を与えられたのち作成され、(27) (A)と(B)は所領の申請のとき若干の補足を行っている。しかし妙興寺としては(A)と(B)による文和二年〜嘉慶二年の間の合せて三百四十六町一反二百七十八大の寺領が最も基礎となっているのであって、それ以後の(C)では(A)+(B)より十九町、(D)と(C)では十三町、(E)と(D)では五町と(A)+(B)を基盤としながら寺領の増加率は次第に減少している。それは妙興寺の成立以来、絶えず北朝方の勢力を背景として栄え、ことに延文元年（一三五六）に後光厳天皇の祈願所となり、(28) それにともなって延文四年（一三五九）、後光厳天皇綸旨(29)により久我通相が相伝していた妙興寺保の領家職を妙興寺が確保したためであった。(30) この保は池禅尼より平頼盛、さらに光盛から宣旨局を経て久我家に相伝されたものであった。(31) ことにこの妙興寺の領家職を得た寺家は一定の年貢・公事を領家に納めていた。そのほか貞治三年（一三六四）に足利義詮はこの寺を諸山に列せしめ、大應門下の管領を許している。足利義詮は文和二年（一三五三）に妙興寺の大應門下の寺として祈願所たることを認め、滅宗宗興の門下によって支配すべきことを許している。

尾張国長嶋山妙興禅寺事、如守護人土岐右馬権頭頼康執進、離掌宗釈解状者、為南浦大應国師(紹明)開山、祈天下安全年尚、諸堂既造畢、国中無双之禅刹也、早賜御願所之裁判、可備末代之亀鑑云々者、任申請之旨、可為祈願所之状如件、

文和二年十月廿八日　左中将(足利義詮)（花押）

當寺長老(滅宗宗興)(32)

尾張国妙興寺事、為諸山之烈(列)、大應国師(南浦紹明)門徒管領之、宜為十方院之状如件、

貞治三年六月十九日　(足利義詮)（花押）

當寺長老(33)

それ以来、足利将軍義満・義持・義重・義教・義政・義尚・義植等も御教書を出して所領安堵を行い、住持も峰翁祖一のあと定菴性守、以下住持も明らかでないが、宗興示寂後、二十一年を経て、妙興寺の中心となった天祥菴に応永九年（一四〇二）規式を定めて寺の組織を固めるために門下三十五人の署判を求めて作成して定めている。

しかし応永年間の三度の炎上と尾張守護の土岐氏が、明徳元年（一三九〇）頼康の死後、家督争いに乗じて幕府のため排斥され美濃の乱を起したため、かわって斯波氏が守護となってより、応永十五年頃には妙興寺領の末寺円光寺領等の安堵を行い、つづいて守護代の織田常竹もこれを遵行している。そして尾張国の在地勢力の擡頭とともに混乱も生じ妙興寺領への守護方よりの押妨も重なって、守護在地勢力の伸長の前に後退を余儀なくされた。

いまひるがえって妙興寺の成立期の禅宗叢林との関係を述べると、この寺は貞治三年（一三六四）には足利義詮から諸山の列に加えられてより、大應門下がこの寺を管領することとなった。ついで十方院たることを認められている。また貞治四年（一三六五）三月十五日南禅寺定山祖禅、寿福寺行山両和尚を請じ、造建供養を終り、延文二年（一三五七）に示寂した宗興の協力者峰翁祖一を開山とし、それに伴って禅宗寺院の定則たる「妙興寺年中行事」を作成している。そこでは宗興は塔主の位置に止り、性守が住持であった。この性守の出自については判明しない。また妙興寺供養について妙興寺由来記によると、

拝二請円通大應国師(南浦紹明)一、為二開山始祖一、文和二年十月二十八日、勅賜二国中無双之額一、貞治三年甲辰六月十九日、被レ旨歯(ツラナル)二乎諸山之位一、礼楽法度、与二大方叢林一、不レ紊(ミタラ)、不レ忒(タカハ)擇二貞治四年□(乙)巳三月十五日一、以伸二供養之儀一、拝二命前南禅定山(祖禅)和尚陞座頓二請前寿福形山(行)(祖令)和尚一安座、師見住而点眼、特延(ヒキイテ)(峰翁祖一)二正宗大暁禅師一、為二第一世一然後住持徳巌

瑛〔誉〕長老崇二敬師一、推為二開山一、尓来以二両開山一、瞻レ之仰レ之、(34)

とあって、妙興寺供養に南禅寺と寿福寺の両寺院より高僧達を請じていることは、妙興寺が臨済宗の五山叢林を背景として、尾張国に化門を拡大せんとしたことを示すのである。また暦応四年（一三四一）八月二十三日評定の五山位次(35)に依れば、南禅寺・寿福寺が共に五山の中心勢力であり、そのうえ幕府と密接な関係を持っている南禅興定山祖禅を招じていることは注目に値する。定山祖禅との関係は、南浦紹明の法嗣通翁鏡円が、南禅寺正眼院を開いたことに依り生じたとともに、更に東福寺夢巌祖應との関係も始まって、滅宗宗興はそれらを背景に希求していた先師紹明の龍翔寺興隆を志したのである。

　ことに尾張国における妙興寺の位置は、臨済宗の鎌倉教団と京洛教団の間の中央に地歩を占め、両教団への接触・連絡を保ちつつ、発展していったものである。また宗興自体も、建長寺より龍翔寺への道をたどり、その中央に妙興寺を設置することを考えていたであろうことが推察出来る。ゆえに妙興寺の諸問題はかかる地理的条件のもとに寺院の発展を考察する必要がある。

　ことに妙興寺の塔頭の成立は少くとも貞和四年前後、宗興が性守に住持職を譲渡した時に塔頭として天祥菴の成立が考えられ、これはのちに妙興寺経営の中心となる塔頭となり、宗興の弟子達により運営された。また宗暁の住した円光寺栄林菴も、宗暁の置文によると、

　尾張国中島郡萩薗円光寺・同栄林□□〔寺カ〕菴領等事、為末代亀鑑置文条々

一、圓光寺同栄林菴者、為大應国師〔南浦紹明〕開山、宗暁興行霊場也、然為同国妙興禅寺末寺、滅宗〔宗興〕和尚可被管領之、但栄林菴、宗暁弟子宗周房仁坊主職者、可被補之也、

（中略）

一、当寺勅願祈願公家武家綸旨御教書幷寺領安堵御下知已下證文等、調置之也、宗暁一期之後、滅宗和尚可被相傳之、云寺云菴、弥致興行沙汰、為門徒相傳、至于末代無退顛様仁、撰器用仁、可被付之哉、(36)

とあれば、延文四年（一三五九）には宗興元来の塔所たる円光寺も、宗興の在世中に長老宗暁がしりぞき妙興寺の末寺となった。このことは臨済宗寺院が開祖を中心として、経営発展し、漸次、塔頭の開祖並びに歴代守塔比丘及びその派の人々の開いた諸寺院諸菴が時代の変遷とともに、常に法系的関聯のもとに塔頭の末寺化され、ついにその主たる開祖の住した塔頭が、その寺の中心となって経営することになったことを示すものである。

永徳二年（一三八二）七月十一日、滅宗宗興の示寂に先だって宗興は永和二年（一三七六）円光寺に天瑞塔と称する寺塔をきずいた。(37) 行状記には、

遂董（タダス）西京龍翔、又帰妙興、投老于天祥矣、復変草沢、以為樵薪、永充千年常住矣、寺西南一里許、有松竹四囲、幽邃清絶地、師自掘一穴、設瓮於中、死則與吾帰於瓮中、名天瑞塔、永徳二年壬戌七月十一日端坐而逝、世寿七十有三、停龕三日、門人如遺命、奉全身瘞于塔焉、(38)

と見え、また妙興寺内の天祥菴にも卵塔を置いた。これは、滅宗宗興が中国の禅苑の卵塔にならい、自ら塔主（守塔比丘）として、塔院を設け、南浦紹明の遺跡を顕揚せんものと志した結果であった。そしてその塔頭として天祥菴を興したのである。

そしてさきの円光寺の天瑞塔は、まさに、滅宗宗興の塔所であって、妙興寺は彼の開山である寺でなく、南浦紹明を開山とする寺であったから、その運営の中心となった天祥菴にわずかに卵塔をきずいたにすぎなかった。

ことにこの円光寺は彼の出生地であったこともその理由の一つで、そのほか、貞和四年の妙興寺年中行事注文には「塔主宗興」と署名して、彼は大應国師の塔所である天祥庵の守塔比丘であることを願っている。

ことにその師の南浦紹明の塔所は、

勅諡円通大應国師、仍勅建寺西京、額曰龍翔、塔骨石舎利于寺之後山、塔曰普光、庵曰祥雲、弟子在建長者、奉舎利瘞之、塔曰天源弟子在崇福者、奉舎利建塔、庵曰瑞雲、[39]

とある故、鎌倉建長寺に参じ、西京龍翔に到った滅宗宗興が、先師の塔所の名を一字ずつ取って、天祥庵と名づけたと考えることが出来るであろう。かかる問題は、尾張国に化門を張らんとして、滅宗宗興が建立した妙興寺は建長・龍翔の五山叢林に伍して、南浦紹明の東海地方における一大甘露門たらんとして、その地方の地理的条件、即ち関東、畿内の中間地点として、交通の要衝であった一宮＝清州の鎌倉街道の地に建立し、臨済宗教団発展への大動脈たらんと志したと思われる。このような理由に依て、南浦紹明の塔所を有しない宗興一派の人々は、その派祖を追請して、新たに天祥庵をきずき妙興寺を成立させて大應派の地方叢林の拠点たることを願った結果であるとも考えられるのである。

ことに宗興滅後天祥庵の地歩は拡大し、その中心となる塔頭となってこの寺を運営した。

それは禅宗が著しく法系を尊重する宗派であり、殊に発生期にある宗団の為、特に法系的連鎖に依る本末関係が強力に推進され、その故に開山・守塔比丘の住した塔頭を中心として、他の分散寺院は法系的関係において、末寺化されたのである。

宗興の記した妙興寺本寺末寺領等注文では、

本寺末寺等　円光寺　天福寺　光孝寺　蔵田寺　称名寺　持地寺　客林且過　海光寺　無量寿院

隠泉寺　医王寺　不動寺　迎接寺　天西菴　洛陽龍翔寺寺領、載之　正眼院寺領、載之　江州四十九院兜率旦過　同国森山天福旦過

此寺領注文、寺々雖置之、為本寺之間、為後代亀鏡、此帳之内注入之者也、若令紛失者、開此帳可写与之者也、就中諸末寺文書等、大略雖載、本寺号何モ宗興令興行上者、後人濫就寺号文書不可及異儀沙汰矣、仍為後規一筆而已、

永和二年丙辰極月　日　在判(40)

と見えていて、これらの末寺は本寺の塔頭の末寺となり、各々その法系にしたがった。このように見てみると天祥庵の存在は重要な位置を本寺内に占めるのであって、応永九年の天祥庵規式によると、

妙興寺天祥菴衆議件々之事

一、塔頭坊主五年之規式、待衆議可定之事、

一、本寺諸庄園、以強縁競望之事、不可然、若背此旨、可加擯出者也、

一、法嗣他門者、不可許容之事、同前、

一、破戒之人者、於門中堅可罰之事、

一、諸末寺坊主、師兄次第可請、但以衆評可定之事、

一、諸末寺、守五年之年期可住、若犯此旨、可加擯出者也、

一、諸末寺、以官家強縁、致競望之事、不可然、若犯此旨者、同前、

一、諸末寺住持之間、破取堂屋之事、同前、

一、諸末寺坊主退院之後、不可遺負物之事、同前、

右件〻之旨、於以後存私曲而偽申輩者、可罷蒙日本国内大小神祇、殊者伊勢太神宮、当国三所大明神、住吉大明神、當山護法伽藍善神、両開山祖師御罰於各〻之身中者也、仍為後代、起請文如件、

應永九年壬午正月二十九日誌之、

（裏書）「左衛門尉定末（花押）」……（紙継目）……（後筆）「左衛門尉定末「松長定末」」

性徹（花押）　宗和（花押）
性仙（花押）　性存（花押）
性訥（花押）　竜倫（花押）
龍闇（花押）　性玄（花押）
龍香（花押）　性曇（花押）
龍充（花押）　性冬（花押）
龍範（花押）　（進叟）性勝（花押）
（天室）龍受（花押）　興栴（花押）
龍乾（花押）　竜珂（花押）
祥全（花押）　宗誠（花押）
祥持（花押）　龍吉（花押）
光善（花押）　浄参（花押）
源栄（花押）　（元叟）興一（花押）

祥及（花押）　光珠（花押）
興門（花押）　祥回（花押）
（玉峯）祥金（花押）　宗亨（花押）
宗説（花押）　興元（花押）
性盛（花押）(41)

この宗興の直弟三十五人の署名のある規式では塔頭・末寺の坊主は五年を以て共に任期満了とし、開山直弟と称する大應門下の人々の評議に依て決定され、官家強縁は寺の社会的基礎を破滅するものと考えられた、大應門下の人々以外の法嗣は許容さるべくもなく、末寺の坊主は師資の次第に依り相承され、本寺塔頭の認承を求むるものとされた。住持中は堂宇を護り、退院の後も負物は遺すことを許されない。そして住侶の違犯者は擯出を以て最高刑としたのである。それは法系的連鎖の上において考えらるべきもので法系的連鎖を無視する事は、寺院そのものの破滅を意味するからである。

それはまた円光寺の場合にも見られ、円光寺の法系は、

南浦紹明（妙興寺）――柏菴宗意――宗暁――┬――宗周房（栄林菴）
　　　　　　　　　　　　　　　　　　　　└――滅宗宗興――宗松房（安楽寺）（極楽寺）

ここで円光寺主職は宗暁の手より宗興に送られ、その宗暁によって開いた栄林菴及び安楽寺は宗暁の弟子の宗松房に譲られ塔頭・末寺の形成を見ているのである。

そしてこれらの末寺は「云寺伝菴、弥致興行沙汰、為門徒相傳、至于末代無退顚様、撰器用仁可被代之哉」との原則のもとに、宗興門下を以て任ぜられたのである。そして末寺の坊主職には当然扶持が与えられ経営に当らせた。いま妙興寺文書にあらわれている末寺を示すと次頁の表の如くである。

ことに妙興寺の末寺は中島郡を中心に分布し、末寺の持つ意義は主として、本寺の塔頭の支配を受け守塔比丘のもとに統率されていたのである。また在地支配の構造の中に於ても、妙興寺保における妙興寺の領家職については所領内より領家へ差出す年貢を徴収する義務を帯び、地頭職についても所領内の地頭職得分を得て寺院の経営に充てている。

この地頭職の性格は本来の職務的性格は少なく反対に所領的性質を帯び、一種の不動産物権と見做され、其の利も高く、有利なるものであった。故に地頭職は財産化し、売買・質入・寄進・相続の自由を獲得するにいたった。禅宗寺院のかくの如き武家的勢力の背景に立つ寺院が、武家的勢力の根源である地頭職を獲得した場合、元来地頭が、幕府御家人中より任命され、軍事的要求のもとに支配されて職務を遂行するのに対して、寺院に移管された場合は荘官的支配が中心であった。さればいま地頭的支配と仮称する場合は、寺院が主として元来地頭の所持していた経済的要求にもとづく庄官的支配を、地頭に代って、行使することを意味すると考えるべきであろう。

ことに禅宗寺院では、武家の祈願寺としてその庇護を受けていた関係上、寺院が土豪より地頭職を寄進されると、荘官的支配を地頭に代って行使していたのである。例えば妙興寺領吉松保では、下地を永代妙興寺に一円管領されていた反面、領家たる醍醐寺三宝院に領家方の国衙正税を毎年解怠なく進済する義務をもっていた。すなわち妙興寺の地頭職とは国衙正税徴収権、公事徴収権を含む領主権が地頭職と称してその経済的基礎となっていたのである。そし

第18表　妙興寺寺領末寺一覧

	地　　名	文書見出年月日
円光寺	中島郡萩園村	延文4年2月15日
栄林庵	同	同
安楽寺	中島郡船橋	同
極楽寺	同　杉御堂	同
天福寺	同　砂基	文和2年　月　日
光孝寺	同草部保内清須村	同
天徳寺	同　草部保	不　明
蔵田寺	同　淵森	応永9年12月　日
霊福寺	同　朝宮保	永和2年卯月18日
称名寺		文安5年9月28日
温泉寺		永和5年2月　日
迎接寺	中島郡中島	永和2年
無量寿院	同　平野	同
持地寺	同　平野村	応安2年8月
海光寺	不　明	永和2年
医王寺	同	同
不動寺	中島郡総木	応永5年6月1日
天西菴	不　明	永和2年
客林旦過	不　明	永和2年
江州四十九院	近江国	同
兜率旦過	同	同
同国森山		
天福旦過	同	
観音寺	中島郡一色田栗迫田	応安2年6月29日
頭光寺	中島郡草部郷	嘉吉3年3月4日
安養寺	同　氏永村	永享11年2月20日
顕光寺	同　松木垣内	延文4年3月2日

てそのことは妙興寺がその所領の荘園に対して地頭請所的性格を具えていたと考えられる。妙興寺領全般については、

妙興寺領

吉松 中庄之内 国衙正税有、　　福重 花井之内 正税有、

朝宮 国衙正税有、　　飯柄 本寺江色済有、

□町名 味噌野之内、三ヶ保色済　　十町名 草加部之内 三ヶ保色済

中島敢在 在々所々少宛有、一宮二宮江色済有、　　阿古江野 野也、

鈴置　熱田江色済有之、

末寺分

円光寺　矢合 色済在之、　清須村 光孝寺　上畠 色済在、

温泉寺　称名寺

天福寺　色済在、　蔵田寺　淵守(42)

とあって、吉松保は国衙領内にあって貞治二年（一三六三）七月十五日に荒尾泰隆の寄進による(43)十五町の寺領で、醍醐寺三宝院満済は、

尾張国々衙領中島郡吉松保御年貢、貞治五年より毎年六貫八百正税分沙汰候也、此外目代方、可有御問答候也、恐々謹言、

應永弐年八月廿八日　法眼長円

妙興寺方丈(44)

と吉松保は国衙正税として毎年六貫八百文を醍醐寺三宝院に収めている。またこれは滅宗宗興の記した応安二年（一三六九）八月の公役納法下地等注文に、

一、国衙方

本御安堵目六内
一所六反小　角畠 私領　国領　三月中二百四十文、六月中三百卅文
　　　　　　　　　　　　　　十二月中二百四十文、已上七百卅八文

一々五反　鎌田 私領　国領　三月中百六十五文、六月中二百四十五文
　　　　　　　　　　　　　　十二月中百六十八文、已上五百八十三文

（中略）

国衙正税

一、荒尾方

一所三丁一反大　平野妙実跡、四丁余、内一丁五反、須賀垂内社役地云々、
二貫三百七十五文、反別七十五文宛、当寺方

一ヶ七反大　同妙実跡、本栗山殿給分云々　反別五十文宛
三百八十二文、　円光寺分

一ヶ一丁　前野、国分弥太郎殿給分云々
五百文、反別五十文宛、　円光寺分

一ヶ二反　松葉垣内　百文　円光寺分

一ヶ七反　横野出口　三百五十文　円光寺分

一ヶ四反　藤宮前　四百文　円光寺分

一ヶ一丁　楡木　北御名内　五百文　得力並成仏屋敷等
円光寺分

一ヶ七丁　御名行恵跡、此内二丁五反寺分、円光寺弁、
四丁五反、四郎左衛門引
〔文脱、下同ジ〕
三貫五百文、反別五十文

一ヶ三丁　青木畠、平野金阿引
一貫五百文、反別五十宛

一ヶ二丁　宮重、平野金阿引
一貫文、反別五十宛

一ヶ五反　義長辺　道忍跡、祥金分（玉峰）
五百文、反別百宛

一ヶ四丁八反　下切西迫　二貫四百文　反別五十宛
円光寺分

一ヶ一丁　中野方田　五百文　反別五十宛
円光寺分

一ヶ一丁　田　益田内　橘三左衛門給跡、
一貫文、反別百宛　円光寺分

一ヽ一丁 畠　同　二百文、反別廿宛、円光寺分

一ヽ一丁一反　田在両所草部内　一貫百文反別百宛円光寺分

一ヽ一丁　同 石作給跡　一貫文反別百宛円光寺分

一ヽ一丁五反　同　一貫五百文反別百宛円光寺分

一ヽ三丁　朝宮内　五百文 当寺方

一ヽ清須寺敷地等　六貫文

一ヽ三丁五反六十歩此内在所　草部内　二貫八百文 接待寺分

一ヽ三丁五反　同所 連ヽ可起云ヽ、接待寺分

一ヽ吉松保正税　九貫八百文三宝院殿弁之、当寺分

以上三十八貫百七文 此内十二貫六百七十五文、当寺弁、十一貫百八十二文、円光寺弁、六貫文、光孝寺弁、二貫八百、接待寺弁、二貫二百五十、御名四郎左衛門弁、三貫文、平野金阿・同祥金弁、

惣都合百十三貫六百八文 此内八十貫二百八十文、当寺分三十三貫百廿五文、末寺並名主分(45)

とあって、この吉松保より九貫八百文を国衙正税分として醍醐寺三宝院へ差出している。ことに妙興寺には多くの売巻や寄進状を現存しているが、そこに共通して見られるのは国衙正税なり領家方年貢を保留して地頭職及び地頭方年貢を停止し寺領として一円化することをはかっていることである。そこにこの寺が、尾張国国衙領を中心として寺領を形成していったことが、明確になるのである。そして地頭としてのあたかも武家領のごとき様相を示しているが、

内容的には直接的な兵粮米の徴収というような田地作人への行使を行わず、この地頭得分の集積と貨幣経済への移行のなかで妙興寺の経済をまかなって、それを銭納形式としている。ここに室町期の寺領支配を通じての貨幣経済の浸透が見られるのである。その代表的なものをあげると次の如くである。

(端裏書)「(荒尾)泰隆寄進」

沽却　尾張国中島郡草部保内散在田畠事

合参町五段陸拾歩者

右当所者、(荒尾)泰隆譜代相続之地頭職也、而依有要用、直銭陸拾四貫五百文仁、所令沽却于妙興寺接待寺也、任一筆同日坪付注文之旨、可被寺務、将又於領家年貢者、守類地之例、可有其沙汰、至地頭諸役等者、永可令停止之也、背子々孫々中仁、背此状、有違篇之儀者、可為不孝之仁、仍為後規、放券之状如件、

貞治六年四月廿八日　　　　前美作守泰隆（花押）(46)

この荒尾泰隆の沽却状は寄進状をうらづけとしている。それは応安二年（一三六九）この泰隆が中島郡益田保内の十町について地頭職として二百五十貫文で妙興寺に沽却し、そののち同地の寄進状を出して僧衆供養のためと称している。(47)これは荒尾泰隆が自己の地頭職を売却して寺よりその代金を受け、その代りに泰隆は地頭諸役を停止している。寺側はまたこれを買得地とせず寄進地に置きかえているが、このことは荒尾方としては、他に対して自己の寄進地であることによって土地売却の事実を伏せることができ、寺側も買得地でなく寄進地であることによって寺領としての確保を安心してつづけてゆくことができると考えたのであって、南北朝争乱期にあって国人層としての財源の確保をはかり、また寺側としても寄進の名目で寺領の拡大をはかるという、一筆地に対して沽却・寄進の同時日の二枚の証文

第19表　妙興寺年中行事用途注文（妙興寺文書129号）貞治4年12月

銭貨		米等（198石4斗6升）	佛・僧等
人件費（100貫200文）	維持費（355貫文）	食料	佛4 人員 132人 僧衆100人 行堂8人 人力16人 （計132人）
方丈年中月捧 36貫（1ヵ月3貫文） 諸寮月捧 7貫200文（洗衣） 出官　3貫文 納所　2貫文 行堂　8人給26貫文 人力16人給分26貫文	諸方色済等公用55貫文 宮方等臨時用意100貫文 （天祥菴主奉行分） 修造方200貫文	粥5斗2升8合5夕(一日分) ↓ 15石8斗5升5合 （一月分） 臘八紅糟7斗 醋米5斗 （百余石常住石米有之不足分代物50貫）	

馬費（5貫文）	行事費（18貫60文）		賄費(29貫)	寺用物件費（5貫600文）
馬糠藁4貫文 庫司桶杓等 1貫文	解夏点心2貫文 冬節点心2貫文 四節湯薬200文 三佛二祖忌供具 結新点心2貫文 供味菜500文 三佛布施60文 臘八紅糟雑用100文	毎月且添菜1貫200文 正月1日餅（1石3斗）2貫文 正月2日入麵1貫500文 正月3日素麵2貫文 三頭首引物1貫500文 秉払管待1貫文	醤豆(60俵) 20貫文 塩　(30俵) 8貫文 菜料1貫文 餅55枚 2貫文	炭　(41俵) 2貫500文 油　(4斗) 6貫文 ロウソク (330庭) 3貫文 紙1貫100文
（銭　貨）（569貫880文）				

註　この文書紙継目ごとに「性守」「宗興」の朱印花押を押している。

を発行することにより実質上沽却していたことを防ぐ一挙両得の政策をはかったのである。

また角畠、鎌田の例のように、三月、六月、十二月と三期に分けて正税を納入したり、妙興寺の末寺をして年貢を徴収し、円光寺、光孝寺、接待寺、等末寺名主より反別年貢を徴収し、それを統括して妙興寺が国衙方、三宮方、二宮方、一宮方と配分して領家への年貢を差出している。

そして室町中期より起って来た貨幣経済の流通はいままでの中世的な土地支配の構造より脱して貨幣収支による寺院経営に依存する方法において寺院の経済的基礎を築くこととなった。一般に、古代的寺院たる東大寺のような中央大寺院においても荘園年貢より兵庫関の関銭支配に変革され、貨幣経済による寺院経営形式を採用するに到ったことは、禅宗寺院の経営では、早くから考慮されていたことであろう。尾張国妙興寺の場合においても、この例にもれず、また妙興寺の経営はさきの「妙興寺年中行事用途注文」によっても明らかである。

第19表にもあらわれているごとく、寺内における僧侶の食料に供する米穀以外はすべて銭貨で示され、その総費用は五百六十九貫八百八十文という莫大な費用で運営している。これに対して寺領は嘉慶二年（一三八八）分では二百二十七町四反大を数えている。

しかしこの開山年中行事注文は固定的なものでなく、あくまでも寺院運営の規準を示したものにすぎない。現実はさらに多額にのぼっている。その中心となるのは寺院維持費の三百五十五貫文で、永和三年（一三七七）の年貢注文[48]ではこれに中島郡散在田を充当していると考えられる。この中の修造方の散在田は明らかに中島公俊により施入された土地であり、前二者は荒尾・中島正介等の郡内散在田と考えられる。

その中で宮方等臨時用意に宛てられるものについては、応安二年（一三六九）に公役納法下地目安注文が作成されている。[49]これに依ると、第21表のごとく妙興寺は自己の寺領より領家分を除いた所当の分銭を以て運営していたのであ

第20表　妙興寺年貢注文

維持費	地域	面積	分銭
〔諸方色済等公用〕	中島郡散在	六二丁七反　二八歩	二六三貫四五〇文
〔宮方等臨時用意〕	同	七六丁一反　四八歩	三三三貫一一二文
修造方　瀬辺散在		四〇丁二反三〇〇歩	一八〇貫九六二文
計		一七九丁一反一六歩	七七七貫三二四文

第21表　妙興寺公役納法下地目安注文

宮方（支出）	田地	分銭
国衙方	三二丁八反三〇〇歩	四八貫六一七文
三宮方	三丁一反	五貫六二文
二宮方	一五丁四反	一三貫六〇〇文
一宮方	七丁三反	八貫二二二文
国衙正税荒尾方	四〇丁六反六〇歩	三八貫一〇七文
計		一一三貫六〇八文

る。そして妙興寺は中島氏の寄進による散在田よりの収入よりも荒尾氏の寄進にもとづく地頭給分のほうがはるかに大きかった。そして開山示寂後は妙興寺の運営は評定衆を設置して運営した。その組織は西堂二人、首座五人、都寺六人と納所、出官、維那、侍衣で構成されている。そして妙興寺の年貢銭の配分や、寺僧の訴訟にあたっては評定の座において決するという集会制度を採用している。(50)

ことに妙興寺は貨幣経済を維持するために牛野郷における市場を寺院の重要なる財源として組み入れ、新しい経済的基礎とすると同時に、方丈の修造などにはこの市場の公事銭を充当して妙興寺の経営がなされていたが、尾張守護職よりの土岐氏の敗退と織田氏の興隆によって寺領は衰退して新しい守護被官人による押妨を押えることができなくなってこの寺の勢力は減退していったのである。

(1)　円光大照禅師行状記（三八三号）、但し号数は妙興寺文書（妙興寺刊行）である。
(2)　『妙興寺誌』八頁
(3)　中島承念譲状案（妙興寺文書一一号）
(4)　荒尾宗顕同泰隆寄進分妙興寺領坪付注文案（同文書六〇九号）
(5)　三宝院文書六十四（史料編纂所影写本）
(6)　百錬抄第十七、康元元年十月二十五日条
(7)　増鏡第七、おりゐる雲
(8)　吾妻鏡第三十二、延応元年九月二十一日条
(9)　妙興開山円光大照禅師行状（妙興寺文書三八三号）、これは享徳二年（一四五三）七月十一日の無隠徳吾の自筆にかかる。滅宗宗興の入滅後七十二年に当る。
(10)　『大応国師語録』（河野宗寛開版本）三五五頁

(11) 同右三五九頁
(12) (9)に同じ
(13) 今枝愛真著『中世禅宗史の研究』第二章「中世禅林機構の成立と展開」一五二頁
(14) 玉村竹二氏「日本中世禅林に於ける臨済曹洞両宗の異同上――「林下」の問題について――」(『史学雑誌』五九編七号)
(15) 大応仮名法語『禅林法語集』上
(16) 宗暁置文(妙興寺文書八一号)
(17) 後醍醐天皇綸旨、元弘三年十月八日(同文書二二号)
(18) 足利尊氏御教書、建武三年十月七日(同文書二四号)
(19) 荒尾宗顕寄進状、嘉暦四年六月二日(同文書一六号)
(20) 尾張守護代高階師貞遵行状(同文書二九号)
(21) 上村喜久子「国人層の存在形態――尾張国荒尾氏の場合――」(『史学雑誌』七四号)五五頁
(22) 荒尾宗顕寄進状(妙興寺文書一六号)
(23) 足利尊氏寄進状、文和三年七月二十八日(同文書七五号)
(24) 内大臣久我通相家領寄進状、延文四年二月三十日(同文書八二号)
(25) 妙興寺年中行事用途注文、貞治四年十二月(同文書一二九号)
(26) (A)妙興寺領坪付注文文和二年十月(同文書七二号)
(B) 同右 嘉慶二年八月十三日(同文書一八一号)
(C) 同右 文安元年八月二十五日(同文書三七一号)
(D)妙興寺領田畠坪付注文(同文書三七二号)、これは年次は明らかでないが紙継目に布施貞基の花押を書いて、長禄二年(一四五八)のものと考えられる。
(E)妙興寺領坪田畠付注文(同文書三七三号)、これは年次は明らかでないけれども、紙継目ごとに松田長秀の花押があり、長享元年(一四八七)のものと考えられる。

(27) 妙興寺由来記（同文書三八四号）
(28) 後光厳天皇綸旨（同文書七九号）
(29) 後光厳天皇綸旨（同文書八四号）
尾張国真清田社領内、妙興寺保領家職、寄附寺家之由、被聞食旨、天気所候也、以此旨、可令洩申給、仍言上如件、親(平)顕頓首謹言、
延文四年八月七日　右大弁平(親顕)（花押）
進上　前左馬権頭殿
(30) 内大臣久我通相家御教書（同文書八五号）
□（朱印、印文「宇宙」）
尾張国一宮真清田社領内、妙興寺保事、去年延文五〔四カ〕二月、被申副　勅裁、有御寄進当寺畢、而可申出御家門之御手印由、被望申之間、被成進之由、其沙汰候也、仍執達如件、
延文五年後四月十日　左馬権頭（花押）
謹上　妙興寺塔主宗興(滅宗)禅師御房
(31) 池大納言家領相伝系図（久我文書五四号、『国学院雑誌』五八巻第四号）、後掲
(32) 足利義詮御教書、文和二年十月二十八日（妙興寺文書七一号）
(33) 同右、貞治三年六月十九日（同文書一一三号）
(34) 妙興寺由来記（同文書三八四号）
(35) 扶桑五山記二
(36) 宗暁置文（妙興寺文書八一号）
(37) 滅宗宗興自筆円光寺開山塔天瑞塔頒注文（同文書一七一号）
(38) 円光大照禅師行状記（同文書三八三号）
(39) 円通大応国師塔銘（続群書類従本、九上）三九九頁

(40) 妙興寺本寺末寺寺領等注文滅宗宗興跋写(妙興寺文書一七〇号)
(41) 妙興寺天祥庵規式(同文書二一一号)
(42) 妙興寺并末寺寺領目録(同文書三三〇号)
(43) 荒尾泰隆寄進状(同文書一〇八号)
(44) 三宝院満済神判法眼長円書状(同文書一九六号)
(45) 公役納法下地等注文(同文書一四九号)
(46) 荒尾泰隆売券(同文書一三九号)
(47) 荒尾宗天泰隆売券(同文書一四四号)、同寄進状(同文書一四五号)
(48) 妙興寺領年貢注文、永和三年分(同文書一六三号)
(49) (44)に同じ
(50) 妙興寺衆僧等連署規式(妙興寺文書三九一号)

三 妙興寺の変遷と塔頭の形成

妙興寺開山の滅宗宗興の示寂ののち、同じ大応門下であった峰翁祖一によって妙興寺の運営が受けつがれたが、それは一時的現象で、住持職は将軍家の御教書の如く十方住持制度を採用した。そして室町幕府より一時は鹿苑院の支配下に入り、永享七年(一四三五)六月五日には鹿苑院の認承を得て、大應門下の紹源首座が前住の承顒西堂に代って任命されている。この承顒は温中承顒といい夢窓派より任命され空谷明應の資であった。そののち再び紹源が任ぜられ大應門下に帰ったが、その後の永享十二年(一四四〇)には夢窓門下の周妙首座が補せられ、さらに四十九年後の文明十九年(一四八七)瑞頓首座が任命されている。けれども長享元年(一四八七)には住持の欠乏を来し、そこでこの寺

第22表　妙興寺住持・寺務諸職一覧表

年号	住持	塔主	首座	都管	都寺	監座	維那	出官
貞治三年	◎性守	宗興	宗浦	宗尺	源栗	源礼	宗梵	
応永八年頃	傳心、◎宗密		祥金					
応永八年	◎周球							
応永十六年			性勝					
応永廿九年	◎聖雲							
応永卅年		進叟〔性勝〕	宗全		正従		祖合	
		天室〔竜受〕	太陽温首座					
応永卅一年	(西堂)宗貫							
	(西堂)真益							
	(西堂)組綱							
永享六年	(西堂)承頤	進叟〔性勝〕						
永享七年	(首座)◎紹源							
永享十年	守塔比丘天室							
		竜受						
永享十二年	(首座)◎周妙							
文安五年		宗可						
長禄元年	(西堂)回陽徳吉		宗侑			(単寮)宗俊		
	(西堂)真益							
	(西堂)組綱							
	(西堂)知統							
	(西堂)徳元宗貫							
	(西堂)桂昌瑞珀							
寛正四年	徳元宗貫		宗隆		芳瑾		子儼	
	瑞芳徳吉							
文明十七年	(西堂)◎徳耽		芳健		性悟			

	(西堂) ?直助		清䂓守旻		芳瑾			
			祖柔		昌涼			
			祥固		正鶴			
			性瞰		仲敬			
					宗筠			
文明十九年	瑞頥							
長享元年マデ	ナシ							
長享元年十二月	◎子儼							
延徳二年	◎宗誕							
明応元年	◎宗誕							
明応四年	(西堂) 子儼		芳健		正鶴			
明応五年	宗誕							
文亀元年	◎宗誕		慶椿		芳薩		宗棟	
永正十一年	◎宗誕				宗純		芳慈	
大永八年		宗琢						
元亀三年	◎宗纂							
天正十八年	南化、◎玄興							

◎は住持職の明確なものを示す。

が元来室町幕府の祈願寺であった関係上、前住の子儼西堂を任命した。

貴寺被欠住持候由承候、不可然、依闕乏入寺之儀難成候者、咲月西堂御再住可然候、可被請申候、此分定自鹿苑院可被申哉、併期後信候、恐々謹言、

臘月十三日

妙興寺紀綱看寮禅師珍富(マヽ)

(袖書云)「御茶三十包拝領賞玩至無趣候(1)」

とあれば瑞頗首座以前は咲月子儼が任命されていたのである。さらに二年後の延徳二年（一四九〇）には宗誕首座が公帖を出し、任命されているから、子儼は一時的に住持していたものであろう。妙興寺の住持については、中興開山定恵円明国師（南化玄興）(2)が妙心寺勢力を背景として天正十八年妙興寺に住持するまでは、代々を明確にし得ない。けれども任命の記事については史料は少ないが、妙興寺文書より任期中の諸問題の採決に当った人々を携げて、住持表を作成すると次の如くなる。

次の表に依て、妙興寺の住持は十方住持制度に依て、夢窓派の進出は見られたであろうが殆ど大応門下に依て占められたと考えられるけれども、それは厳正に守られたのではない。妙興寺に住持し、或いは入寓したほか、他寺叢林の諸徳が長禄頃に到るまで、退居寮を寺内周辺の地に設けるに到ったと考えられる。然し住持・西堂の他寺院よりの進出に対して、塔主即ち天祥菴においては厳然と「法嗣他門者不可許容之事」として、大応門下宗興直弟を以て相承されていた。かかる状態は実際において、十方住持制度に依て任命された中央叢林の人々が妙興寺の住持たらんとするとき、大応門下は天祥菴に居を占め妙興寺の経営と寺領の支配に任じ、門下僧侶の養成に力を致していたのであった。ゆえに天祥庵で寺務執行するに当って、大応門下という問題より、宗興直弟でない新住持にとって、妙興寺運営の諸問題において、紛糾なくして寺務に携わったとは考えられないであろう。若しかかる事実が生じていたとするならば、それは天祥庵の分裂であり、妙興寺の破滅への一歩であろう。我々はさらに別の考えを持つならば、滅宗宗興示寂後、宗興の徳を慕って来る徒弟等が、天祥庵以外の地に、宗興派下の塔頭を形成し、遺徳を顕揚せんとするならば、その結果寺内の塔頭の増加によってついに分裂を来す結果となり、滅宗宗興の個人的色彩の強かった妙興寺の様相に変革を来したことは疑いない。

第23表　妙興寺塔頭一覧

本寺	庵名	開基	史料に判明する期日	遷化（伝を含む）
寿福	耕雲菴	進叟性勝	応永十三年八月二十二日	嘉吉元年八月
竜翔	西住院	伝心宗密	不明	応永八年正月
建長	種玉菴	壁渓和尚	不明	（不明）三月十日
崇福	太陽菴	玉峯和尚	応永三十年五月二日	応永三十二年四月
長楽	清寥菴	天室竜受	不明	嘉吉三年正月
竜翔	来薫菴	古伯和尚		寛正二年正月
竜翔	桂昌菴	普済和尚	応永二十六年十月一日	（不明）六月八日
同	瑞芳菴	無隠和尚	応永十一年十月十五日 永享十一年十二月三十日	文明元年正月

つぎに妙興寺の塔頭は第23表の如く八つの塔頭を数える。その中で史料の関係上耕雲菴を中心として見て行くことにする。

耕雲菴の開基進叟性勝は、応永九年天祥庵規式において見ると宗興の直弟三十五人中の一人で竜受と共に相当上位に位置している。この性勝の出自については判明しないが、応永二十一年（一四一四）三月二十三日の足利義満の御教書に「寿福寺住持職事任先例可被執務之状如件」とあれば、妙興寺に住する以前に寿福寺に居住していたようである。ところが彼が妙興寺へ帰ったのは応永十三年前後で、それより彼は妙興寺に退居菴を築き、老後を師弟の養成に尽したいと考えたのであろう。退居菴として、耕雲菴の存在が認められるのは、応永十六年であるが、恐らく建設途中であったと考えられる。中島郡平野村附近、山口保の一部に点在する服部四郎入道宗直の所領が盛んに耕雲菴に買得されているのは(3)、造庵への努力が傾けられていたものと思う。耕雲菴の組織等に就ては嘉吉元年に性勝に依て規式が定められている。

当菴規式条目

一、坊主、年臘次第、以五年為限、若為器用則再請充之、若非其人則雖年期未満以衆評改之、

一、執事、以衆評任之、

一、坊主、侍真、免僧、照亮、暾昭、火番両人陪堂、常住弁之、

一、坊主月俸、菴領除斛米外土貢皆済之内、拾分壱、執事月俸弐拾分壱、
一、真（直）前日供不可充火番食料、
一、元叟（興一）年忌本寺打斉、
一、正月賀礼壱貫文、
一、油代六百文、炭代壱貫文但加茶炭、
一、味噌代、弐貫五百文塩壱貫文、但毎日常住受用加之、
一、薪代四貫文、
一、火番衣料入別壱貫文宛、
右条々所定置、若背此旨、非我弟子也、
嘉吉元年八月廿八日　　性勝（花押）〔朱印〕(4)

かくの如き耕雲菴の造立は、妙興寺内において天祥菴が元来塔頭であったが、菴内に多数の同門耆宿が同居する結果、後には居室を別にする必要も生じたのであろう。その内寿福寺より、性勝が帰寺してより、性勝を中心とする同門衆が終には本菴を離れて、別棟の建造物を塔頭封彊内に造立して、塔頭中の塔頭という如き観を呈するに到った。然しそれは全然別個のものでなく、法系上の密接な関係を保ちながら、中央塔頭と併存するものである。そして塔頭本房とは恰も本寺対塔頭の如き従属関係が発生する。今これを天祥菴の場合と比すれば、その規式が公的な要素でなく、私的な要素で形成している。天祥菴の規式履行せざるものは開山祖師の罰を蒙るべきに対して、耕雲菴の場合は明らかに「非我弟子」とのべている。又天祥菴が五年之規式を厳正に規定し、除外例を設けていないのに対して、耕

雲菴では、除外例を設け、重任の可能性を含んでいることは、相伝の形式においても私的要素を多分に含んでいるものと考えられる。さらに耕雲菴の如きは、菴領を寄進せる人々に対して、「立位牌永代可預御弔事」として、この菴では天祥菴のように中央よりの制約をあまり受けなかったと考えられる。現在においても我々の見る所では、天祥菴は官寺的であるけれども、耕雲菴は私寺的であると考えられる点が多々観察出来るのである。然して耕雲菴の造立と共に菴領の買得による妙興寺領の拡大を見るのであって、最後には単に寺領のみならず末寺をも形成獲得するに到った。

不動寺　　　性勝（朱印）

右寺者、雖帯当寺之末寺之号、秀為禅門造立之、付与華屋宗覚首座之以来、自寺家坊主請吏一度無之、代々檀那請之、然至性秀（三善）庵主、自寺家其義全无之、仍而永代耕雲庵進叟（性勝）老人仁相副寺領譲与者也、是上仁秀庵主逝去之時、其子四郎入道宗善、代銭伍貫文ニ売渡上者、就末寺之号不可有其煩者也、不知此由緒、至末代可有嫌疑之間、於評定衆中、令披露畢、為後證、天室受和尚被加判形之状、如件、

嘉吉元年辛酉八月十七日　　性勝（花押）「進叟」
　　　　　　　　　　　　　竜受（花押）（朱印）(5)

このように不動寺は、中島郡捴木にあり、元来秀為（文和二年）と称する禅侶の造立になる私寺であったが、性秀に譲渡された。性秀は、其の子善四郎入道宗善の手より、不動寺を買得して完全に自己の塔頭の末寺とすることが出来たのである。然して、不動寺と同様の経路を以て、永享十一年十一月二十日(6)、狩野修理入道久親等の手より、氏永村安養寺を寄進され獲得している。此等二カ寺は共にのち性勝直弟祖慶に相伝されている。

以上の如く末寺を有し荘園を有する塔頭耕雲菴は、次第に本寺の子院という性格より離脱して、独立の寺院としての性質を帯びるに到った。しかれども、本寺を全然離脱するものではなく、分離独立したのである。それは単に耕雲

菴の例のみを挙げたに過ぎないが、西住菴等においても、交割帳に達磨像、五祖像、釈迦・不動・十六善神・十三佛や三具足等を所有し、自己の菴内で、菴主につきて参叩して弁道し得る状況にあった。然し塔頭が勝手に天祥菴の評議を経ずして、農民、名主等と契約することは出来なかった。応永三十年五月二日に妙興寺内橘内名畠地壱町大を服部四郎右衛門入道宗直より、太陽菴主温首座と、畠地について契約なさんとする時には、太陽菴主が評定衆中にこのことを披露し、評定衆より「利運之旨」たるの認承を経て後において、効力を発するに到った例がある。(7)そして契約状も太陽菴にあっては「自然散転傳而落花佗家之手為寺領不可然」故に、評定衆の温首座と談合して、契約状を天祥菴の重書箱に置き、太陽菴で入用の時は、その写しを与え、本書を管理する如き厳重さであった。けれども、長禄年間の評定衆の交名に依ると、殆ど塔頭出身者が評定衆となり、寺院の運営に当っているのであるが、塔頭が次第に独立化しつつある事を合せ考えるならば、滅宗宗興の時代の如き惣寺の推進力はもはや見られず、自己塔頭の生存への関心がより増大する如き結果となり、領内百姓の訴訟も、衆僧の公事も、評議難欠に陥り、寺官も私義ありて、評定座も乱れ勝ちであった。その故に長禄年間に定書を重ねて作成し訴訟の公正を期さなければならなくなったと解することが出来るのである。そして各塔頭に分派した徒弟達は、本来皆本寺の僧堂において住持に参叩して弁道すべきであったのが、今や各塔頭内に衆寮僧堂を有し、各塔主が私に徒弟を養うに到って、公的な集団的な叢林が、私的な個人的なものに堕して了った。その結果師資の恩愛に惹かれ、排他的傾向に陥って、本来権威を持っていた天祥菴はいたずらに虚構を擁するのみとなり佛事の式場たるに過ぎなくなり、妙興寺が他の寺院の僧徒による住持職の就任となってしまって、滅宗の遺髪を嗣ぐのに難儀を来すこともしばしばあったと同時に、寺の実体は各派別の塔頭の単なる集合体に帰してしまった。

それを別の面から考察するならば寺院の経済的基礎たる寺領の分裂をも来すことにもなるのである。このような内在的要素に加えて、新興勢力に依る寺領の押妨が、室町末期には、妙興寺の維持経営を不可能に近いまでの結果に落とし入れていったのである。

(1) 蔭涼軒日録、長享元年十二月十三日条（大日本佛教全書本）
(2) 鈴木泰山『禅宗の地方発展』三六五頁参照（畝傍史学叢書）
(3) 服部宗直・藤原氏女連署売券（妙興寺文書二四五号）
(4) 進叟勝定耕雲庵規式写（同文書三六一号）
(5) 天室竜受加判進叟性勝置文（同文書三五九号）
(6) 狩野定祐・同久親譲状（同文書三五五号）
(7) 妙興寺衆僧等連署置文（同文書三〇三号）

四　妙興寺領の成立について

1　尾張国国衙領の変遷と中島氏

尾張国妙興寺領について考察するまえに尾張国国衙領について考える必要がある。この国衙領の中心は国府の存在していた中島郡であった。その所属している郷は美和・神戸・拝師・小塞・三宅・茜部・石作・日野・川崎である。[1]そしてこの国より差出す正税は天平二年（七三〇）には二十三万三千三百二十四石八斗を数え、天平五年（七三三）の正税帳では中島郡の定穀は三万九千八十七石七斗九升八合の全高の七・三％を出し、正税としては三万七千四百二十四石三斗八升八合を国へ差出している。この時の尾張守は天平三年（七三一）大伴宿禰兄麻呂より引きついだ(2)多治比真人夫多勢（淡世）であり、この正税帳は天平六年（七三四）十二月二十四日に作成されている。(3)いま中島郡の状況については、

中嶋郡

天平五年定穀参万玖阡捌拾柒斛柒斗玖升捌合

不動弐万玖阡参伯壱拾肆斛玖斗参升肆合

動用玖阡柒伯柒拾弐斛捌斗陸升肆合

正税穀参万柒阡肆伯弐拾肆斛参斗玖升捌合

郡稲□仟肆伯□□参斛参斗陸升

□従八位下尾張連向京

□八位上勲十二等甚□多希麻呂

□大初位上勲十二等中嶋連東人

□帳外大初位上勲十二等国造挨向京

主帳外大初位上勲十二等□□正月

主帳外少初位下勲十二等他田弓張

と見えて、中峰郡(4)の主帳として中島連東人の名が見えているのが中島郡における中島氏の初見である。令義解に、

凡郡司取下性識清廉堪二時務一者上為二大領・少領一、強幹聡敏、工二書計一者、為二主政主帳一其大領外従八位上、少領外従八位下叙レ之、(5)

とあれば、中島郡の少領には従八位下の尾張連、主帳には大初位下にある中島連ほか国造、他田弓張等五人が就任している。

ここに記されている尾張氏は山田郡でも「郡司大領外正八位上尾張宿弥人足」、また他郡でも「主帳无位尾張連田主」等の名が見えている。(6)

この尾張氏は尾治氏とも称し饒速日命（天別火明命）を遠祖としてその十一世の孫乎止与命（小止与命）とも小豊命とも称し、尾張大印岐の女真敷刀俾を妻として一子を生んで尾張国造の祖となったといわれ、ことに尾張宿禰大隅は壬申の乱に天武朝に付いて功あり、それ以後尾張国の諸郡の大領や少領に任ぜられて郡司となるものが多かった。

例えば霊異記の「力女示強力縁廿七」でも「尾張宿弥久玖利者、尾張国中島郡大領也(7)」とあって、元興寺道場御師の孫女の強力の娘を妻としていたという説話がある。

このことからも、この中島郡の大領には尾張氏が占め、その郡庁にあって主帳をつとめていたのが中島氏であって、この両族は天平時代以前より土着して在地に勢力を張っていたことはいうまでもない。

また平安時代にいたって、中島郡の郡司の職田が没収されている。

太政官符

應下准二離米未進数一没中郡司職田直上事

右得二尾張国解一偁、撿二案内一中嶋郡貞観四年違レ期未進糯米(モチヨネ)五斗三升五合、䄺子(ヒエ)[三斗]三升四合、胡麻子(ウコマ)一升、荏(エ)子二斗五升、准レ直稲一十九束一把四分、其代被レ没二郡司職田一直稲五百六十八束、如今、未進数少、所レ没斯多、如之郡司除二職田一之外、亦無レ所レ納、而依レ少奪レ多愁訴寔深、望請、准二未進数一没二件職田直一謹請二官裁一者、右大臣宣、依レ請、自余諸国亦宜レ准レ此、

貞観七年八月一日(8)

このときの中島郡の郡司はおそらく尾張氏であったであろうし、尾張氏が次第に国司制度の退廃の中で在地勢力の温存をはかるため正税の未進を企てて露顕におよんだというのである。

平安中期の荘園制の影響をうけて中島郡内に、和銅二年（七〇九）以来の中島郡十町四反二百八十一歩の弘福寺の領田を改めて天永二年（一一一一）には弘福寺領川原庄が成立し、それよりさき天暦四年（九五〇）には東大寺が郡内の百五十六町五反百九十歩を占め、尾張国の同寺領では最大のものであった。(9)しかし長徳四年（九九八）には二百九十六町に拡大されてやはりこの郡が中心となっている。(10)

この平安時代には尾張国は多くは藤原下級貴族の支配のもとに置かれていたが、昌泰三年（九〇〇）平伊望が国守に任命されてより平家の勢力が浸透し始め、また一時は藤原元命の非法や、大江匡衡の良政もあったが、天養元年（一一四四）平忠盛、平治元年（一一五九）に平頼盛、長寛元年（一一六三）正月に平重衡が国司となるに及んでこの国衙領が平家の支配下に置かれていた。

中島郡内の鈴置村に於ても、長寛元年（一一六三）八月十七日に平重衡は留守所下文を以て鈴置村を佐伯遠長領として領掌することを目代の惟宗朝臣をして認めさせている。(11)

そのほか治承三年（一一七九）には平知度、養和元年（一一八一）には平時房等が遙任の国司として存在していたが、源平の兵乱ののち源範頼が任ぜられて平家の勢力は駆逐されていった。

しかしここで注目しなければならないのは中島郡内にある真清田社（尾張一の宮）である。この神社は大己貴命を祀り、国内では熱田神宮についで朝廷が崇敬した神社である。その面積は、

（端裏書）
「真清田社田検注目六」

╲尾張国一鎮守真清田社
╲注進　嘉禎元年乙未撿田目録
合
╲水田佰弐拾玖町玖段三百歩
╲除川成不乍(作)卅三丁九段半
╲横野五丁五反三百歩
╲加野二丁一反
╲鑁料田十丁
╲羽曽里二丁
╲美和御上分田七反
╲御菜田一丁
╲葉栗彼岸田二丁二反
╲宮重三丁
╲藪田二反大
╲毛受茅原二丁半
╲延松五丁半河成之条無御承引、被懸本三昧田分所當了、七疋一丈余内地、已領状、在家在判、
╲定田玖拾陸町小　未撿注之間、古作定、

＼愛智ア(郡、下同ジ)千竈十丁二反也、
＼海東ア御刀代田一丁
＼海西ア十六丁反大除不作六反小定(12)

とあって、その社領は水田百二十九町九反三百歩を数え、中島・愛智・流東・海西の諸郡に及んでいるが、中島郡にその中心があった。郡内では横野・美和・宮重・藪田・毛受の地、田九十六町を占めていた。この荘については、この庄が八条院暲子の御領であったことは次に示す史料で明らかである。そして宣旨局は、真清田神社の社務を執っているると同時に預所をも兼ねて強力にこの荘を掌握していたのである。

八条院庁下　尾張国真清田社
　可以女房大納言局為預所事
右以人、為預所、可令執行社務之状、所仰如件、神宮宜承知、不可違背、故下、
　寿永二年九月二十五日　　　　　主典代散位大江朝臣(花押)
別当大宰大弐藤原朝臣(花押)(13)

池大納言家沙汰
　布施庄播磨　　　竜門庄近江
　安麻庄安芸　　　稲木庄尾張
已上有由緒云々、

野辺長原庄大和　　兵庫三箇庄摂津
石作庄播磨　　六人部庄丹波
熊坂庄加賀　　宗像社筑前
三箇庄同　　真清田社尾張
服織庄駿河　　国富庄日向
已上八条院御領
麻生大和田領河内　　諏訪社信濃
已上女房御領
右、庄薗拾陸箇所注文如此、任本所之沙汰、彼家如元為有知行、勒状如件、
寿永三年四月六日(14)

池大納言家領相傳系図

∴池禅尼——頼盛——光盛
　├河内国大和田庄
　├伊勢国木造庄
　├尾張国真清田庄
　└播磨国石作庄
光盛——宣旨局
　├三条局　尾張国海東上中庄　美作国弓削庄　備前国佐伯庄
　└久我右大将室
　　├五条局石作庄
　　└後久我内大臣——中院太政大臣
　　　├大和田庄
　　　├木造庄
　　　└小坂禅尼　尾張国真清田庄　播磨国這田庄(15)

とあって、この社領はもと八条院暲子の御領より安楽寿院に寄せられ、ついで鳥羽上皇の寵姫祇園女御が領家であった。そののち平頼盛が母の池禅尼より領家職を相伝していたが、平家滅亡のため一時没官されたが、源頼朝は池禅尼の旧恩に酬いるため後白河法皇に奏して、再び平頼盛領とした。そののち頼盛の子の光盛に伝え、安貞三年（一二二九）二月二十日に安嘉門院の宣旨局より、光盛の女の久我通忠の室に伝領し、通忠はその子の通基、孫の通雄に譲って、この庄は久我家の所領となった。(16)

このように真清田社領の中島郡における存在意義は大きかったし、のちにこの社領内に妙興寺を建てて妙興寺保が成立したのである。このことはのちに述べることとする。

また一方、さきの中島氏については、承久の乱に於て京方についた中島宣長の存在が見られるも、そのため所領が没収されたが、

延應元年九月二十一日丁亥、尾張国住人中嶋左衛門尉宣長者、承久逆乱之時為二官軍一之由有二沙汰一、被レ収二公所領一、然而当時候二御所中一頻依レ愁二申之一、於二屋敷田畠一者可二付渡一之旨、今日被レ仰二付西郡中務丞一云々、(17)

そして屋敷田畠は愁訴して許された。しかして国衙大介職としての職田を中心として所領を形成し、その上、中島郡内に於ていまだ有力な国人層としての地位を保っていた。この中島氏の有力な所領であった国衙領は弘安五年（一二八二）の国衙一円進止の田畠注文により、このとき浄金剛院領に属していた。(18) その全容は前欠のため明確でないが、中島郡に関するものについては中島郡南条（三宅郷・石作郷）、同北条（拝師郷・尾塞郷・三和郷・草部郷・河崎郷）に及んでいて、国衙を中心として成立していた。この浄金剛院は、

橘の大后の、むかし建てられたりし檀林寺といひし、今ははゐして、礎ばかりになりたれば、その跡に、浄金剛

院といふ御堂を建てさせ給へるに、道観上人を長老になされて、浄土宗をおかる。天王寺の金堂うつさせ給ひて、多宝院とかや建てられたり。川に臨みてさじき殿造らる。大多勝院と聞ゆるは、寝殿のつゞき、御持佛すゑ奉らせ給へり。かやうの引き離れたるみちは、廊、渡殿、そり橋などをはるかにして、すべていかめしう三葉四葉に磨きたてられたる、いとめでたし。(19)

この院は浄土宗の道観上人を招じ、嵯峨檀林寺の旧地に建て後嵯峨天皇の御願寺とされた。そして他の院領より遅れて、いま弘安五年（一二八二）七月に庄号を立てて浄金剛院領となったのであるが、建武三年（一三三六）十二月六日柳原資明が国司となってより、彼が暦応二年（一三三九）二月七日まで知行していたようであるが、そののち柳原資明からその弟の足利尊氏の護持僧であった醍醐寺座主三宝院賢俊に国衙領が与えられた。貞治五年（一三六六）には三宝院光済に引きつがれ、正長二年（一四二九）以後は醍醐寺寺領目録の中に門跡領として存続していた。(20)

このように中島郡内の地は皇室御領や中央の社寺領が混在し、さきの八条院領の真清田社領、浄金剛院領の国衙領等その中心にあって妙興寺領が中島氏の職田の中心としてまず形成されていったのである。この中島氏の掌握していた尾張大介職の所領は、

譲渡　所領注文事

合

尾張国大介職

一所　中嶋屋敷幷近辺

一所　桑原村
一所　前野　荒野　田代
一所　十町野　荒野
一〻　阿古江　河西
一〻　曽不江　上下　荒野
一〻　鷹熊百姓名　同　荒野
一〻　美濃国多岐庄内貞松名地頭職副関東御下文
一〻　興郷　荒野
一〻　大塚　塚原　荒野
一〻　壱町畠　高井
一〻　五町　井郷　鉢尻　田代
一〻　壱町　砧基〔墓〕里廿七坪
一〻　□〔壱〕町　畠　牛野
一〻　弐町余能行名　長滝寺敷地
一〻　一木村半分　同長滝寺〻領
一〻　柒段　新支里　同寺田
一〻　柒反　佐賀里　廿七坪

一ゝ　四段　門田六反　石橋同寺田
一ゝ　陸町余　浄土等敷地幷寺領
一ゝ　壱町　暗水里十三坪
一ゝ　参段　八座里廿四ゝ
一ゝ　陸段　大坪里　八坪号中嶋
一ゝ　柒段　林野　宮田里
一ゝ　参段　桜木

右坪付注文如件、

元應二年四月三日　　沙弥承念（中嶋正介）在判(21)

この中嶋蔵人正介の所領目録からも、中島氏の所領は地主的な小さな地片をかかえている散在性の強い所領で職田の集積によって形成されていることがわかる。そしてそれは国衙周辺に集結し、荒尾氏が名主層の所有地を中心に地頭職を形成して中島氏の所領の外廓地域を占めていたこととは条件を異にしている。

そしてこの二つの地理的条件をそのまま吸収した妙興寺もまた、中島氏領を最初の基盤としてその職田の集積による小地片の吸収と、新たなる荒尾方による名田経営と地頭職の掌握という形において寺領を形成することとなったのである。

2　妙興寺領の成立

妙興寺領の形成においてその成立の時期を中心として考えてみると次の如く四つの区分が考えられる。

Ⅰ妙興寺領の成立期＝妙興寺造営にともなう寺領の基本的領有形態の推進期で、文和二年（一三五三）の寺領目録の作成を以て終了する。

Ⅱ妙興寺領の成熟期＝領家職・地頭職の得分、支配権の獲得による寺領の充実及び中分の問題を中心として、嘉慶二年（一三八八）八月十三日即ち滅宗示寂を要因として遺領たる寺領の細密なる調査後作成せる寺領目録作成を以て終る。

Ⅲ妙興寺領の変質＝土岐頼康の卒後、同氏の没落と、寺領押領・押妨の増加と維持への努力を中心として、応永三十三年（一四二六）六月九日の開山禅師号勅諡にともなう応永三十三年十一月の寺領目録作成を以て終了する。

Ⅳ妙興寺領の崩壊＝寺内塔頭の分立及び織田氏を中心とする土豪の消長を中心として、最後に文禄四年（一五九五）豊臣秀吉朱印状を以て、三百石と限定されて終了する。

妙興寺は、国中無双の禅刹と称せられ、幕府の庇護のもとに在地土豪勢力を背景として成立した臨済宗寺院である。妙興寺の経済的基礎をなしたのは、旧中島氏を中心とする国衙領の一部と荒尾氏の寄進・沽却に依る地頭職の吸収であって、その上に妙興寺の運営にあたっては貨幣経済の進展に依って自己の所領内に於て反銭を徴収することにもとづいて維持されていた。この反銭徴収の対象となったのは大部分中島郡の地である。その田積に於ても、三百七十八町に達し、少くともその三分の二は旧国衙領として、旧木曽川と大江川の中間地帯であって、畿内的集約的農業経営に近い状況を呈していた。このような土地に於ては耕地の開発、農業生産力の発展、貨幣経済の発達が、平行的に相互に関連しつつ進展して行った。故にこの三者の関係のもとに地方的特色が裏付けられるのであり、そこに又臨済宗寺院として進出して来た妙興寺の特色も明確にし得るのである。

永和二年（一三七六）と推定される妙興寺寺領は、大略次の地域より成り立っている。[22]

妙興寺領

吉　松中荘之内 国衙正税有　　福　重花井之内 正税有

朝　宮国衙正税有　　飯　柄本寺江色済有

□町　名味噌野之内 三ヶ保色済　　十　町　名草加部之内 三ヶ保色済

中嶋散在在々所々少宛有 一宮二宮江色済有　　阿古江野野也

鈴　置熱田江色済在之

末寺分

円　光　寺矢合 色済在之　　清須村 光孝寺上畠 色済　在

温　泉　寺　　称名寺

天　福　寺色済在　　蔵田寺淵守

かかる地域はすべて中島郡旧国衙領内にあって、それ等の土地が律令時代に於て封戸にあてられた郷保が、永く改められることなく固定化して荘園となったもので、国衙領そのものが、集合的荘園と見なされていた。その中心部に於て三宝院領と妙興寺領が混在している事実は、国衙領の分裂を示すものに外ならない。分裂せる此等の土地は荘園

第24表　妙興寺寺領の成立と田積

地名	寄進者	成立年月日	成立原因	田積	年貢文銭（永和二年）	応安二年公役納法下地田目安注文		納入方分	
妙興寺保	荒尾宗顕	貞和三・九・三	寄進	三四町・六〇反・六〇歩					
朝宮保	荒尾泰隆	観応二・六・｜	寄進 沽却	三・｜・｜（公田）	四丁 二二貫九五〇文			荒尾国衙	
福重保	荒尾泰隆	貞和二・十二・十五 貞和五・八・七	寄進	二・｜・｜				荒尾国衙	
大神田（中島郡内）	荒尾泰隆	貞和五・八・七	寄進	一・｜・｜	（四丁） （四貫〇〇〇文）			国領	七六五文当寺分 二貫七三二文秀為弁 三〇〇文山崎寺弁 二〇〇文天福寺弁
散在田	荒尾泰隆	観応元・八・十一	寄進	一〇・｜・｜					
鎌田	中島正介	貞和五・三・二	寄進	五・｜	六反 三貫六〇〇文	五八三文	私領		
在名田	中島正介	貞和五・三・二	寄進	四・小				国衙 一宮	
志弁里卅六坪	中島正介	貞和五・三・二	寄進	七・大		四貫〇〇〇文		国衙 三宮 一宮	仕丁節句一貫一二五文 臨時弁
於保内	中島正介	貞和五・三・二	寄進	一・四・｜	一二丁 六貫八五〇文				
蚰坪	中島正介	貞和五・三・二	寄進	二・｜					
冷田	中島正介	貞和五・三・二	寄進	一・｜・｜					
佐賀里	中島正介	貞和五・三・二	寄進	二・｜					
暗水里	中島正介	貞和五・三・二	寄進	五・｜		一貫五〇〇文		国衙	仕丁節公分は引く
暗水里	中島正介	貞和五・三・二	寄進	二・｜		（一丁三反半） （四五〇文）	貞藤	国衙 三宮	興行分二貫一六〇文 以上六貫二一〇文
平野上畠	中島正介	貞和五・三・二	寄進	一・｜・｜					
花池	中島正介	貞和五・三・二	寄進	五・｜					
鷺宮	中島正介	貞和五・三・二	寄進	六・｜		六〇〇文		国衙	使 治部大夫入道

金森	中島正介	貞和五・三・二	寄進	四・小	二貫六〇〇文			一宮	
小林	中島正介	貞和五・三・二	寄進	五・―					
抑副	中島正介	貞和五・三・二	寄進	二・―					
九坪	中島正介	貞和五・三・二	寄進	五・―					
明石垣内	中島正介	貞和五・三・二	寄進	七・―					
荒見田	中島正介	貞和五・三・二	寄進	五・―	二貫〇〇〇文				
光堂	中島正介	貞和五・三・二	寄進	二・―					
宮重（秀為屋敷）	中島正介	貞和五・三・二	寄進	一・―・―				一宮	
神継	中島正介	貞和五・三・二	寄進	六・―				国衙	
大坪	中島正介	貞和五・三・二	寄進	四・―	四貫八〇〇文	四〇〇文		国衙	
林野前	中島正介	貞和五・三・二	寄進	一・三・―					
林野前	中島正介	貞和五・三・二	寄進	四・―					
北嶋	中島正介	貞和五・三・二	寄進	九・―					
高井	中島正介	貞和五・三・二	寄進	五・―		（幾呂位田）五〇〇文		国衙	
高木	中島正介	貞和五・三・二	寄進	一・一・〇五〇		二丁八反 二貫七〇〇文	丹羽郡国重内	〔国衙 一宮	
井尻	中島正介	貞和五・三・二	寄進	七・―	不明				
井尻	中島正介	貞和五・三・二	寄進	三・―					
光堂（橋爪）	中島正介	貞和五・三・二	寄進	三・―					
浅井角畠	中島正介	貞和五・三・二	寄進	六・少	三貫二〇〇文	七三八文	私領	国領	
島打	中島正介	貞和五・三・二	寄進	五・―	三貫〇〇〇文				
笠組	中島正介	貞和五・三・二	寄進	四・―	二貫〇〇〇文	四〇〇文		三宮	作人弁
西滝内	中島正介	貞和五・三・二	寄進	五・―					
阿古江井外山	中島正介	貞和五・三・二	寄進	荒野	（薪料所）不明				
塚原堤北	中島正介	貞和五・三・二	寄進	荒野					
砧墓（天福寺）	野田太郎成氏	不明	寄進	四・八・―			一宮		

在名田（柳坪九坪）	野田太郎成氏	貞和五・十二・五	寄進	三・一・丨					
毛受村（人見塚）	野田太郎成氏	貞和五・十二・五	寄進	（公田）二・六・丨	三丁二反 一貫八〇〇文	三貫〇〇〇文	国衙		此下地国方号今次郎検見地也定損請負分
毛受村	野田太郎成氏	貞和五・十二・五	寄進	一・丨・丨					
小嶋	野田太郎成氏	貞和五・十二・五	寄進	三・小	二貫〇〇〇文				
副田	野田太郎成氏	貞和五・十二・五	寄進	三・小					
珍耀	野田太郎成氏	貞和五・十二・五	寄進	一・七・丨	九貫八〇〇文	四貫一四〇文	｛国衙 三宮		須綱収之
草部保清須村光孝寺	比丘尼宗可	不明	寄進	六・丨・丨			荒尾		
草部保	比丘尼宗可	不明	寄進	一・二・一			荒尾		
金森	（中島）僧宗笠	貞和六・三・二	寄進	六・丨					
一板敷島 丁東	（中島）僧宗笠	貞和六・三・二	寄進	五・丨					
長谷 屋敷	（中島）僧宗笠	貞和六・三・二	寄進	（公田）一・丨・丨	三丁 一八貫〇〇〇文				
井郷	（中島）僧宗笠	貞和六・三・二	寄進	四・小	不作				
松木垣内付東	（中島）僧宗笠	貞和六・三・二	寄進	三・丨	一貫六〇〇文	（四反）八〇文		三宮	
柿木垣内	（中島）僧宗笠	貞和六・三・二	寄進	三・丨	一貫六〇〇文				
高井	中島新蔵人公俊	不明	寄進	三・丨・丨	三丁一反小 一五貫五〇〇文				
三輪（丹羽郡）	中島新蔵人公俊	不明	寄進	三・丨・丨	一三貫〇〇〇文				
宅美（同）	中島新蔵人公俊	不明	寄進	三・丨・丨	九貫七一六文				
松武泉嶋（同）	中島新蔵人公俊	不明	寄進	三・五・丨	一一貫八一七文				
千丸（同）	中島新蔵人公俊	不明	寄進	一・五・半	六貫六三七文				
南駒野（同）	中島新蔵人公俊	不明	寄進	三・丨・丨	七貫三〇〇文				

誓吾村内（葉栗郡）	中島新蔵人公俊	不明	寄進	八・一	九貫〇〇〇文			
高木屋敷（同）	中島新蔵人公俊	不明	寄進	七・一	二貫三五〇文	七五〇文		定損請負地
松武郷内（同木瀬田）	中島新蔵人公俊	不明	寄進	六・四・一	四六貫三〇〇文	二貫〇〇〇文	国衙	備後前司本一貫文ナリ
合計				一二八・六・二七八				

としての価値よりも反銭徴集の目的地に変質されるに到ったものであった。

ことに妙興寺の経済的基礎は、以上の如き性格を有する下地を支配すると同時に銭納へ移行する事に依って確立されたと認められる。換言すれば、妙興寺が、その所有する寺領に対し、土地を貨幣価値に換算し、寺僧の貨殖とすることによって確立されたともいえる。

次に、後の記述の理解を容易にするために、妙興寺領の成立と田積を表示する。但し第一期の文和二年の分までとする（前表にこれを示す）。この寺領目録は、

（ウラガキ）「開山自筆竜翔寺預置文書目録ニ載之」

「諏訪法眼円忠封裏目録」

「為後證名加判矣」

文和三年七月廿八日　円忠（花押）

光厳（花押）

この妙興寺寺領の成立の原因[23]としては、中世初期より国衙領という、特殊な条件のもとに成立した国衙周辺の土地

第25表　国免の地の四人の名主

名主	仮名	田積	用途
沙弥成蓮	千騎分	四十一町三反	熱田宮中門廻廊廿間并惣社造営料田
左衛門尉尾張俊村	重松分	一乗寺保三十七町六段大 私領国領十六町四段	神宮寺修理田、不足壱町二段半 熱田宮領
平経忠	国重分	二十町	真清田宮修理田
左衛門尉源成広	友重分	田畠十五町	熱田宮右方屋十間料

の寄進に依るもの、売得によるもの等必ずしも一定しない。

然し妙興寺領文和二年の寺領目録にある如く百十八町の内三分の一を占める妙興寺保の獲得は、全く妙興寺造営の基礎をなすものであった。妙興寺保は元来真清田社領の一環として存在した。その伝領の経緯は次の如くである。[24]

八条院（寿永二・九・廿五）—安楽寿院—祇園女御—池禅尼—平頼盛（海東三庄、一時没官領）—光盛—安嘉門院宣旨局（安貞三・二・廿）—久我通忠室（建武二・九・廿五）—道基—道雄—長道（観応元・八・十三）—通相—具通

ことに嘉禎元年検田目録に依ると総面積百二十九町九段三百歩の田積を占めていた。[25] しかし、その土地のすべてを明らかにすることは出来ないが、中島郡の中心部を占めていたことは推察出来る。この真清田社領は元来久我家を領家と仰ぎ、海東三庄と共に管領されていた。

今ふりかえって、鎌倉中末期に於ける中島郡の土地支配の形態を考えると、承久の乱に於てその中心地帯を占めた中島宣長一族が官軍に参じたので、幕府よりその所領を没収され、[26] 古来所有していた国衙領も「近来在庁国民等恣語、眼代以下之免判引募神領之間、公領滅失、正税如レ無、因レ玆承久三年以後、勅免国免之外悉顚倒」するに到った。そ

して国免の地とは、即ち国免の名主、四人の名田を指す。

そしてこれ等の土地が国衙領中心地附近であって、(27) ここでは四人の名主等の私領地と化して行った。例えば源成広の如きは「重代在庁身」として、忽ち「緒国威之間」(28) 真清田神領を顛倒してしまった。然るに一時没官された中島氏の領地の一部屋敷・田畠が延応元年に頻りに愁訴するに依て返還されて、再びその地盤を占めるに到って、後中島正介に到る間に、国衙大介職を継承し、各名主を一応自己の支配下に置いた。然るに国衙領の斯の如き推移に対して安貞三年二月二十日に平光盛より安嘉門院宣旨局に伝領された真清田・海東三庄の諸庄はのち久我家の手に帰し、恰も国衙領を挾んで南北に成立した。久我家は両庄に領家職を樹立し預所を置いて管理せしめていたが、地頭職も鎌倉初期に小山氏によって成立していた。在地性の強い地頭は次第に名主等と結合し、自己の勢力の増大を計り、鎌倉末期には海東上庄では正安二年（一三〇〇）より正和元年（一三一二）に到る間に於ける地頭の未進押領物絹七百十九疋五丈六尺、糸三千四百三十二両三分、綿一万六千四百六十七両三分、銭千八十三貫三百十六文を数うるに到った。(29) 真清田庄に於ても同様に地頭安威新左衛門入道性遵と相論を生じ、「地頭令知行下地以有限色上分令備進社家」の先例を改めて和与し田五町につき反別百文を十月中に、畠三町二反につき反別五十文を六月中に弁進することを約諾している。(30)

然して、海東三箇荘に於ても一時没官されたが建武四年（一三三九）平賀忠時が地頭職となったとき、年貢進済せず領家方に打入り、苅田狼藉を働くため、領家方では守護中条判官家人平塚十郎・上御使今川左近蔵人(31) 等によりその押妨を停止している。

この相論に当って、守護の土岐氏の被官人の荒尾民部権少輔宗顕は使者となり、検断に及んでいる。又殆ど同じ年次に於て荒尾宗顕は円覚寺領富田庄の検断にも検断使として役目を果している。

以上述べた如き中島郡の状況は、国衙を中心とする国人層の中島氏と海東郡木田及び尾張国久我家領を中心とする荒尾氏は守護の被官人として、各地に地頭職を獲得した。そして中島郡の動向も以上の如き二大勢力を考えねばならないであろう。土豪中島氏は建武の失敗と共に衰亡に傾き、荒尾氏は土岐氏が守護大名化するにつれて被官人として勢力も強大となりつつあった。

貞和三年（一三四七）妙興寺の建立は土岐勢力を背景として立つ荒尾宗顕の妙興寺保三十四町の寄進によって始まった。その土地は、(32)

一所　九丁八反六十歩　本地十二家
一所　五丁三百歩　五家
一所　四丁　御名
一所　八丁　前野
一所　二町六反大　浮免散在
一所　四丁一反六十歩　寺社免

にて、久我家に於ては依然として領家職が存立していて、妙興寺は以上の土地より収得される地頭得分物を以て造営料に充てられることになった。

また、妙興寺保に於ける貞和五年二月の領家方よりの「妙興寺年貢覚注文(33)」によると、

惣田畠参拾町壱段三百卅歩内
除拾捌町五段

定拾陸町玖段三百歩

済物

糸　七十両

綿　五十両

絹　壱疋四大

大豆　五石捌斗壱升六合

已上、

右注進如件、

貞和五年二月　日

右は前記の寺社免を除いた分としての領家への所当年貢である。然し十八町の除田については判明しないが、恐らく妙興寺造営に対する協力的態度の表れであろう。

荒尾宗顕に依て妙興寺に寄進された山口保・福重保・朝宮保・大神田・散在田等の約三乃至一町の散在地はすべて地頭方年貢及得分物（公事・加徴）は免除され、これら諸保の荒尾方に徴集されるべき地頭得分は妙興寺造営料となったのである。

これに対して中島氏も「中島門田」「正介屋敷東」(34)或いは拝師郷の中心地帯の地頭得分地として影響力の大きい土地を一円不輪としてこの寺に寄進していることは、中島氏も中島氏出身の滅宗宗興の建てたこの寺に所領を寄進する事がかえって自己所領の安全性を得るためのものと理解していたのである。

其他小地主の相伝地の寄進により、更にこの寺院の経済的基礎を確立し、斯の如くして文和二年に百十八町歩に及ぶ寺領地目録が作成されたのである。翌三年七月二十八日には尾張守護の「任頼康申請」、足利尊氏の判を得て「為当寺興隆」として寺領が成立したのである。(35)

3　地頭的支配に依る寺領の統制

文和二年（一三五三）寺領目録に見られた寺領は造営料として寺院の基本財産であったが、滅宗宗興の意志は確立された寺領を拡大充実して、永久に退転し得ざる寺領を求めることであった。すなわち文和三年より、永徳二年（一三八二）宗興示寂に到る間は、実にその期間に当り、妙興寺領の成熟期といえる。

この期間の主要なる問題は、寺領内の地頭職の寄進・買得をすることに依て、禅宗寺院としての妙興寺の経済的基礎の確立を期することであった。

そしてその主要なものをかかげると、第26表のようになっている。つぎにこの主要なる寺領のそれぞれの土地について、妙興寺領となった経緯について述べてゆくこととする。

〔妙興寺保〕　この土地は妙興寺の所在地であり、面積三十四町に及ぶ寺領内での伽藍の中心地である。この保に就ては前章に於て大略その推移を知ることが出来たが、領家は久我内大臣通相を仰いでいた、このことについて妙興寺文書に依ると、

奉寄　尾張国中島郡長嶋山報恩妙興禅寺妙興寺保領家職事

右件保者為当国一宮真清田社領内久我殿御管領、当知行無相違之地也、而当寺者、依令建立当保内、号妙興寺、

為彼寺領一円不輸、限永代被寄附者也、但当所者、雖有造宮料所之号、以他所、可被遂其節、且妙興寺御帰依、依異于他、有御寄附之上者、為彼寺、可被専御家門長久、御祈禱者也、為断未来之煩、被申副　勅裁之上者、更不可有相違、雖末代不可有違約之儀、仍為後證亀鏡御奉寄之状如件、

延文四年二月卅日

前左馬権頭（土岐頼康）（花押）(36)

とあれば、宗意のもとに入った滅宗宗興とそのもとで滅宗に帰依した宗顕との関係によって、貞和五年（一三四九）二月に示した領家方の年貢を保留しつつ妙興寺の寺領として入ることになった。そして同年八月七日に後光厳院の勅裁を仰ぎ(37)延文五年（一三六〇）後四月十日には久我通相の手印（宇宙印）を受けて(38)、妙興寺保は荒尾宗顕の地頭役免除と共に、ここに一円化した。そして創建事業は増々進展して行った。妙興寺保は妙興寺の直轄領として、寺領の中でも最

第26表　妙興寺寺領の拡大

地名	年月日	所有者	田籍	売価	職名	経緯
妙興寺保	延文四・八・七	久我通相	三三丁六反二八〇歩		領家職	寄進
牛野郷	康安二・三・十	荒尾泰隆	一六丁	二〇〇貫	地頭得分	寄進・沽却
佐手原郷	貞治二・七・十五	能親	三丁			
福重保	貞治四・六・二十七	荒尾泰隆	三四丁五反	六〇貫	地頭職	寄進・沽却
朝宮保	貞治四・十二・二十一	荒尾泰隆	一二丁八反半	二五貫	地頭職	寄進・沽却
吉松保	貞治五・二・三	荒尾泰隆	一五丁		地頭職	寄進
草部保	貞治六・四・二十八	荒尾泰隆	三丁五反〇六〇歩	六四貫	地頭職	寄進・沽却
益田保	応安二・二・五	荒尾宗天	一〇町名	二五〇貫	地頭職	寄進・沽却
板倉保	文安元以前	荒尾少輔太郎	四丁二反半	不明	地頭職	不明

妙興寺に関する寺領一覧表を作成し、目録中にある土地について地頭職に関するものを抽出した。

重要な位置を占め、保内百姓を造営に又反銭等徴収に安心して協力させることが出来るに到ったと思われる。この保の年貢は惣田畠三十町一反三百十歩のうち十八町五反を除いて、十六町九反三百歩の年貢済物は糸七十両、綿五十両、絹一疋四丈、大豆五石八斗一升六合を領家方に差出すほかは一円不輪の寺領となったのである。

〔牛野郷〕牛野郷は、現在一宮市牛野通の地域である。東は大江川に臨み、西は妙興寺保に接し、北は一宮村に近く、南は赤池・陸田（むつだ）を経て日下部・清州に通ずる道路に臨んでいて、土地は平坦で、交通に至便な所である。

牛野郷は元来荒尾宗顕が地頭職を保持していた土地で、土岐頼康が尾張国の守護を兼ね守護代として頼凞が来るや、幕府は観応三年（一三五二）七月二十四日諸国守護に命じて、寺社所領の狼藉を禁じている。

近江美濃尾張三箇国本所領半分事、為兵粮料所当年一作、可預置軍勢之由、相触守護人等訖、於半分者、宜分渡本所、若預人寄事於左右、不去渡者　一円可返付本所、(39)

又忠光卿記に、

美濃尾張両国本所領半済、宛行土岐（頼康）之有由其聞、此国々僅有其実、(40)

とあれば建武以来追加に見られる、南朝方の蠢動に対する軍事費の獲得を計らねばならなかった守護人土岐頼康に依ってこの寺領の半済が実施されたが、その状況について牛野・吉松両保に於て明確に実施された事実を示す史料を見ることが出来る。すなわち康安二年（一三六二）三月十日牛野郷坪付注文及び文和五年（一三五六）三月十日荒尾宗顕（澄覚）牛野郷坪付注文等に於ては中分・半済は次の如く実施された。

尾張国牛野郷坪付注文

合

一、地頭・領家中分地
四町八段内弐町四段領家分
弐町四段地頭分　　西本地＊「作人正一二郎入道」
六町四段半内三町弐段九十歩
三町弐段九十歩＊「分銭四貫文」　領家分＊「太郎大夫入道」
地頭分東本地堤内＊「彦次郎」
十一町七段内五町八段半
五町八段半＊「分銭六貫五百文」　領家分＊「佛円」
地頭分東本地一色
弐町内壱町　領家分
壱町　地頭分　　東本地人給跡
一、弐町　領家一円　　西本地
一、壱町　地頭一円　　西本地
一、壱町　地頭一円　　東本地
領家押領
三町地頭公文名　　西本地
一、当郷内　除「分」
八段内四段＊「分銭壱貫五百文」領家分
四段　地頭分　沙汰人給東本地
四段　＊「分銭六百文」　領給　　西本地
壱町　五段　領家分
五段　地頭分　　毛受引二坪
後五町八段＊「分銭二貫文毛受押領」　荒野　　熊野地＊「一宮中務引」
前壱町　　荒野　　小野

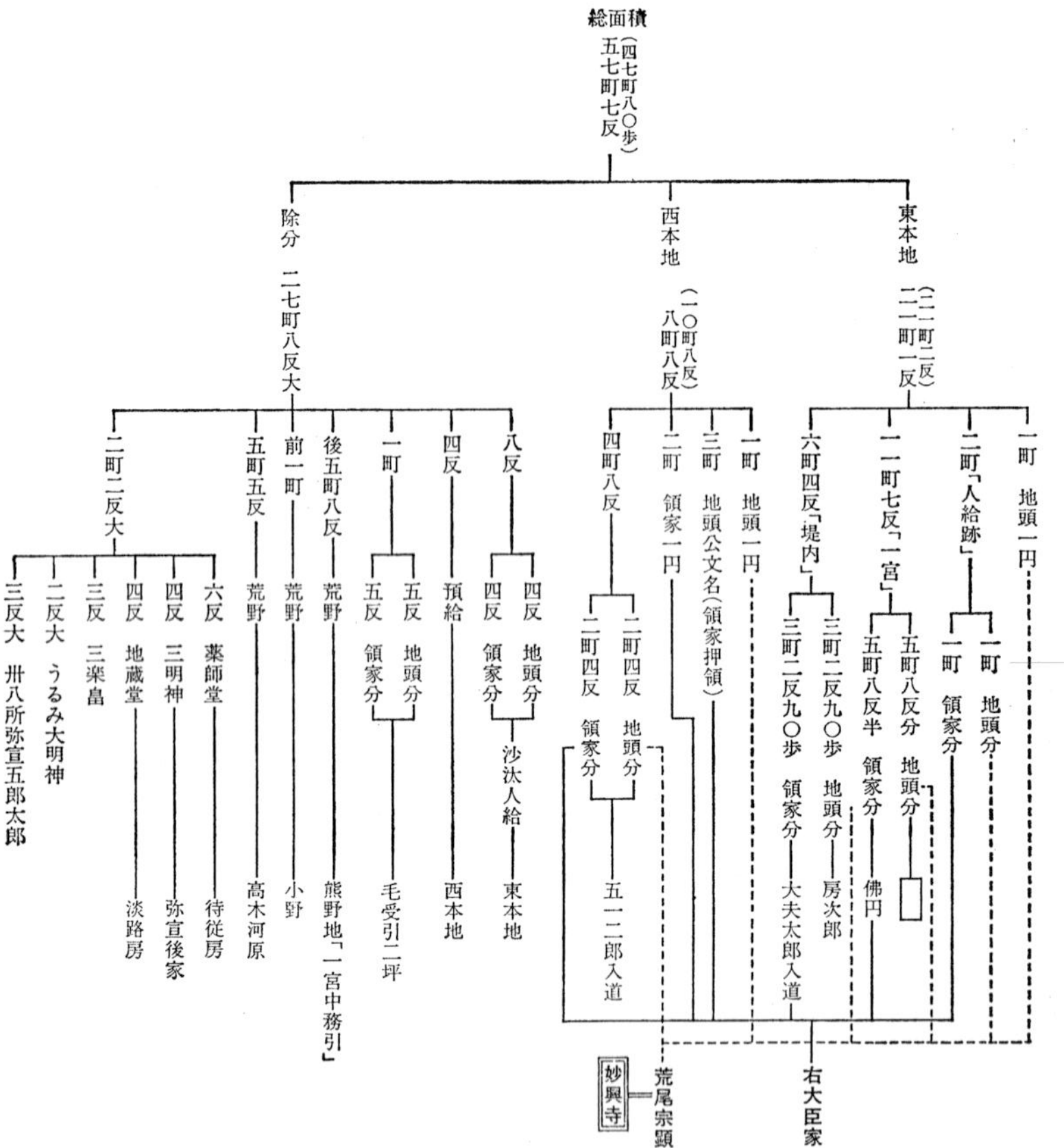

総面積
五七町七反（四七町八〇歩）
東本地
二二町一反（二一町二反）
西本地
八町八反（一〇町八反）
除分
二七町八反大
一町　地頭一円
二町「人給跡」
一町　地頭分
一町　領家分
一一町七反「一宮」
五町八反分　地頭分
五町八反半　領家分
佛円
六町四反「堤内」
三町二反九〇歩　地頭分
房次郎
三町二反九〇歩　領家分
大夫太郎入道
一町　地頭一円
三町　地頭公文名（領家押領）
二町　領家一円
四町八反
二町四反　地頭分
二町四反　領家分
五一二郎入道
八反
四反　地頭分
四反　領家分
沙汰人給
東本地
四反
預給
西本地
一町
五反　地頭分
五反　領家分
毛受引二坪
後五町八反
荒野
熊野地「一宮中務引」
前一町
荒野
小野
五町五反
荒野
高木河原
二町二反大
六反　薬師堂
待従房
四反　三明神
弥宣後家
四反　地蔵堂
淡路房
三反　三楽畠
二反大　うるみ大明神
三反大　卅八所弥宣五郎太郎
右大臣家
荒尾宗顕
妙興寺

妙興寺領構成図

五町八段　荒野　高木瓦（河原）＊「高木押領」「河東」

弐町弐段大　堂地宮地敷地巳下「寺社免」

以上

右坪付注文如件

康安弐年三月十日　（＊は文和二年七月日右大臣家領牛野郷年貢注文に依る）

右を図表にすれば前頁の如くなる。

このような方法を以て下地中分すると共に半済を行った(41)。即ち康安四年に報告された状況は妙興寺の手に帰した後の形態であるが、中分は文和二年前後に実施されたものであって、観応三年（一三五二）七月二十四日に将軍家の沙汰を帯びて、約一年で実施を見るに到ったのである。中分に依て下地は分割統治を見るに到り、作人正一二郎入道の如きは(42)、年貢を分割して領家方・地頭方の二つに対して年貢を支払う如き状況を呈した。然しながら、地頭は領家方への年貢を作人より徴集する立場にあって、妙興寺の持っている地頭的支配はかなり強く推進され、牛野市場を有するこの土地は妙興寺にとっても生命ともいうべき、枢要な地域であったと考えられる。

然して下地中分に当っては、幕府＝守護人（土岐頼康）＝守護代（頼煕）＝執進（荒尾宗顕）の如き支配関係に於て、荒尾氏の手に依り実施されたと思われる。牛野郷の領家は「牛野郷田畠取帳文和二年目上覧案(43)」には右大臣家とあれば、右大臣家が領家であろう。かくして下地中分・年貢半済して兵粮米として獲得した「地頭方下地及年貢得分物」は六年後康安二年三月十日（一三六二）に妙興寺の所有に帰した。この場合徳政回避の為寄進状に同時日の沽却状を添えて(44)銭二百貫文で売却していることは、牛野郷が市場を含んでいるという重要なる経済的条件が働いているものと考えられる。

牛野郷は妙興寺に於ても東本地、西本地に二分して支配し、その統制には応永九年（一四〇二）二月に於て本地では、土着の武士たる刑部太郎・三郎右馬允を以て、公事夫役加徴等を除いて、夏秋水旱を論ぜず三町九段三百歩に対して十三貫六百七文を毎年二月より十二月まで十一カ月間に毎月・月宛に妙興寺の納所に納付すべきことを約束している。(45)

東本地も恐らく西本地の如く土着の武士等に年貢を徴集させたと考えられるが、唯東本地では公文に依て請収せしめて、西本地に比して、夏秋損亡不作減として六貫文を免除されている。そして東本地では前に述べた如く、

一反小廿歩分銭五百四十二文市庭減分(46)

とあることは、市場の存在を示すものとして注目すべきことであろう。

以上要するに妙興寺は、明確に武家のごとき地頭職は成立していないにしても、地頭的年貢支配形態が妙興寺の寺院経営の上に流用されていたことは否めない事実であろう。

〔佐手原郷〕　佐手原は現在葉栗郡葉栗村佐手原の地で、旧木曽川に臨む所で、妙興寺よりは真清田神社を通り、小島村の対岸にあった。嘉暦二年（一三二七）頃、既にこの土地は、荒尾宗顕の支配にあり、宗顕は佐手原郷四丁五段を一宮中務亟親直に譲渡しているが、(47)この土地が貞治二年（一三六三）に至って能親の手によって、五十貫文(48)で妙興寺に移管された。後の寺領目録では三丁とある。

然し、妙興寺の佐手原郷吸収の過程は、能親が寺家より、五十貫を借用して、その返済の方法として、下地は借銭返納の時返済されるべきで、もし然らざる時は十カ年を期限として「寄進状」に書き改めらるるとの契約で、事実上返済不可能となって寺家の手に移ったと思われる。(49)

妙興寺の以上の如き寺領の獲得は、即ち大地主的土地支配と共に、金融的支配形態をもそなえたと考えられる。それは鎌倉末期より室町中期に到る貨幣経済の進展と共に、寺院の経済的基礎確立の上に貨幣経済を無視して、寺院の経営に従事することは不可能となるに到ったことを考えなければならぬ。即ち妙興寺文書の中にその例が見られる。

契約申　尾張国国分寺内本妙興寺領事

右所領者、省忠当知行無相違之地也、雖然有要用、妙興寺佛物用途伍拾貫文、借用申処実正也、一年中ニ貫別肆百文宛、相副利平ヲ、本利相当之間、諸公事等一円ニ可有御知行候、但天下一同又者於此在所、旱水風損時者、差遣上使、年貢之多少於相定者、可有御結解候、万一此所領、不慮之子細候者、質物ニ同国三柳当知行之在所を、此本利相当之程、可知行候、若年紀中ニ違乱煩申仁出来候者、於公方、堅可預御沙汰者也、仍為後日、契約之状如件、

應永参拾壱年甲辰十一月十日　　二宮備中　省忠（花押）[50]

とあれば、寺内の佛物用途という主要財源より五十貫文を二宮備中省忠なるものに借出している。そして本利について一年毎に利子四百文を貫別に、即ち二十貫を返済し、若し一年にて返済を約束する場合は、七十貫を本寺へ返済することとし、そして返済までは下地を質入し、寺側が管理していた。国分寺内とあれば土地も良田と考えられ、かかる貨幣経済を中心とする寺院経営を継続していたことが判明する。

然るに佐手原は長禄二年十二月二十四日（一四五八）には、

尾張国妙興寺領、同国佐手原事、於当寺領者、悉被成還補御判之処、令押領云云、太無謂、早可被返附寺家雑掌、若猶有遅怠者、可有異沙汰之由、被仰出候也、仍執達如件、

長録（禄）二年十二月廿四日

（布施）貞基（花押）
（飯尾）之清（花押）

神戸七郎右ェ門尉殿(51)

とあるごとく、寺領が神戸七郎に押領されるに到った。又宝徳四年（一四五二）三月二十五日には南禅寺の用材が佐手原に漂着している事は、佐手原が明らかに木曽川に面した土地であり、弱小化しつつも妙興寺に於て維持されつつあったことを知り得るのである(52)。

〔福重保〕　福重保は現在愛知県中島郡萩原町花井方の土地である。福重保も、佐手原と同様北西に旧木曽川の本流を控えている。

貞和二年（一三四六）頃に荒尾の支配下に入り、貞治四年に至る二十四年間に三十四丁の田積を数えるまでに拡大していた。然し元来木曽川に沿う土地である故、三分の一は河成と荒野であった。荒尾宗顕は、既に貞和五年に畠地一町を妙興寺へ寄進しているが、妙興寺は遂に貞治四年（一三六五）六月二十七日荒尾泰隆より地頭職を買得・寄進を受けている。それは妙興寺の伽藍の完成と共に経済的基礎を確立するために買得されたものと考えられる。

沽却　尾張国中嶋郡福重保参拾肆町

　内荒野河成不作等坪付注文在別紙事

合拾弐町柒段半者

右地頭職者、泰隆譜代相傳當知行無相違地也、而依有要用、直銭陸拾貫文仁令沽却妙興寺畢、自元為荒野等地之上者、元公家武家役、云私加徴万雑役、永閣之者也、至于子々孫々背此状致違乱煩者、可被申行其咎、為後證放

券之状如件、

貞治四年六月廿七日　　前美作守泰隆（花押）[53]

とあり、福重保の地頭職が土地の荒廃の故を以て難なく沽却されたものと考えられる。

かくして成立した福重保一帯の寺領は更に荒尾氏の背景のもとに拡大して、絶えず一円化への努力を重ねた。応安三年（一三七〇）十一月には福重保内三丁四段の地が、元来荒尾宗天（泰隆）によって「令寄二進宝珠寺一」といえども「為二遠所一立替」て「妙興寺寺物六拾八貫文」を以て沽却され、他寺院の勢力が妙興寺領内に進出することを防止している。[54] 即ちこれは妙興寺が荒尾氏に代って地頭として在地性にもとづく強力な支配形態を樹立せんと努力したのに外ならない。

然るに応永十二年（一四〇五）頃には妙興寺の勢力も減退し、

尾張国中島郡妙興寺福重保内、花井畠三町事、為本寺領、支證明鏡之上者、如元所返付彼寺家之状如件、

十一月廿二日　　沙弥（常竹）（花押）

妙興寺出管[55]

と新興の織田氏の勢力を借りなければ福重保内の寺領を維持することが不可能となった。

〔朝宮保〕　朝宮保は愛知県中島郡萩原町朝宮の地である。朝宮保も前の保と同じく旧木曽川の河岸にある。朝宮保の周辺には鎌倉末期より荒尾一族の所領が散在し、嘉暦二年（一三二七）二月二十四日には帰覚に依って同保内の散在田を舎弟高階宗房に護渡している。[56] 恐らく同保に於ける地頭職は早くより成立していたものと思われる。然るに妙興寺の建立に際し造営料として貞和五年（一三四九）三月二日中島正介より朝宮保内の阿古江野を寄進され、[57] ここに朝

宮保に於て妙興寺は阿古江の開発に従事する一方、附近の土地を買収し、再び宗顕より観応二年（一三五一）六月には阿古江を含む土地三町を六十四貫文で買得・寄進されている(58)。かかる状勢は妙興寺の建立と共に貞治四年（一三六五）十二月二十一日には遂に地頭職を得ている。

沽却　尾張国朝宮保内畠地事

合壱町者

一所　捌段小　四至限東朝宮寺領 限西同前　限南大河入道知行分 限北同前

一所　壱段大　四至限東富田堺 限西妙興寺領　限南大河入道知行分 限北大河入道知行分

右当所者、泰隆譜代相続之地頭職也、而依有要用、直銭弐拾伍貫文仁永所沽却妙興寺也、於領家年貢之下地者、依各別之地、至彼畠地者、不及領家役之沙汰、其上除地頭諸役畢、若子々孫々中、背此状者、可為不孝之仁者也、仍為後證状如件、

貞治四年乙巳十二月廿一日　前美作守泰隆（花押）(59)

奉寄進　妙興寺

尾張国中嶋郡朝宮保内畠地事

合壱町者

一所　捌段小　四至限東朝宮寺領 限西同前　限南大河入道知行分 限北同前

一所　壱段大　四至限東富田堺 限西妙興寺領　限南大河入道知行分 限北大河入道知行分

右所当者、泰隆(荒尾)譜代相続之地頭職也、而為当寺造営、永所令寄進也、然者一円不輸仁、可被全寺務、将又於領家年貢者、依有各別之下地、不及領家役之沙汰、其上除地頭諸役畢、仍為後證状如件、

貞治四年乙巳十二月廿一日　　前美作守泰隆（花押）(60)

このように同日の売券と寄進状が妙興寺に差し出されていることについては、明らかに荒尾宗顕が単なる地頭職の寄進でなく、これを売却していることを示し、妙興寺もまた荒尾泰隆の持っていた地頭職の地頭得分を直銭二十五貫文で買得したことを示している。このように地頭職が売買の対象となっていることは、妙興寺領の地頭職のすべてについていえることで、この買却を通じて貨幣経済の中で在地土豪としての勢力を保っていこうとしたことも明らかであると同時に、滅宗宗興の妙興寺年中行事注文等にも見られるように、土地経済から貨幣経済に切りかえることによって、寺院の運営を維持してゆくことにつとめたのである。その結果、妙興寺領の拡大と共に、附近にあった地頭給田が必然的に買得されるに到った経緯を示す。荒尾氏としても、水害を受け易く、荒野の多い土地を長く保持する事よりも徳政を回避し、そのうえ軍備の必要な折から、銭貨獲得の有利な事は洞察していたと考えられる。「各別之地」とは恐らく荒野か然らずんば、妙興寺の開発地であろう。応安二年には妙興寺は三町について本寺分として朝宮保内より五百文を収得している事(61)はその開発が進展していることを示すものであろう。同六年に荒尾宗天（泰隆）は妙興寺接待所領として一町の土地を沽却・寄進し、妙興寺は朝宮保の地頭的支配を進めて行った。(62)かかる地頭的支配に立つ妙興寺が、各地頭が所有私領の開発に力を致す如く、妙興寺が阿古江野開発に努力した事は左の事実によって最も明確に理解出来る。

妙興寺領阿古江野内同開発代官職事

右此野者、多季預申候処ニ、依緩怠之儀候、雖召放候、連々歎申候間、如元預給処也、但発御年貢銭ハ、依季ニ作毛可取沙汰申候、若於此野、被萩をも刈放、自今已後緩怠之儀申候者、何時も被召放候はんに、全不可違儀申候、猶々日夜無退転堅可警固仕候、仍為後證請文之状如件、

嘉吉三年癸亥十月廿六日　遠藤三郎宗次（花押）(63)

かかる寺領の統制は、如何に妙興寺が寺領の経営に当って、強力に押し進めたかが推量されるのであって、開発地の代官に依る支配が武家的な支配形態と相似ていることを指摘したい。阿古江野はもと中島正介大介職の地であり妙興寺の薪料所でもあった。

〔吉松保〕　吉松保は愛知県海部郡美和村古道附近と考えられる。吉松保は元来国衙領であった古道里を中心に発生して(64)石作郷内に存在していた。この土地は朝宮保と同様嘉暦三年（一三二八）沙弥帰覚（荒尾氏）より土与若丸に譲渡した荒尾氏にとっては由緒の深い土地であった。(65)然して文和二年（一三五三）八月二十三日、三宝院に依る国衙領の「諸郷保正税納帳」には吉松保は年貢代銭一貫九百文を出している。それは七月二十二日に五百文、同二十四日に四百文、八月十八日に一貫文の三度に分って国衙に年貢銭を出している。また牛野郷等と同じく吉松保も領家地頭に下地を中分している。しかし牛野郷のように明確に中分されたかどうかは判明しない。(66)けれども吉松保の土地は荒尾の被官人上条氏によって統括されている。この吉松保が妙興寺の手に入ったのは、貞治二年（一三六三）七月十五日に造営料として、(67)荒尾泰隆より寄進されたことによる。妙興寺は更にその支配権を強化するために、同五年には地頭職を獲得している。

尾張国中島郡吉松保地頭職、所令寄進于妙興寺也、但当保内、先立於浄土寺真福寺穂田二ヶ寺、有契約之下地云々、

仍毎年不闕仁、段別百文宛、公事用途有之、於向後者、一円寄進之上者、自寺家可被収納也、若有無沙汰之儀者、
副使節可致沙汰也、仍為後日状如件、

貞治五年午歳二月三日

(荒尾)泰隆(花押)(68)

とあり、妙興寺は吉松保の地頭的支配権の行使に依り、反別百文の他寺院の用途を一たび年貢を収納せる後に於て支払うべき義務を帯びることになった。吉松保は、建武中興以後この国衙領が醍醐三宝院の知行地となると、妙興寺の地頭的支配権を寺領に充分に行使し得るためには、三宝院の認承が必要とされた。そのために同年三月には三宝院僧正光済の認承を得るとともに(69)、四月には後光厳院の勅裁を蒙って、一円化のための支配権を把握することが出来たのである。そして妙興寺は三宝院へ年貢を毎年九貫八百文国衙正税として納入することになっていたが(70)、吉松保は妙興寺の積極的統括によって三宝院支配という他寺の干渉を退けて、漸次一円寺領化を推進して行った。

しかし、滅宗宗興の示寂後、吉松保の経営に当っていた妙興寺は、遂に在地新興土豪の進出のために意外なる障害に直面することとなった。

目安　妙興寺維掌謹申

右当寺領、尾張国中島郡内吉松保拾伍町此内半分領家三宝院家御領也事、任去嘉慶二年十月二日安堵御判之旨案文備右、当知行無相違之処、斉藤左近将監非寺領由椋申之、賜御書下、去月晦日令入部条、難堪之次第也、被成下安堵御判以来、無他妨之処、構虚言椋賜之条、愁訴無極者也、所詮支證明鏡之上者、預厳密御成敗、為全寺務、粗言上如件、

應永弐年七月　日(71)

とあれば新興土豪の岐阜の斎藤氏に依って進入押妨の憂目に遇っているが、これは明らかに応永九・十年（一四〇二・一四〇三）に到る美濃・尾張に及ぶ押妨の一環として、吉松保に於ても見られたものであった。

この吉松保の動向は、前述の諸保と考え合せると、佐手原・朝宮等が旧木曽川の水上交通の要衝を占めているのに対して、妙興寺・牛野・草部・益田・吉松が東海道を中心として、陸上交通の要衝であることは、交通史上また妙興寺の発展の要素が何辺にあったかを我々に知らしめるものである。

〔草部保〕　草部保は愛知県中島郡大里村日下部の地で、古くは草部郷の地であり、清須村・草部里・田宮村等の土地を含む萱津川（大江川）に臨み鎌倉街道附近の地域を含んでいる。古来より中島郡内の枢要な地域であったことは想像出来る。鎌倉初期に於て、この附近に土豪より出自した地頭が鎌倉幕府より任命され、建保年間に丹羽郡落合郷より出た落合行長等が有力な勢力となっていた。(72) 然るに鎌倉末期正和三年（一三一四）には「草部郷一分地頭」―落合左近大夫行長子息（幸寿丸）と、宗隆跡地頭草部助太郎入道善願(73)の両者の相論が起ったが、それは此の地域で小土豪が多く地歩を固めるに到った様相を示すものである。朝日村の朝日孫次郎頼氏、上条村の上条太郎左衛門尉篤光等の名も見えている。特に上条氏は荒尾氏の被官人として、中島郡に荒尾氏の進出にともなって、在地の諸問題の解決に当っていたのである。(74)

斯の如き中小土豪群に包まれていたとき、妙興寺領の草部保が貞治六年（一三六七）荒尾泰隆の地頭職を六十四貫文にて買得して成立した。(75) そして職田が三丁五反六十歩ありすべて散在田であった。

つぎにこの保に於て見られる問題は保内に建立されている清水寺の存在である。

清水寺は草部保内に早くより建立されていた寺院と思われるが、史料の上に現れてくるのは正和三年（一三一四）草部郷地頭草部助太郎善願の清水寺田押領による事実であきらかとなる。(76) 元徳三年（一三三一）には寺領畠二丁七反、田一町七反であり、暦応二年（一三三九）七月十二日には藤原右近に依り一町四段が寄進されている。

奉寄進

尾張国中島郡草部郷清水寺田畠事

合壱丁四反小者

此内坊地八反（二反 大夫次郎屋敷 寺田／一反 弥三郎屋敷 向畠）

御堂修理料所二反大（一反大 十郎川渡／一反 左近屋敷）

鎮守修理料所二反寺田

一反半、左近尉屋敷（過去父母及右遠二□／現当二世祈禱所）(77)

と保内に存在した清水寺は、貞治六年四月二十八日（一三六七）妙興寺の地頭職買得と共に清水寺は、地頭職田の中に含まれた。

（端裏書）
「清水寺前住比丘尼真寛ヨリ理炭大師ニ譲状」

譲渡　尾張国中島郡草部郷地頭職内田畠事

合田地陸段　在坪付別紙

畠地弐町壱段大在御堂一宇清水寺

右件清水寺同寺領田畠等者、真寛重代相傳所領也、而田宮修理亮入道殿息女比丘尼理炭御房、相副手継本證文幷関東外題安堵、六波羅御下知等、限永代所譲渡也、更不可有他妨、仍譲状如件、

應永九年壬午十月十六日　　清水寺比丘尼真寛（花押）(78)

かくの如く地頭職田内に存在する在地弱小寺院が妙興寺の末寺化されるのは当然考えられる問題で、永享二年（一四三〇）三月には、前住理岌より、住持職、寺院建築物、寺領を妙興寺耕雲庵性勝首座の高弟祖桂に譲渡している。(79)そして在郷寺院の末寺化ということは、寺院そのもののみならず、寺領の吸収の問題をも包含して考えられるべきであろう。

〔益田保〕益田保は愛知県中島郡大里村増田の土地で、吉松保と草部保の中間に当っている。そして応安二年（一三六九）荒尾宗天より益田保内十町の地頭職を二百五十貫で買得・寄進されて成立したのである。

〔板倉保〕旧木曽川の福重保の対岸、愛知県中島郡起町板倉の地である。年代不明なれども、荒尾泰隆の後裔と考えられる荒尾少輔太郎（荒尾小太郎）によって四丁二反半の地頭職を寄進されている。

以上諸郷保の地頭職をめぐる妙興寺領の拡大を見て来たのであるが、妙興寺はかかる武家に於ける地頭の荘園支配の方法を準用することに依って、寺領荘園を維持せんとしたのであって、このような妙興寺の支配形態については、㈠荘園内の農民に対する勧農と生産物に対する管理指導をなすこと、㈡地頭のもつ下地進止権と年貢所当の徴収、領家得分の配当に対する権利、㈢荘園内の警察司法権、㈣加徴米の徴集、㈤下地検断権、更に後に見られる、㈥荘園市場の経営管理等の諸得分は、すべて妙興寺経営のための重要なる経済的基礎をなしたのである。そしてこれ等を根幹として、近郷散在田の吸収は絶えず続けられ、或いは地縁的諸条件、或いは血縁的諸関係、加うるに宗教的政策に於て、その拡大をはかって行った。

そして、尾張国の東海道の交通上に於ける重要なる位置は、早くより貨幣経済を進展させた関係上、伽藍の造営と共に貞治二年に作成された「妙興寺常住年中行事」には完全に寺院の経済的基礎は銭貨で以て運営されるべきものとされている。妙興寺の獲得して行った地頭職の所在地は何等かの形で交通上の要衝であり、貨幣経済の中心地であった。そして妙興寺で代表される禅宗寺院が一方では中世的な下地支配の上に立つ武家的な地頭的支配を温存させつつ、他方近代的な貨幣経済の上に立っていることは、中世的寺院の変質の過程を示している。そこに禅宗寺院の特質が自ら判明するものとも考えられる。またこの寺では滅宗宗興の示寂に際しての遺産譲渡の形態に於て見られる如く、応安六年（一三七三）十一月一日には妙興寺寺領文書目録が形成され、永和二年（一三七六）には示寂の塔所たる天瑞塔領注文[80]が作成され、同時に「妙興寺領両目録内散在年貢反銭目録」が作成された。示寂後遺弟等に依って、嘉慶二年（一三八八）八月十三日、寺領の現状の把握と維持経営への方針樹立のために第二次寺領目録の作成を完了し、足利義満の認承を経ている。[81]そして滅宗宗興の生涯に於ける事業はこのようなこの寺院の経済的基礎の樹立と、充実に於て完成させることであった。元来臨済宗寺院には重要なる武家的パトロンが必要であり、そのもとに経営がなされるべきであった。妙興寺の場合も、そのパトロンは京都にある幕府でなく、尾張守護がそのパトロンの中心勢力と考えられていたことは否めない事実である。しかしここに妙興寺に対する二つの衰運が迫って来た。一つは開山の示寂であり、他の一つは重要なるパトロンたる土岐頼康の死である。そして荒尾宗天（泰隆）の死もその後に考えられるならば、妙興寺が如何にその後の経営に苦慮するに到ったかは判明する。更にそれに拍車をかけたものが応永七年の伽藍大半の炎上であろう。妙興寺が前述のパトロンの死後、尾張守護に絶えず依存し、斯波、織田の勢力に圧伏されつつ寺領の維持に専念せざるを得なくなったのは当然の結果であった。然して後には退転に退転を重ねる寺領を見送りつつ尾張守護以外の勢力、換言すれば本来の宗教的勢力に目ざめ、開山と同僚たる宗峯妙超の妙心寺派下に本寺を投ずるに到ったのである。

4　末寺支配

寺領荘園の問題に於て、先のような寺院の経済的発展形態を考えてみるとき、そこに寺領内の末寺の形成を通じて本寺との関聯性を見てみると共に、荘園支配の意味も考えなくてはならない。ことに尾張国に於ける妙興寺領内の諸郷保に成立せる妙興寺の末寺は、一個の荘園的経済体として、領家的立場に立っている妙興寺の統制下に入る。そしてこれ等末寺が、妙興寺の支配下に参ずる以前に於ては在地土豪の寄進地を以て、当該寺院の経済的根拠となしたことはもとより当然であった。しかし一度本寺に妙興寺を仰ぐことにより、彼等土豪の相伝地を根拠とし、更にその土豪より出自せる末寺住持は「一期之後」に於ては開山の地たらしめることにあった。そして本寺との宗教的統制下に入る。そしてこのような意味に於て末寺荘園の支配がより完全に行われるに到るのである。我々は、前に地頭職の問題に触れたと同様末寺の存在の仕方についても論及したい。まず円光寺を中心として考えて見ることにする。

〔円光寺〕　円光寺は、愛知県中島郡明治村矢合にあり、滅宗宗興を事実上開山とするが、名目上は大應国師の開山である。妙興寺成立以前は本寺たるの存在であり、元弘三年（一三三三）十月八日には知行地を後醍醐天皇より安堵された(82)。また元弘の乱に朝廷方に味方せる故、一時寺領没収の憂目に会ったが、尊氏に依って建武三年（一三三六）十月七日に寺領が返納された(83)。又暦応二年（一三三九）四月二十日守護の綺を止め、その寺領萩園村十八町を確認された。円光寺宗暁の延文四年（一三五九）二月十五日の置文に依ると

尾張国中嶋郡萩薗円光寺・同栄林菴□□〔寺カ〕領等事、為末代亀鑑置文条々

□円光寺同栄林菴者、為大應国師（南浦紹明）開山、宗暁興行霊場也、然為同国妙興禅寺末寺、滅宗（宗興）和尚可被管領之、但栄林菴、宗暁弟子宗周房仁坊主職者、可被輔（補、下同ジ）之也、

一、当寺領萩薗村拾捌町者、宗暁重代相傳地也、熱田宮色、生栗代弐佰文、毎年令備進之外、全無他役矣、但此内壱町弐段者、宗暁弟子親類等一期之間、配分之、可被存其旨歟、

一、萩薗村四至堺事、限東鈴置郷并円興寺・同正福庵等四壁竹、限南大道拜八瀬市庭、限西保領河俣田、限北同前、為末代支證注之、

（中略）

一、栄林菴々領事、壱町真佐波田弐町内也、荒尾方寄附矣、大船橋田重元方寄附矣、五町四段小熱田神領北国分郷内畠此内壱丁五反平畠、参町玖段小、色段別百文宛定、大宮司方寄附矣、

一、船橋安楽寺、同滅宗和尚、為管領可有興行沙汰矣、但坊主職者、宗暁弟子宗松房仁可被輔之、仍宗暁弟子等仁、加扶持可令共住之旨、可被教訓歟、又杉御堂号極楽寺子細同前、

（端裏書）「寄進状写、大宮司」

そして、東は鈴置郷に、南は八瀬郷（矢合）に接して、清州街道(84)に接近して、八瀬市場を中心に、寺院の経営を計ったと考えられる。然して円光寺が、末寺として拡大するためには、妙興寺の如き中島郡内支配の如き広い地域の確保によるものでなく、中島氏、荒尾氏による手近な近在地域の土地の獲得に依って、寺院の基礎を固めんとしたものであって、滅宗宗興と熱田社との親密なる関係が成立するや後光厳天皇の院宣により隣接地熱田神領鈴置郷の吸収に成功した。そしてその結果滅宗宗興安眠の地として、円光寺の主要財源となった。

寄進　萩園円光寺

尾張国中嶋郡鈴置郷事

右当郷者、雖為熱田神領、於下地者、為当寺興行、限永代所令寄進之也、至色済者、以拾貫文、毎年不闕仁可有沙汰也、此外全不可有他役矣、然者寺家一円仁、可令所務之状如件、

貞治六年十二月五日

光大宮司萩常陸入道　沙弥常端在判(85)

その寄進地は熱田領であった地積十八町の土地で、ここに合せて三十六町となったのである。更に宗興の寿塔として建設された天瑞塔領も妙興寺円光寺の共同支配地として、永和二年（一三七六）に滅宗宗興自身筆の注文に依り規定されている。

天瑞塔領注文「印文滅宗」

（田積）	（分銭）	（地名）	（応永二十年十一月二十五日天瑞塔領当知行分）
一丁	此内七反七貫 三反二貫四百文	木全庄内 甲斐次郎請作	不明
三反	三貫三百文	同庄灰郷村	不明
二反	一貫六百文	同庄灰郷御堂南	不明
五反	三貫文	大塚小捧里	不明
一反	七百文色百八十	山口新造前	同上直納
半	三百文	船橋池役	同上円光寺（作）

半景半	九百文色作人弁定得	有里名内	同上
二反六十歩	一貫文色作人弁定得	藤宮爪木二郎跡	同上作人大工目（法華寺前）
二反	一貫二百文	平野新提里卅六	
一反景半	六百文	同新提里	壱町在所中迫内追加内
以上二丁八反大	分銭二十二貫文		
追加分一町		在所国領	同上
四反		在所浅井屋上	同上　浅井大工屋上左衛門尉
二町二反		中迫	同上　一丁天瑞塔当所務　一丁二反瑞芳御持分
八反		細工所	同前　左衛門尉分
計四町四反(86)			

となっている。この天瑞塔領は応永年間まで継続して維持され、円光寺はまた開山塔所として、重要な紐帯を本寺との間に持っていた。

この天瑞塔領は円光寺を中心とする近距離の周辺地域に零細地を集結させることによって成立し、所当分銭の収得により塔壇の保存維持費とするために、開山の生前より約束されていたのである。天瑞塔のかかる関係以外に、更に重要な意義を持つものは本寺との経済的関係である。円光寺は妙興寺等の場合より、更に強力な在地土豪勢力をもととして最初より推進発展するにいたり、大地主的立場を樹立するまでに到った。明応四年正月十六日の妙興寺の定書中に「諸荘園年貢之事」と及び「奉行持諸末寺年貢之事」と見えているから本寺は伽藍修造の時の如き非常の場合のみならず、常に末寺による本寺経営費の一部負担を償うことにあった。

円光寺等が本寺より年貢徴収に当った土地は応安二年（一三六九）公役納法下地等目安注文によると、(87)

（所在地名）	（田）	（反別）	（反銭）	（弁済奉行者）
国分寺庶子分	一所		三貫三百文	円光寺弁
平野妙実跡	七反大	五十文	三百八十二文	円光寺分
前野国分弥太郎殿給分	一丁	五十文	五百文	円光寺分
松葉垣内	二反	五十文	百文	円光寺分
横野出口	七反	〔五十文〕	三百五十文	円光寺分
藤宮前	四反	〔百文〕	四百文	円光寺分
楡木北御名内	一丁	〔五十文〕	五百文	得力弁成佛屋敷等円光寺分
御名行恵跡	七丁	五十文	三貫五百文	此内二丁五反分円光寺弁
下切西迫	四丁八反	五十文	二貫四百文	円光寺分
中野方田	一丁	五十文	五百文	円光寺分
益田内橋三左ェ門給跡	一丁田	百文	一貫文	円光寺分
同	一丁畠	廿文	二百文	円光寺分
草部内	一丁一反田在両所	百文	一貫百文	円光寺分
草部内石作給跡	一丁	百文	一貫文	円光寺分

草部内	一丁五反	百文	一貫五百文	円光寺分
一宮方	（散在田）		七貫八百九十三文	円光寺弁并秀為弁分
草部	三丁五反六十歩		二貫八百文	接待寺分
草部	三丁五反		不	接待寺分

惣都合百十三貫六百八文
　此内十一貫百八十二文円光寺弁、六貫文光孝寺弁、二貫八百接待寺弁
　　三十三貫百二十五文末寺并名主分

　右に示すように、円光寺は自己の支配を本寺より委任されたる土地より、毎年百五十文の反別銭を徴集する義務を帯びていた。この義務は、本寺とは別個の支配関係に立つものであって、在地の土豪等が、末寺支配圏内にある土地を、本寺に寄進されても、年貢反銭収納権は依然として末寺側に残されていたのであった。このような本末による銭納形態をとる寺領支配の関係を、我々は地頭的支配の転用ともうけとれると述べた。もともと地頭的支配とは元来地頭は源頼朝が朝廷に勅許を得て守護と共に補任されて成立したものであるが、地頭はさらに荘官として土地を管理し、年貢の収納に当り、公領荘園等には事実上領主に対し年貢徴収の義務という役目を帯びていた。

　そして地頭の職務の中には、司法的職務と荘官的職務が存在しているが、荘内の博奕・窃盗・放火・誘拐・姦通・傷害に対する検断権は地頭の司法的職務と称せらるべきもので、年貢の収納と土地の管理は毎年随時彼等地頭に於て収穫を検査して、土地の慣習にもとづいて徴収率を定めて徴収すると同時に領家の代理人に引渡すのであった。勿論自己の得分は割取し得た。さらにここの場合の地頭職は職務的性格は僅少にて、反対に給分的性格を帯び一種の不動

産権と見做され、其の利も高く、有利なものであった。故に室町期になると地頭職は財産化し、売買・質入・寄進・相続の自由を自然的に獲得するに到った。禅宗寺院の如き武家的勢力の背景に立つ寺院が、武家的勢力の根源である地頭職を買得した場合、元来地頭が幕府御家人中より任命され、軍事的要求のもとに支配されて職務を遂行したのと異なって、寺院に移管された場合は、荘官的年貢支配が中心であった。ゆえにいま地頭的支配と称する場合は、寺院が主として元来地頭の所持していた経済的要求にもとづく支配を行使することを意味すると考えられるものである。

例えば吉松保に於て先に述べた如く、「下地者永代一円被致管領」として、土地の進止権を認め地頭的支配形態を領家三宝院から妙興寺は承認されていたが、必然的結果として領家方の「正税者毎年無懈怠可被進済」ものであった。そしてその結果として、公役納法下地として、

国衙正税　一、荒尾方

一所　吉松保正税　九貫八百文

三宝院殿弁之当寺分(88)

とあれば、妙興寺は地頭的荘官的職掌として、妙興寺に依って徴収された年貢反銭から、九貫八百文を毎年三宝院へ納付すべき義務をもっていた。しかし下地進止権については寺側が確保している。

このような支配形態は、単に本寺たる妙興寺の問題のみにとどまるのではなくして、次には末寺もこの支配形態を流用することになった。

円光寺の如きは他の末寺が一、二町の零細地支配の形態を取るのに対して、約三分の一の寺領を本寺同様地頭的支配権のもとに統制して行った点に於て、充分理解されるのではなかろうか。他の末寺もその規模は円光寺のような広

大な地域には及ばないにしても、何等かの形で以上の支配形態のもとに本寺と同様の地頭的領有形態を具えていたと考えられるのである。本寺は又末寺が支配地よりの反銭・得分物を徴収した後、本家・領家への契約高を支払い、それ以外の収入をもって、寺院運営の経済的基礎となすことにあった。また末寺よりの契約高の未進は本寺の財源に支障を来したことはいうまでもない。永正十四年（一五一七）の諸末寺年貢未進注文に依れば、

温泉寺未進分

年々不一町一反三百歩分銭三貫五百文

已上十七貫五百文自永正十四年丁丑至大永元年辛巳五ヶ年分

損免十貫五十文

已上五十貫二百五十文五ヶ年分

十一貫五百五十文　巳年勘定状面之未進分

十九貫百文　先未進分　同前

医王寺分

六反　反別三百文宛

已上五十四貫文自延徳四年壬子、至大永元年辛巳卅ヶ年分

都合百五十二貫四百文　温泉寺分

称名寺未進分

年々不四分銭一貫六百文

已上八貫文自永正十四年丁丑、至大永元年辛巳五ヶ年分
損免　六貫五百九十文　田方・畠方之分
已上卅二貫九百五十文　五ヶ年分
六貫文　田方・畠方巳年勘定状面未進分
三貫文　同先未進分同前
已上九貫文
都合四十九貫九百五十文称名寺分
光孝寺領散在
□二反　分銭六貫文(89)

と、たとえ天災等と称すれども、恐らく度重なる戦乱と、斯波氏・織田氏等の新興勢力により寺領押妨に依って生ずる末寺年貢銭の未進増加は本寺妙興寺の経済的破綻を招いたことは、中世的寺院の没落を意味するものであろう。

5　貨幣経済の進展と妙興寺の経営

元来、荘園に於ける社会生活の特質は自給経済であり、封鎖的経済とも言われた。かかる平安末期に於ける荘園経済の様相は、鎌倉時代に入っては、武士を中心として、中小名主層の勃興と請負制の進展によって、農民の年貢徴収方法も強化され、農地の集約耕作への一般化は、次には反当収量の増加へと導くものであった。かくの如き農業生産力の増大は、第二次的には中小名主層の勃興となり、商業資本の有力な源泉となった。

尾張国に於てもかかる時代の進展と共に経済活動の活発化は見られるのであって、濃尾平野の大豊沃地帯を擁して、木曽川の交通的価値と、東海道の要衝部を占めているこの国に於ては、準先進地方として鎌倉時代中期頃から荘園よりの諸貢納物が貨幣化し、一般化したであろう。

地理的条件からして、尾張国は美濃国の影響を受ける点が多い。即ち木曽・長良・庄内の各河川が、その上流を美濃に持ち不破関を越えた鎌倉街道が尾張を通って三河に到っていることは、必然的に京都を中心とする畿内的諸要素が近江→美濃→尾張と伝播される経路を示しているものと思われる。

例えば東大寺領美濃国茜部庄では鎌倉初期に年貢として絹百匹、綿千両を貢納していたが、文永二年（一二六五）以後は、絹・綿の現物納を銭納に改めている。尾張では、この年代を遠く離れない時に銭納への転化が見られたであろう。その最初と見られるのは、弘安六年（一二八三）「円覚寺一年中寺用米弁色々用途事」としてかかげられている尾張国富田庄が領主円覚寺に銭貨千五百六貫八百六十八文及び糸代加増分二十貫五百文・絹代加増分二十一貫二百文を出している。(90) かかる富田庄が莫大な年貢を銭納していることは、尾張国西部地域では、美濃国茜部庄に見られたような銭納の一般化が、この地方に於ても進みつつあることを示すものと考えられる。

そして荘園から領主に送られる租税としての年貢は主として水田から出す年貢、畠から出す地子が基本的なもので、その他公事と称して、山海の産物、農家の家内手工業品を徭役として徴収された。最初年貢・地子・公事はつねに現物で領主へ届けられたが漸次銭納化する傾向を帯びて来た。そして遠距離の所領荘園より、相当額の運賃と盗・水難の危険を除きながら運搬した以前の方法より、地方市場を経営して得た銭貨で銭納する方が、より安全であることを知って、急ぎ促進されたのである。この市場についてはのちにのべる。

また領主側に於ても、物資を領主の希望に応じて貨幣に交換する事を欲していた為充分実行にうつされる可能性が強いものとなったのである。

以上の如き貨幣経済の進展は、水田耕作より生ずる米穀収穫以外の養蚕製織の場合に於ても、重要視すべきものがある。元来美濃国・尾張国は延喜式に依ると各々上糸国・中糸国の範疇に入っている。そして主要地に於ては本年貢の米も、絹・綿・糸・絹等に依って代納され、本年貢化したものもあった。かかる美濃・尾張の特色は荘園化されても変らなかった。そして地理的条件として、濃尾平野の犬山—岐阜附近の地域、或は旧木曽川の下流附近等は、旧木曽川の氾濫州が少ない水田と収穫高等が異なって、その外桑園の位置も示している。そしてこの地方が、平安時代に於て御調絹国の例に定められ、六月上旬より九月下旬までの間に調進される規定であった。鎌倉時代も殆ど同様と考えられ、富田庄の弘安六年に於ける糸加増分、絹加増分は右の事実を裏書きするものである。また応永十四年（一四〇七）の「長講堂目録」にも、

長講堂目六　益直注進

宣陽門院御領目録

一、長講堂領

（中略）

尾張国篠木庄日野入道一位家故四条中将殿

年貢絹百五十疋　糸五百両

同国稲木庄　安良郷　供僧長講衆

年貢絹七十疋　糸三千両

漆二石五斗

同国上門真庄　供僧方

年貢絹百五十疋　糸三百両　日野新大納言家　前宮内大輔光仲朝臣

同国野間内海庄

年貢絹百三十疋　糸二百二十両

（中略）

美濃国深萱庄　藤中納言家

年貢絹二十五疋　被宛二季供花被物絹裏

（中略）

同国蜂屋北庄　西園寺大納言家

年貢絹十七疋

此外成菩提院御念佛用途絹糸為本所課進之

同南庄　左衛門佐殿

年貢絹百五十疋　糸百両

綿二百三十両

同国平田庄

市俣郷　左衛門佐殿
　年貢絹四十疋三丈七尺　糸廿二両
草(革)手郷　内蔵頭殿
　年貢絹十疋
加納郷　竹内殿
　綾小路三位家
　年貢絹十疋
六条郷　綾小路中将殿
　年貢絹五十疋　糸百両
鶉卿
　年貢絹三十二疋五丈（以下略）
　　応永十四年三月　日　　　前筑後守益直(91)

とあり、美濃国のこの地方が貨幣経済進出への好条件にあったと言えるのである。中島郡妙興寺保に於ても、貞和五年（一三四九）二月に惣田数三十町一段の内より領家久我家に、糸七十両、綿五十両、絹一疋四大等を出している。

そして、尾張国養蚕製織の一般状況は、貨幣の流通力が、物資交換の必要から絹を米に代えるについても相当急速度に進められていった結果、室町中期よりの新興寺院の建立に際しては、古代的な荘園支配、換言すれば土地経済を中心とする、現物収支に依る寺院経営はもはや存在価値が認められなくなった。

そして、新興寺院に於ては貨幣収支による寺院経営に依存する方法に依って寺院の経済的基礎を置くこととなった。

一般に古代的寺院たる中央寺院に於ても荘園年貢より関銭支配に変革され、貨幣経済による寺院経営形式を採用するに到ったことは、禅宗寺院の経営にも早くから考慮されていたことであろう。

尾張国妙興寺の場合に於ても、この例にもれず、禅宗（時に臨済宗）寺院に見られる。また開山自筆の寺院基礎の定則に於て、貨幣に依って年中行事をも規定している。(92)

そして妙興寺の経営は、僧衆の食料に供する米穀以外はすべて、銭貨で以て計算されている。その総費五百六十九貫八百六十文という莫大な費用で寺院を運営すべきことを滅宗宗興によって規定された。嘉慶二年寺領目録では寺領二百二十七町四反大を数うるに到っている。(93) 然し、開山年中行事注文は固定的なものでなく、あくまでも経営の規準

第27表　妙興寺宮方等公役納法下地目安注文

宮方（支出）	田積	分	銭
国衙方	三二丁八反三〇〇歩	四八貫六一七文	七貫八九三文　円光寺及秀為分 六七貫六七五文　妙興寺分
三宮方	三丁一反	五貫六二文	一二貫六〇〇文　当寺
二宮方	一五丁四反	一三貫六〇〇文	一一貫一八二文　円光寺
一宮方	七丁三反	八貫二二二文	六貫文　光孝寺
国衙正税荒尾方	四〇丁五反六〇歩	三八貫一〇七文	二貫八〇〇文　接待寺
			二貫二五〇文　御名四郎左衛門
			三貫文　平野金阿祥金
			八〇貫二八〇文　当寺分
			三三貫一二五文
			末寺、名主分
計		一一三貫六〇八文	

を示したものにすぎない。現実はさらに多額にのぼるのである。その中心となるのは維持費の三百五十五貫文で、永和二年（一三七六）に於てこれには中島郡散在田を以て宛てている。(94)

そして修造方の散在田は明らかに中島公俊に依り施入された土地であり、前二者は荒尾・中島正介等の郡内散在田と考えられる。

その中で宮方等臨時用意に宛てられるものについては、応安二年（一三六九）に公役納法下地目安注文が作成されている。これに依ると、右表の如き結果が表れている。(95)但し一宮は真清田神社、二宮は大県神社、三宮は熱田神宮である。

以上の諸例に依って、経済的に考えて妙興寺の寺院経営に充足される財貨は、国衙方即ち三宝院へ納付される。国衙所当銭と正税とであり、他は真清田・大県・熱田の諸社への所当銭であった。故に妙興寺は地頭的支配に於て、自己の寺領から領家分を除去した分銭或いは加徴米に依って、散在田から必要なる銭貨を収得していたのである。斯の如き領家分の年貢銭を徴収するためには、自然の勢として、地頭権の確実な把握が要求されるべきであったし、財源としても従来代官的な存在であった地頭が旧荘園中の一定部分を自己以外に支配権を持つもののない完全な私領と化して、土地に於ても収穫率の高い地域を占めている地頭給田を寺領化することによって、年貢銭の増加が出来たと思われる。さらに一円化されている故、確実な所領となり、妙興寺の経済的基礎はむしろ散在田よりも、地頭職吸収に於て確定化されたと考えることが出来る。

つぎに妙興寺は如何なる方法を以て年貢銭の徴収に当ったかに就ては、妙興寺年中行事注文に依れば奉行者は天祥庵主であり、その管理下に於て、

出官↓納所↓定使↓(力者)↓農民

の如き支配関係が成立し、この関係に於て所当銭を徴収したのである。応永二十二年（一四一五）二月に於ける祥持のまとめた「妙興寺御領国衙検注料足納下勘定状[96]」の中に、下行分として、

二拾五貫二十六　請取在之中目銭共ニ
三貫文　目代一献文納所同道同前
七百文　山井方礼物両度分同前
九十六文　山井方来時酒肴両度分 納所寮
百六十五文　山井方大神宮酒向納所同道
百八十三文　瀬部平尾方来時酒肴
二百十二文　目代中間方入目取酒一舛
納所菴ニテ
三十二文　催促短冊用途
九百十七文　奉行免
已上三十貫三百四十七文　恚盛
見管五百六十文　宗教

とあれば、収納催促に短冊を使用し、検注には納所、山井（定使と考えられる）等と協同してこれに従事したものと見られる。この時の国衙目代に対する年貢収納高は三十貫三百四十七文で、山井入道は領収の認承をしている。応永二十

五年（一四一八）十一月十三日の例をあげると、

納　国衙御年貢事

合二拾八貫三百七十四文者

右為妙興寺分弁旦所納如件、

応永廿五年十一月十三日　山井入道（花押）(97)

とある。そして徴収に於て訴訟が生じた時は、寺内塔頭より選定された評定衆により、裁決されることになっていた。

定置

当寺衆僧以下行力百姓等訴訟之事

一、衆僧有訴訟事者、於評定座可決、不歴評議、直就公方人、不可出訴訟、評議若有難決事者、受□寺奉行成敗、可落居事

一、行力百姓以下、有訴訟者、就寺官之処可決、寺官若有私義、於評定座可決断事

右肯此旨、致越訴輩者、即日可出院者也、仍評議如件、

長禄元丑臈月三日　西堂徳吾（花押）（以下七名著判）(98)

このように寺領の統制支配は、上記文書の如く、妙興寺評定衆を以て支配され、年貢銭の分配用途の決定はすべて評定衆にあった。故に妙興寺住持の十方寺院制度による、短期日に於ける転任も、寺院の経済的基礎の上より論ずるならば、重要なる意義を認められないと考えられる。

以上の如き莫大なる銭納に依る寺院の経営は、その寺用を満すためには、銭貨で以て必要品を購入しなくてはなら

ず、また領民が銭納を果すことが出来るためには、荘園市場の必要が起ってくるのである。然し他方荘園市場は単独では考えられず、常に豊富な貨幣の流通をなさんためには、多数の商人の活動がなければならない。商人等にとっての最も大きな魅力は、各地の特産品で都市的消費の対象になり得る可能性の高い物品を売買することである。そのためには海東、中島郡等は、美濃国茜部庄等と共に、古代より養蚕が盛んで「美濃の上品（絹）」「尾張の八丈」等が特産品として好まれたのであるから、妙興寺保に於ても、以前に示した如く絹・綿・大豆等を出していることに依っても明らかである。妙興寺に「町買」なる名で出ている役僧は、このような市場の存在を考えずして、認めることは出来ない。そして商人と領主・代官・名主との取引は一定の場所即ち市場で行われる。そして領主に対する貢納物の貨幣化は、ますます庄官・百姓の市場依存率を高め、定期市場の発生を見るに到った。尾張国中島郡附近の市場として、

第28表　尾張国中島郡附近の市場

所在	市場	領家	年代	史料
海東郡	萱津東宿市		仁治三	東関紀行
海東庄	上庄市庭	久我家	貞応元	久我文書
中島郡	萩園村八瀬市庭		延文二	妙興寺文書
中島郡	妙興寺保内市庭及屋敷	妙興寺	応安二	同
中島郡	牛野郷本地市	同	応永九	同
海東郡	津島市場		文禄	駒井日記
中島郡	清須市場		文明か	張州府志
中島郡	下津市場九日市場 五日市場		？	地名
同	大塚性海寺門前市		？	同

註　現在地名として残存しているものの一例として次にあげる。

中島郡　　中島村　大上海道　丹陽村 九日市場
北島村市場前　一宮村　牛野宮前　五日市場 四日市場
五郷村横地小市畑　大里村　西市場
明治村矢合市神前　北市場　海東郡 津島町
市神東　大塚村 羽島郡　市場　筏場 今市場
中島村　町屋　下中島村　市之枝　米之座 小之座
往還添東切 往還添西切　春日井郡　船戸

（豊田武「庄園内の市場」『歴史学研究』七ノ五より）

管見の及ぶ範囲に於ては、第28表のようである。

そしてこれら市場は、最初に於ては荘園政所の所在地や、交通の要地、交替物資の集散地、港湾、河岸に設けられるのが常であった。ことに中島郡の市場の中心は国衙の所在地であった今の国府宮（こうのみや）に最も早く発生したと思われる。次に一宮の地に設けられたと考えられる。妙興寺の創立を見るや、貨幣経済を根幹として成立した本寺に於ては、寺院経営力の増大に依って市場管理の必要にせまられ、最短距離にある牛野郷の吸収寺領化が進められた。明応四年の妙興寺定書に依れば、

定　方丈修造条々之事

一諸荘園年貢之事

一奉行持諸末寺年貢之事

一住持虚席則自納所方毎月五百文宛可出之事

一転住官銭之事

一掛塔銭之事幷市場公事余銭

右以衆評所定如件、

明応四年乙卯正月十六日　　侍衣士瞻（花押）

修造奉行性悟（花押）　　維那

西堂子儼（花押）　　都寺正鶴（花押）

出官宗成（花押）

納所昌淳（花押）

首座芳健（花押）

住山（慶甫宗誕）(99)（花押）

とあれば市場よりの公事銭が相当大きな財源と考えられている。そして、妙興寺も又積極的に市場運営に力を致していたと考えられる。それは寺院経営が貨幣経済で営まれる以上当然の結果であって、妙興寺はかくの如き市場を通じて必要商品を獲得することが出来たと考えられる。ふりかえって妙興寺の寺領の配置を考えると、佐手原、毛受村、板倉、朝宮の諸郷保はことごとく一宮より西南に流れている旧木曽川の河岸にあり、水運の便よく、津島を中心とする水上貿易路に通じている。そして一宮より東北に向って妙興寺、牛野、陸田、日下部、清須等は陸上交通の中心たる鎌倉街道に臨み、この東西に分れる陸海両重要交通路に挾まれた三角地帯の中心平野にこの寺は多くの散在田を持っている。そして、日下部と木曽川（今の片原一色）に到る東西横断路上に、増田、吉松、山口諸保が成立して、国衙を中心とする地域は妙興寺の完全支配下に属し、その正税は妙興寺に依らなければ徴収し難き状況に到ったと考えられる。従って牛野郷の如き地方市場の発達の如きは、この地方に於ける繊維品の生産が盛んであったことによって、京都・大坂等の商人が吸引されて入国する数が増えていったのである。我々は又その商人の往来、物資の交流の面から交通関係を見ていくと尾張国は延喜式には「行程上七日下四日」となっていて、京都より約十一日で往復出来る。(100)京都方面から尾張に来るには美濃を経るものと伊勢を経るものの二つの路線がある。伊勢より来るものは延喜式に定むる東海道の路線であるが、平安時代初期以来、旅人は多く美濃を経て尾張へ来たが、鎌倉・室町期もやはりこの路線を通じて東西交通が行われていた。然るに戦国時代には津島・伊勢桑名と河上三里の交通が開けた。そして共に木曽川を渡らなければならなかったが、美濃より来るものは墨俣の渡を越え、伊勢よりは津島の渡を経なければならなかった。そこに両者が河川交通の中心地となり、旅客の休息所として繁昌し、市場等も盛大となり、貨幣経済の発展と共に商業が発達し、この地方に於ける余剰生産物等は多く、これ等の市場を通して売却されるに到った。ことに京上される年貢も即ちこの路線を経て領主方へ納済されるのである。鎌倉街道はさらに黒田より、牛野下津を経て萱津に到っている。故に鎌倉・室町時代に於ける我国の中心交通路上に位置する妙興寺は交通上、最も時代の影響を蒙り易い状態に置かれ、寺院経営の面に於ても中島郡内の農民が、荘園市場に於て現物を銭貨に交換し、その銭貨を以て妙興寺納所に納入した。妙興寺は斯くして納付された年貢銭を以て、自己の経営する市場に於て、必要品と交易し、又一方その年貢の領家分を三宝院に送付する義務を帯びていた。そして妙興寺と京都との関係を知る上に寛正四年（一四六三）の「公事上洛入目」と称する、京都↕妙興寺往来に費した旅費其の他についての明細なる記述があるので、いまその全文を挙げることにする。

（端裏書）
「就覚阿弥料足公事上洛入目寛正四癸未三月四日始上至六月七日下着」

就公事京上料足請下行

請

拾貫文　自海東借銭
拾五貫文　羅漢質
五貫文　西住三具足質分
参貫文　自経蔵方借
弐貫六百文　三月分支配銭

弐貫文　自納所方

　已上参拾柒貫六百文

同下行

陸百文　上粮物上下三人四ヶ日分

七百文　上馬駄賃

二貫四百六十五文　卅五貫六百文夫賃

三百文　道有太郎関渡透礼、両度分

五百文　伯蔵主江端典座上粮物

弐貫五十文　岩松上路銭

三百文同七日　屋戸礼上着貶

二百文　同新五郎

参百文同八日　織田但馬殿談合時

弐百文　同引田方但州異見出之

壱貫文　布施方江礼

四百文　同右京亮紙代共

壱貫文　崇蔵主礼、此外分油柿私出之、

弐百文　愿蔵主

百文　崇蔵主寮芳侍者酒両度分
弐百文　順阿弥甲斐左京亮方談合時
壱貫文　近江入道礼、公事言始内
三百五十文　酒、同三郎左衛門使立礼
参貫文卯九　山名殿礼銭
弐百五十文　能松粮物下時、酒共
参百廿文　随近江方公事催促時
二百文　円福寺礼
五百文　洪蔵主同宿顗蔵主諸事就寺家依憑
三百卅文　拙者帷布買
五百文　専副寺上粮物
三百文　借銭利平
五百文　近江方武衛使問答礼
二百五十文　彦太郎下銭
参貫文　武衛礼銭
弐貫文　甲斐三郎右衛門方礼
一貫文　近江方公事道行礼、下時

五百文　同殿原中間
三百文　但州奉書礼
五百文　酒笋麩、崇蔵主寮請暇之時
四貫八百文　在京八十五ヶ日上下打飯代
弐貫文　同納候酒直諸事用
三百文　屋戸長江礼下女共
二百五十文　依立願詣竹生島船賃幷坊江礼共
四百文　下路銭
四貫九百文　伯蔵主幷同宿三員礼
　已上参拾陸貫百柒拾二文
壱貫七百五十文　大河内兵庫殿渡残、依談合度々分
三百文　飯沼方礼、山門奉行江状請時
　已上弐貫五十文
惣已上参拾捌貫二百三十四文、過上陸百二十四文
　寛正癸未六月　日
徳元宗貫（花押）　納所宗林（花押）　維那子儼（花押）
瑞芳徳吾（無隠）（花押）　首座宗薩（花押）　都寺芳瑾（花押）(101)

非常に長文に亘ったけれども、これに依ってその当時、妙興寺より京都までの路銭が四百文で、往復八百文かかり、馬を利用すると一貫四百文と算定される。その内路上の関に対しては三百文を二度に使用しているが、その支払った関は判明しない。三月四日に出発し、京都に着いたのは三月七日、その間四日を過している。恐らく鎌倉街道を通じて京都へ上ったと考えられる。彼等は恐らく、寺領の訴訟問題で上洛したのであった故、八日には直ちに織田但馬に面談し、公事の解決に当っている。当時尾張国守護は斯波義廉の手にあり、守護代は織田氏であった関係上、訴訟完遂のためには各所に相当の礼銭を出さなければ解決の曙光は見出せなかった。恐らくこれは、守護被官人の寺領押妨に起因するものであったと思われる。そのために山名殿にまで礼銭を出さなければならず、八十五日間も在京している必要があった。一日の食費約五十六文で、この当時の京都の宿料の一般がうかがえるのではなかろうか。そして、公事の結果については知る由もないが、恐らく当時、斯波氏の内訌、細川・山名の紛争等が相次いで起らんとする時、一地方寺院の公事が通過し得たかどうかは疑問であろう。また帰途竹生島に詣でていることは、遊山か公事完遂か佛力を頼まんとしたかは不明であるも、彼等が恐らく不破関を通って尾張へ下向して行ったことは想像するに難くない。

以上の事実は、後には尾張国に出自せる織田氏が天下を統一するための地理的条件が、武田、上杉よりもはるかに近距離に位置し、信長が美濃・近江と勢力を拡大する経緯が立証され得るのではなかろうか。又一方斯波・織田と変遷する尾張の国情に際して、妙興寺が以前より有力なパトロンであった土岐氏の没落後、寺院経営維持の面に於て多大の困難に際会しなければならなくなり、守護被官人による押妨を押えることが出来なくなって次第に崩壊せざるを得なくなったのである。

むすび

いま見て来た如く、妙興寺は最初滅宗宗興を中心に建立され、知多の土豪で柏菴宗意を通じて妙興寺開山の滅宗宗興と親しかった荒尾宗顕・泰隆父子寄進の四十九町六反二百八十歩と、滅宗宗興の出自の中島蔵人の一族の四十六町九反三十八歩を基盤として寺領を形成したが、寺領は買得により次第に拡大していったのである。

また足利幕府の臨済宗擁護政策に乗って妙興寺は、その経済的基礎を高め、寺領も拡大し、その上、貨幣経済の発達を通じて、市場等も収め接待所を設けて、いままでの土地経済の重視よりはなれて貨幣経済に基盤を改めて寺院を運営したことも以上の考察より明らかである。

しかし北朝の足利勢力の衰退とともに、屢々不安を感じた寺側は安堵状を求めて寺領確認の手続きを経なければならなかったが、戦国の新興武士団の興起にともなう寺領の押妨は防ぐことができず、いままでの寺領の中心となっていた中世的な地頭職や、名主職の得分は崩壊の一途をたどった。そして、押妨を訴える上洛も費用のみかさみ目的を達することは困難を極めたのである。ことに応永七年(一四〇〇)よりの数回の大火による妙興寺の窮乏は目に見えて甚しく、応仁の大乱はこの寺を疲弊に導いたのであった。文明十四年(一四八二)佛殿再興の「幹縁疏」に、

尾州路長島山妙興報恩禅寺、乃　特諡円光大照禅師(滅宗宗興)挿草之地、而　大應国師(南浦紹明)為之第一祖也、安衆二千指、一派不以甲乙主之、而延十方有道衲子、以為住持也、初貞治帝(後光厳天皇)有旨、陞位于甲刹爾来一百余歳、殿堂門廡、鐘魚鼓板、蔚為一方叢林也、於是、応仁以来、四海鼎沸、佛氏之廬之於天下、如経楚人一炬、実濁乱壊劫之秋也、而本山巋然猶存于今日、可謂天幸也、雖然、寺乏恒産、時當艱虞、日往月来、風震雨凌、所謂殿堂門廡、覆苫為之墜矣、

椽梠為之脱矣、其如是則蕩為荒墟者、可翹足而待焉、而弊之甚者、大佛殿為最也(102)、

とある状況で、法燈を維持しようとする寺の意志も全く目的を達することができないほどであった。

いま私は以上の如く寺領の変遷を通じて中世末期における臨済宗寺院の存在について考察を加えたのである。

(1) 倭名類聚抄六、尾張国七十六
(2) 続日本紀第十一、天平三年五月十四日条
(3) 正倉院文書（大日本古文書 一）尾張国正税帳（六〇六頁）
(4) 同右（同右）
(5) 令義解巻四、選叙令（国史大系本）
(6) (3)に同じ、尾張国正税帳、天平二年十二月（四一五頁）及び天平六年（六一四頁）
(7) 日本霊異記㈦、力女示強力縁第廿七
(8) 類聚三代格巻十四、雑米事、貞観七年八月一日条
(9) 東南院文書（大日本古文書家わけ十八）東大寺封戸荘園寺用
(10) 東大寺要録第六、封戸水田章第八（東大寺蔵本）
(11) 平安遺文㈩、補一〇三・一〇四号文書
(12) 鎌倉遺文㈦、四八八三号
(13) 平安遺文㈧、四一〇六号
(14) 同右、四一五一号
(15) 『国学院雑誌』五八巻第四号、久我文書
(16) 鎌倉遺文㈥、三八一〇号
(17) 吾妻鏡三十三、延応元年九月二十一日条

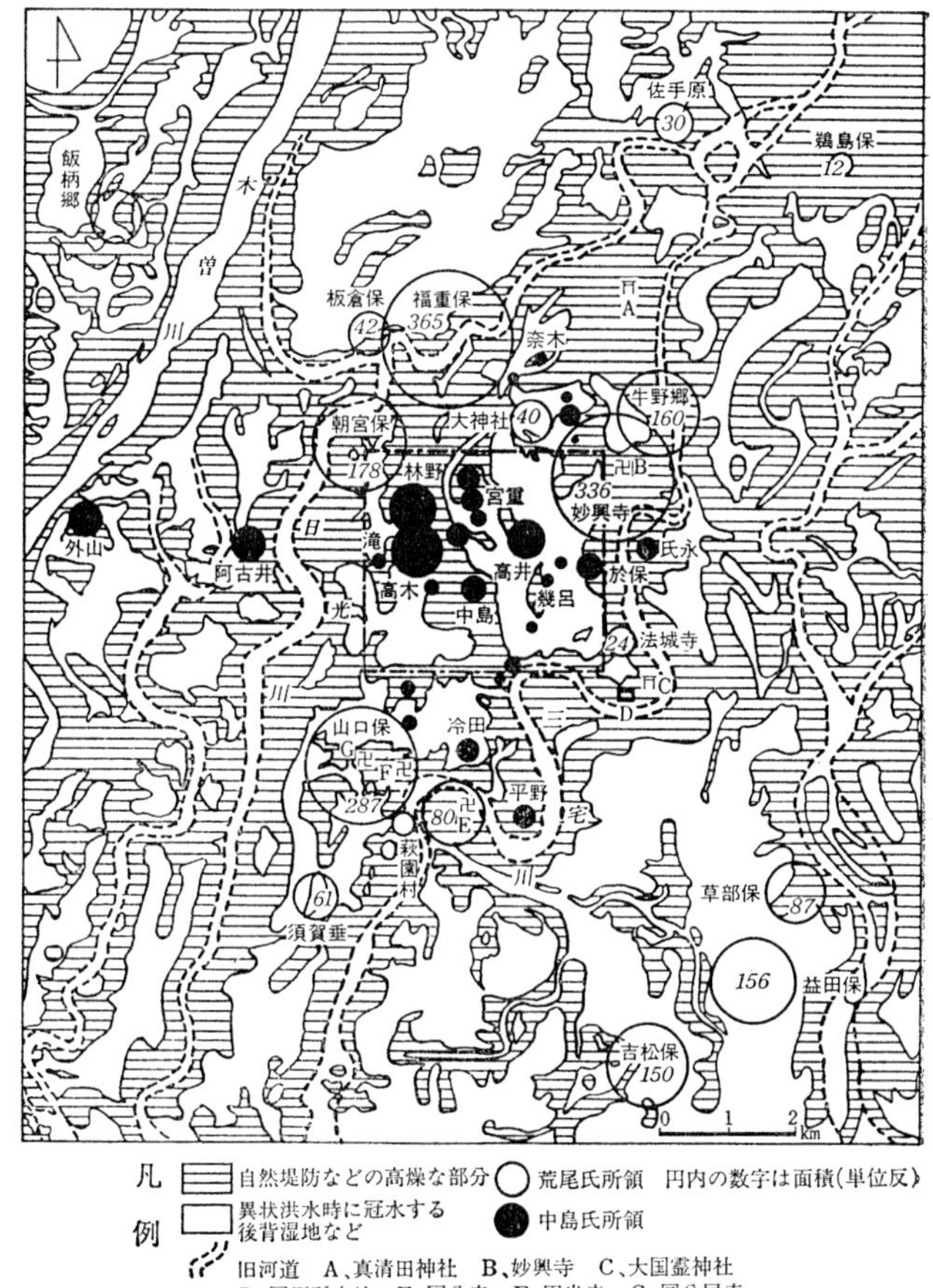

凡例

自然堤防などの高燥な部分

異状洪水時に冠水する後背湿地など

旧河道

荒尾氏所領　円内の数字は面積(単位反)

中島氏所領

A、真清田神社　B、妙興寺　C、大国霊神社
D、国衙所在地　E、国分寺　F、円光寺　G、国分尼寺
尚、両氏の所領は原則として、面積にほゞ比例して示した。

(18) 三宝院文書六十四（『愛知県史』別巻、一一五頁）
(19) 増鏡第七、おりゐる雲（和田英松・佐藤球『増鏡詳解』）一二一七頁
(20) 上村喜久子「国人層の存在形態——尾張国荒尾氏の場合」（『史学雑誌』七四—七）四五頁参照。妙興寺領の構成について同氏引用の地図を便宜転載させていただいた。本書六〇九頁参照
(21) 妙興寺文書（『一宮市史』）一一号文書
(22) 妙興寺文書三三〇号（『一宮市史』下、一一一三頁）
但し、妙興寺文書は『一宮市史』下の所収を別巻としたものを参照し、さらに故河野宗寛老師の御好意により原本との校合を経ている。以下文書番号は別巻における文書の整理番号を充当している。
(23) 妙興寺文書原本では「妙興寺寺領目録」一巻が箱に入り、表書あり。文和三年七月二十八日に諏訪方眼円忠等により作成された。また宗興自筆の文書目録には「一通安堵御下文同諏訪法眼奉行対裏目六」とあることにより、この目録を指すものに相違ないと思われる。
(24) 『愛知県史』一、三七二頁。『一宮市史』下所収一〇二九久我家文書（『国学院雑誌』五八巻四号）
(25) 久我文書（『一宮市史』下、一〇三三頁）
(26) 吾妻鏡三十二
(27) 尾張大国霊神社文書（『一宮市史』下、一〇五三頁）
(28) 同右
(29) 久我家文書（『愛知県史』別巻、三五六頁）
(30) 同右（『一宮市史』下、一〇三七頁）
(31) 同右（『愛知県史』別巻、三五九頁）
(32) 妙興寺文書三七号
(33) 同、三九号
(34) 同、九七号

(35) 同、七五号
(36) 同、八二号
(37) 同、三九号
(38) 同、八五号
(39) 建武以来追加（『愛知県史』別巻、二四五頁）
(40) 忠光卿記 進献記録抄纂抄載（『愛知県史』別巻、二五四頁）
(41) 妙興寺文書一〇一号・七六号
(42) 同、七三号
(43) (30)に同じ
(44) 妙興寺文書九九号
(45) 同、二一三号
(46) 同右
(47) 同、一四号
(48) 同、一一〇号
(49) 同右
(50) 同、三〇六号
(51) 同、三九六号
(52) 同、三八六号
(53) 同、一一九号
(54) 同、一五七号
(55) 同、一九二号
(56) 同、一三号

(57) 同、四〇号
(58) 同、五九号
(59) 同、一二五号
(60) 同、一二六号
(61) 同、一四九号
(62) 同、一六五号
(63) 同、三六六号
(64) 同、一九五号
(65) 同、一五号
(66) 同、一九五号
(67) 同、一〇八号
(68) 同、一三一号
(69) 同、一三三号
(70) 同、一四九号
(71) 同、一九四号
(72) 同、六号
(73) 同、一〇号
(74) これ等の土豪がいつ頃より力を得て来たかは不明である。暦応元年十二月十五日「荒尾民部権少輔請文」（円覚寺文書、『愛知県史』別巻、相州文書二十一）三五〇頁に、

円覚寺領尾張国富田庄雑掌与宣政門院御領同国一楊御厨余田方雑掌相論萱野境事、任去九月廿五日御奉書旨上条太郎左衛門尉相共、差遣使者兵庫允長章於彼所令見知候、絵図幷長章注進状謹上之、子細見絵図幷状候歟此条若偽申候者、可罷蒙八幡大菩薩御罰候、以是等之趣、可有洩御披露候、宗顕恐惶謹言、

民部権少輔宗顕（荒尾）請文（裏判）

正和三年幸寿丸證状中に地頭草部助太郎入道善願の押妨停止のため、使者として「使者朝日孫次郎頼氏中島正介入道承念」（妙興寺文書一〇号）とあるによって判明する。

とあることにより判明する。朝日氏については、

(75) 妙興寺文書、一三九号
(76) 同、一〇号
(77) 同、三一号
(78) 妙興寺文書、二一五号
(79) 同、三三七号
(80) 同、一六六号
(81) 同、一八二号
(82) 同、二二号
(83) 同、二四号
(84) 同、八一号
(85) 同、一六〇号
(86) 同、一七一号・二七三号
(87) 同、一四九号
(88) 同右
(89) 同、四七七号
(90) 円覚寺文書（史料編纂所影写本）
(91) 八代恒治所蔵文書（帝室林野局『御料地史稿』三九七〜四〇七頁）
(92) 妙興寺文書、一二九号
(93) 同、一八一号

(94) 同、一六七号
(95) 同、一四九号
(96) 同、二七七号
(97) 同、二八六号
(98) 同、三九一号
(99) 同、四三一号
(100) 延喜式二十四
(101) 妙興寺文書四〇四号
(102) 同右、四一六号、妙興寺佛殿再興乾縁疏写

第五章　安土桃山時代の寺院の成立

――方廣寺の成立とその性格――

一　天正寺の成立

いまこの方廣寺の成立については、その複雑な成立事情によるために多くの考察が必要となるのであるけれども、残念ながらいままでにこの寺院の成立について論ぜられているものは甚だ少ない。ことにこの寺院の成立期については、最近、大桑斉「天正寺の創建・中絶から大佛造営へ――天正期豊臣政権と佛教――」の論文において、(1) 秀吉と佛教とのかかわりあいを追求し、辻博士の所説を再び見なおそうという目的のもとに、天正寺の創建中止の事情に触れて、蒲庵稿の

豊秀吉創二摠見院于紫野一、諸レ師為二第一世一、且修二十佛事一、薦二其主信長公冥福一、十三年三月、秀吉滅二根来傳法院一、移二其伽藍于泉州一、再二興旧海會寺一、請レ師開堂演法、十四年春、秀吉欲下建二大梵刹于紫野西南船岡一、祝中延国家無窮上、是去歳七月、秀吉以レ任二関白一、謝二天子恩一也、而問二佳名於師一、師云万歳山天正寺、乃記二年号一也、天子親書二額字一（其額今存、摠見院）、開二土地一鳩二材石一之次、関白与レ師同登二船岡一、眺二東山勝景一曰、彼有二霊地一、規二模南都東大寺一、創二舎那大像一、使三師開二祖於二一大寺一、乃与レ師到二東山一、図二地形一築二殿基一、造寺奉行石田治部少輔三成与レ師不レ合、

内抱二妬心一、頻々譏レ之関白不レ察、徒二師于鎮西大宰府一、時十六年某月也、以故天正寺不レ畢レ工而廃、大佛殿嘱二天台妙法院一、(2)

という古渓行状にもとづいて、秀吉は「天下太平」を祈る国家的寺院の開創への発想により天正寺を信長のために開こうとしたが、心中ではすでに古渓では秀吉の新しい寺院創建を推進することのできる人物でないことを知った秀吉は、高野山に於て、一山を救済することを行った木食應其に強い希望をいだくようになって、この方廣寺の創建をまかせようと考えたのであった。そしてこの寺は自分が「天下人」として全国統一をなしとげた記念物にもしようと決意したのである。

しかしてこの方廣寺はのちに述べるように数奇な運命をたどる寺院として、安土桃山時代の特異な存在であるといえるのであって、いまここでは主としてその成立とその性格について見てゆくことにする。しかしその一般的な考察については、辻善之助『日本佛教史』第七巻・近世編之一の第六節に於ける「秀吉の高野処分と木食應其」のほか、第九節「大佛殿造営」に導かれる処が多いことも否めないのであって、(3)さらに多くの論考がこれに加えられ、安土桃山時代の変転期における佛教寺院のあり方について深く追求されることを望みたいのである。

もともと豊臣秀吉が一代の事業として計画した方廣寺は、その前身を天正寺と称した。そしてこの天正寺を計画する以前に秀吉は、天正十一年（一五八三）柴田勝家、神戸信孝を討ち滅ぼし、さきに本願寺光佐が石山本願寺を建てて住していたものを退けたあとの大坂城に六月二日入城し、ここに天下統一の実をあげ「天下人」としていまや君臨するにいたったのである。その結果、まず信長の一周忌をいとなむために天正十一年（一五八三）大徳寺に信長の位牌所として十二間四方を占地し、そこで大徳寺住持の蒲庵宗陳を請じてその周忌法要を実施した。この時宗陳にも同時に摠見院を開かせて住持たらしめた。

しかしこの信長の位牌所を直ちに堂宇とすることはせず、秀吉はさらに計画を改めて、「天下人」に適した大寺院を新たに建てることをもくろみ、そのための用材として、まず天正十三年（一五八五）三月二十日根来衆を討ち、根来寺を滅したときに焼け残っていた大傳法院をとりこわし、これを移築することを計画した。

そしてこの信長の位牌所を改めて、紫野の船岡山の近くに正親町天皇の勅額をいただいて御願寺の形をとり、年号を寺号として天正寺と称することを計画した。

もちろんその用地としては東西百間、南北百二十間の林地を大徳寺近辺に開き、(4)「山号二太平一、寺号二天正一、披レ蓁拾レ礫、創業之日、瑞雪満レ地」であることを期待するものであった。(5)そして創建の実施にあたっては、腹心の前田玄以を以てこれを奉行させることにした。この計画がどこまで進んだかについては明らかでないが、まず宗陳に対して四千貫文を与えて実施にふみきり、銀百八十六文と三千五百人を用いて根来傳法院をたたむための費用に充当した。そして作事小屋三カ所をあいついで作成している。また紹綜勘定書によると、

紹綜(琮)勘定書同上

御預之内古渓わきまへ返納申分覚

新紫野御建立費之内古渓わきまへ分

一百八拾枚六匁　　根来傳法院壊雑用

一五拾五枚　　天正寺小屋三ヶ所入目

一百六拾八枚廿六匁四分　向唐門、玄関、中門、築地、米倉寮(ママ)所へ雑用等

合四百三十弐匁八分(四)

右分ハ御算用不相立候ハヽ、古渓弁(所カ)へ返納致申候間、依如件、

七月十六日　　　　総見院　紹琮花押

徳善院僧正(玄以)玉床下(6)

このように天正寺にはさきの根来寺傳法院の規模を移して金堂とし、さらに唐門、中門、玄関、築地、米倉等を配したものであると考えられる。しかしこの根来寺傳法院を打毀した用材をさて大坂河口に廻送してみるとすでに朽敗せるものが多く物の役に立つべくもなかった。

そのうえ秀吉は、この寺の創建にあたって、古渓の作事計画について「作様一向機に不合トテ、ナワ打ヲシテ、又ナヲサスル」(7)など、古渓が恐らく禅宗様の大徳寺建築に添ったものを建てようとするのに対して、秀吉は天下人にふさわしい東大寺大佛殿を模し、さらにそれ以上の規模のものを造りたいと考えるにいたったと同時に、古渓との関係も、さきに古渓が千利休を立てようとしたことについて秀吉の意を損じ、この大徳寺周辺での大佛殿建立計画は最初より挫折してしまったのである。

（1）大桑斉「天正寺の創建・中絶から大佛造営へ――天正期豊臣政権と佛教――」（『大谷学報』六三ノ二）

（2）蒲庵稿、古渓行状

（3）辻善之助『日本佛教史』第七巻、近世篇之一

（4）総見院文書（大日本史料十一ノ九）、天正十二年十月四日条

（5）蒲菴稿（同右）（京大蔵版本）

（6）（4）に同じ

二 方廣寺の成立

1 方廣寺大佛殿の造立

秀吉は天正十二年(一五八四)五月には信長によって焼かれた比叡山の再興を許可し、小牧・長久手の戦においての徳川家康との関係も修正して、さらに雑賀衆をも降して、政情がほとんど安定化するきざしが見えた天正十四年(一五八六)四月一日、秀吉は京都より大坂に帰る途中において、大佛殿を建立する土地を東福寺周辺の地に求め、さらにこれを五月十二日に東山のいまの地に改めて、その作事奉行を前田玄以・浅野長政・増田長盛・石田三成・長束正家の五奉行に命じたのである。

ことにその中でも、前田玄以は、前田氏の一族で、天文八年美濃に生まれ、尾張の小松原の住職となり、はじめ叡山に入って僧となっていたが、そののち織田信長の嫡子信忠につかえて七千石を与えられていたが、信忠が本能寺変で光秀のために殺害されたので、信忠の子の三法師丸と共に安土にいたり、天正十一年の柴田氏滅亡後、信長の子の信雄の命により京都の庶政にあずかった。そして玄以は「ときめき出たる才あり(中略)前田徳善院玄以(徳善院僧正)は所司代として、洛中洛外之出入、神社佛閣之義に至るまで、一人として裁判可申事」(1)と洛中の政治と寺院管理にあたり五奉行もそれぞれ分担して事にあたり、ことにこのような大きな方廣寺の大佛殿創建のような問題については五人で相談して決定し、一人、二人での沙汰はおこなわないものと規定された。

しかしこの大佛殿の工事の支配はまったくこの玄以に最初から任されていたといってもいいという状況であった。このことについて太閤記には、

秀吉公聚楽におはしましければ、弥洛中洛外にきはひ侍るやうに、あらまほしくおほしたまふて、東山に大佛殿を建立し給ふへき旨、五人之奉行共に被㆓仰付㆒にけり。昔は二十年に造畢せしとなん、今度は五年に成就し侍るやうに、工夫を廻し可㆓相計㆒之旨なりしかば、徳善院宿所に各打寄相議しけるが、先奈良之大佛師宗貞法印同弟宗印法眼、大佛棟梁之大工等を呼上せ、其品々なと委く尋究め、遅速損益之義会得せんとて、井上源五方へ如㆑此之旨、五人之連状にて云遣はしけり。右之職人共奈良より悉く上京し、徳善院に至りしかば、各寄合て手廻しの宜しき事共、物に記しつけつゝ、五人之奉行共御前に出て、これかれ申上しか共、不㆑合㆓御気色㆒して被㆑仰けるは、材木裁判之事先ならんか、佛師鍛冶等之事先にて侍らんかと問給へは、各尤左もおはすべき事にこそと及㆓赤面㆒けり。かくて材木を可㆑取国々を記し付見るに、第一土佐、第二九州、第三信州之木曽、紀州熊野なと宜しかるへきにぞ極りける。国々へつかはさるへき奉行二十人、大工二十人撰出し、御目にかけしかば御気色なり、大奉行は徳善院一人可㆑然と定めらる。かく宣ふは五人之奉行に一々問尽さんとせば、事行まじきかとおぼされての事也とかや、四国九国之人々は、土佐之山中へ分入て材木を出し、淀鳥羽へ可㆑令㆓着船㆒、勢尾濃三ヶ国之人々は、木曽山之材木を出し河に流し入、勢州桑名に令㆓着津㆒、其より大船に積経㆓南海㆒大坂に至て徳善院に可㆓相渡㆒旨なりけり。[2]

と述べている。もちろんこの工事については、豊臣政権をかけて行うのであったが、秀吉は単に前田玄以の宰領は地形、石垣、築山の工事と資財の調達に重点が置かれているのであって、建築の形態、佛像の様式および法会、開眼供

養等のことは、その必要上高野山の興山（木食）應其を招くことになった。この應其ははじめ佐々木氏に仕え、佐々木の没落後には大和の越智に到ったが、ここも没落したので、天正元年に三十七歳で高野山に入り行人方の指導者となった。天正十三年（一五八五）秀吉が雑賀衆を攻めたとき、高野をも攻めようとしたので木食応其は山を降って、秀吉の陣に到り、高野山に他意のないことを伝えて、この山を救った。また応其は多くの寺院の再建・修理をも手がけた経験も豊富であったことからも、のちに秀吉の方廣寺建立に対する奉行をつとめることになったのである。

そして應其がてがけた諸寺諸社の修理について、自分自身で述べているように大いなる事業をなさんとするときには、大きな心がけを持ってたずさわり、中くらいのものは中道の心がけで、小さいものは微細なる注意をはらう必要があるといっている。すなわち「大中少相應心変改執行成功可遂名、随其事不転心、心緒乱身躰破、如此任覚悟、是可謂悉地成就、万事無望、即心成佛有此中」(3)と、その心情を披歴している。このように応其はその事業に応じて対応できる性格を具えていた。のちの応其の諸寺諸社造営目録によると、この豊臣秀吉・秀頼の時代をも含めて、應其が造営修理した寺社は次の如くの多きにわたっている。そして、その大部分は秀吉の命によるものであった。

〔山門・寺門〕 灌頂堂、塔、護摩堂、築地、御成門、中門、下門、客殿、台所

〔東　寺〕 五重塔（供養）、講堂、灌頂堂、御影堂（上葺）、築地、築地門、穀屋、材木屋、佛具屋

〔醍醐寺〕 金堂、塔

〔誓願寺〕 （供養）

〔堺高野堂〕

〔高野山〕　金堂、西御堂、御影堂（葺替）、宝蔵、奥院、灯籠堂、御社拝殿、大門、看経所、大塔、安楽川経蔵御舟宮、安楽川いて、大塔足代、青巌寺、興山寺、兵庫寺

〔東大寺〕　真言院

〔三十三間堂〕〔嵯峨釈迦堂〕〔宇治平等院〕

〔山科清滝権現〕〔清水カマの社〕〔長谷・興喜天神〕〔吉田社〕

〔天野社〕　山王堂、中門、塔　〔住吉三の神殿〕

（池）　名手池、かせだ池　妙寺池、ひきのの池、柏原池、菖蒲谷池(4)

このように應其の修理は高野山を中心として弘法大師に関係があったものが多く、密教寺院の修理にかたよっている。また、西国に下向しては大隅・薩摩にまで足を伸ばし、秀吉と島津との相論を静めたり政治僧としても活躍し、東は相模・武蔵にいたって諸大名の諸陣をまわっている。また安芸国厳島神社、大和国室生善如竜王をも造営し、伊勢や多賀社に日参し愛宕社に自分の手がけた諸寺諸社の完成を祈っている。

もちろんこの高野山の復興は木食と秀吉の深い関係をつくり出したことによってなされたものであって、秀吉は文禄三年（一五九四）三月三日の高野詣の折には應其の青厳寺に三日逗留すると同時に、この時には徳川家康も同道している。

ことに木食應其と秀吉の関係においては、

次ニ東国下向ハ相州武州ニ至ル、大閤御所ヘノ御見廻ナレハ、諸陣之諸大名知音衆ニ至ルマテ、音信之物共際限無之事。

（中略）

次ニ大閤御所高麗ノ御発足ニ付而、九州ヘ度々御見廻之使僧、随而一大事之御在陣ナレハ、為ニ御祈念一、於ニ東寺一仁王會之大法、暦應年中ニ被レ修以後無レ之法事也、同為ニ御祈誓一、於ニ高野山一、五僧ノ大法ヲ修行ス、何レモ着座之公卿ヲ申請、為ニ勅會一之事。

（中略）

次ニ大閤御所高野御参詣、愚老ノ寺青巌寺ニ三日ノ御逗留也、三州大納言殿（家康）、加州大納言殿（利家）、蒲生飛騨守（氏郷）、其外国々ノ諸大名供奉也、悉拙僧営トシテ、馬草等ニ至マテ下行ス、上下一万人ニ及ト云リ。

（中略）

抑参拾弐万弐千余石ノ首尾悉弁済シテ、無為無事ニ悉地円満ノ旨趣ハ、第一ニ大閤御所廣大憐愍ノ大悲力、第二ニ遍照院（覚栄）才覚祈念ノ誓願力、第三ニ愚老信心懇祈加持力カ、三身相應シテ自他ノ無辺ノ大願成就ス、所詮倩案レ之、大師大明神千手如意輪等一切三宝加護シ給ル所也、殊ニハ当社飯道大権現、山門諸佛諸神哀憐納受シ給ヒテ、最極大願万民安楽慈悲道心、臨終正念往生極楽。(5)

このような應其の努力は、應其側よりするならば「我等之興行仕候が、いづれも真言宗をとりたて、大師之御威光を今一度かがやかし申度候」(6)との目的を達しようとするものであった。その故、応其の方にも秀吉より命ぜられるならば大佛及大佛殿の造顕を通じて、秀吉の背景を利用して真言宗の威勢をとりかえさんとするものであった。

そして大佛造顕を秀吉が木食應其に命じたことについて「太閤御所廣大憐愍の大悲力」(7)によるものとして、太閤をたたえた。

もともと木食應其と秀吉との出会いについては、天正十三年（一五八五）三月二十一日の秀吉の根来・雑賀攻めののち、應其は秀吉の軍が高野山にせまるを察知して、一早く、四月七日に、㈠高野山は弘法大師の御手印地のみ寺領と定める。㈡寺僧行人と学僧の武具鉄砲の所持を認めない。㈢雑賀・根来の悪徒を寺中に抱え置くことを許さない。この三カ条が守られないときには、秀吉は、信長の比叡山や、いまの根来寺の場合の如く「天下エ依二敵対申続一破滅眼前ニ相見エ候条、奚を以て可レ被二分別一乎事」(8)ときびしく申伝えたのに対して、木食應其は、根来寺より高野山に遁れた根来寺学頭の小池坊専誉、智積院玄宥等について高野山よりの追放を約し、あわせて三箇条について(1)高野山領の押領地の返上のこと、(2)寺僧の武具を捨てて佛事にいそしむこと、(3)天下の悪逆人を自今以後寺中に相抱えることのないことを誓約して、高野山を戦火より救い、応其は釈迦文院空雄、増福院良運等の老僧をともなって、秀吉に対して武運長久の祈禱巻数をささげ一山が比叡山のごとく倒れることを防いだ。そのとき秀吉ははじめて、この応其の人物を認め、三千石を高野山に許したのが、秀吉と木食がお互いに深い関係をもつきっかけとなったのであると考えるべきであろう。

その結果、秀吉は天正十三年六月十一日、金剛峯寺に寺領を安堵すると同時に、一万石を寄せて金堂再建を命ずると共に、秀吉は「木食一人に対し、高野を立をかせられ候間、高野の木食と不レ可レ存、木食が高野と可レ存旨、各衆僧ニ可二申聞一之由、両度おしかへし被レ成二御諚一候、先以二愚老一忝奉レ存候、誠日を経ても、猶感涙難レ押致二帰山一」(9)と応其の器量を認めたのであった。

このことが、つぎに秀吉が応其を方廣寺の大佛殿工事に引出すことになった。

態以飛脚申候、仍大佛之儀、可被二仰付一候間、早々御上洛候へと、御諚候、急御越奉待候、期二面上一可二申入一候間、不レ能レ具候、恐惶謹言、

施薬院
全宗（花押）

（天正十四年カ）
正月十一日

興山上人(10)
御同宿中

この豊臣秀吉を中心とする木食應其の大佛及大佛殿創建の事については、まず天正十四年（一五八六）四月二十二日の用材調達に始まり、慶長三年（一五九八）八月二十二日の供養にいたるまで十三年を経過して、その間、秀吉は(1)島津征伐、(2)耶蘇教の禁止、(3)聚楽第の完成、(4)小田原攻め、(5)文禄の朝鮮出兵、(6)京都大地震、(7)秀吉自身の死去と、まことに多難な歳月を送っている。そして秀吉はこの大佛殿の完成を見ることなく六十三歳で没していったのである。

もちろんこの木食を招請した理由については、さきに示したように高野山が長宗我部氏と結んで、秀吉に敵意をいだいていたのを、木食の調定により止めて、木食は秀吉とのよき仲介人たり得たということに対する秀吉の木食への好意とともに、木食はまた秀吉と接触することにより、高野山真言宗の京都への新しい発展を期待することを求めたのである。そして彼の高野山の金堂修理の完成により、両者はよりいっそう親密化していったのである。

つぎに木食のおこなった醍醐寺金堂の造営についても、時代が少し下るが、その醍醐寺の棟札に見られるように

（端裏書）
「醍醐寺金堂棟札跡書慶長五庚子四十八　義演」

当堂者、去慶長三年　大相国殿下（豊臣秀吉）厳命頻降、雖
有御再興、忽両年沈滞訖、奚今年重　亜相殿下（豊臣秀頼）
仰徳善院権僧正玄以（前田）、被寄其足畢、依之、為興山
上人應其奉行、三月六日柱立、同廿七日棟上、四
月六日瓦葺、速造功終、爾則　武門長久而伴日

大檀那大納言正三位豊臣
朝臣秀頼御建立

月常懸、伽藍基堅而共乾坤無傾矣、
于時、慶長五年歳次庚子座主准三宮法務前大僧正
法印大和尚位義演誌之、(11)

この時期に秀吉が木食を奉行として多くの伽藍を再興したことについては、当時の世情をも考えなければならない。そしてそれは秀吉の大佛造立につながる問題でもあった。この室町末期の永正四年（一五〇七）を人々は「弥勒二年」と称したことでもわかるように、応仁・文明の大乱と、室町幕府の滅亡、信長・秀吉による天下統一は、それ自体に世直し的傾向も加わり、永正十五年（一五一八）に成立した閑吟集に「くすむ人は見られぬ、夢の夢の夢の世を、うつつ顔して何せうぞ、くすんで、一期は夢よ、たゞ狂へ」(12)と一世紀の間に現出した「狂躁の巷」は、この秀吉の大佛殿建立がまさにその終結を示すものであるとの世直し的な讃同も加わった。そして「今が弥勒の世なるべし」との風潮はいよいよ高まり、中世の戦乱から解放された喜びと、やがて迫りくる江戸時代の閉塞社会への予感のはざまにあって、いまははかないが故に、いっそう華やかな黄金の日々を求め、都市復興の喜びと、現実生活を謳歌し、またそこに狂躁し、呻吟する人々にとって好ましいことであった。ことに秀吉のこの方廣寺大佛殿の創建は、東大寺の大佛殿が建てられた天平の盛時を京都によみがえらすものであると受取られたのであろう。

また東大寺大佛殿は、このときはあの三好・松永の兵乱に焼けてのちまだ二十年しかたたず、露座の大佛が存在しているに過ぎなかった。

もちろん東大寺側も決してこのことを手をこまぬいて見ていたわけでなく、急ぎ大佛殿の再興を求めていた。

東大寺大佛殿者、日域無双大伽藍、古今異二于他一霊場之処、去永禄十年十月十日、戦国七雄干戈、忽依二兵火魔

風二回禄一、既雖レ歴二年載一、至二于今一不レ及二再造之一劫一、不レ励二悃篤之助成一云々、弥以被二歎思召一者也、度々任二叡達之旨一、早令三漏触二諸国権家人民尊卑一、今般不レ択二小材微功一、可レ企二再営一也、併天下之安全、宝祚之懇祈、可レ抽二丹精一之由、天気(ママ)、

天正十一年九月十日(13)

しかしこのことに関係なく、豊臣秀吉は時の流れを先取りする意味で、あの秀吉の西征東伐は、新しい日本国への再認識にもつながった。そして秀吉の統一事業は、現状によりて、これを統一するのではなく、現状を打破し、また現状を改め、ここに新たな局面を打ち出して、そののち統一するという方式のもとでの中央集権化をめざしたのであって、のちの家康の統一が、日本国の法制化による文治主義的な傾向をたどっていったのとは相異して、まことにはげしい秀吉の全国統一が進められていったのである。

そして「太閤秀吉公御出世以降、日本国々に金銀山野に湧出で、その上高麗、琉球、南蛮の綾羅、錦繍、金紗、有りとあらゆる唐土、天竺の名物、我も我もと珍奇のその員を尽し、上覧に備へ奉り、寔に積宝の山に似たり、昔は黄金を稀にも拝見申す事、これ無く、当時は如何成る田夫野人に至るまで、金銀沢山持ち扱はずと云ふ事なし、本朝豊饒に納め、太閤秀吉公御慈悲専らに御座候故、路道に乞食非人一人もこれ無く、奚を以て君の悪善を知られざる、有り難き御世なり(14)」と天正記に述べているように、このような天下統一と都市開発、西洋文明の導入（兵器を含む）、鉱山の発見等は、秀吉をして、外にはますます朝鮮出兵の意欲をかりたて、内には大佛殿建立を通じて、世紀の「天下人(てんかひと)」の器量をあらわすものとして、自己の金字塔たらんと考えたと見るべきであろう。この東山の地に大佛殿を建てることとなったのも、平城京より東に建てられた東大寺大佛殿の位置に相似た土地を求めたと考えられる。また寺

名を方廣寺と称したのは大方廣佛華厳経になぞらえて付せられたとも理解できる。

そしてこの堂宇が東山の西に比叡山と相対して偉容を誇ったときは、応挙の洛中図に見られるごとく、その偉観を洛南に示していたとおもわれるのである。以上をもって考えるならば、方廣寺の大佛殿の造立は、

㈠いまだ東大寺大佛殿が存在しない以上、これに代るものを豊臣氏の不朽の伽藍として造立すること。

㈡刀狩を通じて、武器を僧徒、百姓等よりとりあげ一揆防止と、それを大佛殿の釘として用いることによって、名実共に大佛殿造立の名分を樹立するという一石二鳥的な効果を求めている。

㈢豊臣氏の繁栄と秀吉の天下統一の偉業をみずから残し、朝鮮出兵の犠牲者の供養も含め、さらにのちには秀吉の菩提寺としての性格をも具備することを予測して建てられた。

㈣洛中洛外を賑わし、また毛唐人を通じて、世界に日本の大坂及び京都の都市文化を象徴するものとすることもねらった。

これらの理由によってこの大佛殿が建立されたものであると考えるのである。けれども、この大佛殿がのち炎上して、秀頼が、その再建を家康によってうながされたことについては、徳川家康は京都の大佛殿と東大寺の大佛殿を比べて、つぎのように述べたと「駿河土産」は伝えている。しかしこの記事については必ずしも正確であるとは考えられないけれども、むしろ当時の世相をみるための参考として見るべきで、のちには家康が東大寺大佛殿再建の意志もあったことがかえってうかがえるので、あながちすべてを否定すべきでもないと考えて全文を提示したまでである。

京都大佛殿就炎上淀殿江戸へ御願事

京都大佛殿炎上之以後、秀頼卿の御母儀淀殿より江戸御台様の御方へ御内々を以、御願候は、京都大佛殿本尊ば

かりの儀は秀頼より再興あられ候儀にて、既に其沙汰ニ被及候所に、受負候鋳物師共の不調法を以て、鋳形より出火いたし、以前より有来殿閣共に焼失に及候ニ付、秀頼の建立には成兼候間、関東より御合力ニ被及度由ニ付、江戸表においても彼是と御相談など有之、（中略）大御所様の御聴にも達候、（中略）権現様被仰候ハ、淀殿義は女儀にも之、将軍にも未た年若き事なり、其方などのよき年にて佐様の筋なき儀を我らへ言聞かせ候は、沙汰のかぎりなる儀なり。（中略）南都の大佛の事は、聖武天皇の勅願をもつて、本尊堂ともに建立あられたるとの義なり、然る処に源平の取あいの節、平中将重衡兵火を致して堂を焼失に及ぶと也。然るに於ては時の天下取なれば、右大将頼朝より建立可被致義なるを、俊乗坊と西行法師と心を合、諸国を勧進して建立を遂たると也、聖武帝勅願之大佛殿をさへ頼朝はかまひ不被申候と見えたり。ましてや京都の大佛殿の義ハ、太閤秀吉の物数寄をもつて建立いたし置れたる儀なれば、親父の志を相立て、秀頼の建立可被申ハ格別、将軍より構ひ可被申事にはあらざる。（中略）大佛の事ばかりに限らず、総じて日本国中には古来よりの由緒在之神社佛閣といらは数限りも無之義也、其由緒をさへ立れば、悉く取上げ、修復建立等不申付して不叶といふ事には有べからず。幾重にも用捨勘弁の有義也、増てや大小によらず、寺社等を新に建立などと有儀ハ、必以無益の事成べし。(15)

このような家康の態度にあらわれたごとく、京都の大佛殿は秀吉の「ものずき」によって建立したのであって、その再建には家康は関知しないというきびしい態度を示したことは、大佛殿の造営は秀吉の単なる個人的な威厳の象徴として計画造成されたのにすぎないという立場を家康が堅持していたのであって、彼はまた文禄の朝鮮出兵にも反対し、もっぱら自己の勢力の温存をはかり、この大佛殿の問題にも、その出費を秀頼にのみ負わせて、豊臣氏の築きあげて来た黄金をできるだけ速かに消滅せんことをはかり、決して徳川氏の経済的基盤をくずそうとはしなかったのである。これは、また外人の眼にも同様にうつったのであって、日本西教史の記事の中でも、「日本全国ヲ領ス可キ正統ノ主タル秀頼ガ賢明ニシテ智慮アル其母ニ教育セラレ、年長スルニ随テ智勇加ハルヲ見テ、家康其死後世子ノ為ニ患フベキ強敵ヲ遺スモノトナシ、宮殿堂宇ノ建築、華美ナル饗宴、大佛像ノ修繕等ニ因リ、務メテ秀頼ノ財ヲ浪費セシメ、軍資ノ匱乏ヲ醸成シ、以テ後日挙兵ノ心随ヲ除カントシ、之ニ反シテ、百般ノ策ヲ講ジテ、自己ノ貨殖ヲ謀リタリ」(16)と述べていることは、秀頼の諸寺再建等の事実からして、徳川家康の謀略をあながち毛唐人も無視することができなかったことを示すものであろう。

ことに大佛殿は方廣寺の金堂で、その規模は、奈良の大佛殿をしのぐものであった。それは秀吉の畢生の努力によるもので、この方廣寺は秀吉の没後に豊国大明神となって祀られたときの豊国神社の神宮寺的性格をも具備し、秀吉の菩提寺としての地位も与えられようとしていたが、後に述べるような種々の事件の発生のために、永く豊臣氏の氏寺であることとならず消滅の憂目を重ねることとなっていったのである。

つぎにこの方廣寺の工事の概要については、まず天正十四年（一五八六）四月一日大佛殿建立の地を東福寺近傍に占定し、木食の算用では慶長三年（一五九八）八月二十二日の供養まで、総費用八万三千石を用い、会所、廻廊を入れて都合十二万七千八十六石五斗壱升を費している。この創建にあたって、木食は「大佛上人木食應其」と自署し(17)、大佛殿建立のための用材を全国より集め、その建築をおしすすめるについて、自分の諸国諸寺を修理した経験を集めて、この大佛殿の完成に力をつくしているのであって、このことは応其が差し出した申状にも、この工事がいのちがけであったと述べている。

一、大佛修造の儀、是非とも拙僧いのちのうち仕立、太閤様御願成就、又は御追善と存候ゆへに、ある時は木曽の山中、所々の山々、和州・紀州・大峯さかひまでもわけ入、材木をもとめ、ある時は、舟のうちいかだのとこにて、木食をたべ草衣をぬらし候つる、然は、金銀八木其外之所用、日々に申遣候条、奉行衆を師匠二親のごとくうやまひ、追従仕候つる、被二仰付一候寺社建立九十七ヶ所、殊三国無双之大伽藍一宇、依レ之今度のとりあつかひなとも、一天四海を安全になし、修造の功をとげ度候て、はかなきこゝろざしをはこび候つる事、[18]

と、木食應其は秀吉の懇請をうけて、「太閤様御願成就」のため大佛造立にはげんだのである。

また醍醐寺の金堂の棟札にも見られるように、応其の諸寺再興、修理は秀吉の要請と彼の奉行による所が大きかったのである。そして自分が大佛造顕の総責任者であることを示そうとしている。應其は、この工事について「拙僧之儀、朝暮之御祈念、（中略）大佛殿・東寺之儀、誠率度も無越度、修造之功思のままに候」と述べている。[19]

しかしつぎに大佛の造顕については、松浦鎮信が明の工匠古道を用いることにしたのを秀吉が認めている。

急度被二仰遣一候、唐人大工古道具其津有レ之由、被二聞召一候、今度大佛作事付而、御用可レ被二仰付一候条、軽船ニ乗早々可二差上一候、無二油断一可二申付一候、猶豊後宗越可レ申候也、

八月十八日　（太閤御朱印）

松浦肥前守とのへ[20]

この急工事によって後の大地震により佛体が大破を受ける結果となるのであるが、ここでは明の工人が大佛造立を手掛けたことについては中国の明でも木像に漆膠を塗るならば、百年は持つとのべて自信の程を示したがために、これに決定し、大佛殿の高さは二十丈、大佛尊像は十六丈と定法どおりとした。しかしその上、秀吉があまりに功を急いだので、東大寺の場合はまず大佛の鋳造を完全に終えてから、大佛殿の工事にとりかかったが、京都の場合、奈良

の二十ヵ年に対して、これを五年にちぢめ、その上、金銅佛でなく漆膠で作成するという方法をとった。この点では工事担当者が充分な天平時代の東大寺大佛の工法の順序を研究せず、また秀吉も木食もこれを理解していなかったと考えられる。そして天正十七年には大佛の漆膠を確保するために蠣殻を必要としたので、平戸の唐人にこれを求め、また全国に命じて、材料の調達をして天正十六年には大石を五重にきずいて、基礎を固め次第に土を盛り上げて土地を平たくした（現在もこの巨石は豊国神社、もとの方廣寺大佛殿跡地）。そして、その上に、しっくいの大佛を築くことになったのである。もちろんこの大佛工事の間は他の木食の指導による修造工事は一切停止された。つぎに用材の調達については、島津義久が大佛殿の柱二本を薩摩より調達したことについて、「大佛殿柱之木弐本被差上候、入情之段、別而悦覚候、猶石田治部少輔（三成）可申候也(21)」と述べて、それを喜び、大佛殿用材の調達は石田三成等の秀吉の側近による努力によるものであって、家康等はこれに対して心底よりの協力は木食へのさきの詰問からしても、あまりなされていなかったことがわかる。

そのために秀吉は、わざと天正十七年に大佛殿建立の最も難題とされる棟木を徳川家康をして駿河国富士山から調達させたと考えられるのである。また大佛殿の基礎となる石組みについて天正十六年（一五八八）正月頃より始められたが、小石を排して巨石にあらため、秀吉は細川氏の差出した大石にのぼって狂喜し乱舞して音頭をみずからとったほどの熱意を示した。天正十六年（一五八八）居礎の式がおこなわれ、同十九年（一五九一）五月二十日立柱、上棟がなされたが、十月には征韓のための軍船をつくるために、この大佛殿の工事を中断させた。

しかし文禄二年（一五九三）九月二十四日には遂に大佛殿の上棟を終えることができた。そこで同四年（一五九五）秀吉は聖護院道澄を方廣寺大佛殿住持とした。そしてそこに天台宗寺門派の進出を見て、この寺院を秀吉はその門跡寺院とすることを欲した。

この文禄四年（一五九五）頃には大佛殿も急速に工事が全般に進められ、同年九月二十五日に秀吉は亡父母の法会をこの大佛経堂で修し、この寺の法会については八宗兼学の立場をとった。この時に真言（東寺・醍醐寺・高野山）・天台（延暦寺・園城寺）・律・禅（五山）・日蓮・浄土・遊行・一向の諸宗より請じて、この例によって毎月に各宗の僧が、宗派別に交替して大佛殿で千僧供養を行う例が開かれたのである。しかし法会の出仕をめぐって、すでに天台・真言両宗の間に供養出仕先後臈次の争いが生じていたし、浄土系でも本願寺と佛光寺の間に隔月出仕の議論が生じ、特に日蓮宗では不受不施派の妙覚寺日奥は、同宗の宗制を楯にとって不出仕を唱え、たとえ一日であっても、宗制を破るならば、宗義が永代に立たないと主張し、秀吉が公儀より仰付けた以上、格別なのである故、国家の祈禱と同じく心得て、祖師の法度を押して出仕すべきであるという考え方を示したのと対立した。このように方廣寺の千僧供養をめぐって各宗の出仕問題は最初から紛糾した。それはこの寺が、豊臣秀吉の生存中は関白の祈願寺、または「公儀の寺」としての性格が強く打出されたために、秀吉の威光を恐れてこぞって出仕しているが、心の底にはこの寺は秀吉の私寺にすぎず、私寺的性格の寺院で、国家の祈願というような公的な性格を帯びさせることに少くとも強い抵抗をひそんでいたと見るべきであって、秀吉の没後においては、諸宗による千僧供養が行われなくなってしまったのである。

この寺院は、そののち文禄五年（一五九六）二月二十五日には中門が立柱し、そろそろ大佛供養の日程を定めなければならない状況となった。

そしてこの大佛開眼会には、

晦日、晴、宗然為ㇾ礼来、折進上、興山上人へ愚札遣ㇾ之、道具以下取ㇾ寄ㇾ之、去四日始而大佛供養之儀、興山上

人ヲ被レ召、被二仰出一候了、

去十三日比上人申二送之一、八月中旬頃云々、種々出入在レ之由也、大会凡難二成就一者歟、真言・天台・法相・三輪・凡此宗云々、導師未二治定一、照高院門跡別當之間、勿論御用意云々、千僧會歟、(22)

五日、(閏七月)興山上人(応其)幷東寺ヨリ、大佛供養内々触状到来、則諸院家幷山上・山下触遣了、興山上人状云、

来八月十八日、大佛供養可レ有二御執行一之由、相定候条、被レ成二其意一候而、法衣等御用意尤ニ候、猶従レ是可レ被レ申候、恐々謹言、

後七月廿日(ママ)　　大佛 興山上人(23)

と触状がまわされ、この頃には大佛殿周辺の伽藍もととのったと考えられる。また義演はこの大会の咒願師をつとめることになっていて、天台宗は開眼師、法相宗は導師、真言宗は咒願師と定められた。

この文禄五年（一五九六）の方廣寺大佛供養は、東大寺での建久六年（一一九五）三月十二日の頼朝参加の供養を先例として、実施されるべきものとされ、諸宗を集め、秀吉はこの供養の功徳によって、いままでの信長による延暦寺の焼討や、根来寺焼討等の悪夢を消滅して、そこに新しい自分の寺が諸宗の上に君臨することを期待して、「天下人」が「天下人の寺」を造ったことを内外に誇示しようとしたのであった。ところがこの十八日頃に唐人が来朝して、大会を見たいということがもちあがって来て到底警固の武者がととのわずここに延引の可能性も出て来た。

しかるに突然に慶長元年（一五九六）閏七月五日、天下をゆるがす京都の大地震が起った。ことにこれは深夜の地震で、人々は近代是程のことはないとなげき、京都においては「上京ハ少損了、下京ハ四条町事外相損了、以上二百八十余人死也云々、東之寺共瓦フキハ崩了」(24)と上京より下京の方がひどく倒壊して、皇居は少損であったが、東寺は塔

を残して、食堂、中門、講堂、灌頂院、南大門、北八足門、東小門、鎮守八幡宮、御影堂、同四足門、同唐門、灌頂院の門、慶賀門、不開門、宝蔵、穀屋等悉くこの被害に遇った。(25)

また伏見城等の状況は、

一、禁中ハ少々相損也云々、

一、伏見御城ハテンシユ(天主)崩了、大名衆家共事外崩了、江戸内府ニハ(庭)ナカクラ(中倉)崩了、加々爪隼人佑(政尚)死去了、雑人ハ十余人相果了、同中納言殿ニハ侍共ハケガドモ有之、死者無レ之、但雑人ハ六七十人死也云々、其外町々衆家崩之間、死人千ニアマリ了、

一、東寺ハ塔・鎮守八幡社・大師堂、此外七ツ崩了、但坊々不苦也了、

一、大佛ハ堂ハ不苦、但柱ヲ二寸程土ヘ入了、御佛ハ御胸ヨリ下少々損了、楼門ハ戌亥方ヘ柱ユカミ了、

一、三十三間ハ少ユカミ了、

一、東福寺ハ本堂年来東ヘユカミ了、此度地動ニ西ヘ相直也云々、奇特了、伽藍トモ不苦了、但常楽寺(庵)相損也云々、(26)そのため、この方廣寺大佛殿の開眼供養はあえなく挫折してしまったと同時に、

大佛事、堂無為、奇妙々々、本尊大破、左御手崩落了、御胸崩、其外所々響在之、後光聊モ不損、中門無為、但四方角柱少々サクル、其外無異儀、三方之築地悉崩、或顛倒、妙法院門跡廊顛倒、照高院台所少々損、大佛供養延引、寸善尺魔歟、(27)

このように大佛殿そのものは無事であったが、基礎は所々に二寸ばかりさがり土中にうまり、本尊については大破し、左手は崩れ落ち、胸はさけたが、後光はそのままであった。また三方の築地や、妙法院の廊下、照高院の台所は

少々損じたが、この時の地震は、他方山崎では家が悉く倒れ、兵庫では火をともなったが、近江より東や南都・大坂城などは無事であった。

しかし余震はさらにつづき、そのために、八月二日に畳表をもって大佛の破損場所をおおったが、修覆のためかえってまことに見苦しいものとなったのである。この本尊の状況について、慶長七年十二月四日の大佛殿炎上のことに関して、義演は、

一、本尊事、先最初大閤此大伽藍御建立御発起之時、先最初異朝者来テ、本尊ヲシツクイニテ造立了テ、其後堂周備、爰先年大地震之時本尊破裂ス本尊云、後光ト云、悉黒柒(漆)、其上ヲ金薄ニテ奉レ押レ之、光明殊勝非レ所レ覃二言詞一之、爰先年大地震之時、（慶長元年壬七月十三日丑剋）本尊破裂、既御供養之有増也、雖然不慮大災ニ依テ被二打置一了[28]、

と、この方廣寺の大佛尊像は釈迦如来坐像であったが、二十年の歳月を費して、南都の如く鋳造より始めず五年を以て速成しようとしたことが、なんといっても地震に弱かったのであった。

そして木を以て骨としてその上を漆膠にて塗り固め、さらにそのうえに漆と金箔を塗るという明代の塑漆像の技法をとっていたため、地震の多い日本では不適当であった。そのために地震のゆれるままにまかせて氷に亀裂がいくように破損したためついに取壊さなければならなくなった。そしてまさに前田玄以と木食應其の努力は供養を目の前にして水泡に帰し、「寸善尺魔」のごとく秀吉の希望もあえなくついえ去って、秀吉は悲嘆にくれ来世への救いを求めるしか方法がなかったとおもわれるのである。

さきに述べたように、洛南を襲った大地震によって方廣寺の大佛殿は大佛を破損して全く空洞の如くなってしまった。そのうえ應其は自己が真言宗である関係上、早速東寺の復興を手がけなければならなくなった。

しかし木食が呼びかけてももはや東寺の末寺もこれに協力するだけの財力も欠け復興工事の着工はなかなかおぼつかなかった。

とくに大佛本尊については慶長二年五月二十三日に秀吉が、ついにくずし替えを決定して、善光寺如来を方廣寺に遷すことになったが、それは秀吉が夢に見ること一七日に及んだということによるのである。秀吉は「甲斐(信濃)国善光寺如来、一七夜以来夢ニ被二御覧一候も、か様之儀被二仰出一候、(中略)昨夜者現之様ニ影向候て、都へ被二相移一、阿弥陀峯ト申山之麓ニ有レ之度と示現候(29)」というので、聖護院道澄をつかわし、またこの国は浅野長政の治国であるというので、延人足五百人、伝馬二百三十六疋の費用を以て方廣寺へ信濃より迎えた。このとき前田玄以より義演に書状をつかわしたなかに、

七日、晴、坊官以下候人悉出仕、盃賜之、来十八日善光寺如来、大佛殿へ遷座也、去年大地震ニ付、大佛尺迦破裂、仍今度彼尺迦コボタレテ、如来ヲ被二安置一之、一興〻〻、大座ノ蓮花・後光ヲハ其マヽ置レ之テ、大座(台)ノ上ニ宝塔ヲ建立也、俄ニ以レ夜続レ日、興山上人奉行之、依之今度徳善院ヨリ触状到来了、

善光寺如来大佛殿へ遷座之儀ニ付、来十八日大津迄御成候而、則大佛殿ニ被成御送届様ニと被仰出候、御共衆之儀、式以下御用意有て、各御心得衆被レ成二御同道一、御成尤存候、此旨可レ被二申入一候、恐々謹言、

七月七日　　　　　　　　　　　　　　　徳善院 玄以

三宝院殿御雑掌

山上・山下へ触状在之、各騎馬云々(30)、

とあって、これは去年の大地震により本尊釈迦佛が破裂したため、これをこぼって、善光寺如来を秀吉の夢告の通り安置しようということになったのである。しかしもとの大佛の後背と蓮花はそのままで、台座の中央に宝塔を建てて、その上に安置しようとするのであったが、これによって方廣寺は秀吉の来世得脱を願う菩提寺的性格をも必然的に加えられるにいたったのである。それはまた、あたかも秀吉の最期を予測するようでもあった。この善光寺如来を迎えるにあたっては左真言宗、右天台宗と二列にならんで、七月十八日には、大佛殿内の新造の宝塔内に安置した。大佛殿もそのために善光寺如来堂と改められ、貴賤また群集をなしてこれを迎えたのであった。そして正式には九月に供養を実施する計画が告げられたがまたも延引した。それは朝鮮の状況があまりかんばしくなく、その上、慶長二年（一五九七）十一月より秀吉は病を意識するようになった。

また慶長三年（一五九八）三月五日醍醐寺の五重塔が木食應其（大佛上人）の奉行により大修理が完成するや、秀吉はこの寺で同十五日花見を盛大に催した。この間応其は秀吉の命により金堂・講堂・食堂・清滝宮鐘楼・経蔵・二王門等の修理を計画し、また嵯峨釈迦堂や宇治平等院の修理工事をも行っている。

しかしまだ六歳の秀頼が四月二十三日中納言に任ぜられてより眼に見えて秀吉は体調を崩し、五月の節句には再起不能におちいっていった。そして八月七日、秀吉は浅野長政、増田長盛、石田三成、前田玄以（徳善院）、長束正家の五人に「日本国の儀」を申付けた。このとき秀吉は痢病にかかっていたが、内々は善光寺如来を遷した咎によるのだ

との風聞がおこり、秀吉はそのため急いでこれを善光寺にもどし、大佛殿の堂供養は二十二日に宝塔内に善光寺如来のなきまま、三十三間堂を集会所として式衆千僧を以て妙法院常胤法親王、大覚寺空性、兕願義演准后をもって行われたが、方廣寺は大佛及大佛殿を中心とする完全な供養は遂に挙行されることがなかった。

いまこの方廣寺の伽藍について、挙げることのできるものは、

本尊　盧舎那佛七丈六尺

大佛殿桁十丈七尺壱寸　梁行十九丈二尺四寸　総高サ十七丈三尺

地形　東西三十七間　南北五十五間

回廊　東西百三間　南北百二間

楼門、南門、西門

鐘楼、楽屋

〔三十三間堂含む〕　護摩堂、灌頂堂

塔頭寺院　養源院、堀監物寺、祥雲寺、照高院、妙法院、青木紀伊守寺、智積院、徳善院寺、長束大蔵寺、智積院会所、治部少輔寺、文殊院、神竜院、山中山城守寺、小西摂津守寺、興山上人坊

豊岡社　楼門　連歌所　神馬　神供所　豊国社人会所

とあって、その明確な伽藍の内容については明らかでないけれども、概要は左記の如くである。ことに大佛殿を中心に、豊臣秀吉についた五奉行がそれぞれ祈願寺を自分の名称を附して建立してこの寺の塔頭寺院となしていたようである。

方廣寺は善光寺如来の帰寺ののち、本尊再造の動きも見られたが、まだ計画には乗らなかった。とくに秀吉はその最期にあたって、遺告して夢告により迎えた善光寺如来の帰国をうながしているのである。

爰先年大地震之時（慶長元年壬七月十三日丑剋）、本尊破裂、既御供養之有増也、雖然不慮大災ニ依テ被打置了、其後大閤御計トシテ、善光寺之阿弥陀被迎、被奉安置彼本尊了、無幾程大閤御遠行ニ付、為御遺言彼阿弥陀如来、如元善光寺ヘ帰入了、爰本尊モ無クシテ、慶長三年八月二十二日当堂供養千僧会舞楽御執行了、導師ハ照高院道證（澄）准三宮也、其後、秀頼（豊臣）卿仰トシテ、本尊如南都以銅奉鋳了、最初興山（應其）上人令奉行テ、大座ノ蓮花御膝ノ辺マテ鋳了、介処天下大乱ニ付、上人陰遁、仍文殊院（勢誉）申請令奉行、奉鋳了、悉秀頼卿析物被出之了、但家康（徳川）御下知也、剰四天・脇士モ被仰出、多聞・持国ノ二天幷脇士モ一尊出来了、本尊大都鋳懸云々、足代モ少々取ヲロシト云々、最初ヨリ良材ヲ以テ造立アルベキヲ、唐人申ニ付テシツクイニテ造立、地震ニ破裂シテ氷タル土ノコトク成了、仍如此度々変異非只綺、天魔之所行、佛法之衰微、歎モ有余者歟、(31)

このような方廣寺をめぐる混乱は、たんに方廣寺のみにとどまらず、豊臣氏が、いまだ充分に自分の一族を相続させていくだけの基礎が固まらず、秀頼そのものが幼少であるのに、その擁護してゆくべき重臣が、お互いに策謀をめぐらして、とくに石田三成と徳川家康の関係は破滅へと近づき、たとえ秀吉がいくら秀頼のために起請文や諸大名の血判を求めても、それは一瞬の朝露にすぎず、ただ五奉行（前田玄以、浅野長政、増田長盛、石田三成、長束正家）、五大老（前田利家、毛利輝元、上杉景勝、宇喜多秀家、徳川家康）等の合議制に移行した。秀吉は、さきのように豊臣政権の維持を求めたけれども、豊臣政権の擁護を背景に自己勢力の拡大を求めていた石田三成に対し、これに反対する徳川家康は、秀頼の豊臣政権の空洞化をねらうと同時に、地方大名化することをはかって、その上に将来の江戸幕府の基礎を固めようとしたのであった。

そのためにも子宝にめぐまれなかった秀吉と異なり、家康は子宝にめぐまれ、男子は徳川家をおこして宗家のささえとし、女子は実の娘三人の外は養女として地方の大名に人質的な性格において与え盟約を結んだ。慶長五年より大坂の陣の前年までに、慶長五年福岡藩黒田家（家康養女・保科正直女）、同六年金沢藩前田家（秀忠二女・禰々姫）、同七年福知山藩有馬家（家康養女・松平康忠女）、同十年佐賀藩鍋島家（家康養女・岡部長盛女）・春日山藩堀家（家康養女・本多忠政女）・岡山藩池田家（秀忠養女・榊原康政女）、十一年高知藩山内家（家康養女・松平定勝女）・小浜藩京極家（秀忠四女・初姫）、同十三年小倉藩細川家（秀忠養女・小笠原秀政女）、同十五年松江藩堀尾家（秀忠養女・奥平家昌女）、同十六年弘前藩津軽家（家康養女・松平康元女）、同十七年萩藩毛利家（秀忠養女・松平康元女）、同十八年熊本藩加藤家（秀忠養女・蒲生秀行女）と、相ついで入嫁させ有力大名と血縁をむすび、婚姻政策を進めたが、これは主としてその方向が中国や九州の西国大名に向けられている。それは東国に対して西国には、豊臣氏に好意をよせる大名が多かったため、その有力な目ぼしい大名を婚姻を通じてその内情をさぐり、また一族的な立場に引き入れて、西国外様大名の中に楔を打ちこむと同時に大坂方の孤立化をねらったものであった。このようなことは方廣寺をめぐる問題にも見られるのである。そこでは木食をはずし前田玄以をしりぞけ、家康の意中の板倉勝重を京都所司代に任じ、方廣寺を造営させて豊臣氏の財源の損亡をはかる政策をとった。そののち豊臣秀吉により重く用いられて東寺などの諸堂の修理を完成していた木食應其は、秀吉没後の八月二十二日方廣寺供養が行われたのちに、豊臣秀吉を神と祀るために北野社に倣った社殿を建てようとする動きが生じ、また方廣寺の鎮守として正一位が与えられて豊国大明神と称することとなった(32)。

そののち慶長四年四月十四日には秀吉がかつて望んでいた阿弥陀峯に木食應其はその遺骸を葬送して葬った。この

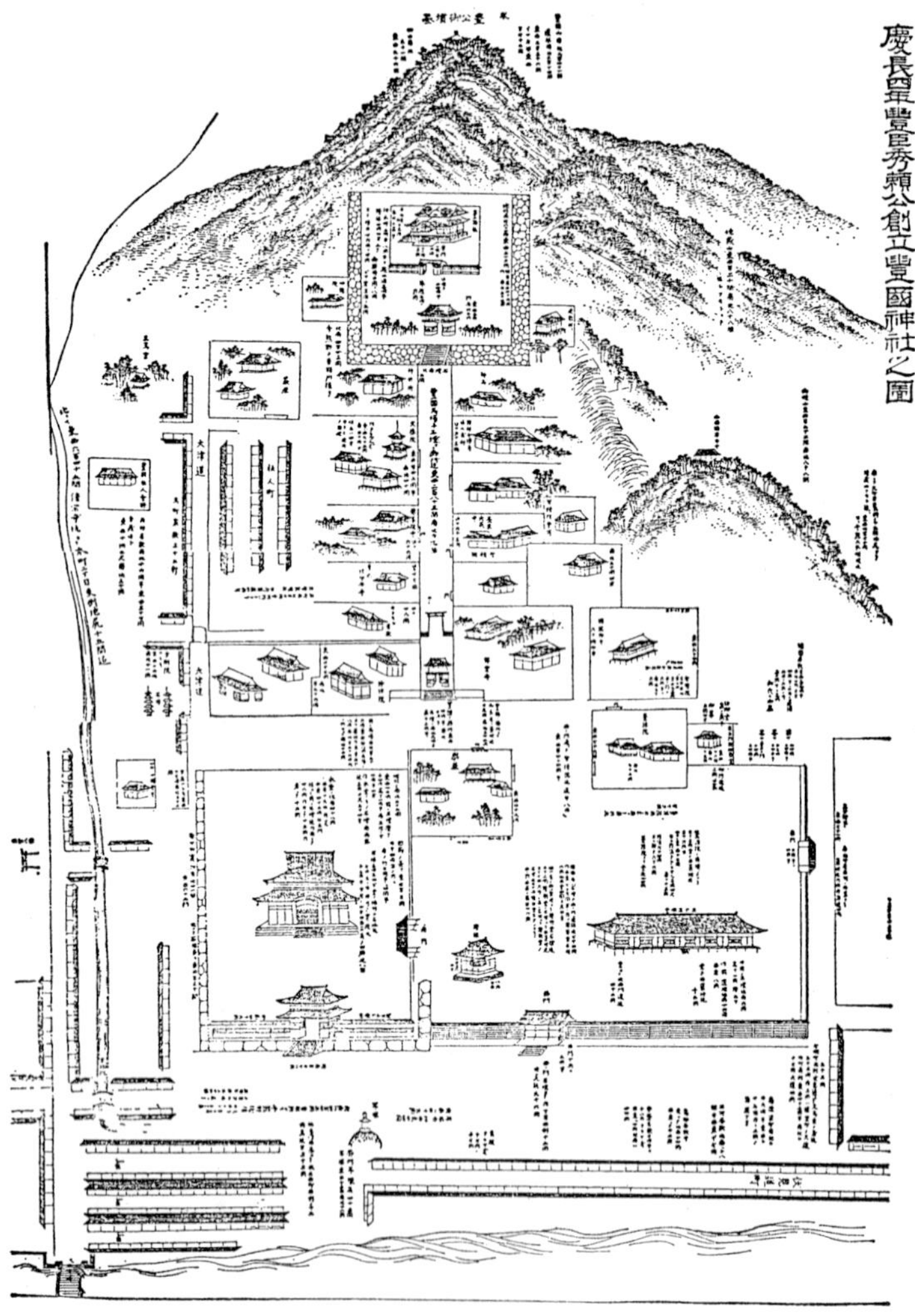

方廣寺伽藍配置図（慶長４年）

ため方廣寺は秀吉の菩提所として位置づけられるとともに、豊国社の神宮寺ともなり、秀吉廟を管理する寺となったのである。

またさきにとり去られた大佛像については、應其は、まず自分の石山寺や、東寺金堂再建という直前の事業が終ったのち、善光寺如来の入れてあった「大佛蓮台ノ上ノ宝塔取壊、本尊釈迦造立」[33]するために唐銅を島津忠恒にその購入方を依頼している。

そして秀頼によって再造された大佛像については、

伝聞、(方広寺)大佛本尊御頭、下ニテ作テ取ハナシ、今日少々上之云々、弐間アマリモ在之云々、筒躰(胴)ハ木ニテ作リ、其ノ上ヲ土ニテ塗、其上ヘ銅ヲ以テ鋳カクルト云々、但御手御頭ハ銅ヲカケズ、只木也云々、是ハヲモキ故也、旧冬大座ノ蓮花一葉銅ヲカクルト云々、[34]

はじめ本尊の首と胴とを切りはなし、胴は木で作成してその上に土をかけ、さらに銅を鋳かけて、首や手は鋳造せず、重さを調節するために木のままとし、坐座の蓮弁は鋳かけることにするなどして、のちに塗金するにしても、ずいぶん半端な不完全といってもいいくらいなものを作成したものである。またこの方廣寺周辺の工事が木食等によりつぎつぎと進められていった。そしてこの方廣寺大佛の再鋳の間、木食は三十三間堂を修理し、七条大路を止めて三十三間堂と一体として、豊国社の楼門をも作成した。[35]

この間に、豊臣政権の五大老の重鎮の徳川家康に対して、五奉行の有力者の石田三成と五大老の一人宇喜多秀家等が上杉景勝らと結んで、家康を除こうとした。ついで、家康は西に反転することを意識しながら上杉景勝征伐の軍を起したとき、三成は景勝とはかり、毛利・島津を加え、西国の諸大名を率いて、徳川方の伏見城を陥れ、慶長五年

（一六〇〇）関ヶ原に戦った。しかしこの時家康は小早川秀秋の内応を得て三成を滅した。

この東西両軍の対決において、かねて木食應其は石田三成の母が、高野山に一切経の輪蔵を供養した因縁によって西軍の方に好意的に働いた。これがために、徳川家康は戦のあと木食に、そのことを詰問するなどして、家康は秀吉と異なり木食に好意を示さず、むしろ木食を排しようとした。

その原因となったのは、はじめ應其は高野山で興山寺を建て、そこを諸国の客僧の宿泊の所に充て、つぎに秀吉の母は青厳寺を建てて応其に与えた。しかし應其は高野山に入るときに文殊院勢誉を師として行人方となっていたが、名声は応其にあったため、勢誉はひそかに家康と通じて、應其の失脚することを待っていたことによるものであった。ことにこの関ヶ原の戦で、木食は石山寺にあったとき、西軍の毛利輝元の軍を入れて、西軍に協力していたが、輝元は関ヶ原の敗戦を知ると、あわてて安養院に入り宗瑞と改め剃髪して、島津を通じて家康に降った。

この間のことを知った應其の師で、興山寺と青厳寺を兼務していた文殊院勢誉はいち早く、興山上人の跡目を得べく、ひそかに大津の宿に家康が入ったときに、本陣で三千石の木食領の獲得につとめている(36)。この文殊院勢誉ははじめ高野山文殊院に住し、その出身は和泉の人で行人方に属し、そのため、関ヶ原の戦に際しては文殊院勢誉は「慶長五年の九月、東西戦けるを聞て、大峯修練の道場より、相従ふ僧徒に物具させて関ヶ原御陣に馳参る。神祖の御感斜ならず、此年の冬、興山、青厳住持職の事、相違有べからざる由御書を賜る(37)」と、ここに木食に代って高野山で、文殊院を中心として行人方の勢力を強め、学侶と対立した。それと同時に、家康は行人方の弱体をも謀った。それはあたかも徳川家康がさきに西東両本願寺を分けて勢力争いさせることによって、それを弱体化したと同様に高野山勢力の分割をはかったのである。

そして家康は高野山の主導権を勢誉を通じて掌握できたのであるが、それは、文殊院勢誉が、はじめ応其の師であったのにもかかわらず、応其が秀吉の勢力を背景に勢誉を無視したがために弟子の礼をとらされた忿懣を文殊院はあらわにして、応其の敵方の家康に通じることによって自己の地位を拡大しようとかねてから画策していたことに家康が応じたのであった。

またその前に高野山では、慶長四年（一五九九）十月十日には、学僧と行人の争いがしばしばおこり、行人方の興山寺の應其は、反対する理徳院を殺害し、その弟子は増田長盛をたよって家康に訴えている。[38] 應其はそのため方廣寺の豊国廟にかくれ、同年十一月五日には應其が石山寺本堂再興のため不在の間に方廣寺の興山上人坊や、護摩堂、灌頂堂もあわせて炎上させられてしまったのである。[39] このように木食應其の内よりの反発は、家康が機ある毎に、豊臣方の前田玄以や、木食應其を大佛工事より離脱させ、豊臣氏の没落へと着々と踏み出そうとする考え方にもとづいてたてられた計画であったともいえる。ただそれを早く察知することができなかったところに豊臣氏や木食應其の悲劇が早くおとずれたと見るべきであろう。そして家康はあわよくば方廣寺、豊国社もろともに消滅することを願っていたと考えられないでもなかった。しかし一方秀頼よりするならば、一日も早く方廣寺を無事完成し、大佛の胴体を鋳造することによって、地震の恐怖からのがれることができるのであれば、これをなしとげ、あまつさえ南都東大寺の大佛殿の如く七重塔、講堂をも建てたいと考えていたことであろうし、その計画も示していた。[40]

しかしこれは関ヶ原役によって画餅に帰した。そのため前田玄以は自分の方廣寺の徳善院寺を仁和寺に与えて、方廣寺内に於ても次第に豊臣氏の影響のある寺院は崩壊していった。

また義演は、さきの文殊院勢誉が高野山の掌握を終えたと報告に来たときに、彼は、

二日、陰、
護广（摩）如常、高野山文殊院（勢誉）来、行人也、興山（応其）上人内衆也、雖然内府公（徳川家康）被懸御目、当時一山彼悉申付了、上人ハ江州辺、去年一乱以後陰（隠）遁、(41)

と勢誉と家康の関係を明らかにしている。

そして慶長六年（一六〇一）木食應其の一族は悉く大佛作事奉行から手を引くこととなって、この方も徳川方の手にゆだねられることになったのである。ついでこの年の八月についに豊臣方の京都所司代の前田玄以を去らしめて、徳川家康は同年九月二十八日腹心の板倉勝重を任じて、ここに家康は京都の全権を掌握し、方廣寺の存在も豊臣氏の残骸にすぎなくなっていったのである。

そして應其・玄以のあと所司代板倉勝重と片桐市正且元がこれをうけついだのであるが、ついに慶長七年（一六〇二）十二月四日、この秀吉の建てたさきの大佛殿は炎上の憂目にあうことになったのである。

一、東山大佛殿午刻悉焼失也、言語道断、不可説〳〵、余烟近所坊少ゝ、町屋少ゝ、次昭（照）高院殿焼亡了、但二ノ（フタツ）門・文庫残了、大佛去夜ヨリ少ゝツ、焼了、フイカウノ火也云ゝ、(42)

四日、晴、
辰剋大佛殿炎上、本尊鋳懸、仍本尊ノ身内ヲリ焼出云々、後光ヘ火付テ、其ヨリ堂内ヘ則時火炎午剋（廻テ）成灰尽了、日本六十余州山木、只三時之間相果了、大閤（豊臣秀吉）数年之御労功無程滅了、時刻到来難計、廻廊ハ東方焼了、自余三方ハ奉行衆馳走ヲ以テ消云々、照高院不残一宇焼失、妙法院ハ無異儀、珎重、豊国明神以下被除此災、誠神慮不思議々々、鳥辺之芝モ焼云々、(43)

ここに見られるように、このときの方廣寺の炎上は、大佛尊像の胴体の鋳造において、炉よりの「ふいご」の火が、胴体の木材の中に漏れて少しずつくすぶりつづけ、辰刻（午前八時）より午時（正午）にかけて火がしだいに広まって、後光に延焼し、堂内が全く火の海になって灰燼に帰してしまったのであって、まったく「太閤数年之御労功無程滅了」と、再び方廣寺は最初に立もどってしまったのである。

いまこのように、この方廣寺の成立から考えてみると、まことに巨大ではあるが、政治的な動向に左右されて不運な運命にさいなまれつづけて退転していった寺院であるといわざるを得ない。

それはこの寺院の成立の事情が、豊臣秀吉という個人が正面に押し出て、方廣寺自体の宗教的性格を具備せず、その擁護すべき政権もまた不安定な条件に左右され、その上に事故が相ついだことであった。また木食上人應其自体が、真言宗の高野山にあっての行人方出身で、たとえそれが「今行基」と称されて、建築の経験が豊富であっても、寺院の構造物を作成するだけでは意味がないのであって、そこには多くの寺院に見られるような師資相承とか、天皇による別当補任という相続性のある条件が生まれず、ただ「巨大なもの」として、単に東大寺大佛殿以上のものという形式的な要望、すなわち太閤の記念物ということにのみ終始したところに最初から定着性の弱い条件に満ちていたといってよいのであって、そこにまた安土桃山時代の華やかではあるが、それが軽佻浮薄な様相を含んでいたことが否めないのである。

もちろんこの大佛殿は再び、秀頼、淀君によって再建されるのであるが、それは秀吉の創建の事情とははなはだ異なり、そこには、再建しようとするものと、再建し完成したくないという陰謀とがからみあい、淀殿は大坂方の佛護神助を祈るために、秀吉の建立した方廣寺の復興を立願し、徳川家康は反対に、秀吉が軍用金として残した黄金分銅を消費させるためという、互いの違う目的が、同じ行為のもとに一致したことにより、この再興工事が成ったものと解されるのである。このことについてはつぎにのべる。

(1)　太閤記巻七、五奉行之事（史籍集覧第二十七）
(2)　同右、大佛殿之事
(3)　諸寺諸社造営目録〔続宝簡集五十四、四九一号（大日本古文書・高野山文書二）〕
(4)　同右
(5)　同右
(6)　興山上人応其書状〔続宝簡集五十一、四〇八号（同右）〕
(7)　(3)に同じ
(8)　豊臣秀吉朱印状写〔続宝簡集七十一、八二一号（同右）〕
(9)　興山上人応其覚書〔同五十一、四〇六号（大日本古文書・高野山文書二）〕
(10)　施薬院全宗書状〔続宝簡集五十一、四二六号（同右）〕
(11)　醍醐寺金堂棟札跡書案〔醍醐寺文書三五一八号（大日本古文書）〕
(12)　閑吟集（日本古典文学大系『中世近世歌謡集』）
(13)　田中教忠氏所蔵文書（大日本史料十一の五、六三頁）
(14)　天正記雑九（太田牛一）
(15)　駿河土産乾、慶長十四年正月条（大日本史料
(16)　日本西教史下、第一四章、慶長十四年正月条（同右）
(17)　興山上人応其書状〔続宝簡集五十、三九六号（大日本古文書・高野山文書二）〕
(18)　応其寺文書（辻善之助『日本佛教史』第七巻、近世編之一、三一五頁所収）
(19)　興山上人応其書状〔続宝簡集五十、四〇三号（大日本古文書・高野山文書二）〕

(20) 松浦家文書（辻善之助『日本佛教史』第七、近世編之一、三八一頁所収）
(21) 豊臣秀吉朱印状〔島津家文書三七五号（大日本古文書・島津文書一）〕
(22) 義演准后日記第一、文禄五年七月三十日条
(23) 同右、同閏七月五日条
(24) 言経卿記、慶長元年閏七月十三日条
(25) 義演准后日記第一、文禄五年閏七月十三日条
(26) (24) に同じ
(27) (25) に同じ
(28) 義演准后日記第三、慶長七年十二月四日条
(29) 豊臣秀吉朱印状（慶長元年）九月八日〔続宝簡集三十八、三五八号（大日本古文書・高野山文書一）〕
(30) 義演准后日記第一、慶長二年七月七日条
(31) 同右、第三、慶長七年十二月四日条
(32) 義演准后日記第二、慶長四年正月五日条
(33) 同右、同四年五月二十五日条
(34) 同右、同五年二月十日条
(35) 同右、同五年五月十二日条
(36) 高野春秋第十三、慶長五年三月五日、十一月三日条（大日本佛教全書本、二八八・二八九頁）
(37) 高野山事略（国文東方佛教叢書　寺志部、四五四頁）
(38) 義演准后日記第二、慶長四年九月十日条
(39) 同右、同年十一月五日条
(40) 同右、同五年三月十八日条
(41) 同右、同六年四月二日条

(42) 言経卿記十一、慶長七年十二月四日条（大日本古記録）
(43) 義演准后日記第三、慶長七年十二月四日条

三　方廣寺の復興と崩壊

1　方廣寺の復興

かくの如くして、秀吉の没後の秀頼の方廣寺の復興は、秀頼による諸社寺の再建修理と重なって大変な重荷となっていった。

まず秀吉が落慶供養を終えての死を望んでいたにもかかわらず、その死が早まり、そのうえ善光寺如来の如来をまねいた咎という問題をかかえて、大佛殿の堂供養は本尊を失って実施されたというさんざんな結果に終ってしまった。それはかねてより八月十八日執行するとして予定されていたからでもあった。その導師は照高院道澄准三宮で、道澄は園城寺で増鎮の弟子となり「関白秀吉深帰依之、天正十四年大佛殿方廣寺建立之後、以准后為寺務職、寺領一万石寄附、文禄四年十一月二十一日退隠、称照高院」[1]と秀吉の格別の信頼によりこの日の堂供養の導師となった。

また秀吉の突然の死は方廣寺に秀吉を祀るための鎮守の建設が急がれたので、大佛造顕は、慶長四年（一五九九）五月七日より始められたが、以前にも述べたように、その途中に於て、大佛殿もろとも炎上焼失し、そのうえ関ヶ原合戦における豊臣擁護の立場にあった石田三成の敗北は、大きな打撃となり、大坂方はますます孤立化し、徳川家康の大捷は、秀頼の成長を喜ばないのみならず、豊臣の遺産を消滅すべく動き出したのである。

ことに慶長六年(一六〇一)には木食の追却により所司代と工事担当者がすべて徳川方に移り、秀頼と片桐且元と板倉勝重の三者の協議の上で再建をはからねばならず、方廣寺再建の以前に於て、秀吉が応其と共に社寺造営修理を行っていたのと異なり、さらに、秀吉の追善供養という条件も加わり、淀君と幕府の間にあって秀頼は挾撃される運命となった。

そして秀頼は慶長四年(一五九九)の秀吉追善のための東寺の再建に始まり、慶長六年の所司代交替により、さらにその諸寺造営修理の件数が増加し、慶長七年十二件、慶長八年十件、慶長十年十九件と追加され、その範囲も、山城、大和、摂津、和泉におよび、遠くは出雲大社にまで拡大された。その中でも、石山寺、清滝寺、釈迦堂、誉田八幡宮、勝尾寺、観心寺、金峯山蔵王堂、醍醐寺御影堂、五大堂、如意輪堂、北野天満宮、智恩院方丈、鞍馬寺、杵築大社など壮大にして重層な社寺建築には、不本意ながらも秀頼方は巨費を投じなければならなかった(2)。

ことに徳川家康が、慶長八年(一六〇三)征夷大将軍となり、江戸幕府を開いてより、諸大名は関東方になびき、家康も関ヶ原で西方に協力した大名や、西国大名の動向に注目しながら、秀頼の弱体化をはかり、経済的圧迫を徐々に加えてくるという状況となった。

家康はまず知恩院の創建、宣教師の追放、本願寺の分離を実施し、将軍職の退任による大御所としての院政的勢力の拡大は、その一つの目的としての大坂方への滅亡作戦の推進にあった。

また秀頼の人才については、伊達政宗が、徳川家康の近臣今井宗薫に対して、自分の意見を述べたなかに、

一惣別我等が願に者、

秀頼様御幼少之間は江戸か、さらずば伏見へ成共、内府様(徳川家康)御そばニしかと置申候て、おとなしく御成人候者、

其時は、何やうにも内府様御分別次第ニ御取立も御申候事か、又いかに　大閤様御子ニ候共、日本ノ御置目等可被取行御人ニ無御座由、内様御覧届候者、御国之二三ヶ国も、又は其内も被進候而、なか〳〵の御進退ニ御申候て能候はんニ、唯今大坂のかたにふらりとして置被成候者、時分を以、世のいたづら者出来候て、秀頼様をぬしなどニ仕、謀叛も仕候者、其者共の故ニ、何も無御存秀頼様腹を御切候へば、大閤様亡魂迄之御為も悪御座候かと存候、

一我等が人之様ニも候者、さしあてゝ此御意見計者申上度事ニ候、第一秀頼様之御為にて候かと存候、本佐などには、ざれ事のやうにも是非御語有べく候、(3)

この豊臣秀頼の人物像については、徳川家康が幼少の時より江戸に居住させ監督し、おとなしく成人させることが肝要で、天下人となすべきでない。ただ国内の二三カ国を与え、たとえ大名として取立てることがあっても、現在のように、大坂に置くかぎりは、秀頼を立てて時分よき頃に謀叛を画てるものもあらわれる可能性もある。さりとて切腹させることとなれば、その理由も明らかでなく秀吉の亡魂も迷うとの理由を述べているが、これは秀頼が家康あるいは秀忠に対抗することができる才能を保有していることを、逆に述べているものとして注目すべき史料でもある。ことに慶長六年の板倉勝重の所司代任命は京都よりも大坂への監視のためのものであった。

つぎに慶長七年（一六〇二）十二月、徳川家康によって牛耳られている文殊院勢誉と片桐且元は、同八年より大佛殿の再建にとりかかるべきと述べ、(4)また慶長九年（一六〇四）に盛大に秀頼と共に家康が臨時祭を行ったことについても、パジェスは「内府様は其先代〇太閤よりも己の幸福なることを誇り、人心を収攬せんがために、太閤様の制度と、其紀念とを甚だ重んずるの風を示し、今年太閤様の年回に、ミヤコ（京都）に於て、非常なる祭礼を催ふし、恰も日本に於て最も

有名なる神の一とせらるゝ、祇園社の祭事の如く荘厳にせり」(5)とか「太閤ノ嗣子ヲ退クルノ企望アルヲ以テ、諸侯等ノ疑慮センコトヲ防グ為メ、及ヒ嗣子ニ服従スル諸侯ノ愛望ヲ得ン為メ、太閤ノ祭事ヲ崇敬スルナリ。是ヲ以テ、其祭事ニ善美ヲ尽シ、最上ノ神位トナス。斯ノ如ク巧狡ノ計ヲ施シ、太閤ノ功績ヲ己レニ利セントシ、又己レノ死後ニ至リテ、諸侯等己レヲ尊崇スルコト、猶己レカ太閤ヲ尊崇スルカ如クナランヲ欲ス、是レ当時日本帝国ノ景況ナリ」(6)などと、うがった外人の家康観を述べていることは、大佛及大佛殿の復興への将来性を見ぬいているといっていいのである。

さらに家康は、木食應其に代るものとして、自分の腹心の崇傳を慶長十年(一六〇五)三月十一日に南禅寺に住せしめ、方廣寺への口入をすることとなった。(7)また秀頼の右大臣を免じ、京都とのつながりを絶ち、そのうえ且元は豊臣の家臣のなかでも、小身者でまた性情が恪勤で、智見もあるが、豊臣家を保つためには徳川氏の意志に背かないことを立前としたため、反対に徳川氏につけこまれることとなった。

慶長十四年(一六〇九)正月五日より大佛殿再建のための用材を諸国に求め、家康は黄金の代りに米穀を、秀頼は金銀と材木を用意し、小屋掛を終え、これを土佐・備中・日向等に求め、大棟木は長サ十四間の松丸太を日向国飫肥領北河亀河内に見出して七月三日に大坂に送って、工事が進められたが、この再建は家康の指示によって片桐且元と雨森出雲を奉行とし、畿内の工匠数万人を動員し、造作料は秀頼の下行で、大坂城にある秀吉の黄金分銅を改鋳して、その費用に充てた。そしてこの分銅より金貨への地金の吹替には家康方の金座・後藤長乗がこれに当った。そしてこれを小判の大佛判として一般にも売却した。

この金銀の吹替はまったく片桐且元の裁量によった。

尚々、右之分何れも御念を御入候て、市正殿へ御談合被成、市正殿次第ニ被成候て御尤ニ存候、以上、

御状拝見申候、仍、大坂金子之儀ニ情を入申由をば、度々御前にて申上候間、弥御むつかしく候共、御情を御入被成、市正殿御談被成、何様ニもはが(マヽ)のゆき申様ニ才覚可被成候、此方御前之儀は、別ニ御気遣成儀は御座有間敷と存候、何様ニも〳〵長乗御談合被成、市正殿次第ニ被成御尤ニ存候、爰元相替儀無御座候、猶自是可申上候、恐惶謹言、

後庄三郎

光次（花押）

卯月二十五日

後徳乗様

同長乗様貴報

(8)

尚々、判金手前ニ有之分ハ、便宜次第下可給候、以上、

先日は大坂被罷下、満足申候、就其後庄三より返事は無之候哉、定て此程之雨にて遅候はんと存候、大水故大佛材木方より上り申由候て、材木屋共、金銀せつき候へ共、銀子判金無之候間、分銅を取出、竹なかし徳乗せられ候やうに談合候て可給候、又庄三より返事不参候共、先々此如以前之判を究候て可給候、手前事欠候間、扨申候、恐々謹言、

片市正

且元（花押）

八月十八日

このようにさすがの大坂城より差出す黄金も、大佛殿という大工事のまえにはとどこおりがちとなり、慶長十五年となれば「大坂より金子出申由承候間、成次第御情ニ御入可有候、去年より少なくなき由承候、去年より多く御座候はづニ御座候か、何とて左様ニ御座候哉、ふしんニ存候」(10)。このような大佛殿工事も外人の眼には、まことに不審な急速な工事と考えたのであろうが、これはまったく家康の策謀によると見ている。そしてこの黄金は秀吉在世中、秀頼が幼少のため、その生長のための費用として黄金千枚あて鎮固められて分銅としたものであった。日本西教史の、このことに対する批判は、

日本全国ヲ領ス可キ正統ノ主タル秀頼ガ、賢明ニシテ智慮アル其母ニ教育セラレ、年長スルニ随テ智勇加ハルヲ見テ、家康其死後世子ノ為ニ患フベキ強敵ヲ遺スモノトナシ、宮殿堂宇ノ建築華美ナル饗宴、大佛像ノ修繕等ニ因リ、務メテ秀頼ノ財ヲ浪費セシメ、軍資ノ匱乏ヲ醸成シ、以テ後日挙兵ノ心随ヲ除カントシ、之ニ反シテ、百般ノ策ヲ講ジテ、自己ノ貨殖ヲ謀リタリ(11)、

と述べていることも日本以外の人々の考え方として理解できるのである。

そして慶長十五年(一六一〇)六月十二日に地鎮ならびに釿始を行っている。またこれに必要とする用材は大佛殿に三重の柱を立てそのために九十本を必要とし、大木一本に銀子百貫目を費い、天正十六年の大佛殿は二万八千石であったが、今度の場合すべて秀頼の出費でまかなわれたために大坂方は「金銀入用并人足手間不可勝計、太閤ノ御貯ノ金銀、此時可有拂底ト云々(12)」、そして慶長十六年三月十六日に家康と秀頼の二条城会見のあと、秀頼は大佛の作事を視察した。ついでその四月二十七日に立柱がなされ、大虹梁が引き上げられ、この大佛殿が完成したのは同十七年四、

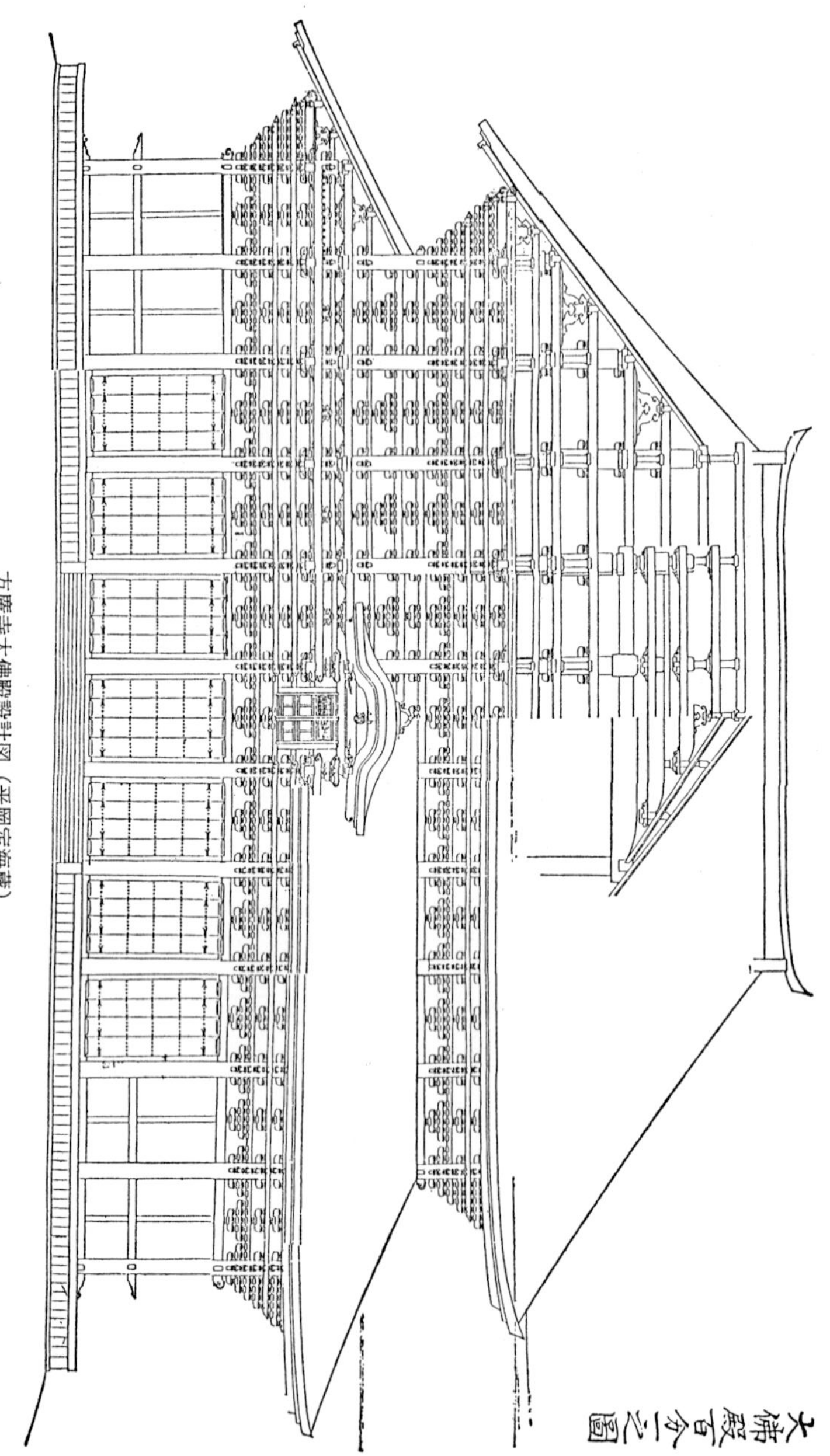

方廣寺大佛殿設計図（平岡定海蔵）

五月の頃で、七月には風鐸がかかげられ、八月初には大佛殿棟札が書かれ、いよいよ完成の落慶供養がせまってくると共に、東大寺大鐘と同様の鐘の鋳造に移っていったのである。この大佛殿の様相は、イギリス商館員のリチャード・コックスの日記には、

大佛殿には、其内に黄金の巨像あり。其大きさは驚くべきものにて、像は趺座せりと雖も、其頭は堂の頂に達せり。全身黄金を以て鍍金せられ、尚其背後なる壁又は金の板も同じく鍍金せられ、其上に太陽の形を刻めり。堂そのものも、予が嘗て見たる最大の建築にして、内には巨像のみあり。像は堂の中央礼拝堂に置かれ、各列に二本づつ四列の木柱並び立ちて、堂の一端より他端に及び、柱は各堂の頂に達せり。又柱の大さは三尋にして、堂内諸部と等しく丹色に塗られたり。次に堂の北隅より少し隔りて楼あり。そこには鐘を吊しありしが、予が見たる最大の鐘なりき。(13)

この時の大佛殿は西向に建てられ、現在の元禄期に建てられた東大寺の大佛殿より大きく、大佛尊像も、同じく鋳造佛で、大佛殿は桁行三十丈七尺一寸、梁行十九丈二尺四寸、高さ百七十尺あったが、これにつぎこんだ太閤の遺産の黄金は、千枚分銅（鋳直すと千枚の大判金がとれる大金塊である）で十三箇、二千枚分銅で十五箇、重量で千七百七十五貫の黄金がまたたく間に消滅し、それだけ大坂城中の軍資金が減少することを徳川家康がもくろんだことをものがたるのである。

しかしこの大佛殿の大佛尊像は寛文二年（一六六二）の大地震のため再び倒壊し、数年後に木像として再造され、寛文七年（一六六七）に大佛殿も再建し、その平面は二十七間と四十五間、瓦葺二重屋根で、円柱が梁行三間毎に一柱を建て正面入口は五間幅、堂内には三尺四方の御影石を敷いて、大佛殿の周囲には廻廊をめぐらし、正面に十二間の仁

王門のあった壮大なものであったが、これも寛政十年（一七九八）七月二日の雷火により炎上し(14)、また再建された堂宇や木像の大佛尊像も、昭和四十八年（一九七三）大佛殿とともに炎上消失して現在に到っている。

2　大佛供養座配の相論と鐘銘事件

いまこの方廣寺における興亡の歴史をさぐるに当って、この寺の法會の左右座配の相論については、この寺の最初から見られるのであって、この寺の性格が、一宗一寺院の形態をとらず、南都東大寺の場合にのっとって、八宗兼学の形式をそなえたところにその出発点が見られ、そのことがかえって、この寺の性格を危うくし、弱体化する結果を生んだのである。

まず最初の大佛殿が完成に近づいたとき、秀吉は自分が信仰している寺門派の聖護院道澄を住持とした。道澄は関白近衛稙家の第三男で、出城愛宕山に照高院を開いて、寺門派の有力な高僧であったので、秀吉はこの僧に信仰を深めたために迎えて方廣寺の住持とした。

しかし、実際の伽藍建築については、木食應其に負うところが大きかったために、真言宗の力も見のがすことができず、木食が醍醐寺を修復したことから義演の進出も見られてくるのであった。そこに秀吉は、天台宗と真言宗の均衡のうえに方廣寺を置こうとしたのであった。

また文禄四年（一五九五）九月二十五日の秀吉の亡父栄雲院道円、亡母栄光院妙円の追善の法会を大佛経堂で催した。

一、大佛経堂ニテ　大閤ヨリ御母儀故大政所(天瑞院)御父母栄雲院道円幽儀・栄光院妙円幽儀等御吊トシテ、八宗ニ被仰付法事有之、昔ヨリ八宗都ニ無之分有之間、新儀ニ先真言衆(東寺・醍醐寺・高山寺)・天台宗七十人(加三井寺三十人)、律僧・五山禅宗・日蓮党・浄土宗・遊行・一向衆等也、一宗ヨリ百人ツヽ也云々、一宗ツヽニテ斎有之、貴賤群集也、寅下刻ヨリ相始、申刻ニ相済了、見物予・四条・阿茶丸等罷向了、(15)

このように、ことに古くから京都には天台・真言のみあって、八宗がないため、方廣寺では左記の八宗を選んで、一宗より百人ずつ集めて、一宗毎に日を決めて順序に法會を大佛殿で行うことにしたが、この時すでに天台・真言宗の間に供養出仕先後の争が起こり、本願寺と佛光寺との間にも隔月出仕の議論が生じ、日蓮宗では妙覚寺日奥の不出仕の問題が表面化して、秀吉が公儀の命であると称して大佛出仕を法華宗にうながして一応の決着がついた。しかし、これが、のちまでつづけられてこの寺の千僧会の例となったが、このときすでに座配問題への萌芽があったのである。この千僧供養は大佛の倒壊、秀吉の没後も一応つづけられた。

つぎに、豊臣秀頼が慶長三年(一五九八)八月二十三日、大佛尊像のないままに堂供養を行ったときに三十三間堂より列を組んだが、法会は天台・真言宗のみとして、その導師には照高院道澄、咒願には醍醐寺義演准后があたり、法會の證誠は一人であるにもかかわらず、妙法院二品親王常胤と、大覚寺二品親王空性と二人が並列して法会を厳修していることは、両寺の均衡をはかって方廣寺の法会を行うという先例をつくったこととなっている。(16)

しかし毎月の千僧會については出仕僧は各月一宗として貫かれていた。しかしここではもう連月諸宗僧を同時に請ずることを止めている。

大佛(方廣寺)千僧會、一ヶ月一宗宛ニ被減云々、従東寺触来了、

五月天台一宗　　六月八宗　　七月真言一宗

八月律一宗　　九月禅僧一宗　　十月浄土一衆

十一月日蓮一衆　十二月遊行一衆　正月本願寺一衆

四月廿五日正月(ツキ)、八宗悉出仕、　六月廿九日正月(ツキ)、八宗悉出仕、(17)

已上

このような真言・天台の方廣寺への出仕次第につき、はじめは、この堂塔建立の由来からしても、真言宗が一番であるべきにもかかわらず、照高院が方廣寺の住持であることによって、天台宗を一番として、真言宗を二番にしたため、「妙門(常胤)導師之間、天台可為一番云々、然者真言ハ二番云々、此儀去年ヨリ導師ノ戒﨟次第之由、照高院依訴訟于今如此、不謂儀也、既真言ハ一番ニ相定、数度最初ニ出仕之処ニ新儀之御沙汰無念次第也(18)」となげかざるを得なかった。もちろん導師の出仕する方が一番と定められていたのである。ことに所司代の前田玄以は徳善院として僧侶に属していたが、板倉勝重に改まると、とくに徳川の息がかかり、豊臣氏の関係する佛教寺院への協力も以前と異なり薄くなっていったのである。

かくして方廣寺大佛殿の住持職は、さらに慶長十二年（一六〇七）には道澄の所労により、聖護院興意法親王に譲与された。また慶長七年の大佛殿炎上より九年を経た慶長十五年（一六一〇）六月十二日の大佛殿地鎮および釿始は醍醐寺義淵准后により実施された。

しかし、家康は寺院の統制については、慶長十七年（一六一二）八月十八日より、所司代と金地院崇傳に任せ(19)、特に十三年頃より元和元年までの諸寺院法度の制定には、佛教界の状況に通じた崇傳が携わり、家康としては各寺院の慣習法にもとづいて教学の振興をかかげて、新儀をなるべく止めようとする幕府の主義を通した。また家康は関東については、武蔵国仙波喜多院に住し、もと延暦寺南光坊より出た南光坊天海にまかせ、京畿は南禅寺の金地院崇傳に寺院等の支配を任せる方針をとった。そして崇傳は、大和桃尾寺衆徒と行人の争や、興福寺と東大寺の戒和上争論、相国寺勝定院の公事、建仁寺首座の公事訴訟について、所司代と共に議している。

また家康は方廣寺の寺門派の門跡化を欲せず、天海またこれを望まなかったがため、かえってこの寺院の興隆することを好まず、ことに天台宗の中でも妙法院門跡については、以前よりの方廣寺の聖護院門跡による支配をはずして、自己の支配下に置こうとした。

かかる状況において、崇傳・勝重はまさに京都での寺院に対する家康の代弁者となり、また且元は秀頼・淀君の代弁者となって、完成に近づいた大佛及大佛殿の開眼供養と堂供養の実施について協議することとなった。このことについては中村孝也「方廣寺大佛鐘銘事件」[20]の論考があり、その中では多くの政治的考察も多いが、ここでは私は崇傳と天海の動きを中心に見てゆくこととする。

そもそも大佛供養は慶長十九年（一六一四）五月八日に、片桐且元が、家康の許可を得て、導師妙法院常胤法親王、咒願三宝院義演、證議照高院興意法親王と決定し、この年の八月三日が吉日となるによって挙行されることとなった[21]。しかし供養導師につき興福寺一乗院尊勢もこれを望み、照高院興意もまたこれを欲した。然し家康は崇傳を通じ、この導師の決定は「大佛供養導師之事、被仰越候、（中略）秀頼次第と被成御諚候而、御取相無御座候、可被成其御心得候[22]」と、導師は秀頼の釆配に任せることにしていたが、これに承服しなかった天台門跡は六月六日、妙法院常胤法親王、梶井最胤法親王、青蓮院尊純法親王は連れ立って駿府に家康をたずねた。これはさきの如く供養導師を常胤法親王とすることを家康から快諾を得るための訪問で、これに南光坊天海も立会った。そしてこのことは「公方様へ為御礼、妙法院門跡御下向候、於当地大御所様へ御礼被仰上[23]」るためのものであった。

しかるに且元はそのことをまったく知らされず、最初の秀頼の決定権がそのまま決定されているものとして、傳奏方を通じて仁和寺覚深法親王に対する導師決定の勅定を得たことについて家康に報じた。もちろんこの際には大佛供養導師は開眼供養導師をも兼ねるものであった。しかし天海を中心として、家康は天台の法門を学んでいることからも、方廣寺の住持が照高院であって、照高院が聖護院の住持でもあった関係からも、当然天台宗の供養導師を欲していたけれども、一方豊臣秀頼としては、真言宗の立場を重視し家康の承諾も得ているという立前をふまえて、同じ法親王より選ぶならばむしろ仁和寺覚深法親王を開眼導師として、天台宗（山門派）の暗躍をあえて封じようとしたと考えられるのである。しかし家康はこれについて無下に勅定をくつがえすことをせず、一応は許可することにしたが、しかし天海はこのことについて「勤二法事一、全不レ可レ依二官位一、只可レ任二法力一、（中略）仁和寺門跡何敢当二開眼師一乎」[24]とここに於て、天海は新たな攻勢に転じたが、それは家康を正面に出さず、天海自身が出てくることを意味した。

八日、栂尾地蔵院、慶善院御礼、南光坊僧正披二露之一、今日南光坊言上曰、今度大佛供養、仁和寺御門跡開眼供養導師云々、然者天台門跡ト座論可レ有二穿鑿一歟、秀吉公之時者、徳善院其始、真言僧木食上人真言故、真言座着レ左、到二今度一者、供養導師為二妙法院一、然上者開眼導師勿論と存処、御室御門跡御出座之儀、不慮之至被レ申、仰曰、近代例不レ可レ用、聖武頼朝之時代儀式可レ被二相尋一、開眼供養堂供養、両日歟、一日歟、於二一日一又朝歟晩歟、天台真言同時出仕歟、片桐市正可二尋遣一之由傳長老奉レ之云々、[25]

態以二飛脚一申入候、今度大佛供養ニ付而、本尊開眼師之儀、仁和寺御門跡被遊由候、是者堂之供養以前に日を隔在レ之儀候哉、但又、同日ニ御座候哉、叡山衆在府候而、天台宗左座ニ候者出仕可レ申候、万一右座ニ候者、出仕有間敷由、南光坊御前へ被二申上一候、内々被レ得二其意一、臨二其期一申分無レ之様ニ可レ然候、開眼供養者、前方ニ有レ之先例ニ候条、日を隔被二執行一、堂供養之儀者、開眼師無二御出仕一候者、申分有間敷候哉、菟角天台宗左座ニ而無レ之候者、堅出仕申間敷由候間、為二御心得一申入候、各御双談尤候、恐惶謹言、

七月十日

金　地　院

本多上野介

板倉伊賀守殿

片桐市正殿人々御中(26)

このように天海、崇傳の画策による天台宗の左座でなくば出仕しないのだという主張は、真言宗重視の秀頼の立場を巻きかえし方廣寺が天台宗の住持であるにもかかわらず、この寺の大佛開眼をさせないのかという崇傳は天海の意をくんで天台宗を表に立てた家康側の反論を片桐且元にあびせたのであった。これを聞いて義演は「何も難題共也、(中略)予返答云、菟角大會解逅ノ儀也、雖レ非レ無二自宗之意趣一、既無二余日一上、駿府往来如何ノ間、左座ニ如レ望可レ被レ着由仰遣了」(27)と渋々時間切れのために承諾した。

これはやはり自己の健康と将来に不安をもった家康側の難題が、せっぱつまった段階で、修正不可能であることを知って無理じいにもって来た予定の行動であった。

しかし、仁和寺門跡による大佛開眼會の出仕要請は早くも末寺等に出されていて、その用意をしていた真言宗の中でもまた争論を多発し、まず醍醐本堂衆と学侶の争い、また智積院と醍醐三宝院との座次争い、東寺・醍醐と高野山の列座について「東寺方の寺僧と当山の衆徒と不可有高下候処に、先年大佛供養の時、東寺醍醐の衆僧の若輩の末座

に、高野の寺僧列座之事、一山之愁眉[28]」と真言宗内部に於ての座次争いまで巻き込んでいった。その原因もまた以前に家康が東寺・醍醐・高野山には高下ないとの承諾を与えたからであった。このような結果のため、ついに天台宗の左班は通り、八月三日早朝に仁和寺門跡による開眼供養を、まず覚深法親王が行い、ついで大佛殿の堂供養は十八日に実施することの分離案が家康より出された。そして天台・真言両宗の千僧供養として、秀頼の来会は自由とした。

しかし且元はやはり同日論を主張していたけれども崇傳としては、八月十八日は秀吉の十七回忌にあたる故、あくまでも分離案を推進した。そして大佛供養の二会については、大佛の開眼供養は真言宗四百八十四人を以てし、堂供養は天台宗五百人が予定されたのであった。

しかるに七月二十一日まったく寝耳に水の如く大佛鐘銘の「国家安康」「君臣豊楽」の言葉についての家康側からの難題が持ち上った。それは㈠国家安康は関東の不吉を意味するし、㈡上棟の期日を八月一日とすることは家の悪日に当るという難儀であった[29]。しかし一説では「国家安康、四海施化、万歳傳芳、君臣豊楽」の十六字は、南禅寺の清韓の草稿を見て天海がこの字句の挿入を強請したのだということまでいわれている。ともかくこの鐘銘事件は期日問題と一体となって、片桐且元を窮地に追込むことは家康や天海のあらかじめ定めた方針で、それはたとえ作為といわれようが、片桐を立てさせないことは、豊臣氏の方廣寺に対する主導権を剝奪することを意味することにその目的があった。それにはまず且元の計画した大佛開眼供養と堂供養を八月三日中に行うことを否定して延期に持込むと同時に、この座配問題、期日問題、鐘銘問題、棟札問題は、すべて家康の許可なくして行われたという条件をふりかざし、そこに秀頼の面目をつぶすための名目をあらためて家康が得ることであった。

一、一書令啓上候、今度大佛供養延引之儀被　仰出候、様子為御心得内證申入候、先度市正被罷下、大佛大鐘成

就之儀被申上候、奈良大佛大鐘之銘写、被懸　御目候、年号月日大勧進法印行勇、大鋳師左兵衛尉延時、小工廿人如此ざっとしたるほり付に而候、今度之鐘にも此通可然様に、御内證に候、大佛供養八月三日に執行有度由被申上、尤と被　仰出候、一、役者之儀者、導師者妙法院殿、咒願者三宝院殿、證議者照高院殿に有度由、書付に而被申上、是も尤と御諚に候、一、市正被罷上候而以後、書中に而被申越候者、最前可得　御意を失念候、本尊之開眼師別に有之儀候条、各令双談、御室御所へ申入候間、以御次而、御前へ申上候様にと被申越、則書中披露申候処、其方次第との　御諚に候、御室御出仕候へ者、天台真言左右之座配六ケ敷可成候、若天台宗右座に候者、叡山衆者出仕申間敷由、立　御耳候故、座配之様子尋に遣し候へ者、天台衆左座に落著之由申来、開眼者三日早天に執行、其以後堂供養と申来候、一、重而為　上意申遣候者、三日に事多は如何に候間、開眼者先例も前方に候間、三日に本尊之開眼、十八日に堂之供養候者、太閤之十七年忌旁可然　御内證書中に而申遣候、其返事に、十八日は臨時之祭有之儀に候条、同者三日に一度に有度候と申来候、一、棟上八月朔日と、中井大和へ案内候故、大和存分者、朔日者棟上之悪日如何との被申事に候、一、其後今度大佛之鐘に長々敷銘を、韓長老とやらんにかかせ、棟札をもむさと書申由、立　御耳候候而、ほりつけかきつけ候物は、末代有之儀に候間、不被得　上意候事市正不相届候、菟角棟上も本尊開眼も堂供養も可相延旨、被仰出候、一、鐘之銘棟札之写取に被遣、被成御覧、一向御気に不入、其上書様共法度悪敷候故、御機嫌悪候、市正罷下、御理申上度内存と相聞え申候、但如何可有之哉、右之様子に御座候条、先大方申入候、猶奉期後音候、恐惶謹言、

八月七日

金　地　院

本多上野介

本多佐渡守様人々御中(30)

このように、大佛鐘銘について東大寺大鐘の鎌倉の鐘銘をとりよせたとここに述べているが、現在東大寺の鐘楼は行勇の再建になり棟札は現存しないが、その大鐘はもともと奈良時代のもので、全く鐘銘など刻みつけてなく、ことに家康は駿府でさかんにこれまで東大寺僧の華厳宗論義を聴聞しているのであるから、東大寺大佛の鐘銘のないことを承知している筈であって、まさに作為であることが明らかである。そしてこの鐘銘問題は、秀吉と清韓が、在世中に親しく、とくに東福寺と南禅寺との首位争いもこの間にからみ、そのうえ天海の一矢が決定的な豊臣方撲滅作戦を演じたのであった。また一方では片桐且元の油断も重なり、大佛開眼法會はついに延期となり、請僧達は周章狼狽して退参した。これに対して豊臣方は、鐘銘は清韓自身の書いたもので秀頼の関知することでないともっぱら守備の立場を貫こうとしたけれどももはや手遅れとなり、ことに鐘銘について崇傳にも連絡せず、且元が独断で行ったため、崇傳を中心とする南禅寺側は、それをなじってその策謀が、かえって効を奏して「国家安泰」の四字はまさに家康を呪うものであると批評したのである。

大佛殿鐘銘

一、鐘之銘ノ如此序ノ長キ事ハ未見之候、此銘ハ相似縁起或勧進帳者也、

一、第一相公御諱ノ二字ヲ、四言之内ニ被書分候事、前代未聞ニ候、縦二字続候事モ、文章ノ詞之内ニ被書載候段、一切無之候事、

一、韓長老ハ、五山ノ熟人ニテ無之処ニ、天下大伽藍ノ鐘ノ銘ヲ不窺相公尊命、剰五山之諸老へ不及案内、理運ニ被書付候、不謂儀ニ候、惣別公界之文章書物等ハ、五山大衆之内ニモ、撰社中衆之仁才、取沙汰有之事候也、

南禅寺（景洪）洪長老判

慶長十九
八月十四日

板倉内膳正殿(31)

そしてこのように南禅寺側は東福寺清韓が、五山の長老に案内せざることをあげつらって、大坂方に味方する清韓の立場をひきずり降したのであった。

このように方廣寺問題も、大坂方が数年来力を尽して経営した大佛殿の供養がまったく準備のととのったところで、突如として家康側より中止を命じられたことは、まさに大坂方に大きな負担をあびせるためであり、また最後通告でもあった。ことに家康は且元を淀君等とともに失脚させ葬らんとしたと同時に、いまや家康みずからも日に日に老境に入り、それに反して秀頼が英才の聞えが高く、既に壮年に達し、もし西国大名が、秀吉の恩顧により大坂方になびくならば、秀頼に劣る秀忠のきずいている幕府の根拠があやぶまれることも必至であった。このような家康の焦燥は、まさに方廣寺の完成で秀頼が名を天下にとどろかすことを防ぐことであり、鐘銘事件と棟札事件はまったく家康と崇伝と天海との謀略によるものであって、片桐且元や清韓は正直に両者の立つようにしようとしたところに、かえってこの悲劇の泥沼に陥っていったのである。しかし家康にとって、このことはまことに歴史上卑劣な拙策であったといわざるを得ない。そのうえ且元は識見機略を欠き、到底難局をのりきるだけの器量を具えていなかったこともまた大坂方の敗北につながった。

そして度重なる寺社造営と巨額な費用を必要とする大佛殿の二度目の再建は、大坂の財政を圧迫し、第二度のときは、方廣寺のような特に秀吉と関係の深い寺院のほかは、多くは他の大名がこれを助けることを禁じたのである。

このような状況についてみてゆくとき、方廣寺をめぐる問題は、方廣寺が完全に大佛供養や、落慶法会も厳修されることなく、その結果いたずらに、豊臣・徳川の策中にあって、巨大な建築物だけが、南の京に聳え立っているのにすぎなかった。

いま私はこのような数奇な運命にいろどられた方廣寺について考えるとき、この寺院はその檀越としての豊臣氏の秀吉死後の不安定性に影響され、そのうえ寺院を維持することに困難を極め、宗祖＝開山＝組織をもたなかった一時的な盛大さのみに依存していた寺院としてその脆弱さに注目するとともに、その反面、同様な形態を具えた家康を中心とする日光東照宮や、輪王寺、あるいは寛永寺の檀越としての徳川幕府の強力な政治力にささえられて持続していった特異な性格を持っていた寺院と対比することができるのであって、この方廣寺の経緯はまさに安土桃山時代の瞬時的な一過性の文化を象徴するものであったといえるのである。

(1)　園城寺再興略記（照高院初祖准三后傳慶長十三年六月二十八日条）（大日本史料十二ノ五）
(2)　藤井直正「豊臣秀頼の社寺造営とその遺構」（『大手前女子大学論集』第十七号、五四頁）
(3)　伊達政宗自筆書状、慶長六年四月二十一日（大日本古文書・観心寺文書七二三号）
(4)　義演准后日記第三、慶長七年十二月二十八日条
(5)　パジェー「日本耶蘇教史」（大日本史料十二ノ二、慶長九年八月十四日条）
(6)　日本西教史下、第十三章（同右）
(7)　ム古語（大日本史料十二ノ三、慶長十年三月十一日条）
(8)　後藤文書六（大日本史料十二ノ六補遺、慶長十四年正月条）二五頁
(9)　同右、五、同年八月十八日条（同右、一八頁）
(10)　同右、慶長十五年八月十七日（同右）
(11)　日本西教史第十四章（同右）

(12) 当代記五、慶長十五年六月十二日条（史籍雑纂二）
(13) リチャルド・コックス日記、元和二年十月四日条（大日本史料十二ノ二十五）五〇三頁
(14) 大佛殿雷火災焼図画（大日本仏教全書、寺誌叢書三）、『京都の歴史』桃山文化の興隆（社寺と芸術）参照
(15) 言経卿記六、文禄四年九月二十五日条
(16) 義淵准后日記第一、慶長三年八月二十二日条
(17) 同右、第二、慶長四年五月二十四日条
(18) 同右、慶長四年六月二十八日条
(19) 本光国師日記八、慶長十七年八月十八日条
(20) 中村孝也「家康の政治経済臣僚——方廣寺大佛鐘銘事件——」（昭和五十三年）
(21) 本光国師日記十一、慶長十九年五月七日条
(22) 同右、十、慶長十八年八月十四日条
(23) 同右、十二、慶長十九年六月九日条
(24) 慈眼大師傳記　乾（大日本史料十二ノ十四）二四九頁
(25) 駿府記、慶長十九年七月八日条
(26) 本光国師日記十二、慶長十九年七月九日条
(27) 義演准后日記十八、慶長十九年七月十四日条（大日本史料十二ノ十四）二五八頁
(28) 金剛峯寺年預言上書案（続宝簡集五十一上、四四一号）（同右）
(29) 駿府記、慶長十九年七月二十一日条（大日本史料十二ノ十四）三七九頁
(30) 本光国師日記十二、慶長十九年八月七日条
(31) 摂戦実録六十三（大日本史料十二ノ十四）五一二頁

第六章　江戸時代の寺院の変遷

第一節　東大寺大佛殿の再建

一　大佛勧進と霊宝開帳

1　修理と勧進

江戸時代において寺院の造営や修理については、江戸幕府は厳重な規制を行っていて、やたらに新しい寺院を造ることはできなかったのである。

このことは幕府の法制をのせている、憲教類典や御触書などの「寺社之部」にくわしく述べている。

もともと寺社の修理は京都所司代板倉勝重の下した条目では、

一新寺建立制止之事

右近年為レ私称二寺号院号一事自由之至也、向後者厳制之先規御定如レ斯、依レ之度々此旨相触畢、若相違背新寺建

立之儀有レ之者、早々奉行所江可ニ申来一以前条々所ニ相定一也、町中不レ残可レ令ニ触知一者也、

元和八戌年正月[1]

とあって、新しい寺院の建立は制止されていて、もし修理するについても「寺社領相当可ニ相勤一、或者抱ニ二坊三坊一」えて、寺領の内で行うのが至当であると定められている。

ことに延享二年（一七四五）の嵯峨法輪寺の堂舎の破損に際しては、諸国勧化をすすめ、天領や私領の家々まで勧化帳をくばって、万石以下の人々に対しては御代官所より勧化帳を差し回して、奉加銭も代官よりとりあつめることとして「御料私領寺社領共、其分限に応じ、（中略）当地諸国町方は其所へ奉行所、または御代官所へ向寄次第取集、江戸は深川永代寺地中勧化所、京都は法輪寺自坊まで[2]」集めることになっていた。

しかしこのような寺院修理のための奉加勧進は自力で勧進勧化を行うのが当然であったが、公儀がこれに関係する場合は「惣て寺社之分、前々　公儀より御修復被　仰付候場所々幷御金榑木類被下、或は勧化開帳等　御免、助力を以致修復候箇所々共、此度一統不洩様相調、右寺社之格合、御由緒之軽重、寺社之多少幷御修理金被附置候分委く相糺[3]」す必要があった。幕府は寺院の寺格、徳川氏との旧来の由緒を判断の基準として寺社の復興への修理助成を考えたのであって、由緒が正しくない寺院、特に新しい寺院の設立は絶対に認めない方向を示していたのである。そして(1)格別の寺社すなわち徳川家と縁故の深いもの、(2)また地方にあって伝統的な信仰の対象となっている由緒の正しいもの、(3)勧化御免の許可を得ているもの以外は容易に修復の願いはとりあげなかったのである。

そしてこのような特別の寺院も、まず勧化を行い、その金で修復にとりかかるときに由緒の軽重によって金品の助成をすることが許されても、これも寺社奉行が心得ておけばよいことで、寺院側の修理や勧化の出願は容易にとりあ

げるべきでないとの原則に立っていた。ことに宝暦七年（一七五七）五月の幕府の寺社奉行への通達はこの間の事情を明確に伝えているので便宜上全文をかかげることにした。

寺社御修復願之儀、享保年中より度々申渡、寛保元酉年御修復願出候寺社多有之候節、御代々思召を以御造営御修復等被仰付候寺社、永々御修復所と相心得、大破ニ及候上御修復之願、又ハ勧化等之儀願出候、左様ニハ有之間敷事ニ候、向後　上より御修復被　仰付間敷候、勿論寺社領相應ニ有之場所ハ、自今以後、小破之節早速修復を加、及大破候節願出、或は専勧化之事願候儀ハ有之間敷儀ニ候旨、右之通御修復願候寺社え可被申渡旨相達候処、其節御修復願候寺社其外右ニ可准寺社えも不洩様申渡無之哉、近年御修復願出候寺社多有之、此以後段々願出候ハヽ、際限無之事候条、以来弥前書之趣ニ相心得、公儀えもたれ不申、寺社領或は世間之助力を以修復致し候様、兼て寺社之者共え猶又不洩様、得と可被申渡置候、且又寛保之度相達候趣被申渡候上ニて、自力ニ修復難調儀も有之、願出候ハヽ、寺社之格合を以、勧化　御免被　仰付候儀も可有之、其助成を以修復ニ取懸り候節、御由緒之軽重ニ應し、御金材木之内可被下哉、是又寺社之者共え申渡候儀ニは無之、寺社奉行心得之為申聞置候段、其節相達置候通ニ候得は、縦御修復或は勧化等之儀願出候とも、容易ニ取上候筋ニは無之候処、近頃は願出次第一通り被相糺候迄ニて、得と寛保之度申渡置候書面之趣を以被相糺、被申聞候儀ニも不相見候、此度相達候趣猶又寺社之者共え被申渡候上ニても、御修復或は勧化等願出候寺社も有之候ハヽ、弥前書之趣を以、得と被相糺、無拠筋は被申聞候様可被相心得候、

右之通、此度寺社奉行え申渡候、享保年中より度々申渡、勧化又は御金材木等被下可相済場所も、其以後御修復願出候節、右之吟味無之、願之書面を以吟味有之、又候御修復被仰付候類も有之、区々ニ相成候条、以来御修復

願等吟味ニ下ケ候節、前書之趣を以、得と遂吟味、以来間違無之様可被相心得候、
五月(4)

この触書の内容からしても、寺院のなかには、伽藍の小破にとどめず大破に及ぶまで放置して、幕府にもたれかかり修理を遂げようとするものがあり、寺社修理に際しては「御由緒之軽重に應ずる」という原則を再認識させることを警告したほどであった。

この由緒の重視は、前にも述べたように、(1)徳川家との関係、(2)歴史的な縁起と霊宝、および古文書類をもった寺院であることが必要であって、このためにも寺宝の開帳は寺院側として勧化と切りはなすことはできなかったのである。

ことに勧化については、明和三年（一七六六）の御触書にも見られるように、

諸国寺社修復為ニ助成一、相対勧化巡行之節、自今ハ寺社奉行一判之印状持参、御料私領、寺社領在町致ニ巡行一候、公儀御免之勧化ニは無レ之、相対次第之事ニ候間、御免勧化と不レ紛様可レ致旨、(5)

と勧化には「相対勧化」と「御免勧化」とに分かれ、御免勧化は相対勧化と厳しく分離されて、御免勧化を得るためには、大衆勧化を打ち出して、幕府側の認知と、徳川家との特別の関係を保つべきであった。

このことについて、林亮勝氏は「元禄の大佛殿再興は公慶の私の発意から始まり、まず大佛の修復を公的な援助を受けずに完成させ、ついで大佛殿の再興については、大佛修復に十倍する大事業であったため、隆光との結び付きをもとに、将軍綱吉とその母の桂昌院の援助を得られることになったが、それのみでは大佛殿の再建はおぼつかなく、将軍の個人的な関係より一天下といわれる幕府の政治組織の動きによるものでなければ大名領にまで強制的に助成を

組込んでゆくことは不可能であった」(6)。そのために公慶は将軍綱吉に働きかけた。

一、(元禄九)同五月廿一日公慶登城、勧進柄杓　上覧、白銀千枚拝領、其上　上意之趣者、大佛殿之儀如住古建立可仕候、連々ニ者御材木等茂可被下之段、柳沢出羽守殿被仰渡之、(7)

そして綱吉は公慶に協力を約束し、将軍は自らの威信にかけても大佛殿再建を成しとげようとすることを決意し、その具体策として、実質的に荻原重秀を中心として、奈良奉行妻木彦右衛門頼保を工事責任者として、幕領、大名領よりの割賦金を徴収して、その管理のもとに大佛殿再建事業が推進されることになったのである。(8) この妻木彦右衛門は、妻木頼直の子で、妻木氏は土岐頼貞の末で、美濃国土岐郡妻木村の出身で、重直は寛文二年(一六六二)勘定奉行をつとめ、寛文七年(一六六七)に炎上した二月堂再興に奈良奉行大岡美濃守忠高と共に協力し、その子頼保は元禄二年(一六八九)五月十四日御使番に昇進し、同三年萩にも赴き藩政を指導し、元禄九年(一六九六)四月十四日奈良奉行にすすみ、六十八歳で南都で没し芳林寺に葬られた。生涯大佛殿の再興に協力した人である(寛政重修諸家譜第二輯)。

しかして幕府側の「由緒大切」という理由については、東大寺側はその正当な理由を示さなくてはならなかった。それは龍松院公慶の勧進行為がいままでの「相対の勧進」から幕府の権威にもとづく「御免勧化」、ひいては、大佛殿工事の公儀支配への移行の道筋をたどるについても、大佛殿再建の事業に対する大衆の協力は必要欠くべからざるものであった。

ことに最初において江戸幕府はいままでの寺院修理復興のあり方として、寺側と志あるものとの相対勧進を許容したにすぎないのであって、その場合公慶としては、大佛縁起の講読と霊宝公開という手段にうったえ、それは都市化のすすんでいる京都、大坂、江戸に焦点をあわせなければならなかった。

そのため公慶は貞享二年（一六八五）三月に江戸浅草長寿院において大佛縁起を講じて、勧進を始めた。

一、(貞享元年)同十一月廿九日より於大喜院、大佛縁起令講談、大像修補之勧化始之、其前惣寺会合之上勧進柄杓其外霊宝等請取之、追日参詣群集并町中より取持講中等出来候、

一、(貞享)同二丑年三月出府於浅草長寿院勧化始之、六月五日より勧進帳出之、追日信心之輩出来ニ随縁起講談宝物出之、諸人結縁之、十一月三日南都帰寺、(9)

このときも、さきに東大寺の大喜院でおこなっていた大佛縁起の講談と、惣寺の談合により認められた俊乗上人の使用した勧進杓の持出しと、そのほかの霊宝を開帳することになった。

そして江戸での勧進が進むにつれて、特別に大佛勧進所を設けなければならない必要にせまられて、いままでの浅草の長寿院から本所の高野山末の大徳院地内に移転し、この境内地に大佛勧進所を元禄五年（一六九二）に大佛講の講中の世話により開設して諸活動を行うことになって、ここを基盤として、大佛尊像修理完成後の大佛殿再建のための幕府への働きかけの中心とした。そして元禄六年（一六九三）二月には、三の丸の桂昌院へ大佛縁起及び宝物あるいは勧進杓を持参して奉加金を給わり、(10)また、御三家の尾張藩の栄珠院より御寄附あって、これを機縁として江戸勧進所で栄珠院のために不断念佛をはじめた。ついで栄珠院がまもなく死去したので、再び不断念佛を翌年の四月に行って千両の寄進をうけ幕府への接近につとめるとともに、(11)元禄七年（一六九四）二月には二月堂修二会の牛玉を幕府に献上して、毎年これを寺社奉行に送るとともに、元禄八年（一六九五）には江戸町中を、同九年には京都町中と大坂町中を勧化して、大佛殿勧進を強力におしすすめ、そしてついで五月二十一日の勧修寺済深法親王の江戸登城の機をとらえて、さらに強力に将軍を動かすことに成功した。

同三月　勧修寺宮様、関東御下向、同十八日　御城江被為成候時、公慶御供ニテ登城、御講尺拝聴、御仕舞拝見、被仰付候也、(12)

かくして公慶は再建事業にとりかかると同時に、江戸の大佛勧進所を中心として、より強力に大佛殿の勧化勧進を町人にすすめる意味において、東大寺の霊宝を江戸に持ち運んで開帳することにして、その効果を高めようと考えたのである。そしてここに次に述べるごとく勧進と開帳との不可分の関係を見ることができるのである。

2　江戸の大佛勧進所と出開帳

江戸時代における寺社の開帳は、もともと京都をはじめ各地で盛んに行われた。ことに江戸開帳は京都開帳の江戸版ともいわれるべきもので、京都で盛んに行われた居開帳より、江戸での出開帳のほうが勧進活動により効果が多かった。また江戸の人口が京都よりもはるかに多かったために、集中的に勧進活動に入ることができるとともに、江戸っ子気質も手傳って、神佛への祈願や、人の苦しみをじっとして見ていられないという他人愛の気風は、寺社勧進を江戸に興そうとする地方の寺院の希望ともつながって、出開帳が江戸で多くなったと考えられるのである。

この江戸の開帳について、比留間尚氏は、「(開帳に際しては)寺社側の要求を幕府が認めて許可を与える形で開帳が行われ、(中略)開帳の成否は一に民衆の参詣の有無にかかっていたわけで、ここに幕府の寺社統制、それを受けた寺院の檀家制度による民衆支配という封建統制の枠が、形式的には幕府の許可を受けながらも、実質的には民衆のエネルギーにより打破される形で開帳が行なわれたのである(13)」と述べている。

そして開帳そのものが、御免勧化が老中の段階での免許で、開帳は寺社奉行段階の寄合で許可されるものであったが、東大寺の江戸の大佛勧進所の場合、大佛縁起の講談と宝物拝観を結びつけての江戸開帳で、役僧が住して、江戸町中を巡回して喜捨を受け、地域ごとに拠金したものを取り集めると同時に講中を結成して、その充実をはかったのである。

元来開帳とは秘佛を開扉して諸人に礼拝させ佛と縁を結ばせるためのもので、開帳の目的は修理造営のための費用を捻出するためのものであって、江戸の大都市としての特性を生かすことによって収入増をはかろうとするものであった。

ことに東大寺の場合、大佛尊像の修理の対象よりも、大佛殿の再建という建物の営繕のための収入源として企画され、幕府もそれを当然のこととして認可することにより、寺社支配の一環としていたのである。

開帳には二つの場合があった。本寺内で行う居開帳と、他寺他院の境内等を借りて行う出開帳である。居開帳の場合は、寺内の佛像や寺宝を多数展観して、秘佛をも開扉して、人々をそこに引きよせることにより勧進の効果を高めようとするものであった。出開帳の場合は、すべての寺宝を展示することができないことから、寺宝のうちで、最も効果のあるものを選んで京都や大坂・江戸等で展示公開したのであった。

まず最初、東大寺は公慶を中心として、元禄七年（一六九四）二月十六日に初めて、二月堂修二会の牛玉を祈禱巻数に添えて将軍と桂昌院に献じて、これを毎年継続することとした。

ことに二月堂の「お水取行法」のことは廣く京都では知られていて、そのうえ桂昌院は清水寺観音のほとりに生まれ、観音信仰の厚い人であったから、二月堂の牛玉宝印の献上は、開帳にも見合うほどの大きな効果があるものと公慶が考えたからであった。そして江戸の大佛勧進所では公慶はここを中心として盛んに町民の勧化を行い、弟子の本

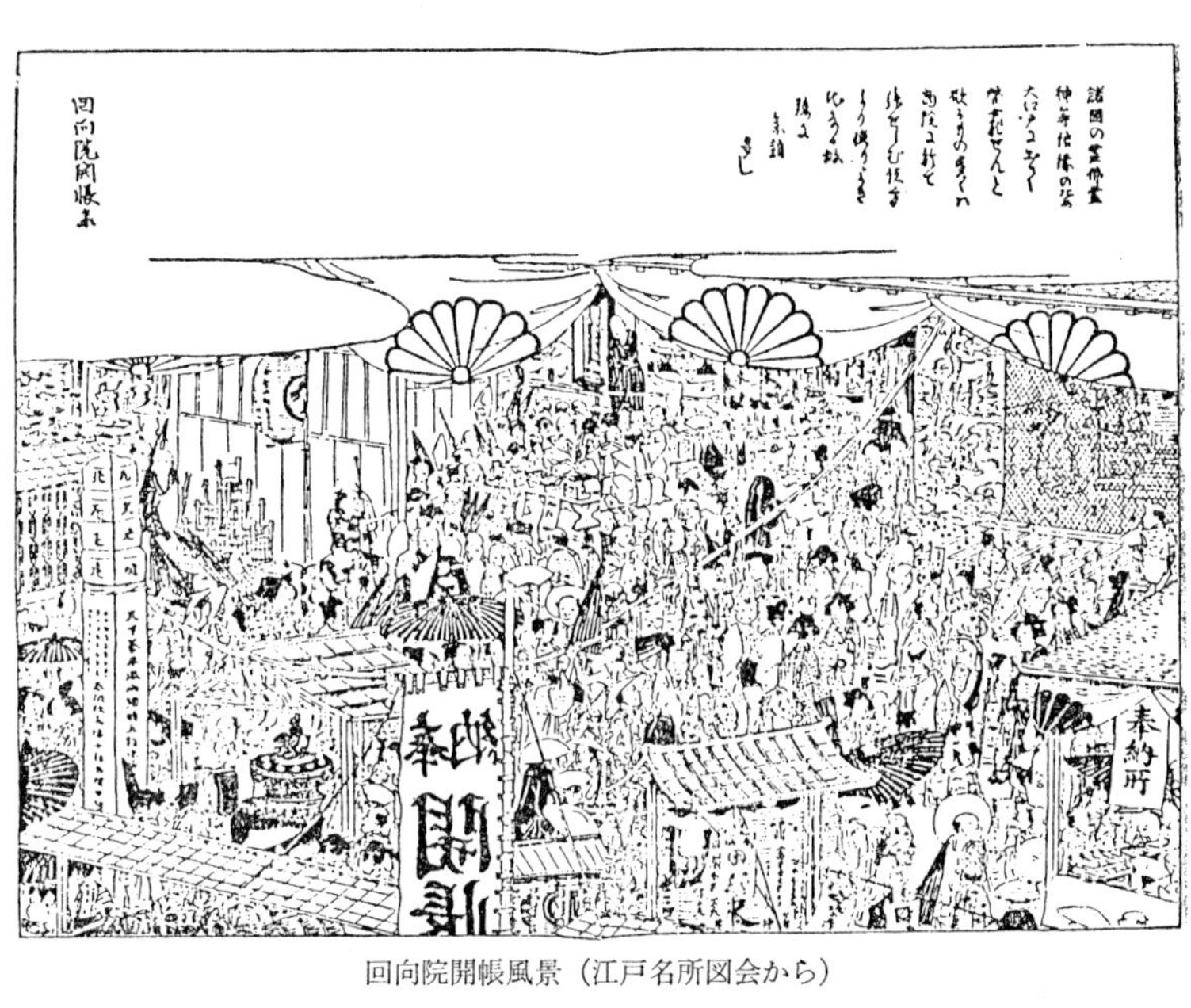

回向院開帳風景（江戸名所図会から）

空は江戸城の大奥関係等の勧進につとめたのであった。

この大佛勧進所（または大佛勧化所）の大きさは畳敷二十間であった。ここは「江府勧化所」とも呼び、りの勧進所が元禄十六年（一七〇三）十一月十八日の江戸の大火のため類焼したので、のちに假屋を造った。ことに宝永二年（一七〇五）六月二十二日の桂昌院の葬儀に参列した公慶は、ついに過労と痢病発生のため、ここで入滅するに至った。

ついで大勧進となった公盛は正徳二年（一七一二）に、大佛尊像の光背の勧進を行い、増上寺の要河和尚の寄進を受けて、その推進をはかったのであるが、またもや正徳三年（一七一三）十二月二十二日下谷より出火し、深川三十三間堂や大佛勧進所も類焼の難にあった。[14]

そこで正徳四年（一七一四）秋より再び作事にとりかかり、十二月に仮堂と庫裡の完成を見たのであった。そしてこれが完全に出来あがったのは享保三年（一七一八）であった。[15]

そしてのちに享保二十年（一七三五）つぎの大勧進庸訓は、四月一日より七日間、この本所の勧化所で一万日の不断念佛を修し、このとき「四聖御影」を開帳している。

一、同二十卯年閏三月十一日庸訓江府発出

四月朔日より同七日迄江戸本所勧化所におゐて一万日回向始行回向導師庸訓勤之、増上寺大僧正其外御府内檀林衆招請十念焼香有之、其外寺々所化僧毎日相語、十念代リニ被助成、七日無故障結願、毎日参詣群集、

一、大佛縁起四聖之御影幷俊乗上人所持之品々参詣之諸人江毎朝為致拝見幷勧進柄杓を以、庸訓勧化有之、(16)

そしてこの勧化所は東大寺の江戸での開帳の場所となっていたのである。ことにここで念佛と同時に戒名供養をも行い多くの結縁者を得たのである。

東大寺の江戸開帳で注目すべきは、まず延享二年（一七四五）大勧進公祥の発意により大鐘楼の修理に対して、その助成と、真言院其他の寺内の整備のため、俊乗房重源像、西大門勅額（十字額ともいっていた）、五劫思惟阿弥陀佛像をば、江戸に運んで開帳を行っている。

この時の開帳に際しては延享三年（一七四六）三月十二日にこれらの霊宝が東大寺を出発している。

三月十二日勧進所本尊五劫佛、俊乗上人影像等、法詮付添関東開帳ニ付発出、学侶中老若共、中門迄見立ニ出ル、若衆中ハ梅谷迄見送有之、大佛講中小綱三役公人六堂見送り訖、(17)

この場合では、俊乗上人の建立した鎌倉時代の鐘楼の修理ということを江戸の人々に知らせると同時に、単に鐘楼のみならず、修理し残したものまでもこの機会を捕えて勧進の促進をはかりたかったとも考えられる。即ち単に口先きの勧進でなく、江戸へ鎌倉時代の重源像を運ぶということを通じて如実に江戸の人々にその姿を示そうという東大寺側の意志が強かったと考えられる。

一般的に江戸開帳は他寺の場合、両国橋東詰にあった回向院を用いることが多かったが、この延享三年の場合は、その前年の延享二年（一七四五）四月二日よりの「本所一ッ目大佛勧進所にて南都東大寺二月堂観世音弥陀如来開帳」[18]に続いて行われたものであった。

また開帳の状況については江戸名所図会にある回向院の開帳風景は、その開帳のにぎやかさや、勧進僧と寄進所の構成等もよく示されているというべきであろう[19]。

このときの開帳も大勧進公祥の書状では、

開帳之義も従昨二日より開白仕候処、天気も宜、人出も多賑は敷御座候、所々取沙汰も宜御座候間、遂而繁昌可致と奉存候、此等之趣、急度如此御座候、御衆中へも可然被仰達、可被下候奉頼候、恐々謹言

龍松院（公祥）

四月三日

尊光院法印様玉座下[20]

と盛大に行われ成功したことを本寺に報告してきている。そしてその結果、同年十月十七日に公祥は、助勧上人立信とともに大鐘楼の修理を完成させている[21]。その後、明和七年（一七七〇）の四月十二日より十八日迄、深川大佛勧進所にて二月堂観世音弁宝物開帳を行っている[22]。

このことについて東大寺年中行事記では、

今般龍松院於関東、二月堂御正体観音内拝に付、多人数参詣ニ付諸人願意等可有之候得者、今朔日より七日迄於龍松院(公祥)観世音尊前、修法被相勤候、右ニ付一山衆中法楽相勤、呉々相頼之間、明後三日より五日迄三ヶ日普門品読誦有之様処、衆中に披露了[23]、

と見えて、この傾向はさらに続けられ、安永八年（一七七九）五月十六日より二十九日まで、御船蔵前の勧進所で二月堂観世音の開帳が行われ(24)、また天保七年（一八三六）、嘉永三年（一八五〇）六月にも続いて二月堂御正体観音が開帳され、来年度の修二会行事のための寄進を受けるための勧進がなされたのであった。

このように江戸での出開帳は東大寺は他寺に比してかなり積極的に展開していったのであるが、それはやはり江戸のみならず大坂においても実施され、延享二年（一七四五）六月九日には「明年春夏之内六拾日之間、於大坂勧進所本尊五劫佛御正体霊宝等開帳拾江戸寺社御奉行所ェ龍松院願出申度ニ付(25)」とて、大坂でも二月堂御正体観音と五劫思惟阿弥陀佛を運んで開帳のための本尊としている。

それは公慶が深く自分の意志で大佛殿再建を果すのではなくして。重源の遺志を受け継いで偉業を果すのであることを天下に示すためでもあり、そこにまた一方では幕府側にとっても頼朝再建以来の伽藍を家康がその遺志をもついで再建するのであることの正当性と、あわせて幕府の威厳を天下に示すためにも東大寺再建に協力する理由が生まれて来たのであると見ることができるのである。ことに重源が宋から持ち帰った五劫思惟阿弥陀佛は、その風貌といい日本の古来のものとは異なり、江戸の人々にとってかなり興味深くその開帳に臨んだとも考えられ、東大寺は大佛殿再興のための江戸町民への勧化の効果を高めるためにも勧進所の本尊の五劫思惟阿弥陀佛像を、はるばる東海道を通って、俊乗上人像と共に江戸に運び、本所の大佛勧進所の本尊として安置して、市中勧化の実をあげなければならなかったのであって、天台宗や浄土宗に好意を持っていた幕府に対する協力を得るためにも、この像はまことに効果的であったというべきであった。

3　東大寺における居開帳

江戸や大坂および京都における出開帳に対して、東大寺自体においても霊宝展観という手段のもとに居開帳を実施する必要にせまられていた。

それは元禄五年（一六九二）三月八日より四月八日までの大佛開眼供養の大会に当たっても、各社寺は秘佛を競って開き、慈眼寺では本尊観世音菩薩、元興寺の開帳、紀寺の蓮城寺の裸形阿弥陀如来、秋篠寺、野田村の薬師堂、唐招提寺の霊宝、薬師寺の秘佛が開帳され、そのために大坂の高麗橋より暗峠まで寸尺の地がないほど人の列が続き、奈良の町では三十日間に銀二百余貫をもうけたというのであるから、大法会につながる居開帳も、かなり人々の関心を高めるもので、秘宝展観にむらがる人も多かったと考えられるのである。もちろん盛大な法会には、芝居等の催物も附加されるものであったからより盛上りを見せるものであった。

東大寺が全面的な居開帳にふみ切ったのは享保十一年（一七二六）の四月一日より四月十日まで大佛勧進所で一万日回向を興行して、それに伴って居開帳が行われた時からである。

一、同十一年四月大佛勧進所念佛廻向執行

去巳四月一万日回向興行之事、一山江茂遂示談　御寺務江申上、当地御奉行所江相願候処、勝手次第可相営之旨、被　仰渡候、依而京大坂近郷江為知之札、前年より差出之、同年公俊奈良町中相廻り佛餉等施入を勧候也、

一、午四月二日回向開闢導師、洛東百万遍知恩寺声誉和尚、招請日数七日、毎日十念八日結願終テ同刻念佛開闢、公俊勤之、同九日戒名供養同断、声誉和尚、教化説法有之、同門流之寺々京大坂より相語、当所十三ヶ之浄土宗

打交、毎時参詣之諸人江十念授与之念佛、結衆大坂より来、大佛堂内ニおいては、百万遍、方丈持参寄附之名号諸人任所望施之、公俊勧化有之、於真言院者、霊宝荘之諸人為致拝見候也、日々参詣群集ニ付、従御奉行所警固見廻り与力同心毎日被　差出候、會中筆記委細有之、(26)

その目的は、大勧進公俊としては、さきの大勧進公盛が、大佛殿の落慶供養を宝永六年（一七〇九）三月二十一日に始めたが、まだ中門の建立には到ってはいなかった。また大佛尊像についても光背もなく、ただ佛体と大佛殿がようやく完成したに過ぎなかった。また宝永八年（一七一一）には俊乗上人と親しかった法然上人の五百年忌を迎え、公盛は知恩院よりの法要を依頼し、古き因縁をつないだ。

しかし大佛殿は出来ても、廻廊その他はいまだ完成せず、あまつさえ大佛勧化金について諸大名、諸旗本に依頼して幕府を背景にその納入の促進方を求めても、なかなか埒があかず、中門廻廊の再建はおぼつかなかった。そこで公盛は江戸の寺社奉行のもとに出向いて松平対馬守に願い出たが、それもなかなか目的を達するにはいたらなかった。また寺社奉行としても未納分の督促を早めることを約束して、公盛は帰寺したが、大名より少分の取高の旗本連の未納は、それを徴収するのにかなり手間どったのである。ようやくにして正徳三年（一七一三）に中門を上棟し、同四年（一七一四）これが完成したけれども中門と本殿とを結ぶ廻廊については、棟梁の塀内筑後も、これが造営に心をいためた。そのうえ加賀の前田藩の不作のため正徳四年（一七一四）後半まで未納となり計画の推進が頓挫したが、これも無事おさまって廻廊は中門より東西楽門までの折り回り分を完成したのみで、後半の工事については未着工のまま次の大勧進公俊に申し送ることになったのである。

公俊はこれを引き継いで、廻廊および廻廊廻廊と大佛殿をつなぐ軒廊の工事を完遂せしめねばならなかったが、その費用の捻出は、幕府に依存することも大佛殿のみに限られ、附属の施設に関しては自己の操作に委ねられているような政策を幕府がとったため、さきの旗本連の未納の催促待の外に新しい資金調達の方法を考えねばならなかった。そこで公俊は知恩寺（百万遍）の声誉和尚を招いて一週間に毎日十念を唱え、一万回の念佛を唱えてそのうえ諸人の戒名を供養し、声誉和尚の説法を聞き大法要を修することであった。このために知恩寺に属する末派の寺々を京・大坂より招き、南都の十三ヵ寺の浄土宗の住職も交わって、毎時参詣の諸人に十念を授けることにして、そのうえ大佛殿に参詣した人々には殿内で寄付した人の名と住所をとどめ、大勧進の勧化によって、廻廊・軒廊への勧進を推進し伽藍の完成を願うことをはかることになったのである。そしてこの機會をとらえて居開帳を行うことになったのである。

しかしこの東大寺の居開帳は、勧進所が要求しても、寺宝は勧進所にあるのではなくして、管理者を異にするためそれぞれの所に申し入れなければならなかった。その中でも、尊勝院が華厳関係や良弁僧正、その他の貴重な寺宝を管理していたためこの院に対して勧進所が申し入れることになった。

一、当四月大佛殿勧進所百日廻向執行之節為諸人結縁、寺門宝物共拝見之儀、先達而書付以被相伺之趣、先格拝見之例茂有之候得共、旁々以可然営候、尊勝院殿御経蔵ニ有之候開山御道具等茂此度被差出之趣ニ、則尊勝院殿御門下中江被仰遣候、(27)

そしてこのように寺宝が集められ展示されることになった。この展示場所として、真言院灌頂堂、東南院、新禅院客殿等が充てられたのであるが、その目録については第29表の如くである。

いまこの展観に当たっては、宝物を取り出した場所は四聖坊、戒壇院、勧進所、新造屋、尊勝院経蔵、知足院、新禅院、尊光院、眉間寺、花厳宗納所、金珠院と、かなり廣範囲に及んで集められている。そして公物と記しているのは宝庫等にあって、年預所が管理しているものであった(28)。

展観の順序は、真言院灌頂堂では四聖御影を中心として、聖武天皇の本地佛、婆羅門僧正の将来の舎利を置いて、東大寺創建当初の四聖の活動を示し、左右に聖武天皇の袈裟や、銅版銘を置いている。この銅版銘は、鎌倉時代のものといわれているが、その文面に「天下興復我寺興復」との思想が盛り込まれていて、これは東大寺の復興をささえる思想的基盤として、古くより重視されているものである。そして左右に奈良時代の経典類、さらには良弁僧正に関係するもの、行基・鑑真の将来の舎利と佛具、ついで論義に用いた五獅子如意を灌頂堂の正面に配列し、後面に西大門の勅額、東大寺伽藍図を始め、東大寺の歴史を示す東大寺縁起を配置して、ついで二月堂の信仰の中心の御正体観

第29表　東大寺居開帳展示品

真言院霊宝所目録（勧修寺蔵）	取出場所（東大寺年中行事記）
正面 一当寺四聖根本御影各讃有　一幅 本願　聖武皇帝 開山　良弁僧正 大佛開眼導師天竺婆羅門僧正 造東大寺大勧進　行基菩薩	四聖坊ヨリ
一二臂如意輪観音　木像 聖武天皇御本地 弘法大師作	勧進所天皇殿ヨリ
一水塔舎利　九粒 婆羅門僧正将来　卅顆之内	四聖坊ヨリ
上之段 釈迦三尊并十六羅漢　各幅 顔輝筆 普廣院殿義教将軍御寄附 下段 一十六羅漢　各幅 牧渓和尚筆 羅漢各号　同筆 同　御寄附	戒壇院ヨリ
一金銅御願文両面有銘 聖武天皇當寺御建立成就畢 西塔之中ニ被納 一聖武天皇藕糸御袈裟 御受戒之時　鑑真和尚之附属也 一須真天子経　三巻帙宝有	公物ヨリ

聖武天皇御宸翰 二月堂焔上之時火中ニ相残	
一紺紙銀泥華厳経　一巻 御同筆　六十巻之内 二月堂炎中ニ相残	公物、新造屋ヨリ
一賢愚経　一巻 御同筆　大字	戒壇院ヨリ
一大愛道比丘尼経上下　二巻 光明皇后御筆 一　天平十二年五月一日之奥書有 二月堂火中ニ相残 一不空羂索経　一巻 御同筆	公物
一阿難四事経　一巻 孝謙天皇御宸翰 神護景雲二年五月二日奥書有	戒壇院ヨリ
一不断念佛之綸旨　一通 後柏原院御宇　永正六己巳年閏八月 四日 大勧進栄俊上人之時賜之	物公
一開山良弁僧正袈裟并坐具 但　綾五条 蓮花七条 一同衣二具 青衣 赤衣　衣帯共 一同柄香炉 一同硯	尊勝院経蔵ヨリ

一同鏡裏銘　整衣冠尊瞻視 一同華厳供印 良弁之字彫付 一顕無辺佛土功徳経　一巻 同　筆 奥書　奉写十巻 僧正良弁	
一行基菩薩舎利　七粒	知足院ヨリ
一唐禅院舎利 鑑真和尚将来三千粒之内 金塔者　後宇多院御受戒之時 戒壇院中興実相上人江御寄附 金塔作者　睿舜法眼	戒壇院ヨリ
一如意 一柄香炉　十枝之内	
一鉄鉢　十口之内 右鑑真和尚之将来之具	新禅院ヨリ
一金塔舎利　二粒 但相承之御舎利	尊光院ヨリ
一五獅子如意 聖寶尊師之所持　延喜年中東南院 門跡ニ永被安置之、表顕密兼学印 彫獅子三鈷也、又云、三會如意、 東大寺法花會興福寺維摩會遂講之 人持之	公物ヨリ
一五鈷　同所持　中心に納舎利	勧修寺宮ヨリ

一駄都講式 同　筆	尊光院ヨリ
後　門 一十字額　聖武天皇勅筆 八天形像　弘法大師 廣目天　多聞天　金剛力士　梵天 金光明四天王護国之寺 帝釈天 増長天　持国天　密迹力士 国分門ニ懸ル、是日本国ガ惣国分 寺之名額也	勧進所ヨリ
一東大寺伽藍図幷聖武天皇 建立絵傳　二幅 土佐光信筆	眉間寺ヨリ
一東大寺縁起　三巻 上巻　後奈良院卿宸翰 詞書　中巻　尊鎮親王御筆 下巻　西室公順僧正筆 逍遙院実隆之弟也 絵　芝琳賢法眼筆	公物、勧進所ヨリ
一弘法大師 真如親王御筆	新禅院ヨリ
一御假名弥陀名号　ナムアミタフ 弘法大師筆	勧進所ヨリ
一二月堂御正躰観音銅像 同　作	公物、勧進所ヨリ
一二月堂牛玉幷朱宝板木 一同尊勝陀羅尼板木 弘法大師作 一同観音蓮華葉　一枚 右二月堂焰上之時、火中ニ相残也	勧進所ヨリ
一竈殿大黒天 弘法大師作 一毘沙門天 同　作	勧進所ヨリ
一盧舎那佛銅像唐作	公物、新造屋ヨリ
一華厳五十五聖知識曼荼羅唐筆	公物、花厳宗納所ヨリ
一善財童子唐作	戒壇院ヨリ
一白紙金字華厳経　一巻 唐本大字　八十巻之内	尊勝院経庫ヨリ
一浄土曼荼羅 恵心僧都筆	勧進所ヨリ
一弥陀三尊 宅摩筆 一南無佛太子 湛慶作	勧進所ヨリ
一弁才天女 安阿弥作	新造屋ヨリ
一大般若経供養釈迦	公物、勧進所ヨリ

大佛師善円作持八斉戒 開眼師明慧上人嘉禄二年九月廿二日裏書有 一文殊像 運慶作 一俊乗上人像 永真法眼筆	
一同杖笠 一同脇息 銘　奉施入　東大寺念佛所 文治三年歳次戊申　勧進上人 九月二日巳時 南無阿弥陀佛	公物 公物
一八幡名号　俊乗筆 八幡大菩薩御座　建久八丁丑年十一 月　日　造東大寺大勧進大和尚位 南無阿弥陀佛	勧進所ヨリ
一大佛殿瓦 於周防国鯖川俊乗上人感得	公物
一鉦鼓鐘木共　俊乗所持 裏銘　東大寺末寺渡辺浄土堂 迎講鉦鼓五之内 建久九年二月二日大和尚 南無阿弥陀佛	公物
一舎利　四粒 婆羅門僧正将来卅顆之内	公物
一公慶上人　杖笠	

杖者　後水尾院ヨリ照高院道晃親 王江被進御杖也 以上	
〔新禅院客殿霊宝〕	
一釈迦三尊　各幅 張思恭筆 牧渓筆　十六羅漢之中尊也	戒壇院ヨリ
一法華堂根本曼荼羅裏書有 裏書 法華堂根本曼荼羅 右曼荼羅者、霊山之変相、天竺之真 本也、而釈迦座上下皆悉破壊畢、或 自然損失、或人以切取、多送星霜、 不知年紀、爰久安四季三月、以寺僧 已講大法師珍海、殊令脩補、是稟家 風、尤巧画圖之故也、為貽来葉、粗 記子細而已 別當法務権大僧都寛信	金珠院ヨリ
一三幅一対 右　龍　借景翁画賛 中　一葉観音　月璽筆 左　虎　石橋画賛 龍賛 起南山雲鎖東海水 霹靂一声施霖万里 借景翁印	戒壇院ヨリ

虎賛 弩自峰嶸爰尾行夢随玄聖臥瑤 京帰來獨坐孤松蟬一嘯千林百獣驚 石橋印	一十九仙人図 陳喜筆 以　上

音銅像を安置し、お水取関係の牛玉の版木や、華厳五十五所知識曼荼羅の如き、華厳宗関係のもの、さらには俊乗上人により鎌倉勧進のときに用いた鉦鼓や所持の脇息等を展示し、いまの大勧進の故公慶上人の用いた杖や笠などもならべて勧進の意味を説明しようとしている。

そのほかつぎに聖鎮親王の三社託宣を見性院より出して東南院に掛け、また新禅院の客殿には、戒壇院より出した釈迦三尊画像や、竜虎図等と共に、もと三月堂の桜会等に用いていた法華堂根本曼荼羅を展示している。この曼荼羅は勧進関係や、歴史関係のものでないために、新禅院の客殿に掛けられたのであるが、もともと金珠院で所蔵していたものであった。

この金珠院とは、金殊院とも書き、東大寺の塔頭寺院で、講堂の北西の見性院の西隣にあって、寺域は東西三十三間、南北三十間の広さをそなえ、はじめ清須が開き、天正二年（一五七四）には律師宗快、同十六年（一五八八）には法師英宗、慶長十年（一六〇五）には法師宗訓、万治二年（一六五九）には法印実清、延宝二年（一六七四）には法印実延、そして享保二年（一七一七）よりはのちに大勧進となった法印庸性が住していて、この記事の書き方よりすれば、根本曼荼羅は金珠院より庸訓の手で取り出されたと考えるのが至当である。ことにさきの寺務勧修寺尊孝親王に提出した「真言院霊宝所目録」のなかにも、法華堂根本曼荼羅の奥書を記している。

この根本曼荼羅については、現在東大寺には現存せず、明治年間にアメリカのボストン博物館に移されて収蔵されていまにいたっている。これは八世紀につくられたもので、久安四年（一一四八）に珍海已講が別当寛信の命を受けて修補している銘文が残されている。この絵画については秋山光和氏の詳細な研究が最近発表されている。[29]またこの絵は早くから金珠院にあったかどうかは判明しないが、この時は金珠院より差し出されている。そしてこれを提示したのは、大勧進として龍松院に入る前の金珠院住職の庸訓であった。そしてこの大会の居開帳のとき賓客をもてなすため新禅院客殿に飾られたのであるが、この法華堂根本曼荼羅は、のちの弘化四年（一八六四）の行基菩薩千百年祭の大勧進所での記念の展観にも持ち出されず、おそらく明治初年の廃佛毀釈のとき、所蔵者の金珠院の廃絶とともに明治十九年（一八八六）に、他の多くの佛画とともに、ボストンの医師のウィリアム・スタージス・ヒゲローの手に入り、そののちアーネスト・フェノロサのもとに開かれたボストン美術館の所蔵に帰したのであった。

このような真言院灌頂堂を中心とする居開帳の計画は、まず享保十一年（一七二六）二月頃より着々進められ、尊勝院より良弁僧正関係のものが取り出され、ついで展示場が三月五日に真言院灌頂堂に決定し、禅花坊性海、新禅院成慶を頭取とし、この展観に合わせて、大佛殿では寄進者の名号や戒名を記して、これには大佛講中が奉仕した。また大勧進公俊も、俊乗上人所持であった勧進杓を持って大佛尊像光背の勧進を行い、喜捨する人の一人一人に十念を授けた。

またこの機会に参集する人が多く、そのため南大門の内外には大芝居・小芝居がかかり、茶店、菓子店も軒を連ねた。この法要は四月一日より八日まで打ち続けられたのである。[30]

いまこのような居開帳の様子を示すものとして、尾張名所図会にある妙興寺の霊宝居開帳の図がある。この図では霊宝として佛画、朱印帳、古文書、開山袈裟、陶磁器などの展観が行われ、そこに霊宝の説明の寺役人や、これを見

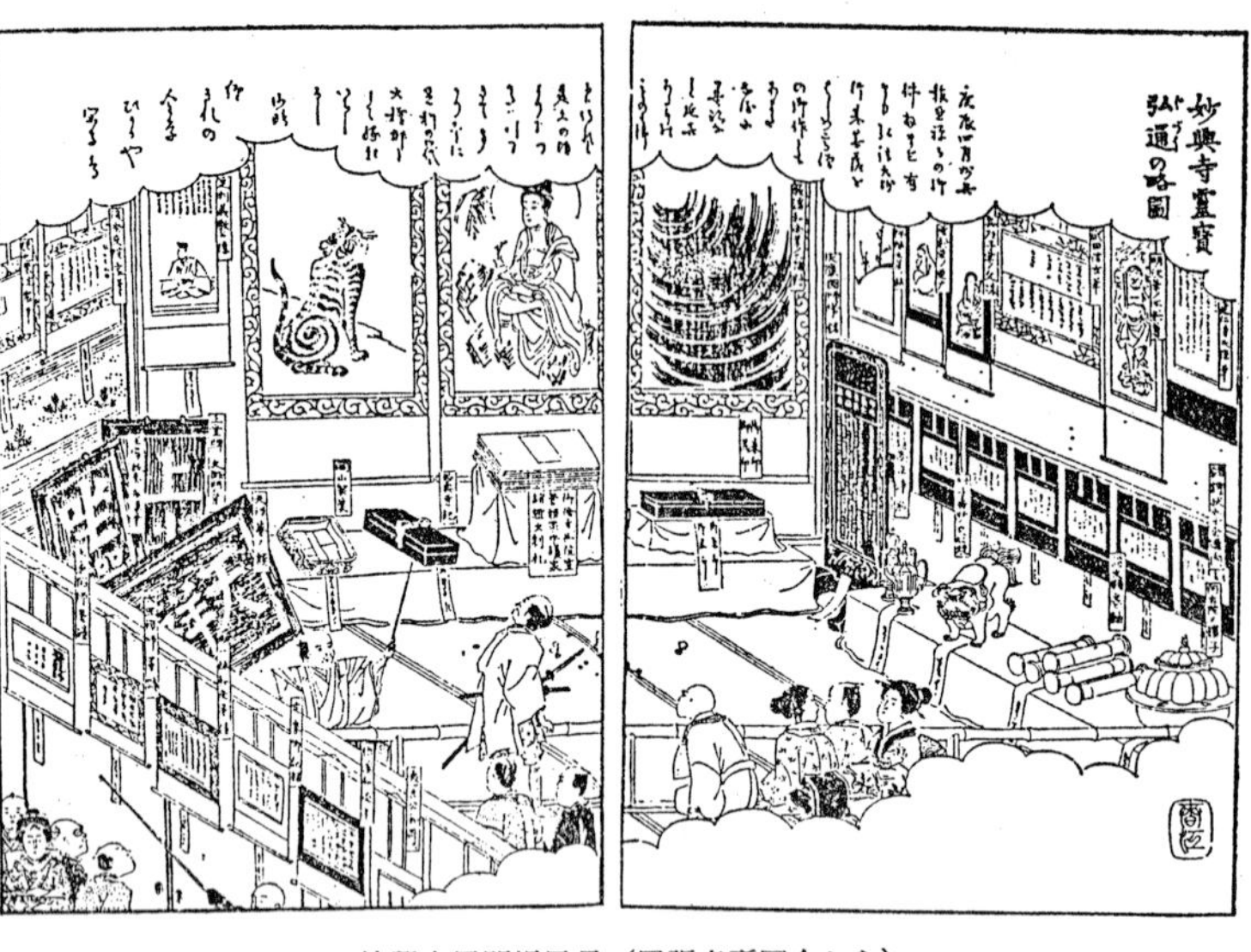

妙興寺居開帳風景（尾張名所図会から）

に来ている庶民の姿が詳細に示されているが、(31) 東大寺真言院灌頂堂における霊宝展観の様子もこれに類するものと考えられるのであり、その居開帳を通じてその寺院の歴史が人々の目にとどまることによって、このような伽藍を衰退にいたらしめてはならないという勧進に応ずる参詣者の心持を高めるのに役立ったのはいうまでもないのである。

このように灌頂堂での居開帳は東大寺の多くの霊宝を展示することによって大佛殿の廻廊工事の基金に対する勧進の効果を高めることに役立ったのである。そして、居開帳の成果を挙げると同時に、灌頂堂を訪れた人々は同時に、大佛殿にいたり、いまだ完成しない光背や、中門、楽門にいたる廻廊はあっても、それより大佛殿に通ずる軒廊や東西両廻廊の残部の工事の未完成について、東大寺の求めている勧進の内容を知り、さらに寄進への気持を高めたと思われるのである。

この成果として、大勧進公俊は、その在任中に、大佛に対する如意輪観世音と虚空蔵菩薩の二つの脇侍の彫像を始め、大佛殿廻廊も、まず十一月に西側が、西楽門から本殿まで取り付けられ、行基の像が享保十三年（一七二八）四月に出来あがったところで公俊が急死して、あとの大佛殿東廻廊と大佛殿前の高欄と、両脇侍菩薩の光背、東廻廊と大佛殿の軒廊の工事は、公俊のあとをついだ大勧進庸訓の手により完成を見るにいたったのである。(32)

このような東大寺での居開帳の記録は、つぎには江戸末期の弘化四年（一八四七）三月十日より四月二十九日までの五十日間にも行われている。これは行基菩薩千百年に際してのもので、(33)大勧進所が主催して、展示場は二月堂、大勧進所、天皇殿、正倉院等が充てられ、特に良弁僧正の御手道具、諸国封戸牒状、五獅子如意、執金剛神縁起や、正倉院に蔵している鴨毛屏風、舞楽面、伎楽面のほか古文書類も多数展観されているが、ここでは根本曼荼羅は見当たらない。それはこれが東大寺の公物として取り扱われていなくて、金殊院の私蔵的な性格を持っていたからであろう。

ただこの時の展示物で、現在と所属が異なっているのは、釘打阿弥陀如来（快慶作、現在は俊乗堂に安置されている）が新造屋の本尊であった。また同時に大勧進所で展示された二月堂御正体観世音については次の如く述べている。

　大勧進所ニ而開帳

　　天皇殿礼堂正面

二月堂御正躰観世音菩薩

天平勝宝四年、当堂開基実忠和尚

本尊依為秘佛、為諸人結縁奉鋳

此尊像、内御厨子従浄観院殿御寄附(34)

と、実忠感得の秘佛の十一面観音の鋳佛を結縁のため新しく造って、「二月堂御正躰観世音菩薩」として、江戸開帳や、その他の開帳に用いて勧進の効果をあげていた。また御厨子は有栖川喬子女王が、文化五年（一八〇八）徳川家慶に嫁されて浄観院と称していたが、その寄進により御厨子が造られたのである。

このように東大寺での居開帳も、必要に応じて行われ、大佛殿の再興に当たっては目まぐるしき勧進に諸佛諸菩薩や宝物古文書がしばしば展示されて、東大寺がいかに由緒正しい復興をしなければならない大寺であるかを庶民に知らしめることに、出開帳や居開帳が盛んに行われたのであった。(35)

(1) 憲教類典、寺社四ノ三、『日本宗教制度史料法令集』(七四) 三四六頁
(2) 御触書集成十八 [八八九] 延享二年四月条、二九八頁
(3) 同右十九 [九八六] 宝暦八年八月条
(4) 同右十九 [九七六] 宝暦七年五月条
(5) 御触書天明集成三十 [二一〇五] 明暦三年条
(6) 林亮勝「元禄の大佛殿再興について」(『南都佛教』四三・四四合併号)
(7) 大佛殿再興発願以来諸興隆略記(略して「興隆略記」という。勧修寺蔵) 元禄九年五月二十一日条
(8) 杣田善雄「元禄の東大寺大佛殿再興と綱吉政権」(『南都佛教』四三・四四合併号)
(9) 興隆略記、貞享元年十一月二十九日条
(10) 同右、元禄六年二月二十九日条
(11) 同右、元禄七年四月十九日条
(12) 同右、元禄九年三月条
(13) 比留間尚「江戸の開帳」(西山松之助編『江戸町人の研究』第二巻、二八〇頁)
(14) 武江年表、正徳三年十二月二十二日条
(15) 興隆略記、享保三年正月十二日条

(16) 同右、享保二十年四月一日条
(17) 東大寺年中行事記、延享三年三月十二日条
(18) 武江年表巻五、延享二年四月二日条
(19) 江戸名所図会巻ノ七、揺光之部、一七七四頁
(20) 東大寺年中行事記、延享二年四月三日条
(21) 鐘楼棟札銘
(22) 武江年表巻六、明和七年四月十二日条
(23) 東大寺年中行事記、明和七年六月条
(24) 武江年表巻六、安永八年五月十六日条
(25) 東大寺年中行事記、延享二年六月九日条
(26) 興隆略記、享保十一年四月条
(27) 東大寺年中行事記十一、享保十一年二月二十八日条
(28) 真言院霊宝所目録（勧修寺文書江一、二四条（折紙））
(29) 秋山光和「法華堂根本曼陀羅の構成と表現」（『美術研究』一二三号）参照
(30) 東大寺年中行事記、享保十一年四月二十八日条
(31) 尾張名所図会後編巻一
(32) 興隆略記（公俊代造立修覆之数及び庸訓代造立修覆之数参照）
(33) 東大寺年中行事記（弘化四年年中日次下記）
(34) 東大寺宝物録、大勧進所、勧修寺文書
(35) 平岡定海「江戸時代における大佛殿の再興について」（『南都佛教』第二四号）参照

二　中御門天皇の霊宝叡覧

東大寺の霊宝は東大寺内での居開帳のみならず、宮中における天皇の叡覧に供している場合もあった。すなわち正徳五年（一七一五）三月五日に霊元法皇の院御所においてこれが実施された。

院御所叡覧之事

円照寺宮様御取持を以、兼而被及御沙汰候所、今般被　仰出公盛持参二月堂牛玉之板木、其外宝物文書等、先月二十九日三月五日両度ニ叡覧之所甚御感之上、於東大寺御祈禱被　仰付、同月十二日於大殿一山之学侶出仕御祈禱開白、其以後月並御祈禱勤之、毎月三十日巻数加持香水献上之、(1)

この院の御所での東大寺の霊宝や古文書の閲覧は、大勧進公盛の申請によるものであった。この時はすでに大佛殿の供養を終えたうえ、公盛自身上人号を拝受し、続いて大佛尊像の光背および廻廊の工事に着手しようとする時期に当たっている。

元禄の東大寺再建に関連して、宮中との関係は、東山天皇の兄で、日食時に誕生されて、その故に即位することができなかった勧修寺の済深法親王が、東大寺の寺務を司って東大寺別当であった関係を中心として、同親王は大佛殿木作始の千僧供養や、天皇殿の聖武天皇像開眼、元禄五年（一六九二）三月八日よりの大佛開眼供養に臨まれ、また、それ以前の貞享五年（一六八八）には高辻大納言を通じて公慶に上人号を授かり、公慶のあとを継いだ公盛も大佛殿供養に先立って、宝永六年（一七〇九）上人号の勅許を給わり、公俊も病死のあと享保十三年（一七二八）に、追贈として上人号を送られている。そしてこれを推しすすめた大勧進庸訓も、享保十五年（一七三〇）勅許をうけて上人号を得ている。(2)

このように上人号勅許のほか、東大寺内での東照宮造立に関しては、

一、同十二月十二日　東照宮御本地薬師如来新造入佛

般若窟宝山和尚自作寄進、座光公慶令造刻候也、

右東南院　御宮一具新造拝殿者

明正院様御旧殿　勧修寺宮御拝受之処、今般御寄附ニ付建之、宸殿者、東南院支配善性院之客殿を引移建之、其外新古取繕、元禄十三辰年より今年迄造畢、委細別記有之、(3)

このように明正天皇の御旧殿を勧修寺宮を通じて拝受されたものを東南院に移建されるなど朝廷との関係が深かったが、まだ中御門天皇に東大寺に関する霊宝を叡覧に入れることはなかった。

このことについては、先に公慶上人が後水尾天皇の皇女の円照寺宮文智女王と親交があったので同女王を通じて、東大寺は宮中への進出をはかったのである。これについて、

山村円照寺先御所深如海院宮大佛御信仰故、龍松院公慶上人累年御懇意、依之当宮文應御年拾四歳不相替公盛上人御懇意ニ付兼而被願上趣者、東大寺者勅願所四ヶ大寺之随一之寺ニ而御座候得共、及零落衆僧無人故、御祈禱之寺役難勤、歎ヶ敷奉存候、何とも法皇御所江霊寶古来之文書数多御座候間、冝被仰上被遂叡覧候様奉願候、(4)

と、院に対する文献等の内覧を申請したのである。この東大寺側の主旨については公盛の口上書に示されているが、まず叡覧に供したき目録は左の如きものであった。そして、二月二十九日と三月五日に分かれて申請の霊宝の展示が許されて院御所で行われたのである。

〔二月二十九日分〕　　〔三月五日分〕

一、聖武天皇金銅銘文
一、同御筆勅書
一、孝謙天皇勅書
一、封戸牒状
一、東大寺境内四至
一、須真天子経　三巻
一、御袈裟　聖武天皇
一、大愛道比丘尼経　二巻
一、大佛殿縁起　三巻
一、酒人内親王御施入帳　一巻
一、五獅子如意
一、諸綸旨　二巻
一、永正六年綸旨
一、元亀二年綸旨
一、頼朝卿御書并写　一巻(5)
一、二月堂牛玉板木并宝印
一、同尊勝陀羅尼板
一、同縁起二巻
一、佛舎利　婆羅門僧正　聖武天皇へ献上三十里(ママ)うの内
一、俗別当官符第一　此類あまた
一、別当官符第一　同
一、修造文書上巻　同
一、造寺司綱牒第一　同
一、大佛殿院香水文書
一、俊乗上人勧進柄杓

つぎにこの叡覧についての、公盛の口上書を見てみると、東大寺は永禄十年（一五六七）の兵乱によって零落したことについて、伊勢大神宮と東大寺との関係を示して朝廷の援助を願っている。その文面には、「大神宮の御本地を顕

はし、盧舎那佛の大像を建立せられ（中略）歴朝の聖主本願皇帝の叡念を被相守、代々造寺の官人を置れ、誠に比類なき御願寺(6)」であったにもかかわらず、

（中略）信長公秀吉公之代に至り、寺社領諸方一繞(カ)に被減候て、東大寺領も大和国にて弐千石の地ばかりを給り、往古より被下置候、諸国の東大寺領は悉く被相除之故、寺院令退轉叡願由緒なかき書式等も今以改絶に及び候事、数々にて零落に成下り候、（中略）結構なる文書等ありながら、何と致したる不運にて候哉、残念至極なる義歎入候、是偏に人法共に相おとろへ候て、御門跡院家退轉に及ひ衆僧の数まで減す掟と致候、人無之候、上々様へ委しき旨を申上候事（中略）無是非事うち過きたるにて、今更叡慮を祈り奉り候、

一、永禄十年大佛殿焼失以後百弐拾年余を経て、先師龍松院公慶再興の大願を発し、度々関東へ罷越御願申、天下一統の勧進被仰出二十余年を経て大佛殿成就仕り、朝廷へ御願申上、古例之通御願文、勅使等被成下、勅会法事度々相営申候、然所大佛殿造営半途に公慶□□(他界)して、拙僧遺跡相続仕り、大佛殿成就幷楼中門造立仕候得共、いまだ廻廊已下周備不仕、是等之営作も容易には難成候、たとへ造立事調候ても、寺領此通りにては末々退轉に及候事、なかく歎入奉存候、（中略）猶又上代の勧進沙門行基菩薩、真如親王、俊乗上人などは智行高徳の知識にて候へとも、皆々叡願につゝしみ勅命を力として大切に成就せられし事に候、此度再興之様ハ末代と申、無徳無智之愚僧に、□諸人を感動致し候便りも無御座、此上の建立いか様にか由進退にゆきあたり申儀に御座候、恐多く奉存候へ共、叡願を被動被下候て、身命を不残相務寺門之興隆をはけまし、鎮護国家之道場となし候へし、（中略）只ゝ此度ふかき叡慮を謹みて奉祈候、

一、聖武帝以来歴朝被下置候文書等数多寺門に相残り候、是等をも折を以叡覧に備へ奉り度念願に御座候、左様

にもなり候はゞ、歴朝御信仰他に超候、事も顕れ興隆の一端と奉存候、(7)

と、この大勧進公盛の意志を明確にするために、まず二月二十九日には直接聖武天皇に関するものを示し、代々の綸旨、頼朝書状等を提示し、三月五日には二月堂関係と俗別当、別当官符等や、俊乗上人の勧進杓を叡覧に供して、東大寺大佛殿の廻廊や、他の附属設備の完成に対する助成を天皇に願っているのである。

しかし朝廷として正式に叡覧に供することは幕府に対する気兼ねもあって、また他寺に対しても叡覧を正式にすることは、他寺との依怙贔屓ともなることを嫌って、「御内證ニテ霊宝文書可被遂叡覧之間、龍松院持来可仕之由、被仰出」(8)との内報を得て、公盛の目的は半ば達せられたのである。その結果、廻廊復原等の費用として白銀、真綿、御菓子等の御下賜があったけれども、東大寺の寺領を徳川以前の如く旧に復することは朝廷としては到底おぼつかなかったのである。ただ毎年祈禱の巻数と二月堂の牛玉の献上は許されるに至ったのである。

以上のことから考えても、朝廷はいまだ幕府の権力には及ばず、公家勢力は衰えていたのである。

それを示すものとして、享保二年（一七一七）の興福寺の炎上に際しては、その復興は十分でなかったことがあげられる。東大寺年中行事記によれば、

一、（享保二年正月四日）同日夜戌剋、興福寺講堂より出火、金堂・中門・南大門・鐘楼・西金堂・南円堂、三方廻廊、三方之室迄、不残焼失、塔・東金堂・食堂・北円堂・一乗院門跡其外諸院等者、無別儀者、近南円堂、西金堂之本尊諸道具者不残取出、其外諸堂本尊諸道具共一円不残焼失有之也、(9)

この日興福寺講堂より出火し、金堂・中門・南大門・鐘楼・西金堂・南円堂、三方廻廊、三面僧房など残らず焼失したが、この復興については幕府は一部の霊宝を大坂・京都・江戸へ出開帳をしたり、諸国勧進を行うことを許可し

たけれども、現在にいたるも、金堂は仮堂のままであり、南大門、西金堂、三面僧房、中門等は再建を見るに至っていないのである。興福寺の場合には、東大寺のような幕府側の積極的な援助は与えられなかった。それは幕府としては東大寺の方が、武家政権との縁故が深く、ことに頼朝や家康が東大寺の大佛殿の復興に協力したという先例のほかに、隆光、桂昌院を通じて幕府側に積極的な働きかけがあった結果でもあったが、興福寺は藤原氏の氏寺として、公家勢力の象徴でもあったことから幕府としては公家を圧迫する意味からしても、これが再興には援助を与えなかったために再建されることはなかったのである。ここにも両寺を通じて公家勢力と武家勢力の相違が見られるのである。

以上述べてきたように、霊宝開帳は伽藍の修理造営に欠くべからざるものであったが、それが小規模な寺院の復興に際しては、かなり効果が期待できたであろうが、東大寺や興福寺のような大寺院の場合、その成果は十分でなく、東大寺の場合に見られたように、幕府組織そのものが動いて始めてその造営の目的を達し得たのである。

ことにこの東大寺大佛殿の再建の完成を見るや、その直後の元禄五年（一六九二）に、故家綱の十三回忌の法會ののち天台宗二寺、真言宗四寺、禅宗四十九寺（其内十五寺は五山派、一寺は大徳寺派、五寺は妙心寺派、二十八寺は曹洞宗）、浄土宗三十三寺、日蓮宗三十八寺、一向宗二十寺（その内七寺は西、十三寺は東）、すべて百四十六カ寺を新地の寺院として許可し、いまこれを古跡の寺院の数に含めて、これ以後新立の新地寺院の取立をいよいよ固く禁止し、寺院統制をきびしく規制していることは、綱吉政権としては、東大寺の大佛殿再建に乗じて他寺院の再建運動に拍車のかかることを警戒し、幕府の寺院再建援助の経済的負担の増加を排除しようと考えたからでもあった。(10)

このように霊宝展観と修理造営は江戸幕府の経済的動揺をも来たし、桂昌院＝綱吉＝隆光＝吉保を基盤とした政権も、士庶に対してはしばしば倹約を奨励しているが、綱吉自身重賞濫与の僻があり、そのうえ寺社の造営に綱吉政権はしばしば巨費を投じたので、ますます幕府の財政が窮迫し、元禄元年（一六八八）より十年までの遠国の寺社修理に費した費用は金銀二十一万両余におよび、東大寺大佛殿の再建も、その中の大きな負担でもあって、江戸の諸社寺や、その前後の分を加えるとその数倍に達し、この幕府の財政の窮迫の結果として、荻原重秀をして元禄八年（一六九五）の金銀貨幣の改鋳につながったのであった。(11)

（1）興隆略記、正徳五年三月五日条
（2）同右、享保十五年五月晦日条
（3）同右、元禄十五年十二月十二日条
（4）東大寺年中行事記、正徳五年二月二十九日条（法皇御所宝物叡覧之記（141 44 1））
（5）〜（8）同右
（9）東大寺年中行事記、享保二年正月四日条
（10）徳川実紀巻二十五（国史大系本第六篇一四一頁）
（11）竹橋余筆別集五、遠国寺社御普請御修復御入用覚

三　大佛殿の再興

江戸時代における東大寺の大佛殿の再建に関する記録としては現在にいたるまで充分な根拠となる史料が発見されなかったが、近時、勧修寺宮門跡、筑波常遍師の御依頼をうけて、同寺の大経蔵の調査におもむき、「東大寺　第十一箱」なる墨書銘のある書箱を調べているうちに「大佛殿再興発願以来諸興隆略記」と名づけた桐箱入の二冊の冊子本を見つけることができたのである。本書については大屋徳城博士が、『東大寺史』の編著に際して引用されている

が、全文の紹介については今般、御門跡の許可を得ておこなうのをもって初とする。

この史料には、単に公慶上人の事績のみならず公盛→公俊→庸訓の四代の大勧進上人の事績を中心に、その間に於て東大寺内で興隆された伽藍のこと、なかんずく大佛殿の再興という江戸時代における東大寺の大事業について、庸訓によって事細かに編纂されている。その意味で、いやしくも東大寺の歴史をひもとかんとするものの必見の史料といえる。

この興隆略記が採録の完了したことについては東大寺図書館蔵の東大寺年中行事記の元文二年（一七三六）九月二十三日の条に、

一、二十三日龍松院より使僧後藤玄順入来、其趣者、当春従　別當宮被仰出候、公慶以来建立興隆略記出来故、竟日如法院山科参上之刻差上之候、同一巻、年預所にも出置候様にと仰ニ付、為殊遣候由也、落手之旨及返答、且此旨衆中へも令披露了、(1)

と見えている。また、第一冊目の「龍松院公慶・大佛殿再興発願以来諸興隆略記」の奥書では、

右依仰公慶以来留書相考大概書記差上之候、　以上

元文二丁巳年九月龍松院庸訓(2)

と、また、第二冊目の「龍松院公盛・公俊・庸訓、代々諸興隆略記」の奥書でも、

右依

仰公盛以来留書相考、大概書記差上之候、

以上

とあって、この書は勧修寺宮門跡尊孝法親王が、その作成を庸訓上人に命ぜられたものであったことは疑いない。そしてその叙述が開始されたのが元文二年の春よりであった。この書では、題名のごとく最初に公慶上人の大勧進時代の業績をまとめて提出され、さらに公盛・公俊・庸訓の時代のことにかかる。本文の奥書よりして二冊の書は同時に法親王に差出されたものであった。そして二部作成された。その一部は勧修寺宮へ、他の一部は東大寺の年預所に留めておくようにとの指示によったのである。

元文二巳年九月　龍松院庸訓(3)

そして山科へは元文二年九月二十三日に勧進所の使僧の後藤玄順が勧修寺へ持参したものがこの書である。またもう一部の年預所に留められたものについては、いまだ東大寺図書館等では見当たっていない。

ことにこの書の完成については勧修寺宮も喜んで受けとった旨の返書をよせられ、その由を衆中に披露していただきたいと申述べられている。またこの奥書にもある如く、「公慶以来留書相考大概書記」とあるように記載については庸訓は典拠となるべき史料を正確につきあわせて記することに努力している点が見られる。

またその編纂の基本的態度としては、年代記的方針を貫いている。そしてはじめに「一」をかかげて史実を追っているが、重要な「覚書」や「口上書」などについてはそのまま引用していることは、さきの「留書相考」という態度によってもわかる。また大佛開眼の詳細な記録については「右開眼供養記録依有之具ニ不記之」とて「大佛殿再建記」との関連を述べている。「南都大佛殿再興勧進之状」についても、元禄七年（一六九四）十一月二十一日の条に「於柳沢出羽守殿勧進之状案紙一通御渡(4)」など記して勧進状の本文を忠実に記している。そのほか元禄十四年三月十八日に京都所司代の松平紀伊守信庸より奈良奉行の妻木彦右衛門頼保に宛てた書状も「大佛堂普請之儀、南都奉行江被仰付候旨、京御諸司松平紀伊守殿より被仰下候旨、以書付御申渡并紀伊守殿より到来之御書附も写取相渡候如左」(5)とて、これら大佛再建についての必要な書状等は、確実にこれを採録して典拠を示している。このようにこの史料採録の態度は、この冊子本が、その当時の価値の高い確実な史料にもとづいて記されていることがわかる。

いま本書にもとづいて東大寺の大佛再建の事業について記述するならば、まずこの大事業は公慶上人が貞享元年(一六八四)五月二十七日より江戸への大佛勧進免許をもとめて出府することによって始まる。そして何よりもまず最初に着手すべきことは雨露にさらされて青銅をむき出しにした大佛尊像を何とかしなければならないことであった。そのために公慶上人は、江戸に出府して寺社奉行本多淡路守等の筋を通して諸国勧進の裁許を求める必要があった。そののちまた京都筋に対しても「御権威年数を重候与成共、志有之方、致奉加修覆仕度旨申上候(6)」と大佛修理を訴え許可を求めて諸方へ大佛奉加の勧進を求めることになった。その方法としては大佛縁起を刊して講談し、諸人への喜捨を求めると同時に、俊乗上人の所持した勧進柄杓を諸大名の江戸屋敷や、大坂・京都の町方をはじめ志ある人々に示して、大佛勧進を求めた。その結果同年十一月二十九日には早くも大佛修覆の事始の儀式をおこない、大佛殿の西に勧進所をきずき新たに龍松院と名づけた。そして今後ここを中心として大佛尊像及び大佛殿再建の主たる工事を進めることになったのである。

大佛殿木作も大佛の鋳造と同時に進められ、同五年(一六八八)四月二日より八日まで勧修寺宮二品済深法親王を迎えて大佛殿木作始規式がおこなわれた。公慶上人にはこの功により七月に上人号を勅許され、元禄二年(一六八九)に本願聖武天皇像を京佛師に作らせて勧化所にむかえて勧修寺宮済深法親王を以て開眼導師となした。

元禄二年二月晦日に大佛尊像の鋳掛を終り、貞享三年より六ヵ年を経て完成した。そして元禄五年(一六九二)に大佛開眼供養が、ふたたび東大寺別当勧修寺二品済深法親王を開眼導師とし、東山天皇の勅使として右大弁藤原輔長朝臣をむかえて盛大におこなわれた。

とくにそのときの南都奉行は有名な大岡越前守忠相の父、大岡美濃守忠高であった。大佛尊像の修理を第一期工事として完了したが、第二期の大佛殿再建は容易なる事業でなかった。このためには、徳川幕府の強力なる援助を求める必要があった。そして公慶は将軍を中心とする大奥及び幕臣に働きかけるために元禄六年頃に江戸で真言宗の地歩をきずいた隆光（知足院）に近づいた。

そこで隆光は公慶を将軍に紹介したり、桂昌院の帰依を得ることに尽力した。元禄六年二月二十九日の興隆略記では、

　於江府　三御丸桂昌院様大佛依御帰依縁起幷宝物等被成御覧候、為奉加初金子給之、(7)

と述べ、当時桂昌院の協力を得ることはすなわち幕府当局の積極的な姿勢を打出す上において大いに役立った。また隆光は公慶を将軍綱吉の易経講談の座に招いて柳沢吉保との間も取りもった。元禄六年八月三日の条にこの間の事情を、

　於江府知足院取持、柳沢出羽守殿より御奉書を以、公慶初而登城、被仰付於御座間、易経御講釈拝聴、(8)

とあることによっても明らかである。このように中央の協力を得ると同時に中国や西海道への勧進にもおもむき、その地方の大名衆へも一紙半銭の喜捨を求めた。そして柳沢出羽守吉保の声がかりを得て、より強力に勧進を推進したのであった。もちろん勧進のことは西国のみならず、最も人口の集中していた江戸町中や京都及び大坂中への勧進も継続してすすめられていった。その根拠地として江戸本所に江戸勧進所を設置し、大坂にも渡辺橋の近くにこれを設

置した。ここは西国筋よりの木材等の送達の中継所としての役割をも果した。

そのほか勧修寺宮も大佛殿の勧進に協力し、元禄九年三月に江戸登城の折、「御城江被為成候時、公慶御供ニテ登城[9]」とて済深法親王と共に参じて幕府の中枢部に対する勧化をさらに強化している。その結果綱吉の「上意之趣者、大佛殿之儀如往古建立可仕[10]」と幕議の決定を見るにいたったのである。そして元禄九年（一六九六）七月二十五日よりいよいよ本格的に大佛殿再建の普請が始まったのであった。ついで十年四月には棟梁堺内市郎左衛門及び南都本座大工がのこらず参加して大佛殿の戌亥の隅より柱を立て始めた。

しかし本来の天平以来の十一間の大佛殿にすべきか、あるいは現代の縮小した七間のものに決めるべきかについては、幕府方の最終の決定を見なければならなかった。もちろん公慶としてもすでに大佛勧化の許可を得て全国的に勧化を強化していても、やはりこの大事業についてはひとり東大寺のみの力では如何ともしがたい点があった。そして「人別之儀ニテハ中々大佛殿近年成就之程難斗候[11]」との難関にさしかかり、工事の主催を大佛殿勧化所のみに依存することは工期をいたずらに長びかすのみであった。

もちろん公慶としては、あくまでも最初の計画通り、天平の十一間の大佛殿を再建することを畢生の願いとしていたのであるが、この計画を推進することは幕府方の財源の協力を得ても不可能であった。ことに元禄九年より勘定奉行になった荻原近江守重秀は旧金銀貨幣の改鋳を始め、より質の落ちた新鋳の貨幣との交換を始めたことにより当時の実情が推察し得る。またそれらを背景として、勘定奉行の強い意見が反映されたと見るべきであろう。そして荻原近江守重秀の寄合に公慶が招かれ、「上にも御称美ニ思召候」とも「只今より大佛殿成就迄之積書立候て」と幕府の財政の緊縮政策と関連して大佛殿十一間の計画を七間に縮小することを要求されたのであった[12]。

そして、そのために完成までの見積書を差出して、模型も造り南都代官大柴清右衛門も呼び出され後藤玄順とともに打合わせを重ね、勘定奉行の最終決定を得ることになった。そして、上意をうかがい裁定の結果、元禄十二年（一六九九）正月十八日に、

先達テ於近江守殿被仰聞候者、大佛殿往古之通建立之大積拾八万両余之金高ニテ大分之儀故、近年成就難斗、然者略之儀上より難被仰付事ニ候、存寄之趣書付可差出之旨、委曲御申ニ付、大殿間数減略いたし、廻廊等先相止申趣及御内談、右之通願上ル、依之従御勘定衆略之絵図、南都御代官大柴清右衛門殿江被差登候事、(13)

ここにおいて公慶は涙を飲んで最初の計画を改変しなければならなかった。その代償として、幕府は奈良奉行を叱咤して、勧進所とは別に新たに大佛普請所を設置し、工事の推進をはかり幕府の直務としてその威信にかけても完成させねばならなくなった。大坂町奉行より大佛嶋の用地を返上させ、周防国衙領も返却させ、公慶もまたこの期に遠く出羽奥州にまで勧化に出向くこととなった。

大佛殿造立の総高は拾弐万千二百九拾四両壱分と銀三匁二分八厘で、そのうち、幕府の負担については、幕府の勘定方の積立分より支出するものは経費十万両のうち、五万両は幕府の料分より差し出し、残りの五万両は私領そのほか東大寺方の勧進の収入より補充すべきと決定された。もちろんこの勧化のために北国筋や、奥州へ出向くことについては幕府としても協力をおしまないとの方針をうち出した。この決定のうち幕府の料分については、大名・旗本衆の石高百石について金壱分、若し銀計算ならば十五匁を集めることと規定した。

大佛殿奉加之儀、私領者龍松院勧化有之候得共、御料之分者、自力ニ難申届候ニ付、此方より被仰渡候、高百石ニ金壱分宛、銀ならば拾五匁宛取集、龍松院江相渡可被申候、(14)

そのためにと幕府の勘定頭衆より上方代官十四人へ連名の廻文が発せられ財源の見通しを立てた。公慶が桂昌院に報告したなかで「下越後・出羽・奥州不残結縁仕候処、御威光ニテ何方モ首尾克難有仕合奉存候[15]」と述べて、奥州諸大名についても御料なみに百石について金壱分の勧進を求めた。そして

百石壱分ニ被成被下候て、諸大名にも其通相済可申候[16]、

とある。もちろんこの背景にはやはり三の丸様（桂昌院）及び護持院隆光、護国寺快意の助言が大きく影響していた。また、柳沢出羽守保明の協力のもとに、いままでの方法に附け加えて「万石以上之諸大名之領知も御領並ニ奉加物差出候様相極候、此上者、龍松院諸国勧化徘徊之事無用ニ候[17]」とて公慶の諸国勧進をとりやめ、幕府としては、最終的にさきの高百石について金壱歩宛、銀のときは拾五匁宛を元禄十四年分及び十五年に限って両年分を奈良奉行宛に納入すべきことを荻原近江守重秀の命を以て諸大名に伝達して、その工事の推進に奈良奉行妻木彦右衛門頼保があたり、大佛殿普請所を主管して大佛再建事業を幕府の厳重な管理のもとに実施して完遂を期することになった。そしてこれまでの龍松院勧化の遅延による工期延長の弊害を除去するとともに費用の軽減をもはかることになった。

その結果、幕命を受けた諸大名、領主、旗本は大佛勧化の金銀を遠近ともに使者を以て奈良奉行に送達されることになった。元禄十四年（一七〇一）十二月二日に御年三十一歳で済深法親王が薨去されたが、元禄十五年（一七〇二）には大佛普請所で釿始の儀式が行われた。四月には桂昌院の縁者の本庄安藝守宗資が桂昌院の代参として大佛殿の工事の見聞におとずれた。つづいて宝永元年九月には大佛殿の大虹梁二本（長サ十三間、末口三尺五寸）が日向の白鳥山より伐採されて普請所に到着した、宝永二年（一七〇五）四月十日には大佛殿の棟上げが行われ、南大門前で棟上を祝う五流能が行われた。

しかし大佛殿の再建に援助を加えた徳川綱吉の生母の桂昌院が同年六月二十一日に七十九歳で没し、公慶上人またこの葬列に参じた。桂昌院は病中でもこの大佛殿成就のことを気にかけていた。興隆略記にも、

今度棟上相済申候段、被為　聴成就之思召御喜悦之旨、御病中被仰出候、誠難謝厚恩公慶恐歎無限事也、(18)

と見えている。公慶上人は、桂昌院の菩提をとむらうために江戸に下向したが、上人も年来の勧進による苦労のために発病したのである。そこで南都龍松院の使僧後藤玄順は早駈けにて江戸に下った。奈良奉行妻木彦右衛門頼保も幸い出府のときにあたっていたのであったが、上人は大佛普請の儀を遺言し、大勧進職については「以遺言願主相続えの儀」を依頼して示寂してしまった。(19)ために遺骸を入棺して隆光大僧正の引導を受けて密葬をいとなみ、公慶の遺言に依て遺骸を南都東大寺まで送付した。そして八月十一日五劫院にて葬送し、中陰は勧化所にて行った。

この遺言にもとづいて、その弟子の公盛を以て勧進職を相続させることを御寺務安井御門跡道恕に申達し、金珠院庸性を後見となした。

公慶上人の代に復興した伽藍は、大佛殿・八幡宮・東南院・竜池社・天狗社・弁才天社・念佛堂（修理）・護摩堂・俊乗堂・大湯屋・新造屋・勧化所・聖武天皇殿（現在の八幡殿）であった。(20)

宝永二年（一七〇五）大勧進公慶上人のなきあと、最も必要なことは、その弟子公盛を以て大勧進の継目（あとめ）を相続させることであった。そのために安井門跡道恕に対して継目相続を依頼し、江戸幕府に対しては護持院大僧正隆光に側面より助勢を求め、正式には奈良奉行妻木彦右衛門頼保を以て申出たので、幕府も大佛殿建立いまだ成就しない折からただちに寺社奉行久世讃岐守重之よりの達しにより、公盛の継目相続を決定した。このことについては「護持院大僧正御取持有之幷妻木彦右衛門江殿御相談申入候也」(21)と記している。そしてこの決定を見たあとで公盛に対する将軍の

御目見もすみ「公慶存生之通被仰付」(22)ことになったのである。

また公盛は霊元上皇のもとへも、この由を安井門跡道恕とともにうかがい、名実ともに公盛は大勧進職を相続することとなった。そしてこのことが以後東大寺の修理に対する大勧進職相続手続決定の通例となった。

宝永三年（一七〇六）正月五日には大佛殿釿始が例年の如く行われたが、これにはじめて公盛が出座した。同年九月二十四日には京都所司代松平紀伊守信庸が南都を訪れ工事現場の進渉状況を検察し宝永四年（一七〇七）に公盛は寺社奉行月番の三宅備前守康雄のもとをおとずれ、今年より来春までに大佛殿の再建が完了する予定であることを通達している。そして次の年の正月五日には大佛殿の中門の前のみならず江戸・京都・大坂の主だった所に落慶供養の高札を建てて勅會の舞楽法要をその日に実施する旨を告げ、着々とその準備を行った。大佛殿は宝永五年（一七〇八）六月二十六日に遂に完成し、奈良奉行の妻木氏のあとの三好勘之丞長廣の管理する大佛普請所より与力同心立会いのもとに東大寺勧進所の龍松院に引渡された。そして「残木小屋々々諸道具悉ク請取之、即刻為御礼御奉行所江罷出候処、勧化集リ金、修造入用を引、残金不残書附を以於御番所御渡請取(23)」という状況のもとに大佛殿そのものについての幕府の修理工事が完了したのであった。その礼に公盛は江戸に下向し、諸方に礼参した。

そして大佛殿完成後の第三期の事業として中門、廻廊等を寺の自力で再建しなければならないため、南都・大坂等に再び勧進の継続を依頼しなければならなかった。

宝永六年（一七〇九）三月十七日に大佛殿上棟の賀儀が行われ、同日に公盛は上人号の勅許を得た。そしていよいよ三月二十一日より四月八日の十八日間に大佛殿落慶大法會がくりひろげられた。

導師には東大寺別当安井御門跡道恕大僧正を迎え、東山天皇の勅使万里小路尚房の臨席を得て法会が進められ、東大寺・興福寺はじめ、近国近郷の諸寺院の僧侶が出仕し、このときの受斎僧九千五百人、受斎俗十五万千弐百人余にも及び盛大を極め、松平薩摩守より大佛殿大壇の四面器、舎利器の御寄進などあった。

そして第三期の工事として大佛殿周辺の附帯事業を独自で推進することとなった。まず宝永六年三月二十六日には中門の作事始がおこなわれた。この間、江戸表よりの訪問者も絶えず、老中秋元但馬守喬知の来山を機に中門の工事方の推進協力を依頼した。正徳元年（一七一一）には大坂勧化所を中心として大佛尊像の光背及び化佛の勧進が始められ、この年の九月二十七日には中門の立柱、ついで二年を経た正徳四年（一七一四）四月二十五日に中門は落慶した。つづいて大佛殿廻廊の釿始あり、その工事にとりかかったが、享保九年（一七二四）公盛上人が病死して、つづいて公俊が大勧進職をひきついだ。公俊は、まず大佛殿内の脇士の如意輪観音・虚空蔵の造像を始め、つづいて大佛殿廻廊も西軒廊のみが出来、他は依然として工事中であったが、公俊また病死して、金珠院庸訓にこの事業がひきつがれた。公俊の上人号は、死去のため勅許を受けず、勧修寺宮尊孝法親王の令旨によって追贈する略の形式をとった。

庸訓は大勧進職をうけついでから、廻廊の建設に専念したが、全廻廊の建設は不可能のため、中門より大佛殿に到る間のみ建てることとし、北側は石組の土手を築いて補うことにした。そして享保十五年に上人号の勅許を得て大勧進上人と号した。その年大佛脇士の二菩薩の光背も出来あがった。

ついで元文二年（一七三七）大佛殿東軒廊が出来た。かくて同年四月六日の公慶上人の三十三回忌を以て全計画の完了をみたのである。そのときの興隆略記の記事には、

公慶生涯興隆之苦労仕候ニ付三十三回忌追善法事之儀、准俊乗之忌日法華八講執行仕度之候申上候、(24)

とて、公慶上人の遺業をたたえて東大寺の江戸期における伽藍再興の一応の終止符を打つことになった。

以上、これらの史実について概要を述べたまでであるが、江戸時代における伽藍再興の事業は、それ以前の寛文九年十二月に二月堂の再建等を成就したとはいえ、当時の東大寺はわずかに石高三千五百石の財源のもとに寺院の維持はもとより諸伽藍の再建に努力しなければならなかったのである。まして大佛殿再建という大事業を自己財源で行うことはとうてい不可能であった。多額の喜捨を得るには江戸幕府の財政的支援を必要とした。またそのためにも政治的動きが必要であった。元禄年間の桂昌院あるいは隆光等がそれ等のことにあずかって功あったことは前述の如くである。

しかし、それにも増して注意されることは、官大寺的な立場を墨守しているのみでは、その再建の大事業の完遂は望むべくもなかったため、俊乗上人以来の念佛門、ことには浄土信仰(阿弥陀信仰)者を通じての庶民への勧化の浸透は大事業を信仰的立場において促進させるためにも欠くべからざるものであった。江戸の本所における大佛勧進所や、大坂における同勧進所の設置はかかる意図をも持つものであった。ことに江戸幕府は三河以来、浄土宗に対してはこれを擁護する立場にあったことも、公慶上人以来大勧進職が不断念佛を唱えて大佛勧進を推進したことと深い関連があるものと考えなければならない。

もちろん将軍母子が佛教興隆の意図を持つに到ったことは常憲院御実紀等にもしばしばみられる。いま、円照寺にのこる桂昌院の消息にも「ほたい(菩提)心少にてもいて中候やうに存じ候へ共、こんしやうのえいくわ(栄華)にひかれ存候て、おそろしくそんし候」[25]とて、彼女も現世の栄華に畏怖をおもって佛心を起したことを述べている。ここにも彼女の佛寺復興への関心を引きたたせた隆光などの考え方に誘引される要因がうかがえるのである。

そして隆光僧正が、将軍母子の護持僧として江戸城内へも進出することを得た結果、ますます昇進し、元禄八年には大僧正となり、寺領も千五百石に増し、新義真言宗の総領となって護持院への将軍の御成は二十度を越え、桂昌院また十六度をかぞえた。

将軍綱吉の柳沢吉保邸での孟子・易経の講談や、護持院への御成などはしばしば政治的交渉の場となったことは否めないのである。公慶がかかる場に隆光・桂昌院等のくちぞえを得て御目見を遂げたときに大佛殿再建の計画がより推進されたとも察せられる。また将軍綱吉も、柳沢吉保の松かけ日記の記載によると、

> そのころ（元禄九年）国々にある神社佛閣などの、年月へて荒そこなへる、又ハあらたにたつべき所など、うち〳〵おほやけさまにも、おほしまうくる事を、ほのかにきゝつたへたるともから、るいにふれて、うたへ出くめるをも、みな（皆）まづ（先）こなた（此方）にめし（召）とは（問）給せふて、さるゆへ（故）あるすぢ（筋）をたゞ（正）して、申おこなほせ給ふべき仰事などもうけ聞えさせ給へり、（中略）をのづから、さるべきすぢにゆるし給はるなどハ、いとうれしきあまり、あかほとけといふはかり、君をおかみ奉りてよろこぶ、(26)

と、佛寺造営は桂昌院の発意によるも、それが幕府自身の政策としてとりいれられたが、そこには由緒を正すという厳重な幕府の姿勢はくずさなかった。そして幕府が幕政の一環として事業を起した場合は、江戸では勘定方、京都では所司代、奈良等では町奉行にその工事の進渉を管理させ、一寺院での運営を排除した。そして勧進所から普請所に変ったのもこのためであった。ことに「普請」の名目を立てることによって新立寺院の乱立を防止している。ここに幕府の元禄時代における寺院興隆の政策が明らかになるのである。

かくして、桂昌院、隆光、綱吉等が中心となって廃寺を復興した例も多く、嵯峨釈迦堂の造営、法隆寺の修理、黄檗山万福寺の建立など由緒ある佛教寺院の再興の動きも活溌であった。当時の幕府は旧寺名刹を重んじ、新立寺院を

制限しようとする意図を持っていた如くで、大佛殿再建は元禄時代における幕府のかかる由緒ある寺院興隆への傾向を天下に示す意図をも含ませていたと考えることができる。またそれによって新立寺院の乱立を防ごうとしたともいえる。

大佛殿再建事業は、東大寺としても心血をそそいだ大事業であったが、幕府も寛文二年より寛文十年まで勘定奉行であった妻木彦右衛門頼熊（重直）の子の同頼保をそのために奈良奉行に御使番より転任せしめこの事業の遂行をはかり直務（じきむ）を以て大佛殿普請所を管理して、奈良奉行を二人任命して、彼が工事の采配を振ったことが大佛殿再建の大きな力ともなったのであった。

東大寺大佛殿の再建の如きは、一寺の私的努力もさることながら、それがやはり国家的規模に拡大されてのみ事業の完遂を期せられたのであって、この点において奈良時代における創建のこととも規模を一にするものがあるといえる。また、この記録を通じて江戸幕府の佛教政策の一環をもはかり知ることができる。

ここに勧修寺の興隆略記を中心として江戸時代における大佛殿再建の様相をさぐって見ると同時に、かかる意味においてもこの記録は単に東大寺のみならず、江戸幕府の性格を知り、世相を考察する上にも重要なる史料であるといえるのである。

そしていまこの興隆略記に見られる東大寺内の江戸期に再建され、造営されたものについて、この史料と別表及び別図を最後に附することとした。

（1）東大寺年中行事記、元文二年九月二十三日条
（2）大佛殿再興以来諸興隆略記（勧修寺本）（以後興隆略記という）第一冊目

(3) 同右、第二冊目奥書
(4) 同右、元禄七年十一月二十一日条
(5) 同右、元禄十四年三月二十日条
(6) 同右、貞享元年八月二十五日条
(7) 同右、元禄六年二月二十九日条
(8) 同右、同年八月三日条
(9) 同右、元禄九年三月条
(10) 同右、元禄九年五月二十一日条
(11) 同右、元禄十年十一月二十七日条
(12) 同右
(13) 同右、元禄十二年一月十八日条
(14) 同右、元禄十二年九月二十八日条
(15) 同右、元禄十三年十二月九日条
(16) 同右
(17) 同右、元禄十四年三月十一日条
(18) 同右、宝永二年六月二十二日条
(19) 同右、宝永二年七月十二日条
(20) 同右、公度代造立修覆合数
(21) 同右、宝永二年九月十九日条
(22) 同右、宝永二年九月二十五日条
(23) 同右、宝永五年六月二十六日条
(24) 同右、元文二年四月六日条

(25) 円照寺文書

(26) 辻善之助『日本佛教史 近世篇三』 六三六頁

第二節 新井白石と南都戒和上相論

一 新井白石と南都寺院の関係

現在東大寺図書館に収蔵している江戸時代の重要なる記録として「東大寺年中行事記」と題するものが貞享元年(一六八四)より慶応三年(一八六七)までのものが「東大寺年中行事記見出」を附して残されている。その中に宝永七年(一七一〇)十二月の条に「新井勘解由殿御越ニ付諸色入用」との記録も別冊として存している。[1]

この新井白石の来寺は東大寺と興福寺との間に生じた一条院新門跡の東大寺戒壇での受戒に際しての戒和上任命に対する相論を調査するためのものであった。

新井白石が南都の寺院と関聯を持った相論事件については、

㈠ 宝永七年六月二十一日 南都両門跡の相論

㈡ 正徳二年四月 一乗院緋衣勅許事

がある。この前者は慶長五年(一六〇〇)九月に関ヶ原合戦の終了後、家康の大坂入城にあたって興福寺領に対する両門跡の学問料に対する相論に起因するもので、その史料としてはもともと興福寺に家康の出した朱印状がある。この

朱印状というのは、

興福寺領壱万五千石之内、五千石之儀に付て、衆僧中申分遂糺明畢、如先規五師衆可被仰付候、其内千石者寺社之修理、千石者学問仕僧侶可有扶助候、諸式寺社法度之儀、厳重可被仰付候也、

慶長五庚子年十一月十六日　家康判

一乗院殿(2)

で、この朱印状は徳川家綱のとき、一乗院宮真敬法親王が後水尾院の皇子であった関係のために後水尾院の宝庫に収められていたが、この宝庫が皇居炎上のために消失し、その写しを寛文五年（一六六五）に提出して朱印状の復活を見たが、徳川綱吉は興福寺に優遇処置をとり、貞享年間に寺務職に一乗院を任命されると同時に、大乗院にも黄衣を許可する事なども行われたが、興福寺の学問料千石は家康が一乗院に寄進されたため大乗院はこの学問料千石について争いが生じた。ことにさきの判物も御朱印状でなく、単なる家康の花押で御朱印状とはいえないと反発した。

そのうえ興福寺寺務職は古来両門跡が交代で就任されることになっていたが、両門跡の間に差別があるのではない。ことに学問料については、その判物を下されし宛先が一乗院であったがためのもので、この千石は寺務職となった大乗院もまた支配すべきものであると白石は裁決し、ことに近衛基熙の干渉を排除している。「折たく柴の記」にも、

一乗院殿の門下にして、神祖(家康)別御朱印といふものすでに焼けうせぬとて、そのうつしをまゐらせし事なれば、覚束なし。殊にはそのうつしにも、御書判としるされし上は、御朱印にはあらず、また公事より彼寺務拝任の日をわかたれしかど、いにしへより此かた、両門かはる〳〵其職に任ぜられし上は、両門の差別あるべき事にもあらず。また神祖の御書にも、学問料の事、長く一乗の門室へよせられしとも見えず、寺務当職にあらずとも、これ

らの事をはじめて、学侶の事等、沙汰あるべしとも見えず、これはたゞ当時の寺務になられし所なるに、大往院（尊敬）殿その時の寺務なれば一乗院殿へとはなされし也。(3)

と、学問料千石についてその判定を下し、三井寺の例をあげ、また宝永七年七月十日には両門跡の院家を召寄せて検察を加え、一乗院の専断を止めている。ことに宝永七年（一七一〇）十二月二十五日このために南都にいたり事情を調査したときのことについても、

この年（宝永七）の冬、我（白石）南都におもむきしに、かしこの奉行（奈良奉行）三好備前守、我に語りて、「此たび御沙汰の次第、大乗院殿のありがたく思ひ給ふは、いふに及ばず、一乗院殿門下の僧侶といへども、感じ申さぬものなし」とぞいひける。しばしがほどは、此所にとゞまり居て、心しづかにふるきあとゞも見んずるとおもひしに、一乗院殿の門下成身院とかいふ老僧の、近衛摂政殿の仰をつたへて、多喜宮見参の事を申し来れり。此宮に見参せんほどならむには、大乗院殿にまゐらずしてかなふべからず。さればそれらの儀によりて、とありかくありといふ事もこそあれと思ひしかば、いそぎて帰るべき事あれば、此度の見参かなふまじといひて、かしこにとどまる事わづかに三日にして、京には帰りたり。(4)

ことにこの裁決について近衛基熙はまったく白石の一存のごとく感じて「事にふれては某が事よからぬさまに申し給ふ事、たび〱におよびしかど」(5)と白石に対して好ましくない感情をもっていたようである。

また正徳二年（一七一二）四月の一乗院緋衣勅許事件についても、やはり「折たく柴の記」に、

「此たび一乗院宮緋衣勅許の事は、親王の御身がらによられし也」などいふ事より始て仰らるゝ事ども多かれど、「皇親の尊崇あるべきと門室の高下なかるべきと相混ずべき事にあらず。されば、今より以後、寺門の儀軌にお

いては、往代の成規によりて御沙汰あるべき歟、又両門の優劣あらんには、一山無事ならん事、其期あるべからず、されば今より以後、皇子一乗院に御入室の事を止めらるべき歟、此後また大乗院にも皇子御入室の事あるべき歟、この三条の間をもてよろしく聖断有べき」由を仰られしかば（中略）「皇親の尊崇有べき所と、門室の高下なかるべき所と相混ぜらるべからず。されば一乗院の宮学業未成満之間は、會式の時にあたりて、白衣をもて事にしたがはるべし。（下略）[6]

このように白石は興福寺の裁決に対しては両事件とも興福寺寺務職すなわち興福寺別当以外は緋衣勅許の例がないのにかかわらず、一乗院のみが公家方の支援によって緋衣勅許の初例を得たことは両門の争いを起す原因ともなるとして、興福寺の一乗院が皇親であるがための優先的あつかいをすることを止めている。幕府は公武共に裁決するに対しても公家方には圧迫を強めているようなきらいが多い。興福寺両門跡でも公家方の一乗院に対して武家方に近い大乗院に対しての立場の方が寛容度が多い。これはまた東大寺と興福寺との立場に対する幕府の態度にも見られ、源頼朝が東大寺の鎌倉再建に協力した関係からも東大寺側に有利な立場が見られる。同じく「折たく柴の記」に東大寺の再建について述べたところでも

（正徳五年閏二月十二日）東大寺勧進上人公盛申す事あり。東大寺は、聖武皇帝の御草創、鎮護国家の霊場也。されば治承の回禄の後、後白河法皇の御願にて、諸国に院宣をなされて、御再興あり。そののち又永禄の回禄にも、正親町院綸旨を諸国に下されしかど、時至らずして功成らず。先師公慶が時に及びて、関東に申し、諸国に勧進して大佛殿を造畢し、公盛是に継て、楼中門等を造るといへども、廻廊以下の所々は其功いまだならず。伏して願くは、建久・永禄等の例によられて、院宣をなし下されん事を望請ふ所なりと云々。[7]

と、公盛上人の院宣をめぐって、その例を白石は述べている。もちろん東大寺再建については白石は「東大寺大佛殿造立の為、及び富士山の焼けし灰除かれん為に、諸国に役をかけらる。これらはたゞ臨時の役也といへども、世の人申事もありき」(8)とて諸国臨時の役として大佛殿再建に夫役を課せられることについて反論をば唱えているが、いま公慶上人の大佛殿廻廊の勧進についての意見として、公盛上人の「今に至て其廻廊の事のために、院宣を成されんに、なほ催促に従がはざらむ国々もあらむには、朝命時に行はれがたきに似んも、いかにやあるべき、公盛上人先師の志を承て、その願空しからざらむには、それらばかりの所、造畢の功ならむ。何ほどの事かあらむ、しかれども、これらの事はたゞ竊に議し申す所也。院宣をなし下されんに至ては、すみやかに諸国に下知せられん事、申すにや及べき」とぞしるしたりける。(中略)かの上人望申す所、聞しめしがたくて、仰下されし也。聞召す所のごとき其謂あり。院宣なさるべきにもあらず」と仰下されしこそ」(9)と述べている。

公盛上人の大佛殿廻廊再建の院宣についてはその必要はないけれども、その再建の意志については上人の「聞しめす所の如き其謂あり」とて協力については好意を見せている。このように新井白石の態度は儒者的見識と同時にその歴史的必要性について正確に把握せんとする立場が随所に見られる。そして諠譁両成敗の江戸幕府の原則に立ちつつも、興福寺問題についても「両門の優劣あらんには一山無事ならん事有べからず」との態度を示し、興福寺寺務職についても、大乗院・一乗院が「両門かはるく其職に任ぜらるる」原則を守るならば「両門の差別あるべき事にもあらず」とのべ、南都に参って裁決の史料を求めたときも、一乗院の親方の関白近衛基熙の干渉をさけて「見参かなふまじ」と、にげるように京都にもどっていることは彼が正しい史料を求めたのちその公正を守らんがために、貴族のいたずらな干渉を排除し、事の裁決にあたって公正な史料にもとづき正しい判決を求めようとした近代史学者としての新井白石の人間像がうかがわれるのである。

(1) 東大寺図書館蔵、宝永七年十二月日「新井勘解由殿御越ニ付諸色入用」年預心光院（141/659）
(2) 憲教類典、寺社四ノ十三（伊達光美『日本宗教制度史料類聚考』三二二頁）
(3) 折たく柴の記、巻中（日本古典文学大系本）二五八頁
(4) 同右、二五九頁
(5) 同右、二六〇頁
(6) 同右、三一八頁
(7) 同右、四〇七頁
(8) 同右、二九二頁
(9) 同右、四〇八頁

二　南都戒和上職の変遷

東大寺を始め、南都における僧侶の受戒については、東大寺の戒壇院にて行われる授戒会がその中心となっていた。これについての東大寺の記録によると、

授戒會　凡東大寺授戒四月ﾚ行之、或三月也、近来無ﾚ定、東大寺授戒安居以前云々(1)、

とあって、東大寺授戒會は毎年三月十一日より始まって、その月のうちに終了する慣例となっていたようである。そして授者は三月五日迄に玄蕃寮及び僧綱所に届出なければならなかった。但し同じ授戒でも沙弥・沙弥尼等の軽戒では三月上旬までと定められていた。また授戒にあたる戒和上や大小十師等の供料については、大和国の年貢より調進

し、東大・興福・大安・薬師・西大・法華・新薬師等の諸寺が各一日分の供料を調達するしきたりとなっていた。

また延喜式でも、この東大寺要録の記載と殆ど相異するところはなく、延暦寺の円頓戒壇との相異について、「凡以㆓七大寺僧㆒、為㆓師主㆒之輩、不㆑聴㆑預㆓延暦寺授戒㆒」(2)と南都においてはあくまでも東大寺戒壇を中心としていたことが明らかである。

いまこの南都戒壇の源流をたずねてみると、それは天平勝宝年間に聖武天皇及び光明皇后が東大寺大佛殿前に壇をきずいて唐僧鑑真より授戒を受けられたのにはじまるのであるが、「東大寺始行授戒作法記」によると、唐僧鑑真和上の申請により、「如㆓唐朝㆒者、但以㆓三職挙状㆒被㆑令㆓大小十師㆒請㆓定之㆒、三職者和上・羯磨・教授也、次到㆓和上職位㆒者、依㆓羯磨教授之判㆒被㆑任㆓和上職位㆒」との規式を示し、(3)和上は羯磨師・教授師の推挙により就任するものであった。また授戒にともなう大十師・小十師についても唐朝の例にもとづき鑑真は「先令㆘日本行㆓授戒㆒、如㆓唐朝㆒可㆑請㆗諸寺大小十師㆖」として東大寺、興福寺、元興寺、大安寺、薬師寺、法隆寺より招請する慣例を形成するにいたった。

そしてこれは各大寺相互に配役を持廻りしていたため、昌泰三年(九〇〇)五月七日には法隆寺より授戒会のために大小十師が参加することになっていたが、富雄川の氾濫のため東大寺方の大小十師を以て授戒会をとりつくろったという例も見られる。(4)そして戒和上についても、鑑真の弟子法進がそのあとをついで第一代の戒和上となって以来、年齢七十より八十以上の律僧を以て戒和上となし、その出自は薬師寺、元興寺、招提寺、興福寺、東大寺、法隆寺、大安寺等南都の七大寺より戒臈高きものをもって補任されることになっていたが、平安時代以降は東大寺出自の僧が慣例として戒和上となるのを恒例とした。そして受戒は東大寺戒壇院で支障のないかぎり三月二十日前後に行われることになっているが、その時日は早いときは三月六日、遅い時は五月または十二月二十五日頃になるときがあるが、三

月六日は恒例で、遅い時は仁和寺宮や、貴族の子弟等が登壇受戒する臨時の場合であった。興福寺の類聚世要抄の記録によると、

受戒事

(三月)廿日

年中行事云

東大寺

大徳〃〃律師

薬師寺

、、、、、

東大寺

、、、、、

東大寺

、、、、、

東大寺

、、、、、

元興寺

、、、、、

東大寺
、、、、
興福寺
、、、、
興福寺
、、、、
大安寺
、、、、
招提寺
、、、、
沙弥某　稽首　和南　足下
竊以三学殊速必會通、於漏盡五乗、廣運資戒乞以為先、是知表無表整、衆行之津梁、願無欲心、祈去支之勝躅、
但某宿因多幸、得莚法門、未登清禁夙夜殊今契、元永元年十月十七日於東大寺戒壇院受具足戒、伏願大徳慈悲載
済少職和南謹疏
元永元年十月十七日　　沙弥　謹疏
和上

傳燈大法師位

戒壇堂達

傳燈法師位

傳燈法師位

綱所

從儀師傳燈法師位

從儀師傳燈法師位

威儀師傳燈大法師位

玄蕃寮

正六位上行

正六位上行

治部

正六位上行

正六位上行

（長者宣引付　延應元年）

僧綱牒　東大興福元興大安薬師西大招提等寺

應令早告請受戒大小十師等事

牒自来廿日可被行受戒者、大小十師任例可被告請定状牒送如件、諸寺宜承知、依件令廻請故牒

延應元年九月廿八日

従儀師寛賢

威儀師厳縁

大僧正　覚厳

僧　正　四人

権僧正　七人

法印権大僧都聖誉

僧綱牒　東大興福元興大安薬師西大招提新薬師寺等

應令早進向沙弥事

牒自来廿日可有受戒之務者、彼日以前沙弥等可急向之状牒送如件、諸寺宜承知牒到准状故牒

延應元年九月廿八日

従儀師寛賢

威儀師厳縁(5)

このように中世における戒和上職は、東大寺に於て、大小十師は東大寺以外の七大寺に配当することになっていたが、この類聚世要抄の受戒の範例にしても、至徳二年・寛治元年・永長二年・長治元年・天仁二年等ほとんど興福寺は東大寺戒壇で受戒を行う例となっている。保安三年のときも、

中暦記云保安三年十二月十日受戒行之、十三日御寺分受戒　治部大輔禅師〻〻、故源大納言禅師、権守重基禅師

〻〻、同自一乗院尤立同車渡戒壇者、是玄覚入室弟子也(6)

と、興福寺よりの受者は東大寺戒壇院へ送りこまれるならわしであった。しかし東大寺が古来よりの戒和上職を独占しようとするとき、また絶えず興福寺側の受者に限るときに問題が起こり複雑となり、二人の和上職があるという違例が生じたこともあった。中右記の元永元年（一一一八）十月十五日条にも、

戒和上被仰下東大寺一人、興福寺一人、往昔有二人例云々、仍被仰下、近代不見事也、(7)

と、このように二人の和上職が出ることは古来の慣例にはずれるものであると述べているように、中世に於ても戒和上は興福寺側と幾多の相論を繰り返しながらも東大寺に戒和上就任に対する有利な条件が慣習法的に成立していたようである。

それはまた東大寺要録の戒和上次第を見てもそのことが裏付けされるのであって、このことは後に述べる江戸時代の慶長年間及び宝永年間の東大寺と興福寺の戒和上相論問題とも関聯して大きな相論の焦点ともなったのである。

（1）東大寺要録第四、諸會章第五（東大寺宝庫本）
（2）延喜式（国史大系本）二十一、玄蕃寮　授戒条、五四五頁
（3）東大寺要録第九、雑事章第十之三
（4）東大寺始行授戒作法記（東大寺要録第九、雑事章第十之三）
（5）類聚世要抄第八
（6）同右
（7）中右記、元永元年十月十五日条

三　慶長二十年戒和上職相論について

南都東大寺戒壇の戒和上職についての相論は、のちの宝永八年の場合とも同様に興福寺との間に起っている。前者が大乗院門跡信尊の受戒、後者が一乗院門跡尊昭の受戒について、東大寺と戒和上の任命について同様の相論がくりかえされている。

この慶長二十年（一六一五）の東大寺と興福寺との相論については、大乗院門跡信尊が東大寺戒壇院で受戒をうけるについて、その戒和上を興福寺側より差出すべきであると主張したことから争いが重なった。本光国師金地院崇傳の日記よりしてその争いは慶長十八年（一六一三）よりのことであった。

これらの南都寺院の間の訴訟については、はじめ奈良奉行を通じ、次に京都所司代を経て江戸の寺社奉行に申達し、幕閣の評定を待つこととなっていた。そのためこの訴訟もまず京都所司代板倉伊賀守勝重に伝えられ、板倉勝重はその裁許に対する検察を佛教事情にくわしい金地院崇傳に返答を求めた。この年の十一月二十八日に返書を出して崇傳は、この問題は「訴状従東大寺被指上候、様子無案内之儀候間(1)」とて、まず両寺の諸老を召して聞きただした上で「如先規治定可然」であるとの結論に達した。もちろんこのことは徳川家康の承認を得て両寺に通達された。これについて東大寺側は戒和上の勅任例において興福寺より「和上者戒﨟次第候、然者当寺之堂衆仁者、受戒會勤役之体多候」とて、授戒会の戒和上職はその原則として、

授戒之制法者、積戒﨟任相承之旨、備和尚候義、往古之掟旨候、(2)

とて、興福寺側に七十五歳以上八十歳代の戒﨟高い僧を以て戒和上に任ぜられるべきことについて、その適当な人物

がないと主張して「興福寺之堂衆仁者、勤役之体、壱人も無之候間、当寺之堂方可為和上事無紛各存候」(3)と年預五師訓監を以て返書を提出して戒和上は東大寺側より出すべきであると強調した。しかし幕府は東大寺や興福寺の一方的な返答では「無案内」であるとして、「両寺共に先規を被相考、以書付被申候へ」(4)と警告を与え、正確な書類による判断を下す材料の提示を求めている。

このため授戒会はおくれ、興福寺一乗院門跡尊勢は慶長十九年三月五日駿府での法相宗論議におもむいたときに実情を家康に訴えた。また興福寺側は盛んに京都所司代に授戒会を早く実施されたいと申込んでいる。しかしこれに対して東大寺側は堂衆も出向かず沈黙を保って動かなかった。しかし興福寺の別會五師側は、東大寺が無理に大乗院信尊の授戒会を遅らせているとして、所司代と崇傳に書状を送り、

一、同日（三月七日）板倉伊賀殿二月廿七日之状来、興福寺受戒會之事申来、興福寺五師衆より金地院、板伊州両人宛所にて、二月廿六日之状来、受戒之事由来、大乗院殿より板伊州へ参候御書見せ来、受戒会に付て、和上出入興福寺東大寺堂衆申に付て、會式遅候段、令迷惑候由之状也、受戒會に付而一乗院殿より板伊州へ参候御書も見せ来、

右何も一乗院殿より御届也、(5)

とて興福寺側は関白近衛基熙を押し出して一乗院を介して盛んに所司代へ訴え出たのである。もちろんこの時の一乗院の金地院への来訪は春日社造営成就の御礼のことも含まれていた。

この事件に対して幕府側は、先ずその言分を聞くために両者の方策をとって東大寺・興福寺の両者の堂衆を駿府城に呼びよせることを決定した。(6)しかし興福寺側はその主張を強調せんがため一早く下向したが、東大寺は下向を渋って遅退策をはかった。(7)しかし慶長十九年四月一日になって東大寺堂衆二人がようよう下向し、四月十八日に徳川家康

の前で公事裁決が行われることになった。本光国師日記では、

一、同日(十八日)御前　興福寺、東大寺両堂衆、戒和尚之公事有之、

興福寺者、天正十二年迄綸旨連続

東大寺者、従文安三年退轉、慶長十九年迄は凡百六十九年之退轉也、

如二近年有来一、興福寺堂衆戒和尚に定ル、

大乗院御門跡早々可レ有二受戒一之由、一乗院殿へ被二仰出一也、(8)

しかしこの決定は東大寺側の戒臈重視というさきの「授戒之制法者、積二戒臈一任二相承之旨一、備二和尚候義一、往古之掟旨候」(9)という主張は興福寺側の「當寺之堂衆仁者、受戒会勤役之体多候」という主張に押まくられた形となって、その興福寺一乗院の裏面工作は成功したかに見えた。しかし東大寺は所司代へ書状を送り、「大乗院殿御受戒會之義、堂衆于今及異義之由」と訴えた(10)。そして東大寺は駿府方へもしばしば使僧を送り、さきの裁決に対して、興福寺が天正十二年まで綸旨連続という主張に反発し、家康の寵臣本多上野介正純に訴え、板倉伊賀守にその処置の再考をうながした。その書状は、

一、能以次飛脚申入候、南都大乗院御門跡御受戒會に付而、両堂衆戒和尚出入、先日一乗院御門跡御下府之刻、被、聞召、東大寺之戒和尚百六十年退轉之由候故、如近年と被仰出候、然処に、今東大寺清凉院被罷下、中古興福寺も百六十年退轉之記録有之由被申上候故、当秋　御上洛之刻、雙方之記録今一往可被成御覧候間大乗院御門跡御受戒會先御延引候様に可申入旨　被仰出候、其由急度可被仰渡候、為其令啓候、恐惶謹言

六月十三日　金地院

第30表　戒和上次第

代	本光国師日記〔十三〕(慶長19　8　24)					東大寺要録五　戒和上次第			
	西暦	年	名	出身	年齢	名	出身	僧位	年齢
1	763	天平宝字 7年	法進		81	法進	東	大僧都	81
2	774	宝亀 5年	如保	薬	84	(如保)	薬	少僧都	84
3	786	延暦 5年	昌禅	元	78	(同左)	元	律師	78
4	795	延暦 14年	豊安	招	80	(同左)	招	少僧都	—
5	806	大同 元年	長恵	興	82	(同左)	興	大僧都	81
6	813	弘仁 4年	義観	法	85	(同左)	法	—	82
7	816	弘仁 7年	慶修	東	82	(同左)	東	(律師)	85
8	830	天長 7年	常詮	薬	78	(同左)	薬	大僧都	78
9	840	承和 7年	義暹	法	83	(義暹)	法		73
10	845	承和 12年	寿教	興	82	(同左)	興	律師	83
11	851	仁寿 元年	恵隆	元	76	(同左)	元	—	76
12	858	天安 2年	□幡	東	81	(玄情)	東	大僧都	81
13	866	貞観 8年	最教	東	78	(同左)	(東)	律師	78
14	873	貞観 15年	覚詮	元	81	(同左)	元	律師	81
15	878	元慶 2年	良教	法	78	(同左)	法	—	78
16	880	元慶 4年	寿詮	元	80	(同左)	元	律師	80
17	887	仁和 3年	祥勢	東	82	(同左)	東	大僧都	82
18	899	昌泰 2年	叡南	東	79	(同左)	(東)	律師	79
19	905	延喜 5年	寿慶	大	77	(同左)	大	律師	77
20	913	延喜 13年	暹湛	招	—	(暹湛)	招	—	—
21	917	延喜 17年	安英	大	78	(暹安)	大	律師	82
22	928	延長 6年	安康	大	82	(安霊)	大	律師	78
23	936	承平6年 (ヵ)	昌英	大	79	(昌矣)	大	律師	79
24	948	天暦 2年	宝恵	東	87	(同左)	東	律師	87
25	950	天暦 4年	慈高	東	91	(同左)	東	—	91
26	954	天暦 8年	増敏	東	78	(同左)	東	律師	78
27	957	天暦 11年	明祐	東	83	(同左)	東	律師	82
28	961	應和 元年	武忠	東	78	正蓮	東	—	72
29	965	康保 2年	安達	東	73	戒忠	東	—	78
30	967	康保 4年	—	—	—	仁泰	—	—	79
31	970	天禄 元年	正蓮	東	78	安達	東	—	78
32	973	天延 元年	平油	元	80	(同左)	元	—	80死
33	979	天元 2年	昭鏡	東	82	(同左)	東	—	82
34	987	永延 元年	仁延	東	73	(同左)	東	—	—
35	1001	長保 3年	仁泰	東	76	(同左)	東	—	76
36	1004	寛弘 元年	忠与		89	(同左)	興	—	89
	「自承和十二年至寛弘元年百六十年興福寺の退転」								
37	(1005)	(寛弘 2年)	—	—	—	仁救	東	—	82
38	(1011)	(寛弘 8年)	—	—	—	元好	大	—	80

39	(1012)	(長和元年)	—	—	—	恩倫	興	—	85
40	(1028)	(長元元年)	—	—	—	長救	東	—	82
41	(1029)	(長元2年)	—	—	—	恒修	元	—	86
42	(1030)	(長元3年)	—	—	—	利慶	東	—	—
43	(1038)	(長暦2年)	—	—	—	灌昶	興	—	—
44	(1049)	(永承4年)	—	—	—	恒仁	元	—	86
45	(1054)	(天喜2年)	—	—	—	宝貫	東	—	85
46	(1055)	(天喜3年)	—	—	—	太喜	興	—	—
47	(1061)	(康平4年)	—	—	—	覚照	興	—	89
48	(1065)	(治暦元年)	—	—	—	于政	興	—	—
49	(1071)	(延久3年)	—	—	—	基遍	興	—	—
50	(1076)	(承保3年)	—	—	—	于勝	興	—	—
51	(1080)	(承暦4年)	—	—	—	于朗	興	—	—
52	(1102)	(康和4年)	—	—	—	道法	興	—	—
53	(1106)	(嘉承元年)	—	—	—	蓮春	興	—	—
54	(1110)	(天永元年)	—	—	—	忠源	興	—	—
55	(1118)	(元永元年)	—	—	—	隆暹	東	—	—
						「已上要録定已下私注加之」			
56	(1119)	(元永2年)	—	—	—	妙行	興	—	88
57	(1122)	(保安3年)	—	—	—	定因	東	—	80
58	(1122)	(保安3年)	—	—	—	慶満	東	—	79
59	(1123)	(保安4年)	—	—	—	勝喜	興	—	77
60	(1129)	(大治4年)	—	—	—	永尋	興	—	79
61	(1135)	(長承4年)	—	—	—	壱賢	興	—	83
62	(1148)	(久安4年)	—	—	—	頼徳	—	—	94
63	(1149)	(久安5年)	—	—	—	円元	興	—	88
64	(1151)	(仁平元年)	—	—	—	浄久	薬	—	93
65	(1152)	(仁平2年)	—	—	—	久仁	薬	—	92
66	(1153)	(仁平3年)	—	—	—	実増	興	—	84
67	(1156)	(保元元年)	—	—	—	経隆	興	—	84
68	(1166)	(仁安元年)	—	—	—	願明	興	—	—
69	(1167)	(仁安2年)	—	—	—	善實	興	—	82
70	(1170)	(嘉應2年)	—	—	—	與順	興	—	—
71	(1171)	(承安元年)	—	—	—	善実	—	—	90
72	(1175)	(承安5年)	—	—	—	戒朗	東	—	—
73	(1178)	(治承2年)	—	—	—	珍鑒	興	—	—
74	(1180)	(治承4年)	—	—	—	永賀	東	—	—
75	(1181)	(養和元年)	—	—	—	珍鑒	興	—	—
						「東大興福両寺為逆臣，皆被焼失了，佛像埋灰燼，経巻混焱煙之間，佛法已至，唯受戒又難行，而依為道心門，崛請珍鑒重為戒和上了」			
76	(1185)	(元暦元年)	—	—	—	久賀	薬	—	—

77	(1186)	(文治 2年)	—	—	—	善	勝	東	—	—
78	(1197)	(建久 8年)	—	—	—	久	厳	東	—	—
79	(1198)	(建久 9年)	—	—	—	浄	鑒	東	—	77
80	(1202)	(建仁 2年)	—	—	—	相	誉	興	—	88
81	(1207)	(建永 2年)	—	—	—	弁	基	興	—	—
82		— —	—	—	—	寛	恵	東	—	90
83		— —	—	—	—	善	祐		—	—
84		— —	—	—	—	春	永		—	—
85		— —	—	—	—	心	拘		—	—
86		— —	—	—	—	信	暁	—	—	—
87		— —	—	—	—	隆	永	—	—	—
88		— —	—	—	—	幸	俊	—	—	—
89		— —	—	—	—	浄	尊	—	—	—
90		— —	—	—	—	相	英	—	—	—
91		— —	—	—	—	順	慶	—	—	—
92		— —	—	—	—	良	詮	—	—	—
⋮	1374	応安 7年	堯弁	東	74					
⋮	1442	嘉吉 2年	祥寛	興	82					
⋮	1446	文安 3年	春専	東	71					

自応安七年至文安三年　七十三年東大寺に退転
又自文安三年至慶長十九年　百六十九年東大寺に退転

南都寺院別戒和上就任数集計
東大寺30，興福寺28，薬師寺 2，大安寺 5，元興寺 6，法隆寺 3，招提寺 2

註　(年号) は東大寺要録にあって，本光国師日記にないもの，この統計は全般的なものでないが，史料批判の参考として供することができる。また東大寺要録の収録の原本については不明である。

本多上野介

板倉伊賀守殿人々御中(11)

そして東大寺は駿府の裁決不満として、これを江戸の裁決にもちこもうとした。ここにも江戸幕府があくまでも単に口述の裁決を強行するのでなくして、事実即ち史料にもとづいた裁決の方法を求めて、大御所家康が一応の決論を出したものでも、相方が同意しないかぎり証拠の信憑性を検して再び公平な判断を下すべきであるという文治主義的な政策の一端をもうかがえるのである。そして東大寺の江戸への働きかけは寺内の塔頭であった年預の清涼院の動きがいよいよ活発となった。また京都方廣寺大佛鐘銘事件を発端として、豊臣秀頼の大坂方との対決もせまっていた頃であった。そこで駿府に於てもこの問題を放置することもできず、再び両寺両堂衆を駿府に呼びよせて「受戒會之儀、早々相極候」ためにも「戒和尚出入之儀急度相極候様にと被仰越候」、そしてこの度はさきの場合と立場を異にして「東大寺衆當地に被相詰候、旧規共被聞召届可被仰付旨に候、東大寺之堂衆又罷下由候条、貴寺（興福寺）之堂衆も、定而可罷下と存候、落著次第御受戒尤可為珍重候、御取成之儀、疎意不存候」[12]と幕府は再び興福寺大乗院に対して通達を出さねばならなくなった。そしていよいよこの問題も最後の証拠調べの段階となった。

ここでその裁断の史料となったのは東大寺側の上申した戒和上次第である。これは東大寺要録に記載されているところであるが、これを本光国師日記に記している処とその相違点について考えてみるために示すと、第30表（前掲）の如くなる。これを見るとこの戒和上次第については東大寺要録を基準としながらも、幕府へ提出した本光国師の記載とは近世について著しく相違している点も多い。その大要については戒和上の任命は天暦二年（九四八）よりは東大寺側に独占され、長和・天喜末期よりは興福寺側より撰出されることが多かったことが事実である。もちろん平家による両寺の回禄以後については両寺共に不明な点が多いだけに相論の焦点になったのである。しかし戒和上の戒﨟については最低七十一歳、最高九十一歳と、かなり両堂衆の中でも高齢者をもって任じていることは東大寺側の「戒﨟尊重」の主張が有利に展開したことに相違なかった。ことに東大寺側はさらに、

自古至于今に従来一和上に登候事は無之候、末座之仁、此度戒和上仕候へは二月堂を初として、諸會式戒﨟之次第相破候間、法度相立申候様被仰付候、[13]

と主張し、あくまでも戒﨟重視のもとに推論を進めていった。その結果、戒﨟についてこの論の根拠として提出した史料は恐らく東大寺要録第五の戒和上次第であったが、これは興福寺側の退転の史実もあきらかとなり、この時点に於いて、最終的な結論を見出すこともできたのである。そこで幕府側は京都所司代板倉伊賀守勝重にその決論にもと

づいた書状を送ってこの大乗院受戒問題に決着を見ることになった。

急度令啓達候、南都東大興福両寺戒和尚出入之儀、最前一乗院殿御下向之刻、東大寺は和尚職百六十年退轉之由被仰上に付而、此中如有来可然様に被思召候処、今度清涼院罷下、旧記被相考、如此書付被指上候、中古興福寺にも百六十年和尚職退轉候、是は戒臈無之候へば、互に中絶申事に候、幸今度は東大寺に戒臈有之儀に候条、任旧例被　仰付候様にと訴訟被申に付而、此目安興福寺へ指越、被申分於有之者、可被申上候、旧記此書付之通に候間、此度東大寺戒和尚補任尤之旨被仰出候、右之様子於其地雙方被遂穿鑿可被仰越、以其上落著之儀可被仰出候、為其東大寺之目安相添進候、恐々謹言、

八月廿四日

金地院

本多上野介(14)

そして東大寺側は「戒法傳受之老僧御座候、所詮如先規両寺戒臈之法度相定申候様、被仰付候者、忝可奉存候(15)」と東大寺両堂衆側より戒和上を出すことにより、慶長二十年二月二十八日、信尊の受戒会が行われ、「先規有之之上者、戒臈次第可相任旨被　仰出候(16)」とて慶長十八年より二十年までついに二カ年間も相論の解決が見出せなかった。

しかし、この解決にあたって、あくまでも戒和上次第に根拠をもとめた幕府の態度は寺院統制について、公正な典拠を求めつつ、それを法度化して規準を定めて両寺への規制を強めようとしたことがうかがえるが、この相論は宝永八年（一七一一）の一乗院門跡の受戒会の場合とも多くの関聯性を持つに到ったのである。

あくまでも典拠の正確さを求める幕府側は、その学問偏重による文治主義実現のために政治の判決の基盤を正確な史料に求めて裁決を行い、そのためには一度、興福寺側に有利な解決を与えたにもかかわらず、再び東大寺側の差出

す戒和上次第により反転してその主張のもとに最終的な裁決を与えた処に、いかに幕府が寺院の由緒にもとづいて寺院を統制しようとしたかが推察することができるのである。

(1) 本光国師日記第十(大日本佛教全書本)慶長十八年十一月二十八日条(五四六頁)
(2) 同右、慶長十八年十二月三日条(五五一頁)
(3) 同右
(4) 同右、第十一、慶長十八年十二月二十四日条(五六二頁)
(5) 同右、慶長十九年三月七日条(六〇〇頁)
(6) 同右、慶長十九年三月十八日条(六〇五頁)
(7) 同右、慶長十九年三月二十七日条(六一六頁)
(8) 同右、慶長十九年四月十八日条(六二八頁)
(9) (2)に同じ
(10) 同右、慶長十九年五月十七日条(六五一頁)
(11) 同右、第十二、慶長十九年六月十三日条(六六〇頁)
(12) 同右、慶長十九年七月二十三日(六九〇頁)
(13) 同右、第十三、慶長十九年八月二十四日条(七一八頁)
(14) 同右、慶長十九年八月二十四日条(七一五頁)
(15) 同右(七一六頁)
(16) 同右、第十五、慶長二十年二月二十八日条(八五三頁)

四　宝永八年戒和上職相論と新井白石の来訪

さきの慶長二十年の大乗院信尊のときに於ける東大寺と興福寺との戒和上に対する相論と同じ類型の相論が、宝永七年（一七一〇）の一乗院新門跡となるべき一乗院尊昭に対する東大寺での受戒会実施に際して起った。これはまた慶長二十年（一六一五）の戒臈問題にも関聯性を持っていた。そしてこれも宝永六年より宝永八年（一七一一）にかけての二年間の相論で、このことについては、時の東大寺年中行事記のなかにくわしくその経過が述べられている。この計画は宝永六年五月二十六日に「今度一乗院御児御所御得度被成、當秋御受戒會御執行之由(1)」という目的のため東大寺での受戒会開催を依頼して来た。

しかしこれについて次の条件が加わっていた。「戒和尚之儀、此方と存候」また、「戒和尚之儀、此方より相勤申候間、左様思召不候歟と御所申上置度存候(2)」ということについて、東大寺側は戒和上職は東照宮以来戒臈次第であるべきであると主張した。そして、

慶長年中大乗院門主受戒會和上職之事、東大寺九院興福寺五院之堂衆等争論之時東照宮御糺問之上、両寺堂衆以戒臈次第可任其職之旨、御裁断畢、

今度一乗院宮御受戒会可有之、而文殊院栄貞当其任之由、東大寺堂衆挙申之処、興福寺堂衆等称下松院快範戒臈最高之趣遂及争論、各以所訴申者、任東照宮御旨所仰上裁也(3)、

と、東大寺側の推挙する文殊院栄貞と興福寺の推挙する下松院快範との戒臈の上下について、慶長二十年の古相論にもとづいて裁決を求めることとなった。

そして奈良奉行所は受戒会が延引しないうちに両者が解決すべきと傍観の態度をとったのであるが、宝永六年五月二十四日東大寺側の堂衆の代表の文殊院、宝住院は興福寺一乗院に出向いて「今度戒和上、当体文殊院ニテ御座候間、為御改参上仕候旨被申処(4)」と東大寺側の主張を直接一乗院へ申入れることになった。

そして東大寺側の候補者である中門堂衆一﨟の文殊院栄貞大僧都と、興福寺側の推挙する下松院快範との間の戒﨟の資格についての問題に移っていった。

この結果、栄貞は入﨟より三十五年、快範は十八年を算定した。しかしてこの戒﨟算定について東大寺側は、興福寺の快範に対しては、単にいまの場合の一乗院の受戒以前の元禄十六年(一七〇三)大乗院門跡信雅の受戒会の実施についても相論が起こり、いままた宝永五年(一七〇八)の東大寺龍蔵院快英との一乗院尊昭の受戒会に対する相論にも戒和上問題は相論を重ねている。「今度御受戒會之儀ニ付、両堂御願申上趣ハ、先年龍蔵院与下松院及双論之処、御奉行以書付之仰出候ト内々重而之戒和上下松院可然と有之(5)」と快範の戒和上就任への興福寺側の主張はあくまでも東大寺との対決を求めて、慶長二十年の如く、自己の門跡の受戒は自己の寺でもってなされるべきと、その復活を計画することにあった。

これについて東大寺側の記録の「受戒會年預捌記」では、

一、戒和上専寺中門堂衆一﨟文殊院栄貞大、今度興福寺下松院快範与戒﨟高下之相論、快範儀者根元和州桃尾山大心院住持無紛、然所興福寺江入宗、桃尾山初発心之戒﨟　興福寺入宗以後之戒﨟取合、戒﨟高之旨龍蔵院快英和上勤仕之節モ及相論、當所町奉行妻木彦右衛門殿御取捌ニテ専寺龍蔵院戒﨟高ニ相究、和上勤仕在之畢、今度楢右之筋ニ付及相論、當所町奉行三好備前守殿、段々御吟味之上、京都諸司代松平紀伊守殿江被申達処、京都ニテ御捌可有之旨、依之宝永六己丑年、両寺堂衆被召出御吟味之上、下松院快範桃尾山大心院住居之年数、其後興福寺僧本寺之戒臈双方取合、快範戒臈栄貞戒臈ヨリ高ニ相究落着以書付御申渡畢(6)、

と、両寺の戒和上相論は下松院快範を擁護する興福寺側の強剛なる主張によりその相論の場は奈良奉行の手より、関西の寺社を所管する京都所司代の裁決を求めることに拡大していったのである。

興福寺側は快範の戒臈を桃尾山大心院住持の時よりと算定し、これを主張して、この場合は栄貞の東大寺入寺の臈次の三十五年を上廻り、東大寺側の主張する快範が興福寺に改めて入寺した時点に中心を置けば、十八年と臈次の点で東大寺側が有利となる条件が具わるなど、微細な相違点が大きな解釈の相違を来たすことになり事件は複雑化し、宝永五年の奈良奉行の裁定をくつがえす結果となって京都での第二審は「戒臈双方取合」す方法に於て「快範戒臈、栄貞戒臈ヨリ高ニ相究」等、第二審は興福寺の勝訴となった。

そこで東大寺はこの敗訴を受けて、慶長二十年の徳川家康の駿府城の裁決をもとに京都所司代の判決の書付を受領しないで江戸に上申することを決定し、「学侶両堂令會合、種々評議有之、秘竟此度之（京都所司代）御書付請候而ハ後代之違乱、其上永々東大寺より戒和上無之哉ニ罷成可申間、江戸エ罷下リ再度願可申由、堂衆一結之相談相極之旨(7)」とて、まず京都所司代に再願を求め、そのうえ「江戸下向存立可被致哉一決相竟畢(8)」。

しかしさきの京都所司代松平紀伊守信庸の裁定は、東大寺が江戸下向を決意した以上「御書付所持之上者、御請難申旨再三御断申候得共、御取上無之」という結果について、安井門跡道恕はこれをなだめて「一乗院殿御受戒會無滞相済候様ニ安井門主御下知」をしたが、東大寺は堂衆の江戸下向を理由に安井門跡の申入を断った

それと同時に、「権現様御定目相立不申候(9)」と堂衆は江戸下向を決意して寺社奉行の本多弾正少弼忠晴・三好備前守

東大寺年中行事記

康雄のもとに訴えた。

しかし寺社奉行方は二奉行立合いのもとで口上書委細披見され、その沙汰は京都所司代を通じて東大寺側に申渡されることになったが、東大寺側はあくまでも最初の駿府城の合意の如く、公家的影響力の強い京都所司代の裁決を求めることを拒否して、江戸での判決を求めんとした。ここに両寺の江戸幕府に対する裁決の求め方に相違が認められるのである。

そこで幕府は寺社奉行三好備前守康雄とともに新井勘解由白石の諸寺社調査と相まって南都相論の解決のため上洛させることになった。東大寺年中行事記によると、

一、（宝永七年七月）廿一日従御番所触状到来文云

覚

一、新井勘解由令申方、諸寺社一覧之筈ニ候、旧記古キ物等不残差出見セ可被申、物ニより書写度由候者、写させ可被申事、右之通可被其意得候、以上、

十月　三好備前守（康雄）

右之趣従江戸被申越候間、如斯候、以上、

十月廿一日　番所

東大寺
年預中

右之趣遂披露者也、(10)

この新井白石の南都訪問については白石は宝永七年六月二十日に一乗・大乗院の興福寺両門跡の学問料の争いに対して「南都訟の書付うけ取」また次の日、「御書付之趣にてハ事きるへからさるよし」(11)間部詮房に傳え、七月十日にはその一件に対する自分の見解を示した南都争訟弁二冊を作成して具申している。いまこの南都の戒和上問題について幕府側が新井白石に調査を命じるきっかけとなったのは、その日記の宝永七年八月十七日の東大寺側の「南都の不審書を上ル」(12)ことによるもので、八月二十三日には「今日出仕、京都への御用御使、越前守殿（間部詮房）被仰付路費百金拝領」(13)と上洛への幕命を奉じることになった。そして九月二十八日、京都への出達の暇を給わって、十月五日、「今日一乗院方への書付」を作成して、「九日出仕、今日一乗院殿坊官迄御書付改め、并南都戒和上御裁断状案上ル」(14)と、その判定書を持参して、十月二十四日に京都に到着し、「十一月十五日付にて、来春迄滞留之事被仰下、金百両拝領」した。それは南都の訴訟と共に中御門天皇の御即位に参列する目的もあったが、将軍の上意書を携えて東大寺を訪れたのは宝永七年（一七一〇）十二月二日、白石は大坂より南都へおもむいている。

この間の東大寺年中行事記には、

（十一月）
十七日、御番所より申来者、新井勘解由殿来廿五日六日之内御越可有之候、宿坊勧進所江被仰渡之間、可致支

度之由申来、即刻年預龍松院(公盛)同道ニ而番所へ参、右之御請申上者也、

一、十八日新井勘解由殿御越ニ付、色目候旧記為見列於年預所会合有之、旧記見分有之畢、

一、新井勘解由殿御越ニ付、廿五日より廿八日迄、記録為改、於年預所蓮乗院源井坊、真如院立合校合有之、

一、(十二月)二日新井勘解由殿、當地江御越宿坊勧進所、三日早期より寺中御巡見、夫より興福寺・春日・元興寺江被出テ御帰、四月早朝於天皇殿寶物并記録入御覧畢、御望被成候記録共写在、同夜持来、寺中御巡見之在者、年預役者両人案内、記録御覧之時者年預役者中不残罷出、首尾能相承、五日御発足畢、委細記録写を扣并入御覧候記録年預之箱に入置者也、(15)

これについて、東大寺の別の記録として「新井勘解由殿御越ニ付諸色入用」との宝永七年十二月の年預心光院の記録があり、東大寺勧進所での接待の様子が記されている。東大寺は新井白石に二月堂牛玉宝印を差上げ、経師屋を呼びつけ、足利尊氏の書状の古文書の箱を新たにつくり、聖武天皇の封五千戸の詔、そのほか綸旨、封戸荘園の記録、不断念佛の綸旨等古文書のいままで整備されていなかったものの塗箱等を作るなど、合せて四百三十六貫壱分五厘の支出をなしている。(16)

新井白石が東大寺の古文書や記録を閲覧したその目的は、宝永七年六月以来の両寺の戒和上問題に終止符を打つことであった。そして幕府側の態度の決定を当該寺院の古文書、古記録の中に見出すことがその大きな目的で、「東大寺宝物并二月堂勧化所ニ有之候宝物其外一山之旧記文書為差事之物等、旧冬新井勘解由殿一見之通少茂無相違様ニ悉

一見仕度望之旨段々頼来候」(17)とのちに京都所司代松平紀伊守が申越すのとは相違して、新井白石は史実にもとづいた裁決の確認をしようとしたのであって、それは白石のより歴史学的な実証主義にもとづくものであった。その結果、幕府よりの東大寺と興福寺との間に起った長年にわたる戒和上問題に対する結論としての裁決は、

東照宮様御仕置相立、下松院交衆戒臈不相立、興福寺江入院以後戒臈十八夏ニ必定、興福寺堂衆申分不届ニ思召之旨被仰渡、此以後者東大寺九ヶ院、興福寺五ヶ院之外、交衆人一円成間敷候被仰渡、今度戒和上文殊院栄貞勤仕可之旨、寺社御奉行御老中若御老中御連判ニテ御書付成被下難有仕合ニテ罷登、此度和上文殊院栄貞首尾勤仕被申畢、(18)

そして興福寺一乗院新門跡尊昭に対する臨時の受戒會は栄貞が戒和上となって東大寺側の主張を通して宝永八年三月十一日を以て興福寺一乗院の二条法印憲乗の書状により両寺がその実施にふみきることになったのである。

(1)　東大寺年中行事記（東大寺図書館蔵）宝永六年四月二十六日条
(2)　同右
(3)　東大寺文書、宝永七年十月二十六日
(4)　東大寺年中行事記、宝永六年五月二十四日条
(5)　同右、宝永六年五月二十日条
(6)　受戒会年預捌記（宝永八年三月十七日）（東大寺図書館蔵、142 548 1）
(7)　東大寺年中行事記、宝永六年九月二十六日条
(8)　同右
(9)　東大寺文書、宝永六年六月九日条
(10)　東大寺年中行事記、宝永七年十月二十一日条

(11) 委蛇暦十二（新井白石日記）宝永七年六月二十一日条
(12) 同右、宝永七年八月十七日条
(13) 同右、宝永七年八月二十三日条
(14) 同右、宝永七年十月九日条
(15) 東大寺年中行事記、宝永七年十二月二日条
(16) 新井勘解由殿御越ニ付諸色入用（東大寺図書館蔵、141/659/1）
(17) 東大寺年中行事記、宝永八年三月二十四日条
(18) (6)に同じ

五　結　語

この相論は慶長二十年、元禄十五年、宝永八年等の相論をふまえて、新井白石の南都来訪の史実確定の結果と慶長二十年の家康の裁決を根拠として興福寺側の主張をしりぞけ東大寺の勝訴に終っている。

この裁決を下したとき白石は五十四歳、彼の充実した時代でもあり、南都の長年の争論を史実の認定を典拠として一挙に解決に導いたのであった。もちろん彼が東大寺に宿したのは東大寺の徳川家康以来の裁定に有利な条件があったことを知っていたからでもあろう。

もちろん白石の家康観はその立場上讃美に終止しているようでもあるが、南都戒和上問題でも無批判迎合の態度をとっているのではなく、それは詳密なる歴史的考察を行うための古文書の閲見を忘却していない。ことに『読史餘論』に引用する文献の豊富さからいってもこのことがうかがえるのである。

ことに新井白石の「そも〳〵当時天下無告の民、いづれの所にか来りうつたふべき。しかるを奉行の人々、はじめ下知せし所にしたがはずして此訴ある事を以て、違犯の科となし、くはふるにまた御代官所より注進の状に見えし風聞の説によりて、つひに断ずるに反逆の罪を以てす。凡は民の父母たるべきもの、其心とする所、かくのごとくなるべからず(1)」とか、その幕府の相論の裁許にあたっての公正は、そのものが文治主義にもとづく幕府の政治体制への不信を導くものとしてきびしく治者の独善や偏見を排除すべきであると考えた。ことに、

たとひ申す所いはれありとも、今はた望請ふ所をゆるされんには、これらの事後来の例となりなむ事しかるべからず。たゞいかにも奉行所の下知にしたがふべし(2)。

このような白石の私なき態度が興福寺内の両門跡間の争いや、東大寺と興福寺の戒和上問題に対する根本的な解決を謙虚な態度と深い歴史眼をもった彼にゆだねる結果となったのであろう。

この戒和上問題を通じて、また江戸幕府の寺院や公家に対する問題の解決の方法もうかがえる。奈良奉行→京都所司代→寺社奉行、と南都寺院の統制と諸問題の解決に、江戸幕府としてはその解決を第一審は現地で、第二審は京都で、第三審は江戸でという政策をとっているが、興福寺側はこれを公家的勢力の強い京都で有利な解決を求めようとし、東大寺側は、京よりも、江戸で直接交渉にあたり京都の裁決をくつがえそうとしている。それは東大寺が鎌倉時代源頼朝により再建されたということ、また徳川家康が、豊臣秀吉の京都大佛の建立に反対して、東大寺大佛殿の再建には協力的であったこと、さらには戒和上相論について東大寺側が「東照宮御糺問之上、両寺堂衆以戒臈次第可任其職之旨御裁断畢(3)」という大義名分を貫き通し、両相論を通じ、勝訴へ持ちこんでいることは、ひいては大佛殿再建という問題においても共通した政策が見られるのである。

そして公武問題に関聯する興福寺の問題でも公家的勢力の強い一乗院方に対して、武家的な傾向の多い大乗院方に、また同様に南都寺院においても、興福寺より武家的な傾向の強い東大寺側に有利な判定を下している江戸幕府の政策は南都寺院統制の一つの方向であったともいえる。

そして東大寺大佛殿再建の公慶上人の幕府に対する申請に対して、それを許可し、さらにその勧進事業の不振に当たって、幕府自身が体制を通じて援助をおしまなかったことに対して、享保二年（一七一七）の興福寺の炎上に際しては幕府は単に勧進を許すのみにして積極的な援助を差しのべようとしなかったことも、両寺に対する幕府の寺院政策がうかがえるのである。そして一たび東照権現の先例を見出したとき、それの真実性を追求して幕藩体制を維持しようとした幕府側の態度に対して、東大寺が進んで東照宮を寺内に建てその大佛殿再建を求めていくという現実性に対して、興福寺側がかたくななまでの公家的政策に徹して行こうとした態度は、この相論を通じてもその背景がうかがえるのである。

（1）折たく柴の記中（日本古典文学大系本）二八二頁
（2）同右（同右）二八四頁
（3）東大寺文書、宝永七年十二月二十六日裁許状

史料

一　承明門院御忌中諸僧啓白指示抄（東大寺蔵、冊子本、113―99―1）

（表題）

承明院御忌中諸僧啓白指示抄　　権大僧都宗性

八日

儀法調声　経海　例時信超

例時之次、先有二日佛供養一、御導師経海

三身

別功徳

無量光　無量寿事　横竪利益事

経

九日

儀法調声　審隆　例時同レ之、

例時之次、先有二日佛供養一、御導師聖憲

三身

以レ智断レ徳三配二法報化身一是経説也云云

別功徳

請経滅盡之後、弥陀一教可レ留云事、即雙観経、当来之世、経道滅盡、我以二慈悲哀愍一、特留二此経一文、此意也云云

経

法華経、後々百歳之時、利益興盛云事、

十日

懺法調声　聖憲　例時同レ之、

例時之次、先有二日佛供養一、御導師信超、

三身

別功徳

第三十五願事、第十八、第十九願、皆令二成佛一之上、

立二第三十五願一可三以釈二之、

経

顕二女人成佛之旨一云事、

十一日　当二初七日一

懺法調声　信超　例時同レ之、

此次有二日佛供養一、御導師智円

三身

別功徳

例時之次、先有二初七日御佛供養一、御導師智円

御佛　不動

御経　法華経六部、開結二経、心経

轉女成佛経、阿弥陀経

三身

衆生無邊誓願度ハ化身　煩悩無邊誓願断ハ法身、

法門無盡誓願知ハ報身、無上菩提誓願成、亘二三身一

云事、

別功徳

来迎引摂願、恵道之事

今日引物、菩提樹念珠一連、扇一本

十二日（例時之剋、白河御所有御聴聞）

懺法調声　智円　例時同レ之

例時之次、先有二日佛供養一、御導師宗性

三身

以二観経一云、通二達諸法性、一切空無我之文一、

釈二三身一、

別功徳

嘆二名号功能一

今日引物、蒔絵硯箱一合

十三日

懺法調声　経海　例時同レ之、

例時之次、先有二日佛供養一、御導師経海

三身

三身成道方

経詮実相之理云事

今日引物、檀紙手箱一合、檀紙十帖被レ入レ之、

十四日

懺法調声　審隆　例時同レ之、

例時之次、先有二日佛供養一、御導師聖憲、悟二三身一者、得レ成二佛道一云事、出二経文一出経文釈レ之、

別功徳

弥陀宿縁在二於此界一云事、安足国大王詣二安養浄土一之時、弥陀告二彼大王一言、珊提藍国之古、我与レ汝為二王臣一、大王何于レ今不レ来哉、如レ此慇懃有二御物語一云事

今日引物、ス丶ミノキヌ(美濃絹)一

十五日

懺法調声　聖憲　例時同レ之、

例時之次、先有二日佛供養一、御導師信超

三身

別功徳

以レ有レ信為二最善一、観経之中説云、若聞二此経一信楽受持、難中之難無レ過二此難一、マデ勧信、倶舎論述、信及二不放逸ニ一、以信置二善之始一云事、信ノイミシキ様也、

経

此亦以レ信二此経一為二要樞一云事、有二老此丘一頼二僧伽藍一始加二僧四儀之躰一、極嘆之間、下﨟之比丘、(マヽ)嘲レ之、ケヲマロカシテ(マヽ)以テ語二老比丘一曰、以レ之置二汝首上一者、汝当證二四果一、善耶否耶、老比丘、答曰四果、我所二欣慕一也、宜置二我首之上一、令レ證二四果一末坐比丘即ケヲマロカシタルヲモテ置二老僧之首上一果證二四果一、是即由二老比丘之信力一也、云事

今日引物、屏風片方

十六日

懺法調声　信超　例時同レ之、

例時之次、先有二日佛供養一、御導師智円

三身

以二三身一除二三障一事

別功徳

阿弥陀思惟経事、念二諸佛功徳一与レ念二弥陀佛功徳一

校量事

経

須摩尸羅之親、堕在二地獄之中一彼苦声聞於二此界一、于時須摩尸羅為二彼亡親一書二寫供養法華経一故、苦声便息事、是西域傳記説也云云、

今日引物、扇箱一合、紙十枚被レ入レ之、

十七日

懺法調声経海聖憲　例時同レ之、

例時之次、先有二日佛供養一、御導師宗性

三身

以二三因佛性一相配二三身一事

別功徳　法鼓経

但知二彼方有レ佛即得二往生等一事

経

今日引物、水瓶一、タラヒ一也

十八日　当二二七日一　例時剋白河御所有二御聴聞一、

懺法調声　審隆　例時同レ之

此次先有二日佛供養一、御導師経海

三身

観経諸佛法海　窮深盡奥ハ是法身

三昧智恵威徳無侶是報身　如来容顔超世無倫是化身也云事

別功徳

釈玄通聞持其有レ得レ聞二彼弥陀佛名号等一偈一於二琰(閻)广(魔)王宮一説二此偈一事

例時之次、先有二二七日御佛供養一、御導師宗性

御佛　観音
御経　法華経六部　開結二経　心経　転女成佛経
阿弥陀経
三身
大概許釈畢
別功徳
出二華厳経一段之文一、奉レ釈レ之、
御佛供養以前、権中納言雅家卿牛一頭被レ引レ之、
被物二重、裹物一、布十段也、
十九日
懺法調声　聖憲　例時信超
例時之次、先有二日佛供養一、御導師聖憲
三身
大円鏡智法身、平等性智報身、常所作智化身、妙観察智遍二於三身一云事
別功徳
若供二養阿弥陀佛一者、即為レ供二養阿弥陀経中六方恒沙諸佛一、若供二養阿弥陀佛一者、亦為レ供二養法華経中十方諸佛一、又供二養阿弥陀佛一者、復為レ供二養十方世界一切三宝一云事是天台釋也云云、
経
述二一躰三宝一事
羅什三藏譯二法華経一後、唱二聖主天中天、迦陵頻伽声　哀愍衆生者、我等今敬礼之偈礼レ之、于レ時謝霊難二三藏一云、今此偈讃佛偈頌也、何以レ之礼レ経耶、三藏答言、今経之中説二述一躰三寶之旨一故、我以二此讃佛之偈一礼経亦所レ不レ違レ理也云事
今日引物、以二紺帷(マヽ)・白帷一作二皮子一被レ引レ之、其中檀紙十帖被レ入レ之、
二十日　例時之時、白河御所有二御聴聞一、
懺法調声　信超
例時之次、阿弥陀経以前、先有二日佛供養一、御導師信超
三身
以二常行等四種三昧一配二釈三身一事

別功徳

自二善根力一自二所願力　佛本願力、聖衆助願力等一、

此等相合得レ生二極楽一云事

経

為二諸佛護念一殖二諸徳本一入二正定聚一、発二救一切衆生之心之四要一即開二示悟入之四佛一知二見四要一即四安楽行也、

先院聖霊具二足四要一御(給)セシカハ定テ生二極楽一者(給)哉、

例時調声　聖憲

二十一日（朱書）智圓

懺法調声　経海　例時同レ之（朱書）経海

例時之次、先有二日佛供養一、御導師智圓

三身

出二華厳経一云、法性遍在一切処　一切衆生及国土三世悉在無有余、亦無形相不可得之文釈レ之、

別功徳

十念往生事、那先比丘因縁事

経

聞二三教果位一、開円兼帯

フラナ(チ)外道事

二十二日　懺法時白河御所有二御聴聞一、

懺法調声　経海　例時智圓

例時之次、先有二日佛供養一、御導師宗性

三身

無量義経云、戒定恵解知見生者、是法身、三昧六通道品発者、是報身、慈悲十力無畏超者、衆生業報因縁生者、是化身云事

別功徳

以二一念弥陀佛一速滅二無量罪一之文釈レ之、

懐感禅師於二善導和尚一所レ問二念佛三昧行一、遂得二其證一事

道生比丘臨終向二西方一説云、西方聖衆現二来迎神一散二心念佛一功妙難レ測一偈事

法華経

此経奉二受持読誦一人、即見二釈迦多宝佛一事

二十三日

懺法調声　審隆　例時同レ之、

例時之次、先有二日佛供養一、御導師経海

三身

法師品所説如来衣者法身、如来座者報身、如来室者化身云事

別功徳　第三十八願事

繚後織アル時費二功積一絲細繚　多ノミ女ノ手疼　札〱々、千声不忽釈　又云照陽ノ養人息正、深キ春ノ衣、一封　直千金　出二文撰一云云

経　書二写法花経一者、為二釈迦牟尼佛衣之所一レ覆云事

先院聖霊者、九夏三伏之夏天、以レ衣冷レ身青嵐白雪之冬朝、以レ衣温レ身、然先院聖霊御在世之間、自二芝砌一自二竹薗一被レ進御衣候シカハ之キ（マヽ）御事聊モ不候キ、今ハ其儀隔候ヘハ哀ニ覚候、然奉二為先院聖霊一被レ奉摺二写法花経一候ヘバ先院聖霊、於二冥途一尺迦如来御衣ヲ奉覆給候歟、若尺迦如来之御衣被レ奉レ覆御（給）候者ナラバ紅蓮大蓮紅之水モヲカスコト無ク炎熱極熱之炎モ不レ可レ有レ奉レ焼、実ニイミシクコソ覚ヘ候ヘ、

二十四日

懺法調声　聖憲　例時信超

例時之次、先有二日佛供養一、御導師聖憲

三身

以境智行三一如レ次、為二毗盧舎那、盧舎那、釈迦一、又如レ次為二報法化三身一、

別功徳

普賢文殊二大菩薩、勧二西方往生一、普賢即説云、願我臨欲命終時、尽除一切諸障导、面見彼佛阿弥陀、即得往生安楽云云文殊亦説云、願我命終時、尽除諸障导、面見阿弥陀往生安楽国云云一代化儀以二普賢文殊一為レ首、普賢者閣二法威徳浄王佛国一、偏勧二安養往

生二文殊亦不レ勧二金色世界一専勧二導西方一給、是則阿
弥陀之結縁、深二於此界一之故也、
又法照禅師対二文殊一悟念佛三昧一為レ王、

経

二十五日　当三七日

懺法調声　信超　例時聖憲

此次有二日佛供養一、御導師信超

三身

最勝王経云百福妙相以二厳客一、光明具足浄二無垢一智
恵證明如二大海一、功徳廣大若二虚空一云云 以二此文一釈二
三身一、

別功徳

例時之次、阿弥陀経以前、有二三七日御佛供養一、御
導師経海

御佛　釈迦如来

御経　法華経六部　開結二経　心経　転女成佛経
阿弥陀経

三身

釈二法華経一如来秘密神通之力之文云、一身即三身、
名為レ秘二三身一即一身名為レ密云云、

別功徳

悲花経五百大願事、何モ雖レ妙就勝少ゝ釈之、
阿闍世王為レ供二養釈尊一持レ華趣、道二于時一智臣於二
道路一、白二大王一言、世尊已滅度給、闍王大悲歎、而
至二ト処一、如来再復二生身一、令レ見二形於闍王一給、
常懇造二釈迦如来像一事

経　十如是事　殊釈相如是

二十六日

懺法調声　智圓　例時経海

例時之次、先有二日佛供養一、御導師智圓

三身

以深達二罪福相一等文釈レ之、

別功徳

一見阿弥陀佛、無辺功徳身、若新造二絵像一決定生二

(極)
楽楽ニ云事、志法凡欣ニ求浄土一人ハ必可レ畫ニ造形像一
之由事

経

諸佛出世本懐者、令ニ一切衆生一成佛故也、云事

法与　自ニ琰摩廳一被レ返事

二十七日

懺法調声　経海　例時智圓

例時之次、先有ニ日佛供養一、御導師宗性

三身

華厳経中弥勒菩薩対ニ善財童子一説ニ三身功徳一云、無ニ来趣一無ニ行住趣一無ニ所着趣一、不生不死趣等、是法身、但為ニ教化一持ニ護衆生一、従ニ大慈悲一来ニ滅衆生苦一故等、是報身、我従ニ生来摩離国一来、彼有ニ聚落一名曰ニ楼観一等、是化身云事

別功徳

観無量寿経中説ニ観心念佛相一云、諸佛如来、是法界身、入ニ一切衆生心想中一、是故汝等心想レ佛時、是心即三十二相八十随好、是心作レ佛、是心是佛、諸佛正遍知海従レ心想レ生之文、与ニ花厳経如心佛亦尓、如佛衆生然、心佛及衆生、是三無差別之文一引合、此二文釈之畢、

王氏於ニ琰摩王宮一、奉レ値ニ地蔵菩薩一之時、地蔵菩薩以ニ若人欲了知三世一切佛、應当如是観、心造諸如来之文一授ニ於王氏一、給事、宝志和尚於ニ胡国一見ニ比丘一現ニ丈六佛身一事

経

已今當ニ三説一之中、此経為ニ第一一云事

後秦姚興時、羅什三蔵従ニ天竺一来翻ニ譯此経一之日、秦帝問ニ三蔵一云、我雖レ習ニ孔子老子之教一、而未レ知ニ釈教一之由、致ニ聖教之中一何第一ナルナ、問之時、三蔵答云、法花最第一之教也、王重テ問ニ一部八巻二十八品之中一、品勝文勝之時、品ニハ方便品、文ニハ若レ有ニ聞法者、無一不成佛之文一是也、答キ、其時宮中三千男子刺ニ頬悩鬢二万一夫人脱ニ瓔珞一書ニ斯文一付ニ

衣袖㆒事

二十八日　例是之剋白河御所有㆓御聴聞㆒、

懺法調声　審隆　例時同㆑之、

例時之次、先有㆓日佛供養㆒、御導師経海

三身

第一義光者是法身、心光者是報身、身光者是化身云

事

別功徳

阿弥陀有㆓光明利益㆒事

経

二十九日

懺法調声　聖憲　例時信超

例時之次、先有㆓日佛供養㆒、御導師聖憲

三身

以㆓深心至誠心㆒、迴向発㆓願心之三㆒、配㆓當三身㆒以㆓至誠心㆒配㆓法身㆒、以㆓深心㆒配㆓報身㆒、以㆓迴向発願心㆒配㆓化身㆒、

別功徳

業因易而修無㆑人、即雙観経中々易往㆑無㆑人云云、

経

以㆑聞㆓一偈一句㆒随喜者、我皆与㆓授阿耨多羅三藐三菩提記等文㆒釈経勝利、

三十日　白河殿御所無㆓御聴聞㆒、

懺法調声　信超　例時聖憲

例時之次、先有㆓日佛供養㆒、御導師信超

三身

別功徳

阿弥陀佛有㆓方便㆒之中、滅罪方便勝㆑之事

経

無量無数劫、聞是法亦難、能聴㆓是法㆒者、此人亦復難云云、

八月

一日　白河御所御聴聞無之、

懺法調声　智儇　例時信超

例時之次、先有二日佛供養一、御導師智圓

三身

凡夫念有二三身一事、南岳大乘止観釋

別功徳

五逆十悪一念十念事

慈恵大僧正病中詞事

法華

理絶遍圓、寄二圓宗談理等事一、玄義序文

小野宮右大臣寫レ畫レ宮、聖宴聖人許へ行テ後被レ問二後世事一、聖人答云、奉レ遇二法華経一上ハ、後世事不レ可レ恐云云、

二日　例時之剋、白河御所有二御聴聞一、

懺法調声　経海　例時同レ之、

懺法之次、有二日佛供養一、御導師宗性

三身

以二華厳経正法一、性離達二一切悟一、言道二一切悟一、言道二一切趣一、非趣悉皆寂滅相之文釈レ之、

別功徳

観無量寿経云、若善男子善女人、但聞二佛名二菩薩名一、除二無量劫生死之罪一乃至観世音菩薩大勢至菩薩、為二甚勝友一云云、以二今文一釈レ之、

釋法琳云者、出家已後、終日竟夜習二学律蔵一以二此勝業一、擬二極楽之生因一現身拝二見弥陀三尊一、終遂二往生素意一事

法華経

若復有レ人語二余人一言、有レ経名二法華一、可二共往聴一、即受二其教一、乃至須臾間、聞レ是人功徳、轉身得下与二陀羅尼菩薩一共生中一處上等文、以テ述二此経一候之旨、

例時之次、先有二四七日御佛供養一、御導師信超

御佛　地蔵菩薩

御経　法華経六部　開結二経　心軽　転女成佛経

阿弥陀経

三身

地ニ有二三身義一、蔵亦有二三身一、

別功徳

地蔵菩薩於ニ無佛世一利益盛事

迦葉等諸大声聞於ニ王舎城一結ニ集三蔵一之時、阿難尊者坐ニ高座一、唱ニ如是我聞一之時、大衆悉知ニ如来已滅度事一、

法華経

三日　例時之剋白河御所有ニ御聴聞一、

懺法調声　審隆　例時同レ之、

例時之次、先有ニ日佛供養一、御導師経海

三身

大海如レ無ニ増減一、於ニ三身一無ニ増減一云事

別功徳

経

顕ニ一切衆生皆成佛道之旨一云事

四日　例時之剋、白河御所有ニ御聴聞一、

懺法調声　聖憲　例時信超

例時之次、先有ニ日佛供養一、御導師聖憲

三身

龍樹釈云

真如法性如虚空　本来具足無量徳

勤行修習非所得　自然相應名法身

是文顕ニ法身一、

発菩提心無量劫　六度万行無間修

如理如量無顚倒　圓因果満度衆生

是文顕ニ報身一、

願力自在悉具足　八相成道度衆生

昼夜恒説不退行　種々相應名化身

是又顕ニ化身一、

別功徳

繋念定生願釈レ之云、凡男之習繋念不ニ必称一レ心、或王与レ王諍レ国、或臣与レ臣諍レ官、或偏如来教法僧侶如ニ此輩一、於ニ世間事一執心深事多候、其中十之八九コソ称コトシ、自候へ、サレハ一条院御時無雙智徳實因ト申人候キ、江輔経房諸道達者ヲ記候中、学徒

ニ、則源信・覚運・安海・清中・實因・慶祚云云彼
実因法性寺ノ座主ヲ望申候ケル候(マヽ)リ、君モ賢主之御
宇也、望モ碩徳之懇望也、イカニモ可レ称カリシコ
トテ候シニ何ナル子細カ候ケレ、實因不レ遂ニ本懐一忽
死テ為レ霊奉レ悩レ君、某僧正奉ニ為護身一之時、彼實
因顕テ此由ヲ申ス、于時僧正云実者法門談ヨト之申
候シトキ、件為レ霊ニ實因一申候様ハ名字観行隔生即
妄トテ名字観行位、尚如レ此、況於ニ薄地底下之實因一
ニ哉、ト申、僧正知テレ實ナリト被ニ落涙一候ケリ、カ
様ニ亦事ノ皆称コトヤハ候、ソレニ一念ナレトモ生ニ
極楽一ト云念ヲ繋候ヌレハ、必往生スルコトテ候、之条返
ヽ無レ心覚候、

経

西三条右大臣慈覚大師ニ法華経文中何文勝タルト
被レ問候ニ、大師於ニ我滅度後一、應受ニ持此一経、是人
於ニ佛道一決定無レ有レ疑ト云、文殊勝ニ候ト被レ答候、
等云云、

五日　例時之剋白河御所有ニ御聴聞一、

懺法調声　信超　例時聖憲

例時之次、先有ニ日佛供養一、御導師信超

三身

往生要集中引ニ経文一釋レ之等云云、

別功徳

往生要集引ニ論蔵説一、十方浄土中、以ニ西方一為ニ下品一
故、故勧ニ西方一、又若勧ニ餘土一者、可レ有ニ散乱一、或
又於ニ弥陀佛国一有ニ縁故一等云云、

経

毎自作是念、以我令衆生、得入無上道、速成就佛身
云云如来自久遠実成之古、欲下令ニ一切衆生一成中佛道上
給事

六日　白河御所無ニ御聴聞一、

懺法調声　智圓　例時経海

例時之次、先有ニ日佛供養一、御導師智圓

三身

法華経、世間相常住文、涅槃経佛性常住文、以二此等一
釈二三身一、
別功徳
名号事、恵心僧都釈云、因行果徳、自利利他、内證
外用依二報正報一事
経
迹門中衆生身中具二佛知見一云事
舎衛国老夫婦事
七日　例時之剋白河御所有二御聴聞一、
懺法調聲　経海　例時智圓
例時之次、先有二日佛供養一、御導師宗性
三身
如説経盡
別功徳
同上
経
同上

八日　例時之剋、白河御所有二御聴聞一、
懺法調聲　審隆　例時同レ之、
例時之次、先有二日佛供養一、御導師経海
三身
引二成實論一、乗二如實道一、来成二正覚一故、名二如来一等
之文、釋三身又智論引レ之、
別功徳
四十八願内、第一無二三悪趣一願釋レ之、
経
提婆品、聞二妙法華経提婆達多品一、浄心信敬不レ生二疑
惑一者、不レ堕二地獄餓鬼畜生一、生二十方佛前一、若在二佛
前一蓮華化生等文意釋レ之、
苦縛太子因縁事
九日　当二五七日一例時之剋、白河御所有二御聴聞一、
懺法調聲　信超　例時同之、
懺法之次、有二日佛供養一、御導師聖憲
三身

佛地論条、自性法受用変化差別、転之経文顕二三身一
事
別功徳
観佛三昧経中、以二穢物一裹金蔵下地埋レ之、盗人入二
彼蔵一盗二取数多宝物一、而不レ知二彼金一不レ取レ之事
経
例時之次、先有二五七日御佛供養一、
御導師聖憲
御佛　阿弥陀
御経　法華経六部　開結二経　心経
転女成佛経　阿弥陀経
三身
一切衆生身中有二法身之理一故、衆生成佛云事
別功徳
懐感禅師自問三臨終偏勤二念佛一、自答レ之出二七所一、以二
源信僧都一引レ之釋事
経

唯以二一大事因縁故出現於世一云事
被二思合一事候、白河院御平生之時、仰二忠盛卿一云、
我臨終時、汝必勧二念佛一ヨト被レ下候キ、忠盛卿為二
(マヽ)観臣之間、可レ奉レ勅二御念佛一之由、思候処、法皇御
悩付給テ、至二御臨終一時、仁和寺法親王誦二尊勝神
呪御座御枕一、天台座主大僧正被レ侍之間、忠盛卿為二
凡鄙之身之上一者、不レ能レ奉レ勧二御念佛一、先院聖霊モ
法親（王）御枕ニ、御座ラセ善知識聖人被レ侍テ御念
佛ヲ勤マイラセラレ候キ、
又陽明院、寛治八年正月十六日崩御、年八十、御子
奉レ後二于後三条院一給テ、御追善候ケル、御願文之詞
ニ南浮提(郷)土之恨、先後已求二西土上々之望一、引摂憑
レ誰、(マヽ)注房卿作ナルトコソ候ヘ、先後相違有様、閻浮
定理候、御孫白河院御位マテヲ奉レ見給候キ、先院聖
霊モ奉レ後二御子土御門院一給テ御孫當院并御亡餘ニテ
御位ヲ被奉レ見候キ等云云、
十日　例時之剋白河御所有二御聴聞一、

懺法調聲　聖憲　例時同レ之、
　例時之次、先有二日佛供養一、御導師信超
三身
　有二三身土一故、弥陀浄国具二三身一、
別功徳
　一心不乱唱二名号一者、往生極楽云事
経
　雖レ値二遇此経一云事、仍玄奘三蔵詣二廻天竺国一不レ奉
　値二此経一事
十一日　白河御所無二聴聞一、
懺法調聲　智圓　例時経海
　例時之次、先有二日佛供養一、御導師智圓
三身
　三身利益事
別功徳
　恵心云、造二悪業一者、不レ楽二悪道一必堕在事
法華経
　成佛直道事
　不信男事
十二日　例時之剋、白河御所有二御聴聞一、
懺法調聲　経海　例時智圓
　例時之次、先有二日佛供養一、御導師宗性
三身
　如説経盡
別功徳
　如説経盡
経
　如説経盡
十三日
懺法調聲　審隆　例時同レ之、
　例時之次、先有二日佛供養一、御導師経海
三身
別功徳
　一切衆生皆悉往二生極楽世界一、其故者、

源信僧都往生要集中、山海恵菩薩、華聚菩薩誓言、令二一切衆生一悉生二極楽一畢後、我生二極楽一、此事何経委不レ出二本説一之間、中河覚敏聖人、登二叡山一本説問二於明玄阿闍梨一、明玄不レ勘二此事一之間、報二覚敏一云、我不レ勘二此事一、師圓毫法眼不レ勘レ之云云、祖師覚超僧都不二勘及一、所詮雖レ無二本説一仰可レ信レ之云云、覚敏空還畢、然當世勘出当二此事一候、方等陀羅尼経第三巻、十往生経中説二此事一候、時々愚明無力事候等云云、

経

十四日　例時之剋白河御所有二御聴聞一、

懺法調聲　信超　例時同レ之、

此次有二日佛供養一、御導師聖憲

今日有二一品経供養一故、引二上日佛供養一懺法之次被レ行レ之、

三身

華厳経云法性本空寂、無取亦無見、性空即是佛、不可得思議、是法身、

了知一切法、自性無所有、如是解法性、則見盧舎那、是報身云云、

別功徳

称揚諸佛功徳経

雙観経云、永劫已来、展二轉五道憂畏一、勤苦不レ可レ言、乃至今世生死不レ絶、與レ佛相立、聴二受経法一、又後得二聞無量寿佛一快哉等文、

経

例時之次、先有二女房一品経供養一、御導師聖憲

御佛　普賢菩薩像一躰、并十羅刹女形像各一躰

御経　妙経妙法蓮華二十八品　開経結経

心経　転女成佛経　阿弥陀経

三身

以二理智行一、普賢配二三身一、理二普賢一者即法身、般若経中云、一切衆生皆如来蔵、普賢菩薩自体遍故文、

華厳経云云

次以レ智普賢為二報身位一在等覚一、即金剛身也、観達

無始無明原底辺際智満名為二等覚一文、次以レ行二普賢一為二化身一、

別功徳

一切衆生念々歳々作二悪業一、依レ之永無レ出二要期一、薩埵哀レ之、衆生念々造レ悪者、大士且懺レ之、若此悪業有躰相者、盡二虚空界一不レ能二容一受是シ程ノ罪障一ヲ、以二清浄三業一遍二於法界一、極微塵刹、一切諸佛菩薩衆前、誠心懺悔、如是虚空界盡、衆生界盡、衆生業盡、衆生煩悩盡、我懺乃盡、代二一切衆生一如レ此懺除二業障一、恒二順一切衆生一、種種利益、又願能於二煩悩大苦海中一、抜二済衆生一令二其出離一、皆得三往二生阿弥陀佛極楽世界一ト達多破僧ヲシカハ大士泣々懺レ之、闍王犯二逆罪一者、薩埵流二江涙一謝レ之、先院聖霊御病中、御枕ニモ大士恒順シ他界遷化マテモ恒順給等云云、

十羅刹

羅刹者天竺之詞、此云二食人一、啖(マヽ)カ食二人面肉一故、天竺ニハ常位二羅刹難一、故妙楽大師一処解釈中、此國有二一福一、無二外道鬼神一、故云云如レ此羅刹将二諸鬼子母一、在二妙経會坐一、還成二護法羅刹一護二持説人一云事

経

一文一字併顕二真如実相妙理一云事

一品経先蹤、漢土斉太祖高帝(マヽ)、我朝盡二寫聖空上人一、当二于天台大師遠忌一修二一品経供養一事

同ク善根ヲ修ニ取二テ一八月正之時一修者、功徳最勝也、云事出二経文一釈レ之、彼岸修善者、得二往生浄土一、先院聖霊御中陰令レ然、當二此彼岸一被レ修二御佛事一、聖霊御得脱無レ疑者歟、

勘出二侍女一訪二宮后菩提一候ニ、隋皇后侍女隆氏、後二于宮后一、忍二彼芳徳一、慇懃訪二彼菩提一、天竺沙門闍提斯耶、告二侍女一曰、彼汝宮后已得レ往二生浄土一、侍女弥起二信心一念佛修善為二常業一、深願二生一佛浄土一、亦致二宮仕一、果如レ所レ願、遂二往生一、彼纔由二一人祈請一、得レ生二浄土一、況是ハ数輩侍女残二留旧院一面々盡二写妙経一品一、奉レ祈二先院聖霊御菩提御得脱一、定無レ疑

者哉、

十五日　白河御所懺法幷日佛供養無二聴聞一、

懺法調聲　聖憲　例時同レ之、

懺法之次、有二日佛供養一、

御導師信超今日有二臨時御佛事一之間、引二上日佛供養一懺法之次、

被レ行レ之、

三身

別功徳

天親往生論云、正道大慈悲出世善根、生二浄光明一満

足如二鏡日月輪一文、

経

例時已前、有二法住寺親王御佛事一、御導師智圓

御佛　釋迦如来

三身

本地三身

如来如實知見〻於二三界一知、於二三界一者是法身、

我成佛已来無量無辺者是報身、

別功徳

十方世界佛菩薩所レ捨之衆生、釋尊人一救レ之云事

又恩徳広大事

経

十六日　当六七日今日有二圓満院御佛事一此時有二院御幸一幷御聴聞又白

河御所有二御聴聞一、

懺法調声　経海　例時同レ之、

懺法之次、有二日佛供養一、御導師智圓

三身

別功徳

経

例時已前、有二御円満院佛事一、御導師聖憲

御佛　等身釋迦形像一躰御経　金底(泥)五部大乗経

三身

雖二佛滅度一法身常在事

別功徳

釋迦如来具二君父師之三徳一、為二浄飯王一太子　即君之

義也、
即為二一切衆生之父一云、其中衆生悉是吾子等云者、
父之義也、喩二三界一者三十人之子、喩二五道一者有二
五百人一等云云、
云天人師是師之義也、
諸大乗経
金字経事、金具二常樂我浄四徳一事
天竺国大聖文殊以二金字経一納二于金剛崛一事
唐土　斉太祖(マヽ)高帝
本朝
経中希有難レ得有二三種一、一者留貴而猒世、二者弟和(マヽ)、
三者有二智恵一有二慈悲一云事
由二先院聖霊慈愛一太上天皇無品親王生長御事
婆斯匿王後百歳之母詣二佛所一歎申言、令レ我得レ見二
死母一、如来答言、汝不レ知二有為無常理一哉、隔生者
無レ由二再見一云事
今日有二太上天皇(後嵯峨)御臨幸一、故先院御面目顕候云事

先院聖霊雖レ留レ貴、御四十三御出家アリ、是即留レ貴
而猒レ世給也、有二智恵一在二慈哀一候キ等云云、
御佛時畢、後雖レ出二道場一不レ及二退出一、又例時始レ之、
此次先有二六七日一御佛事
御導師智圓
御佛　普賢菩薩
御経　法花経六部　心経　転女成佛経　阿弥陀経
三身
十七日
懺法調声　審隆　例時同レ之、
例時之次、先有二日佛供養一、御導師宗性
三身
別功徳
経
十九日
懺法調聲　信超　例時同レ之、
懺法之次、有二准后御佛事一、御導師聖憲

佛舎利
御経　承明先院御筆　普賢行願品一巻　法華経一部
開結二結　心経　転女成佛経　阿弥陀経
供養舎利釋分、惣別功徳事、先例未レ有、雖レ然有二
経中一欲二供養一
三身者可三供二養滅後之舎利一云云、以之可レ為二惣功徳一、
別功徳、出二諸経文一、経十願釋レ之、法花天諸童子以為二
給仕一事
見二先人御筆御志一、顕二于御経上一候、サレハ天台大
師引二光宅寺雲法師疏一、或破レ之有二依用一、大師釋云、
霊師雖レ去文籍猶留レ今見二其文一知二其志一云云事
先院聖霊以二此経一自筆御経奉レ授二准后一御事、併令二
准后御菩提一極善思食候故也、サレハ恵心僧都母堂
之詞ニハ水昇(カ)二寒温之訪一非レ不二嘆美一、老尼之所願者、
唯欲レ令三汝究二竟頓證菩提之道一也、恩人之習二真実一
之道ハ欲レ令二得出離一、然則先院聖霊此ノ御志深シテ
奉レ授二御筆御経一給云事

唐故坊洲鄜城県尉陳府君夫人、翰林学士居易之外祖
母也、及二居易生ルニ夫人鞠養、成人為二慈祖母一、貞
元十六年夏四月一日、疾没二于徐州豊県官舎一居易等
慕二慈徳一故、撰二銘徳一泣面穿レ筆銘之、銘文甚多略レ
之、其一句之量以二寸魚之心一、能報二ムヤ東海之思一云
事
臨時佛事之次、有二日佛供養一、御導師聖憲
三身
以二身口意三行一、為二三身一、身行、即是法身如来、意
行即是報身、如来口行、即是應身如来也云事天台師釈
云云、
別功徳
有三経中念二阿弥陀佛一之人、弥陀如来常遣二二十五菩
薩一令二護念一之云事
経
二十日
懺法調聲　経海　例時同レ之、

懺法次、有二日佛供養一、御導師信超

三身

阿弥陀有二寿命無量光明一、無量眷属無量以レ之、即如レ次、為二法報化三身一事

別功徳

阿弥陀佛非レ為二後生至要一、亦於二現世一、絶除レ病、延命巨益、然則善導和尚五方便中経ゝゝゝゝ、源信僧都七因縁中ゝゝゝゝ、

経

例時已前、有二院曼陀羅供一、御導師印圓前僧正

（奥書）
「正嘉元年涼秋之候、於二北京鷹司高倉宿所一、令二記録一畢、同七月五日未時承明門女院崩御畢、而宗性参二籠彼御前僧一之間、人々啓白、釋経等日ゝ雖レ聴二聞之一、自分啓白釋経等之案立、依レ無二其隙一、誂二同法宗暁得業一所レ令二記録一也、疎荒之至、恨而有レ餘、後昆之類、察而思レ之矣、

法印権大僧都宗性記レ之、年齢五十六 夏臈四十四」

但し、この忌中の願文については正嘉元年八月二十二日と九月二十八日に記した宗性自筆の「承明門院御忌中願文集」（113 100 2-1・2-2）を参照されたい。

二　大佛殿再興発願以来諸興隆略記（勧修寺蔵）

（表紙）

勧修寺
大経蔵印

龍松院公慶

大佛殿再興発願以来諸興隆略記

龍松院公慶大仏再興発願以来諸興隆略記

一、貞享元甲子年五月廿七日於江府、寺社御奉行坂本内記殿江罷出大佛漸及破損候間、御奉行所蒙御免許、諸国致勧進修覆仕度之旨、雖願之候、従御奉行所諸国勧化御許容之例近年無之事ニ候条、相成（マヽ）間敷之旨御申渡有之、同六月九日御同役本多淡路守殿御内寄合江罷出願之通御取上難存候之旨、然共佛躰崩候を乍身取置、可申□（儀カ）願出奉存候、此上者不奉假、御権威自分とし□を重候、被成共志有□□可被遂勧進修覆仕度候段、再度申上候処、志有之方相対を以可有勧進者□所□構無之事ニ候条、可為勝手次第之事、坂本内記殿本多淡路守殿於列席被仰渡之、

一、同八月廿五日於京都傳奏花山院右大将殿、甘露寺大納言殿江罷出、東大寺大佛殿焼失後年久、補佛像之侵雨露、近年殊之外及大破、佛躰所々破損、就中台座大破仕候故、先々任勧進之例、此度於関東申渡者、不奉御権威年数を重候与成共志有之方、致奉加修覆仕度旨申上候所、首尾能六月九日本多淡路守殿於御寄合所被為仰付候、右之趣御断参上之段、書附を以申上之、

一、同十一月廿九日より於大喜院、大佛縁起令講談、大像修補之勧化始之、其前惣寺会合之上勧進柄杓其外霊宝等請取之、追日参詣郡集幷町中より取持講中等出来

候、

一、同二丑年三月出府於浅草長寿院勧化始之、六月五日より勧進帳出之、追日信心之輩出来ニ随縁起講談宝物出之、諸人結縁之、十一月三日南都帰寺、

一、同十一月廿九日大佛修覆事始之規式営之、九月廿八日夜於東武南大工町、番匠之古キ曲金拾之造営専一之具人皆成満之瑞表と祝之、此度事始ニ用之大殿釿始之賀儀毎例用之也、

一、同十二月より翌年ニ至京大坂伏見町奉行所□勧進之届申入幷当国郡□宇陀城主、且寺社領追々右之趣申廻候(マヽ)共何方茂無異儀依許容、寅正月より打廻り依二ヶ所縁起講談宝物等為拝申也、此以後年々出府、又者為勧化縁起、宝物相携近国近郷所々勧化往復等之度数悉ニテ不記之、

一、同三寅年穀屋等仮屋弐間十間を建、二月三日従大喜院引移り龍松院公慶常住、当分右假屋におゐて本尊五劫佛安置不断念佛修之、阿弥陀法且大般若一日一巻之真読執行、為祈天下泰平殊大佛殿成就也、再興勧化之諸用事、悉ク於此院差捌依之称勧進所、此節専南都之町中潤、町々ニおゐて講中餘多出来掛銀を定月並ニ奉納之、近国近郷より金銀米銭、或者尊像鋳掛之金具類、日々奉納有之、

一、同二月五日より大佛尊像修補鋳掛初之、之六ヶ年目成就、

一、同四卯年正月三ヶ日大佛佛餉加持之音楽初之、同導師布施幷公人三ヶ日出勤之下行等渡之、

一、同五月大佛殿恒例千部経之加僧十口寄附之、

一、同五辰年従四月二日同八日迄七ヶ日之間、大佛殿木作始規式千僧供養執行之、

御寺務　勧修寺宮二品済深法親王　御出座

當二月東大寺御寺務依

勅許當寺為御拝堂御下向之時節ニ付、奉願開闢御出座華厳長吏、安井御門跡道恕(カ)□□御出座、當寺二月堂別當御兼帯ニ付、御拝堂旁御下向結願之節相願御

出座、
一、開結学侶両堂末寺之衆僧出仕法事講問并音楽有之、其外毎日他寺より法事出仕之僧并捻香等千三百余人毎日木作始規式棟梁并五畿内之大工五百人出勤、各龍松院ニおゐて設斎、
一、南都奉行大岡美濃守殿、開結出座并与力同心等七ヶ日之内警固、近国近郷参詣郡集
一、七ヶ日之内施斎之人数五万七千百六拾人余
一、同七月晦日於高辻大納言殿上人号
勅許之旨被　仰渡之、
其方儀身を捨一紙半銭之志を勧大佛殿再興之志、神妙之至ニ候、然を以今度上人号成、
勅許所難有可奉存旨、
一、八月十二日参内　院参其外御所方御礼勤之、同日
綸旨頂戴、同十五日當寺拝堂此時即従勧修寺官網代駕輿拝領之、
一、元禄二巳年二月廿三日
聖武天皇之尊像、京師より奉迎、勧化所入御
此時不思儀之亀出、尊像を巡り数日不去、依テ寺内ニ池を掘放之、
勧修寺宮御開眼　土像作者　安井家司帥法印　御衣釈也、同榎本泰晋法橋
大佛殿再興成就為鎮護、本願皇帝之尊像奉安置
御殿并礼堂建之為御祈禱所
一、同三午年正月摂州大坂新川西端に大佛殿材木之揚場借地之儀、御奉行能勢出雲守殿江相願候所、二月十八日如願被仰渡、
此所に勧進所を立会所ニ致置、称大佛嶋、其後此地御用ニ付、元禄十一寅年五月八日差上ル、借用之内水除石垣等致置候ニ付返上之節、従公儀金子百両被下之、
一、同四未年正月十八日、鎮守八幡宮造営之釿始、同閏八月廿六日正遷宮、本社若宮末社両拝屋御廊神楽所楼門等追々造畢、并神主之屋弥宜番所等建之間敷等之委

細者別記之、
鎮守造営之事者、大佛殿再興願之発端也、依而如形今度令造営傍奉祈大殿成就之擁護意願也、同時天狗社建祠之、

一、同二月晦日大佛尊像鋳掛成就

貞享三寅年より当未年迄及六ヶ年

永禄年中大殿焼失之時、佛之御頭落、山田道安以銅板仮ニ修補、今鋳継之面容御身共修補成満也、熟銅之数、鋳掛之炭、同工数人足等別ニ記之、

一、同年尊像御腹内立横材木篗組新造之、
佛像及大破数年雨漏悉ク朽損ニ付、今度取替新木を以組直シ、翌申年成就材木番匠之数別ニ記之、

一、同年尊像假厨子出来之事
修補悉成就ニ付、為可防雨露蓮座を形取仮ニ覆之、高サ九間、横七間余、土台廻シ屋爾(マヽ)板葺也、本殿造営之節取払之、

一、同年尊像石座新造之事
長延五拾弐間、弐十八角、高七尺
新石藤堂和泉守殿寄附ニ付近江領山より出ル、石工請切、彼山ニおゐて作り出ス、翌申三月石座造畢、

一、同五申年従三月八日四月八日迄大佛開眼供養執行
大佛尊像修補悉成就ニ付、開眼供養之儀式、以旧例営之旦為遠方結縁、一日之法會を延て為三十日初日之次第、

開眼御導師　當寺別當勧修寺宮二品済深法親王
勅使　正四位下蔵人頭右大弁藤原輔長朝臣
當寺学侶両堂末寺等四十六口出仕厳儀之法事也、参向一曲、散華大行道終テ開眼之御作法有リ舞楽五番有之、
南都奉行　従五位下大岡美濃守藤原忠高
初日供養結願三ヶ度出座与力同心等毎日警固
供養之次第　三月廿七日
御導師　興福寺長官一乗院宮二品真敬親王
勅使　同上

同寺学侶六十四口、従僧二十口出仕法式准初日御導師御願文、御咒願文被為誦之、御作法有り、舞楽五番有之、

結願之次第　四月八日

華厳會　佛前燈籠之前誕生佛奉安置各灌浴之作法有之、

御導師　華厳長吏尊勝院兼安井御門跡道恕大僧正

當寺学侶両堂末寺等四十六口出仕法式准初日華厳御講讃之御作法有り音楽有之、

第二日法華千部経、開闢導師上人公慶毎日結衆真言宗十輪院永福寺衆僧三十人宛會中讀誦之、

三十ヶ日之會中、七大寺之衆僧及近国近郷之寺院出仕法事執行幷捻香等、

受斎僧合一万弐千八百九拾九人

受斎俗合二十万五千三百人

右開眼供養記録依有之、具ニ不記之、

一、同年五月龍池之社建之、公慶大病之所、此節本腹、病中異変依有之、平愈之上建祠之、

一、同十一月於八幡宮御廊、倶舎三十講経営、去年造営ニ付旧例を以被執行依之仮屋之分公慶助成之、

一、同十二月廿二日東武本所におゐて、高野山大徳院地内致借用勧進所構之、貞享以来町方或者浅草長寿院宿坊として令勧化候所、段々講中依取持此寺内ニ構之、仮堂庫裡建之、

一、同六酉年二月九日　知足院江
公方様御成之時公慶、御前江被召出御講釈拝聞、御仕舞拝見被仰付之、

一、同二月廿九日於江府　三御丸桂昌院様大佛依御帰依縁起幷宝物等被成御覧候、為奉加初金子給之、

一、同六月五日於江府勧進所尾州　栄珠院殿依御寄附不断念佛初之、開闢導師増上寺貞誉大僧正、

一、同八月三日於江府知足院取持、柳沢出羽守殿より御奉書を以、公慶初而登　城、被仰付於御座間、易経御講釈拝聴、同十三日登　城被仰付御講尺拝聴、同十五

日御能拝見被仰付候也、
一、同七戌正月廿八日始而年頭御礼登　城、御目見複仰付、十帖一本献上之、諸御役人中江茂御礼相廻ル、
一、同二月十六日始而御祈禱巻数二月堂牛玉献上之、前年八月廿七日
右両様相願候所達　上聞年頭御礼者隔年相勤、御祈禱巻数者毎年可致献上之旨、寺社御奉行所松浦壱岐守殿被仰渡之、
一、同四月十九日南都勧化所不断念佛開闢
前年於江府勧化所、尾州　栄珠院殿為御菩提、依御寄附不断念佛令開白候処、今度當寺江移之、念佛祠堂金千両、其外御紋之御道具品々御寄附候也、
一、同十二月公人六堂依困窮合力米願之、人別壱石宛従今年毎年公慶扶助之、
一、同年五月九日出坂、同十六日出船中国西海道勧化廻国、中国西国大名衆依御懇志人馬船海陸共預御馳走、所々ニおゐて縁起令講談九月長崎迄巡行、
一、九月十一日夜當地御奉行神尾飛弾(ママ)守殿より留守居川崎長左衛門を以、本庄因幡守殿より公慶江封状、於南都被相届、此節九州辺四国ト考急以飛脚差下候所、十月五日長崎におゐて相逢、早々出府可仕之旨被下候ニ付、長崎急ニ出立、十一月三日大坂着、翌四日南都帰着、同五日上京、同七日京発出、同十四日江戸着、
一、同十一月十四日江府着早刻本庄因幡守殿江罷出候処、依御差図柳沢出羽守殿江罷越、同十六日可罷出旨ニ付参上候処、出羽守殿被　仰渡候者、
大佛奉加之事、諸大名衆江無遠慮奉加付被申候様、従御老中被　仰渡候間、御役人衆寺社奉行御近習衆江茂御礼罷越候様にと被　仰渡、即時御老中始御役人中江御礼相廻り候事、
一、同月十七日寺社御奉行三ケ所より以使者大佛奉加銀給之、昨十六日奉加之事、従表向被　仰渡候ニ付、諸大名衆、為励早速被相送候旨也、
一、同月廿一日於柳沢出羽守殿勧進之状、案紙一通御渡、

南都大佛殿再興勧進之状

右、再興之意趣者、勧進帳令筆疏候通、天下安全武運長久諸民快楽之御祈禱也、発願以来已及十年候、以衆令施入大像之修補、開眼之法會等、雖令成就候、然佛殿之儀者大数十余万金之経営故、一郡一国之助力ニ而、曽以難及百分之一ニ候ニ付、徒経年月候処、天下之士庶、人別奉加之事、自今以後無遠慮可令勧化之旨、御免許之旨、御奉行衆被仰渡候間、御家頼之諸士、御領内之諸人、随信心、人別一紙半銭被致喜捨之志候様奉頼候、以上、

戌十一月　　　　大勧進上人龍松院

一、同十一月廿三日より於江府、右之口状書、勧進帳相添諸大名御旗本衆追々致持参、至翌年不残相廻候也、

一、同八亥年四月二日より江戸町中勧化始、十月十一日巡行相仕廻候事、去年以来相廻り候、諸大名御旗本衆江勧進帳、此節相兼持参候也、

一、同九月十八日知足院江公方様御成之時、公慶相語御講尺拝聴、御仕舞拝見、其上公慶江茂講談被　仰付於　御前、三論玄義講尺申上ル、白銀拝領、同十二月十四日見台拝領、被　仰付出柳沢出羽守殿拝受之、

一、同十二月八日従　三之丸様勧進柄杓之袋箱拝領幷金子五百両御寄附、

一、同九子年正月京町中人別奉加之事、町々江奉加帳、口上書相添町代江相渡、當六月迄集り次第毎月十一日九箇院江可被渡之旨申合、右之日限町中より到来、同四月伏見町々江茂京都より御申触候也、

一、同正月大坂人別奉加之事、町奉行所江相頼候処、二月三日町中江御申渡、諸大名蔵屋敷留守居中迄茂人別奉加之事、御申渡有之、町々者惣年寄取持ニテ集来ル、同五月泉堺江茂御申渡候也、

一、同三月　勧修寺宮様、関東御下向、同十八日　御城江被為成候時、公慶御供ニテ登　城、御講尺拝聴、御仕舞拝見、被　仰付候也、

一、同五月廿一日公慶登城、勧進柄杓　上覧、白銀千枚拝領、其上　上意之趣者、大佛殿之儀如往古建立可仕候、連々ニ者御材木等茂可被下之段、柳沢出羽守殿被仰渡之、

一、同七月廿五日大佛殿普請初営之、

去年人別奉加之事、被仰出集リ金銀等引當、其上□頃御金拝領往古之通建立可仕之旨、被仰出候ニ付初之、

一、同八月京都御奉行滝川丹後守殿江罷出、今度大佛殿建立材木大坂より木津迄為登申ニ付、船賃過分入用ニ付、自分ニ新船を拵申度段願申候得者、淀過書船持え御吟味有之処、新船出来之段迷惑之旨淀過書船共ニ引下ヶ掛リ物申請間敷由願出候ニ付、其趣證文被仰付、此方江被相渡候ニ付、其後用聊少ク罷成候、依之新船不及出来候事、

當六月於江府寺社御奉行所江右自分船之願申出候処、於江府無御構事ニ候間、於京都可相願旨被仰渡候、

一、同十一月廿八日公慶初而参府之御目見被仰付、同十二月廿五日御暇時服拝領、

去月御金拝領ニ付、普請物之御礼也、臨時之御目見御暇之最初也、此已後御礼　登城献上等度々ニ者不記之、

一、同十丑年正月廿五日従　三之丸様御紋付之長櫃（マヽ）拝領、此後拝領物并毎度金子御寄附有之、度々ニ不記之、

一、同二月廿九日木津川におゐて大佛材木船入之願、御代官小堀仁左衛門殿江申出願之通相済、

七月廿九日御代官役人立合場所請取之、八月二日より普請取掛り、翌年四月廿日出来、

木津川原之内ニテ船入新ニ掘之、木津近郷和州より寄進人歩、都合七千四百九拾壱人、雇人是九百余人也、此以後材木船之分、大川より此船入新堀江漕入夫より車力を以運送之、

一、同閏二月当御奉行妻木彦右衛門殿江大佛足代松木之事、願候処御料花山芳山之内ニテ木数三百本給之、

同廿日より三月七日迄、与力同心罷差出請取之、此
内百五拾本伐出之、残り百五拾本者重而可差出之段
申断延引候也、
一、四月十五日より十九日迄、於大佛殿庭儀灌頂執行、
大阿闍梨公慶、且一山之学侶出仕興福寺之、
宮并寺僧其外聴聞参詣群集、
三摩耶戒堂五間四方庇一間半集会所四間二間半中門跡仮屋十間三間其外委細
記録別々有之、
一、同四月廿五日大佛殿柱立初、戌亥隅之柱始立之、
此日佛餉加持公慶出仕一山学侶両堂諸役人至迄出座、
棟梁塀内市郎右衛門并南都本座大工不残出勤、
当地御奉行出座并与力同心警固、右於竜松院一献之祝
儀有之、凡千人余、
一、四月廿九日より五月朔日迄、勧化所不断念佛一千日
回向、公慶勤修之、
一、同七月十七日於勧化院内接待所建之四間三間、此日成就
煎茶始而施之、
施主大坂町人天満屋茂左衛門、泉屋虎吉、元禄七戌五
月料金三百両寄附有之也、
一、同五月廿四日於京都傳　奏柳原前大納言殿、正親町
前大納言殿申上候趣、
大佛殿再興之儀ニ付、天下之士庶人別奉加之事、自
今以後無遠慮勧化仕候様ニ戌十一月十六日、被仰出
其上俊乗上人所持之宝珠、勧進柄杓被遂　上覧白銀
拝領仕候、依之乍恐
禁裏　院中勧化之儀奉願候之段、以書附申上之、
去年　近衛殿下依御内意勧進柄杓　叡覧之願書差
出候、此度茂両傳　奏衆御内意ニ付、右之趣書附
出之、
一、同九月廿六日人別十二銭之奉加之事、相願候処、十
月廿日如願寺社御奉行永井伊賀守殿ニおゐて被仰渡之、
戌年人別奉加之事、被仰出候以後相集り申、勧化金
之高相考候所、建立之助成難相届候ニ付今度又人別
十二銭宛と相極候テ積立相願之事

一、同十一月廿一日、寺社御奉行永井伊賀守殿より差紙
到来、早速致参上候処、伊賀守殿被仰候者、
今日　御城江御勘定頭荻原近江守、南都奉行妻木彦
右衛門被為召大佛殿造営之儀取持候様ニト被仰付候、
御代官大柴清右衛門江茂近江守より可申遣之旨、被
仰渡候間、此旨可相心得旨、被仰渡之、
一、同月廿七日荻原近江守殿御寄合江公慶罷出候処、被
仰渡候者、
唯今迄数年致苦労候段、
上ニ茂御称美ニ思召候去月廿一日被仰渡候、人別之
儀ニ而者、中々大佛殿近年成就之程難斗候、其上空
成事、貴僧之儀者、内如何様之変出申事茂難知候之
間、只今より大佛殿成就迄之積書立候テ差越候様ニ
テ大柴清右衛門方江可申遣候、清右衛門并勧化所之
役人共立合、其上積帳調可差越旨、可申遣之間、其
旨相心得難有可奉存之段、被仰渡之、即日御老中其
外御役人方江参上於近江守殿委細被仰渡安堵仕難有
奉存候段申上ル、
一、同十二月廿日於南都御代官大柴清右衛門殿より後藤
玄順可罷越被仰聞候ニ付早速参上之処、清右衛門殿被
仰渡候者、
御勘定衆より申来候間、大佛殿大積之儀、目録一々
積立候テ急可差出候、龍松院茂一両日中江戸より帰
着之由、猶申達早々目論見候様ニテ則目録御渡受取
之、
一、同月廿六日右帳面二冊ニ積書相認、大柴清右衛門殿、
後藤玄順持参之処、即日江戸江被差出候
大佛殿往古之間数ニテ積立差上之御意ニ付、廿日よ
り於普請所棟梁堺内市郎右衛門、後藤玄順、小林喜
右衛門不分昼夜相調廿六日辰之刻出来、
一、同十一寅年二月廿五日大柴清右衛門殿より後藤玄順、
棟梁堺内一郎左衛門被相招去冬差上候、大殿造営之積
り帳、従江戸御好申来候趣、被仰渡之、
一、同三月三日右積リ帳面御好之通出来、并大殿百分之

一木形出来、帳面ニ差添大柴清右衛門殿江差出候処、同十五日手代篠原幸右衛門を以、江戸江被差上之、百分一之木形四月五日、御城江篠原幸右衛門持参、

一、同八月念佛堂大破ニ付屋禰并石壇等修覆、本尊地蔵尊之再興等十一月成就、

一、同九月廿五日、若御年寄米倉丹後守殿、南都御越、寺門御順見之砌、東南院境内入御覧、門下中相談之上、被返下候様之御願書、丹後守殿江出之候、委曲可及御沙汰候、猶又願之趣、江戸江被申上可然之旨被仰聞候事、

一、同十月公慶江府下向之上、大殿造営先達而積上候趣、猶又荻原近江守殿江御対談申入候事、数度也、略之、

一、同十二月朔日寺社御奉行、松平志摩守殿江罷出、東南院方之儀、願書を以申上之、

東南院方願、此節より来卯春に至、度々御奉行所江罷出御尋等有之書附品々出之、具記録、依有之略ス、

一、同十二卯年正月十八日大佛殿之儀、此度注文之通略被成候テ成共、近年之内成就仕候様ニ荻原近江守殿江願入候事、

先達テ於近江守殿被仰聞候者、大佛殿往古之通建立之大積拾八万両余之金高ニテ大分之儀故、近年成就難斗、然者略之儀、上より難被仰付事ニ候、存寄之趣、書付可差出之旨、委曲御申ニ付大殿間数減略いたし、廻廊等先相止申趣及御内談、右之通願上ル、依之従御勘定衆略之、絵図南都御代官大柴清右衛門殿江被差登候事、

一、同二月廿三日近江守殿江申入候者、大殿間数略之儀、桁行七ま（間）梁行五ま（間）と被仰出候得共、法事行道等難成候間、七ま四方に仕度段申入候処、被得其意則御代官大柴清右衛門殿におゐて右之積り直シ仕様帳出来、同四月より売人御吟味追て入札被仰付御請負人等相極ル、

一、同二月九日寺社御奉行於永井伊賀守殿御寄合被仰渡候者、東大寺東南院屋敷并寺領共公儀御支配之処、旧冬より願之通、被仰付候旨松平志摩守殿被仰渡之、即

日為御礼御老中寺社御奉行其外御役人中江公慶参上、
一、同三月上京御諸司松平紀伊守殿江御礼申上、町御奉行滝川丹後守殿御代官長谷川六兵衛殿江東南院御引渡之儀申達候之処、随心院殿坊官中願之儀有之、書附差出候由、依之相待候様ニとの儀、依テ御門下中御礼下向之儀茂延引之、
一、同六月大坂北平野町五丁目勧進所構之、
去ル寅五月大佛嶋御用地返上ニ付、勧化會所之事、講中催促ニ付、當四月十七日大坂町御奉行松平玄蕃頭殿江相願候所、依御許容御代官小堀仁右衛門殿江申達假堂庫裡建之裏通り新道等許容有之、新ニ作之、其以後大坂表之大佛講會所幷普請方用事相達之、
一、同七月九日於松平大膳大夫殿防州国衙東大寺領預リ證文御渡受取之、
今度代替ニ付一山相談之上、先達テ申返候、幸此日於江戸屋敷招請ニ付罷越候処、如先格被相渡之、右礼式惣代共公慶勤之、

一、同九月八幡宮前護摩堂建立
八幡宮再造已前、假屋有之其跡江三間四面ニ建之、九月廿六日造畢、同廿九日入佛、翌辰正月六日長日護摩公慶令開白相続テ弟子僧を以為天下泰平大殿成就祈禱長日護摩修法之、
一、同八月十一日出羽奥州勧化廻国発足六月従南都出府、
先達テ近江守殿積立之金高拾万両之内五万両者御料分より可被差出旨、残五万両者私領其外自分勧化可有之旨被仰聞候、依之今般出立奥筋北国筋江茂罷下リ至明年追々巡行可仕旨近江守殿を以相窺候処、勝手次第可罷出之旨御老中被仰候由、依之道中人馬人寄附宿坊等之儀、領主国主之屋敷云云江兼々相頼置、此日江府発出、
一、同閏九月五日奥州福嶋より江府江帰候事
九月十二日寺社御奉行松平志摩守殿より於江府留守居僧被召東南院之儀ニ付、隋心院坊官近々罷越候間、龍松院早々帰府可有之候、猶亦南都江茂東南院之訳能存

知申僧今壱人呼寄候様ニト被仰渡、依之急速奥州江申越帰府、従南都金珠院庸性九月十九日着府、奥筋勧化之儀者弟子僧本空其外残し置帰り道中縁起講談等勤之、同月十八日不残江戸ニ帰ル、

一、同九月廿二日松平志摩守殿江龍松院金珠院同道ニ而参上、東南院之儀ニ付隋心院殿坊官芝刑部卿朝山信濃罷下、願書之趣御吟味有之、返答書被仰付一々書附、差出之其外御尋等茂有之、古記品々出之、数度罷出再往御吟味之上、十一月九日於永井伊賀守殿御寄合東南院之儀當春之通首尾能被仰付、此節令落着畢、即日御役人中江御礼両人相廻り候事、

一、金珠院庸性同道ニ而十一月廿七日江府発出罷登於京都茂如當春御付届申達候処、同十二月廿一日御代官長谷川六兵衛殿より手代葛山由右衛門を以東南院境内知行幷善性院領坊舎等悉被相渡請取之、

一、翌辰二月、右之為御禮、惣代清涼院晃海江府下向有之、

東南院一件記録委細別ニ有之也、

一、同九月廿八日御勘定頭衆より上方御代官十四人江連名之廻文大佛殿奉加之儀、私領者龍松院勧化有之候得共、御料之分者自力ニ難申届候ニ付此方より被仰渡候、高百石ニ金壱分宛、銀ならハ拾五匁宛取集龍松院江相渡可被申候、

右之趣御書附相廻ル大柴清右衛門殿より写来、

一、同十三辰年正月六日東南院普請初、

最初ニ三社託宣之池浚惣構之石垣等取掛二月朔日出来、同月二日三社地鎮、同六日假殿出来ニ付遷宮、日光社同断八幡宮之神主上司式部親子祀之、

三月八日当地御奉行内田傳左衛門殿、東南院善性院巡見、

四月三日御同役妻木彦右衛門殿同所巡見、

一、同二月公慶江府発出、

三月八日寺社御奉行松平志摩守殿江以書附東南院如願被為仰付、去冬御代官より御引渡之御禮申上、且院内

ニ東照権現之御宮造立仕度之段願之、同年十二月十一日願之通御宮建立可仕之旨、寺社御奉行松平丹後守殿被仰渡之、

一、同二月荻原近江守殿より正月廿日之書状到来之趣、国之御代官所より取立候、大佛勧化金銀所々御代官より、其元江相渡候儀御代官之御勘定、彼是差支、又者其元ニテモ方々より御請取候テ差引勘定等、又者金銀置所茂手支可申儀ニ付御代官より取立候金銀、南都奉行衆江相渡置入用次第其元江御請取有之筈ニ候、且去卯年者風損故、在々取立候金銀相除候、国元モ有之故、金銀合大積五千両程可有御座候、其御心得可被成旨申来、

一、同四月廿日奥州筋出羽下、越後勧化為廻国発出、去秋御用ニ付福嶋より帰府、依之此度又奥筋出羽下越後之遍巡行、日々縁起令講談、津軽外之浜迄打廻リ、十二月三日帰府、四月廿日江府発より日数二百二十日に及べり、

一、同十二月九日、三の丸様江奉願候者、

此度、下越後出羽奥州不残結縁仕候処、御威光ニテ何方茂首尾克難有仕合奉存候、就夫奉願存意者此度奥筋にて一両所茂御料並百石壱分ニ被成可被下方茂御座候得とも、御老中方江之御遠慮茂御座候、此度御老中御役人方より百石壱分ニ被成被下候て、諸大名ニ茂其通相済可申候、然上者勧金茂集リ可申旨願書ニ相認、駿府政事録五之巻等抜書相添、護国寺僧正取次を以差上之兼而

三之丸様就御帰依勧化廻国之首尾毎度護持院隆光、護国寺快意具被達御聴置候、依而今度奥筋勧化之上、両僧正熟談を以、内々より願之先達テ右私領分納リ方之事、荻原近江守殿江茂遂示談、御老中柳沢出羽守殿江茂願候得共、中ゝ以重キ御事也、段々御憐愍を以、勧化品々願之儘ニ相叶、殊更御役人中御取持迄被仰付、御料分百石壱分勧金被成下候程に候得共、私領之勧金数年之寄り高、且此節数日廻国之様子、尤人ゝ之信仰不斜といへとも、集リ金銀之員数中々不准御料難及自

力事ニ候、此通ニテハ大殿成畢之年限茂難斗事ニ付、
盖奉仰御威光事也、此時節者材木等茂無枚、普請墓(マヽ)取
不申、段々足代等及破損、費多ク彼是以願主之粉骨難
盡筆端時節也、
一、同十四巳年正月廿八日、公慶江府発出南都ニ帰、去
辰春出府以来奥筋勧化廻国ニ付、江府ニおいて越年、
此節罷登二月十日南都着、道中桑名之駅一宿之節出火
有之、城内城下町中不残焼失、風烈旅宿即時及類焼、
往還之通路難叶之処、宮より渡海之船二艘之内一艘不
思議ニ遅着、依而宝物已下人数悉収乗無難立退至畢、
長嶋其夜火事場江一飯を施し救急難候事、翌朝発出、
一、同二月十六日東南院　東照宮之社地縄引地取一山之
老分中相談見分之上相極、此已後普請段々取掛申也、
一、同三月十一日之書状ニテ護持院隆光護国寺快意両僧
正より連書到来、其趣者、
　大佛殿勧化之儀願之趣
三之丸様江委細申上候得者、柳沢出羽守殿江具被仰
聞候處、出羽守殿被申上候者、万石以上之諸大名之
領知茂御領並ニ奉加物差出候様相極候、此上者龍松
院諸国勧化徘徊之事無用ニ候、御當地江罷越、荻原
近江守ト示談可然之旨被申上候、依之従　三之丸様、
右之趣早々申達御當地江下向可仕之旨、被仰付候間、
北国筋勧化相止、早々参府可有之旨、両僧正より申
来、
一、同月荻原近江守殿江諸大名衆之留守居、被召呼南都
大佛殿修造金高百石ニ付金壱歩宛、銀ならハ拾五匁宛、
當巳年来午年両年分取集、南都奉行所江可被相納旨、
被仰渡之、一万石以下之衆中江者御勘定頭衆より廻状
を以、御申渡候也、
一、同月廿日南都御奉行妻木彦右衛門殿ニテ被仰渡候者、
今度私領方勧化願之通、被仰付候ニ付テ、大佛堂普請
之儀、南都奉行江被仰付候旨、京御諸司松平紀伊守殿
より被仰下候旨、以書附御申渡并紀伊守殿より到来之
御書附モ写取相渡候如左、

覚

一、南都大佛勧化之儀、龍松院願ニ付御領者、近年従在々御代官江取立、南都奉行江相渡候、私領者龍松院直ニ勧化仕候処、勧金集り兼候故、修造延々ニ成、先達テ致用意候品々茂朽損候ニ付、私領方勧金茂御領ニ相准渡之旨、龍松院願候、其通相叶当年来年従在々勧金取立南都奉行江案内之上相渡筈候、依之寺社奉行並荻原近江守江茂申渡候、尤横山左門江茂申聞候、右之段御自分江可申渡由、

一、右大佛堂普請之儀、南都奉行江被　仰付候間、下奉行ニ者南都奉行与力同心差出勤候様可申渡由、右之通年寄衆より申来候間、可被得其意候、以上、

三月十八日　　　松平紀伊守

妻木彦右衛門殿

一、同月廿六日公慶江府発出、兼而此節より北国筋廻国発足之用意ニ候処、頃日三之丸様為　仰護持院・護国寺両僧正より来書私領方勧化百石壱分之願相叶、其上大佛修造之儀、公儀御普請被仰付候ニ付、北国筋勧化相止為御禮参府、

一、同五月十二日大佛修造従公儀之御普請初、南都御奉行妻木右衛門殿、横山左門殿交代支配、此日両奉行之制札普請所条目等被差出之下奉行、与力三人同心四人御奉行之用人等出勤、龍松院家来役人元〆勤定方目附役棟梁等、

右諸役人於御奉行所被仰渡之、

御普請年初以後当役之御奉行度々普請所江御越、万端御差図を以、作事方段々催之、願主公慶毎度罷出造営之儀申談候也、材木請負人其外諸職人等鳶日用等、従諸国追々集来ル、毎年正月廿一日より到十二月作事不絶、宝永五子年六月本殿成就迄八ヶ年之間　公儀御支配也、

一、同年大佛勧化金銀御料私領共當御奉行所江国々御代官国主領主御旗本之面々遠近共以使者被納之候事、

請取役人与力弐人同心弐人宛承之、出火等之節者龍

松院より元〆役人相結支配之、当夏中より翌年未年ニ至テ無渋滞到来、若領分損毛ニテ延引、或者一ヶ年分ト心得延引之衆中者、重而吟味之上被相納候也、

一、同九月十五日東南院　東照宮新建木作始営之、大工棟梁并當寺八幡座之番匠等出勤作法有之、御奉行横山左門殿着座、年預清涼院願主公慶出仕、

一、同十月廿六日、同　御宮地鎮、廿八日石居、十一月五日柱立、其外拝殿震殿等之作事、此節より追々出来、

一、同十五午年正月五日、大佛殿普請所釿始規式有之、如毎例釿始之賀儀、今年より　公儀役人各列座、公慶出座、同月廿一日より作事始リ年々同前也、

一、同二月十日公慶江府発出、

三之丸様叙一位之御祝儀申上候也、

一、同四月廿二日、本庄安藝守殿南都御越、

三之丸様御名桂昌院尼公叙一位之御禮上使として上京、春日社大佛殿江茂御代参、兼而於江府御約束申置、龍松院ニ止宿、依之假客殿対面所等ニ建之、其外急速被取繕逗留中、令饗應二宿之上御帰発候也、

一、五月廿三日　東照権現之御宮上棟、同夜亥刻正遷宮経営之、

御正躰安置開眼并奉幣等、願主公慶勤之并年預四聖坊、御門下惣代金珠院奉幣勤之、

清秡祝詞鎮座御供等、上司修理亮出勤、

尊影　彫刻佛工　椿井民部法橋性慶

去巳四月十七日彫刻始、同十月十七日造畢、

御宮造営棟梁　塀内若狭掾正利

八幡座番匠等上棟之作法出勤、

御奉行横山左門殿上棟規式之内着座

一同廿三日卯刻日光社遷宮右ニ准営之、

一、廿六日　東照宮御遷座之御法楽、一山之学侶出仕、四箇法用講問等勤之、音楽有之、同日両堂中法華懺法勤之、別ニ委細之記録有之、

一乗院宮　大乗院御門跡御参詣

御奉行　横山左門殿着座并与力同心警固

同役　妻木彦右衛門殿、交代之上、六月十七日社参、右両奉行　御宮前石燈籠一基宛献上、御代宮辻弥五左衛門殿手水石鉢献上、

一、同九月十五日聖宝尊師之像彫刻安置、大佛師朝慶造之、

開眼導師公慶、一山之学侶法用修之、

一、同十二月十二日、東照宮御本地薬師如来新造入佛、

般若窟宝山和尚自作寄進、座光公慶令造刻候也、

右東南院　御宮一具新造拝殿者、

明正院様御舊殿　勧修寺宮御拝受之處、今般御寄附ニ付建之、宸殿者、東南院支配善性院之客殿を引移建之、其外新古取繕、元禄十三辰年より今年迄造畢、委細別記有之、

一、同十六年未年正月五日俊乗上人影堂造立釿始営之、影堂雖有之狭小ニ付、今度為五百年忌追善法事経営新建之、

一、同正月十一日於東南院傳法灌頂、同十六日迄五ヶ夜執行、

大阿闍梨龍松院公慶、見性院賢性、清涼院晃海、龍蔵院快英、受者公慶弟子等、

一、同六月廿八日勧進所剣塚ニ小社建祀之、遷宮八幡之神主、上司修理亮勤之、

記云、住昔良弁僧正辛国行者輪法力時行者所投之利剣埋此所則剣塚ト云、新建小社一宇為祈無異大殿成就也、

一、同九月十五日俊乗堂柱立、

一、宝永元申年三月改元正月五日俊乗堂五間四面造畢、上棟規式営之、

一、同日大湯屋修覆事始、

及頽破近年衆僧無澡浴、今年俊乗上人為遠忌追善施浴令修補候也、

一、正月十一日公慶江府発出、三月南都帰寺、

去年十一月江戸大地震ニ付

上々様為伺御機嫌参府、旧冬寺門江御祈禱被仰付、南

都奉行所江御祈禱巻数献上有之、此度於江府自分江茂巻数献上被仰付被差上之候也、

一、同二月廿四日江府大佛勧進所不断念佛再興、先年開白之念佛南都勧化所江移候処、今度印傳屋貞寿依願望、常行念佛開白導師公慶始之、去十一月大火之節勧化所類焼ニ付假屋也、追々作事営之、如已前假堂庫裡取揃出来、

一、同四月俊乗上人五百年忌法事執行、従三月廿九日、四月五日迄一七日法事営之、正忌者六月五日也、然共諸人炎熱之労有之ニ付、當月執行開結一山学侶行列出仕、四箇法用神分表白講問等勤修之、音楽有之并両堂三ヶ院各々出仕、法事焼香有之、毎日阿弥陀三昧修行、導師公慶、同徒弟僧十餘口并泊瀬寺之所化十餘口招請、都合二十餘口一七日勤之、弥陀供養法一七晝夜修之、不断念佛同断、参詣群集従奉行所警固之与力同心被差出之、

一、大湯屋修覆出来ニ付、一七日之内有縁無縁施浴有之勧化所ニおゐては日々設斎有之、會中之記別ニ委細有之、

一、同九月二日五日大殿大虹梁弐本各長十三間末口三尺五寸普請所着、造営専一之虹梁故、元禄之初より不絶諸国を尋、猶又近年公儀御威光を以、被遂御吟味候得共、間数不足難相用及延引候、追日作事成寿候ニ付てハ無授棟梁ニ申付長十間弐尺之虹梁を以可弁之旨相積候、然者蓮華座上ニ柱を建申事新儀之営故、此儀歎入、未決之折節公慶不思議之夢阿リ、依而諸国之到来を暫見合申所ニ、日向之国白鳥山ニ老松有之由告来、員(カ)数符合之儀有之候付、奉行衆江茂申談急見分被差遣候処、至極之虹梁也、則従日州白鳥之神山弐本共伐出之、国主薩之大守より役人被差出夥数人歩(夫)を以、数十里之難所無故障引出シ鹿児嶋より乗船、同国山川之津滞留、七月六日出船海上三百里日数七ヶ日目、七月十二日に播州兵庫到着、

　薩州より材木荷物等上船之事、無上之雖順風、七八

日之内兵庫着船之事難及所也、今度大木を載七日之間、彼地着船之事希有之事也ト薩州之諸士被語之、其外船頭等不思議之品、雖申承不記之、

一、同十六日大坂傳法川口ニ着、役人棟梁於此所見分之上、出船大坂より淀川筋船引人歩(夫)、村々江御代官幷御領主方より被仰付、八月十日木津着、同十九日より車力を以引出ス、毎日南都之町中近郷より思々ニ出立引之、大坂南都之講中品々之作リ物等差出、大坂より淀木津南都着迄、公慶付添幷役人毎日罷出ル、木津より陸地之分者、与力同心毎日前後警固、

一、同七月八幡宮鏡池浚、
数年土砂埋リ有之ニ付寄進人歩を頼浚之、九月中出来人数都合弐千人余也、中嶋に弁才天社建之、

一、同九月晦日夜、興福寺維摩會、公慶竪義遂業、
九月廿六日より晦日迄執行也、前行繞堂如旧例勤之、
宿坊興福寺観禅院等におゐて営之、

一、同十一月十二日より同十六日迄、東大寺法華會執行、
公慶探題勤役、同月八日於一乗院御門跡、探題御傳受候也、

一、宝永二酉年正月五日八幡宮新造屋釿始営之、
炎焼以来假屋ニ付、如形建立之意願有之、今度始之、

一、同三月十三日、十六日本殿大虹梁十三間物東西両日弐本上之、
御奉行妻木彦右衛門殿、両日共普請所ニ御結、諸役人幷鳶日用不残相結、尤兼日之用意ニテ大轆轤大綱等新調、東西共無滞引出之、
御奉行幷諸役人諸職人鳶日用等迄、祝儀之一献有之、
学侶両堂幷諸役人惣講中、東大坂来客等悉一献之、
祝儀有之、凡人数千余人、

一、四月十日大殿棟上之賀儀有之、
御奉行幷与力同心諸役人相揃辰中刻棟上之規式棟梁幷平大工等勤之、同日於普請所、右不残祝儀之一献有之、
一山不残幷大佛講中、且奈良町中年番行司之分、同百姓方庄屋年寄相招、於勧化所悉一献出之、

一、同翌十一日於南大門前、大殿上賀儀之能興行、

御寺務御奉行江兼申達藝者、京都幷南都春日之禰宜町人講中等相集リ能六番狂言五番有之、舞台幷楽屋惣囲等御普請方より被仰付、余事万端龍松院より営之、東大興福両寺之僧侶打交於南大門能見物、其外御奉行之役人与力同心等同行幷町方講中有縁者勿論、奈良町中江見物場所割付遣之、右夫々饗応有之、

一、同六月朔日公慶江府発出、附弟大進随身、大佛殿棟上為御禮参府、此節伊勢太神宮ニ参詣、同十四日江戸着、

一、同六月廿二日　桂昌院様薨去、公慶在府御違例之御祈禱被仰付、其外諸寺諸山之御祈禱者、勿論種々御療養被為直候得共、無御験薨去、同廿三日増上寺御葬送公慶御供也、大佛殿成就之言上無程相成候所、無其儀、乍恐残念此事也、然共今度棟上相済申候段、被為聴成就之思召御喜悦之旨、御病中被仰出候、誠難謝厚恩公慶恐歎無限事也、

一、同月廿七日公慶於江府発病、痢病大切ニ成医師養安院法印を初大医被置、療養祈願者護持院大僧正を始、東武有縁之寺社被抽丹誠、対南都におゐてハ一山之僧侶幷弟子僧混座之修大法、各精誠候得共、無其験追日差結ル、従南都後藤玄順本空等早掛ケ罷下候事、

一、同七月十二日公慶命終、護持院大僧正奈良奉行妻木彦右衛門殿幸在府ニ付、大佛普請之儀専一御頼申置幷附弟大進事、以遺言、願主相続之儀御頼申入候、依之右之両所　公儀表御取持有之、御奉行所御付届等無滞相済候事、

一、同十六日入棺、隆光大僧正引導有之、

一、公慶遺骸南都帰葬之事、遺言ニ付護持院隆光取持を以寺社御奉行所江相願候所、公慶儀大功格別之儀と被及御沙汰、願之通被仰付候、則大進書物差上、其趣を以、同十六日御関所證文御渡被成、同十八日江府出立、同晦日南都帰着、八月十一日五劫院葬送中陰於勧化所、附弟其外弟子中勤修之、

一、公慶以遺書附弟大進公盛勧進職相続之趣、一山江遂披露、御寺務安井御門跡江申上之、公盛後見金珠院庸性江頼置諸事差図有之、

公慶代造立修覆合数

一、大佛尊像鋳掛之事

熟銅　六万五千七百五拾貫目

炭　弐万八千五拾六俵

鋳師人数　四万弐百六人

日雇人数　三万八千五百八拾弐人

一、同御腹内篗組取替之事

材木　大小　弐百八拾本

大工数　六千弐百五拾人

日用　壱万弐千五百人

其外　鍛治方・石方品々入用有之、

一、同假厨子之事

高九間、横七間余連座より仕掛假覆之、

柱　拾三本土台屋禰板釘鉦(マヽ)等入用品々

大工数　千百人余

日用　七百五拾人

一、同石座新造之事

長延五拾弐間弐十八角、高サ尺新石を以築之、

一、本殿木作始千僧供養経営之事

日数七日之執行施斎之僧俗五万七千百六拾人余有増前々記之、

一、尊像開眼供養執行之事

勅會舞楽之法事、日数三十日執行有増前々記之、受斎之僧俗合弐十壱万八千百九拾九人、

一、傳法灌頂執行之事

大佛殿柱立之節、庭儀灌頂執行於東南院堂上灌頂執行、

一、大佛堂

桁行弐拾八間六尺弐寸

梁行弐拾五間四尺壱寸

堂高弐拾四間余

壇上　東西三十四間弐尺五寸
同　南北三十間五尺
惣坪数七百四拾弐坪壱分
惣木数三万弐千三百三拾弐本
　柱数六拾本差渡三尺五寸より五尺まで
内
大虹梁弐本末口三尺五寸
　足代松丸太五千八百五本
同竹　四万千七百六拾壱本
大工数并木挽杣合弐拾七万千三百七十六人
鳶日用人数　合弐拾九万四千弐百弐拾五人
瓦数　拾三万三千六百六拾枚
　右之外鍛冶方石方塗方品々諸入用等不記之、
右之通堂ま(ゝ)減金高拾万両ニテ可仕立之段、従御勘定衆先達テ大柴清右衛門殿エ被仰越候ニ付、其趣賣人落札を以被仰付候得共、入用金高不足ニ付、段々相増、惣入用金拾弐万千弐百九拾四両壱分ト銀三匁二分八厘本殿成畢、御勘定高也、此内壱万千弐百六両ト銀五匁者龍松院手前普譜之内、上々様方より拝領金并諸士町方在々集リ金を以二重足代并調置候材木代大工鳶日用其外諸入用之分也、
右本殿　公儀御普請之内、宝永二酉年棟上相済候上、公慶命終夫より戌亥子年成就之節者、公盛在住、
一、八幡宮　元禄四年未年再造正遷宮等営之、
本社
　桁行拾壱間壱尺二寸
　梁行弐間半
御殿内御道具神主以記録相改補闕如形備之、
若宮　桁行三間 梁行壱丈二尺七寸
御殿内御道具右同断
右両殿者宸殿作リ御拝付屋禰檜皮葺表端籬有之、
末社　大小　五ヶ所
楼門　弐間五尺四面
拝屋　弐間五尺四面　前弐間弐尺四方

御廊　拾七間余　南北八間四尺壱寸宛　三間梁

若宮拝屋　弐間ニ九尺

神楽所　桁行九間半　梁行三間

神主屋禰宜番所等

一、東南院

三社宮　桁行壱丈五寸　梁行六尺五寸

託宣之池浚惣廻リ石垣四拾六間新造

日光権現宮　三尺壱寸　五尺五寸

東照宮　六尺五寸 四尺　湏屋　弐間半 三間

拝殿　桁行六間 梁行四間　中之間東出弐間四方

右者明正院様御旧殿也、勧修寺宮御寄附、

御宮廻リ玉垣長延弐拾四間余有之、

宸殿　桁行六間 梁行四間

薬師如来聖宝僧正之像、彫刻安置

同次之間　弐間四方

同車寄　弐間ニ四間半　唐破風柿葺

台所　弐間ニ拾間　假建

右御境内東西四拾四間、南北百三間塀竹垣表假門裏門等

一、龍池之社　戒壇堂鎮守

一、天狗之社　猫坂之上ニ有之、

一、弁才天社　鏡池嶋ニ有之、

右新建

一、念佛堂修覆　本尊地蔵尊再興等

一、護摩堂建立　三間四面御拝作リ、柳生法徳寺より求之、

一、俊乗堂新造　五間四面御拝付瓦葺也、集會所修覆有之、

俊乗堂材木者御奉行江申達大佛殿余材を以建立、依テ惣槻作出来、

一、大湯屋　東西拾壱間余　南北六間弐尺

屋禰其外大破ニ付修補幷小風呂新造之

一、新造屋

道　場　桁行六間 梁行六間

集會所　桁行五間 梁行三間半
台　所　桁行五間 梁行五間
幷表門裏門惣囲之塀修補等
右者公慶作事始之、宝永三戌年公盛代造畢、
一、勧化所　穀屋之旧地、貞享三年地平均建始之、
阿弥陀堂　桁行四間半 梁行三間　聴聞所假屋　五間ニ三間
幷念佛結衆部屋茶所等本堂廻りニ有之、
聖武天皇御殿　弐間四方
尊像造立奉安置月並法楽勤修之、
同礼堂　桁行五間 梁行弐間半
御本地観音安置長日修法有之、
宝蔵　三間四方
皷坂之北ニ已前より有之を元禄四未年引移建之、
鎮守之社　三ヶ所
鐘撞堂　一間半四方幷弐間三間之部屋有之、
三倉之際ニ以前より有之を引移、其以来十二時之鐘
撞之、

接待所　桁行四間 梁行三間
客　殿　桁行六間 梁行三間余
其外次座(マヽ)補、小座(マヽ)補二階等、貞享之假屋ニ建添、段
々間敷相増申也、假建之儀故委細ニ不記之、
台　所　桁行七間半 梁行五間半
此外裏廻り土蔵惣置客寮部屋々々等餘多建物有之、
右境内東西六拾三間、南北四拾五間、塀竹垣等有之、
表門裏門三ヶ所堀井五ヶ所有之、
(奥書)「右依
仰公慶以来留書相考大概書記差上之候、以上
元文二丁巳年九月　龍松院庸訓」

（表紙）

勧修寺大経蔵印

龍松院公盛公俊庸訓代々諸興隆略記

龍松院公盛大勧進職相續興隆略記

一、宝永弐酉年九月三日公盛江府発出、
公慶遺書を以、大勧進職相続之旨一山江申達、
御寺務　安井御門主江申上候得共、未触穢ニ付継目
御禮不申上候、然処護持院大僧正、御奉行妻木彦右
衛門殿、依差図大佛殿修造未成之事ニ候間、急関東
江罷越、願主相続継目之御礼可相願之旨申来、幸御
奉行出府ニ付、急速罷下候段、御寺務江為御断後見
金珠院同道ニテ参上之処、御聞届ニ付御諸司松平紀
伊守殿江茂御届申置ニ江府江罷立、同十五日江戸着、

一、同九月十九日寺社御奉行久世讃岐守殿江公盛罷出継
目御禮之願書差出之、
護持院大僧正より役者月輪院被差添、僧正よりも願
之趣口上書被差出候、早速可被及御沙汰之旨、讃岐
守殿被仰渡候也、
此度初而継目御礼願之儀ニ付、先達而より護持院大
僧正御取持有之幷妻木彦右衛門殿江御相談申入候也、

一、同九月廿五日
公方様護持院江御成之時、公盛相語候所、御目見被
仰付、御仕舞拝見等、公慶存生之通被仰付候、此後
参府之節毎度御成之時、相語候儀、度々ニ者不記之、

一、同十月朔日公盛継目御禮登城、
前日寺社御奉行本多弾正少弼殿被仰渡之、公方様大
納言様御列座ニテ御目見十帖一本献上、御奏者三浦
壱岐守殿御披露、即日御老中御側御用人寺社御奉行
継目御礼申上之、同十六日御暇被仰出、時服拝領所
方継目之届段々勤之、

一、十月三日　桂昌院様百ケ日御相当ニ付、為冥加納経
拝礼之儀寺社御奉行所江相願候処、願之通被仰出、於
増上寺納経拝礼、御焼香勤之候也、十一月十六日江戸

発出、同廿七日京着、
一、同十一月廿八日御寺務江公盛継目之御禮申上訖、
今度継目御礼参内院参、御所方相勤申段申上候所、御寺務より御案内之上、可被添御使之旨被仰付、則両傳奏衆江被仰入候所、勝手次第可相勤之旨御返答被仰出候事、
一、同十二月五日参内院参、御所方両傳奏衆、且諸司松平紀伊守殿、両町奉行衆江御寺務より被添御使公盛継目御礼参上無滞相済候事、
一、宝永三戌年正月五日大佛殿釿始如毎年在之、
公慶在世之通、公盛出座奉行衆諸役人出勤如先格也、
一、同日新造屋再造成畢入佛、
公慶去歳作事始之、相続テ営之、此節成就
嘉祥大師香象大師両祖士（師）像新造安置之、公慶代作之、
右成就之賀儀、此日一山学侶両堂三ヶ院諸役人神人等一献之祝儀有之、
御寺務當地之御奉行并大佛普請方与力役人中迄悉一献之祝儀贈之、
一、同正月廿三日年始御禮参内院参、御寺務其外御所方諸司町奉行所御付届如先代相勤候也、
一、同二月十三日公盛江府発出、
同廿八日年始御礼登城、如先格御目見被仰付、三月十六日巻数献上、御暇之儀奉願候所、年始御礼之節者、先住公慶御晦（悔）之例無之旨、被仰渡候ニ付、護持院大僧正再往御願給リ、依之同月廿三日御暇被仰出時服拝領、年始御一礼御暇之最初也、
一、六月十八日於増上寺　桂昌院様御一周忌御法事ニ付、納経拝礼願之、如去年被仰付、此日相勤、同月廿四日江府発出、七月六日京着、八日南都帰着、
一、同七月五日公慶影堂新造成畢、
影像即念看廊佛工法橋性慶造刻之、当年一周忌ニ付此節出来、五日より十一日迄追善法事営之、
一、同九月廿四日京御諸司松平紀伊守殿南都御越、於龍松院御止宿、即日大佛殿普請所御覧、直ニ山内神社佛

閣春日興福寺巡見、翌日御発駕、西京辺同断、直ニ宇治江向御帰京、御逗留中賄方従御手前被仰付、御宿坊取繕等為御馳走申付候也、

一、同四亥年五月九日公盛江府発出、

一、六月十八日　桂昌院様三回御忌御法事ニ付、如先年納経拝礼願之通、被仰出於増上寺勤之、

一、八月三日寺社御奉行御月番三宅備前守殿江公盛罷出、大佛堂供養来々丑春執行仕度之段、書附を以奉願候、大殿造営段々出来、当年中来春迄ニ者、成畢ニ付、兼而御寺務御奉行江茂申達一山江茂相談之上、開眼供養之格を以願出ル、従御奉行所依御尋、往古大佛供養之略記并公慶代開眼供養之筆記品々御尋之儀共専附上之、九月十一日於本多弾正少弼殿御寄合三宅備前守殿被仰渡候者、大佛堂供養之儀願之通被仰付候間、明後丑春執行可仕候、尤諸国江札茂相立、近例開眼供養之通執行有之、様ニト被仰渡之廣大之事無障成就供養執行之事、珍重之段、御奉行中御挨拶有之、

一、堂供養執行之日数開眼供養半減十五日執行之段申上置候処、成満院（護持院隠居也）大僧正御申候者、如旧例四月八日之結願ニテハ三月廿四日開白ニ当リ候、此日取不宜候間吉辰三月廿一日開白有之、十八日之執行ニ相願可然旨ニ付、九月十七日三宅備前守殿江相願候所、同廿七日願之通被仰渡之、十一月九日江府発出、

一、同九月廿一日御奉行三好勘之丞殿、初而大佛普請所ヱ御入見分有之候事、

南都御奉行妻木彦右衛門殿、六月九日病死ニ付、諸御役被仰付大佛殿普譜方、如先格同事ニ於江戸被仰付、依之早速普請所見分有之、九月十九日南都着、

一、同十二月八幡宮護摩堂四大明王施主有之彫刻安置之、

一、同四(五)子年正月五日堂供養為知之札中門之前、其外寺内当地所々立之、追々江戸京大坂近郷近国立之、

一、同二月　春宮行啓、立后之御祈禱一山より巻数献上ニ付龍松院よりも献上之、

御寺務より被添御使一山惣代同道ニテ参内、巻数献

上之、此以後一山同事ニ献之候得共、度々ニハ不記之、

一、同四月廿五日加藤越中守殿南都御越、龍松院ニ御止宿、今度　禁裡参上御用ニ付上京、南都御立寄被成、廿五日六日当所巡見之上、直ニ御発駕、諸事松平紀伊守殿御越之通御馳走致用意候也、

一、同六月十八日於京都両傳奏柳原前大納言殿、高野中納言殿江公盛参上、

来丑三月廿一日より到四月八日大佛堂供養執行可仕之旨、於関東被仰渡候、依之勅会舞楽之　御法事御願文幷勅使御参向之儀、先年開眼供養之通奉願候段、以書附申御寺務よりも御添使を以被仰入候、同七月二日右願之通勅許之旨傳奏衆より被仰入候段、翌三日御寺務より被仰下、早速一山惣代願主龍松院為御礼上京、御寺務江参上両傳奏衆江勤之、

一、同六月廿六日大佛殿修造成就ニ付従　公儀御引渡之事、

御奉行三好勘之丞殿普請所江御出、今度修造成畢ニ付龍松院江御引渡之旨ニテ与力同心龍松院役人立合場所幷残木小屋〻〻諸道具悉ク請取之、即刻為御礼御奉行江罷出候処、勧化集リ金修造入用を引、残金不残書附を以於御番所御渡請取之、

一、翌日上京御諸司松平紀伊守殿江御引渡之御礼申上ル此已後普請方龍松院手前支配也、

一、同七月六日、聖寶僧正八百年忌法事執行、

東南院於震(寝)殿道場荘之、一山之学侶行列出仕法事執行、音楽有リ学侶両堂三ヶ院幷諸役人等迄、於勧進所設斎有之、

一、同七月十三日公盛江府発出、

八月廿八日大佛殿成就之御礼登城、御二方様江御目見被仰付、同十月七日御暇時服拝領、

一、九月五日寺社御奉行本多弾正少弼殿江公盛奉願候趣、大佛殿中門廻廊之儀、先住公慶佛殿成就之上建立之意願ニ御座候間、拙僧儀茂願望奉存候、本堂之残木残金

等茂少々御座候間、元立ニ仕、自力を以志有之、方相対勧化連々ニ仕、何卒往古之間数を減建立仕度之旨奉願候処、同廿七日於御内寄合願之通建立可仕之旨、被仰渡候、先達而京御諸司松平紀伊守殿南都御奉行三好勘之丞殿江茂出府前書附を以御届申入候所、尤可然之旨、任仰此度於江府相願候也、

一、同十二月於増上寺浄土宗派五重相傳之儀有之、此年於江府越年翌二月帰寺、

一、同六丑年三月五日より八日迄公盛南都町廻り、公盛勧化始也、最初御奉行所江罷越候処、早速三好勘之丞殿御出会、勧化施入始有之、夫より御代官其外奈良町中不残打廻り勧化助成有之、堂供養ニ付各取持之儀町々江頼置候也、

一、同三月十七日大佛殿上棟賀儀経営之事、

巳上刻棟梁塀内筑後椽員長・同市郎右衛門満正幷南都番匠八幡座等出勤、上棟之作法行列出仕於大佛殿棟槌之祝辞有之、

御寺務安井御門跡　御出座一山学侶両堂出座、御奉行三好勘之丞殿出座幷与力同心出頭

右　御寺務奉始一山之僧侶興福寺之僧衆等幷大佛惣講中奈良町中年番行司之役人等迄東南院、或者於勧進所一献之祝儀営之、

一、同三月十七日公盛上人号御推許之事、

同十六日夜万里小路頭弁殿より御沙汰札到来、急御用之儀有之間、早速可致上京旨ニ付、即刻出京十七日朝職事、万里小路殿江参上候所、被仰渡候者、大佛殿造営成就今般堂供養之儀、天気ニ茂相叶候、依之上人位　勅授之旨尤御礼参内之儀者、供養以後可有参勤之旨、被仰渡候、即朝為御礼殿下両傳奏且御諸司江参上、即夜発出、翌十八日朝南都帰着、早刻　御寺務御宿坊江参上、右之趣申上一山江茂申達、同日寺内拝堂、

一、同三月廿一日大佛堂供養開闢之事、

開眼供養之例式を以　勅會舞楽之法事執行、

日数先例三十日也、今般従三月廿一日至四月八日十八日執行也、

御導師　當寺別當安井御門跡道恕大僧正

勅使　万里小路頭右大弁藤原尚房朝臣

當寺学侶両堂三ヶ院末寺等四十八口出仕厳儀之法事也、参向一曲散花大行道終テ供養御作法有リ、舞楽五番有之、願主公盛上人出仕着座等悉准先例、御願文御咒願文之事、中日興福寺之寺務御出仕之刻被為誦之儀、先例ニ候所、今般大乗院御門主依御違例、俄御出仕御断ニ付當寺別當此日被為誦之候也、

当地奉行　三好勘之丞長廣開結出座幷与力同心毎日警固

一、第二日より毎日佛餉功持、願主公盛出仕供養之音楽有リ會中念佛有之、同日開白、

一、中日、同廿九日兼而興福寺出仕治定候所、御寺務御違例御断ニ付権別当出仕可有之段、於京都被仰出候得共辞退、大衆共断ニ付出仕無之、依而当寺之学侶出仕講問、舞楽五番有之、

同日　御寺務御出座、講問御聴聞、舞楽御覧、

一、結願　四月八日

御導師　同上

当寺学侶両堂三ヶ院末寺等四十八口出仕法式准初日、

願主公盛出仕、同上

一、第二日より至結日近国近郷之寺院出仕法事執行幷遠近之寺々捻香等会中日々不絶有之也、

受斎僧合九千五百人余

受斎俗合十五万千弐百人余

一、四月廿三日堂供養成満之御礼参内、院参巻数献上之、且御願文、咒願文之御禮其外御所方江御礼進之、御諸司町奉行衆江茂供養成満之御礼申入候也、

一、松平薩摩守殿より大佛前大壇四面器、舎利塔被寄附之、松平民部大輔殿より楽所之幔幕被寄附之、各當寺因縁を以佛殿之要具被寄謝、其外関東表幷所々より供養ニ付寄謝餘多雖有之、堂供養記録別依有之委不記之、

一、同三月廿六日大佛殿中門作事釿始営之、堂供養之中於中門営之、公盛出座、棟梁塀内市郎右衛門并当地之番匠規式勤之、同五月廿四日より中門作事始之、

一、同五月大佛後光発願之事、

先師公慶遺願を以、本尊之後光造立之志願也、堂供養之内より催之勧化帳ニ委ク意趣を書記、当地者勿論諸国江差出之、過分之経営故、漸々施主之志を勧進立願望也、

一、六月十七日上人位御禮参内之事、

禁裡炎上ニ付近衛殿御殿、依為　御所清涼殿無之故、一流(マヽ)ニ其規式無之由ニ付不奉拝、天顔、然共今般直参内之格を以、於御車寄職事万里小路弁殿献上物等御披露有之、

一、同日　院御所　春宮御所其外御所方両傳奏職事万里小路殿江茂如格式御禮相勤之、万里小路殿より粟津治部大丞案内、同月廿三日綸旨頂戴、

一、同八月六日御老中秋元但馬守殿南都御越、龍松院ニ御止宿、禁裏炎上ニ付御用有之、上京八月六日南都エ御着、同七日御逗留、當所御巡見大佛殿成畢之様子并中門廻廊礎石之様子拝御目、志願之趣申達之委細御聞届有之、八日御帰発御宿坊取繕等如先格御馳走也、

一、同八月廿五日公盛江府発出、

九月廿八日登城、大佛堂供養之御礼御目見被仰付、

十月廿三日御暇、被仰出時服拝領、

供養之御禮早速下向可仕候処、秋元但馬守殿殿御登ニ付願望之品御直ニ申上度及延引候也、供養成満之御届者四月中以代僧御役人中エ申上置候也、

一、同七寅年十一月十九日より廿三日迄於東南院傳法灌頂執行、

大阿闍梨心光院賢性、清涼院晃海、金珠院庸性、恵芳、寛慶、受者見性院光賢、上生院栄晋、地蔵院浄俊、尊光院懐賢、龍松院公盛并公慶公盛弟子等如先格執行之、

一、同八正徳改元卯年五月円光大師五百年忌ニ付於知恩院法事被執行ニ付因縁を以公盛出仕焼香勤之、

一、正徳二辰年四月八幡宮楼門御廊葺替之事、
公慶造営之節柿葺之処、及大破候ニ付、山木を以屋禰(根)下地悉組替、楼門御廊同若宮神楽所等、今度瓦葺ニ相直シ、十一月成畢并両拝屋柿葺替申也、

一、同六月大坂勧化所後光勧化之事、
了海和尚助説を以、当夏勧化有之候所、諸人潤、暫時に化佛八躰其外品々寄附繁昌也、此以後不絶後光勧化有之事、

一、於江戸勧化所者増上寺要河和尚、観侑和尚毎度助成以専後光勧化有之、光佛寄附等有之、

一、後光惣積リ諸色之仕形、為吟味京都大佛之後光為内見即念看廊佛工差遣相改申也、

一、同三巳年正月晦日公盛江府発出、
二月十五日年始御禮登城、巻数献上御暇等如先格也、

一、四月十五日松平民部太輔殿より防州国衙之證文御渡受取之、去ル宝永六丑年代替之節より任先例、一山より公盛相対候様に被申ニ付、毎度申入候処、此節被相渡之、幸沙汰所蓮乗院在府ニ付、為惣代禮式同道ニテ勤之、

一、大佛勧化金諸大名御旗本之内百石壱分、午之一ヶ年分不納之方有之、近年及催促候得共未埒ニ付、御老中秋元但馬守殿先年南都御越中門廻廊建立之餘願委曲御存知ニ付兼テ此趣御願申置候処、今度依御差図五月十日寺社御奉行松平対馬守殿江公盛罷出、勧化金未納之御方江早速御皆納之儀、被仰出被下候様ニ以書附申上候処、被及御沙汰御聞届之上、松平加賀守殿御留守居を始、其外大名小名未納之方々江早々可被相納之旨、願之通再被仰渡之、此節於南都御奉行所先年勧化金納リ本帳致借用、再三遂吟味候処、未納之御人数大分之儀ニ付、猶亦御屋舗々々江段々相対いたし不埒之分者寺社御奉行所ニ書附上之追々相納リ請取之、十一月廿日江府発出帰寺、翌午七月より出府右未納之御衆江及

催促取集候也、及旗本(カ)衆、或者所替、或者請取書物紛
失等ニテ不分明之面□御組頭衆より被遂吟味候様ニト
猶又従御奉行所□□仰渡明白ニ相分リ候、然共小知之
御旗本衆大分之御人数、急速落着難成、此後出府度々
催促相対有之、追々相納申也、
一、閏五月廿二日　御城江勧進柄杓差上之、兼而月光院
様可被遊御覧之旨、芦谷権右衛門取持を以、今般差上
候処、御内々ニテ
公方様　上覧之旨、暫御留被成、六月五日被差戻候、
為御初尾従　月光院様白銀拝領、
一、同九月廿七日中門柱立初賀儀営之、
辰中刻柱建物之規式棟梁塀内筑後并八幡座大工出勤、
学侶中并諸役人惣講中出座一献之祝儀有之、
一、同四午年四月廿五日中門上棟賀儀営之、
宝永六丑年より到今年悉ク成就、
巳刻棟梁塀内筑後掾員長、同元右衛門満正并八幡座
南都之大工等行列出仕上棟之作法動之、
御寺務御使林左京下向一山之学侶両堂諸役人至迄出
座
御奉行中坊美作守殿出座并与力同心等出席
右東南院、或者勧進所ニおゐて一献之祝儀悉□
大佛講中不残、京大坂講中、其外南都町中年寄□之
役人招之、祝儀之一献出之、
一、同翌廿六日於南大門前中門上棟賀儀之能興行、
大殿棟上賀儀之能任興行之例、今般大坂講中催之、
藝者大坂より来ル当地春日之禰宜等打集り能六番狂
言五番有之、能舞台楽屋見物場所等先年之格を以用
意之、御寺務之御家来一山之僧侶、興福寺之僧衆等、
於南大門能見物御奉行同断与力同心等見物其外大佛
講中町々江茂悉割付桟敷遣之、右饗應夫々有之、
一、同四月廿六日大佛廻廊釿始営之、
卯刻棟梁塀内筑後、同元右衛門并大工行煎等出勤、
願主公盛出座、此以後廻廊普請不絶営之、
一、同七月東南院経蔵建組之事

油倉之宝蔵及大破候ニ付一山相談之上、東南院江引移加修覆為経蔵建立之、

一、同十二月江戸勧進所去年類焼ニ付、当秋より作事取掛如前々假堂庫裡此節成畢、

一、同五未年三月五日宝物古文書等限御所叡覧之事

円照寺宮様御取持を以、兼而被及御沙汰候所、今般被仰出公盛持参二月堂牛玉之板木、其外宝物文書等、先月廿九日三月五日両度ニ叡覧之所甚御感之上、於東大寺御祈禱被仰付、同月十二日於大殿一山之学侶出仕御祈禱開白、其以後月並御祈禱勤之、毎月三十日巻数加持香水献上之、

同十二日大佛殿長日御祈禱両部之法公盛開白、其後弟子僧修之、

一、同四月十七日東照宮百回御忌法楽之事

於東南院十六日御法事学侶出仕執行之、十七日御神事法楽講問有リ、御供献上音楽奏之、其上御能五番狂言四番有之、

御奉行中坊美作守殿、社参着座、與力同心警固右一山より経営也、能舞台假屋等諸普請之分、龍松院助成之、

一、同九月十五日八幡宮大鳥居木引之事

大鳥居大破、去年倒レ申ニ付公盛再建之意願有之、今般山木を伐、氏子中相助引出ス多人数打集リ此日無遅滞引之、各不残祝儀之一献送之、

一、同十二月十一日大坂勧化所不断念佛開白之事

兼テ施主方示談有之所、今度治定ニ付常念佛公盛開白、

一、同六申年閏二月廿二日公盛出府、

三月十五日年始御礼巻数献上御暇等如先格也、

一、大佛二脇士再興之事、兼テ志願ニ付、江戸常光(カ)菴聊可示談之所、今般治定有之、造刻金三千両之手当出状請取之、

一、公方様御他界ニ付、一山惣代納経拝礼之儀、公盛在

府ニ付相勤可申旨、年預より申来、寺社奉行所江相願候処、被仰付五月廿六日於増上寺惣代納経拝禮公盛勤之、御施物如先格拝領、

一、御代替一山惣代御禮出府之儀、当冬法華会執行ニ付一山要用多難渋ニ付、公盛居成ニ惣代御礼相勤候事可相成儀にて、一山興隆之事ニ候条相働候縁ニテ年預御後見より被申越ニ付、内分相窺候上相願候処、願之通居成ニ被仰付、九月朔日惣代御禮申上御暇時服如先格拝領、九月廿三日江府発出、十月六日南都帰着、

一、同十月廿五日八幡宮大鳥居成畢上棟賀儀、

八幡座之大工出勤上棟之作法有之、一山之学侶両堂三ヶ院諸役人等出座、同日於東南院一献之祝儀有之、

一、同十一月十二日より同十六日迄、於大佛殿法華會執行、

以旧例諸事惣寺之経営也、但再造以来今般始テ執行ニ付場所取繕其外勧進所より助成之品々有之也、

一、享保二酉年六月十六日、中門二天彫刻御衣木加持之事、

已刻於中門御衣木加持作法有之、導師心光院賢性着座御後見金殊院庸性、年預伍師清涼院晃海、願主龍松院公盛其外学侶両堂三ヶ院出座、大佛師法橋順慶（補任大佛殿大佛師職也）小佛師召連出勤、彫刻始之規式有之、各此日賀儀之一献等有之、

一、当二月廿三日傳奏徳大寺右大将殿・庭田前中納言殿江公盛参上中門成畢、二天造刻ニ付、任先例蒙　勅裁度之旨奉願候処、被達　叡聞候処勝手次第可令造刻安置之旨、三月廿二日　勅許之旨被仰渡之、

一、同年妙厳院坊舎作事助成之事

真如院公祐再興之意願有之、先年新ニ客殿幷台所等建立触（ママ）有之難及成畢、半途ニテ有之、今度公盛補作申付悉出来也、

一、同三戌年正月十二日大佛殿長日飯供備進始之事

本尊二脇士四天王江於堂内日供調進之、旧例を以兼

テ公盛意願有之、去年中より所々施主方勤之処、追日供料施入有之ニ付、此日始之、依テ佛餉加持公盛勤修、此以後日供之度々弟子僧勤之、

一、同年江戸勧進所普請出来之事
去年類焼ニ付今度假堂庫裡如先格建立、

一、同四亥年正月六日中門二天開眼供養執行、
去酉年より彫刻多聞持国之二天去十一月迄成畢ニ付、今度開眼供養之作法営之、導師清涼院晃海并学侶両堂行列出仕、願主公盛出仕、同上音楽奏之、大佛師法橋順慶并小佛師出座、

一、同正月晦日公盛江府発出、
二月廿八日年始御禮巻数献上御暇等如先格也、

一、先年より勧化残置未納之分、従寺社御奉行所再往被仰付、被下大名衆御旗本衆共、段々御納有之候得共、多分之儀ニ付難致落着、其上賀州之大守領下不熟困窮難取立之旨、累年御断之所、今度御領分御取立之由ニテ午年分無相違皆納有之候、其外私領分百石壱分不納之大小名七百余江知行高にして弐百万石分余之所、正徳三巳年公盛御願申上、従　公儀再被仰渡候以来、到今年大概相済訖、

一、同五年子年大喜院客殿其外加修補、台所新造之事、
依為公慶出所、兼而意願、此度悉修補、台所破壊ニ付新建、
同卯月□公盛悦酒於此寺勤役之、

一、同七寅年十二月十二日　東南院殿御兼帯、被仰出候事
去ル享保二酉年以来御門下中願之趣、龍松院度々於京都申上候処御延引之訳有之也、到今年頻ニ相願申処、願之通　勧修寺官御兼帯之儀十二月十二日　勅許之旨被仰渡、早速御門下惣代、願主龍松院等御禮上京、同月廿一日二松式部卿南都下向、於　東南院御殿一山僧侶等残諸役人等迄、御兼帯之参賀御祝儀之一献等被下之、公盛儀　東南院殿御後見被仰出候也、

一、同八卯年八幡大宮若宮屋禰葺替之事
近年両社檜皮葺及大破候ニ付、当春より氏子町々江公盛相談之処何方茂相心得助成有之、八月廿七日御修理事始、九月廿七日下遷宮、神主修理亮幷禰宜勤役一山之僧侶、以旧例出頭、假殿奉遷護摩堂也、

一、同九辰年五月八幡宮二之鳥居再造之事
旧跡有之ニ付、今度御修理之廊を以、山木取交公盛建立、閏四月九日地鎮、同廿六日柱立、五月十九日上棟営之、

一、同六月三日八幡宮御修理檜皮葺出来正遷宮之事
如旧例神主幷禰宜勤役、假殿より大宮若宮江遷幸之路悉ク晒布を以囲之、三日之夜遷宮、其後鎮座之神供奉幣等作法有之、楽人出勤一山之僧侶裹頭打カニテ相語其夜蜂起有リ、右之人数幷氏子町中江一献之祝儀神酒頂戴、翌四日御遷座之法楽一山之僧侶出勤講問舞楽有之、

一、御殿内御道具今度悉ク加修補、或者新調等有之也、

一、同時龍池社剣塚之社修理五月廿九日之夜遷宮営之、

一、同五月廿九日公盛病死、
当春より発病京大坂におゐて種々療養雖有之無其験死去、今度　八幡宮遷宮之儀有之ニ付五月廿九日より六月六日迄京地滞留、同七日南都帰寺附弟万性院公俊後住相続之旨以遺書申置、後見尊光院江頼置申也、猶更御貫主之儀ニ付　東南院宮様江公盛遺書を以奉願置候也、

一、御寺務幷一山江右之趣遂披露候処、勧進職之儀ニ付御寺務仰之趣有之候処、後代違乱之筋存委曲申披候処、御聞届ニ付遺書を以相続之儀如先格相済、中陰等於勧化所営之、

公盛代造立修覆合数

一、大佛殿上棟堂供養執行之事
勅會舞楽之法事日数十八日執行受斎僧俗合十六万七百人余

桁行　拾壱間三尺七寸

一、同中門　梁行　三間六尺三寸

高サ　拾壱間

壇上　東面拾四間四尺五寸

同　南北七間

一、同東楽門　桁行　五間

梁行　三間

一、同西楽門　同断

一、同廻廊　桁行長延九拾間余 梁行　三間

但中門より東西楽門迄折廻り之分両方間数也、

一、同中門二天像　各御長壱丈三尺　造刻

一、同後光再造出来之分

化佛十六躰長八尺より五尺迄

光之真台座共

蓮肉八葉両面差渡し弐丈五尺

光リ大小三拾七本　長三間より弐間迄

光煙弐拾三間　惣廻り出来

菊座本草玉縁等　惣廻り出来

散リ雲三拾枚

右後光道具出来之分也、

八幡宮両拝屋葺替并楼門御廊屋禰下地組替新瓦を以葺

替候事

一、同大宮若宮并末社檜皮葺替之事

但遷宮并御殿内御道具修補并新調有之也、

一、同大鳥居再造 高四間壱尺 柱間三間弐尺七寸 柱差渡シ三尺余

一、同二鳥居再造 高三間 柱間弐間半 柱差渡シ壱尺八寸

一、公慶影堂建立 桁行三間 梁行同断 御拝作リ影像出来

一、東南院経蔵移建之事

一、妙厳院坊舎補作之事

一、大喜院修覆并台所新造之事

右之外、東南院殿御修理并勧化所境内普請品〻修覆

等委細ニハ不記之、

龍松院公俊継目并興隆之記

一、享保九辰年八月四日公俊上京、大勧進職継目御禮　御寺務安井御門跡江参上如先格御禮相済且御所方御礼之儀申上候処、翌五日傳奏中院前大納言殿、中山前大納言殿江従　御寺務御案内被仰入、同七日参内院参御所方御諸司町奉行衆迄、被添御使如先例継目御礼申上無滞相済候事

一、同六日　東南院宮様江継目御禮申上ル、公盛遺書を以奉願置候ニ付格別御礼参上候也、

一、同八月廿五日公俊江府発出、十月朔日公俊継目御禮登城十帖壱本献上如先格御目見被仰付同七日御暇時服拝領并御役人中、其外如先格継目御礼御届等相済、十月廿九日江戸発出、十一月十四日帰着、

一、同十巳年七月新造屋道場集会所屋禰葺替之事屋禰及大破候ニ付、衆中被相頼山木之杉を伐致修覆候也、

一、同十一月吉城川石橋新造之事

近年土橋ニテ有之、度々朽損候ニ付、新石を以渡リ三間中一間半掛之、

一、同十一午年四月大佛勧進所念佛廻向執行、去巳四月一万日回向興行之事、一山江茂遂示談　御寺務江申上、当地御奉行所江相願候処、勝手次第可相営之旨、被仰渡候、依而京大坂近郷江為知之札、前年より差出之、同年公俊奈良町中相廻リ佛餉等施入を勧候也、

一、午四月二日回向開闢導師、洛東百万遍知恩寺聲誉和尚、招請日数七日、毎日十念八日結願終テ同刻念佛開闢、公俊勤之、同九日戒名供養同断、聲誉和尚、教化説法有之、同門流之寺々京大坂より相語、当所十三ヶ之浄土宗打交、毎時参詣之諸人江十念授与之念佛、結衆大坂より来大佛堂内ニおいては、百万遍、方丈持参寄附之名号諸人任所望施之、公俊勧化有之、於真言院者、霊宝荘之諸人為致拝見候也、日々参詣郡集ニ付、従御奉行所警固見廻リ与力同心毎日被差出候、会中筆

記委細有之、
一、同八月大佛二脇士彫刻、奏聞并御衣木加持之事
先師公盛発願有之、施主江府常光菴柳可近年奉納之金子を以、御衣木調之候ニ付加持有之度、一山江茂申談、今般御寺務江申上ル、如先格造佛　奏聞之事傳奏、中院前大納言殿エ参上以書附申上ル、従　御寺務茂被添御使御口上、被仰入候所、大納言殿被仰候者先格者を以言上之段承届候、御席を以、言上可有之旨、被仰渡御同役中山前大納言殿江茂以来右之趣申上候也、
一、同九月十六日巳刻、脇士御衣木加持経営之加持師地蔵院浄俊、願主龍松院公俊出仕其外一山之学侶三綱等着座、大佛師法橋順慶、同法橋賢慶并小佛師召連加持終テ彫刻始之作法有之、
右同日賀儀之一献於勧化所饗應并大佛講中同断、
一、同十二未年二月公俊江府発出、
四月朔日年始御禮巻数献上、御暇等如先格相勤候也、
一、同十一月大佛廻廊西側本堂迄取付折廻り出来之事
一、同十三申年四月行基菩薩之木像造立之事
此像公慶上人木地彫刻有之所、中絶ニ付今般即念即看廊を以修補之上、俊乗之古堂を取繕、此日開眼安置之、
一、同五月廿日公俊病死、
当夏より病気ニ付大坂ニおゐて療養有之候所、不相叶死去、病中より　御寺務江奉願勧進職相続之儀、法縁由緒を以、金殊院庸訓江申置度之段、相願候処、御聞届□、則遺書を以申置死後、
御寺務江申上一山江茂遂披露無滞相済、依之金殊院庸訓移転龍松院、称号中陰等如先格於勧化所勤之、
一、公俊上人位之儀庸訓依願従　勧修寺宮、贈上人号御令旨被成下候也、
公俊代造立修覆之数
一、大佛殿廻廊桁行長延三拾七間余 梁行三間
一、同　軒廊桁行長延弐拾四間余 梁行三間

但西側西楽門より北本殿江取附折廻シ右二口合六拾
一間余
一、同後光土台木四本　各長五間弐尺角新調
一、同二脇士御首　両尊共出来之事
一、新造屋屋根葺替之事
一、吉城川石橋新造之事渡り長三間巾壱間半
右之外、東南院殿御修理、勧化所境内作事等委者不
記之、

龍松院庸訓継目并興隆之記

一、享保十三申年十一月十八日庸訓上京、
大勧進職継目御禮、同廿日　御寺務勧修寺宮様参上、
同時　東南院様江ノ御禮共ニ如先格相済、且御所方
御礼之儀申上候処、同日傳奏中山前大納言殿、薗前
大納言殿江従　御寺務御案内被仰入、同廿二日参内
院参御所方、御諸司町奉行衆迄被添御使如先例継目
御礼申上無滞相済候事
一、同十四酉年三月二日庸訓江府発出、
四月朔日庸訓継目御禮登城、十帖一本献上如先格御
目見被仰付、同三日御暇、時服拝領并御役人中其外
如先格継目御禮之届等相済、同月二十六日江戸発出、
五月十日南都着、
一、同三月大佛殿東西土手築之事
先々住公盛任遺願東西之除土を以廻廊跡江土手築之、
兼テ大佛講中取持ニテ今度始之、奈良町中近郷より
寄進人夫出三月十七日より四月十七日迄、西側北江
折廻シ後門東迄土手築之、都合寄進人数弐万弐千五
百人余也、則西側石垣取掛ヶ同六月出来、西側穴門
之笠石講中寄附□□山より寄進人歩(夫)を以引出之、
一、同翌戌年三月土手築、去年之残り同講中取持寄進分、
去年之通ニ出大佛殿東西之土、悉ク除之、裏廻リ三
面之廻廊跡エ土手築、今般出来北側石垣段々取掛申
也、

一、同五月大佛殿南面高欄出来之事
先住公俊代催之、兼テ講中施入其外勧化を以今般□出来申也、

一、同十五戌年十月晦日庸訓上人号
勅許之事
勧修寺宮依御推挙十月廿四日職事清閑寺弁殿、両傳奏衆江山田大蔵卿を以被仰入候上、庸訓願書出之、十月晦日　勅許之旨被仰渡庸訓不快ニ付早速、以代僧御請御礼申上其後十一月十八日依全快参内、被願申上置南都江帰、

一、翌十六亥年四月二日御礼参内奉拝　龍顔、院参其外御所方如先格相勤、同四日於清閑寺殿綸旨頂戴、五月二日當寺拝堂、

一、同十一月大佛脇士観音之木地出来之事
両尊之御首先達テ出来之内、観音之御身一躰当春より佛工相語、於堂内造刻、此節木地出来候也、

一、同十六亥年十一月八幡宮前宝蔵修覆之事
近年及大破候ニ付一山より被相頼、屋禰野地悉仕直シ瓦葺出来候也、

一、同十一月廿五日六日於東南院殿傳法灌頂執行
大阿闍梨見性院光賢　尊光院懐賢
受者　清涼院英定　龍松院庸訓

一、同十八丑年正月より奈良町中貧窮人施行之事
去子之秋、西国筋蝗災穀稼耗損ニ付八木高直故、貧窮者及飢渇候、依之正月十九日より当地におゐて粥食令施行候、猶更難行屆所々在之ニ付、同廿二日より大佛講中勧化所之出家差添端ゝ迄見廻り鳥目等施之、救急難候也、同二月十五日大佛涅槃会之供飯、町ゝ右貧窮之者江為持施行之、此日施行之人数四千七百余人也、同四月八日於大佛堂前人別八木一升代鳥目六十五銭右貧窮之者江施之、此日人数都合八千百余人也、追日夏作物出来急難茂不相見候ニ付施行此日ニテ相止候事
施行米合五拾石余　銭合七百貫文余也、

右施行米残　公儀書上之高并大佛普請方諸職人等其外救方米銭共如是也、

一、十二月七日於御奉行松平織部正殿、右貧窮人救候事達　上聞候段、御奉書を以、従江戸被仰下候旨、以書附御申渡有之、

一、同十一月十二日若草山鶯陵石牌建立之事
並河五市郎五畿内志編集ニ付今般依撰出、後年紛乱為無之、石牌建置度旨示談ニ付令寄附也、
仁徳天皇皇后盤見媛命之墓、鶯之陵ト被記置候也、
此日学侶老若並河氏等登山為供養、神酒供物備之也、

一、同十九寅年正月十三日庸訓江府発出、
二月廿八日年始御禮巻数献上御暇等如先格相勤之、

一、江戸勧化所念佛一万日成満ニ付講中催促ニ付、来卯春回向興行仕度之段、寺社御奉行所江願之、六月十八日願之通被仰出候也、

一、同二月十三日大佛殿東廻廊柱立、四月六日土居葺相済、翌卯五月瓦葺出来候事

一、同六月大佛殿南面高欄出来之事
先達テ西高欄出来、東之方講中其外施入を以、今度出来、南面東西共成畢候也、

一、同二十卯年閏三月十一日庸訓江府発出、
四月朔日より同七日迄江戸本所勧化所におゐて一万日回向始行回向導師庸訓勤之、増上寺大僧正其外御府内檀林衆招請十念焼香有之、其外寺々所化僧毎日相語、十念代リニ被助成、七日無故障結願、毎日参詣群集、

一、大佛縁起四聖之御影并俊乗上人所持之品々参詣之諸人江毎朝為致拝見并勧進杓柄を以、庸訓勧化有之、

一、同八日戒名供養無故障相済候也、

一、松平大膳大夫殿頃日御参府ニ付、先達テ申入候、防州国衙證文之事承合候処、今般可被相渡旨ニ付、暫致在留、五月二日如先格證文請取之、礼式等之儀者大坂屋舗迄可相勤之旨申談、同十日出立六月廿二日帰着、

一、同九月大佛脇士観音之後光台座出来之事

去ル戌年御身出来此度座光之木地当春より造刻之処、此度出来候也、

一、元文二巳年大佛殿東軒廊、当二月より建始、三月中土居葺出来、七月より内作り瓦葺用意有之、

一、同四月六日より到十二日公慶上人三十三回忌法事執行、

正忌者七月十二日也、諸人炎熱之労依有之、此節執行有之、去辰九月一山江申達　御寺務江奉願候者、公慶生涯興隆之苦労仕候ニ付、三十三回忌追善法事之儀、准俊乗之忌日法華八講執行仕度之段申上候処、御聞届之上一山江被仰出、依之会式一件前年より老分中談義之上、法花八講一七ケ日之儀治定、

一、四月六日開闢法華八講始行中日結願、同上行列出仕、同八日於大佛殿佛生會執行、此外両堂三ケ院当地知恩院末十三ケ寺、七日之内各〻出仕、法事執行、於公慶影堂者、高山法楽寺之衆僧光明真言三昧修法有之、於龍松院者日々設斎参詣群集御奉行所より警固見廻り、与力同心等被差出之候也、

庸訓代造立修覆之数

一、大佛殿土手築幷石垣出来之事

東側北江折廻り後門迄

長延六拾九間余　　土手高壱丈七尺

巾　五間半

石垣表通り高八尺　内通り高四尺

築塀五間　東側南廻廊取附

西側北江折廻り後門迄

長延七拾壱間余

巾　同断　土手高右同断

石垣　内外　同断

築塀三間　西側南廻廊取附

右弐口土手長惣合百四拾間余　築塀八間

一、同南面東面高欄之事

東西合弐拾四間余　一方十二間余宛　高三尺五寸

一、同脇士観音御身幷後光台座之事

御長弐丈　一躰分木地出来候也、

一、同廻廊　桁行長延三拾七間余　梁行三間

一、同軒廊　桁行長延弐拾四間余　梁行三間

但東側東楽門より北本殿江取附折廻シ、右二口合六

拾壱間余

八幡宮宝蔵修覆之事

一、丑年貧窮人施行之事

右之外、東南院殿御修理并勧化所境内作事等悉ク書

不記之、

（奥書）
「右依

仰公盛以来留書相考大概書記差上之候、以上、

元文二年巳年九月　　　　龍松院庸訓」

（奥書）
「右全二冊　天保六乙未歳六月八日午刻加修補畢

長吏済範俗齢廿　法臈十一」

東大寺諸伽藍再興一覧（興隆略記所載分）

大勧進	年代	大佛殿：大佛及脇士	大佛殿：大佛殿	神社：八幡宮	神社：神社	諸堂	東南院	勧化所	その他
公慶	貞享元～宝永二	①鋳掛　胎内修理・仮厨子・石座　（開眼供養）	④（木作始）	⑱本社及廊　⑲若宮及拝殿　⑳楼門　㉑神楽所　㉒拝殿	㉖三社宮＊　㉗龍池社＊　㉘天狗社＊　㉙弁天社＊	㉚念佛堂　㉛護摩堂　㉜俊乗堂＊　㉝大湯屋　㉞新造屋＊	㊲東照宮　㊳日光権現宮　㊴東照宮拝殿　㊵宸殿　㊶次の間　㊷車寄　㊸台所	㊺阿弥陀堂　㊻聖武天皇殿及拝殿　㊼宝蔵　㊽鎮守社　㊾鐘楼堂　㊿接待所　(51)客殿　(52)台所	
公盛	宝永二～享保九	②大佛後光	上棟（堂供養）　⑤中門　⑥東楽門　⑦西楽門　⑧東廻廊　⑨西廻廊　⑩中門二天	八幡宮屋根替楼門下地組末社葺替　㉓大鳥居　㉔二鳥居		㉟公慶堂　㊱新造屋	㊹経蔵移建　㊼妙厳院　㊽大喜院修理及台所		
公俊	享保九～十三	後光土台　③二脇士御首	⑪廻廊　⑫軒廊			新造屋葺替			
公庸	享保十三～元文二	脇士観音・後光	⑬土手　⑭東西高欄　⑮脇士観音及後光　⑯廻廊　⑰軒廊	㉕宝蔵修理					㊱吉城川石橋

＊は新造分、他は再建・修理分

持宝院
龍蔵院
宝厳院
食堂跡
宝珠院
中性院
大湯屋
㉝
二月堂
上之坊
俊乗堂
開山堂
㉜
鐘楼
念佛堂
三昧堂
㉚
法華堂
㉞
㉛
手向山八幡宮
観音院
㊱
㉒
⑱
㉕
⑳
㉔
㉑
⑲
東塔跡

㊲

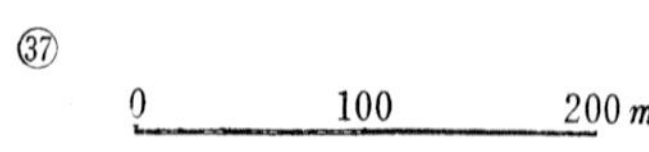
0
100
200 m

㉖

興隆再興図

東大寺諸伽藍興隆再興図

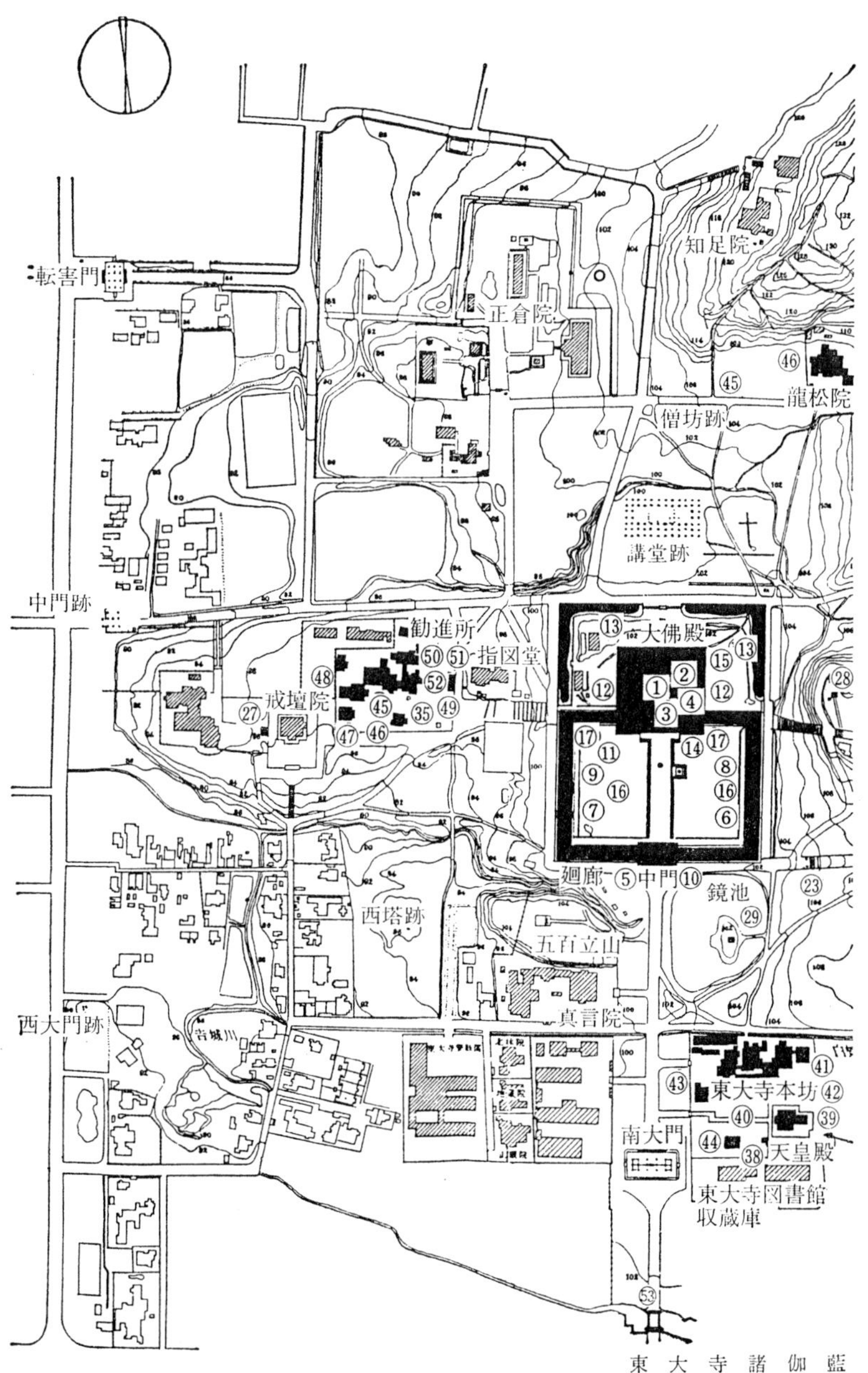

東大寺諸伽藍

あとがき

いままで私が述べてきたことについてまとめてみると、日本の寺院の変遷の過程は、同時にまた日本佛教の変遷の姿でもある。寺院はその中にあって、その時代ごとの文化をよく示していると理解できる。私は本書では、日本の寺院の変遷に重点を置きつつ、主として私寺より官大寺および御願寺へ拡大してゆく過程について考えた。

これを整理してみると、まず、日本に外来文化として佛教が伝来された直後では蘇我氏や聖徳太子などの個人の祈願のための寺院としての私寺が成立した。

奈良時代になると聖武天皇の帰依により、国号の決定と天皇が国王としての威厳を示すために佛教とその文化を発展させた。そのために国分寺を通じて地方文化の発展に寄与した。また東大寺の創建で、国都に偉大な日本の佛教文化をきずきあげ、佛教のもっている教理研究への意欲が高まった。

平安時代になると最澄や空海により天台真言の新しい教学樹立の動きが見られると同時に、さきに造られた南都の寺院も真言宗化された。そして政権の実力が天皇より藤原貴族にうつっていくと、貴族が自己の祈願のため巨費を投じて自己の寺院を建てた。これらの貴族たちはこの世の繁栄を求めたので、佛教も現世利益に重点が置かれ、寺院もこの世の浄土を再現することにつとめた。しかし源平の兵乱は武士層の台頭と、現世における救済の不可能さを示し、藤原貴族が没落すると同時に、彼らの建てた京都の豪華な寺院もたちまち灰燼に帰した。

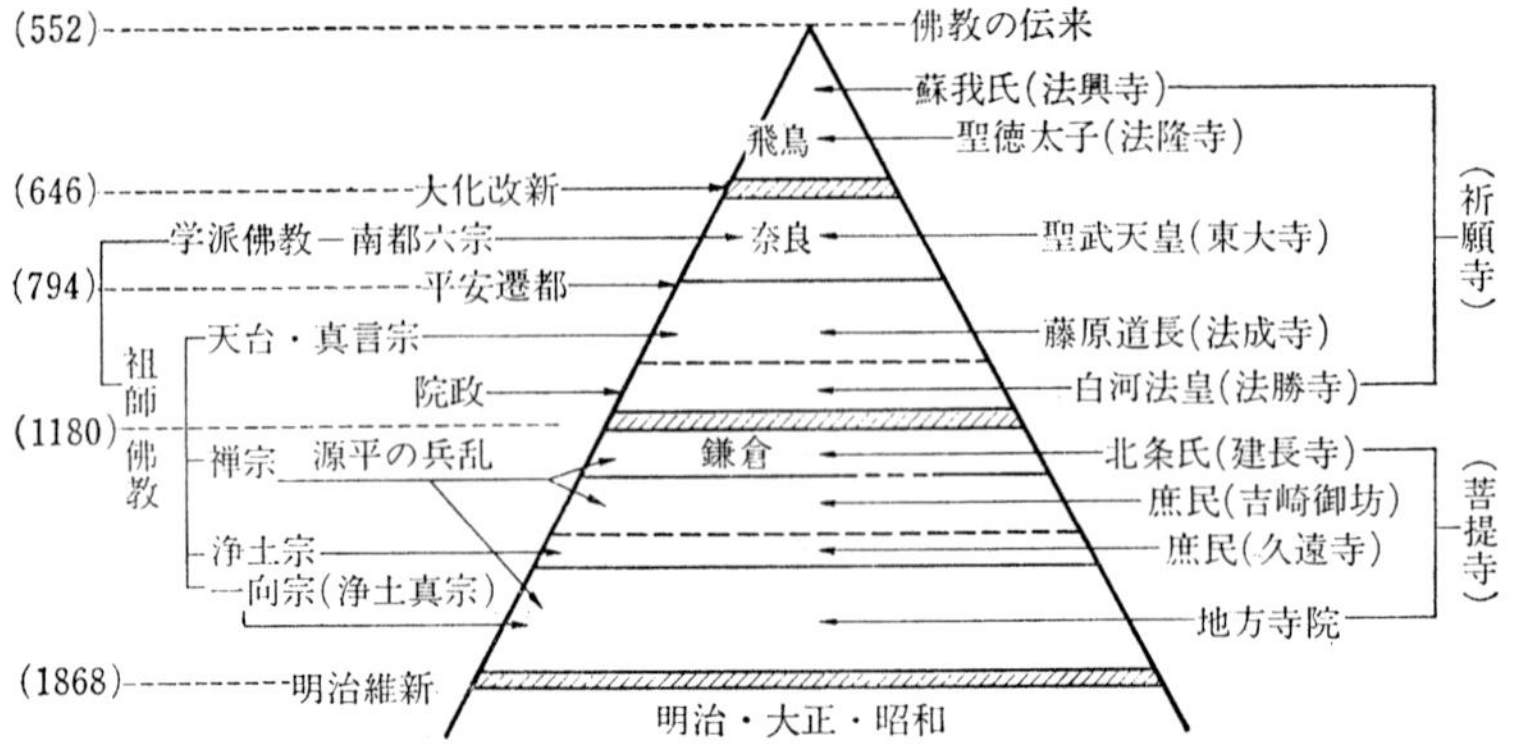

(552) 佛教の伝来
蘇我氏(法興寺)
飛鳥 聖徳太子(法隆寺)
(646) 大化改新
学派佛教—南都六宗 奈良 聖武天皇(東大寺)
(794) 平安遷都
祖師佛教
天台・真言宗 藤原道長(法成寺)
院政 白河法皇(法勝寺)
(祈願寺)
(1180)
禅宗 源平の兵乱 鎌倉 北条氏(建長寺)
庶民(吉崎御坊)
浄土宗 庶民(久遠寺)
一向宗(浄土真宗) 地方寺院
(菩提寺)
(1868) 明治維新
明治・大正・昭和

つぎに鎌倉時代になると源氏を中心に鎌倉幕府が開かれ、中央では将軍の武運長久、地方の武士団では彼らが数々の戦場にのぞむために死後の菩提を求めようとして私財を投じ、将軍や北条氏をはじめこれら武士団の寺院が建立された。そしていつ戦場で果てるともしれない自分の姿を見つめたとき、少しの間でも佛門に入りたいという願いから、地方では小規模の祈願寺を兼ねた菩提寺が多く建てられ、佛教はさらに禅宗を通じて地方に深く浸透することになった。また戦乱をくりかえした京都では、この世の地獄に対して、来世に於て阿弥陀佛の来迎を求め極楽浄土におもむきたいという願いが法然・親鸞により提唱されたため民衆の中に浄土教が広まった。ことに親鸞の悪人正機説で「善い行いをした人のみならず、悪い行いをした人もひとたび心をあらためて弥陀を念ずるとき、阿弥陀如来はこれを救うという正しい使命をもっている」という説を立て一向専修念佛の法門がうち立てられたとき、佛教はいままでの貴族層より離れて一人一人の民衆の心の中にまで浸透していったのである。

ここに佛教は日本人の生活の中に入って定着した。それは受け容れる民衆の立場からするならば決して一宗一派にこだわるものでなかった。

ことに江戸時代には佛教は庶民教育の一環として寺子屋を形成して、老若を問わず儒教と佛教に触れることができたため、佛教は日本人の生活と切っても切れない関係となって、日本文化の根幹となる思想となった。

ことに多くの日本人は町や村の中に住んでおり、その村の中に自分の祈願寺や菩提寺として各宗の寺院が混在して、町や村の文化の中心となっていった。そして自然に神佛習合して村や町の祭りも共同して行われる姿も見られ、いまも村の年中行事として伝えられているものもある。そのほか寺院は町や村の集会所の役目も果たした。

日本は佛教および佛教文化が一五〇〇年ほどの間に深く生活にまで溶けこんでおり、その文化がこのように発展した国は世界に類を見ないのである。そして日本のどこにいっても寺院が見られるということは、日本での佛教の広がりを知ることができる。

私は日本人が佛教をどのようにして民族の信仰として受け容れたかを通じ、そこに寺院が形成されていく過程をたどることに於て「日本寺院史」という新しい学問の分野を開こうと考えたのである。このことは佛教と歴史との深いつながりのもとで、歴史学的方法にもとづき佛教文化の日本での発展の過程を見たのである。

ことに本書では南都佛教、天台宗、真言宗、禅宗の寺院の構成に重点を置き、浄土宗、真宗（一向宗）、日蓮宗については、笠原一男先生、中尾堯先生、圭室文雄先生のすばらしい論考があることから、これを研究される方は、それらの諸先生の著書を参照されることを希望する。

ことにこの研究は宝月圭吾先生の御指導を賜わり、笠原一男先生に尾張国の寺院研究の指示をいただいた昭和三十年の東京大学大学院の頃をはるかに思い出しながら、この日本寺院史の問題について、パリに於てコレージュ・ドゥ・フランスのベルナール・フランク教授の御協力を得て、一九八一年一二月五日より一九八二年一月八日まで、パリの

COLLÉGE DE FRANCE で講義したことも、あわせて記しておくものである。また本書作成にあたって、吉川弘文館の方々に多大の御苦労をかけたことに厚く謝意を表するものである。

昭和六十三年七月

平岡定海

初出一覧

本書の作成にあたっては、つぎの章節は左記の既に発表した論稿にもとづいている。

第一章　第一節　一

「東大寺の炎上と現報思想」『日本弥勒浄土思想展開史の研究』（昭和五十二年）

同　二

「源頼朝の八万四千基造塔と進美寺」『鎌倉遺文月報13』（昭和五十二年）

第二節　一、二、三

「承明門院在子と宗性上人の関係について」『南都仏教』四二号（昭和五十二年）

第三節

「神宮寺の成立について」『今井林太郎先生喜寿記念論文集』（昭和六十三年）

第四節

「中世の法隆寺」『斑鳩町史』（昭和三十八年）

第二章　一、二

「中世の達磨寺・放光寺」『王寺町史』（昭和四十四年）

「園城寺の成立と寺門・山門の確執について」『智證大師研究』（近刊予定）

第三章　第一節　一、二、三

「筑前国観世音寺の成立とその性格について」『大手前女子大学論集』第一八号（昭和五十九年）

同　　四

「筑前国観世音寺の東大寺の末寺化について」田村圓澄先生古稀記念会編『東アジアと日本』宗教・文学編（昭和六十二年）

第二節　一、二、三、四

「周防国阿弥陀寺の成立について」岸俊男教授退官記念会編『日本政治社会史研究』下（昭和六十年）

第三節　一、二

「出雲国鰐淵寺の成立について」『大手前女子大学論集』第一五号（昭和五十六年）

同　　四、五

「中世に於ける鰐淵寺の構造について」『大手前女子大学論集』第一六号（昭和五十七年）

第四章　第一節　一、二、三、四

「真福寺の成立について」『弘法大師と現代』（昭和五十九年）

第二節　一、二、三

「尾張国妙興寺の成立について」古田紹欽博士古稀記念会編『仏教の歴史的展開に見る諸形態』（昭和五十六年）

同　　四

「尾張国妙興寺領について」『大手前女子大学論集』第一四号（昭和五十五年）
第五章　第一節　一、二、三
「方廣寺の成立とその性格」『大手前女子大学論集』第二〇号（昭和六十一年）
第六章　第一節　一、二
「大佛勧進と霊宝開帳について」『仏教芸術』一五五号（昭和五十九年）
同　　三
「江戸時代における東大寺大佛殿の再興について　—勧修寺蔵『大佛殿再建発願興隆略記』を中心として—」『南都仏教』二四号（昭和四十五年）
第二節　一、二、三、四、五
「新井白石と南都戒和上相論について」『大手前女子大学論集』第六号（昭和四十七年）

以　上

索　　引

〔人　　名〕

あ　行

か　行

さ　行

た　行

な　行

は　行

ま　行

や　行

ら・わ行

〔寺名・件名〕

あ　行

か 行

さ　行

た　行

な　行

は　行

ま　行

や　行

ら・わ行

著者略歴

大正十二年　奈良市東大寺上之坊に生れる
昭和二十四年　京都大学文学部史学科卒業
昭和三十年　東京大学大学院（旧制）修了
前　職　大手前女子大学教授
現　在　東大寺執事長・上之坊住職
文学博士

〔主要著書〕
『東大寺宗性上人之研究並史料』（日本学術振興会）、『東大寺の歴史』（至文堂）、『東大寺』（教育社）、『日本寺院史の研究』（古代編、吉川弘文館）、『東大寺辞典』（東京堂出版）、『論集日本仏教史　平安時代』（雄山閣出版）など

日本寺院史の研究　中世・近世編

昭和六十三年十一月十日　第一刷印刷
昭和六十三年十一月二十日　第一刷発行

著　者　平岡定海（ひらおかじょうかい）

発行者　吉川圭三

発行所　株式会社　吉川弘文館
郵便番号　一一三
東京都文京区本郷七丁目二番八号
電話〇三―八一三―九一五一〈代〉
振替口座東京〇―二四四番

印刷＝三和印刷・製本＝誠製本

日本寺院史の研究 中世・近世編（オンデマンド版）

2018年10月1日　発行

著　者　平岡定海（ひらおかじょうかい）

発行者　吉川道郎

発行所　株式会社 吉川弘文館
〒113-0033 東京都文京区本郷7丁目2番8号
TEL 03(3813)9151(代表)
URL http://www.yoshikawa-k.co.jp/

印刷・製本　株式会社 デジタルパブリッシングサービス
URL http://www.d-pub.co.jp/

平岡定海（1923～2011）
ISBN978-4-642-71063-3